中共松阳县委
松阳县人民政府 主办

松陽年鑒

2021

总第18卷

松阳县地方志编纂委员会 编

方志出版社
Publishing House of Local Records

图书在版编目(CIP)数据

松阳年鉴. 2021 / 松阳县地方志编纂委员会编. --
北京：方志出版社，2021.11
ISBN 978-7-5144-4944-0

Ⅰ. ①松… Ⅱ. ②松… Ⅲ. ①松阳县-2021-年鉴
Ⅳ. ①Z525.54

中国版本图书馆 CIP 数据核字(2021)第 275625 号

松阳年鉴（2021）

编　　者：松阳县地方志编纂委员会
责任编辑：程　倩
出 版 者：方志出版社
地址　北京市朝阳区潘家园东里 9 号(国家方志馆 4 层)
邮编　100021
网址　http://www.zgfzcb.cn
发　　行：方志出版社图书经销中心
电话(010)67110500
经　　销：各地新华书店
印　　刷：丽水日报印务有限公司
开　　本：889×1194　　1/16
印　　张：31.5
字　　数：945 千字
版　　次：2021 年 11 月第 1 版　　2021 年 11 月第 1 次印刷
印　　数：001～800 册
ISBN 978-7-5144-4944-0　　定价：300.00 元

《松阳年鉴（2021）》编辑部

编辑说明

BIANJI SHUOMING

一、《松阳年鉴（2021）》记述时限为2020年1月1日至12月31日。《松阳年鉴》以马克思列宁主义、毛泽东思想、邓小平理论、“三个代表”重要思想、科学发展观、习近平新时代中国特色社会主义思想为指导，坚持辩证唯物主义和历史唯物主义的立场、观点和方法，松阳县委、县政府全面贯彻落实中央、省、市决策部署，始终坚持“两山”发展理念，紧紧围绕“田园松阳”升级版建设战略目标，坚持“稳中求进”工作总基调，紧盯重点工作、重点任务、重点指标，克难攻坚、砥砺奋进，推动全县各项事业取得新进展。本年鉴坚持以服务松阳改革开放、经济建设和构建和谐社会为宗旨，全面、系统地记载2020年全县政治、经济、文化、社会、生态发展的基本情况及重大事项和取得的经验，凸显松阳发展优势和特色，为全县各级领导科学决策和有关部门开展工作提供客观史料，为社会各界了解松阳、研究松阳、宣传松阳、建设松阳提供信息资源，为编史修志积累资料。

二、《松阳年鉴》是中共松阳县委、松阳县人民政府主办，由松阳县地方志编纂委员会承编的地方信息资料性文献。从2004年开始，每年编辑1卷。《松阳年鉴（2021）》为第18卷。

三、《松阳年鉴（2021）》是前17卷的续编，采用分类编辑法，由类目、分目、条目3级层次组成，全书设类目29个。

四、根据图书出版要求，条文中“亩”“公里”“公斤”分别换算成“公顷”“千米”“千克”，个别情况例外。

五、本卷年鉴所载信息资料由全县各承编单位撰稿人提供，经县档案馆（史志研究室）《松阳年鉴》编辑部整理编辑，各供稿机关、单位审核形成。

六、如部分数据合计或相对数由于单位取舍不同而产生的计算误差，均未做机械调整。书中如有疏漏和不妥之处，恳请广大读者批评指正。

2020年9月27日，衢宁铁路（浙江段）松阳站开通仪式在站前广场举行

“绿巨人”驶入松阳站

站房候车室

衢宁铁路通车

衢宁铁路（浙江段）松阳站开通仪式

2020年 9月 27日，衢宁铁路(浙江段)松阳站正式开通运营，上午10时47分，首列D9558次列车缓缓驶进松阳车站，结束松阳不通火车的历史。

衢宁铁路松阳站站前广场

站房通道

站房夜景

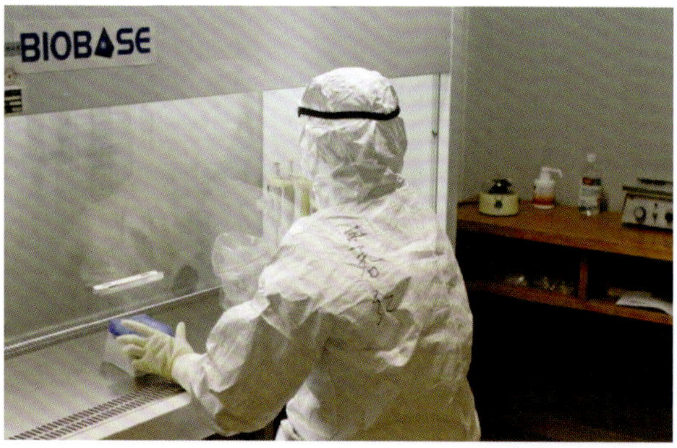

2020年1月30日，县疾控中心实验室人员进行核酸检测试剂制备

2020年2月7日，县交警大队、县综合行政执法局工作人员在高速卡口开展防疫检查工作

2020年2月15日，行政综合执法局工作人员在高速卡口开展防疫检查

2020年2月1月，乡镇干部、医护人员联合入户开展疫情防控宣传

2020年2月25日，20名湖南籍返岗人员乘坐首辆复工专车返回松阳

2020年2月27日，健康指导员驻企帮扶企业职工落实疫情防控

2020年3月4日，防控人员在农贸市场入口处进行体温测量

抗击新冠疫情

2020年，面对突如其来的新冠肺炎疫情，面对人民群众受到的生命健康威胁，在以习近平同志为核心的党中央统一指挥下，在松阳县委、县政府坚强领导下，全县人民迅速打响疫情防控阻击战。

2020年4月12日，援鄂医疗队返回松阳（从左到右依次为刘尚伟、潘颖慧、程逸路、徐秀超）

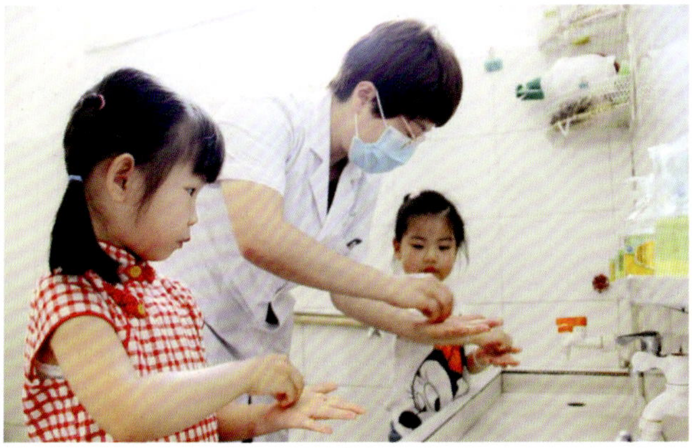

2020年5月15日，复学驻校指导员教小朋友七步洗手法

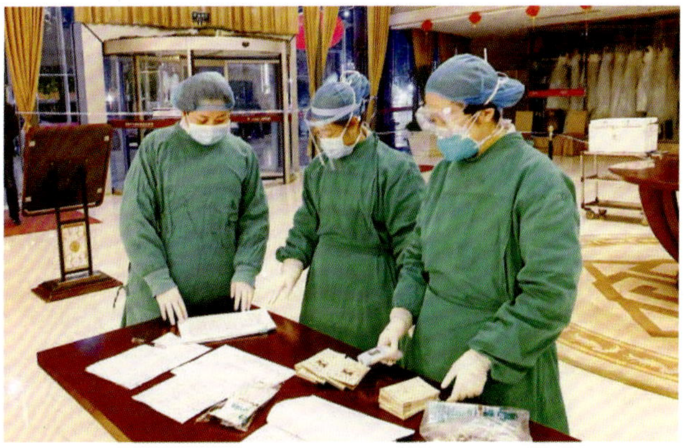

2020年6月16日，集中隔离医学观察点开展预检登记

开幕式表演

冶金工业信息标准研究院党委书记、院长张龙强致辞

松阳县不锈钢管企业标准领跑者培育基地授牌仪式

丽水世昌特材BA直管与盘管项目签约仪式

论坛大会

不锈钢管 高峰论坛

2020年12月12日上午，由中国钢铁工业协会、中国金属协会、丽水市人民政府主办，冶金工业信息标准研究院、松阳县人民政府承办的2020（首届）中国不锈钢管高峰论坛在松阳开幕，高峰论坛以“共享共创、服务全球”为主题，共谋不锈钢管产业高质量绿色发展之路。

2020（首届）中国不锈钢管高峰论坛开幕、中国钢铁工业“十三五”科技创新成果展——松阳站启动

2020年3月27日上午，第十三届中国（国际）茶商大会·松阳香茶网络茶叶节在大木山景区举行开幕式

国际茶文化研究会会长、浙江省政协原主席周国富出席开幕式并致辞

炒茶直播

茶叶节

2020年3月29日至4月1日，第十三届中国（国际）茶商大会·松阳香茶网络茶叶节在各大网络平台召开。大会以“云活动”方式，围绕“畅渠道、创品牌、促转型”主题，创新开展四大主题活动，紧抓变革机遇，精准服务茶商茶农茶企，推动茶市场互联互通，驱动茶产业转型升级。

采茶直播

茶艺直播

手工艺展示

食在茶乡直播

大东坝镇横樟村

三都乡酉田村

赤寿乡界首村

新兴镇山甫村（现合并为新处村）

象溪镇靖居村

传统村落

松阳县地处浙西南山区，有1800多年的建县历史，是丽水市最早的建制县，也是浙江省最早的建制县之一。全县拥有省级传统村落84个，其中中国传统村落75个，总量位居全国第五位，是华东地区传统村落数量最多、风格最丰富、保存最完好的县域之一，被誉为“最后的江南秘境”、留存完整的“古典中国”县域标本。先后被国家部委列为中国传统村落保护发展示范县、中国传统村落保护利用试验区和“拯救老屋行动”整县推进试点县。

四都乡陈家铺村

斋坛乡吊坛村

三都乡杨家堂村

叶村乡横坑村

2020年5月13日，宁波东投集团向象溪镇石牌门村捐赠扶贫资金60万元

2020年11月20日，省结对帮扶项目“浙松谷泉”矿泉水厂奠基仪式在松阳县裕溪乡木岱坑村举行

2020年7月8日，裕溪乡“浙松谷泉”项目签订投资合作协议

易地搬迁扶贫重点工程——新溪小区

全面脱贫攻坚

“十三五”规划期间，松阳坚持“不落一村、不落一户、不落一人”原则，以实施低收入农户高水平全面小康攻坚行动为抓手，加快补齐短板弱项，脱贫攻坚取得决定性成果，实现“两不愁三保障”突出问题、“8000元以下”、集体经济薄弱村、零就业家庭“四个清零”。全县农村居民人均可支配收入从2015年的13267元提高到2020年的20804元，年均增长9.4%；低收入农户人均可支配收入从2015年的8417元提高到2020年的11885元，年均增长16.9%。

县农业农村局实施“十箱万元助低收入农户增收”项目助力精准扶贫

村级工程集体建——西屏街道青蒙村粮食功能区提标改造工程路面硬化项目施工现场

古市镇大鲵产业园

2020年2月20日，中共浙江省委书记车俊（右二）在丽水督查疫情防控和复工复产工作期间，在中共丽水市委书记胡海峰（右四）陪同下，到松阳新兴镇茶园、振通宏茶业有限公司了解企业复工、新茶生产等情况

2020年3月3日，浙江省副省长陈奕君（中）在丽水市副市长杨秀清（右二）的陪同下，到松阳开展“三服务”活动，调研指导疫情防控和复工复产工作

2020年5月22日，浙江省副省长刘小涛（右五）在丽水市副市长楼志坚（右三）的陪同下，到松阳调研重大交通项目建设工作

2020年6月4日，国务院发展研究中心资源与环境政策研究所副所长、研究员李佐军（左二）带领专家组到松阳开展生态产品价值实现机制试点评估调研

2020年7月14日，中共浙江省委常委、统战部部长熊建平（前中）在丽水市委常委、统战部部长王小荣（右一）的陪同下，到松阳开展“三服务”活动

2020年7月21—22日，浙江省人大常委会副主任、九三学社浙江省委主委姒健敏（中）到松阳开展专题调研

2020年9月23日，浙江省委统战部副部长、省民宗委主任楼炳文（前中）一行到松阳调研民族宗教工作

2020年10月22日，浙江省政协副主席吴晶（前右二）一行到松阳开展扶贫考察活动

2020年11月21—22日，2020“田园松阳杯”浙沪围棋对抗邀请赛在松阳举行，中国围棋协会副主席、世界冠军常昊在开幕式上致辞

2020年12月18日，浙江省农信联社党委副书记潘天灵（中）带队开展乡村振兴“千企结千村、消灭薄弱村”活动

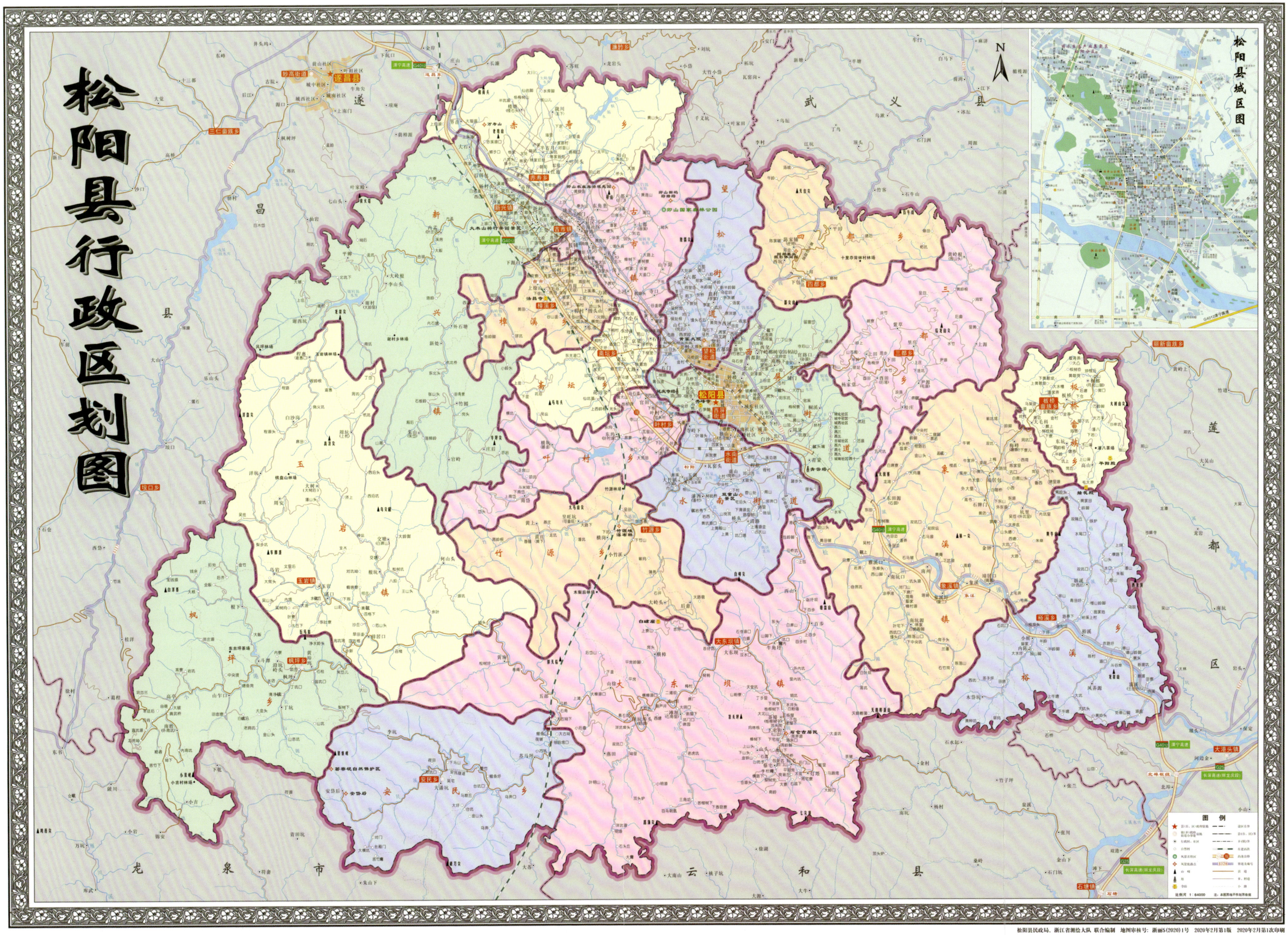

松阳县民政局、浙江省测绘大队 联合编制 地图审核号：浙丽S(2020)1号 2020年2月第1版 2020年2月第1次印刷

目 录

特 载

专 辑

大事记

名 录

松阳概况

中国共产党松阳县委员会

松阳县人民代表大会

松阳县人民政府

中国人民政治协商会议
松阳县委员会

中国共产党松阳县纪律检查委员会
松阳县监察委员会

民主党派　工商联

人民团体

法治　军事

城乡建设

农业农村

工 业

交通运输 电力

信息互联网

商贸　服务业

金融　保险

综合经济管理

教育　科学技术

文体　旅游

融媒体 华数

医疗 卫生

社会事务管理

乡镇（街道）

荣 誉

附　录

特　　载

西屏景色

聚焦富民强县　聚力赶超跨越
奋力开启现代化“田园松阳”建设新征程

——2021年2月19日县委书记李汉勤

在县委十届十一次全体（扩大）会议暨全县干部大会上的报告

一、2020年主要工作

2020年是极不平凡的一年。面对深刻复杂的国内外形势，艰巨繁重的改革发展稳定任务，特别是突如其来的新冠肺炎疫情，县委常委会认真贯彻中央、省委和市委决策部署，始终保持战略定力，深入弘扬践行浙西南革命精神，全面厉行“丽水之干”，扎实做好“六稳”工作、全面落实“六保”任务，统筹疫情防控和经济社会发展，高水平全面建成小康社会取得决定性成绩。初步核算，全年地区生产总值119.49亿元，增长2.8%；一般公共预算收入8.19亿元，增长3.8%；社会消费品零售总额58.82亿元，增长8.7%；城镇居民人均可支配收入42494元，增长5.1%；农村居民人均可支配收入20804元，增长7.4%。

回顾一年来的工作，主要成绩体现在以下几方面：

一是“两手硬、两战赢”展现新作为。新冠肺炎疫情发生后，县委常委会坚决贯彻落实中央省市决策部署，把疫情防控作为压倒一切的头等大事来抓，第一时间成立高规格疫情防控指挥部，建立实体化战时指挥体系，科学统筹、精准施策、靠前指挥，始终坚持“外防输入、内防扩散”，全面保障人民群众生命健康安全。除1名武汉返乡人员确诊并治愈出院外，全县无新增确诊病例和疑似病例。疫情防控形势稳定后，全力以赴推进复工复产、复市复学，深入开展“五减”“两直”专项行动，制定支持企业共渡难关“二十条”等政策，减税降费3.91亿元，在全市率先实现省市重点项目全复工，14个年度重点新开工项目全开工，27个重点续建项目顺利推进，经济社会发展复苏有力，顺利实现“半年正、三季进、全年红”。

二是生态经济发展迈出新步伐。面对百年未有之大变局，县委常委会坚定发展信心与决心，以最大努力的确定性措施有效应对不确定性的变化，全面推进生态产业发展。生态工业持续壮大，启动工业平台“二次创业”，制定出台生态工业发展系列新政，高规格举办首届中国不锈钢管高峰论坛等活动，全年实现规上工业增加值26.22亿元，增长1.6%；装备制造业增加值增长41.2%，排名全市第二。生态农业质效双升，浙南茶叶市场交易量、交易额稳居全国绿茶交易市场首位，成功举办第十三届中国（国际）茶商大会·松阳香茶网络茶叶节，茶产业创新服务综合体列入省级创建名单，创成省级茶叶产业“机器换人”示范县，荣获“十三五”全国茶业发展十强县、2020年度茶业百强县等称号。生态服务业快速复苏，创成全市唯一的国家全域旅游示范区，入选全省全域旅游发展典型案例，成为省级文旅融合发展十佳县、文旅消费试点城市、文化传承生态保护区创建单位。电商经济、直播经济等新经济形态发展迅速，实现年网络零售额32.83亿元，增长48%，增速排名全市第二，连续五年获评“中国电子商务发展百佳县”，成为国家电子商务进农村综合示范县。招商引资成效显著，全年引进项目62个，其中亿元以上优质生态工业项目12个，实际利用市外内资18.4亿元、外资546万美元，均超额完成预期目标。

三是城乡融合发展呈现新面貌。县委常委会始终坚持城乡融合发展方向，积极探索山区特色的新型城镇化道路。城市品质有效提升，火车站站前大道建成通车，北山路拓宽改造工程、要津南路延伸段开工建设，客运中心完成南迁，联合大厦破土动工，“一江两岸”初见雏形。美丽乡村增辉添彩，松阴溪干流滨水绿道实现全线全立交贯通，松阳县成为中国古村落文化遗产保护传承基地，入选省级大花园示范县建设单位，创成部省共建乡村振兴示范县。生态底色更加靓丽，空气质量达近年最优水平，松阴溪出境断面水质常年保持Ⅱ类水标准，再获“五水共治”大禹鼎。基础设施建设取得重大进展，衢宁铁路建成通车，衢丽铁路开工建设，黄南水库实现提前蓄水发电。

四是民生社会事业实现新进步。县委常委会坚持以人民为中心的发展思想，举全县之力决战决胜高水平全面建成小康社会。脱贫攻坚取得决定性成果，实现“两不愁三保障”突出问题、“8000元以下”、集体经济薄弱村、零就业家庭“四个清零”。民生福祉更加殷实，全面完成省市县民生实事，在全市率先完成农饮水达标提标三年行动清盘验收，一体化供水覆盖率稳居全市首位。高考一段上线人数首次突破200人，教育现代化发展水平监测连续两年居全市第一，教育专项考核获省级优秀，系全市唯一。卫生医疗条件持续改善，县中医院迁建和人民医院改扩建项目开工建设，医共体改革持续深化，连续两年获“健康浙江”考核优秀等次，创成全国基层中医药工作先进县。基本养老保险参保率达98.96%，基本医疗保险参保率达99.6%。创成省级运动休闲基地，系全市唯一，大东坝镇被评为省级文化强镇，赤寿乡界首村被评成为省文化示范村。社会大局总体和谐稳定，“4·13”走私制贩毒案被公安部列为共享试点案件，超额完成国家、省级积案化解任务，创成省级无信访积案县、省级无欠薪县，荣获全省首批“一星平安金鼎”。

五是深化改革创新释放新红利。县委常委会始终把改革创新作为破解制约县域发展的“金钥匙”，持续激发创造性张力。事业单位改革、五个领域综合行政执法改革圆满完成，“最多跑一次”改革实现公事、民事、商事全覆盖，机关内部改革各项指标均居全市第一。首创“民情地图”促服务工作机制入选省级基层法治政府建设“最佳案例”，成为全省信访事项依法终结工作试点。制定《松阳县高质量跨越式发展综合改革试点方案》，获省委书记袁家军批示肯定。财政绩效管理持续加强，成功获得新一轮省区域协调财政专项激励政策支持，每年1.5亿元，3年共4.5亿元。获评全省财政管理绩效考评先进单位，得到省政府督查激励表扬。招才引智实现新突破，出台系列人才新政，高规格举办首届人才科技周活动，全年引进博士以上高层次人才26人、硕士研究生15人，大学生1615人，同比增长197%，A、B类人才平台实现“零突破”。

六是全面从严治党取得新进展。县委常委会始终将抓好党建作为最大的政绩，坚定不移推进全面从严治党向纵深发展。修订完善《中共松阳县委关于加强自身建设的意见》，固定每月“逢9日”召开县委常委会会议。持续巩固“不忘初心、牢记使命”主题教育成果，开展“解放思想、加快发展”大讨论，谋划评选“精彩一件事”。严格落实意识形态主体责任，牢牢把握意识形态工作领导权。县委总揽全局、协调各方，全力支持人大、政府、政协和监委、法院、检察院依法依章程履行职责、开展工作，巩固和发展爱国统一战线，充分调动各民主党派、工商联、无党派人士参政议政的积极性和主动性，保持和增强群团组织的政治性先进性群众性，切实加强党管武装和外事、侨务、民族等工作，进一步形成了同心同德、真抓实干的良好氛围。坚持正确选人用人导向，全年调配县管干部6批86人次，并为5名党员干部澄清正名。平稳平静高质量完成村社换届工作，得到市委领导批示肯定。持续纠治“四风”，查处违反中央八项规定精神和形式主义、官僚主义问题15起19人。充分发挥巡察利剑作用，一体推进不敢腐不能腐不想腐，持续保持惩腐高压态势，给予党纪政务处分110人，采取留置措施9人，移送司法机关9人。

二、关于规划建议稿的起草说明

“十三五”时期是与全省同步高水平全面建成小康社会的决胜期。经过五年的接续奋斗，全县经济社会发展取得了重大成就，综合实力跃上新的台阶。“十三五”末全县生产总值达119.49亿元，年均增长6.8%；固定资产投资五年累计完成272.97亿元，年均增长10.0%；一般公共预算收入8.19亿元，增长9.3%；社会消费品零售总额58.82亿元，年均增长11.3%；城镇居民人均可支配收入42494元，年均增长8.2%；农村居民人均可支配收入20804元，年均增长9.4%。以上六项主要经济指标年均增幅均高于全省平均水平。“十三五”规划《纲要》提出的4个方面41项指标，除地区生产总值、人均生产总值、工业增加值、全员劳动生产率、户籍人口城镇化率、单位生产总值能耗、农民人均可支配收入等7项指标，受新冠肺炎疫情以及统计基数调整等因素影响没能如期完成外，其余均已完成，为打造高水平生态文明建设和高质量绿色发展“重要窗口示范区”，全面建设现代化“田园松阳”奠定了坚实基础。

（一）建议稿的起草过程

县委对“十四五”规划建议的起草工作高度重视，成立起草专班，在县委常委会的直接领导下开展工作。建议稿起草期间，先后召开专题调研会、县委务虚会、征求意见座谈会，进行深入研讨、作出总体安排。特别是党的十九届五中全会和省委十四届八次全会、市委四届九次全会以及中央、省委和市委经济工作会议召开以后，又多次召开全县领导干部会议、县委常委会会议学习贯彻有关会议精神，研究深化建议稿。1月底至2月初，将建议稿多次印发至各县处级领导，各乡镇（街道）、部门广泛征求意见。各分管县领导也结合分管工作专题研究“十四五”发展思路。在充分吸收各方意见建议基础上，起草组进一步修改完善，经县委常委会会议审议通过后，提交本次全会审议。

从征求意见情况看，各方面给予建议稿充分肯定。认为建议稿立足松阳实际、聚焦现实问题、谋划未来发展，具有较强的前瞻性、战略性、指导性，是全县开启高水平全面建设现代化“田园松阳”新征程的纲领性文件。通过建议稿的制定能明确“十四五”时期主要目标和二〇三五年远景目标，提出一批引领性、带动性、标志性的战略抓手，为松阳今后五年乃至更长时期的发展提供遵循。

在征求意见过程中，也收集到了不少有见地、有深度、可落地的意见建议，主要集中在以下几个方面：一是建议进一步聚焦产业发展，锚定“工业强县”发展路径，加快走出一条具有松阳特色的“富民强县”新路子。二是建议进一步优化城乡空间布局，加快交通、教育、卫生等基础设施布局，优化提升公共服务水平和质量，加速实现松古平原一城化发展。三是建议持续深化改革创新，用好用活三把“金钥匙”，着力解决人才、土地、资金等要素瓶颈，打响更多具有松阳辨识度的“金名片”。四是建议加强整体智治，强化数字赋能，加快推进县域社会治理现代化，提升社会文明程度，推进社会“长治久安”。五是建议加强党的全面领导，强化干部队伍执行力建设，夯实党的基层基础，广泛凝聚各界力量，形成强大发展合力。对于这些建议，将全面汇总、逐条分析，做到能吸收的尽量吸收。还有一些意见，下一步将体现到“十四五”规划纲要以及专项规划中。

（二）建议稿的起草原则

一是聚焦“富民强县”总目标。党委政府的主要职责是带领群众发展生产，过上幸福生活。县委县政府所有工作都要紧扣这条主线不动摇、不偏离。建议稿立足松阳实际，以“效益最好、效率最高、效果最佳”为目标导向，将有限的人力、物力、财力用在能进一步解放和发展社会生产力，能进一步调动和激发全县上下积极性、主动性、创造性的事情上来。只要有利于增进百姓福祉、有利于增强县域综合实力、有利于服务中心大局的事，即使勒紧裤腰带，也要迎难而上、排除万难做一些经得起历史和人民检验的实绩。

二是坚持“赶超跨越”总基调。加快高质量跨越式发展是省委对山区加快发展县寄予的殷切希望，也是松阳加快实现现代化的内在要求。建议稿从高水平全面建成小康社会，向高水平全面推进社会主义现代化新征程的历史进程着眼，从解决松阳当前发展不平衡、不充分的突出问题和薄弱环节入手，既注重对“十三五”时期重大任务、重点工作、重要政策的紧密衔接和延续深化，又与时俱进改革创新和迭代升级。建议稿坚持唯实惟先，通过设定一些“跳一跳、够得着”的目标，谋划一批纲举目张、牵一发而动全身的重大战略抓手，推动松阳加速换道超车，加快实现赶超跨越。

三是强化“整体智治”总要求。“整体智治”不仅是一次技术变革，更是一场认知与思维的革命。建议稿坚持“整体智治”，按照数字化改革的要求，统筹运用数字化技术、数字化思维、数字化认知，把数字化、一体化、现代化贯穿到党的领导和经济、政治、文化、社会、生态文明建设全过程各方面，对县域治理的体制机制、组织架构、方式流程、手段工具进行全方位、系统性重塑，推动县域整体智治、高效协同，努力实现党委政府决策更科学、治理更精准、服务更高效。

（三）需要重点说明的几个问题

1.关于发展环境的分析。从外部看：当前百年未有之大变局进入加速演变期，机遇与挑战都有新变化，但总体上机遇大于挑战。从全国看，我国发展仍处于重要战略机遇期，经济长期向好的基本面没有改变。进入新发展阶段是我国发展的历史方位，贯彻新发展理念是我国现代化建设的指导原则，融入新发展格局是我国经济现代化的路径选择。从全省看，省委对山区加快发展县提出了“建成诗画浙江大花园最美核心区，形成新发展格局中的新增长极，与全省同步基本实现以人为核心的社会主义现代化”的新要求，并研究制定专项政策予以支持。从全市看，市委提出建设“高水平生态文明建设和高质量绿色发展重要窗口示范区”的目标，并将“双招双引”作为战略性先导工程。周边兄弟县市也都加足马力、火力全开，一派千帆竞发、百舸争流景象。不进则退、慢进也是退。这些都是松阳今后五年乃至更长一个时期谋划工作、推进发展的大环境、大气候、大逻辑。

从内部看：一方面，经过历届县委的接续奋斗，松阳综合实力、人民生活水平、生态产业基础、城乡发展水平、生态环境质量、发展区位环境、开放发展层次等都迈上了新台阶，实现赶超跨越有了更充足的底气。但另一方面，我们也清醒地认识到，县域经济总量总体偏小、工业现代化程度较低、科技创新支撑不足等短板依然明显，城乡协调发展还不够平衡，交通等基础设施配套相对落后，重点领域关键环节改革任务依然艰巨，生态环保、民生保障、社会治理、安全生产、防灾减灾等领域依然存在薄弱环节，人民群众对美好生活有更强烈的期盼。民之所盼、执政所向。这些都要求我们切实增强机遇意识、赶超决心，始终高扬“丽水之干”的奋斗旗帜，加倍努力、奋力奔跑。

2.关于发展定位和总体目标。在征求意见过程中，广大党员干部群众热切表达一个共同心声，希望松阳增强危机意识，把握发展机遇，加快补齐短板，奋力实现既有质量效益、又有规模速度的高质量绿色发展。同时，又要坚定信心、乘势而上，着力打造若干张在全国全省具有辨识度的“金名片”。为此，县委常委会认真回应大家关切，着眼于与全省同步基本实现高水平现代化，推动高质量绿色发展取得决定性成果的战略考量，研究提出“七个新”的总体目标，明确通过努力要让松阳成为高水平生态文明建设和高质量绿色发展“重要窗口示范区”，成为全省新发展格局中的县域支点、诗画浙江大花园最美核心区中的重要板块和全省山区高质量跨越式发展的先行标杆。同时，立足县域资源禀赋和发展现实基础，系统谋划“智能制造新城、中国有机茶乡、全域康养胜地、国家传统村落公园”等具有松阳特色的“金名片”，努力让松阳的高质量发展更具辨识度、更有支撑力，为“重要窗口”增辉添彩。

3.关于纲举目张的战略抓手。建议稿分 12 个部分 45 项具体内容，涵盖科技创新、产业发展、要素流动、协调发展、乡村振兴、改革创新、生态文明、文化发展、民生福祉、安全发展、制度保障等重点领域的思路和重点工作。

一是开展高质量跨越式发展综合改革。这项改革旨在破解制约松阳高质量跨越式发展的体制性障碍、机制性梗阻，通过推动产业发展、城乡融合、县域治理、要素保障等方面的政策性创新，致力蹚出一条山区县实现高质量跨越式发展的新路径。作为省委书记袁家军点题、交办的改革任务，也是松阳的重大政治责任。谋划好、推进好、超预期完成改革目标，是松阳政治判断力、政治领悟力、政治执行力的重要体现。务必要从讲政治的高度，以对松阳负责的态度，群策群力、众志成城把这件事干好、干出彩。

二是建设智能制造新城。生态工业是制约松阳发展的突出矛盾和最大短板，也是松阳实现高质量跨越式发展最大潜力和最大希望。为此，我们提出把生态工业高质量发展作为主攻方向，突出科技创新和产业创新双联动，努力打造以“生态、先进、高质量”为导向，以“数字化、智能化、现代化”为支撑，以“产业大脑+未来工厂”为引领，要素集聚、业态集成、产城融合的“智能制造新城”。

三是建设中国有机茶乡。茶产业是松阳名副其实的农业主导产业和富民产业，也是松阳融入新发展格局的重要媒介。为此，我们立足全国、放眼世界，重点聚焦松阳茶产业“大而不强”“大而不精”“大而不彰”等问题，提出以“有机发展”为产业引领，系统推动茶资源全价利用、茶产业全链开发、茶品牌全城共建、茶效益全民共享，努力打造茶园有机、茶品高雅、茶文荟萃、茶人质朴、茶韵浓郁的“中国有机茶乡”。

四是建设全域康养胜地。康养产业顺应时代发展潮流，正在成为我国又一个新兴的战略性支柱产业。松阳生态资源禀赋优越、传统村落保存完整、乡土文化底蕴深厚，发展康养产业可谓“天时地利人和”，大有可为，也必须大有作为。为此，我们提出以优质生态为底色、以全域旅游发展为支撑、以中医药产业为核心，构建经济、产业、服务、文化、数字“五大体系”，努力打造囊括“食养、医养、水养、体养、文养、气养”全领域、全时域、全县域的“全域康养胜地”。

五是建设国家传统村落公园。松阳传统村落资源丰富，通过多年乡村振兴探索创新，积累了相对系统成熟的实践经验，并具备一定的知名度和美誉度。为此，提出创新“国家公园”建设理念，以“全域大花园”为目标追求，按照“整体化、品牌化、景区化”的建设思路，着力破解传统村落保护与发展的矛盾，努力打造全面展示诗画浙江独特韵味、系统展现乡村振兴战略成果、充分彰显中国乡村别样魅力的“国家传统村落公园”。

六是加快推进松古平原一城化。重构松阳城乡布局，是释放人口红利、注重空间腾挪、激活发展潜力、增进民生福祉的重要路径。为此，我们提出秉持“统筹、集聚、便民”理念，用好用活“跨山统筹”金钥匙，以“松古平原一城化”为总抓手，借势遂松乡村振兴示范区建设，加快乡镇片区组团发展、特色发展、错位发展，加速城乡资源要素的节约集约利用、双向循环畅通，构建“区域联动、跨界统筹、内聚外联”的县域发展新布局，努力打造新发展格局的县域支点。

七是建设现代综合立体交通体系。交通是发展主动脉，是畅通经济循环的基础支撑。为此，我们提出实施“交通先行”战略，着力构筑高效、便捷、舒适的现代综合立体交通体系。聚焦“外连”，加快推进衢丽铁路建设，深化金松龙城际铁路、义武松龙高速等前期工作，谋划建设浙西南铁路物流中心，着力畅通松阳融入新发展格局的战略通道。聚焦“内畅”，建立符合县域特点的交通网络与交通组织方式，推进江北公路建设，完善城乡客运、旅游交通网络和慢游绿道环线，实现松古平原 15 分钟城市通勤圈、30 分钟高效通达各乡镇县域时空圈。

八是构建推动共同富裕的有效机制。实现共同富裕是建设“重要窗口示范区”的应有之义，也是建设现代化“田园松阳”的主要目标之一。为此，我们提出要把共同富裕作为根本导向，把持续增收作为根本任务，巩固和发展松阳乡村振兴示范先行作用，大胆探索、积极实践，稳住工资性收入增长势头，挖掘经营性收入增长潜力，拓展转移性收入增长空间，释放财产性收入增长红利，构建群众可持续增收的长效机制。同时，要把实现物质和精神共同富裕作为更高层次的目标追求，努力创造更多优秀的精神文化产品，满足群众多元化精神文化需求，促进人的全面发展。

九是构建党建统领的整体智治体系。加强党的全面领导是干好新时代各项工作的根本保证。为此，我们提出以加强党的全面领导、服务县委“总揽全局、协调各方”为主线，推进党政机关全方位、系统性、重塑性改革，构建综合集成、协同高效、闭环管理的运行机制，推动党的全面领导在“制度”“治理”“智慧”三个维度纵深推进。同时，从“思想观念和体制机制”入手，全面提升党员干部的政治能力，深化争先创优和容错免责机制，强化干部担当履职，倡导“唯实惟先、善作善成”的工作导向，做到见红旗就扛、有第一就争。

三、2021 年主要工作思路和举措

2021年是中国共产党成立100周年，是“十四五”规划开局之年，也是全面开启社会主义现代化建设新征程的第一年，又恰逢县乡换届，做好今年工作意义重大、影响深远。

今年工作的总体要求是：坚持以习近平新时代中国特色社会主义思想为指导，全面贯彻党的十九大和十九届历次全会以及中央省市经济工作会议精神，全面落实省市全会部署，围绕忠实践行“八八战略”、奋力打造“重要窗口”主题主线，立足“新发展格局中的新增长极”发展定位，聚焦“富民强县”，聚力“赶超跨越”，系统开展“改革创新落实年”活动，致力打响“智能制造新城、中国有机茶乡、全域康养胜地、国家传统村落公园”四张金名片，全力建设高水平生态文明建设和高质量绿色发展“重要窗口示范区”，奋力打造现代化“田园松阳”，以优异成绩喜迎中国共产党成立 100 周年！

今年的经济社会发展主要预期目标为：地区生产总值增长 8.5%以上；规模以上工业增加值增长 12%以上；服务业增加值增长 8%以上；固定资产投资增长 12%以上；社会消费品零售总额增长 8%以上；货物出口总额适度增长；一般公共预算收入与经济增长同步；城镇居民人均可支配收入增长 8.5%左右；农村居民人均可支配收入增长 10%左右。

建立“191”工作体系。

（一）围绕一个奋斗目标

围绕“富民强县”奋斗目标，聚力“做大产业扩大税源行动计划”“提升居民收入富民行动计划”，集中力量抓发展、办实事、惠民生，努力让松阳百姓享有更好的教育、更稳定的工作、更满意的收入、更可靠的社会保障、更高水平的医疗卫生服务、更舒适的居住条件、更优美的环境、更丰富的精神文化生活，加快打造人民尽情享受高质量幸福生活的美好家园。

（二）聚焦九项重点工作

县域工作千头万绪，必须抓住县域发展的主要矛盾和矛盾的主要方面，集中精力抓好事关松阳发展的大事、事关松阳百姓民生福祉的要事。为此，做好今年工作，全县上下务必要牢固树立“统筹、整合、联动”理念，重点聚焦“四张金名片”建设，统筹实施“五大行动”，以“首战当决战”的姿态，谋好新篇、开好新局。

1.聚焦“智能制造新城”建设。深入实施生态工业五年倍增行动计划，打好工业经济高质量发展组合拳，确保全年制造业投资增幅达 30%以上，新增工业供地 93.33 公顷以上。一要加快平台整合。围绕建设“浙江松阳经济开发区”目标，全面推进平台“二次创业”，完成赤寿生态工业区块（二期）规划编制，年内启动项目征迁。完成不锈钢管科创小镇规划，年内启动项目建设。加速推进赤寿智能装备产业园、古市小微园、中德 AI 产业园建设进度，初步形成产业小集群。二要推动产业转型升级。加快传统行业“机器换人”，推动智能制造发展，全年推广工业机器人 45台，完成“企业上云”15 家。深化工业节能与绿色制造省级试点，创建一批绿色工厂、绿色产品、绿色园区和绿色供应链等绿色制造体系，全面完成不锈钢退火油烟整治提升，启动轧机油雾治理，高标准完成 3 家不锈钢管生产废水处理中心改造提升工作。深入实施“低散乱”企业整治新三年行动计划，开展工业功能区域内亩均税收 2 万元/亩以下企业的整改提效，盘活闲置低效用地 6.67 公顷以上。三要提升产业发展动能。实施“凤凰行动”“雏鹰行动”，建立“专精特新”小微企业重点培育库，全年至少新增省级隐形冠军或培育企业 1 家、规上企业 8 家、亿元以上企业 3 家。加大科技投入力度，增强企业自主创新能力，全年至少新培育国家高新技术企业 4 家、省科技型企业 15 家、省高新技术企业研发中心 1 家。规上工业企业研发投入强度提高 0.2 个百分点以上。

2.聚焦“中国有机茶乡”建设。深入实施“中国有机茶乡”五年建设方案，系统推进产业结构调整、生产方式转变、质量效益提升，确保年内茶产业全产业链产值突破 130 亿元。一要强化有机种植。积极推进有机茶基地建设，引导鼓励开展有机认证，年内每个乡镇（街道）至少新培育 1个 2 公顷以上的有机茶示范基地，全年建成标准化茶叶生产基地 1333.33 公顷。铁腕推进肥药双控，确保肥药双减 5%以上。加强茶叶种质资源保护与开发。二要培育龙头企业。加快茶叶初制加工厂规范化提升，鼓励企业构建“龙头企业+合作社（种植大户）”发展模式，扶持一批规模较大、有一定市场份额和创新能力的茶企。积极引进大型茶企，加快对接落地茶文化街区项目。三要完善产品体系。深化茶叶精深加工，推进茶产业与全域旅游、文化创意、养生养老等业态有机结合，积极培育“卯山仙茶”“禅茶”等特色茶，推动茶产业链的前后端延伸与拓展。四要加强平台建设。深入推进浙南茶叶市场改造提升，完善提升茶叶市场交易体系，加快茶香小镇建设进度，推进茶产业综合体建设，构建“线上线下”“买方卖方”差异化的交易平台。五要强化品牌宣传。加强与字节跳动（抖音）、阿里巴巴、拼多多、腾讯等合作，积极开展各类茶事活动，高质量办好第十四届中国（国际）茶商大会·松阳香茶网络茶叶节，提升“松阳银猴”“松阳香茶”品牌形象，提高松阳茶叶知名度。鼓励支持开设茶楼、茶馆、茶餐厅、茶养生馆、茶书院等茶主题空间，营造浓厚的茶乡氛围。

3.聚焦“全域康养胜地”建设。深入实施“全域康养胜地”五年建设方案，强项目、增亮点、优服务，确保全年旅游产业增加值占 GDP 比重超过往年，游客人均消费增长 10%以上。一要加快项目落地。深化推进全域旅游建设，实施全域“微改造、精提升”行动，加快清露乡隐、全民健身中心等在建项目进度，推进马蹄泉文旅综合体、果栖·四都云巢、瓦窑头区块文化商业综合体等项目加快落地。提升景区建设水平，年内至少创成景区镇 3 个、景区村 15 个。二要培育康养业态。加快推进中医药康养产业示范项目建设，积极打造康养示范基地、田园康养小镇、山区康养聚落、美食康养街区，启动卯山区块中医药养生旅游示范基地、安民森林康养小镇创建。三要完善基础配套。加快构建“快进慢游”交通体系，加强高铁站换乘接驳功能，打通松阴溪绿道至小港绿道连接枢纽，完善老城、四都、三都等重点区域内部导视系统。加速推进中医药康养智联网云大脑项目落地，构建智能化、可视化、可溯化的康养数字体系。完善提升服务水平和质量，建立 5 分钟医疗急救体系，年内至少完成 1 家旅游饭店创建，新增金宿级以上民宿 1 家，引进品牌酒店 1 家。

4.聚焦“国家传统村落公园”建设。脱贫攻坚取得胜利后，全面推进乡村振兴是“三农”工作重心的历史性转移。要以“国家传统村落公园”建设为抓手，推动巩固拓展脱贫攻坚成果同乡村振兴有效衔接，加快促进农业高质高效、乡村宜居宜业、农民富裕富足。一要注重规划引领。结合县域国土空间规划编制，借智借力做好顶层规划设计，以省级历史文化名城为核心，以松阴溪为串联，打造“传统村落绿色发展、新兴茶旅融合、水韵畲乡文旅融合、水墨小港集成改革、红绿古色融合”五大示范区。加快推进三都、四都绿色发展示范项目建设。二要营造美丽环境。加强村落传统格局和历史风貌的整体保护，注重保护乡愁，严控核心区建房，最大限度避免建设性破坏。加快推进“千年古城”复兴计划和“未来社区”建设。持续开展人居环境改造提升，年内至少启动 5 个传统村落景区村创建，创成 1 个以上“美丽城镇”样板乡镇。以“扫地也要扫出天下第一”的志气和极致要求，深入开展“洁净乡村”建设，做到城里城外、村里村外、家里家外都干干净净，打响“洁净松阳”品牌。三要激活乡村业态。加快香榧、油茶全产业链发展，推动民宿经济、文创经济、运动休闲、养生养老、研学教育等深度融合发展。充分嫁接数字经济，鼓励支持直播经济、动漫产业、竞技游戏、影视演艺等业态进乡村。四要擦亮文化底色。持续深入实施“拯救老屋行动”，上线国家传统村落公园“数字博物馆”。邀请知名专家、学者高规格召开国家传统村落公园研讨会，注册“国家传统村落公园”商标，系统开展“走进国家传统村落公园”系列活动。进一步深化与联合国人居署等合作，办好第二届城乡联系国际论坛，继续向世界讲好“松阳故事”。

5.实施“双招双引”行动。重点破解“四张金名片”打造过程中项目、人才、科技等关键性要素制约。将“双招双引”作为全县“一盘棋”的“一号工程”和战略举措，成立强有力领导小组，各级党政“一把手”挂帅亲征、亲力亲为，实行专班化整体运作，集聚全县之力，用好用活“问海借力”金钥匙，加快形成跨越式发展的内生动力。一要锚定招引方向。结合县域发展目标定位，尤其是聚焦“工业强县”发展路径，深入研究、精准确定招引主攻方向，紧盯央企、上市公司、行业龙头、制造业 500 强等各领域头部企业，精准谋划、招引一批能有效集聚人才、技术、资金等高端要素，具有成长性、策源性、协同性的优质项目，确保年内招引各类优质项目 50 个以上，其中亿元以上工业大项目 10 个以上。二要创新招引方式。聚焦“产业链”，画好“招引图”，积极搭建招引载体，系统开展驻点招引、乡情招引、基金招引、飞地招引等，提高招引质效。深入实施“百名产业工程师汇聚、百名金牌茶师选塑、百名高技能工匠提升、百名艺术家入驻乡村、百名博士反哺家乡、百名高学历教师医师引育”等招才引智“六百工程”，与时俱进制定完善高含金量、有吸引力的人才政策体系，夯实人才支撑。三要优化招引氛围。健全项目服务、政策兑现、帮扶壮大等机制，切实帮助企业、人才解决实际问题，进一步优化营商环境和拴心留人条件，营造“亲商安商富商”“爱才敬才惜才”的良好氛围。

6.实施“重点项目攻坚”行动。重点破解“四张金名片”打造过程中项目谋划不足、建设不快、效益发挥不充分等短板问题。牢固树立“抓项目就是抓发展”理念，注重“投入产出比、成本效益比”，积极扩大有效投资。一要谋深谋实。结合“十四五”规划编制，准确把握国家、省市产业政策、战略布局、资源配置等新趋势，深入研究“碳达峰、碳中和”，积极谋划争取抽水蓄能、光伏、风电等新能源项目。立足“长三角一体化”“一带三区”“山海协作”升级版等战略布局，谋深谋细现代化综合交通体系支撑项目，用好“飞地”“飞楼”等创新模式，积极谋划落地一批科技创新、产业平台等重大项目。二要抢抓进度。与质量较真、跟时间赛跑，做到计划尽量提前赶、每月都有新进展、年底要能出效益。12 个新开工项目确保三季度前实现全开工，27 个重点续建项目在保证质量的前提下能快则快，3 个重点预备项目要扎实做好前期工作，确保年内开工建设一批、加快推进一批、竣工投产一批。三要健全机制。落实落细一个项目“一名联系领导、一个牵头单位、一套推进机制、一个具体的计划安排、一项督查跟踪”的“五个一”工作机制，加大政策处理遗留问题破解、项目要素保障等方面的攻坚力度，确保重大项目无障碍施工。

7.实施“数字化改革”行动。重点破解“四张金名片”打造过程中数字赋能不足、整体协同不够、信息资源不对称等问题。将数字化改革作为立足新发展阶段、贯彻新发展理念、构建新发展格局的重大战略举措，围绕省委数字化改革“1+5+2”工作体系，重点聚焦“党政机关、数字政府、数字经济、数字社会、数字法治”五大方面，创造性贯彻落实，做到规定动作接得住、自选动作有创新。一要抓好统筹推进。牢固树立“一盘棋”思想，既要“操其要于上”，加强战略谋划和顶层设计；也要“分其详于下”，把握工作着力点，将数字化改革与县域经济社会发展的中心工作、重点任务有机结合起来。组建跨部门、跨层级的实体化工作专班，实行“一个专项、一个团队、一套方案、一抓到底”工作机制，形成工作闭环。二要抓好工作承接。按照省市数字化改革统一部署，主动做好与省市相关部门的对接沟通，找准工作方向；强化横向对接，确保一体推进、步调一致。紧扣省级改革时间节点，建立动态工作台账，按月列清单、按周抓进度，全力冲刺，赛马争先，确保高质高效完成各项改革任务。三要抓好特色创新。充分发挥松阳特色优势，创造性开展“民情地图”智治平台建设。聚焦群众企业“关键小事”和部门工作堵点，积极开发民情地图中枢、平安驾驶舱、E户分等创新应用，力争一批应用在全省面上复制推广。有序开展县域大数据归集整合、共享开放，集成“指标、工作、政策、考核”等体系，推动“民情地图”促服务整体智治系统持续迭代升级，完善多业务场景化协同应用，构建立体化、专业化、智慧化的“一网通办”整体智治系统。

8.实施“全域土地综合整治”行动。重点破解“四张金名片”打造过程中土地要素保障、发展空间拓展、生态环境修复等制约问题。立足县域土地资源潜力，以“重整山河”理念，做到全域谋划、试点先行、整县推进。一要强化规划。充分结合人口转移、项目建设、基础设施完善等需求，优化村庄布局，做到保护优先、科学规划，最大限度盘活存量、做优增量，促进全域各类土地要素有序流动和土地节约集约利用。二要系统推进。在前期全面摸排全县批而未供、供而未建、应拆未拆存量建设用地等底数的基础上再深化、再挖潜，分类别、分区域、分时序建立全域土地资源信息数据库。按照“惠民利民、简洁明了”原则制定完善政策，确保政策的科学性、合理性、延续性。支持县域房地产市场健康稳定发展。在试点先行基础上，把握节奏全面铺开，统筹做好安置地建设以及后期服务管理工作，实现“地等人、房等人”。同步开展“一户多宅”清理、违章建筑整治等工作，解决一批历史遗留问题，全面推进“无违建县”创建工作。三要促进发展。积极引导村民向县城、古市等集聚，形成集聚效应，加速推动城镇化进程。做好“土地整治+产业发展”文章，整治“低散弱”，加快低效用地盘活利用，推动县域生态产业发展。

9.实施“提升本质平安”行动。重点破解“四张金名片”打造过程中和谐稳定发展环境的营造和维护难题。以“长治久安”为目标追求，加快构建“制度设计更趋完备、制度运行更加有效”的县域治理制度体系，推动县域治理体系和治理能力现代化。一要防范重大风险。强化底线思维、风险意识，全面筑牢政治安全、制度安全、意识形态安全防线，坚决防范化解各类重大风险隐患，全力营造安全的政治环境、稳定的社会环境、公正的法治环境、优质的服务环境。二要强化源头治理。做深做细各项涉稳政策的制定工作，切实做到政策制定的连续性，确保政策执行的公平性。做实初信初访等源头性基础性工作，充分发挥矛调中心、全科网格、联动联调机制等作用，确保“小事不出村、大事不出乡镇”。健全应急管理工作体制机制，统筹抓好生产安全、消防安全、交通安全、食品药品安全等领域隐患治理，加大各类违法犯罪行为打击力度，确保成功护航建党100周年，实现平安创建“十七连冠”。三要压实工作责任。认真落实平安稳定领域各方责任，着重压实村（社）组织责任，严格落实新增信访积案、行政败诉案向县委常委会说明制度，加强平安稳定领域风险管控，加快形成责任落实闭环。

（三）开展一个年活动

即：开展“改革创新落实年”活动。总的思路是：聚焦“高质量”“跨越式”“现代化”，用好用活“创新引领”金钥匙，以改革的理念、创新的思路，打破思想禁锢、消除路径依赖、发挥基层“首创精神”，以数字化改革为总牵引，全面推进高质量跨越式发展综合改革试点，深化基层特色化改革，做到谋划落地一批、总结提炼一批、加快集成一批，全力营造全县域、各领域大抓改革、大抓创新、大抓落实的良好氛围。

具体要实现“四个争先”。一要改革突破争先。坚持问题导向、需求导向、效果导向，全面解放思想，以“精彩一件事”为突破口，力争形成一批全市第一、全省前列、全国有影响的特色亮点工作，并大力培育会议经济。二要服务提质争先。高标准实施“三服务”2.0版，坚持系统观念，突出数字赋能，推动服务“理念、方法、机制、作风”系统重塑、迭代升级，开展全程服务、精准服务、联动服务，有效帮助企业群众基层解难题、开新局。三要风险防控争先。坚持底线思维，提高风险预见预判能力，既要全力化解存量风险，也要做好不可预计增量风险的有效应对，全力提升实现本质平安的能力和水平。

四要基础夯实争先。坚持党建引领，找准平安稳定、环境卫生、收水费(物业费)等社会关注、群众关心的“关键小事”，以点带面夯实基层党建基础。组织部、民政局、农业农村局制定考核方案，县人大、县政协定期组织人大代表、政协委员进行视察、检查，共同推进平安松阳、洁净松阳、诚信松阳建设。

雄关漫道真如铁，而今迈步从头越。今天我们站在“两个百年”历史交会点上，开启高水平建设现代化“田园松阳”的新征程。使命光荣，任务艰巨。实现这一目标，关键要坚持和加强党的全面领导，充分调动一切可以调动的积极因素，广泛团结一切可以团结的力量，引导和推动全县上下团结一心、艰苦奋斗，把党的政治优势充分转化为发展胜势。

一要突出政治建设。持续完善“不忘初心、牢记使命”长效机制，学深悟透习近平新时代中国特色社会主义思想，深入抓好党的十九届五中全会精神宣传贯彻，扎实做好意识形态工作，常态化开展中共党史、各类专业知识等专题学习培训，不断提高政治判断力、政治领悟力、政治执行力。高标准谋划开展好庆祝中国共产党建党100周年系列活动。积极构建党建统领、整体智治、高效协同的工作体系，全力支持人大、政府、政协和监委、法院、检察院依法依章程履行职责，充分发挥各民主党派、工商联、无党派人士的重要作用，巩固和发展最广泛的爱国统一战线，认真做好党管武装、民族宗教、老干部等工作，高质量推进新时代党的群团工作，确保党的全面领导更加坚强有力。

二要夯实基层基础。全面贯彻新时代党的组织路线，以组织体系建设为重点，完善运行机制。扎实做好村社组织换届“后半篇文章”，制定“一肩挑”干部权力清单、村干部科学考核体系，规范村“两委”班子民主决策程序，完善民主监督机制。深化“群众在哪里、战斗堡垒就建到哪里”的“潮汐式”社区党建模式，统筹加强城乡、机关、“两新”等各领域党建工作，强化人员、经费、阵地等要素保障，构建党建统领的基层智治体系。严格规范党员发展程序，提升党员发展质量，从严管理党员队伍，落实“三会一课”、主题党日、组织生活会等党内政治生活制度。

三要锻造干部队伍。坚持在“三重一线”中提升干部能力，扎实推进“茶炼年轻干部培养”品牌建设，开展“百团作战”“青蓝结对”等系列行动，努力打破“隐形台阶”，小步快跑、系统培养，增强各年龄段干部干事激情。严格执行领导干部政治素质考察实施细则，把干部的“德”放在首要位置，探索建立“干情大数据”信息系统，将孝敬父母、缴纳物业费、邻里关系等纳入考核。针对干部队伍中存在的“七多七少”现象，以制度性举措强化干部执行力建设，聚焦重点项目建设，定期开展“金牛奖”“蜗牛奖”评选活动，给重点项目推进有力、成效突出的干部颁发“金牛奖”，给进度滞后、作风不良的干部颁发“蜗牛奖”。搭建干部工作晾晒平台，开展“百名人大代表、政协委员评机关”活动，实行不称职县管干部、中层干部公开曝光、轮岗交流机制，县直部门、乡镇（街道）综合考核末位黄牌警告和干部淘汰制度，倡导“能者上、庸者下、优者奖”的良好氛围。高质量做好县乡领导班子集中换届。落实落细容错免责、澄清正名机制，用好关心关爱、谈心谈话等制度，促进“干部为事业担当、组织为干部担当”的良性循环。

四要优化政治生态。聚焦“两个维护”，强化政治监督，确保党的重大决策部署政令畅通、令行禁止。进一步深化“清廉松阳”建设，绘好“廉情地图”，实施“清廉赶集日”，推动清廉品牌建设全覆盖。突出抓早抓小强化纪律监督，突出风险防范深化监察监督，突出靶向治疗做实派驻监督，突出问题整改推进巡察监督，不断推动“四项监督”有机贯通。强化正风反腐，锲而不舍落实中央八项规定精神，坚决防止“四风”问题反弹回潮。坚持无禁区、全覆盖、零容忍，坚持重遏制、强高压、长震慑，始终保持惩治腐败高压态势，营造干部清正、政府清廉、政治清明、社会清朗的政治生态和良好发展环境。

政府工作报告

——2021年3月10日代县长莫靓

在松阳县第十二届人民代表大会第五次会议上的报告

一、2020年工作及“十三五”期间主要发展成就

2020年，是极不平凡的一年，是充满挑战的一年。一年来，面对历史罕见的新冠肺炎疫情影响，在县委的坚强领导下，在县人大和县政协的有力监督支持下，全县上下团结一心、攻坚克难，统筹推进疫情常态化防控和经济社会平稳健康发展，扎实做好“六稳”工作，全面落实“六保”任务，顺利完成“十三五”规划主要目标任务，高水平全面建成小康社会取得决定性成果。

（一）坚持精密智控，“两战”展现新作为

面对疫情大战大考，全县上下众志成城、坚韧作战，第一时间启动应急响应、进入战时状态，全面开展地毯式排查、网格化管控，发动广大党员、志愿者严守各道“小门”，筑牢了“外防输入、内防扩散”的生命屏障，取得了抗疫的阶段性胜利，除1名武汉返乡输入型病例确诊并治愈出院外，全县无新增确诊和疑似病例，常态化疫情防控工作考核居全市第二。疫情防控形势稳定后，迅速推进复工复产，通过简化开复工流程、开展驻企服务、开通返岗绿色通道等，实现各领域快速平稳复工复产、复市复学。开展“五减”“两直”专项行动，完成减税降费3.9亿元、“两直”资金补助3653万元。创新推出茶产业防疫“思维导图”“四色”工作证做法，有效实现“既防得住疫情，又闻得到茶香”，获得省委主要领导肯定。在“争先创优”行动中，二季度我县荣获全省优+等次，下半年获市级“最佳实践”激励4次。经过全县上下共同努力，经济社会发展复苏有力，顺利实现“半年正、三季进、全年红”目标。全年实现地区生产总值119.5亿元，增长2.8%；财政总收入13.7亿元，增长6.7%，其中一般公共预算收入8.2亿元，增长3.8%；社会消费品零售总额58.8亿元，增长8.7%；城乡居民人均可支配收入分别为42494元、20804元，增长5.1%、7.4%。在2019年度全省26县发展实绩考核中，位列全省第四、全市第一。

（二）科学应对挑战，产业发展稳中有进

生态工业力开新局。启动平台“二次创业”，制订生态工业五年倍增计划，出台工业高质量绿色发展“三十条”、工业人才新政及中介招商、顾问招商等专项政策，累计为企业减负2.8亿元，落实县级财政奖补资金5000余万元。签约亿元以上工业大项目12个，总投资额达30亿元，签约额创历史新高。工业运行逐季向好，全年完成规上工业增加值26.2亿元，增长1.6%，其中数字经济核心产业制造业、装备制造业增加值分别增长81.8%、41.2%，居全市第一和第二。持续推进平台建设，赤寿生态工业区块一期工程顺利推进，恒兆智能制造产业园开工建设。120天完成精品不锈钢管产业示范园房屋征迁和首家企业供地，创造“新速度”。高规格举办首届中国不锈钢管高峰论坛，成为“不锈钢管标准领跑者”培育基地，成立全国钢标委松阳县不锈钢管标准工作站，与冶金工业信息标准研究院和中国钢铁工业协会签订战略合作协议。产业数字化、生态化改造有新提升，不锈钢管机器换人、茶产业转型升级、“两化融合”三个省级试点项目顺利竣工验收，我县入选工业节能和绿色制造省级试点，新增省级企业研究院1家、绿色工厂2家。科马摩擦材料成为全县首家省级“隐形冠军”企业、省级企业技术中心，上上德盛建成省级数字化车间。建筑业稳步发展，全年实现产值37.3亿元，缴纳税收2.9亿元。

生态农业保持平稳。茶叶产量、产值分别增长5.2%和6.8%，成功举办第十三届中国(国际)茶商大会·松阳香茶网络茶叶节和“国际茶日”直播活动，发布“松阳香茶”团体标准。

浙南茶叶市场交易量、交易额分别达8.1万吨、62.1亿元。我县创成省级茶叶主导产业“机器换人”示范县。深入开展“有机农耕强县”创建，新建“600基地”0.18万公顷，古市、玉岩获评省级农业绿色发展示范区。新增油茶213.33公顷、香榧400余公顷，成功举办第三届全国香榧炒制大赛。对标欧盟标准推进肥药双减，建成省级“肥药两制”改革农资店10家。抓好粮食生猪增产保供，建成高标准农田733.33公顷，种植水稻2266.67公顷，粮食产量达3.6万吨，出栏生猪8万头，茶香牧业大型生猪养殖项目部分建成并投产。农文旅融合持续深化，新增“丽水山耕”背书产品39个、提升合作主体13家。

生态服务业加快复苏。多措并举提振服务业，在全省率先出台文旅“十条新政”，发放疗养券2335万元，实现旅游收入53.7亿元，同比恢复97.4%，恢复度居全市第一，服务业增加值增长5.7%。全域旅游实现重大突破，创成全市首个国家全域旅游示范区，成为省级文旅融合发展十佳县、产业融合试验区、消费试点城市培育单位，松阳经验入选全省全域旅游发展典型案例。电商经济、直播经济发展迅速，新建成茶叶电商孵化园，全县实现网络零售额32.8亿元，增长48%，增速居全省第七、全市第二，连续五年获评“中国电子商务发展百佳县”，入选国家电子商务进农村综合示范县。加大金融服务实体经济力度，实现银企线上对接“零见面”审批，推动建立“无还本续贷”等多层次转贷体系，新增制造业贷款6亿元，增长34.7%，增幅居全市第一，发放专项再贷款3.9亿元，额度居全市第三。

（三）激发内生动力，发展环境持续优化

项目建设取得新进展。聚力推进重点项目，开展项目前期提速提质“双提”活动，扩大有效投资“抢时间、补增量”工作考核居全市第二。14个重点新开工项目全部开工，27个重点续建项目顺利推进，共完成投资12.6亿元。衢宁铁路全线开通，衢丽铁路开工建设，赤卯公路建成通车，西竹玉公路推进顺利。黄南水库提前蓄水发电，淹没公路改建工程通过交工验收。中德AI产业园、卯山森林康养2个县（市、区）长项目开工建设。农村饮用水达标提标工程全面完工，并在全市率先通过省级验收，成为省级饮用水达标提质行动示范试点县，系全市唯一。

重点改革实现新突破。我县制定的高质量跨越式发展综合改革试点方案，获得省委主要领导批示肯定。八大领域改革不断深化，全年新增省部级试点2项、省厅级试点16项。事业单位改革、“五个领域”综合行政执法改革圆满完成。“最多跑一次”改革在公事、民事、商事及司法领域等实现新突破，机关内部“最多跑一次”改革各项指标居全市第一，入选中国营商环境百佳示范县。社会力量助力养老、乡村景区无障碍试点、青年志愿服务等改革经验在全国会议交流发言，“掌上办事员助老人跨数字鸿沟”做法获央视点赞，“三延伸破除山区群众办事最后一公里难题”入选丽水改革先锋优秀实践案例。探索生态产品价值实现路径，完善县乡两级生态强村公司运行机制，开展“两山银行”建设，我县获得省区域协调财政专项激励支持。财政绩效管理工作获得省政府督查激励。

创新发展注入新动力。坚定不移实施创新驱动战略，茶产业创新服务综合体列入省级创建名单。出台系列“人才新政”，举办首届人才科技周活动，引进绿谷精英5名，聘用人才科技工作顾问11名，成立“才聚松阳·人才工作室”，新引进博士以上高层次人才26名，硕士15名，大学生1615名，17位科技特派员完成入驻，A、B类人才平台实现“零突破”。深化政产学研合作，与8家高校院所达成校地合作协议，在上海松江区设立人才招引联络站。强化暖心人才服务品牌建设，开展第四届“突出贡献人才奖”“突出贡献集体奖”评选表彰。完成首届工业企业“金牌蓝领”评选，新培育“松阳茶师”4301名，举办第三届“松阳工匠”系列技能大比武。加强品牌培育，新增注册商标670件、农产品商标182件。知识产权创造能力持续增强，新获授权专利479件，增长49.7%。预计全社会研发经费投入占生产总值比重达1.96%，同比提升0.2%。

（四）注重建管并举，城乡品质不断提升

城市功能更加完善。南城建设有序推进，客运中心完成南迁，联合大厦破土动工。老城改造更新稳步推进，完成老剧院等区块保护性修缮工程，青田码道安置房完工，文里区块初步成型，张玉娘诗文馆等建成开放。完成老旧小区改造5个，既有住宅加装电梯、城区截污纳管、城市燃气管道建设等工程稳步推进。优化提升城市公共空间，新增地下停车位160余个、城市绿地5.1万平方米。城市路网进一步畅通，火车站站前大道建成通车，城北公交首末站工程竣工，北山路拓宽改造工程、要津南路延伸段开工建设。城区垃圾分类深入推进，新建成省级高标准生活垃圾分类示范小区2个，创成“定时定点”投放清运商业街1条、小区1个。

乡村韵味不断提升。新认定新时代美丽乡村51个，创成省级美丽乡村示范乡镇1个、精品村3个，成为省级大花园示范县建设单位，大花园建设考核连续三年获全市优秀，古市古城、松阴溪、武松古道入围全省大花园“耀眼明珠”培育名单，大东坝镇成为新时代美丽城镇建设省级样板，横樟村入选省级历史文化保护重点村。推进“百千万”工程，新增1个景区城、6个景区镇、25个景区村，新兴镇成为全国乡村特色产业十亿元镇，茶排村入选全国乡村旅游重点村，云上平田旅游创客基地纳入文旅部投融资项目库。一批精品乡村项目加快推进，桐榔文化康养基地、膳垄玖层美术馆开工建设，云夕摩加共享度假空间、桃野等精品民宿投入运营，新增银宿级民宿4家，创建丽水山居农家乐综合体1家、精品民宿5

家，鸣珂里成为“浙江非遗特色民宿”。原生态高品质绿道体系进一步成型，新建绿道130公里，松阴溪干流绿道实现全线全立交贯通，双童山绿道获评“丽水最美绿道”。板桥至莲都丽新“跨县”公交恢复运营。

生态环境持续优化。围绕生态提标，深入实施“蓝天、碧水、净土、清废”四大行动，完成35蒸吨以下燃煤锅炉淘汰，不锈钢废水集中处理中心提标改造、退火油烟综合整治稳步推进，完成3个省级“污水零直排区”建设，开展砂石料加工行业雷霆整治专项行动，建成光洁固废处置项目。生态环境质量排在全省前列，松阴溪及其支流各断面水质达标率100%，庄门源创成省级美丽河湖。空气质量优良率达100%，为历年最优水平，PM2.5均值降幅居全市第一。

（五）坚持民生为本，人民生活更加美好

保障水平有效提高。涉及省市县三级民生实事全面完成。社保覆盖率稳步提升，基本养老保险、医疗保险参保率分别达97%、99.6%，“浙丽保”参保率达88%。关爱弱势群体，落实低保、孤困儿童等救助资金5729.2万元，发放残疾人补贴1800余万元，恒泰康养中心、县级残疾人托养中心建成投用。多方促进就业，开展“就业创业乡村行”招聘会9场。开展“四个清零”攻坚，加强低收入农户动态管理，建立干部结对帮扶制度，落实产业帮扶项目资金3378万元。完成C、D级农村危房改造287户，实现年度动态清零。“大搬快聚富民安居”工程稳步推进，完成搬迁1111户3270人，其中整村搬迁651户1636人，铺门小区二期完工。推进村级工程集体建等促进村集体增收，行政村村均收入达74.6万元，其中经营性收入达35.5万元。

社会事业稳步推进。教育基础设施加快完善，职业中专迁建工程、丽水学院松阳校区推进顺利，育英小学项目完成征迁。教育改革继续深化，“公民同招”改革实现平稳落地。教学质量再创佳绩，普通高中高考上线率98.7%，本科上线率64.7%，其中一段上线217人，教育专项考核获省级优秀，系全市唯一。健康松阳共建共享水平不断提升，2020年度市级考核获全市第一，并连续两年获省考核优秀。医共体改革走在全市前列，出台卫健人才队伍建设新政，县中医医院迁建、人民医院改扩建等项目开工建设，流动医院巡诊服务7.5万人次。公共卫生应急能力进一步增强，县人民医院和县疾控中心的PCR实验室完成改建投用。中医药发展收获硕果，乡村振兴中医药康养示范项目稳步实施，创成全国基层中医药工作先进县。文体事业繁荣发展，成为省级文化传承生态保护区创建单位，大东坝镇获评省文化强镇，赤寿乡界首村获评省文化示范村。启动文化基因解码工程，《箬寮风雷》登陆北京保利云剧院平台中央戏剧栏目，松阳高腔传承保护实践团入选省文化和旅游创新团队。积极打造本土赛事品牌，举办走进国家传统村落公园系列赛事，松阳国际天空跑挑战赛列入省重点培育赛事名录库，田园松阳马拉松入选省马拉松特色赛事。成为全市首个省级运动休闲基地。

社会大局和谐稳定。开展安全生产领域“三个基础提升年”行动，安全生产形势保持总体平稳，事故起数、死亡人数同比分别下降18.2%、20%。完善基层自治体系，顺利完成村社组织换届。社会综合治理成效逐步显现，成立县级矛调中心，调解成功率、办结满意率均达100%，创成省级无信访积案县、省级无欠薪县。强化诉源治理，推动“五调联动”，在全市率先实行政府购买人民调解服务。健全协同高效的社会治理信息体系，强化技术手段综合应用。推进食品溯源体系建设，县级以上规模农产品生产主体可追溯率达100%，成功培育放心消费单位611家、放心工厂66家，建成中小学校和幼儿园“阳光厨房”17家。深入落实强军任务，连续四年实现兵役登记率100%，高质量完成征兵工作。严格落实战备制度，高标准完成民兵整组工作，民兵救援队参与多项应急抢险救援任务，有力保卫人民群众生命财产安全。

（六）突出提升效能，政府自身建设有新成效

政府数字化转型工作有序推进，积极对接省公共数据平台2.0应用，政务服务网办件量达33.5万件，掌上执法率达到100%，“掌上办公之县”“掌上办事之县”基本完成建设。坚持依法行政，召开府院联席会议系统部署法治工作，常态化开展集中学法。严格落实法定决策程序和民主决策制度，全年召开政府常务会议20次，审议通过议题137项。“民情地图”促服务工作机制入选全省县乡法治政府建设“最佳案例”。创新出台鼓励公职人员参加法律职业资格考试政策，提升法治政府建设整体水平。基层政务公开标准化、规范化建设稳步推行。自觉接受人大、政协监督，办理县人大代表建议案101件和政协提案136件。实干导向更加鲜明，会议、文件、督查等进一步精简整合。严把政府经费支出关口，“三公”经费、一般性支出分别下降10.2%、12%。

五年来，坚持解放思想、争先进位，综合实力显著增强。主要经济指标年均增幅均高于全省平均水平。全县地区生产总值从81.3亿元增加到119.5亿元，年均增长6.8%；财政总收入从7.7亿元增加到13.7亿元，年均增长12.1%，一般公共预算收入从5.3亿元增加到8.2亿元，年均增长9.3%；城镇居民人均可支配收入从28669元增加到42494元，农村居民人均可支配收入从13267元增加到20804元，年均分别增长8.2%、9.4%，城乡居民收入倍差从2.16缩小到2.04。

五年来，坚持转型升级、做强优势，产业发展质量有效提升。产业结构由13.9∶45.1∶41.0调整为11.2∶37.8∶51.0。茶叶、香榧、油茶三大农业主导产业渐成规模，茶叶种植面积达0.9万公顷，全产业链产值达127亿元，我县成为全省首个全国茶叶标准化生产基地，荣获“十三五”全国茶业发展十强县等称号，浙南茶叶市场交易量、交易额稳居全国绿茶交易

市场第一。香榧、油茶种植面积分别达5600公顷、7066.67公顷，“松阳香榧”地理标志商标正式启用，成为全省香榧特色产业示范县，油茶产品获森博会金奖6个。工业发展平台初步成型，基本建成集聚区和山海协作产业园平台。制造业发展提质增效，工业企业亩均税收实现翻番，完成“腾笼换鸟”86.67公顷，工业园区通过省级循环化改造示范试点验收。不锈钢管产业成型成势，无缝管产量占全国近三分之一，全面完成“煤改气”、酸洗和轧机场地改造及“1331”工程。建筑业发展取得新突破，培育建筑总承包一级企业2家、二级企业3家，累计实现产值151.9亿元，超额完成100亿元目标。全域旅游蓬勃发展，连续五年获全市考核一等奖，旅游收入年均增幅达36.3%，居全市第一，创成国家AAAA级旅游景区3个、省级旅游风情小镇2个、省A级景区村104个，成为全国旅游创新发展示范地、全国最佳养生休闲旅游名县。

五年来，坚持改革创新、开放协作，发展活力竞相迸发。实现公事、民事、商事“最多跑一次”全覆盖，企业、群众办事更加方便省心。在全省率先颁发第一批不动产（林权）证，率先推出茶园种植政策性农业保险试点，创新建立田园乡村惠农担保互助社模式，成为全国农村集体“三资”管理示范县、省农村综合改革金融创新示范试点县。“民情地图”成为全省首个基层社会综合治理国家级标准化试点，并以省地方标准形式在全省推广。先行先试开展传统村落保护和“拯救老屋行动”，成为全国传统村落保护发展示范县、试验区和全国“拯救老屋行动”整县推进试点县，“拯救老屋行动”入选中共中央、国务院《乡村振兴战略规划（2018－2022年）》。完成“1+6”国企架构搭建，国有资产实现有效保值增值。注重创新主体培育，新增国家高新技术企业19家、省科技型中小企业71家、省级高新技术企业研发中心10家、省级企业研究院4家。对外开放迈出新步伐，与上海松江区和金山区枫泾镇、宁波余姚市、嘉兴经开区等建立全面合作关系，累计开展山海协作产业合作项目159个，实际到位资金107.3亿元，余姚“飞地”项目建成投用，嘉兴经开区“飞地”、上海海尔智谷“飞楼”项目顺利推进。集成优质资源开展东西部扶贫协作，助力四川巴州区、新疆新和县完成脱贫攻坚任务。

五年来，坚持互融互通、共建共享，城乡面貌焕发新颜。生态环境持续优化，创成国家生态县、国家卫生县城，荣获“中国天然氧吧”称号，美丽河湖建设成为“浙江样板”，连续两年获得“大禹鼎”。强力推进“三改一拆”，累计拆违294.7万平方米，完成三改453万平方米，创成省“基本无违建县”。国土绿化加快推进，完成美丽林相建设5466.67公顷、绿化造林1066.67公顷，新植珍贵树木30.5万株，保护濒危古树117株。城市建设更具品位，“一江两岸”风景带独具风情，明清古街成为松阳城市名片，项弄、青田码道、瓦窑头等区块有机更新稳步推进。品质南城逐步成型，路网框架基本建成，公共服务逐步完善。望松北城形成以黄家大院、状元文化为特色的精品文旅路线。古市镇发展实现新突破，创成省级文化强镇、省级文明城镇、省级森林城镇。乡村振兴加快推进，入选首批部省共建先行创建单位、省级乡村振兴产业发展示范县。

五年来，坚持以民为本、兴办实事，民生福祉持续增进。民生领域累计支出168.4亿元，占一般公共预算支出的82.8%，年均增长5.6%。多方促进群众增收，基本消除城镇“零就业家庭”，全面消除人均收入8000元以下贫困现象。统筹开展地质灾害治理和易地搬迁，累计搬迁3009户8452人，新（续）建安置小区15个。高质量完成“四好农村路”建设，实现乡镇（街道）和行政村等级公路通达率100%。养老服务体系更加健全，在全市率先实现全域“一院”集中供养，居家养老服务照料中心运行率全市第一，“农村宅基地换养老”模式获“中国地方政府创新奖”。城乡一体化供水体系更加完善，农村人口供水一体化率达74.8%，为全市最高、全省山区县前列。教育提质成效显著，创成全国义务教育发展基本均衡县、衢丽地区首个省级教育现代化县、全省首个“语言文字规范化县”，标准化学校创建率达100%，教育现代化发展水平总体达成度超75%，连续两年居全市第一。健康松阳建设持续深入，全县人均预期寿命从77.76岁提高到79.79岁，成为中国长寿之乡健康养生服务示范城市。公立医院综合改革扎实推进，2家医共体运行管理持续优化，古市医院建成投用，乡镇卫生院标准化率达100%。文化事业繁荣发展，初步打响“三大文化品牌”，顺利通过省基本公共文化服务标准化建设认定，越剧《张玉娘》进京展演，获省“五个一工程”奖；高腔红色剧目《箬寮风雷》入围第十四届浙江省戏剧节提名剧目；《松阳传家》入选2019全国文化力年度榜。县文化中心、博物馆、非遗馆、城市书房等建成投用，新增农村文化礼堂101个。县文保所获评全国文物系统先进集体，系全市唯一。社会保持安全稳定，“平安松阳”建设实现“十五连冠”，荣获全省首批“一星平安金鼎”。

此外，国防动员、退役军人、民族宗教、外事、侨务、供销社、总工会、公积金、文联、妇女、儿童、老人、青少年、融媒体、史志档案、气象、人防、科协、红十字、残疾人、慈善事业等工作均取得新成效。

在过去五年发展进程中，各乡镇（街道）也发挥各自优势特色，奋力拼搏进取，形成了百舸争流、竞相争先的良好态势，为全县发展大局发挥了重要支撑作用。

以上这些成绩的取得，是县委正确领导的结果，是县人大和县政协有力监督支持的结果，更是全县人民团结拼搏、共同努力的结果。在此，我谨代表县人民政府，向全县人民和广大建设者，向人大代表、政协委员、各民主党派、工商联、无党派人士、各人民团体、离退休老同志、驻松部队官兵、消防救援队伍指战员，向所有关心支持松阳经济社会发展的朋友们，表示衷心的感谢并致以崇高的敬意！

各位代表，在肯定成绩的同时，我们也清醒地看到政府工作还面临不少困难和问题：受外部各类不确定性因素影响，实体经济发展面临许多困难，工业现代化程度较低，经济稳增长压力持续加大；生态产品价值转化通道还未完全打开，发展新旧动能转换仍需加快；资源要素约束明显，土地占补平衡、节能减排等任务更加艰巨，重大平台、科技人才支撑能力不足；教育、医疗、养老等服务还不能完全满足人民群众对美好生活的新期盼；应急管理和防灾救灾体系存在薄弱环节，影响社会和谐稳定的风险隐患不少；政府自身建设还存在薄弱环节，部分政府工作人员改革创新、担当作为的精气神不足，数字化水平、闭环抓落实能力不够，少数指标及任务完成情况未达到预期。对此，我们将正视矛盾、直面问题，进一步增强忧患意识、责任意识、效率意识，在今后工作中努力加以解决。

二、“十四五”时期的主要目标和任务

今后五年，是松阳开启现代化建设新征程的第一个五年，虽然面临着诸多的时代挑战，但也有着许多难得的历史机遇。

从外部大环境看，当今世界正处于百年未有之大变局，国际形势的不稳定性、不确定性进一步加剧，但是在党中央的坚强领导下，我国准确识变、科学应变、主动求变，把握新一轮科技革命、产业变革契机，加快推动构建以国内大循环为主体、国内国际双循环相互促进的新发展格局，经济长期向好的基本面没有变，正处于可以大有作为的重要战略机遇期。

从自身条件看，随着铁路、公路、航空等对外交通大通道的持续构建，松阳基础交通条件将进一步改善。同时，我们在发展生态产业、推进乡村振兴、深化社会治理上砥砺奋进，有力推动了茶产业、不锈钢管、全域旅游、建筑业等产业累积新优势、创出新亮点，创新开展了传统村落保护发展、“拯救老屋行动”、“民情地图”促服务等具有松阳辨识度的特色工作，一批精品乡村建筑多次登陆高等级国际展台，极大提升了松阳的知名度、影响力，松阳人的自豪感、获得感、幸福感进一步增强。

因此，我们要继续坚定信心、振奋精神、创新实干，既善于把握机遇、顺势而为，又勇于迎接挑战、逆势而上，奋力推动松阳实现新一轮的大发展、大跨越。

根据《中共松阳县委关于制定松阳县国民经济和社会发展第十四个五年规划和二〇三五年远景目标的建议》，县政府编制了《松阳县国民经济和社会发展第十四个五年规划和二〇三五年远景目标纲要(草案)》，提请大会审议。经本次大会批准后，县政府将认真组织实施。

“十四五”时期，我县经济社会发展的指导思想是：高举习近平新时代中国特色社会主义思想伟大旗帜，深入学习贯彻党的十九大和十九届历次全会精神，深化落实中央及省市党委政府和县委决策部署，坚持党的全面领导，坚持以人民为中心，坚持系统观念、系统方法，坚持稳中求进工作总基调，立足新发展阶段，贯彻新发展理念，融入新发展格局，坚定不移走创新实践“绿水青山就是金山银山”理念发展道路，围绕忠实践行“八八战略”，奋力打造“重要窗口”主题主线，以浙西南革命精神注魂赋能立根，全面厉行“丽水之干”不动摇，聚焦富民强县，聚力赶超跨越，突出数字化改革、特色化发展，实施“双招双引”战略性先导工程，致力打响“智能制造新城”“中国有机茶乡”“全域康养胜地”“国家传统村落公园”四张金名片，着力打造高水平生态文明建设和高质量绿色发展“重要窗口示范区”，奋力开启高水平建设现代化“田园松阳”新征程。

“十四五”时期，松阳经济社会发展的主要目标是：在高质量的前提下实现必要适度的高速度增长，努力成为全省新发展格局中的县域支点和新增长极、诗画浙江大花园最美核心区中的重要板块及全省山区高质量跨越式发展的先行标杆，致力打造经济发展更高质量、生态环境更加优美、改革开放更具活力、城乡发展更加融合、人民生活更加安康的现代化“田园松阳”。到2025年，地区生产总值达到175亿元，年均增长8%左右，人均生产总值达到8.8万元，工业增加值突破70亿元，全社会研发投入、数字经济核心产业增加值占地区生产总值比重分别达到3%、4%；人均预期寿命超过80岁，常住人口城镇化率达到65%以上，城镇和农村居民人均可支配收入分别突破6万元、3万元，城乡居民收入倍差缩小至2.0以内。

要实现上述总体目标，总的既要坚持拼搏进取、奋力争先，又要保持定力、稳扎稳打，正确处理好速度与质量、投入与产出、短期与长远的关系，集中力量办大事，实现一年一变样、三年上台阶、五年有质变。其中，着重要抓好六方面任务：

全力提质增效，开创生态产业发展新局面。围绕打造“智能制造新城”，聚力实施生态工业高质量绿色发展五年倍增行动，全面推进平台“二次创业”，建设高能级的万亩工业大平台，到2025年，建成百亿规模的“全国精品不锈钢管示范基地”，新开发工业用地333.33公顷以上，规上工业企业数、产值分别达到150家以上、300亿元以上，亩均税收达到20万元以上，上市公司达到2家以上，力争工业发展进入全市第一梯队。持续推进新型建筑工业化，谋划建设建筑业产业园，支持本土建筑业企业做大做强。围绕打造“中国有机茶乡”，加快农业现代化进程，推进国家级和省级农业产业强镇、省级现代农业园区、省级特色农产品优势区、茶香小镇等平台建设，全力创建长三角地区绿色生态安全农产品供应地、农村产业融合发展示范区。重点推动茶产业发展的标准提升、品牌打响、市场做强、全链增效，到2025

年，有机茶基地面积达到333.33公顷，有机茶转换基地面积达到333.33公顷，高标准茶园种植面积达到0.67万公顷，茶叶全产业链产值达到150亿元。推进香榧、油茶、林下经济发展扩面提质和延链补链，巩固发展蔬菜、水果、食用菌、畜禽养殖等优势产业。围绕打造“全域康养胜地”，整合文旅资源，培育新兴业态，加强对外交流，完善配套建设，提升服务品质，着力在建设国家AAAAA级旅游景区、大型商业服务综合体、五星级酒店上实现新突破，构建宜居宜业宜游的城、镇、村三级景区化体系，打造囊括食养、医养、水养、文养、体养、气养的全时全域高品质康养胜地。到2025年，力争旅游产业增加值占地区生产总值比重达到10%以上，全县景区城、景区镇、景区村覆盖率均达100%。

致力护好生态，建设美丽宜居新家园。实施最严格的生态空间管控制度，统筹推进高水平的山水林田湖草生态系统修复。依托“花园云”智慧平台，推广应用物联网、大数据等技术，建设全域立体生态监测网。逐步开展碳达峰、碳中和行动，着力开发光伏、风电等绿色能源，力争抽水蓄能电站等重大项目早日落地建设。探索开展用能权、排污权、碳排放权等市场化转换交易。深化“蓝天、碧水、净土、清废”行动，稳步推进全域“污水零直排区”建设，全力创建“无废城市”。到2025年，实现全县危险废物、生活垃圾无害化处置率均达100%，力争创成国家生态文明建设示范县，打造天更蓝、地更绿、水更清、空气更甜的大美松阳。

聚力创新驱动，激发县域发展新活力。坚持以数字化改革为统领，以高质量跨越式发展综合改革试点为载体，通过集成式改革开路，打造一流营商环境，提升县域发展竞争力、投资创业吸引力。加快构建产学研用创新平台，积极融入浙西南科创中心建设，推进精品不锈钢管科创小镇、茶产业省级创新服务综合体、茶产业省级农业科技园区等高等级创新平台建设。强化企业创新主体地位，实施科技企业“双倍增”行动，培育更多“专精特新”企业。加强与高校院所等科研机构合作，积极承接科研成果转化。实施人才科技新政，优化全流程配套服务，加大工业、科技、金融、教育、卫生等领域引才育才力度，加强“松阳茶师”等本土技能人才培育。到2025年，全社会研发经费投入占生产总值比重达3%以上，国家高新技术企业、省科技型中小企业数量实现倍增，总量分别突破50家、150家，省级高新技术企业研发中心、省级企业研究院总量分别突破20家、10家。

大力开放兴县，打造联动发展新格局。深化与联合国人居署等国际组织合作，继续讲好“松阳故事”，提升国际关注度。深度融入“一带一路”、长江经济带、长三角一体化等国家战略布局，以加强与上海松江区对接合作为突破口，深化开展平台载体共建、承接产业梯度转移、科技创新交流合作工作。推进松阳－余姚山海协作升级版打造，集成要素建立一批高能级的“产业飞地”“科创飞地”。围绕构建“一带三区”发展新格局，加强遂松乡村振兴示范区平台建设，推动两地深化产业发展协作、重大平台建设、花园乡村共创、科技创新共进、文化品牌共建，着力打造遂松乡村振兴全国样板。进一步畅通对外开放的综合立体交通网，加快衢丽铁路松阳段建设，深入谋划义龙高速松阳段、金龙城际铁路松阳段、通用机场、浙西南铁路物流中心等项目，建成西竹玉公路、235国道松阳段改建等项目，启动原50省道雅溪口至裕溪段改建、235国道松阳至武义段改建等项目建设。

着力统筹协调，展现城乡建设新面貌。围绕松古平原一城化发展，持续推动“一江两岸”配套设施建设，打造水岸交映的城市景观主轴。加快南城独山、文教、火车站等区块建设，打造城市新门户。深化老城区块保护更新，积极申报中国历史文化名城，将明清古街打造为高品质步行街。加快望松产城融合，完善重要基础设施配套，提升黄家大院、吴弄区块等文旅精品线路。推动古市片区发展提档升级，深入开展古市老城保护更新，加大公共设施建设投入，积极发展商贸服务产业，加快大花园“耀眼明珠”和省“千年古城”复兴试点建设，带动片区联动发展。加快推进“未来社区”建设，力争1个以上项目进入省级建设试点。持续深化美丽城镇、美丽乡村建设，完善以镇带村、镇村联动机制，争创美丽城镇样板乡镇3个以上。围绕构建“一心一带五区”的国家传统村落公园发展格局，结合国土空间规划编制，科学推动村庄规划布局调整。深化传统村落保护发展、“拯救老屋行动”和农村“三大革命”，继续推进绿道建设，进一步繁荣产业、美化环境、提升乡韵，到2025年，打造3条花园乡村风情带、18个花园乡村精品村，创成省级新时代美丽乡村标杆县。

倾力补齐短板，开创幸福和谐新生活。以保基本、补短板、兜底线为重点，推进更高水平的社会救助、更可持续的社会保险、更加完善的住房保障、更加贴心的养老服务等体系建设，让百姓的幸福更有质感。千方百计拓宽增收渠道，实施更积极的就业政策，健全公共就业服务体系建设，每年城镇新增就业人数不低于1200人。坚持教育为先，全面推进教育提质，实现优质教育供给能力、教师队伍素质、学生核心素养全面提升，加快推动丽水学院松阳校区二期等重点项目建设。构建均衡发展的医疗服务机制，持续推进公立医院综合改革和优质医疗资源下沉，以“一张网”理念打造覆盖全县域人群的连续化健康服务体系，推动医疗服务向村级延伸，实现就医更加便捷，到2025年县域就诊率提高到90%以上，基层就诊率达到65%以上。促进文化事业繁荣发展，加强公共文化设施建设，提升公共文化服务品质，谋划建设集“五馆”功能于一体的松阳文化交流中心，推出一批具有松阳特色的文艺精品。持续推进田园文化传承生态保护区建设，完成文化基因解码工程。推动“三大文化品牌”市场化建设，加强松阳高腔的保护传承与发展。建设本质平安的“平安松阳”，织密立体化、智能化的安全生产、防灾减灾、食品药品安全等防护网。强化数字赋能，以“民情地图”迭代升级等为抓手，推进县域整体智治，构建“县乡一体、条抓块统”的高效协同治理格局，争当推进县域治理现代化排头兵。完善矛盾纠纷多元化解机制，畅通和规范群众诉求表达、利益协调、权益保障通道。

三、全力以赴做好2021年工作

各位代表，2021年是建党100周年、“十四五”开局之年，也是高水平建设现代化“田园松阳”的起跑之年，做好今年工作事关重大、意义非凡。县政府将深入贯彻落实中央、省市党委政府及县委有关决策部署，围绕县委提出的“191”工作体系，以“改革创新落实年”为载体，坚持稳中求进工作总基调，在做好疫情常态化防控的基础上，扎实做好“六稳”工作，全面落实“六保”任务，推动高质量跨越式发展取得新成绩、实现新突破，以松阳的“稳”和“进”为全省全市大局多作贡献，用优异成绩为建党100周年献礼。

建议今年经济社会发展的主要预期目标为：地区生产总值增长8.5%以上；规上工业增加值增长12%以上；全社会研发经费投入占生产总值比重达到2.16%以上；服务业增加值增长8%以上，其中文化及特色产业增加值增长12%以上；固定资产投资增长12%以上；社会消费品零售总额增长8%以上；货物出口总额适度增长；一般公共预算收入与经济增长同步；城镇居民人均可支配收入增长8.5%左右；农村居民人均可支配收入增长10%左右。节能减排完成市下达目标任务，生态环境质量保持全省前列。

为实现上述目标，县政府将按照县委总体部署，统筹落实好六方面重点工作：

（一）聚力“双招双引”，进一步提升发展动能

围绕推进传统产业转型升级和战略性新兴产业培育，全面梳理全县工业存量用地、资源分布、产业类型、政策体系、人才培养等要素信息，聚焦不锈钢管等主导产业原材料供应、上下游产业链配套、商业模式创新等，精准绘制政策资源集成化、应用管理智能化的“双招双引靶向地图”。聚焦长三角、珠三角、京津冀等区域核心城市，进一步强化驻点招商，拓展招商阵地，协同开展顾问招商、基金招商、飞地招商、乡情招商、以商招商等模式。紧盯重大战略项目及关键核心人才，建立健全专班化、点对点的招引机制，力争全年引进项目100个以上，其中工业项目50个以上、亿元以上工业大项目10个，新增工业供地93.33公顷以上。实施招才引智“六百”工程，用好人才系列新政，大力引进工业、科技、教育、卫生等领域高层次人才，力争招引人才数量较2020年实现倍增，引进大学生4000名以上。发挥人才科技工作顾问、引才联络站的资源优势，强化与上海等地区高校院所对接联系，建立上海海尔智谷“科创飞楼”平台。加强人才联合会建设，持续办好人才科技周、不锈钢管高峰论坛等活动，加强与冶金工业信息标准研究院、钢研总院及相关科研院所合作，推动建立相应分支机构，新入驻院士专家工作站、博士后工作站各1家。

（二）突出转型升级，进一步提升产业层次

加快发展先进制造业。出台“智能制造新城”五年建设方案，深化平台“二次创业”，完成全县工业平台整合提升，全力争创“浙江松阳经济开发区”。加快推进赤寿生态工业区块二期工程，完成开发规划编制并启动土地征迁。建立制造业项目专班服务机制，加快赤寿精品不锈钢管产业示范园、恒兆智能制造产业园、古市小微园等平台建设进度，加快新创泰业、兆祥车业、Hape国际、万寿建材、云中马、宝丰钢业、科马摩擦材料、华威门业等新增或扩产大项目落地建设，力争不锈钢管科创小镇实现开工。落实生态工业高质量发展系列政策，统筹推进“雏鹰行动”“雄鹰行动”，加强企业梯度培育，力争新增规上企业8家、亿元以上企业3家、省级隐形冠军企业1家。实施“凤凰行动”升级版，针对企业需求实行个性化扶持，加快推动企业股改上市，力争实现主板上市企业零的突破。加速产业数字化进程，推广工业机器人45台、完成企业上云15家。实施“低散乱”企业整治新三年行动计划，力争盘活闲置低效用地13.33公顷以上。积极推进新型建筑工业化发展，完善建筑业扶持政策，推进建筑业高质量发展。

着力推进农业现代化。出台“中国有机茶乡”五年建设方案，推进数字“三农”精准赋能，推广规模化种植、标准化管理，力争高品质建成标准化茶叶生产基地0.13万公顷，每个乡镇（街道）至少启动建设1个2公顷以上的有机茶示范基地。办好第十四届中国（国际）茶商大会·松阳香茶网络茶叶节，进一步打响“松阳银猴”“松阳香茶”公用品牌。深化浙南茶叶市场改造提升，持续完善服务功能。谋划布局香榧、油茶全产业链发展，推进松阳香榧特色产业示范县项目建设和区域协调发展专项政策落实，新发展香榧、油茶各200公顷。畅通优质农产品供销循环，加强与抖音、淘宝、拼多多等平台合作，通过联合举办松阳专场活动，大力培育电商、直播等线上新零售业态。提升粮食生产能力，全力打造江北现代化数字灌区，实现0.53万公顷良田精准灌溉，确保粮食播种面积、产量分别稳定在0.8万公顷和3.6万吨以上。加大生猪养殖扶持力度，推动茶香牧业大型生猪养殖项目全面投产，促进国家级原种场等生猪产业链提升项目落地。优化农资溯源信息化系统，落实农药实名制购买和化肥定额制，实现管控水平基本达到欧盟标准。

加快发展现代服务业。出台“全域康养胜地”五年建设方案，深化国家全域旅游示范区建设，推进省级文旅消费试点城市、省级文化传承生态

保护区建设。实施全域“微改造、精提升”行动，加快推进清露乡隐度假区、全民健身中心、大木山绿乐园、果栖·四都云集、瓦窑头区块文化商业综合体等项目。继续实施“百千万”工程，完成3个景区镇、15个景区村、1个国家AAA级景区创建。建设特色鲜明的旅游配套设施，新增一批旅游饭店、“松阳故事”旅游商品旗舰店、“松阳味道”特色美食体验店。壮大红色旅游，以安民、枫坪、玉岩、大东坝“两乡两镇”为核心，积极创建红色旅游经典景区，打造经典线路，实施红色革命文物保护及展示利用工程，力争将安岱后村打造为各级党校培训现场教学基地。联合周边地区开展营销活动，开通旅游专列，开拓上海、江苏、福建等客源市场。推进文旅产业数字化，建设数字文旅平台二期。积极承办现场会、培训会等各类市级以上会议，大力发展会议经济。促进批发、零售、餐饮行业健康发展，培育限上商贸企业6家。优化金融综合服务体系，构建金融供需对接平台，增加新增贷款投放，持续提升中小企业融资覆盖面。

（三）坚持固本强基，进一步提升发展活力

持续扩大有效投入。进一步优化“4+1”投资结构，实现交通投资、生态环保和公共设施投资、高新技术产业投资、民间投资分别增长12%，谋划盯引县（市、区）长项目4个，确保落地率50%以上。完善项目工作机制，确保12个以上重点新开工项目、27个重点续建项目、3个重点预备项目、23个重大前期项目顺利推进，实现黄南水库、瓦窑头区块改造安置房、青田码道安置区块、城区截污纳管雨污分流、江南东路道路及景观、北山大道拓宽改造、民兵训练基地、职业中专迁建、丽水学院松阳校区等项目基本完工。

继续深化改革创新。以数字化改革为统领，在“1+5+2”总体框架基础上迭代一批、创新一批、建成一批具有松阳辨识度的创新场景。聚力推进高质量跨越式发展综合改革试点，推进山区水利现代化先行县、财政绩效管理体制改革、“两山银行”、“民情地图”促服务等重点改革创新实践举措取得新成效。加快国企市场化改革，进一步拓展业务、提高效益，全力争取国资平台获AA主体信用评级。探索股权融资、公司债等资本运营方式，争取成功发行公司债。支持企业加大科技创新投入，力争新增国家高新技术企业4家、省科技型中小企业15家、省级高新技术企业研发中心1家。推进茶产业省级创新服务综合体、不锈钢管产业研究院等建设，打造一批高能级创新平台。

（四）统筹城乡建设，进一步提升人居环境

提升城市功能品位。推进大花园建设“增花添彩”工作，启动省级示范文明县城创建，打造新时代山水花园城市。“绣花式”推进老城改造更新，实施南北泄洪排涝渠、明清街路面积水改造工程，着力解决内涝问题。启动长松路、太平坊路西段等老城区主干道改造、新华路延伸段道路、龙湖漫步园等工程，建成城市天然气中压管道8公里。加快城区生活垃圾分类扩面，推进城乡垃圾资源化利用处置项目建设，创成省级高标准分类示范小区2个。深化住宅小区物业管理规范化建设，进一步提升居民满意度。

深化美丽乡村建设。出台“国家传统村落公园”五年建设方案，做好顶层规划设计，实施一批示范项目。推进省级美丽乡村标杆县创建，持续打造松古盆地（茶香）乡村振兴示范带，精心打造一批宜居宜业宜游的示范乡镇和特色精品村。按照“五美”要求，加快美丽城镇建设。巩固提升农村“垃圾革命”成果，加快垃圾分类处理终端建设及城乡一体化处理进程。常态化开展洁净家庭、花园庭院创建，全域提升农村环境质量，打造群众可“席地而坐”的人居环境。办好第二届城乡联系国际论坛、乡村复兴论坛·松阳峰会。

持续优化生态环境。全面推进乡村全域土地综合整治与生态修复工程，促进土地有效利用、人口加速集聚、村貌持续提升，高质量开展新兴镇国家级全域土地综合整治试点，争创省全域土地综合整治示范区。深入实施生态文明示范创建行动，确保省级生态文明示范县通过复评，争创省级美丽河湖示范县、省级河湖库疏浚砂综合利用试点县。打好污染防治攻坚战，常态化抓好秸秆禁烧和烟花爆竹禁燃工作，加快西屏街道、水南街道、古市镇“污水零直排区”项目建设。实施园区地下水调查评估及污染防治工程，高标准完成3家不锈钢管废水处理中心提标改造。深入开展砂石料加工行业雷霆整治专项行动。推进“无废城市”建设，建成小微企事业单位危险废物集中收集平台。深化“绿色制造工程”，推进工业节能与绿色制造省级试点项目，推广使用清洁化能源，完成10家不锈钢管企业退火油烟整治提升，深度治理有机废气。

（五）着力改善民生，进一步提升幸福指数

优先促进富民安民。聚焦促进群众多渠道就业，开展各类就业创业政策宣传和招聘活动，落实“稳岗补贴”“社保费返还”等政策。举办创业大赛和技能比武大赛，提升高校毕业生、农民等群体就业创业能力。积极构建推动农民稳定增收的长效机制，继续加大农民增收项目实施力度，确保低收入农户人均可支配收入增长10%以上。深入实施“大搬快聚富民安居”工程，推进山区农民转产转业、持续增收。推动村集体经济发展提质增效，鼓励发展物业、飞地、服务、光伏等多元经济业态。不断增强社会保障，全面实施全民参保计划，基本养老保险参保人数达到18.63万人。做好基本民生保障工作，加快精准高效的社会救助体系建设，适时提高最低生活保障标准，实现“儿童之家”建设乡镇（街道）全覆盖。积极争创省级康养联合体试点，实现乡镇（街道）居家养老服务中心全覆盖。持续解决低收入群体住房问题，加强保障性租赁住房建设。

协调发展社会事业。持续加大教

育资源供给，力争创成全国义务教育优质均衡发展县。深入实施教育提质三年行动计划，争取义务教育段和高考教育质量成绩均进入全市前三。高标准建设育英小学、文教园区幼儿园。实施健康战略、健康行动，启动“国家级慢性病综合防控示范区”、浙江省健康促进县创建，力争健康建设保持省级考评优秀。深化县域医共体改革，开展新一轮与省级名院医疗合作，强化医共体内部数据互联互通，推动省市优质医疗资源向乡村下沉，基层就诊率同比提升2%以上。优化医疗设施配套，推进县中医医院迁建工程和县人民医院改扩建项目。推进中医药传承创新，争取与浙江中医药大学签订中医药战略合作协议，启动中医药文化研究院建设。办好庆祝建党百年系列活动。高质量推进公共文化服务体系建设，实施“文化场馆景区化工程”，加快松阳老剧院二期、非遗馆二期、博物馆、图书馆及乡镇（街道）综合文化站等改造提升，建设城市书房2个。深入实施松阳高腔传承“五个一”工程，实现电视剧《红色浙西南》首映、《箬寮风雷》进京演出。启动体育现代化县创建，积极推进户外运动产业项目落地，争取大东坝镇列入省级运动休闲小镇创建名单。做强赛事经济，高质量举办天空跑国际挑战赛、全国业余围棋公开赛、“走进国家传统村落公园”定向赛、田园松阳马拉松等品牌赛事。

逐步健全治理体系。常态化抓好疫情防控，严格落实“人物并防”各项疫情防控举措，加强公共卫生应急能力建设，有序推进新冠疫苗应接尽接，强化重点场所管控，从严把好疫情“输入关、隔离关、扩散关”。坚持统筹发展和安全的新发展安全观，实现平安县创建“十七连冠”。加强各类风险监测预警和防范化解，完善安全生产、防灾减灾、食品药品安全工作体系，启动实施农村地区道路交通安全综合治理三年行动，分别建设乡镇级、村级规范化避灾安置场所10个、20个，培育1支县级综合性、专业化应急救援队伍。坚持“安全第一、预防为主、综合治理”原则，分阶段推进治违除患促安全违法建筑专项整治行动。继续深化社会治理，严厉打击各类违法犯罪活动。完善县乡村三级矛盾纠纷排查化解机制，注重苗头性、倾向性问题化解，维护社会和谐稳定，确保成功护航建党100周年。深化党建引领村（社区）基层治理，抓实维护平安稳定、环境卫生整治、水费（物业费）收缴等“关键小事”。高标准开展兵员征集工作，引导更多高学历、高素质适龄青年参军入伍，提升大学毕业生和在校生应征比例。巩固提升民兵整组工作成果，加强民兵队伍参与应急救援、抢险救灾等能力建设。

各位代表，按照“县委有要求、群众呼声高、政府可执行、人大可监督”的标准，今年县政府提出了重点人群健康服务、农村生活污水处理设施标准化提升改造、提升交通服务水平、新建一所公办幼儿园、“一灯一带一标志”建设、荷田岭区块排涝工程、农村亮化工程、建立野生动物损害补偿商业保险机制、全民健身设施建设、稳就业专项行动、应急救护能力提升、提升助残服务水平、雅山小区临时配套道路工程等13项民生实事候选项目。对于经本次人代会最终票决确定的项目，我们将认真组织实施，全力办实办好。

（六）以数字化改革为统领，进一步提升政府服务水平

建设数字政府。按照“整体智治、高效协同”理念，持续推动“掌上办事”“掌上办公”“掌上治理”建设，全面梳理政府经济调节、市场监管、社会治理、公共服务、生态环保等五大职能核心业务，编好县级数据资源目录。积极承接省市数字化改革试点工作，推广运用好省市政府部门重点应用。创新开展县域数字化改革工作，依托“民情地图”智治平台，在“浙里办”和“浙政钉”端分别上线集成县域特色服务和县域治理应用的“i松阳”，建设1个以上县级数据专题库、2个以上数据开放应用。

建设法治政府。严格按照法定权限和程序行使权力、履行职能，做到法定职责必须为、法无授权不可为。坚持依法科学决策，优化政府决策规则和程序，进一步提高行政决策的程序性、合法性。严格规范公正文明执法，全面落实行政执法责任制，坚决查处执法不公等行为。深化政务公开，完善政务服务体系，深入推进行政权力网上公开透明运行。自觉接受县人大及其常委会法律监督、工作监督和县政协民主监督，不断提高人大代表建议和政协委员提案的办理水平和落实成效。

建设有为政府。面对新形势、新任务、新要求，始终坚持以习近平新时代中国特色社会主义思想为指导，增强“四个意识”，坚定“四个自信”，做到“两个维护”，坚决贯彻中央、省市和县委决策部署，切实把准政治方向。大力倡导“唯实惟先、善作善成”工作导向，对县委作出的部署、人大形成的决议、政府要干的工作、政协提出的建议，加强督查督办，强化行政问责，确保落地见效。更加注重政府工作的系统性、闭环性，聚焦“三重”任务，推行政府工作“四张清单”制度，通过项目化管理、清单式推进、对账式督查，推动工作高效落实。强化精细管理、注重工作创新，对标“扫地也要扫出天下第一”的极致要求，干好“精彩一件事”。强化工作纪律和担当意识，严查严治慢作为、不作为、乱作为现象。持续改进文风会风，提高行政效率，确保政令畅通。

建设廉洁政府。系统开展党史学习教育，进一步提高政治站位，坚定理想信念。强化纪律规矩意识，严格履行全面从严治党主体责任，深入推进惩治和预防腐败体系建设，认真落实意识形态工作责任制。加强关键领域廉政风险防控，完善监察、审计、财政、国有资产监管等制度建设。严格落实中央八项规定精神，强化预算刚性约束，从紧从严安排行政开支，推行“无纸化”办公，确保“三公”经费只减不增。

专 辑

田园晨韵

松阳县新冠肺炎疫情防控工作

2020年伊始，松阳县面对突如其来的新冠肺炎疫情，面对人民群众受到的生命健康威胁，在以习近平同志为核心的党中央统一指挥、统一协调、统一调度下，在县委、县政府坚强领导下，全县人民坚定信心、同舟共济、科学防治、精准施策，迅速打响疫情防控人民战、总体战、阻击战。疫情就是命令，防控就是责任，全县上下始终坚持第一时间贯彻落实中央、省、市决策部署，及时建立联防联控工作机制，迅速启动突发公共卫生事件Ⅰ级响应。县新冠肺炎疫情工作领导小组和县新冠肺炎疫情应急指挥部紧急行动、密集部署，制定应急预案、工作指引。14个工作组（专班）高效运转、狠抓落实，全县上下广泛动员、全域防控，构建起“动态排查+硬核隔离+精密智控”防控组织体系，从严把好疫情“输入关、隔离关、扩散关”。从紧急战“疫”到常态化防控，全年累计召开指挥部专题会议100余次，发布通告57份，除1人武汉返乡输入型病例确诊并治愈出院外，全县无新增确诊和疑似病例，常态化疫情防控工作考核居全市第二名。

一、人物同防，严密管控。严格实施“人物”并防策略部署，紧盯重点人群、重点场所、重点环节防控。紧紧扭住城乡社区防控的关键，实施“测温+亮码+戴口罩”，以更加精准的科学防控守好企业、机关单位、公共场所等“小门”。实施重点人员精准排查，严格分类管控到位。坚决抓好外防输入、内防扩散两大环节，抓实抓细隔离管控，扎实做好境外人员返松闭环管理，完成196人涉松入境人员管理任务。全面落实进口冷链食品“三证一码”制度，做到“全受控、无遗漏、溯源可追”，实现冷链食品赋码率100%。同时进一步扩大冷链食品、外卖快递从业人员核酸检测覆盖面和频次，对农贸市场、大型商超和酒店冷链食品从业人员按每周不少于30人的标准开展核酸检测，对冷链食品、外环境按每周不少于45份的标准开展核酸检测，医疗机构重点岗位工作人员每周一次全覆盖检测，非重点岗位工作人员每两周进行一次全覆盖检测。全年检测重点人员及环境等样本10600余份，所有检测结果均为阴性。快速高效处置涉疫冻带鱼和奶枣事件，有效应对国内散发聚集性疫情，切实维护经济社会稳定。

二、精密智控，安全复产。用好“一图一码一指数”精密智控机制，分类精准推进茶产业、企业、商贸服务业、项目建设复工。实行“申请备案+责任承诺”方式有序复工，全面推行“一码一测一口罩”和茶产业“四色工作证”等制度，在确保疫情可防可控前提下，引导有序返岗返工；问题导向深化“三服务”，县领导“一对多”联系企业，派出驻企服务员353人、健康指导员188人下沉帮扶。加强劳动力市场对接，落实“点对点”包车、“复工专列”和中介定向招人等措施，加快推动劳动力返岗复工。出台惠企政策，从财税、金融、就业、投资等方面给予扶持。3月初，全县106家规上工业企、服务业以及建筑业企业等100%复工，全县的省市重点项目在全市率先实现全复工。

三、加足马力，备战复学。启动百名健康指导员驻校助力防疫服务指导工作。累计选派疾控专家、医护人员100余人，进驻全县各中小学校及幼儿园，落实疫情巡回指导和驻校健康指导，针对性解答疫情防控疑难困惑，为健康指导工作定基定调，确保校园顺利复学、安全复课。全方位开展实战演练防患未然。4月9日上午，在松阳一中组织开展开学返校疫情防控应急演练，特别对学生“健康码”为黄码、家长陪同学生入校等突发情况处置进行演练。时任县委书记王峻到现场观摩，实地查看学校体温检测点、食堂、教学楼等地防控设施设置以及各项物资准备情况，并详细听取相关部门关于疫情防控和师生返校复学准备情况的汇报，对学校疫情防控重点薄弱环节、具体工作提出要求。全面排摸落实重点疫区返校师生医学检测，加强学校师生健康状况每日填报工作，对近14天从重点疫区回松师生动员其前往天元国际综合服务点进行核酸、血清学采样检测，并按检测结果分类落实处置。全县域学校分批有序复学，实现复学率100%。

四、强化监测，提升能力。及时开展重点应急队员防控培训。疫情突发以来共集中组织全县各乡镇卫生应急队员开展新冠肺炎业务培训4期150人次，强化个人防护技能和健康技能。并以此为师资，制作统一的培训教材，指导全县各地开展医务人员和网格员分级培训，共培训1400人次，其中医务人员605人次、网格员795人次，全县各卡点的志愿服务者15000人次。在县人民医院和县疾控中心建立PCR实验室，坚持“应检尽检”，同时与第三方检验检测机构签订协议，每日最大检测量达15000份，紧急情况下可确保在5～7天内可完成辖区最大街道西屏街道覆盖（5.9万人口）的要求。制订《松阳县大规模人群新冠病毒核酸筛查工作方案》，明确职责，并确定采样场地准备、安全稳定等工作牵头负责人及成员。实现行政村（社区）落实核酸采样点209个全覆盖，社区（村）应急防控队伍、流调协查人员和消杀人员全覆盖。全县共有采样人员572人，基层所有乡镇卫生院均具备核酸样本采集能力。

五、三色预警，靶向施策。成立农村疫情防控专班，制订《农村地区新冠肺炎疫情防控工作方案》，组建“五包一”村（社）网格员网格团队1300余人，驻村（社区）疫情防控指导员184人，对返乡人员每日动态排查，对农村重点人群、重点物品、环境核酸监测每周采集不少于30份样本。所有乡镇卫生院均规范设置预检分诊和临时隔离场所，并组建流行病学调查应急小分队17支51人。实施村（社）“红黄蓝”三色风险预警机制，靶向施策，切实维护了春节期间稳定、安全，强化乡村疫情防控能力。

六、以练备战，严守防线。分类集成开展全县复工复学演练、秋冬季疫情防控综合演练、冷链食品物防应急处置演练、医疗机构防控处置、预检分诊、采样检测、诊疗救治等仿真演练、桌面推演10余次，进一步提高应对新冠肺炎疫情的实战应战能力。

七、加强督查，筑牢底线。疫情防控指挥部、纪检部门、两办督查室启动巡查督导，县委书记李汉勤等县领导带队到重点行业、重点场所进行督查，并采取媒体暗访曝光形式督促防控措施落实，所有督查问题均落实整改交办，形式督促落实属地、部门、单位、个人“四方责任”。全年累计出动642人次，累计检查点位809个，发现各类问题、薄弱环节191个，当场反馈督促整改134个，发出交办单并完成整改57个，约谈5人。

八、三情联判，营造氛围。成立由县委宣传部和县卫生健康局牵头的新冠肺炎新闻宣传舆论引导工作组，统领全县的健康科普宣传和舆论引导工作。通过官方公众号及时公开发布疫情信息，充分利用线上线下渠道在公共场所、各类学校、机关单位、城乡社区等大力开展健康教育及舆情引导，发挥基层社会治理优势，推广普及“一米线”、勤洗手、戴口罩、公筷制等良好卫生习惯和健康生活方式，引导社会组织和群众参与到群防群控中来。全年共编印健康教育宣传材料22种44万余份、刊发宣传栏500余期次，《新松阳》报刊发公益广告和健康知识20期次，手机短信平台发布疫情提醒短信140余万条次。

九、群防群控，全民战疫。广大医务工作者、疾控工作者、公安民警、基层干部不惧风雨、恪尽职守，始终驻守在防控第一线；各级党组织和党员干部，特别是统战、卫健、交通、市场监管、综合执法、农业农村、大数据中心等部门迎难而上，确保了“家门”的绝对安全；人大、政协及各人民团体、社会各界和港澳台同胞、海外侨胞、广大人民群众主动担责，万众一心，顽强抗疫，打响打好疫情防控的人民战。特别令人感动的是，广大医务人员白衣执甲、逆行出征，是战胜疫情的中坚力量，全县1000余名医务工作者取消春节休假夜以继日连续奋战，4名医护人员驰援湖北“战疫”第一线，12名医务人员分别支援新疆、上海空港口岸、丽水等地的疫情防控工作，他们是新时代最可爱的人，是“最美逆行者”。

（松阳县新冠肺炎疫情防控指挥部）

松阳县全面打赢脱贫攻坚战

2020年，松阳县深入贯彻习近平总书记在全国决战决胜脱贫攻坚座谈会和考察浙江时的重要讲话精神，积极克服疫情影响，以实施低收入农户高水平全面小康工程为抓手，坚持“不落一村、不落一户、不落一人”要求，对标“三个清零”工作总要求，加快补齐短板弱项，持续巩固扶贫成果。截至2020年底，全县农村居民人均可支配收入20804元，增幅7.4%；低收入农户人均可支配收入11885元，增幅13.8%。对照省级要求，经自查评估，高质量完成低收入农户高水平全面小康攻坚任务，全面打赢脱贫攻坚战。

一、“三个清零”和防贫预警监测工作

（一）紧盯年家庭人均收入8000元以下现象，全力守好脱贫底线。开展低收入农户和低保边缘户认定标准“两线合一”工作，把无劳动能力的低收入农户全部纳入最低生活保障范围，并建立“动态管理、有序进出、精准有效”的低收入农户分档管理动态数据库，着力实现应保尽保、应退尽退。进一步完善“一户一策一干部”制度，逐户研判致贫原因，逐一落实帮扶举措。2020年，全县年家庭人均收入8000元以下现象全面清零，最低生活保障标准由每月770元提升至850元，切实做到“应保尽保、应兜尽兜”。

（二）聚焦“两不愁三保障”突出问题，重点打好“四大战役”。坚持政府主导、社会协同，完善专项扶贫、行业扶贫、社会扶贫的大扶贫格局，汇聚形成强大攻坚合力，实现全县低收入农户吃穿不愁，义务教育、基本医疗、住房安全、饮水安全有较好保障。

1.义务教育有保障。积极开展教育扶贫，重点对学前幼儿、义务段中小学、普高、中职在校就读的家庭困难学生开展助学资助，2020年共发放家庭经济困难学生保育费、营养餐、国家助学金等学生资助734万元、惠及9898人次。全县有义务教育中小学校25所，全部实现标准化创评，补齐偏远山区、农村薄弱地区中小学校建设短板，乡村小规模学校和寄宿制学校建设符合当地学生需求。

2.基本医疗有保障。落实困难群众参加基本医保和资助参保政策，把所有符合标准的贫困人员均纳入医保全额免缴范围，2020年全县参加城乡居民医保184641人，其中困难群众10004人，参保资助支出450.18万元，符合条件的困难群众资助参保率100%。落实困难群众补充医疗保险制度，为全县低收入农户购买补充医疗保险441人，补助金额30.11万元。落实困难群众医疗费用救助政策，累计救助困难群众31416人次，拨付救助金774.72万元。同时，不断优化医疗卫生环境、完善基层设施设备配备，乡镇卫生院设备配备和业务用房标准化率100%，村卫生室规范化率90%，建成规范化村中医室21家。

3.住房安全有保障。2020年3月下旬，省委巡视组在松阳开展省委巡视“回头看”时发现三都乡松庄村叶龙生户仍居住危房现象。松阳以抓好问题整改为契机，举一反三，在全县部署开展农村困难家庭危房排查改造工作。制定出台《松阳县农村困难家庭危房改造实施办法》，明确工作任务、补助标准、申报程序、工作责任及具体要求。进一步提高农村危房改造补助标准，其中省级补助户均15000元、市级补助户均3750元，户均补助18750元；县级配套的户均补助3750元用于全县面上统筹。截至8月底，前期排查鉴定的272户危房（C级234户、D级38户）全部完成治理，其中修缮242户、拆除30户；动态新增的15户危房也于9月底全部完成治理。

4.农村饮用水实现达标提标。截至2020年6月底，全县共提标改造255个村（按行政村调整前401个村的口径统计），涉及农村居民12.46万人，累计投资3.24亿元，农村饮用水覆盖率100%，农村供水保证率95%，水质达标率96.5%，城乡规模化供水工程覆盖人口比例达到81.2%，水费收缴全覆盖，基本实现城乡同质饮水目标，各项指标均达到省、市目标任务要求，提前半年实现农村饮用水达标提标三年行动任务（2018－2020年）。

（三）持续巩固“消薄”成果，全面夯实村集体经济基础。截至2020

年底，全县 203 个行政村实现村集体经济总收入 1.53 亿元，其中经营性收入 7345 万元，村均达到 32 万元；全县所有村实现村集体经济总收入 10 万元以上且经营性收入 5 万元以上；43 个集体经济相对薄弱村中 26 个村实现年总收入 20 万元且经营性收入 10 万元以上。

1.依托平台运营，用好 21 家县级和乡镇强村公司平台，精心实施“飞地”、光伏发电、有机农业等“消薄”项目，累计实现收益 3000 万元。

2.实施飞地抱团模式，扩大与余姚、嘉兴的合作范围，整合全县 107 个行政村共 5930 万元资金投资嘉兴“飞地”项目，各村每年均可获得实际投资总额的 10%作为投资固定收益。

3.创新村级工程“集体建”，明确参与“集体建”项目各方的分红模式，村集体可按“保底+分红”形式分配利润。2020 年，全县 19 个乡镇（街道）的 86 个村级项目采用该模式，可为村集体增收 160 余万元。

4.开展“村企结对”工作，确定省市县各级帮扶项目 40 个，累计企业到位资金 628 万元，项目建成后每年可为村集体增收 200 余万元。

（四）健全防贫预警监测机制，及时筛查发现返贫风险。创新开通全县热线电话，广泛征集扶贫领域问题线索，充分发挥乡镇、行业部门筛查预警作用，建立健全低收入农户主动发现、精准认定工作机制。

1.健全低收入农户动态管理和责任溯源倒查机制。充分发挥驻村干部和村干部在精准脱贫兜底保障和低收入对象动态管理的“第一信息员”作用，明确县乡村三级的工作职责及乡镇民政助理员、驻村干部、村干部的职责，哪个环节出现问题追究具体经办人员。同时，设置工作流程图，进一步规范工作流程，使低收入对象申请认定更加规范化、制度化。

2.建立行业部门筛查预警机制。教育扶贫方面，建立家庭困难学生动态数据库，不定期针对困难学生进行走访排摸，确保每名困难学生都能及时纳入数据库并落实帮扶举措，每项资助款能及时发放到受助学生手中；医疗保障方面，按照“短期消存量、长期建机制”原则，做实做细困难人员身份信息管理，建立健全动态监测机制，积极探索医保扶贫长效机制。

3.探索实行低保“渐退期”制度。对在脱贫攻坚期内，低保、低边户人均收入分别超过低保、低边标准但未达到三倍以上的，且财产和子女赡养能力符合低保、低边标准的，给予 12 个月的渐退期。

二、扶贫举措及成效

（一）精准实施扶贫项目，不断增加群众收入。在持续壮大茶叶、香榧、油茶等农业主导产业，有力助农增收的同时，精准实施低收入农户产业帮扶到户项目，2020 年共安排 640 万元扶持低收入农户发展“短平快”增收项目，实现户均增收 1200 元以上；安排 30 余万元扶持低收入农户发展中蜂养殖，并创新采用委托养殖和自行养殖相结合的养殖模式，带动 3 个乡镇的 110 户低收入农户户均年增收 1000 元以上。同时，以全省光伏小康工程实施县为契机，先后建成 23.6 兆瓦的地面光伏电站和 2.84 兆瓦的屋顶光伏小康项目，项目分红收益主要用于扶持省级结对重点帮扶村和低收入农户。实现首期项目收益分配资金总计 450 万元，全部发放到位，为 52 个省级结对帮扶重点村每村分红 1.08 万元，在册低收入农户户均最高分红 720 元。

（二）加快部门数据共享，强化社会保障兜底。按照“兜好、兜牢社会保障最后一张网”要求，切实发挥脱贫攻坚战中兜底保障作用，扎实开展低收入农户和低保边缘户认定标准“两线合一”工作，在全市率先开展低收入农户数据共享工作，每月通过钉钉群把新申请和新退出的低收入对象数据信息进行共享，有效提升扶贫相关部门的工作精准度。做好建章立制工作，出台《松阳县民政局关于规范公建民营供养服务机构供养资金使用的实施意见》，进一步保障特困供养人员的基本权益；制定《关于进一步加强社会救助对象动态管理的通知》，加大对受疫情影响造成家庭困难的群众救助力度，临时救助 1062 人次，发放临时救助资金 108.9 万元。

（三）扎实开展结对帮扶，努力攻坚为民解困。积极落实省、市、县三级结对帮扶工作组结对帮扶省级重点帮扶村，建立选派第一书记机制，累计向贫困村、后进基层党组织和集体经济薄弱村党组织派出第一书记 86 人。同时，进一步完善“一户一策一干部”制度，共安排县领导、机关中层以上干部和乡镇（街道）干部 2366 人与全县所有低收入农户进行结对。印发结对帮扶《连心卡》张贴于被帮扶低收入农户家中，要求结对帮扶干部落实每月一走访制度，并列明帮扶具体举措，明确脱贫期限，问题帮扶清单。

（四）全面摸排“零就业家庭”底数，精心实施就业帮扶。把零就业家庭成员作为就业帮扶重点对象，纳入就业困难人员和就业援助对象范围，建立“出现一户、帮扶一户、解决一户”的动态援助工作机制，精准就业帮扶，多措并举“保饭碗”。通过全方位开展底数再排查、情况再核实，确保“存量清零”“动态清零”，共摸排出符合认定条件的“零就业家庭”7 户 7 人，通过安排相应的公益性岗位及灵活就业等方式，全部实现上岗就业。

（县农业农村局）

乡村振兴——“大搬快聚 富民安居”工程

一、基本情况

松阳县“八山一水一分田”，有山区乡镇10个，山区村人口10.52万人，占全县总人口的44.4%；有自然村963个，其中10户以下的小规模自然村104个。全县从2002年启动易地搬迁工程，围绕“搬得出、稳得住、富得起”的目标，强化统筹协调、创新工作方式，积极引导高远山区、地质灾害隐患区等农民向松古平原集聚。2018年继续加大力度，全力推进“大搬快聚”富民安居工程，取得了较好成效。

截至2020年12月底，全县实现易地搬迁农户10562户34680人，其中整行政村搬迁12个、整自然村搬迁247个，共计4499户13246人，总投资17.3亿元；新（续）建安置小区（点）57个，其中建成铺门、筱铺、新溪、西垈4个县级安置小区。2020年完成搬迁1111户3270人，其中整村搬迁47个651户1636人。松阳县先后获评省级易地搬迁扶贫改革试点县、市级“大搬快聚”富民安居工程示范县；创成活源、斗潭、新溪、枫坪、西垈5个市级美丽新家园。

二、主要做法及成效

（一）创新搬迁安置方式，引导农民向松古平原集聚。

1.优化规划布局，吸引人口集聚。坚持“依城镇建区、依村设点”，合理规划布局安置小区（点），最大限度地保证搬迁农民能就近安置，就近实现转移就业。重点规划建设的4个县级小区均安排在县城及中心镇的优势地块，如新溪、铺门、西垈小区均位于城郊，地理位置优越，人口集聚的吸引力强。

2.创新安置方式，满足多层次搬迁需求。以集约节约用地、降低搬迁成本为目标，推出自建房安置、公寓安置、梯度转移安置、货币安置、廉租房和老年公寓安置等多种方式，满足搬迁群众多样化的需求。如创新推出梯度转移安置，鼓励搬迁农户到行政村所在地、中心村或跨村购买农村集体土地性质的旧房、闲置房等进行梯度安置，对跨村购买闲置房安置的农户给予办理产权证。

3.创新建设方式，破解安置小区建设难。以建设高品位的城镇新社区为目标，充分发挥开发商具有较为专业的建设、管理团队和销售经验等优势，探索统一建设、委托开发商建设或市场化建设等多种模式。如铺门小区一期由政府委托开发商建设，设定一定比例回购公寓房，用于安置易地搬迁农户；铺门小区二期采取“房产企业开发、政府货币补助”的市场化建设模式，土地公开出让后由开发商建设，安置农户按市场价购买公寓房，并享受货币安置补助。通过创新建设方式，有效加快安置小区建设进度，如铺门小区自2014年12月启动建设以来，建成公寓房1271套、联建房43幢，成为全县最大的公寓房安置小区。

4.创新推进方式，实现保护搬迁双赢。松阳作为华东地区最有代表性的古村落聚集地之一，全县共有保存风貌格局较好的古村落近百个，其中国家级传统村落75个。按照“一户一宅”原则，搬迁农户必须拆除原有旧宅，为实现保护与搬迁工作的双赢，于2015年10月出台《松阳县深化农民易地搬迁工程实施办法》，明确经县历史文化村落保护利用工作办公室评估认定有保留价值的传统民居或县旅委认定的用于民宿业发展项目区内的房屋，在腾空房屋、产权无偿上交村集体并办理“两证”过户手续后视同拆除，有效破解古村落“拆与保”难题。

（二）优化搬迁政策组合，确保搬迁工作稳步推进。

1.加大政策扶持。2019年11月，制定出台《松阳县“大搬快聚富民安居”工程实施方案》（松委办发〔2019〕100号）针对不同的搬迁安置对象，分类制定相应的补助政策。共3块组成，省级扶贫重点村整村搬迁农户15000元/人，低收入农户30000元/人；市级1000元/人；其余补助资金由县财政配套。在政策扶持导向上，加大对整村搬迁、货币安置的补助力度，对小规模自然村实现全部搬迁且选择货币安置的农户，每人最高可补助10万元。

2.明确搬迁范围。搬迁范围原则上为县城一二类规划区、古市镇建成区以外的区域。优先列入搬迁区域的有：①省级扶贫重点帮扶村；②经有关部门认定的地质灾害隐患区、东坞水库饮用水源保护区及其上游集雨区范围村庄、D级农村危旧房；③高山远山人口数量偏少、农房布局分散、公共资源共享率偏低、产业发展困难等可实施整村搬迁的自然村；④全域土地综合整治与生态修复工程区域；⑤村庄规划布局需要调整的区域；⑥县委、县政府批准同意的其他区域。

3.强化政策导向。在政策导向上鼓励整村搬迁、货币安置，进城购买商品房、二手房，鼓励向县城集聚等导向，并且与土地整治相结合。主要分三个序列：第一序列，整村搬迁、低收入农户、地质灾害隐患区、D级农村危旧房、饮用水源保护区以及兑现《松阳县深化农民易地搬迁工程实施办法》（松委办发〔2015〕104号）文件规定符合货币安置的农户。第二序列，零星搬迁选择货币安置农户。第三序列，零星搬迁选择梯度转移安置、公寓房及其他安置、自建房安置的搬迁农户。

（三）创新农村产权流转机制，盘活农村闲置资源。探索宅基地所有权、资格权、使用权“三权分置”，加快激活农村闲置宅基地和闲置农房。鼓励农民把搬迁后的农村土地、山林、宅基地等资产整体流转到村集体，通过“农民下山、产业上山”，发展生态种养殖业、农家乐民宿、乡村旅游等产业带动农民增收。如四都乡从2000年开始实施易地搬迁，通过跨乡镇建立西坌安置小区集中安置，累计搬迁安置农民420户1468人，占全乡总人口的40.7%。通过积极盘活迁出地资源，引导发展民宿农家乐、生态农业等新兴产业，累计发展民宿农家乐24家，床位248张，餐位1410个，成为全县民宿发展重点乡镇。在盘活闲置农村用地方面，全县主要探索三种方式：

1.租赁流转模式。探索把闲置农房所有权和经营权分离，允许农户把闲置农房的使用权进行20年以上的流转，出租给本村村民或外来人员发展农家乐民宿，而房屋产权仍归农户所有。至2020年底，全县累计流转闲置农房144幢发展农家乐民宿，带动出租农户年均增收0.7万～0.8万元。如“鸣珂里”民宿到大东坝镇六村租赁5幢闲置农房发展民宿，租期20年，年租金4.8万元。

2.资产入股模式。出台扶持政策，鼓励农户或村集体以闲置房屋、闲置土地的使用权入股，联合工商资本发展民宿，农户享有分红收益。如四都乡西坑村农户丁永长，以房屋未来20年的租金收入入股“云端觅境”民宿，每年享有稳定的分红收益，既缓解投资商启动资金压力，也促进当地居民与外来投资商的和谐共处。

3.供地盘活模式。在法律法规政策框架下，创新用地供给方式，对土地供应采取“征购+转移”“征用+挂牌”“收储+挂牌”“回收+租赁”“租赁+流转”5种模式盘活农村闲置资产，实现房屋增值利用。如竹源乡横岗村结合易地搬迁，重新规划选址，把村民搬迁到新的安置点进行易地安置，由于该村是中国传统村落，易地搬迁后老村可以予以保留，因此采取“征购+转移”模式，即对老村农房94幢、生产用房5间进行统一征购，通过招商引资吸引外来业主发展主题民宿。

（四）创新社区管理服务，促进搬迁农民和谐融入。

1.实行搬迁农户“双向管理”。在县级安置小区探索搬迁农户迁出地和迁入地双重管理、双向服务制度。以行政村为单位，由迁出地的村级组织负责落实村民联系制度，发挥好民情熟悉优势；迁入地以社区为单位，通过实行社区管理优化后续服务。如筏铺小区成立新铺社区实行统一管理，包括治安、环境卫生、邻里纠纷，以及协助群众办理日常事务，同时筏铺小区临时党支部，加强对易地搬迁农户中流动党员的管理，发挥党员先锋模范作用。

2.紧贴需求开展培训。结合农村劳动力素质提升培训工程，通过多层次、多渠道、多形式的技能培训，使搬迁农民掌握一技之长。同时通过政府购买公益岗位等方式，积极开展就业帮扶和就业援助，确保有劳动力的搬迁农户家庭至少有1人就业。如筏铺小区依托毗邻全县最大的茶青市场——上安茶青市场的区位优势，积极引导搬迁农民发展茶叶加工、“三产”服务业等增收，同时在小区引入来料加工、农村电商等新兴产业，在家门口实现就业增收。

3.创建幸福社区优环境。以改善搬迁户居住生活环境为目标，通过组织共建、活动共联、资源共享，积极开展幸福社区创建，实现搬迁户进新家后环境有提升、安全有保障、办事有门路、活动有氛围。如铺门小区距县城仅3千米，环境优美，配套设施完善。小区整合优质教育资源，配套建设省一级幼儿园第二实验幼儿园的铺门分园，让搬迁农户在家门口就能享受最优质的学前教育。小学、初中等义务教育阶段，搬迁农户可就近选择阳溪小学、民族中学等学校。小区周边配置卫生室、超市、京东便利店、电信营业厅等，还拟在小区商业楼规划建设连锁超市、农贸市场、卫生院等便民场所。此外还将搭建“居民之家、青年之家、妇幼之家、工人之家、党员之家”通过建立各类活动中心，广泛搭建平台真正实现农民向市民的转变。

（五）深化户籍管理制度改革，促进城乡资源共享。

1.实行户改，统一户口性质。深化户籍管理制度改革，让搬迁农民安得下。2016年12月1日起，全县的户口性质取消农业户口和非农户口性质划分，统一转换为“居民户口”。

2.保障原有农村待遇不变。实行经济身份和社会身份相分离，原农民户籍转换为居民后，依然可享受相关涉农政策和权益。

3.推进同城同待遇。搬迁农户子女可选择到安置地“就近入学”，让搬迁农民子女享受与市民子女同等的就学待遇。统筹整合县域医疗资源，深化县域医共体建设，把搬迁农户纳入安置地的医疗、卫生健康服务体系，提供基本医疗卫生、妇幼健康等服务。积极开展搬迁农户住房贷款惠农业务，鼓励搬迁农户缴纳住房公积金并享受相关贷款政策。

（县农业农村局）

松阳县创建“全国法治政府建设示范县”

松阳县坚持把法治政府建设摆上重要议事日程，县委常委会、县政府常务会多次组织法治知识学习，专题研究全县法治政府建设工作，明确全国法治政府示范县争创目标，法治政府建设工作更加系统化。

一、加强组织领导，推进法治政府建设。锚定全国法治政府示范县（市、区）创建工作，制定《松阳县创建全国法治政府建设示范县（市、区）实施方案》《2020年法治松阳建设工作要点》，召开动员部署会，交办任务清单。党政主要负责人履行推进法治建设第一责任人职责情况列入年终述职内容试点工作顺利推进。把法治建设纳入县委巡察工作，现已完成第一轮巡察工作，巡察单位涉及县发改局、县农业农村局等5家单位，发现问题9个。成立法治松阳（法治政府）工作专班，专班交办任务清单70余件，发布问题通报2期，进度晾晒单1期，开展行政诉讼、乡镇合法性审查专项督查，召开法治政府建设点评会2次。

二、坚持深化改革，依法履行政府职能。一方面，创新项目取得显著成效。事业单位改革、“五个领域”综合行政执法改革收官，机关内部改革各项指标均居全市第一名。深入实施优化营商环境“10+N”行动，推动公事、商事、民事服务全面升级，一般企业投资项目审批基本实现4个100%，“三延伸破解服务群众最后一公里难题”入选丽水改革先锋十佳实践案例，“掌上办事员助老人跨数字鸿沟”做法获央视点赞。创新实践“民情地图促服务”助力基层社会治理项目，获评全省县乡法治政府建设“最佳实践”优秀项目。（全市唯一，全省6个），松阳法院无纸化办案经验做法被最高人民法院发文推广（《司法改革动态》2020年第42期）。另一方面，积极谋划新的创新项目。在全省范围内率先开展法治轮训工作；在全市范围内率先出台县级层面政策鼓励和支持全县干部参加法律职业资格考试；县法院、景宁法院、县检察院、县司法局联合发文创新制定行政争议调解（协调）工作机制。

三、健全优化机制，提升依法决策水平。优化政府重大行政决策规则和程序，实现全县重大行政决策目录化管理全覆盖。严格行政规范性文件合法性审查管理，做到应审尽审，全年开展审核35件，规范报备32件。推进乡镇（街道）合法性审查全覆盖工作，合法性审查队伍和制度建立率均达到100%。

四、注重全程管理，规范公正文明执法。顺利完成综合行政执法体制改革，300项综合行政执法事项得到划转。加强执法人员素质提升，创新以集中培训+直播授课方式培训执法人员1300余人次。深入开展“证照分离”改革事项审批监管情况等专项行政执法监督。强化行政执法案卷评查工作，总体合格率98.9%，高于全市平均水平。

五、坚持多措并举，依法化解矛盾纠纷。推动行政复议案件处理规范化建设，构筑“一案一专班”“属地管理、事权结合”行政诉讼败诉案件化解机制，建立行政败诉案件由分管县领导带领事权单位主要负责人向县委常委会作出说明制度。全年新收行政复议申请72件，受理38件，审结37件，案件受理数同比上升72.7%；办结行政复议案件调撤率达94.11%，位居全市首位。新收一审行政诉讼案件47件，同比下降14.5%，败诉率3.39%，全市最低。强化矛盾调处化解，在全市率先实行政府购买人民调解服务，落实专职调解员58人，化解矛盾纠纷2210件，涉及金额1.18亿元。

六、坚持整体推进，夯实法治政府建设基础。着力从源头提升法治政府建设整体水平，创新推出法治人员业务轮训机制，全市率先出台鼓励公职人员参加司法考试政策。全面开展省、市“民主法治村”及各类普法阵地创建活动，顺利通过“七五”普法终期迎检验收。加强公共法律服务，实现公共法律服务站、点全覆盖，“精准法援助力农户脱贫”工作主要做法在《法治日报》和司法部微信公众号上发布。

（县司法局）

松阳县创建“国家全域旅游示范县”工作

2020年12月，国家文化和旅游部《关于公布第二批国家全域旅游示范区名单的通知》（文旅资源发〔2020〕83号），松阳县榜上有名，成为丽水市唯一创成国家全域旅游示范区的县。

松阳县创建国家全域旅游示范区工作启动于2017年2月。2018年松阳创成省级全域旅游示范县，在此基础上，对标对表，精准补齐短板，进一步完善产业布局，提升配套服务，实现“全域统筹、区域联动、系统推进”的发展格局，2020年创成国家全域旅游示范区。

在生态文明和乡村振兴的大背景下，松阳始终把全域旅游作为第一战略支柱产业，紧扣富民强县定位，着力做好“五个全”，打造“五个百工程”，即“规划在先全域是景、项目为王全做精品、文化引领全面激活、产业融合全链发力、凝聚力量全情投入”，打造茶旅融合百亿产业、复活百座古村、建成百千米绿道、每年举办百场节会、落地百个艺术家工作室，形成人人发力、时时可游、处处是景、行行融合的良好局面。

松阳的全域旅游工作也得到文旅部部长雒树刚、省委原书记车俊等的批示肯定，成为国家文旅部文旅改革发展调研联系县（全省唯一）、联合国人居署首个乡村发展示范县，连续5年全域旅游考核全市第一名，旅游收入年均增幅30%以上，人均消费实现翻番。2019年，旅游产业增加值占GDP比重9.59%，在26个加快发展县中综合考核排名第一名，获浙江文化和旅游产业融合发展十佳县，入选省文旅产业融合试验区培育名单，率先通过国家全域旅游示范区创建丽水市级初评。2018年以来，新华社等国家级主流媒体持续高频报道松阳200余篇（条）。其做法与成效：

一、规划在先，全域是景。精准确定“高品质、小众化、中高端”的发展定位，把全县作为一个彰显农耕文明的大景区，构建以松阳老城和传统村落为核心的全域点位布局，以八条艺术创作路线和松阴溪绿道为主体的全域线位布局，以全县域乡村生态博物馆和工坊为主体的产业布局，以全年度永不落幕的民俗文化节和当代艺术展为内涵的全域文化布局。与此同时，注重把旅游规划一并列入上位规划，坚持项目旅游前置审查，编制完成全域旅游发展总体规划，出台《加快全域旅游发展的若干意见》，制定发布全国首个《乡村景区无障碍建设导则》地方标准、全省首个《传统村落保护建设规范》，加码全域旅游发展。创新“征用+挂牌”等五种乡村旅游土地集约利用模式，破解乡村旅游用地难题，经验刊发在《中国旅游报》《中国国土资源报》。尤其是在疫情防控期间，在全市率先出台《松阳文旅新政十条》，快速推动文旅企业复工复产。

二、项目为王，全做精品。围绕瓯江山水诗路文化带建设，秉承工匠

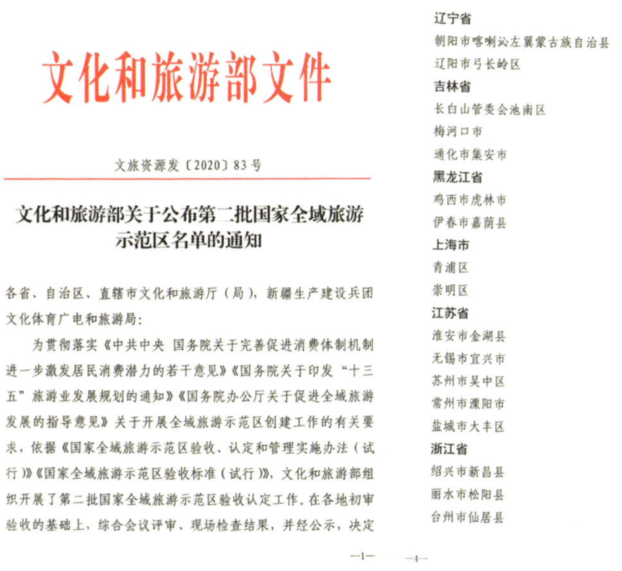
文化和旅游部文件

文旅资源发〔2020〕83号

文化和旅游部关于公布第二批国家全域旅游示范区名单的通知

各省、自治区、直辖市文化和旅游厅（局），新疆生产建设兵团文化体育广电和旅游局：

为贯彻落实《中共中央 国务院关于完善促进消费体制机制进一步激发居民消费潜力的若干意见》《国务院关于印发“十三五”旅游业发展规划的通知》《国务院办公厅关于促进全域旅游发展的指导意见》关于开展全域旅游示范区创建工作的有关要求，依据《国家全域旅游示范区验收、认定和管理实施办法（试行）》《国家全域旅游示范区验收标准（试行）》，文化和旅游部组织开展了第二批国家全域旅游示范区验收认定工作。在各地初审验收的基础上，综合会议评审、现场检查结果，并经公示，决定

—1—

辽宁省
朝阳市喀喇沁左翼蒙古族自治县
辽阳市弓长岭区
吉林省
长白山管委会池南区
梅河口市
通化市集安市
黑龙江省
鸡西市虎林市
伊春市嘉荫县
上海市
青浦区
崇明区
江苏省
淮安市金湖县
无锡市宜兴市
苏州市吴中区
常州市溧阳市
盐城市大丰区
浙江省
绍兴市新昌县
丽水市松阳县
台州市仙居县

—4—

2020年12月4日，松阳县被文化和旅游部认定为国家全域旅游示范区

精神，采用“建筑针灸”的手法，借势借力徐甜甜、刘家琨、罗德胤等一批高端人才和省古建院等优秀团队，大木山茶室、独山驿站、爷爷家青旅等一批精品项目成为热门打卡点；清露乡隐、榔树理想村、大鲵康养小镇等重大文旅项目成业成型；黄南水库国家水利风景区、长三角暗夜公园、拯救老屋南方研学基地等50余个文旅项目强势推进；十里芳菲、碧山国际、第二书房等品牌也落户松阳，品质建设成为松阳广大干部群众的行动自觉。截至2020年底，培育古建工匠队伍30支近1000人，当地2家古建公司取得文保工程施工资质，松阳工匠品牌逐步打响。同时，遵循“活态保护、有机更新”的理念，投入10亿元实施城市有机更新，出台扶持政策修缮老城传统建筑，梳理周边环境、文化、生活肌理，引入松阳文里、威尼斯驿站等项目，重现老城风貌格局和商业活力。通过传统村落保护利用和“拯救老屋行动”，全县200余座宗祠、184幢老屋得到修缮保护，一半以上的行政村植入了民宿、文创等新业态，形成一批摄影村、画家村等主题村落，2017－2020年全县常住人口增加6400余人，省政府工作报告要求全省推广“拯救老屋”松阳模式。

三、文化引领，全面激活。持续推动全县域永不落幕的民俗文化节和当代艺术展、永不闭馆的乡村博物馆、永不停歇的乡野运动场品牌建设。成立松阳高腔传承中心，老街夜游、非遗天天演，越剧《张玉娘》、松阳高腔红色剧目《箬寮风雷》在国家大剧院、中国婺剧院演出；创成山地运动休闲主题的双童山国家AAAA级景区，承办省第八届运动休闲旅游节，举办国际天空跑、围甲等品牌赛事；实施百名艺术家入驻乡村计划，开展全国艺术高校校长论坛、斗米岙当代艺术展等活动，实现签约艺术家工作室85个。先锋陈家铺平民书局月营收10万余元，领跑全国乡村书店；与汉声合作推出《松阳传家》，入选2019文化力年度榜。注重讲好松阳故事。举办乡村振兴论坛、城乡国际联系论坛、国际现代有机农业峰会，松阳的乡村建设经验获联合国认可，作为全国唯一县级单位代表参加首届联合国人居大会，2020年还以视频形式参加世界城市论坛，品质文旅项目先后5次入展德国Aedes建筑论坛等国际高水准展台；到松阳国际游客由2012年21人增至2019年1162人。

四、产业融合，全链发力。不单一维度就旅游而抓旅游，以工匠之心培育高品质生态农产品，建成自然农法基地46个，岱头大米、四都萝卜、沿坑岭头金枣柿等特色产品实现优质优价。培育生长型民宿经济，在云端觅境等精品民宿带动下，发展民宿526家、床位5081张，实现营业收入1.7亿元，同比增长21%。打造具有国际影响的中国茶乡，茶叶产业链产值突破120亿元，松阳先后获中国名茶之乡、中国茶旅融合竞争力十强县等20余张国字号金名片，大木山骑行茶园创成国家AAAA级景区，成为全国首批绿色食品一、二、三产业融合发展示范园。同时，着眼于握指成拳打开“两山”通道，借力生态强村公司，探索出以混合所有制为基本特征，各方主体共同参与、共同富裕的新路径。如立足乡村产业优势和特色文化，建成红糖、豆腐、白老酒等全县域生态工坊，被住建部推荐申报第十二届迪拜国际可持续发展最佳范例奖（全省唯一）；以组织化推动资源变资产、资金变股金、农民变股东，平田村入选全国乡村旅游发展典型案例，上田村有望列入国家发改委乡村振兴试点。

五、凝聚力量，全情投入。建立最高规格工作体系，书记、县长担任全域旅游工作领导小组组长，创新“5+X”联系点评、联合督查和定期会商等制度，县四套班子齐上文旅一线，领衔项目、破解难题；县财政每年安排1亿元以上专项资金用于文化旅游发展，整合3亿元资金用于传统村落活化利用。另外，资源围绕旅游配强，打造快进慢游旅游交通体系，累计投资9.5亿元新改建通景公路39.2千米；推进“四个百千米”绿道系统，累计投资22.4亿元，建成各类绿道416千米；利用灰铺等存量资源，改建旅游厕所74座，提升农村厕所587座，累计完成65座A级旅游厕所建设评定；建成智慧旅游大数据中心；推进博物馆扩容改造、分散式城市书房建设，松阳书房成为杭州世界城市博物馆的首个县级“城市书房”；中国首款城市字体“汉仪松阳体”正式上线。创新推出茶乡旅游巡回法庭，礼仪口才、登山等30余个协会、文化圆梦大使和中英文讲解员常态化开展志愿服务。

（县文化和广电旅游体育局）

衢宁铁路全线开通

衢宁铁路始于浙江省衢州市，向南经遂昌、松阳、龙泉、庆元，穿百丈山进入福建省，经松溪、政和、屏南、周宁至宁德市，全线设30个车站，正线全长约379.17千米，标准为国铁Ⅰ级电气化，单线预留双线条件，设计时速160千米。

一、衢宁铁路松阳段建设情况

全长41.27千米，估算投资30亿元左右，2014年12月23日开工建设，工程涉及8个乡镇、34个行政村和4家单位。在省市及铁路方的关心支持下，全县上下合力攻坚，破解难题，全力推进征迁安置、“三改”等政策处理，服务保障衢宁铁路松阳段项目建设，累计完成征地157.53公顷，租地28.93公顷；征迁房屋512户计面积7.4万平方米；坟墓迁移2180穴，新建村级公墓6个；建设安置点11个，迁建安置224户；完成小三改建设147项，补偿受损农房316户计面积8.8万平方米和压覆矿1处。建成站场1座、会让站2座，单线隧道5座计25千米、桥梁11座，路基13.53千米，涵洞76座。完成货场、维修车间及附属设施建设。房屋拆迁安置“小三改”等多项工作圆满完成。

二、衢宁铁路松阳站房建设情况

松阳站位于县城西南侧，距离县城约6千米。站房最高聚集人数为600人，远期高峰小时发送量为660人。站房总建筑面积4985.11平方米，建筑高度17米（室外地面高度至其檐口与屋脊的平均高度），最高点标高18米。站场规模为“二台四线”，2个站台长均为550米，宽分别为8米和11.5米。站房中心里程DK95+600，站台面与站房±0.000米标高高差为7.20米，与站房室外地面高差7.5米，为线侧下式站房。旅客进出站形式采用下进下出。基本站台雨棚550米×8米×1.25米，采用单柱站台雨棚；二站台雨棚550米×11.5米×1.25米，采用双柱站台雨棚。主体及屋面均为钢筋混凝土结构形式。站房主体一层，局部二层。一层为站厅层，主要设置旅客活动平台、主入口、候车厅、售票厅、旅客服务用房、出站厅及出站检补票及变电所、消防控制室等设备用房等。二层为办公及设备层，主要设置车站办公、间休用房、空调机房、信息机房、通信机械室等设备用房。站房工程于2019年7月开工建设，2020年1月在浙江段率先完成主体结顶，8月中旬建成，9月27日正式开通运营。站前基础设施配套工程也于通车运营前满足松阳站铁路运行基本的交通、电力、供水、雨污水条件，至2020年底路灯、绿化、标志标线、地下车库等也基本完工，通货场道路完成浇筑。

三、衢宁铁路建成通车

2020年9月27日，松阳县举行衢宁铁路（浙江段）松阳站开通仪式，上午10时47分，D9558次列车驶进松阳车站，结束松阳不通火车的历史。中共丽水市委书记胡海峰，丽水市人大常委会主任虞红鸣，丽水市政协主席陈瑞商，市委常委、常务副市长杜兴林，副市长楼志坚出席通车仪式，市人大常委会主任虞红鸣宣布衢宁铁路松阳站开通，县委书记、县长李汉勤致辞，县委副书记周鸿飞主持仪式。衢宁铁路开通首个“十一”黄金周，松阳火车站共发送旅客19690人次，日均发送旅客2461人次；至年底，松阳站累计发送旅客78358人次，日均发送旅客816人次。

四、衢宁铁路总结表彰暨衢丽铁路征迁动员会议召开

2020年12月29日，松阳县召开衢宁铁路松阳段总结表彰暨衢丽铁路松阳段征迁动员会议，贯彻落实全省铁路建设动员会议精神，总结衢宁铁路松阳段项目建设成效经验，表彰先进集体和个人，并对衢丽铁路征迁工作进行总体部署。衢宁铁路松阳段工程建设指挥部、县自然资源和规划局、新兴镇、斋坛乡、叶村乡、樟溪乡各记集体三等功1次，县公安局、县铁办、县征收办、大东坝镇、竹源乡、安民乡、赤寿乡各获集体嘉奖1次，丁俊等129名个人各获嘉奖1次。县委书记、县长李汉勤出席并讲话，县委副书记周鸿飞宣读县政府关于衢宁铁路松阳段工程建设表彰文件。丽水市铁委办主任罗孝林、衢丽铁路公司董事长周霖、副总经理练志明，县领导徐为民、周鸿飞、潘仲珏、郑伟坚、梅显云、廖卫民等出席会议，衢宁、衢丽沿线乡镇村及铁路指挥部成员单位、全体工作人员等参加会议。与会人员观看了衢宁铁路建设宣传片。

（县铁办）

黄南水库建设

松阳县黄南水库工程任务以供水、灌溉、防洪为主，兼顾发电、改善水生态环境等综合利用。工程枢纽主要由大坝、溢洪道、防空洞、输水建筑物、发电厂房和升压站等建筑物组成。大坝坝高97米，输水隧洞总长10.5千米，配套坝后及输水隧洞出口电站2座，总装机1.64万千瓦。水库集雨面积207.8平方千米。

建设黄南水库是破解松阳水资源瓶颈的有效途径，也是松阳人民几代人的夙愿，早在20世纪80年代恢复县制之初，就开始谋划建设，限于当时的社会经济环境，项目一直没有上马。2009年，建设黄南水库的规划再次被提上议事日程，并写进当年县委、县政府的工作报告。截至2012年底，项目建议书批复的准备工作全部完成，项目建议书呈报浙江省发改委待批。

2013年，浙江省委、省政府全面部署“五水共治”实施战略，黄南水库建设迎来历史机遇，县委、县政府高度重视，将其作为松阳县落实“五水共治”实施战略攻坚的龙头项目、骨干工程重新上报。12月，国家发改委、水利部下发《全国中型水库建设总体安排意见（2013－2017）》，黄南水库成功入围，省发改委据此正式批复工程项目建议书。

设立工程建设指挥部及项目法人，2014年1月8日，中共松阳县委、松阳县人民政府印发文件，决定成立黄南水库工程建设领导小组，领导小组下设指挥部，由时任县长王峻担任组长，时任县政协主席翁樟明为常务副组长兼任指挥部总指挥，领导小组成员由县直有关部门和乡镇主要负责人组成。负责工程建设的总体协调和征地移民政策处理工作。

2014年7月31日，松阳县国资委批复设立松阳县黄南水库发展有限公司，县国资委为公司出资人，县水利局为公司行业主管单位，负责抽调人员组成公司管理班子和落实管理人员。

2014年至2015年，是黄南水库建设项目前期工作最关键的2年，先后完成20余项可研前置专题及可研报告的报批工作。用2年的时间完成中型水库可研阶段所有的审批程序，被浙江省水利厅称为“全省水利项目前期推进的第一速度”。

2015年7月，松阳县“四套”班子领导集体调研黄南水库工程建设，提出“2015年完成项目前期，2016年全面开工建设，‘十三五’基本完成主体工程建设”的三大奋斗目标。为推进工程建设总进度，水库淹没公路改建工程于2015年底先行开工。

部署工程建设。2016年，黄南水库工程建设组织召开县级层面的动员会1次，领导小组成员暨项目推进会议3次，指挥部工作会议11次，各类政策、实施方案研讨会、乡村各级工作动员会100余次。先后向省领导袁家军、黄旭明、孙景淼、陈艳华，以及省财政厅、水利厅、国土厅主要领导汇报黄南水库建设开展情况。县领导王峻、李汉勤、翁樟明、黄德慧等多次到省发改委、财政厅、水利厅、招标办对接工作，争取项目资金核定和EPC招标的支持。

主体工程动建。2016年2月，黄南水库工程初步设计获省发改委正式批复，批复总投资18.07亿元，其中移民和淹没处理补偿投资10.95亿元，总工期52个月，工程规划搬迁人口1175人，涉及土地301.6公顷。初设批复后，项目正式进入开工前的准备阶段，指挥部协调部署县林业、县国土等部门开展林地、土地报批工作。3月，林地报批工作结束；9月，土地报批工作结束。组建政策处理队伍，展开土地征收工作，确定投融资暨建设模式，进行EPC招标。于12月底前完成全部开工条件，主体工程开工建设。水库建设涉及玉岩、大东坝等5个乡镇17个行政村，需搬迁玉岩镇余叶、坳头、召楼等移民村564户计1138人，涉及拆除各类房屋建筑面积6.08万平方米。

2016年9月，因人事变动，中共松阳县委、松阳县人民政府调整黄南水库工程建设领导小组及指挥部成员，由现任县长李汉勤担任组长，县人大常委会主任翁樟明和常务副县长王立武任常务副组长，翁樟明兼任指挥部总指挥。领导小组成员由县直有关部门和乡镇主要负责人组成。根据项目推进需要，在此次调整时，为指挥部设置了综合协调、资金保障、工程建设、政策研究、移民安置、土地征收、企业处置、监察审计、安全保卫、信息宣传10个工作组。

2017年12月31日，距2018年春节仅47天，松阳县黄南水库移民搬迁安置动员大会召开，会议要求春节前完成移民搬迁协议签约、房屋腾空、房屋拆除3个100%。全县21个工作组、67个服务组，赶时间、比干劲、抓进度，开启连续无休模式，通过合理的搬迁安置政策杠杆，精准地为移民算好经济效益账、子孙幸福账。用时15天成功签约，10天房屋腾空，7天全部拆除。仅用32天，实现“签约、腾空、拆除”三个100%。移民安置工作的顺利推进，保障了工程建设的有序进展。工程于2017年6月正式动建，2018年2月导流洞贯通，2018年10月河道截流成功，2018年11月大坝开始填筑；2019年11月高97米大坝填筑完成，2019年12月长10.5千米的输水隧洞全线贯通，占地15公顷的安置小区市政工程基本完工。发电厂房、溢洪道、取水塔、调压井等工程进度皆有序推进。

2020年，黄南水库工程建设根据相关会议精神，按照“提前蓄水、提前发电、提前完工”的“三提前”目标，克服新冠肺炎疫情影响，全力推进水库工程建设，努力实现年内水库蓄水发电，2021年全面建成。该工程建设进展在全省同批次开工项目中遥遥领先，仅用2个月时间完成大坝面板浇筑，成为全省上报国家发改委5个复工典型案例之一。2月，水库工程全面复工并开始施工；3月，开始大坝面板混凝土施工；5月19日，大坝面板提前12天完成浇筑任务；5月24日，调压井浇筑完成；6月，通过蓄水阶段移民安置终验；7月，通过蓄水验收；8月6日，举行下闸蓄水仪式并下闸蓄水，实现“三提前”第一个目标——“提前蓄水”；12月18日，水库电站35千伏线路及输配电部分工程竣工验收整改复验；12月22日，实现“三提前”第二个目标——“提前发电”，举行提前发电仪式，水库电站正式投产运行。该水库工程建设有望在“十三五”期末基本完工，在“十四五”初期实现竣工验收。在跑出“前期审批、移民安置的第一速度”后，再次跑出“工程建设的第一速度”。

（黄南水库　潘雄）

茶 叶 节

2020年3月29日至4月1日，第十三届中国（国际）茶商大会·松阳香茶网络茶叶节在各大网络平台举行。此次大会由中国茶叶流通协会、中国国际茶文化研究会、中国茶叶学会、浙江省农业农村厅、浙江省农民合作经济组织联合会、丽水市人民政府主办，浙江省茶叶产业协会、松阳县人民政府、淘宝（中国）、阿里巴巴1688承办，采取“云活动”方式进行，围绕“畅渠道、创品牌、促转型”四大主题开展活动，紧抓变革机遇，精准服务茶商茶农茶企，推动茶市场互联互通，驱动茶产业转型升级，真正实现“防得住疫情、闻得到茶香”。

一、主要做法及成效

（一）多平台合作，推动松阳茶叶热销。借力平台经济，拓宽茶叶销售渠道，以节带货，提升茶叶整体销量。3月全县茶叶网络销售额1.68亿元，带动浙南茶叶市场3月交易总量376.60万千克，交易总额15.50亿余元，同比增长36.25%和8.13%。

1.电商平台推广促销。从3月5日起，先后组织开展阿里巴巴1688“松阳春茶”上新、淘宝春茶节和浙南茶叶市场网上商城活动。阿里巴巴1688“松阳春茶”上新活动通过行业+营销+公关宣传的形式，融合全站资源进行推广，并在“一县一品”专栏固定展示松阳香茶，活动期间成交额达2600余万元（松阳香茶样品销售额600余万元、带动线下成交2000余万元），引入采购商5000余家，活动期间销售额同比增长32.14%。淘宝春茶节设立松阳香茶专场，251家入选商家交易额270余万元（上年同期为51万元），同比增长400%，销量位列中国县区第五名。

2.视频经济带货促销。与淘宝村播策划“县长来了”栏目合作，由松阳县分管农业工作副县长与主播唐笑直播带货，宣传推广松阳风光，推荐相关茶产品，直播观看突破42万人次，成交农产品24.26万元。邀请淘宝头部主播烈儿宝贝直播带货，4月1日承载店铺浏览量18.64万人次，10分钟内推荐成交37.60万余元。同时，带动全县茶农茶商自发开展直播带货，发展常态化视频直播卖货商家100余家，大木山茶文化有限公司依托该次网络节会，日最高成交量突破10万元。

3.开展香茶拍卖活动。组织首届线上、线下松阳香茶拍卖活动，线下拍卖会拍卖茶叶、茶园、老茶树等产品17件，吸引全国各地80余名茶商、茶人参与竞标，成交额64.90万元，平均溢价4.8倍，其中200克的百年老树茶以10.2万元成交。线上拍卖会在阿里拍卖平台进行，27件拍品吸引4393人次围观，成交额6.12万元。

（二）多领域提升，全面推广松阳香茶品牌。以节会促发展，以节会促转型，进一步突破茶产业发展瓶颈，全面提升松阳香茶品牌知名度和影响力，推动茶叶全产业链建设，助力松阳茶产业进入3.0时代。

1.推动松阳香茶品牌化建设。全面提升松阳茶叶品牌形象，把松阳香茶打造成为“有品质的大众茶”，以“松阳香茶好喝不贵”作为核心定位，为松阳茶叶品质化发展打下扎实基础。举办松阳香茶标准视频评审会，发布《松阳香茶》团体标准，为松阳香茶生产企业提供技术指导和参考依据。同时，制订统一的松阳香茶标示、胶带等物品免费提供给全县电商，全方位推广松阳香茶品牌。

2.拓宽茶行业销售渠道。鼓励茶行业拓宽销售渠道，破解松阳茶叶网络销售无类目难题，打通松阳茶叶品牌发展路径。出台《关于鼓励开设松阳茶叶网店的扶持政策》，对于在电商平台销量额10万元以上的商家，给予开店、直播等资金扶持，零售额达50万～100万元的奖励1万元，充分调动茶农创新销售渠道的积极性，推动全县新注册淘宝茶叶店铺835家。

3.提升松阳茶产业链水平。搭建茶产业供应链平台，推动松阳茶产业转型升级，建设有影响力的“中国茶乡”。以此次节会为契机，推动茶叶电子商务产业园建设，实现包装、销售、仓储等功能一体化，孵化茶叶电商企业，促进茶香小镇线上线下融合发展。该产业园已确定选址并启动装修，建成后可容纳大型电商企业14家。同时，建立3800平方米浙南茶叶市场临时交易大厅，精准服务茶农茶商茶企。

（三）多方位展示，全网宣传松阳茶产业面貌。依托各类直播及平台，从茶产地、茶市场到茶产品、茶文旅融合，动态展示松阳茶产业链建设成果，全面展现松阳茶文化发展内涵，活动期间全网关注量达10亿人次。

1.直播展示松阳茶产业链建设成果。首次依托丽水市新闻发布平台召开新闻发布会，直播浏览量突破135万人次，发布会后形成媒体关注高峰。同时，通过互动直播活动，从茶叶品质，茶叶溯源、售卖，茶产品研发等环节，多角度多层次展示松阳茶产业链建设成果。活动期间，举办“松阳最美茶园采茶大比拼”“寻找松阳老茶树”“绿茶怎么选？我在松阳教你”“走！松阳‘吃’茶去”4场直播活动，《央视新闻+》《今日头条》、腾讯、新浪微博、浙江新闻客户端等网站、APP直播浏览量突破860万人次。此外，还在浙南茶叶市场网上茶城进行茶叶生产智能机械装备展示，线上助力茶产业链升级。

2.平台聚焦松阳茶文化发展内涵。各类平台、各主办单位共同发力，全方位展示松阳茶园美景、茶叶复工生产场景，共同做大做热“茶香松阳”IP。策划推出“网络达人走茶乡”活动，邀请20余名网络达人走进松阳。新浪微博#茶乡随手拍#话题阅读量4.5亿人次。开设茶香松阳、松阳新闻抖音、快手官方账号，发动全社会参与“茶香松阳短视频大赛”，共收到参赛作品1000余件（幅），抖音#茶香松阳话题播放量突破910万人次。组织开展茶香松阳海报设计大赛、诗歌创作大赛，组织全县民宿业主、文旅从业者、文产企业开展“疫情下的松阳故事”茶文旅推介活动，为茶文化内涵赋能。《都市快报》平台相关信息点击量1440万人次，浙江广电“期待的旅行”大木山直播量突破10万次，“此刻，丽水最美之访古问茶旅游线路”云推介播放量120万余次。

3.主流宣传呈现松阳茶乡之美。突出松阳香茶品牌，围绕节会活动、产业复工和品质发展等内容，在县级媒体、浙江在线等平台开设专题专栏，营造良好的节庆氛围。其间，省级以上主流媒体报道40余条，其中《中央电视台》9条，《新华社》《人民日报》《中新社》《农民日报》等媒体在网站、APP推出相关报道，浙江卫视2条，《浙江日报》5条（其中1个整版），浙江在线推出专题页面；市级媒体多次在《丽水日报》头版头条和《丽水新闻》头条等重点时段、重要版面予以宣传报道。同时，推出《松阳香茶好喝不贵》《父亲寄的茶》《心里的那盏茶》《我在松阳等你》等高质量短视频，在中国茶叶流通协会官网、淘宝网等平台积极推送，带动茶文旅市场发展。

2020年3月24日，丽水市人民政府新闻办举行新闻发布会，发布“第十三届中国（国际）茶商大会·松阳香茶网络茶叶节”有关情况

二、主要经验及启示

1.团结协作是节会成功的关键。此次网络节会的成功是在主承办单位共同努力，各级领导、干部共同推进的结果。网络办节受到各级领导高度重视，中国茶叶流通协会、浙江省农业农村厅、丽水市政府均给予大力支持。模式创新也得到各级领导带头执行，中国国际茶文化研究会会长、浙江省政协原主席周国富，中国茶叶流通协会会长王庆，浙江省农业农村厅厅长王通林，丽水市委副书记、市长吴晓东以视频录制形式祝贺大会召开。王峻、李汉勤、毛建南、江山、黄德慧、谢雅贞、潘永水、温小运等县领导带领全员参与，营造良好的节会氛围。县委书记王峻祝贺视频、县长李汉勤发布会视频剪辑版在抖音平台播放量突破15万次，树立地方政府积极创新的良好形象。

2.创新思维是模式转型的核心。以互联网创新思维办会，打破以往节会的固定模板，视频、直播、话题、带货等各种渠道都成为全社会参与的途径，推动政府行为与市场资源互联互通，利用大数据精准对接、精准推送，提升松阳知名度，传播松阳茶产业，扩大节会的溢出效益。特别是首次尝试的四大直播活动真正提升干部队伍的创新思维，推进政府机关的扁平化运作模式。

3.氛围提升是节会效应的印证。茶叶节不单是行业大事，更成为松阳地域的文化盛事。虽然此次节会的承办单位、组织单位较往届有所减少，但参与单位、覆盖单位增加，各机关单位推动全员参与，自发拍摄视频，自发组织群众，发挥乡贤、茶农、茶商的积极作用，营造松阳“人人说茶、人人饮茶”的文化氛围。

（县委宣传部）

国际中医药康养胜地建设

中医药作为中国独特的卫生资源、潜力巨大的经济资源、具有原创优势的科技资源、优秀的文化资源和重要的生态资源，在“健康中国”“乡村振兴”“文化复兴”“生态文明”建设以及“人类命运共同体”构建等方面发挥着独特作用。近年来，松阳县委、县政府深刻领会党中央战略部署，围绕“全域康养胜地”“国际中医药康养胜地”等建设目标，通过探索实践中医药的生态、文化、产业、健康融合发展之路和基层中医药能力提升路径，力争将松阳打造成为中医药融合发展的示范高地。

一、坚持政府主导，做好“顶层设计”。构建优势发展的组织、政策和保障体系，成立以松阳县委书记、县长为双组长的中医药建设工作领导小组，设立县中医药管理局、县中医药研究发展中心、发展基金会，制订实施三年行动计划、总体规划以及乡村振兴中医药康养产业示范项目，形成全要素集聚的强大合力。近四年，松阳县累计投入中医药事业发展经费1.5亿元，社会工商资本投入1.3亿元，筹集发展基金800万元。

二、坚持固本强基，做好“协同发展”。按照“建高地、筑网底、拓空间”原则，加快构建以“县级中医院+乡镇中医馆+村级中医室”为主框架、“民营中医诊所+民间中草药铺”为补充的中医服务网络。至2020年底，全县100%乡镇卫生院建成中医馆，均能提供6类以上中医适宜技术；全县建成中医药智慧信息中心、共享药房中心、炮制培训中心和中医智能医联体，为基层提供处方审定、中药饮片、颗粒处方调配、代煎、配送以及业务培训等延伸服务，实现基层中医药服务“最多跑一次”。同时，“按三乙医院建设标准、投资4.67亿元、500张床位”的松阳县中医医院迁建项目于9月底动建。基于服务体系的不断完善，松阳县创建成为全国基层中医药工作先进县，群众中医药健康服务满足感、获得感进一步提升。

三、坚持继承发扬，做好“文化复兴”。以弘扬传统中医文化为内核，组织开展中医药文化传承和文化交流行动，厚植全社会“信中医、学中医、懂中医、用中医”的中医发展氛围。至2020年底，松阳县完成“药皇宫”酉田七代医馆、中医药文化广场、松州名医馆等修缮，整理确定县内草药土名232种、民间单方验方160余个和中医药本土教材，出版《松阳常用中草药（第一辑）》，并制作主题宣传片2部、建成中医药文化教学实践场所7个，先后举办中医药康养胜地报告会、中医药文化展、中医童子功夏令营等各类载体活动90余场次，城乡居民中医药知识知晓率93.48%。

四、坚持三产互促，做好“乡村振兴”。整合山林资源、传统村落、山居民宿等优势，开展中药材野生抚育，打造中医药健康旅游商品和健康旅游线路，形成具有松阳特色和辨识度的中医药康养品牌。至2020年底，中医药康养示范项目实现投资额6925万元，中药材种植基地、数字化种苗基地、中草药科普基地等建设基本完成；全县推出“六养”主题体验线路6条，建成原乡上田中医药康养村、云顶仙坑源康养综合体等特色康养综合体10个，打造中弄特色小巷、明清古街特色街区、“药皇宫—关帝庙—本草园”特色区块，形成中医药融合发展的县域展示窗口。

（县卫生健康局）

“民情地图”促服务工作综述

松阳县“民情地图”是通达民情、服务民生、维护平安、促进发展之图，上面记载着与老百姓相关的各种信息。几年间，全县 2406 张手绘“民情地图”升级为“电子地图”。如今，松阳“民情地图”用脚步丈量民情，用行动贴近民声，打通了干部联系服务群众的“最后一纳米”，“民情地图”服务标准化试点项目，成为浙江首个基层联系群众的服务业标准化试点项目，并成功申报基层社会综合治理国家级标准化试点。

一、“民情地图”起源基本情况

2010 年 4 月，松阳县在推进“网格化管理、组团式服务”群众信息采集过程中，四都乡首次提出参考“谷歌”地图绘制各村基本民情，随后初步讨论形成《四都乡“谷歌”地图绘制要求》，在图上简要标明农户位置信息、党员干部等五个方面内容，这就是“民情地图”最原始的草图版本。四都乡“民情地图”推出后，中共松阳县委因势利导，决定在全县推开这一做法，要求县级领导带头，每人都要手绘自己所联系村的“民情地图”，并在工作中逐步完善和提升，最终形成较为成熟的“民情地图”架构，打造 1 个行政村一套完整的手绘“民情地图”包含 6 张地图信息。《村情民情图》主要反映村庄地形地貌、村容村貌、乡情民情等情况；《产业发展图》主要标注村产业现状、分布和农户从业情况；《组织体系图》主要标注村级组织框架、骨干队伍和基层社会服务体系建设情况；《结对帮扶图》主要标注生活困难党员群众、残疾人、留守儿童以及孤寡老人等情况；《防灾避险图》主要标注自然灾害隐患区域及抢险避灾逃生线路等情况。为确保“民情地图”更接地气、更好地服务农村基层工作实战，针对“手绘地图”翻阅查找繁琐、受时间、空

2020 年 1 月 11 日，松阳县第十届“民情地图”促服务应知应会能力大比武决赛在县会议中心举行

间限制大的情况，2010 年 8 月以来，围绕“把手绘‘民情地图’搬进电脑”的工作方向，开发松阳县“民情地图”促服务地理信息系统，把全县 203（原 401）个行政村的 2406 张“民情地图”数据全部信息化录入系统，确保乡镇干部随时可以查阅全县各村“民情地图”。

二、主要成效

（一）持之以恒，干部作风转变明显。以干部手绘“民情地图”为抓手，以“走村不漏户、户户见干部、干部比服务”为要求，扎实推进干部沉下身开展工作，较好地转变干部工作作风，使群众对干部的态度有了明显的变化，乡镇干部对群众的熟悉程度、对村级事务的参与度也有很大的提高，打通干部与群众的“最后一纳米”。至 2020 年底，系统有全县 203（原 401）个行政村的 2406 张“民情地图”，收集了 22 万人口信息，8800 余万个信息点，成为干部开展工作最完备的信息基础库。自 2010 年以来，全县每年举行一届全县“民情地图”大比武，强化考评乡镇干部走村入户联系服务群众情况，大比武不仅涉及乡镇年度考核，还成为展示乡镇干部能力和风采的大舞台，成为松阳基层干部一年一度的“春晚”。

2016 年 12 月，松阳县推进手绘“民情地图”做法被中央组织部《党建研究参考资料》专题刊发。2017 年，手绘“民情地图”在陕西省西安市进行全面推广。

（二）久久为功，基层治理更加科学。建设完善配套考核落实机制，印发《关于构建“民情地图”促服务长效机制推进社会管理科学化的实施意见》，提出构建责任、更新、应用、考核、奖惩五大机制，并全面推进基层社会治理标准化建设。完成国家级《浙江松阳基层社会治理综合标准化试点》项目建设、浙江省《民情地图管理和服务规范》标准化体系建设等，较好地推进基层社会治理创新。该模式先后得到历任浙江省委书记赵洪祝、夏宝龙等领导的充分肯定，被央视《新闻联播》《人民日报》等主流媒体的焦点报道，并与国家治理协同创新中心签订协同创新合作框架协议，就“国家治理现代化与松阳县基层治理模式创新”课题的理论与现实问题展开研究，使得“民情地图”成为国家基层社会治理研究样板。2017 年，北京大学社会学系在松阳建立 “北京大学社会学系科研与社会实践基地”，是年 12 月，松阳县“民情地图”国家标准化项目试点通过国家验收。2020 年 7 月，松阳县《“民情地图”助推基层治理现代化》项目被浙江省人民政府授予浙江省县乡法治政府建设“最佳实践”项目。

（县委组织部）

松阳县不锈钢管产业基地建设

松阳县不锈钢管产业起步于2004年，经过16年培育，现已形成穿孔、拉管、冷轧等企业集群，主要分布在工业园区2–3期、江南工业区块。不锈钢产业形成产业集聚规模后，青山特钢、宝丰钢业、上上德盛不锈钢等一大批知名不锈钢企业入驻松阳，从整体上提升了不锈钢产业的发展水平和档次。

一、产业发展现状

经过十几年的培育发展，松阳县形成相当规模的不锈钢产业，自2012年第一次区块整合以来，不锈钢行业相关统计数据（企业数量、产值、税收）如下：

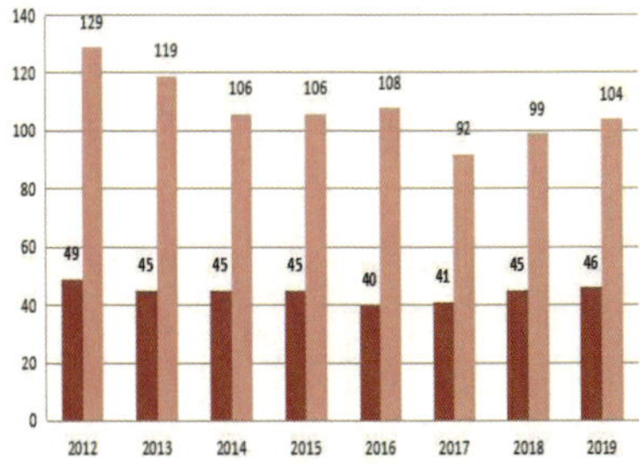

图1 2012–2019年规上不锈钢企业数与规上总企业数对比图 单位：家

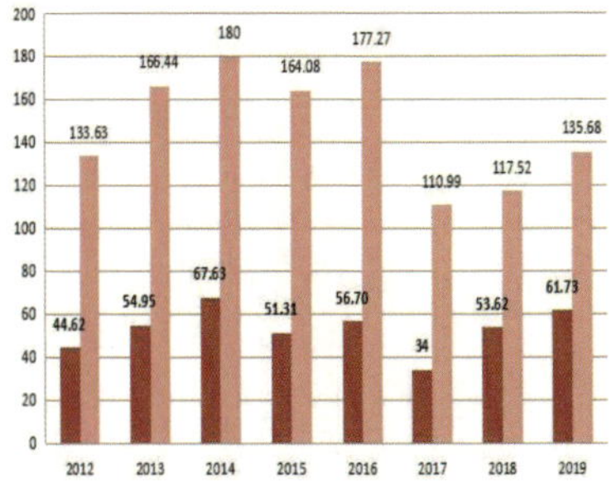

图2 2012–2019年不锈钢产值与规上工业产值对比图 单位：亿元

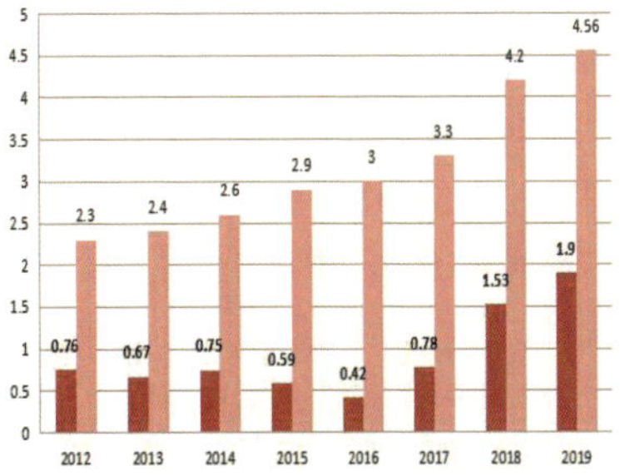

图3 2012–2019年不锈钢税收与规上工业税收对比图 单位：亿元

截至2019年底，全县共有不锈钢企业52家（规上46家、规下6家）。2019年规上不锈钢企业产量28400万千克，产值61.73亿元，占全县规上工业总产值的42.2%，同比增长15.1%；入库税收1.9亿元，占全县规上工业入库税收的43.8%，同比增长32.5%。从全国不锈钢管行业协会公布的数据来看，2019年国内不锈钢无缝钢管产量为80000万～100000万千克，松阳县产量约占全国产量的三分之一。分行业情况如下：

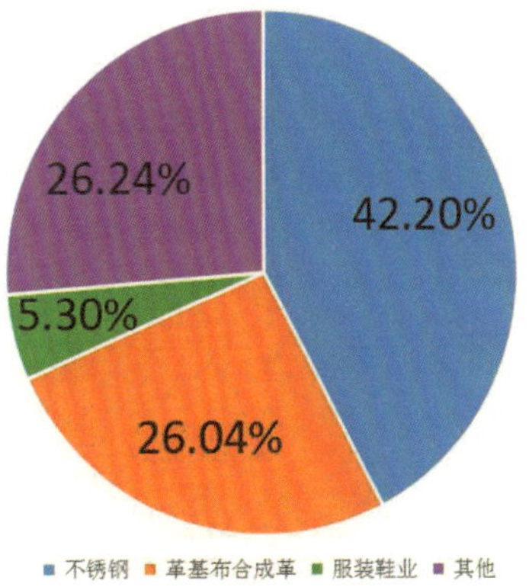

图4 2019年松阳县规上工业分行业产值情况图

二、产业发展相关举措

（一）先进的环保防治理念，助力产业的绿色发展。松阳县从引进不锈钢管产业开始，就谋求园内不锈钢企业废水集中处理。经过努力，逐步创建了不锈钢废水收集、处理—回收、应急处置、水环境预警和政策保障五大体系。据不完全统计，2013年以来，由政府引导、企业参与的不锈钢产业生态改造、污染防治工程和环境执法监管共投入资金2.37亿元，其政府性支出6800余万元。2018年启动不锈钢管产业“1331”工程，引进中国光大绿色环保有限公司投资建设处理10000万千克工业危险废弃物综合利用处置项目。2019年全县不锈钢生产废水33060万千克，经处理后产生酸洗污泥2470万千克，酸渣450万千克，废油桶80万千克，大多数委托危险废物资质单位规范处置。目前，还正谋划建设废酸、酸渣、氧化皮、抛光物等综合利用项目，这些项目实现可很好解决不锈钢管资源循环化利用，助力不锈钢管产业可持续发展，更好地助推市场的发展。

（二）推进不锈钢管产业转型升级。实施不锈钢行业“机器换人”“两化融合”2个省级试点，项目所涉及的上报项目完成现场评定验收，省资金1000万元于2019年9月30日全部拨付给企业，列入试点的项目在提高两化融合水平、机器换人、质量管控等方面为其他企业提供了可复制可推广的经验。积极推进工业互联网平台建设。上上德盛集团的不锈钢管智能制造工业互联网平台成功列入省级工业互联网平台，2019年全省工业互联网平台建设现场会（丽水站）活动在松阳举行。坚持把高端装备制造产业作为新动能培育的重点，支持企业积极参与标准的制定，鼓励不锈钢企业“走出去”，参加国内外展20余次，利用“线上”+“制造业”模式支持企业拓展产品销路。制定《松阳县推进生态工业高质量绿色发展三十条》《关于进一步稳定2020年松阳外贸发展的若干意见》等政策为不锈钢企业的稳步发展保驾护航。

（三）打造“全国一流绿色不锈钢管生产基地”。2019年6月，出台《松阳县不锈钢管产业转型升级三年行动方案（2019－2021年）》（以下简称“方案”），该方案明确提出，通过3年时间，努力建成产业集群带动、龙头企业引领、产品标准领先、特殊领域竞争优势明显的全国一流生产基地，整体产业规模力争实现“百亿产值”目标。2020年6月19日，“田园松阳”论坛·“请你来协商——创新引领、转型升级，全力推进不锈钢管产业高质量发展”专题协商会召开，县领导李汉勤、毛建南、周永龙、纪忠民，县府办、集聚区管委会、县发改局、县经商局、市生态环境局松阳分局等相关单位负责人，协商课题调研组成员，部分县政协委员等共58人参加会议。会议就如何破解当前困境，推进松阳不锈钢管产业高质量发展重点提案开展专题协商，并形成“创新引领——全力推动不锈钢管产业高质量发展”专题协商纪要；经县政协主席会议、常委会审议通过后提交县委县政府决策参考。

（四）举办2020（首届）中国不锈钢管高峰论坛。为推动松阳县向“全国高端不锈钢管示范基地”迈进，县委县政府启动实施不锈钢管产业“十四五”规划编制、不锈钢管精品示范园建设、高端不锈钢管科创小镇项目建设，举办2020（首届）中国不锈钢管高峰论坛。该论坛由中国钢铁工业协会、中国金属学会、丽水市人民政府主办，冶金工业信息标准研究院、松阳县人民政府承办，国际镍协会、中国工业气体工业协会气体压力设备专业委员会、北京科技大学高效轧制国家工程研究中心、东北大学轧制技术及连轧自动化国家重点实验室、浙江省特种设备科学研究院、佛山市金属材料行业协会等单位协办，于12月11－13日在松阳县城举行。现场参会人数600余人，线上浏览3万余次。2020（首届）中国不锈钢管高峰论坛的成功举办，松阳不锈钢管产业知名度进步提高，企业对当地产业的信心和热情大大提升。

三、产业发展取得成效

松阳县不锈钢管产业经过16年几届党委政府、相关部门和不锈钢企业的不懈努力，现有不锈钢管企业60余家，企业相对较为集中形成穿孔、拉管、冷轧等企业集群，主要产品有流体输送用管、锅炉交换器用管、石油管、医用管、食品用管、天然气用管等20个品种，取得欧盟、中石化、中石油、船舶等认证的有15家不锈钢无缝钢管产量占全国总产量的三分之一，成为“全省不锈管产业基地”。截至2019年底，不锈钢管生产规上企业46家，全年实现产值62.56亿元，占全县规上工业产值46.1%，入库税1.9亿元，占全县工业税收43%，解决就业岗位7000余个，成为全县的支柱产业。松阳县不锈钢管产业被列入浙江省钢铁产业发展规划，进入全省14个生态产业集聚区、全省33个“十二五”发展规划编制重点开发区行列；先后被授予“浙江省不锈钢管产业基地”“浙江生态化改造示范区”“中国不锈钢发展突出贡献单位”“国家级不锈钢管产业质量提升示范区”“中国不锈钢管绿色生产基地”等称号；不锈钢酸洗废水和污泥综合处理处置技术先后被工业和信息化部、生态环境部列入相关技术名录向全国推广。

（县档案馆年鉴科）

大事记

松阴溪

1月

1—3日 县领导王峻、李汉勤、毛建南、王立武等带队分批到乡村、企业，开展“服务企业、服务群众、服务基层”活动。

2日 浙江省政协原党组副书记、原副主席、省慈善联合总会会长陈加元到玉岩镇周安村，开展访贫问苦送温暖活动。

3日 浙江省文联党组书记、副主席、书记处常务书记陈瑶一行到松阳，开展“三服务”活动。县领导王峻、江山、谢雅贞等参加。

是日 县委书记王峻主持召开全县领导干部会议，传达学习中共中央政治局专题民主生活会精神和市委四届七次全体（扩大）会议精神。

是日 松阳论坛——县委理论学习中心组专题报告会在县会议中心举行。丽水职业技术学院党委书记梁忆南作《党的十九届四中全会精神解读》专题辅导报告。

是日 松阳县禁止燃放烟花爆竹工作动员大会召开。

是日 松阳县城乡社区建设工作协调会议召开。县领导王立武、雷剑锋、黄德慧等出席。

5日 衢宁铁路松阳段露天轨道铺设竣工，转入隧道铺轨阶段。

6日 县委副书记、县长李汉勤到赤寿乡、丽水生态产业集聚区松阳分区等地，检查部分矿山、企业安全生产工作落实情况。

7日 县委副书记、县长李汉勤主持召开座谈会，就《2020年政府工作报告（征求意见稿）》征求部分县咨询委员会委员和老干部的意见建议。

是日 松阳县“无违建县”创建暨春节期间防违控违工作部署会议召开。

是日 松阳县农村饮用水达标提标行动总结分析会议召开。

8日 第十三届中国（国际）茶商大会·松阳银猴茶叶节组委会第一次工作会议召开。

是日 松阳县举行第十届“民情地图”促服务应知应会能力大比武决赛。

9日 松阳县召开全县领导干部会议。会议开展2019年度县级领导班子和领导干部年度考核，以及干部选拔任用“一报告两评议”工作。

是日 松阳县“不忘初心、牢记使命”主题教育总结大会召开。县委书记王峻出席并讲话，丽水市委第十五巡回指导组副组长周大勇讲话，县委副书记、县长李汉勤主持。

是日 松阳县召开2020年春运工作动员会议。

10日 松阳县举行新时代文明实践中心青年志愿者服务社区暨迎新春“暖冬行动”启动仪式。

13日 县委书记王峻，县委常委、宣传部部长江山，副县长黄德慧等到县域各社会组织开展专题调研。

是日 松阳县召开安全生产、烟花爆竹禁燃、无欠薪县创建等工作会议。

14日 松阳县打击治理电信网络新型违法犯罪工作会议召开。

是日 松阳县召开2020年文旅工作座谈会暨节前安全工作部署会议。

是日 县委常委、宣传部部长江山，副县长谢雅贞到县部分娱乐场所、出版物经营单位、印刷企业、电影院开展文化市场安全和“扫黄打非”专项检查。

15日 松阳—嘉兴“飞地”产业园项目奠基仪式在嘉兴市经济开发区塘汇街道举行。嘉兴市委常委、经济开发区党工委书记陈利众，松阳县领导王峻、周红霞、毛胜法、卢丁方、周永龙等出席奠基仪式。

是日 松阳县启动“迎新春全域大洁净”集中整治活动。

16日 县人大常委会组织市人大代表松阳中心组到黄南水库、西竹玉公路等项目施工现场，了解县重点工程、民生工程建设情况，并对玉岩镇小城镇综合整治项目进行实地视察。

是日 松阳县工商业联合会（总商会）六届五次执委会暨新春茶话会召开。

17日 中共松阳县委务虚会议召开。县领导王峻、李汉勤、徐为民、毛建南、王立武等参加会议。

19日 县委书记王峻到县部分项目施工现场检查春节前安全生产工作。

是日 县十二届人大常委会第23次会议召开。会议听取县十二届人大常委会代表资格审查委员会关于部分代表资格变动情况的报告、县十二届人大常委会主任会议关于提请补选县人大代表的议案；表决县人大常委会关于接受部分代表请求辞去县第十二届人民代表大会代表职务、县人大常委会关于补选松阳县第十二届人民代表大会代表等决定（草案）。

是日 县政协九届十七次常委会议召开。会议听取县政府关于县政协九届三次会议提案办理、卫生健康局关于医共体建设等情况通报；审议通过“城乡生活垃圾分类处理”专题集体民主监督工作情况的函、《关于加快推进松阳茶产业转型升级打造全国茶产业强县的若干意见》、《松阳县推进茶产业转型升级扶持办法》贯彻落实情况的民主监督建议案；听取九届县政协常委2019年度述职报告。

是日 民盟松阳县第七届基层委员会第四次盟员大会召开。会议听取并审议民盟松阳县基层委员会2019年度工作报告，表彰民盟先进支部和优秀盟员。

20日 丽水市委常委、宣传部部长任淑女到松阳开展平安建设、安全生产检查和节前慰问活动。

是日 松阳县政府召开第50次常务会议。审议《2020年政府工作报告》《2020年民生实事项目征集情况》等议题。

27日 县委书记王峻到县疫情联防联控指挥部，通过视频会商系统连线各乡镇（街道），就当前松阳新型冠状病毒感染的肺炎疫情防控工作进行再部署。

29日　中共松阳县委常委会（扩大）会议暨县新型冠状病毒感染的肺炎疫情防控指挥部会议召开。

31日　松阳县召开新型冠状病毒感染的肺炎疫情防控指挥部视频会议，就疫情防控工作再部署再落实。县委书记王峻出席会议并讲话，县委副书记、县长李汉勤主持会议，王立武、潘仲珏、饶庆勤、郑伟坚、江山、温小运、卢丁方等县领导参加。

是月　松阳县出台浙江省首个关于采茶工劳动力市场管理的地方规范性文件《松阳县采茶工劳动力市场管理暂行办法》。该办法从2020年2月1日正式实施。

是月　松阳县首批农村交通安全劝导站——古市镇、斋坛乡2个农村交通安全劝导站分别举行揭牌仪式并投用。

是月　浙江科马摩擦材料股份有限公司的汽车用离合器面片、浙江康恩贝中药有限公司的复方鱼腥草合剂2个产品入选2019年度“浙江制造精品”名单。

是月　松阳县被浙江省农业农村厅评为省级农业绿色发展先行县，新兴镇和象溪镇分别创建成为省级农业绿色发展示范区。

2月

1日　县领导王峻、李汉勤、徐为民、毛建南、王立武等到疫情防控一线，检查指导新型冠状病毒感染的肺炎疫情防控工作。

4日　县委书记王峻对乡镇（街道）、社区部分卡点、居家医学观察点的疫情防控措施落实情况进行暗访。

6日　县委书记王峻到浙南茶叶市场走访茶叶经销商户，了解茶叶销售市场行情，同时对各商户在疫情之下春茶上市防疫应对准备情况开展专项督查。

是日　松阳县“冠状病毒肺炎”防控指挥部办公室成立临时党支部。

是日　县委副书记、县长李汉勤到古市、新兴、樟溪等乡（镇）暗访督查新型冠状病毒感染的肺炎疫情防控工作。

7日　县委书记王峻专题调研企业开工复产工作。

8－13日　松阳县派员参加由联合国人居署主办的，在阿拉伯联合酋长国首都阿布扎比举行的第十届世界城市论坛（WUF10）。

11日　县委常委（扩大）视频会议召开。会议研究全县疫情防控、工业企业及商贸服务业有序开复工、重点项目推进及茶产业应对疫情等相关工作。

13日　县委副书记、县长李汉勤到县火车站站前广场站前大道工程、县职业中等专业学校迁建项目、县全民健身中心等项目建设现场，听取项目建设情况汇报，并现场指导项目建设工作。

17日　县委副书记、县长李汉勤，副县长黄德慧到县部分养老机构检查疫情防控工作。

18日　县委常委会扩大会议召开。会议研究部署全县下一步疫情防控、复工复产等工作。

19日　松阳县疫情联防联控指挥部举行捐赠仪式，县红十字会代表县委县政府向四川省巴中市巴州区防控新冠肺炎疫情专项捐款20万元。

20日　中共浙江省委书记车俊在丽水督查疫情防控和复工复产工作时，到松阳县新兴镇茶园、振通宏茶业有限公司了解企业复工、新茶生产等情况。

是日　松阳县新冠肺炎疫情防控指挥部会议召开。

21日　县委常委会召开扩大会议，传达学习省委书记车俊在松阳督查疫情防控和复工复产工作时的讲话精神，研究部署贯彻落实意见。

23日　县委书记王峻到文教园区重点建设项目工地调研指导疫情防控和复工复产工作。

24日　松阳县召开网上茶商大会方案和松阳茶叶品牌创建工作调研座谈会议。

25日　县政府召开第51次常务会议，传达学习上级统筹推进新冠肺炎疫情防控和经济社会发展有关会议及文件精神，听取松阳县采茶工中介机构管理工作、企业复工复产、重点项目推进等情况的汇报。

是日　县委书记王峻、副县长卢丁方专题调研金融机构服务经济社会发展工作。

26日　县委书记王峻到浙江云中马股份有限公司、丽水市隆信不锈钢线材有限公司、浙江耶米玛服饰有限公司等企业开展“三服务”活动，调研指导疫情防控和复工复产工作。

是日　县委副书记、县长李汉勤到县部分建筑、建材企业开展“三服务”活动，指导企业做好疫情防控工作。下午，与县委常委、常务副县长郑伟坚到县自然资源和规划局开展调研，并听取县自然资源和规划局2020年重点工作谋划及推进情况的汇报。

27日　县委书记王峻、副县长卢丁方到浙江锐奇鞋业有限公司、浙铜五星金属材料有限公司、景顺实业有限公司、龙跃实业有限公司开展“三服务”活动，指导疫情防控和复工复产工作。

是日　县委副书记、县长李汉勤，县委副书记王立武专题调研农业农村重点工作。听取“大搬快聚富民安居”工程项目、脱贫攻坚等工作汇报。

是日　松阳县召开项目建设土地和房屋征收遗留问题攻坚克难专项行动动员会。

是日　浙南茶叶市场人脸识别系统正式投用。

28日　县领导王峻、郑伟坚、卢丁方专题召开国土空间规划调研会，听取全县国土空间规划编制工作情况汇报。

是日 县委副书记、县长李汉勤，副县长周红霞、卢丁方调研招商引资工作。

29日 松阳县茶青市场开市部署会召开。

是月 县委书记王峻到各乡镇调研茶产业复工复产及疫情防控工作，并听取各乡镇茶产业复工复产及疫情防控工作汇报。

是月 松阳县近百家乡贤企业、千名乡贤为抗战新冠肺炎疫情捐赠款（物）3000余万元。

3月

2日 松阳县大型无偿献血活动在县城市政广场举行，1000余人报名参加。

3日 浙江省副省长陈奕君在丽水市副市长杨秀清的陪同下，到松阳开展“三服务”活动，调研指导疫情防控和复工复产工作。县领导王峻、李汉勤、卢丁方等参加。

4日 县委十届九次全体（扩大）会议暨全县干部大会召开。总结2019年全县工作，部署县域治理体系和治理能力现代化建设、2020年工作目标任务，及统筹推进新冠肺炎疫情防控和经济社会发展等工作。

是日 松阳县召开第十三届中国（国际）茶商大会·松阳香茶网络茶叶节筹备工作会议。听取节会前期筹备情况及总体方案、线上系列专场活动筹备情况以及电商产业园推进情况和松阳香茶供应链平台建设方案等工作汇报。

5日 县委审计委员会第二次会议召开。总结上年工作，部署2020年工作。县领导王峻、李汉勤、潘仲珏、雷剑锋、郑伟坚等参加会议。

是日 松阳县黄南水库工程建设领导小组第35次会议召开。

是日 衢宁铁路松阳段正线铺轨工程全线竣工，正线全长41.27千米。

是日 松阳县开展新时代文明实践学雷锋志愿服务活动。

6日 县委财经委员会第一次会议召开。审议《中共松阳县委财经委员会会议制度》《中共松阳县委财经委员会办公室工作细则》，听取2020年财政预算安排情况、国企融资计划和政府债务管理工作及闲置资产工作计划等汇报。

是日 松阳县全面启动孤儿教育救助工作。

是日 县委副书记、县长李汉勤，县委常委、常务副县长郑伟坚在松阳分会场参加丽水市应急管理、安全生产和消防工作电视电话会议。会后，李汉勤就全县应急管理、安全生产和消防工作进行再部署。

11日 第42个全国植树节来临之际，县四套班子领导带领机关干部到南城出入口开展植树活动。

是日 县委副书记、县长李汉勤调研教育工作，组织专题研究落实《省委、省政府关于学前教育深化改革规范发展的实施意见》方案、《创新型后备人才早期培养基地工作方案》等。

12日 县委书记王峻到县交投集团公司、县文化旅游发展投资集团有限公司调研交通运输事业发展和全县旅游运维核心能力等工作。

是日 浙江松阳县—河南鹿邑县采茶工劳务协作座谈会召开。两地劳务部门签订劳务协作协议书，就校企劳务合作、劳务交流合作、转移就业工作开展全方位合作。

13日 松阳县召开“大搬快聚 富民安居”工程视频推进会议。

16日 浙江茶业学院松阳分院在县职业中等专业学校揭牌成立。浙江省供销社副主任沈省文，浙江省农商学院（省茶业学院）院长周文根，副县长黄德慧等出席揭牌仪式。

是日 松阳县举行2020年公益诉讼生态修复活动。

17日 松阳县召开第十三届中国（国际）茶商大会·松阳香茶网络茶叶节工作推进会，会议听取节会前期筹备情况及总体方案等工作汇报。

18日 县委常委会（扩大）会议召开，会议传达浙江省委组织部部长会议精神，学习2020年领导干部个人有关事项报告填报相关要求和《浙江省防止领导干部违规参与民间借贷行为规定（试行）》相关内容，听取十届县委巡察发现的共性问题整改情况的汇报。

19日 县政府召开第52次常务会议。审议《松阳县2019年生态环境状况和环境保护目标完成情况报告》《松阳县推进生态工业高质量绿色发展三十条》等。

是日 余姚市人民政府向松阳县政府捐赠1000支额温枪，总价值16万元，分配给全县各中小学校，为复学提供了疫情防控物资保障。

20日 县领导王峻、江山、潘永水、叶伟兰专题调研明清步行街建设和名城古村老屋办等工作，听取明清步行街实施方案和名城古村老屋办重点工作情况的汇报。

23日 县领导王峻、郑伟坚、孔建民、温小运、单国亮专题调研县中医医院迁建项目建设工作。

是日 松阳县扶贫工作暨低收入农户高水平全面小康计划领导小组成员单位会议召开。

24日 松阳县召开“第十三届中国（国际）茶商大会·松阳香茶网络茶叶节”新闻发布会，通报活动筹备及松阳茶产业发展情况。

25日 松阳县纪委十届六次全体（扩大）会议召开。

27日 松阳县召开安全生产重点领域专项整治工作会议，部署森林防火、电瓶车整治、消防安全、防汛度汛等工作。

29日 第十三届中国（国际）茶商大会·松阳香茶网络茶叶节举行第一场直播活动，累计吸引观看直播260万人次。

30日 松阳县生态制造业与金融大会暨“营商环境提升年”动员大会召开。

31日 县委书记王峻，县委常委、组织部部长雷剑锋专题调研组织、人才、科技等工作。

是日 县委副书记、县长李汉勤，副县长黄德慧等到象溪镇靖居口村、梅峰村调研农村饮用水达标提标及松阴溪干流滨水绿道建设情况。

是日 松阳县首个远程不见面开标项目——《松阳县安民乡卫生院建设项目》在县公共资源交易中心开标，47家建工企业远程参与投标。

是月 2020版《松阳县行政区划图》正式出版发行。

是月 松阳县首次出台《松阳县文艺人才和文艺创作奖励扶持办法（试行）》。从2020年1月1日正式实施。

是月 双童山景区创成国家AAAA级旅游景区。

4月

1日 浙江省林业局党组书记、局长胡侠到松阳，开展春季“绿化造林月”指导服务活动，实地考察林村林场——创建国家森林城市纪念林创新点、水车村——省级示范家庭农场田寮木本油料产业基地、独山驿站——省级湿地公园建设、湖溪林场——中草药苗圃基地等建设情况。县委书记王峻，县委常委、常务副县长郑伟坚陪同。

是日 第十三届中国（国际）茶商大会·松阳香茶网络茶叶节举行首届松阳香茶现场拍卖会。在拍卖会上17件拍品中，200克百年老树茶拍出10.2万元的成交价。

是日 由中国茶叶流通协会发布的《松阳香茶》团体标准正式实施。

是日 第十三届中国（国际）茶商大会·松阳香茶网络茶叶节闭幕。

2日 县政协九届十八次常委会议召开。会议协商通过委员调整方案；审议相关人事任免；协商讨论松阳县“一府两院”工作报告（审议稿）、2020年十件民生实事项目候选项目、松阳县经济社会发展报告（审议稿）、财政预决算报告（审议稿）；审议通过政协第九届松阳县委员会常务委员会工作报告、提案工作报告等审议稿；研究决定县政协九届四次会议相关事宜；审议《中共松阳县委关于新时代加强和改进人民政协工作的实施意见》。

3日 县政府召开第53次常务会议。听取一季度经济形势分析、一季度安全生产情况和省平安检查组问题反馈情况汇报、道路交通安全专项汇报，并提出具体要求。

是日 松阳县召开名城古村老屋保护发展工作会议。

4日 县委副书记、县长李汉勤到西屏街道、古市镇等地督查森林防火工作。

7日 县委常委会（扩大）会议召开。

是日 十届县委第八轮巡察工作动员部署会召开。会议通报全县2020年的巡察任务，宣布第八轮将要巡察的4个单位以及4个巡察组组长、副组长名单。

是日 县委副书记、县长李汉勤到部分工业企业开展“三服务”活动。

是日 松阳县全面启动2020年失信企业信用修复工作机制，推进“信用松阳”建设，提升县域治理体系和治理能力现代化，为实现“十四五”信用体系建设开好局。

8日 松阳县召开大东坝镇农村综合改革集成建设项目推进会议。会议听取大东坝镇“水墨小港”省级农村综合改革集成建设项目实施方案、项目推进及下步工作计划等工作汇报。

9日 县委书记王峻到松阳一中校区，实地查看复学复课准备工作及疫情防控情况，并听取相关部门关于疫情防控和师生返校复学准备情况的汇报。

是日 县委副书记、县长李汉勤，副县长温小运到西屏街道、裕溪乡等地，专题调研“大搬快聚”、土地整治等工作。

是日 县委副书记王立武、县政协副主席叶向东到古市片区专题调研“大搬快聚”工作，实地走访樟溪乡东市村、古市镇筏铺小区四期项目建设现场，详细了解整村搬迁及小区建设进度情况。

10日 中国农业银行松阳县支行营业中心发放首笔家庭农场生猪活体抵押贷款150万元。

是日 松阳县举行装备制造产业园项目签约仪式。该产业园项目位于赤寿生态工业园区，项目总面积15.73余公顷，一期用地约8.27公顷，二期用地约7.47公顷，固定资产投资约5亿元。

是日 李汉勤到县职业中等专业学校、民族中学，详细了解复学复课准备工作、防疫设施及举措等情况。

13日 松阳县首批复学（初三、高三）学生正式入校开学复课。

14日 松阳县召开2020年组织工作会议暨干部监督工作会议。

15日 衢丽铁路（松阳至丽水段）项目可行性研究报告获省发改委批复，该项目为国家“十三五”铁路规划和省铁路“八八计划”第二批建设项目，总投资91.75亿元。

是日 县政府与国网丽水供电公司举行工作会谈，就重点电力建设、能源发展等相关工作事项进行对接。

17—19日 松阳县举办全县深化国有企业改革发展大会暨国有企业管理人员素质提升专题研讨培训会。

20日 县政府第54次常务会议召开，专题传达学习全市生态工业发展大会精神，并围绕工业高质量发展、平台“二次创业”等工作进行探讨，明确下阶段任务目标和工作重点。

是日 县领导王峻、卢丁方就全县

小微企业园项目建设开展专题调研。

22日 浙江省财政厅考察组到松阳大东坝镇蔡宅村、茶排村、山头村、二滩坝村等地，指导考察农村综合改革集成建设项目建设工作。

27—29日 中国人民政治协商会议第九届松阳县委员会第四次会议在县会议中心召开。会议应到委员178人，实到172人，符合《中国人民政治协商会议章程》的规定。

28—30日 松阳县第十二届人民代表大会第四次会议在县会议中心召开。会议应到代表167人，实到165人，符合法定人数。会议通过县十二届人大四次会议选举办法和民生实事项目票决办法、关于设立县十二届人大社会建设委员会及更名法制（内务司法）委员会的决定、关于县十二届人大专门委员会组成人员人选通过办法。

是月 由松阳籍漫画家熊顿的漫画作品《滚蛋吧！肿瘤君》改编而成的电视剧《向阳而生》在松阳县域内开展为期7天的拍摄。

5月

4日 由联合国人居署区域和都市规划部门组织的“新冠肺炎疫情下的城乡联系”网络研讨会以视频连线形式召开。县委书记王峻应邀出席并作题为“松阳新冠肺炎疫情防治实践与思考”的交流发言，介绍松阳县新冠肺炎疫情防控和复工复产的应对经验。

是日 松阳县召开防汛及水旱灾害防御工作会议。会议传达水利部、省水利厅有关会议精神，部署全县防汛抗旱工作。

是日 丽水市浙江工匠“名师带徒”签约仪式在松阳县城举行。

7日 松阳县不锈钢产业转型升级座谈会议召开。

是日 县委网络安全和信息化委员会第一次全体会议召开。听取全县网信工作汇报，审议《县委网络安全和信息化委员会工作规则》《县委网络安全和信息化委员会办公室工作细则》。

是日 十届县委第九轮巡察工作动员部署会议召开，会议宣布十届县委第九轮巡察单位名单及巡察组正副组长名单。

是日 黄南水库工程各参建单位共同组织开展防洪度汛应急演练。

8日 县委副书记、县长李汉勤专题调研工业平台“二次创业”及招商引资工作。

是日 民革松阳县支部举办三周年庆祝活动，并举行“三农”服务队、法律服务队成立仪式，民革丽水市委会委员、秘书长叶华伟作“社情民意信息写作”培训讲座。

是日 浙江电视台“跟着档案去旅行”栏目走进松阳石仓，探寻“石仓契约”档案里的诚信品质，介绍松阳县依托“农旅融合”开辟独具特色的乡村振兴之路。

8—9日 由丽水市初验委员会和松阳县自验委员会组成验收组，就黄南水库工程下闸蓄水阶段移民安置工作进行初（自）验。

9日 县政府召开第55次常务会议，专题听取平台“二次创业”和工业经济发展等工作汇报，审议安全领域“三个年”活动实施方案。

是日 松阳县重点项目建设暨服务业发展工作推进会召开。

11日 松阳县与蓝城房产建设管理集团有限公司（简称蓝城集团）签署战略合作协议。蓝城集团董事长宋卫平、执行总裁王科，县领导王峻、李汉勤、郑伟坚、温小运等出席。

14日 中共丽水市委书记胡海峰到玉岩镇排居口村范山头自然村、枫坪乡丁坑村等地质灾害隐患点开展现场调研察看情况。

是日 浙江省统计局党组书记、局长王杰在县委副书记、县长李汉勤的陪同下，调研松阳经济运行情况，并开展“三服务”活动。

是日 松阳县与“杭报集团”举行交流座谈会、签订县域合作协议、“《都市快报》松阳基层联络站”授牌仪式。

是日 松阳县安全领域“三个提升年”工作及全国两会期间安全生产工作部署会议召开。

是日 松阳县举行“松阳论坛——市民讲堂暨田园文化大讲堂”志愿者服务礼仪培训会。

13日 县委人大工作会议和政协工作会议召开。人大工作会议举行丽水市示范性代表联络站和规范化代表联络站授牌仪式。

19日 黄南水库工程大坝面板浇筑工作全部完工。

20日 浙江省人大法制委员会主任委员丁祖年带领调研组到松阳县开展《浙江省水资源管理条例（修订）》立法调研，并召开座谈会。

是日 浙江省体育局党组书记、局长郑瑶到松阳调研体育工作，实地了解松阳运动休闲旅游发展、体育场地设施建设、竞技体育产业发展等情况。

21日 松阳县举行干部教育培训主体班开班仪式。

是日 中共松阳县委理论学习中心组招商引资专题学习会议召开。

22日 浙江省副省长刘小涛在丽水市副市长楼志坚的陪同下，到松阳调研重大交通项目建设工作，实地考察衢宁铁路松阳段建设现场，了解衢宁铁路松阳段建设、火车站及站前广场等配套设施建设、衢丽铁路现阶段推进等情况。

是日 嘉兴经济技术开发区党工委副书记、管委会主任盛付祥带领代表团到松阳考察，并在松阳县城召开嘉兴经开区—松阳山海协作高层联席会议。

是日 嘉兴南湖——松阳职工疗休养（旅游）推介会在松阳县城召开。推介会上，两地通过播放疗休养（旅游）宣传片和推介疗休养（旅游）产品、疗休养（旅游）特色景区、特色线路等环节进行两地的疗休养（旅游）宣传。

是日 丽水市生态环境大学堂（第十二期）暨化工行业企业规范化管理培训班在松阳县城举行。

25 日 县政府召开第 57 次常务会议，专题审议《关于制定和实施〈2020 年松阳县中小学招生计划和招生办法〉的通知》。

26 日 松阳县人民法院在古市镇岗下村公开开庭审理一起“破坏野生动物资源”案件。该案为浙江省涉陆生野生动物刑事附带民事公益诉讼索赔生态环境资源损害赔偿金额最大的一起案件，赔偿金额 126.35 万元，并发出浙江省首张野生动物经营从业禁止令。

27 日 松阳县脱贫攻坚、“大搬快聚”、土地整治工作推进会议召开。

28 日 县委副书记、县长李汉勤就全县交通工作、“三服务”活动开展专题调研。

29 日 共青团松阳县十四届三次全委（扩大）会议召开。

29－30 日 松阳县出现暴雨天气，平均雨量 117.6 毫米，城区 107.4 毫米，有 27 个站点累计雨量超过 100 毫米。

30 日 县政府召开第 58 次常务会议，审议通过《松阳县人民政府关于加快建筑业持续健康发展的措施》《松阳县既有住宅加装电梯实施意见》等议题。

是日 松阳县召开防汛工作视频会议。

是月 浙江省首个大型茶树种质资源圃在松阳县赤寿乡建成并通过项目验收。该项目基地占地 22.27 公顷，茶园 14.53 余公顷，收集保存着 2100 多份国内外茶树种质资源。

是月 大东坝镇蔡宅村豆腐工坊建设项目被列为“扶持村集体经济发展的浙江实践”十种模式典型案例之一。

是月 衢丽铁路（丽水至松阳段）项目入选央企合作重大项目清单。

是月 松阳县获“2019 浙江文化和旅游产业融合发展十佳县区”称号，松阳石仓鸣珂里文化民宿获“2019 浙江非遗特色民宿”称号。

是月 “松阳银猴”品牌价值以 24.7 亿元的品牌价值居丽水市第一位，浙江省第七位，全国第三十四位，比 2019 年上涨 1.95 亿元。

6 月

1 日 全县领导干部会议召开，会议传达学习全国两会精神，研究部署学习宣传贯彻工作。

3 日 2020 年建议提案交办会暨民生实事项目推进会议召开。总结 2019 年县两会后建议、提案办理工作情况，通报表彰 2019 年度县人大代表建议优秀承办件和政协委员提案优秀承办单位，部署 2020 年县人大代表建议和政协提案办理工作。

4 日 国务院发展研究中心资源与环境政策研究所副所长、研究员李佐军带领专家组到松阳开展生态产品价值实现机制试点评估调研。县委副书记、县长李汉勤陪同。

是日 松阳县举行第十九期农村（社区）党组织“支书三晒”活动。西屏街道延庆村、水南街道南山村等 10 个行政村党组织书记围绕“新村融合”主题作交流发言。

5 日 县委副书记、县长李汉勤到竹源乡、樟溪乡、新兴镇等地督查防汛工作。实地走访竹源乡小竹溪村甫弄自然村、樟溪乡溪下村、新兴镇新处村，检查防汛责任人值班值守、人员转移安置、地质灾害隐患排查等工作落实情况。

是日 “妇联云集市茶乡邀你买好货”直播活动在县城文里·三庙文化交流中心举行。

是日 松阳县村社换届情况汇报会召开。会议听取全县村社换届前期准备工作情况和下步工作安排。

6 日 由中国旅游协会副会长、浙江旅游协会会长、开元集团创始人陈妙林“带你探索江南秘境——田园松阳”为主题的体育户外直播活动在松阳县展开。

7 日 水南街道办事处联合双童山国家 AAAA 级景区举办首届旅游文化节暨南山杨梅采摘节。

8 日 松阳县档案馆在市政广场举行“国际档案日”广场宣传活动。

9 日 县委副书记、县长李汉勤，副县长温小运专题调研职业教育工作。走访县职业中专、丽水学院松阳校区迁建工程现场，及松阳祥瑞电子商务产业园和县职业中专，了解项目建设进度、学生就业、产教融合等方面情况，并召开座谈会听取职业教育改革推进工作汇报。

是日 四都乡低收入农户“高山生态鸡”“心香番薯”扶贫项目认购仪式在下包村举行。17 名低收入农户代表领取生态鸡苗和番薯苗，7 家民宿业主代表结对认购出栏“高山生态鸡”“心香番薯”。

10 日 松阳县大花园绿道建设点评推进会议召开，并邀请浙江盖福新材料科技有限公司介绍绿道建设案例。

是日 松阳县民盟基层委员会举行“见证·初心”经典讲述活动。

12 日 共青团浙江省委“亲青帮”主题公益宣讲进校园活动暨松阳县“青春不惑与法同行”护航青少年系列活动在松阳县城启动。

15 日 县委常委、常务副县长郑伟坚带领县府办、县应急管理局、县公安局、县交通运输局等部门相关负责人走访县域部分运输企业，开展重点运输企业安全隐患检查。

是日 松阳县传统工匠技能提升培训班正式开班。培训为期 3 天，280 人参加培训。

17 日 县人大常委会开展“不锈钢产业可持续发展”专题监督调研。

19 日 松阳县召开领导干部会

议，传达学习省委十四届七次全会精神，并结合松阳实际，部署贯彻落实意见。

是日 县政协召开“请你来协商”专题协商会议，会议以“创新引领、转型升级，全力推进不锈钢管产业高质量发展”主题，邀请县长李汉勤与政协委员、企业代表们开展“面对面”交流。

20－21 日 浙江省技术验收专家组到松阳开展黄南水库工程下闸蓄水阶段移民安置技术验收工作，并召开黄南水库工程下闸蓄水阶段移民安置技术验收会议。县领导徐为民、孔建民、黄德慧等参加。

22 日 由丽水市水利局、市发改委、市财政局、市农业农村局等部门和专家组成的验收工作组，就松阳县农业水价改革工作进行市级验收。

22－23 日 由省、市有关部门组成的验收委员会对黄南水库工程蓄水阶段移民安置工作进行终验，并同意黄南水库工程通过该项验收。县领导李汉勤、徐为民等参加验收会。

23 日 县政府召开第 59 次常务会议，审议《松阳县创建全国法治政府建设示范县实施方案》《关于推进新时代民政事业高质量发展的实施意见》《关于补齐“三农”发展短板确保与全省同步高水平全面建成小康社会的十八条意见》议题。

24 日 松阳县十二届人大常委会第二十六次会议召开。听取和审议县人大常委会主任会议关于确定县十二届人大四次会议代表建议重点督办件，听取和审议县政府关于 2019 年度全县国有资产管理情况、全县数字经济发展情况的报告、2019 年度政府重大投资项目执行情况及 2020 年度政府重大投资项目计划（草案），听取县政府关于 2020 年度政府性基本建设预算、县政府关于全县“七五”法制宣传教育工作情况、县人民检察院关于公益诉讼工作情况报告审议意见落实情况的报告及县人民代表大会常务委员会街道工作委员会工作规划（草案）。

28 日 松阳县法治松阳（法治政府）建设首次点评会暨法治政府示范创建动员部署会议召开，部署法治政府示范创建工作。解读 2020 年省考评细则，并对《创建全国法治政府建设示范县工作实施方案》进行介绍。

是日 松阳县举行民兵岗位练兵比武活动。

29 日 县委副书记、县长李汉勤，副县长潘永水专题调研城乡生活垃圾分类工作。

是日 松阳县重点项目推进会议召开，分析全县项目建设进展情况，部署下阶段工作任务。

是日 松阳县启动“浙西南革命精神弘扬践行”主题采访活动。

是日《浙江日报》报业集团县级融媒体中心共享联盟松阳工作站正式挂牌成立。

是日 赤寿工业区块不锈钢示范园建设项目指挥部成员会议召开。县委副书记、县长李汉勤出席会议并讲话，县领导毛胜法、卢丁方、周永龙等参加会议。

30 日 松阳县举行庆“七一”建党节暨“争先创优”大比拼现场推进会。

是日 县委副书记、县长李汉勤看望慰问烈士家属毛松云。

是月 大东坝镇“水墨小港”被确定为浙江省级农村综合改革集成建设项目。项目建设周期为 2020－2021 年。

是月 绍兴市上虞区委统战部副部长、区侨联主席任中华到松阳板桥畲族乡开展结对帮扶活动。

是月 松阳县入选全国“2020 年电子商务进农村综合示范县”名单。

7月

1 日 松阳县召开省委巡视回访检查反馈问题整改部署暨扶贫开发工作推进会议。周鸿飞、潘仲珏、温小运等县领导出席会议。

是日 县政协“请你来协商”专题协商会议召开。会议围绕“明清古街建设高品质步行街”主题，邀请县委副书记、县长李汉勤与政协委员、居民代表面对面交流。

2 日 《人民日报》、新华社、中新社、《浙江日报》、浙江在线、浙江之声、浙江经视等 12 家中央、省级媒体的记者组成的采访团到三都乡杨家堂村，四都乡陈家铺村、平田村，实地考察古村落保护与发展、老屋拯救、乡村新型业态发展等情况。

3 日 县网络界人士联谊会一届三次会员大会召开。审议通过《松阳县网络界人士联谊会理事选举办法（草案）》《松阳县网络界人士联谊会章程》修改草案，并根据选举办法增选了网联会理事。

是日 副县长温小运带领巡查组到 2020 年普通高考考点—— 松阳县第一中学开展高考考前巡查活动，实地检查指导各项高考准备工作。

6 日 中共松阳县委召开常委扩大会议，传达学习省委副书记、省长袁家军在丽水调研时的重要讲话精神。

是日 县政府与中国移动丽水公司签署新基建（5G）战略合作协议。

8 日 裕溪乡“浙松谷泉”项目举行投资合作签约仪式。杭州民本食品有限公司与裕溪乡木岱坑村股份经济合作社联手开发木岱坑山泉水资源。该项当前期投资约 400 万元。

9 日 县政协召开社会矛盾纠纷调处化解“最多跑一地”改革情况专题协商会议。

10 日 松阳县召开贯彻落实丽水市委政协工作会议精神情况专项督查汇报会议。

是日 县政协召开抗击“新冠肺炎”文史资料征集动员部署会议，部署抗击“新冠肺炎”文史资料征集工作。

13 日 县委副书记、县长李汉勤，县委常委、常务副县长郑伟坚专题调研项目建设工作。

是日 丽水市《乡村景区无障碍环境建设指南》编制研讨会在松阳县城召开。

14日 浙江省委常委、统战部部长熊建平在丽水市委常委、统战部部长王小荣的陪同下，到松阳县开展“三服务”活动。

是日 松阳县预防中小学生溺水工作联席会议召开。

16日 县政府召开第60次常务会议，会议审议《松阳县砂石资源管理暂行办法》。

是日 县委理论学习中心组专题报告会举行。浙江省工业和信息化研究院院长兰建平作题为《加快发展数字经济以数字化牵引创新发展》的专题讲座。

17日 由中宣部组织的新华社、《人民日报》、中央广播电视总台、《求是》杂志、《光明日报》、《经济日报》、《中国日报》、《科技日报》、中新社、《工人日报》等10余家中央媒体记者50余人和省级主流媒体记者到松阳，开展“走向我们的小康生活”主题采访活动。

17－19日 松阳县委副书记、县长李汉勤带领县党政（企）代表团到四川省巴中市巴州区开展东西部扶贫协作工作。

20日 松阳县十二届人大常委会第二十七次会议召开。会议听取人事辞职议案，并现场票决；听取县人大常委会主任会议关于提请聘任县十二届人大常委会咨询专家组社会建设组成人员的议案及情况说明；表决县人大常委会关于聘任县十二届人大常委会咨询专家组社会建设组成人员的决定（草案），并对新聘任人员颁发证书；听取县十二届人大常委会代表资格审查委员会关于部分代表资格变动情况的报告；表决县人大常委会关于接受潘俊明等请求辞去松阳县第十二届人民代表大会代表职务的决定（草案）。

21－22日 浙江省人大常委会副主任、九三学社浙江省委主委姒健敏在丽水市领导戚永远、韦铁民的陪同下，到松阳开展专题调研。

23日 县政府召开第61次常务会议，会议听取《2020年上半年经济运行分析》《2020年上半年主要经济指标分析》情况汇报。

24日 松阳县村（社）组织换届工作领导小组第一次会议召开。

27日 丽水市歌舞团到松阳水南街道、望松街道、象溪镇等5个乡镇（街道） 10个村，开展为期5天的送戏下乡文艺巡回演出活动。

28日 中共松阳县委召开议军会议，与驻松阳部队共商国防和军事力量建设工作。

29日 松阳县召开《松阳县志》（新修）终审会议。浙江省地方志办公室主任潘捷军，县领导李汉勤、潘力平等出席会议。

30日 中共松阳县委常委会（扩大）会议召开。李汉勤、徐为民、毛建南、周鸿飞等县四套班子领导出席会议。

是日 松阳县工商联（总商会）六届六次执委（扩大）会暨暑期读书会召开。

29－31日 “八一”建军节前夕，县领导李汉勤、徐为民、毛建南、周鸿飞等分别走访慰问部分退役军人和重点优抚对象。

31日 松阳县召开2020年度征兵工作会议，传达学习全省征兵工作业务会议有关精神，部署2020年度全县征兵工作，并与各乡镇（街道）签订2020年度征兵工作责任书；表彰2019年征兵工作先进单位和个人。

是日 黄南水库工程通过下闸蓄水阶段验收。

是日 松阳县青年工作联席会议第一次全体会议召开。会议传达《浙江省中长期青年发展规划（2017－2025年）》和丽水市青年工作联席会议第一次会议精神。审议通过《松阳县青年工作联席会议工作规则（审议稿）》《松阳县青年工作联席会议成员单位职责分工（审议稿）》和县青年工作联席会议《2020年重点工作计划（审议稿）》等文件。

是月 松阳县四都乡入选浙江首批民宿（农家乐）助力乡村振兴改革试点。

是月 县职业中等专业学校与县农商银行签订“田园·职创贷”银校互动战略合作协议。

是月 松阳县大东坝镇茶排村入选第二批全国乡村旅游重点村。

是月 松阳县在浙江省全域旅游示范县（市、区）复核评估中获A档。

8月

2日 “对标重要窗口助推全面小康”2020年松阳县社科普及周启动仪式在文里·三庙文化交流中心举行。

3日 山海协作——松阳平湖农产品产销一体化战略合作签约仪式在松阳县会议中心举行。浙江省供销社一级巡视员施祖法，县委副书记周鸿飞等出席签约仪式。

4日 松阳县大木山茶园景区茶香小镇综合功能服务站正式对外营业，是丽水市首个投入使用的综合功能服务站。

5日 丽水市人大常委会副主任郑力平带领调研组到松阳调研市重点建议件——“县域一体化供水工程”办理情况。

是日 中国特钢企业协会不锈钢分会考察组到松阳开展考察。

是日 由中共松阳县委宣传部、县文联、大东坝镇政府、丽水创想艺术有限公司联合举办的“田园松阳，水墨石仓”油画名家写生活动启动。

6日 县政府召开第63次常务会议，审议《关于开展驻外招商人员双向选择的招募令》《关于组建招商顾问的建议方案》《松阳县关于加快总部经济发展的若干意见》《松阳县招商引资中介机构奖实施办法（试行）》等议题。

是日 松阳县举行黄南水库工程下闸蓄水仪式。浙江省水利厅党组成员、副厅长杨炯，丽水副市长杨秀清，县领导李汉勤、徐为民、毛建南、周鸿飞等出席仪式。

是日 张继东、宋永进等35名写意当代联盟油画名家到松阳石仓，开展写生创作活动。

7日 松阳县召开领导干部会议。县委副书记、县长李汉勤传达中共丽水市委四届八次全体（扩大）会议精神、市委常委会精神和全市低收入农户高水平全面小康攻坚暨“大搬快聚富民安居”工程推进现场会精神，并结合松阳实际，部署贯彻落实意见。

是日 李汉勤、徐为民、毛建南、周鸿飞等县四套班子领导到县人民医院征兵体检站，看望慰问应征青年和征兵体检工作人员。

9日 县委副书记、县长李汉勤到古湖坑河段开展巡河，履行“河长”职责。

是日 县委书记、县长李汉勤看望慰问2020年高考优秀学子代表。

10日 松阳县低收入农户高水平全面小康攻坚推进会议召开。

是日 松阳县召开大东坝镇省级农村综合改革集成建设项目工作对接会议。

12日 松阳县召开创建国家全域旅游示范区反馈会议。浙江省文化和旅游厅党组成员、副厅长杨建武，县领导周鸿飞、彭敏参加会议。

13日 丽水市政协副主席丁绍雄带队到松阳调研农村饮用水达标提标工作。

是日 松阳县政协九届二十一次常委（扩大）会议召开。审议通过“创新引领，转型升级，全力推进不锈钢管产业高质量”发展专题协商会议纪要；关于“明清古街建设高品质步行街”的建议案；“最多跑一地”专题协商会议纪要；“高水平全面建成小康社会补短板”专项集体民主监督报告；“城乡生活垃圾分类处理”专项集体民主监督报告等。

是日 松阳县婴幼儿照护服务中心正式在县妇幼保健院挂牌成立。

14日 丽水市党校系统二季度工作例会暨科研工作培训会在松阳县城召开。

是日 松阳县城乡生活垃圾分类工作推进会议召开。

17日 恒兆智能制造产业园奠基仪式在松阳－余姚山海协作产业园（赤寿生态工业区块）举行。项目总用地面积15.73余公顷，固定资产投资约5亿元，其中一期用地约8.27公顷，建设期18个月；二期用地约7.47公顷，建设期18个月。

是日 松阳县首台整体装配式既有住宅加装电梯开工仪式在西屏街道金田小区举行。

18日 松阳县召开第七次全国人口普查动员会暨试点培训会议。

19日 松阳县举行第三个中国医师节庆祝活动暨松阳县医务人员抗疫先进事迹报告会。

20日 县政府召开第64次常务会议。会议审议通过《松阳县关于加强卫生健康人才队伍建设的若干意见（试行）》。

是日 松阳县创建国家全域旅游示范区迎检部署会暨“百千万”工程推进会议召开。

21日 松阳县召开领导干部会议，宣布浙江省委、丽水市委关于调整松阳县委主要领导的决定。根据决定，李汉勤任中共松阳县委书记。丽水市委常委、组织部部长方健忠讲话，丽水市委组织部常务副部长何卫宁宣读浙江省委、丽水市委干部任免文件，李汉勤主持会议并作表态发言。

是日 县委书记、县长李汉勤主持召开县委常委会议，听取《中共松阳县委关于加强自身建设的意见》。

23日 古市片区首家按照省一级标准建设的民办古市闻莺幼儿园和省重点民生实事项目松阳好奇星托育中心建成正式投用。

24日 县委书记、县长李汉勤专题调研纪检监察工作和组织部工作。

是日 松阳县召开衢宁铁路开通准备情况汇报会议。

26日 松阳县举办“共享阳光 健康成长”关爱儿童公益活动。

26－27日 冶金工业信息标准研究院院长张龙强带领考察组到松阳考察指导，并召开《浙江省不锈钢产业基地（松阳县）不锈钢管产业发展规划》编制研讨座谈会。

27日 县委书记、县长李汉勤带领县党政代表团到绍兴市、嘉兴市等地学习考察生态工业发展先进经验。

28日 县委书记、县长李汉勤带领县党政代表团到余姚市开展山海协作活动。代表团一行先后到舜宇集团有限公司、神通科技集团股份有限公司，实地考察解光学产品制造、汽车非金属零部件产品研发等情况，并召开2020年余姚－松阳山海协作高层联席会议。

31日 县委书记、县长李汉勤主持召开县委常委会会议。会议学习《习近平谈治国理政》第三卷，传达学习《省委宣传部、省委组织部关于认真做好〈习近平谈治国理政〉第三卷学习宣传工作的通知》、习近平总书记在扎实推进长三角一体化发展座谈会上的重要讲话、习近平总书记关于制止餐饮浪费行为的重要指示等精神。

是日 县政府召开第65次常务会议，审议《松阳县重点拟上市企业疫情影响政策扶持方案》等议题。

是日 县十二届人大常委会第二十八次会议召开，会议为期2天。会议听取和审议县人民政府关于2020年上半年全县经济社会发展情况和下半年政府工作、县人民政府关于2020年上半年十件民生实事项目进展情况、县人民政府关于2020年地方政府债券使用安排的议案、县人民政府关于2020年上半年财政预算收支执行情况、县人民政府关于2019年度财政决算（草案）、县人民政府关于 2019 年度财政预算执行和其他财政收支情况审计工作、县人民政府关于 2020 年上半年工业经济运行情况（促进全县民营工业企业发展情况）、县人民政府关于矛盾纠纷调处化解“最多跑一地”改革工作情况、县人民政府关于农村生活垃圾分类处理推进情况报告审议意见落实情况、县人民政府关于疫情防控和复工复产报告审议意见落实情况的报告，审议通过松阳县人大常委会关于加强检察机关行政公益诉讼工作的决定（草案）。

是月 松阳县获浙江省 2019 年度市县“五水共治”（河长制）工作优秀市县“大禹鼎”。

9月

3 日 浙江省人大代表丽水中心组到松阳专题调研生态产品价值实现机制试点工作实施进展情况。丽水市人大常委会主任虞红鸣、副主任郑力平参加调研，县领导徐为民、郑伟坚等陪同调研。

是日 松阳县村（社）组织换届工作领导小组第二次会议暨督导情况汇报会召开。会议听取全县村（社）组织换届工作准备情况及专项整治工作开展情况汇报。

6 日 由《建筑学报》杂志社主办，四都乡生态强村发展有限公司、云夕 MO+共享度假空间承办的“村落保护与乡村振兴的松阳路径”的建筑论坛在四都乡陈家铺村举行。

7 日 县委书记、县长李汉勤，副县长温小运到浙江田地缘农业生物科技有限公司，就群众反映的臭气扰民、企业环评手续不全、中央第一轮环保督政后整改未落实到位等问题进行现场督办。

是日 松阳县在水南小学启动“在全县中小学中开展国旗下宣誓活动”。

10 日 县委常委会会议召开，审议《关于贯彻〈党委（党组）落实全面从严治党主体责任规定〉责任分工方案》、听取全县 2020 年大花园建设工作情况汇报等。

是日 县人民武装部组织 2020 年度新兵到县烈士陵园，开展“缅怀革命先烈、牢记强军使命”主题教育。

是日 松阳县组织各乡镇（街道）和行政村进行“浙江安全码”人员转移演练活动。

是日 松阳县举行 2020 年度新兵入伍欢送仪式。李汉勤、徐为民、毛建南、郑伟坚、刘斯华等县领导出席欢送仪式。

10－11 日 县委务虚会暨县委理论学习中心组专题学习会议召开。会议学习《习近平谈治国理政》第三卷，交流县党政代表团外出学习考察体会，听取各乡镇（街道）及县级有关部门下一步工作思路、举措汇报。

14 日 遂昌县委书记张壮雄带领党政考察团到松阳考察调研。县领导李汉勤、徐为民、毛建南、周鸿飞等陪同调研。

是日 县政协“请你来协商”松阳赛事经济专题协商会议召开。会上，县赛事经济发展课题组成员围绕明确品牌赛事、优化空间布局、构建赛事体系等方面提出问题和建议。

是日 松阳县扶贫领域问题整改工作推进会议召开。会议通报全县扶贫领域工作存在的问题，并对扶贫领域各项工作进行再部署。

是日 县委书记、县长李汉勤，副县长卢丁方调研生态工业。

15 日 “松阳论坛”——县委理论学习中心组专题报告会在县城会议中心举行。浙江省人大法制委员会主任委员丁祖年作《浙江省民营企业发展促进条例》专题讲座。

是日 丽水市政协组织市歌舞团到望松街道王村村开展送文化下乡演出活动。

是日 县委书记、县长李汉勤到县部分景点、旅游服务场所，督查国家全域旅游示范区迎检工作。

16 日 浙江省人大立法调研组在松阳县城召开《浙江省医疗保障条例》座谈会。

是日 四川省巴中市委副书记、市长何平带领巴中市党政代表团到松阳考察，丽水市副市长杨秀清陪同。

是日 县委书记、县长李汉勤带领县党政代表团到上海市松江区学习考察，就进一步落实双方合作框架协议相关事宜进行座谈。

17 日 松阳县党政代表团在沪召开上海松阳商会座谈会。

是日 由浙江省水利厅、丽水市水利局、松阳县人民政府主办的 2020 年浙江省山洪灾害防御应急演练在松阳大东坝镇茶排村举行。

是日 松阳县召开村和社区组织换届工作领导小组第三次会议，传达贯彻省、市相关会议精神，听取前期工作汇报，审议村（社）组织换届工作《指导意见》，并对全县下步工作进行部署。李汉勤、周鸿飞等县领导参加会议。

21－22 日 贵州省毕节市纳雍县茶产业发展专题培训班在松阳县城开班。民革中央社会服务部部长边旭光，县委常委、统战部部长张继森等出席开班仪式。

22 日 “长三角工会媒体浙江行”采风活动暨“2020 松阳县职工疗休养（旅游）推介会”在松阳启动。

23 日 浙江省委统战部副部长、省民宗委主任楼炳文到象溪镇象溪圩民族村、板桥畲族乡桐榔民族村、县城明清古街等地，实地调研松阳民族宗教工作，丽水市委常委、统战部部长王小荣，县领导徐为民、张继森等陪同调研。

是日 松阳不锈钢产业项目推介会暨产品产销对接会在上海新国际博览中心召开。中国特钢企业协会不锈钢分会常务副会长刘复兴、中国国际贸易促进委员会冶金行业分会副会长、秘书长候颖，不锈钢管领域资深专家李天宝，县委书记、县长李汉勤等参加活动。

是日 十届县委第十轮巡察工作动员部署会议召开，宣布十届县委第十轮巡察单位及巡察组正副组长名单。县领导潘仲珏、雷剑锋等参加会议。

25日 2020年松阳县优秀青年干部培训班在县委党校正式开班。

是日 松阳县在衢宁铁路站前广场举行衢宁铁路安全宣传活动，铁路沿线村庄260余名村民代表参加活动。

27日 衢宁铁路（浙江段）松阳站正式开通运营，丽水市领导胡海峰、虞红鸣、陈瑞商、杜兴林、楼志坚，县领导李汉勤、徐为民、毛建南、周鸿飞等出席开通仪式。

是日 松阳县举行电子商务发展座谈会，开展以“直播联动·未来已来”为主题的共话松阳电商发展。

28日 浙江省政协秘书长、机关党组书记金长征带队到松阳玉岩镇周安村，开展扶贫专项调研工作。

是日 浙江省供销社党组书记、理事会主任邵峰到松阳实地调研“三位一体”农合联改革和社有资产等工作。

是日 松阳县现代农业发展中心、浙新能集团、档案馆、国投集团、水投集团、城投集团、环境检测中心、黄南公司联合大厦举行开工奠基仪式。该大厦项目总用地面积1万平方米，总建筑面积3.8万平方米，概算总投资2.94亿元。

是日 松阳县省级文旅消费试点城市暨松古物语·老街文旅市集正式启动。该次市集以“文创、农创、非遗”为主题，设置文创区、农创区、非遗课堂、网红打卡点四个区域30个展位。

29日 县委副书记周鸿飞，县委常委、常务副县长郑伟先后到松溪新语建筑工地、S222省道北山物流路口、浙江德瑞不锈钢有限公司和松阳港华燃气有限公司检查节前安全生产工作。

是日 松阳县板桥畲族乡板桥村至丽水莲都区丽新畲族乡畎岸村的跨县公交K310-C路通车仪式在终点站板桥村举行。

30日 县委常委（扩大）会议召开。会议传达学习全省村（社）组织换届工作会议精神，专题部署全县村（社）组织换届工作。

是日 县政府召开第66次常务会议。会议审议《松阳县社区规模调整优化指导意见》《松阳县社区规模调整优化方案》及《松阳县专职社区工作者配备方案》。

是日 松阳县在革命烈士陵园举行第七个全国烈士纪念日活动。县四套班子领导，县直各单位主要负责人，县人武部官兵以及少先队员代表参加活动。

是日 全县老干部读书会暨离退休干部党支部书记培训班举行，县委书记、县长李汉勤通报全县经济社会发展情况。

是月 松阳田园文化传承生态保护区入选浙江省省级文化传承生态保护区（创建）名单。

是月 松阳县成为丽水市首个完成农村饮用水达标提标整县销号验收的县（市、区）。

10月

7日 由浙江省围棋协会和松阳县人民政府共同主办的“走进国家传统村落公园”系列赛——2020“田园松阳杯”浙江省育苗工程少儿围棋段级位赛在松阳县城开赛。

9—10日 丽水市政务服务2.0建设推进会在松阳县城举行。会议就一体化政务服务2.0平台建设情况进行交流。

是日 健康松阳建设工作推进会议召开。会议通报2019年健康浙江考核情况、2020年考核变化及全县指标进展情况。

11日 松阳县人口普查摸底工作全面启动。

12日 松阳县召开老干部、党外代表人士征求意见座谈会。会上，县委十届十次全会报告起草组介绍全会报告、意见起草有关情况。

13日 县委召开人才科技工作领导小组会议。会议审议松阳首届人才科技周活动方案；学习传达《中共浙江省委关于建设高素质强大人才队伍打造高水平创新型省份的决定》；审议通过《县委人才科技工作领导小组2020年人才工作要点》《2020年度人才工作目标责任制考核细则》《关于事业单位引进高层次、急需紧缺人才“绿色通道”的实施细则》《松阳县关于生态工业人才培养引进的实施意见（试行）》等事项。

是日 松阳县村（社）组织换届工作会议召开。

15日 县委十届十次全体（扩大）会议召开。会上，县委书记、县长李汉勤代表县委常委会向全会作题为《工业强县生态惠民整体智治唯实惟先奋力打造“高水平生态文明建设和高质量绿色发展”重要窗口示范区》的工作报告。

是日 县委十届十次全体（扩大）会议召开第二次会议，表决通过《中共松阳县委关于加强自身建设的意见》和《松阳县跨山统筹行动方案》。

16日 松阳县举行2020年扩大有效投资第二批项目“集中开工”活动启动暨县中医医院迁建项目开工仪式。

是日 丽水市突发地质灾害应急演练在松阳竹源乡横岗村演练场举行。该次演练由市应急管理局、市自然资源和规划局、松阳县人民政府主办，松阳县应急管理局、自然资源和规划局、竹源乡人民政府承办，省地质大队协办。

18日 松阳县举行老年人健身气功协会交流展示暨“全民共建森林城市”宣传活动。

19日 松阳县政协九届二十二次

常委会议召开。审议通过中国人民政治协商会议松阳县委员会《关于深入学习县委十届十次全会精神，全力支持生态工业发展》的决议；审议通过发展“赛事经济”的协商纪要、“最多跑一地”民主监督报告等。

是日 松阳县“五水共治”群众幸福感指数测评宣传工作会议召开。会议解读群众幸福感指数测评方案，部署相关宣传工作。

是日 浙江科马摩擦材料股份有限公司被评为浙江省第27批省级企业技术中心企业，是全县首家省级企业技术中心。

21日“清风廉韵”老年书画展在县博物馆开展。

22日 由浙江省政协副主席吴晶带队的在浙江的港澳委员、华侨委员及港澳台同胞代表人士组团在丽水市政协主席陈瑞商、副主席丁绍雄的陪同下，到松阳开展扶贫考察活动。

是日 松阳县“双童山”山地生态运动休闲基地入选2020年中国体育旅游精品项目。

23日 县委书记、县长李汉勤到大东坝镇调研生态产品价值实现工作情况，同时到山头村慰问百岁老人蔡家娣。

是日 浙江省换届督导组到松阳督导村（社区）组织换届工作。先后到象溪镇、大东坝镇及所辖大东坝村，实地了解村（社区）组织换届工作推进情况。

是日 李汉勤、毛建南、周鸿飞等县四套班子领导在松阳分会场参加全省县（市、区）委书记工作交流视频会议。

24日 2020中国·松阳古村探秘定向赛在松阳四都乡举行。来自全省各地的专业定向赛选手及广大运动爱好者300余人参加比赛。

是日 “秘境松阳·古韵茶香”雅集活动在文里·松阳三庙文化交流中心启动，来自全国各地的14名艺术家参加。该活动为期2天，设有“书画文里”“竹林深处”“茶园琴音”等子活动。

25日 松阳县首届人才科技活动周在县城开幕。北京大学国家发展研究院朗润讲座教授、北京大学博雅讲座教授、博士周其仁，北京大学城市与环境学院教授、联合国教科文组织亚太地区文化遗产保护奖评委、博士阙维民，北京航空航天大学机械工程及自动化学院副院长、教授、博士生导师徐晔，上海交通大学材料学院教授、博士生导师蔡珣，县领导李汉勤、徐为民、周鸿飞等以及校地合作单位代表，长三角地区高层次人才嘉宾，松阳籍高层次人才嘉宾，松阳各博士后工作站、人才工作室，松阳县企业家和人才代表等300余人出席开幕式。

是日 松阳县高质量推进生态工业经济发展论坛举行。冶金工业信息标准研究院党委书记、院长张龙强作题为“后疫情时代松阳不锈钢管产业高质量发展”讲座。

是日 松阳县接轨长三角一体化发展论坛举行。北京大学国家发展研究院朗润讲座教授、北京大学博雅讲座教授、博士周其仁作题为《在来来往往中发展增长——怎样理解长三角一体化》讲座。

是日 中国·丽水（松阳）休闲垂钓节暨2020松阴溪休闲垂钓大赛举行，来自全国各地的休闲精英及垂钓爱好者50人参加。

26日 松阳县首届人才科技周举行人才专家论坛。

27日 县政府召开第67次常务会议，审议《松阳县关于生态工业人才培养引进的实施意见（试行）》《松阳县2021年城乡居民医疗保险费筹资标准》《松阳县2020－2021年度松材线虫病除治方案》等议题。

是日 中共松阳县委常委会（扩大）会议召开，传达学习浙江省委书记袁家军在松阳调研时重要指示精神及在新时代推进山区26个县高质量发展座谈会上的重要讲话精神，结合丽水市委常委会精神，研究部署贯彻落实意见。县委书记、县长李汉勤主持会议并讲话。毛建南、周鸿飞等县领导参加会议。

28日 浙江省人大常委会副主任李学忠带领省人大调研组在丽水市领导李锋、邹培书的陪同下，到松阳开展矛盾纠纷调处化解“最多跑一地”工作调研。

29日 中共松阳县委全面依法治县委员会第二次会议暨府院联席会议召开。会议贯彻落实中央、省、市法治工作相关会议精神，部署相关工作任务。审议《2020年法治松阳建设工作要点》等文件，通报全县法治建设推进情况。

是日 松阳县召开党外人士“一府两院”工作情况通报会议。县委常委、统战部部长张继森主持会议。民主党派、工商联、无党派人士、新阶层人士代表等共60余人参加会议。

是日 “松阳故事”上海（松江）分享会暨松阳疗休养旅游推介会在上海市松江区举行。县委副书记周鸿飞、副县长彭敏参加。

30日 县委常委会会议召开。审议《关于加强城市基层党建统领城乡社区治理工作的实施方案》。

是日 县十二届人大常委会第29次会议召开。会议听取和审议县人民政府关于消防安全隐患线路整治、“大搬快聚富民安居”工程、居家养老健康管家项目三件民生实事项目进展情况的报告；审议通过松阳县人大常委会关于加快推动生态工业高质量发展的决定（草案）和松阳县人大常委会关于人大代表助力社会矛盾纠纷调处化解“最多跑一地”改革工作的决定（草案）。

是日 松阳县第二届连环画艺术节暨樟溪乡第十三届农民文化节在力溪村连环画主题艺术广场举行，共有国内连环画艺术家、收藏家及连友50余人参与活动。

31日 浙江大学医学院附属第一、第二医院及浙江省邵逸夫医院等知名医疗机构骨科、儿科、眼科、头颈外科、肝病科、肿瘤放射治疗科等科室的名医专家22人到松阳开展大型义诊活动。同时，开展疑难病例讨论、教学查房、专家讲座等活动。

是月 由民革松阳县支部和松阳县慈善总会联合主办的“博爱”善益堂护肾公益行动正式启动。

是月 “2019田园松阳国际半程马拉松赛”被中国田径协会授予“铜牌”赛事称号。

是月 松阳县在古市镇文化广场举行“扶贫日”宣传活动。该活动共发放各类政策宣传册、知识手册等4000余份，接受群众咨询5000余人次，接待诊疗200余人次，20余家企业共收到应聘简历100余份。

11月

1日 由中国古迹遗址保护协会历史城镇村专业委员会主办，松阳县人民政府、北京清华同衡规划设计研究院、清控遗产DIBO联盟承办的中国古迹遗址保护协会历史城镇村专业委员会2020年学术会议暨历史环境保护活化松阳研讨会“历史环境与DIBO（设计投资建造运营一体化）”在松阳县城文里·三庙文化交流中心举办。

3日 丽水市委常委、组织部部长方健忠到松阳，在县委常委、组织部部长雷剑锋的陪同下，调研村社组织换届工作。

5日 中共松阳县委全面深化改革委员会第二次会议召开。会议审议《党委（党组）书记改革工作述职办法（试行）》《中共松阳县委全面深化改革委员会会议审议事项管理办法》《中共松阳县委全面深化改革委员会专项小组牵头单位工作职责》等。

是日 由中国林业产业联合会香榧分会、浙江省香榧产业协会共同主办的首届全国香榧生籽质量比赛在松阳县城举行。来自全国各地的香榧种植户23组带着自家产的香榧生籽参赛。

是日 松阳县召开2020（首届）中国不锈钢管高峰论坛组委会第一次会议。

6日 第九届田园松阳论坛——“创新引领，转型升级，全力推进不锈钢管产业高质量发展”专家报告会在县会议中心举行。中国特钢企业协会不锈钢分会常务副会长刘复兴，县领导李汉勤、徐为民等参加。

是日 中国特钢企业不锈钢管分会专业委员会成立大会在松阳县城召开。会议选举产生委员会的顾问1人，主任委员1人，副主任委员4人。

是日 松阳县举行2020年“119”消防安全宣传月活动启动仪式。

9日 县政府召开第68次常务会议。审议《关于修订松阳县促进现代服务业综合发展若干意见》。

是日 浙江省重点工程——仙居至庆元公路松阳县水南至枫坪段工程全长528米的市口隧道全线贯通。

10日 由江西省中医药管理局医政处长李中方带领的国家评审专家组到松阳开展全国基层中医药工作先进单位评审。

11日 浙江省余姚市委副书记、代市长徐云带领党政代表团到松阳开展山海协作工作。县领导李汉勤、周鸿飞、潘仲珏、周红霞等陪同。

是日 松阳县乡村振兴暨花园乡村（农村人居环境整治提升）工作推进会议召开。

13日 丽水市土地储备工作会议在松阳县城召开。

是日 松阳县2021年城乡居民基本医疗保险暨“浙丽保”全民健康补充医疗保险筹资征缴工作动员部署会议召开。

是日 县政协“请你来协商·黄南水库饮用水源保护”专题协商会议召开。

是日 县领导李汉勤、徐为民、毛建南等在松阳分会场参加浙江省抗击新冠肺炎疫情总结表彰视频大会。县公安局交通警察大队党支部被评为“浙江省先进基层党组织、浙江省抗击新冠肺炎疫情先进集体”，在省主会场接受表彰；县人民医院感染科主治医师刘尚伟、县中医医院团委书记徐秀超、县农业农村局茶叶产业发展中心副主任姚孟超被评为“浙江省抗击新冠肺炎疫情先进个人”，在松阳分会场接受表彰。

17日 松阳县知识界人士联谊会三届一次会员大会在县会议中心召开。会议听取并审议县知联会第二届理事会工作报告和财务报告；审议通过《松阳县知识界人士联谊会章程（草案）》；审议通过选举办法；选举产生县知联会第三届理事会理事、理事会会长。

18日 在第十六届中国茶业经济年会上，松阳县获全国“‘十三五’茶业发展十强县”和“2020年度茶业百强县”称号。

是日 2020余姚·松阳文化走亲文艺演出在松阳县裕溪乡内陈村举行。

19日 松阳县作为浙江省唯一的县级代表受邀参加在北京举行的中国文物保护基金会成立30周年座谈会，副县长彭敏出席座谈会。

20日 “浙松谷泉”项目奠基仪式在松阳县裕溪乡木岱坑村举行。

是日 县机关党组织书记（党务干部）专题培训班正式开班，160余人参训。

是日 新兴镇入选2020年全国乡村特色产业“一村一品”10亿元示范镇名单。

是日 浙江龙丽丽龙高速公路有限公司龙丽（松阳）管理处获“全国文明单位”称号。

21日 松阳县创建“大花园”行动之云顶仙坑源首届旅游节暨斋坛乡第十三届农耕文化节在吊坛古村举办。

21—22日 2020“田园松阳杯”浙沪围棋对抗邀请赛在松阳举行，浙江、上海等地的棋手30余人参赛。

23 日 农业农村部秋防检查组到松阳检查指导秋季重大动物防疫工作。

24 日 浙江省畜牧农机发展中心验收组一行到松阳，就省级茶叶产业“机器换人”示范县创建工作进行验收。

26 日 县政府召开第 69 次常务会议，审议《松阳县生态工业高质量绿色发展倍增行动方案（2020－2025 年）》等议题。

是日 县委理论学习中心组专题学习会议在县会议中心召开。浙江省档案馆副馆长胡元潮作《增强档案法治意识履行档案工作责任——新修订〈中华人民共和国档案法〉解读》专题讲座。

27 日 2020 浙江省国际美术交流协会走进丽水（松阳）文化帮扶送书画活动在松阳望松街道举行。

是月 浙江省第十七届林业科技周丽水分会场启动仪式暨科技创新助推林下经济发展培训班在松阳县城举行。丽水市林业生态发展中心，各县从事林业技术推广的技术人员和乡土专家 60 余人参加。

是月 松阳县象溪镇果蔬特色农业获“第三批省级特色农业强镇”称号。

12 月

2 日 松阳县卯山森林康养项目在卯山国家森林公园举行奠基仪式。

4 日 松阳县委常委、副县长黄德慧带领检查组到县域部分食品加工企业和超市，就进口冷链食品疫情防控工作开展专项检查。

是日 县政协开展九届三次会议提案办理“回头看”活动。

5 日 “山海携手，产销协作”首届平湖·松阳产销一体化农特展暨农文旅展会在平湖市南河头历史文化街区开幕。开幕式上，举行平湖－松阳农特产品产销一体推广协作战略合作签约仪式。

6 日 全国大学生乡村振兴创意大赛暨松阳专项赛研讨会在古市镇山下阳村召开。

9 日 县人大常委会组织开展全民健身中心项目工程视察活动。县人大常委会主任徐为民，副主任毛胜法、孔建民、杨水文、汤根木，副县长彭敏参加活动。

是日 县委武装工作会议暨国防动员委员会全体会议召开。

10－11 日 全国钢标委钢管分技术委员会年会暨四项标准审定会在松阳县城召开。全国钢标委钢管分技术委员会委员、顾问、观察员、代表等 100 余人参加会议。

11 日 举行松阳县大花园绿道宣传推介周活动启动暨松阴溪绿道全线全立交贯通仪式，启动仪式上播放松阳绿道三年建设成果视频，宣布松阳县“最美绿道”大花园建设主题摄影大赛评选结果，介绍松阳绿道 LOGO 入围作品，同时发布《松阳县滨水绿道建设导则》和《松阳县绿道建设管理维护技术规范》等。

12 日 2020（首届）中国不锈钢管高峰论坛在松阳县城举行。来自全国各地的不锈钢管生产企业、服务企业代表，不锈钢管用户，行业协会负责人，大专院校专家学者等 500 余人参加。该次论坛由中国钢铁工业协会、中国金属学会、丽水市人民政府主办，冶金工业信息标准研究院、松阳县人民政府承办。

是日 国家市场监管总局特种设备监察局、中国特种设备检测研究院、中国工业气体工业协会气体压力设备专业委员会、浙江省特种设备科学研究院与县集聚区开展“党建联学帮建”活动。

15 日 由县政府、铁路金华车务段共同举办的铁路营销推介座谈会在松阳县城召开。

16 日 由丽水市侨联组织的“问海借力”·意大利侨商走进松阳考察交流活动在松阳县城举行。市侨联党组书记、主席郭海光，县委书记、县长李汉勤，县委常委、统战部部长张继森等参加活动。

是日 松阳县首条老城微公交观光线——微 01 路开通。线路总长 3 千米，途经新华路、太平坊路、要津路、长松路返回江滨公园东入口（老大桥桥头），共设站点 9 个。

17 日 松阳县十二届人大常委会第 31 次会议召开。听取县政府关于小区基础设施提升改造、农村亮化工程、农村生活污水处理设施标准化提升改造、交通便民设施综合提升四件民生实事项目进展情况的报告；听取县政府关于 2020 年上半年全县经济社会发展情况和下半年政府工作报告、2020 年上半年财政预算收支执行情况报告、2020 年上半年工业经济发展情况报告、松阳县数字经济发展情况报告等审议意见落实情况的报告；听取县政府关于 2019 年度财政预算执行和其他财政收支情况审计查出问题整改落实情况的报告；听取和审议县政府“十三五”规划纲要执行情况及“十四五”规划纲要编制情况、县政府关于 2020 年预算调整方案（草案）、县法院关于加强人民陪审员工作情况、县政府关于县域医共体建设情况、人大街道工委年度工作等的报告；审议通过县人大常委会主任会议关于调整代表资格审查委员会的议案。

是日 松阳县举行规范干部退休工作推进会暨干部集体荣退仪式。

18 日 浙江省农信联社党委副书记潘天灵带领结对帮扶组到松阳叶村乡开展乡村振兴“千企结千村、消灭薄弱村”活动，并向该乡 4 个结对村捐赠消薄资金 60 万元。

是日 松阳县召开新冠疫情秋冬季节冷链食品物防工作部署会议。

是日 松阳县召开综合行政执法划转事项职权交接会议。会议介绍这次职能划转的基本情况，通报综合行政执法改革的相关事项及要求。

20 日 松阳县举行新冠肺炎疫情

防控联合演练，全面检验各有关部门和单位的现场应急处置能力。

22日 县委统战工作领导小组会议暨乡贤工作领导小组会议召开。

是日 松阳县黄南水库工程提前发电仪式在黄南电站厂房举行，电站正式投产运行。

23日 县政府第70次常务会议召开。审议《关于对衢宁铁路松阳段工程建设中表现突出的单位和人员予以表彰的通报》《松阳县明清街建设高品质步行街实施方案》等议题。

24日 松阳县县管领导干部学习贯彻中共十九届五中全会精神轮训班开班。县委副书记周鸿飞出席开班仪式并讲专题党课，县委常委、组织部部长雷剑锋主持开班仪式。

25日 县政府举行新任命国家工作人员宪法宣誓仪式。县委常委、常务副县长郑伟坚监誓。

是日 第十一届茶商座谈会暨茶叶质量溯源系统3.0版发布会举行。

26日 “倡导垃圾分类，建设美丽家园”松阳县生活垃圾分类示范区万寿家园举行启动仪式。

28日 县领导李汉勤、郑伟坚、廖卫民等在松阳分会场参加全省铁路建设推进会暨通苏嘉甬铁路建设动员视频会议。

是日 松阳县衢宁铁路松阳段总结表彰暨衢丽铁路松阳段征迁动员会议召开。县委书记、县长李汉勤出席并讲话，丽水市铁委办主任罗孝林、浙江衢丽铁路公司董事长周霖以及县领导徐为民、周鸿飞、潘仲珏、郑伟坚、梅显云、廖卫民等参加会议。

30日 松阳县师德培训大会暨中共十九届五中全会精神宣讲培训会召开。

是日 松阳县村社妇联组织换届选举观摩培训会在古市镇筱铺村举行。

是月 松阳县获评第二批国家全域旅游示范区。

是月 在第十五届中国全面小康论坛上松阳县被评为“2020年度中国全面小康百佳示范县市”和“2020年度中国营商环境百佳示范县市”。

是月 松阳人民法院被浙江省高级人民法院评为“全省突出贡献法院”。

（县地方志研究室）

名 录

大木山竹亭

松阳县主要组织机构和乡镇及负责人名录

【中国共产党松阳县委员会】

书　记：王　峻（－2020.6）
　　　　李汉勤（2020.8－）
副书记：李汉勤（－2020.8）
　　　　王立武（－2020.4）
　　　　周鸿飞（2020.4）
常　委：王　峻（－2020.6）
　　　　李汉勤
　　　　王立武（－2020.4）
　　　　周鸿飞（2020.4－）
　　　　黄德慧（2020.11－）
　　　　潘仲珏
　　　　饶庆勤（－2020.11）
　　　　潘力平
　　　　雷剑锋（畲族）
　　　　周红霞（女，－2020.11，挂职）
　　　　吴客竹（－2020.11）
　　　　郑伟坚
　　　　江　山
　　　　张继森（2020.1－）
　　　　刘斯华（2020.11－）
　　　　诸跃波（2020.11－，挂职）

【松阳县人民代表大会常务委员会】

主　任：徐为民（2020.4－）
主任候选人：徐为民（2020 年 1－4 月）
副主任：毛胜法
　　　　孔建民
　　　　杨水文
　　　　汤根木（－2020.12）
　　　　潘俊明（－2020.7）
党组书记：徐为民（2020.1－）

【松阳县人民政府】

县　长：李汉勤
常务副县长：郑伟坚
副县长：周红霞（女，－2020.12，挂职）
　　　　黄德慧（－2020.11）
　　　　谢雅贞（女，－2020.6）
　　　　刘　坤
　　　　潘永水
　　　　温小运
　　　　卢丁方
　　　　彭　敏（女，2020.6－）
　　　　涂　扬（2020.10－，挂职）
　　　　诸跃波（2020.12－，挂职）
　　　　梅显云（2020.12－，兼职）
副县长人选：彭　敏（女，2020 年 4－6 月）
党组书记：李汉勤
　副书记：郑伟坚

【中国人民政治协商会议松阳县委员会】

主　席：毛建南
副主席：周永龙
　　　　单国亮
　　　　叶向东
　　　　廖卫民
　　　　叶伟兰（女）
秘书长：蓝　海（－2020.12，畲族）
秘书长人选：宋明正（2020.12－）
党组书记：毛建南
　副书记：张继森（2020.3－）

【中国共产党松阳县纪律检查委员会】

书　记：潘仲珏
副书记：阙晓明
　　　　吴子斌（－2020.5）
　　　　吴　剑（2020.5－）
常　委：潘仲珏
　　　　阙晓明
　　　　吴子斌（－2020.5）
　　　　吴　剑（2020.5－）
　　　　潘海滨
　　　　邓慧勇（－2020.1）
　　　　刘志云（女）
　　　　刘增夷（－2020.12）
　　　　周世德（2020.12－）
正科级纪检员：潘海滨

派驻第一纪检监察组

组　长：方震华
副组长：周育年
　　　　唐淑芳（女）

派驻第二纪检监察组

组　长：吴华基

副组长：叶卫华
华利群
派驻第三纪检监察组
组　长：叶建伟
副组长：叶世发（—2020.12）
李慧芳（女，2020.12—）
派驻第四纪检监察组
组　长：游隆标（—2020.12）
李珍莲（女，2020.12—）
副组长：金关火
派驻第五纪检监察组
组　长：王善明
派驻第六纪检监察组
组　长：王晓红（女）
派驻县委组织部纪检监察组
组　长：叶晓伟
派驻县人民法院纪检监察组
组　长：王　俊（—2020.9）
刘增夷（2020.12—）
派驻县人民检察院纪检监察组
组　长：李珍莲（女，—2020.12）
叶　燕（女，2020.12—）
派驻县公安局纪检监察组
组　长：曾志友
中共松阳县委巡察办公室
主　任：刘志云（女）
副主任：施建平
组　长：潘成伟
毛明军
汤志锋
潘旭晖（女）
副组长：占剑军（—2020.12）
周夏来
钟仁锋
李雪梅（女）
张　燕（女，2020.12—）

【松阳县人民法院】
院　长：林　伟
常务副院长：王心阳
副院长：吴振忠（2020.10—）
李金泉（2020.10—）
叶大利（—2020.10）
李慧亮（—2020.10）
政治部主任：孟　霞（女，2020.10—）
执行局局长：叶强军
党组书记：林　伟
副书记：王心阳
审判委员会专职委员：李永伟
李金泉（—2020.10）
叶强军（2020.10—）

【松阳县人民检察院】
检察长：汪　兴
常务副检察长：曹莉芳（女，—2020.10）
叶大利（2020.10—）
副检察长：吴振忠（—2020.10）
阙福亮
黄晓莲（女，2020.10—）
政治处主任：刘良山（—2020.10）
政治部主任：刘良山（2020.10—）
党组书记：汪　兴
副书记：叶大利（2020.10—）
检察委员会专职委员：毛建辉
黄晓莲（女，—2020.10）

【县委组织机构】
办公室
主　任：卢丁方（—2020.3）
叶云宽（2020.3—）
副主任：曹松峻
杨健勇（—2020.3）
宋伟林
蓝艳芳（女，2020.3—，畲族）
叶春松（2020.3—，兼）
吴君能（—2020.3，兼）
县机要（密码）局局长：王潜虎（—2020.12）
台办主任：卢丁方（—2020.3）
叶云宽（2020.3—）
台办专职副主任：谢秀峰
深改服务中心主任：宋伟林
副主任：蓝艳芳（女，—2020.3，畲族）
陈碧鑫
金伟富（2020.12—）
中共松阳县委、县人民政府信访局
局　长：吴君能（—2020.3）
叶春松（2020.3—）
副局长：林樟明
刘春梅（女）
赵如庆（驻京）
党组书记：吴君能（—2020.3）
叶春松（2020.3—）

信访督查专员：章冰梅（2020.9－）

档案馆

馆　长：黄金花（女）

副馆长：蓝　君（女，畲族）

谷慧香（女，－2020.12）

吴　阳（2020.12－）

组织部

部　长：雷剑锋（畲族）

常务副部长：傅春霞（女）

副部长：宋跃伟

蓝才旺（畲族）

廖群慧（女）

董金福（兼）

许军战（兼）

县委正科级组织员：包绍达

宋昌琪

叶新武

汤海滨

王寿康（－2020.12）

县委副科级组织员：邓先平

新经济与新社会组织工作委员会

书　记：蓝才旺（畲族）

副书记：占芳华（女，2020.1－）

叶国松（兼）

郑水旺（兼）

县直机关工作委员会

书　记：蓝才旺（－2020.3，畲族）

雷剑锋（2020.3－，畲族）

常务副书记：叶新武（2020.12－，兼）

专职副书记：徐　杰（2020.3－）

县委人才办专职

副主任：孟　霞（女，－2020.12）

刘玉婷（女，2020.12－）

老干部服务中心

主　任：廖群慧（女）

副主任：钟旭萍（女）

公务员局局长：傅春霞（女，2020.12－，兼）

宣传部

部　长：江　山

常务副部长：陈增伟

副部长：潘旭辉

邓胜标（2020.3－）

林　云（女，－2020.3）

丁建胜（兼）

网络舆情服务中心主任：林　云（女，－2020.3）

邓胜标（2020.3－）

副主任：李林超（－2020.12）

包桂林

社科联副主席：任　燕（女）

统战部

部　长：张继森（2020.1－）

常务副部长：蓝建平（畲族）

副部长：邓胜标（－2020.3）

吴君能（2020年3－12月）

蓝春林（2020.12－，畲族）

叶梦梅（女）

李志荣（－2020.3，兼）

蔡卫民（2020.3－，兼）

民宗事务局

局　长：邓胜标（－2020.3）

叶梦梅（女，2020.12－，兼）

政法委员会

书　记：王立武（－2020.7）

周鸿飞（2020.7－）

常务副书记：包金付

副书记：饶庆勤（－2020.12，兼）

郑伟坚（兼）

梅显云（2020.12－，兼）

阙柳发

李文军

委　员：陈文伟

许火龙

金国梁

游隆标

政治处主任：宋　伟（2020.3－）

大调解协调中心主任：宋　伟（－2020.3）

党校

校　长：雷剑锋（畲族）

常务副校长：刘伟俊

副校长：吴利民

叶远仁

中共松阳县委机构编制委员会办公室

主　任：董金福

副主任：陶　慧（女）

黄海清

党组书记：董金福

【县纪委（监察委）机关】

办公室

主　任：叶洪峰

干部室

主　任：吴宗权

宣传教育室

主　任：张　燕（女，－2020.12）

周松娣（女，2020.12－）

党风政风监督室

主　任：周晓鹏

信访室

主　任：郑　涛

案件监督管理室

主　任：季　伟

第一纪检监察室

主　任：朱发荣

第二纪检监察室

主　任：曾伟明（－2020.12）

江松平（2020.12－）

第三纪检监察室

主　任：李慧芳（女，－2020.12）

第四纪检监察室

主　任：周连伟

案件审理室

主　任：叶有忠（－2020.12）

占剑军（2020.12－）

【县人大机关】

办公室

主　任：刘跃信（－2020.12）

蓝　海（2020.12－）

副主任：毛献华

邱河杰（2020.3－）

法制内务司法工委

主　任：毛先法

副主任：钱明龙

财经工委

主　任：王华松

教科文卫工委

主　任：陈绍明

代表与选任工委

主　任：邱香兰（女）

副主任：洪燕波（女）

民族宗教华侨工委

主　任：程晓东

农业资源环境工委

主　任：雷发明

社会建设工委

主　任：李志荣（2020.3－）

【县人民政府组织机构】

政府办公室

主　任：钟善德（－2020.3）

杨健勇（2020.3－）

副主任：潘　毅（－2020.3）

叶经伟（－2020.3）

吴思平

周景伟

夏伟清

杨志锋（2020.7－）

何　苗（2020.12－）

陈　鹏

单跃忠

梅先平

张　伟（2020.11－，挂职）

徐春艳（女，兼）

叶吉松（－2020.11，挂职）

党组书记：钟善德（－2020.3）

杨健勇（2020.3－）

督查室主任：宋　师（女）

县大数据和金融发展中心

主　任：李良厅

副主任：黄黎伟

陈金波

县级机关事务保障中心

主　任：徐春艳（女）

副主任：包绍忠

华　蕾（女，－2020.3）

何玫玫（女，2020.3－）

党组书记：徐春艳（女）

县行政服务中心

主　任：周根良

副主任：潘跃平

刘伟军

金新德（2020.12－）

党组书记：郑伟坚

副书记：周根良

潘跃平

发展和改革局

局　长：吴王文

副局长：刘祖军

胡雄飞（女，2020.12－）

叶青长（－2020.12）

陆利平

郭　靖（2020.11－，挂职）

总工程师：金根生（2020.3－）

党组书记：吴王文
副书记：刘祖军
铁路建设办主任：程晓东

经济商务局

局　长：陈林贵
副局长：陈新军
徐立民
潘先宝
张光鑫（2020.12－，挂职）
陈　钊（－2020.11，挂职）
党组书记：陈林贵
副书记：陈新军

招商服务中心

主　任：叶辉华（女）
副主任：叶　华
徐　超（2020.3－）
党组书记：叶辉华（女）

丽水生态产业集聚区松阳分区（工业园区）管理委员会

主　任：纪忠民
常务副主任：张淑芳（女）
副主任：程海伟
陈新长
徐建军
翁盛强
鲁炎峰（－2020.11，挂职）
罗　捷（2020.11－，挂职）
党工委书记：纪忠民
党工委副书记：叶国松
总工程师：丁嘉良

浙江松阳—余姚山海协作产业园管委会

主　任：周红霞（女，－2020.11，挂职）
诸跃波（2020.12－，挂职）
副主任：张淑芳（女，兼）
程海伟（兼）
陈新长（兼）
叶辉华（女，兼）
黄良金（兼）
罗　捷（2020.11－，挂职）
专职副主任：李　超（－2020.12）
书　记：李汉勤
副书记：周红霞（女，－2020.11，挂职）
诸跃波（2020.12－，挂职）
纪忠民
叶新华

教育局

局　长：吴敏娟（女）
副局长：赖松平
曾建光
游隆信（－2020.12）
吴新武（2020.12－）
党组书记：吴敏娟（女，－2020.3）
专职副书记：刘伟松（2020.12－）
党委书记：吴敏娟（女，2020.3－）

公安局

局　长：饶庆勤（－2020.12）
梅显云（2020.12－）
政　委：丁嘉亮（－2020.12）
副政委：叶勇军（－2020.12）
常务副局长：徐建飞
副局长：周世德（－2020.12，兼）
吴献明
徐智钦
毛伟荣
肖波峭（2020.7－）
政治处主任：刘跃芳
党委书记：饶庆勤（－2020.12）
梅显云（2020.12－）
副书记：丁嘉亮（－2020.12）
徐建飞
交通警察大队队长：周世德（－2020.12）
教导员：徐海美（女）
政治安保大队大队长：叶　勤
巡特警大队大队长：徐建峰
禁毒大队大队长：方　健
看守所所长：张志军
治安警察大队长：汪智杰
经济犯罪侦查大队长：廖伟辉
情报指挥中心主任：占开贵
教导员：张承镒

科技局

局　长：何开健
副局长：周伟良
邱　芳（女）
党组书记：何开健

民政局

局　长：黄文伟
副局长：周才用（－2020.12）
朱　伟
李樟标
党组书记：黄文伟
副书记：李樟标

移民工作中心

主　任：杨文斌
党组书记：杨文斌

司法局

局　长：叶志文
副局长：刘晓飞
朱大林（－2020.12）
潘建跃
王钧禾
党组书记：叶志文

综合行政执法局

局　长：邓慧勇（2020.3－）
副局长：宋金贵
周炳林
郑　亮
党组书记：邓慧勇（2020.1－）

监察委员会（与纪委合署办公）

主　任：潘仲珏
副主任：阙晓明
吴子斌（－2020.6）
吴　剑（2020.6－）
委　员：邓慧勇（－2020.3）
刘增夷
叶　燕（女）
周世德（2020.12－）
徐　烽

财政局

局　长：李剑飞（－2020.3）
钟善德（2020.3－）
副局长：李一鹏（－2020.12）
江剑武（2020.12－）
冯汉饶
刘青华（女，－2020.12）
占　友
总会计师：吴振宏
财政监督局局长：陈文俊（－2020.4）
预算执行局局长：应伟宏（－2020.12）
国资办公室主任：李剑飞（－2020.3，兼）
钟善德（2020.3－，兼）
党组书记：李剑飞（－2020.3）
钟善德（2020.3－）
副书记：李一鹏（－2020.12）

县医疗保障局

局　长：丁晓敏
副局长：蓝春林（－2020.12，畲族）
夏文伟
范金根（2020.12－）
党组书记：丁晓敏

人力资源和社会保障局

局　长：许军战
副局长：王德贵（－2020.12）
蓝良松（畲族）
刘丽春（女）
党组书记：许军战
社会保险事业服务中心主任：鲍婷婷（女）

自然资源和规划局

局　长：刘金理
副局长：孙建文
雷淑文（畲族）
刘建宇（－2020.12）
周定德（－2020.12）
林发旺（－2020.12）
党委书记：刘金理
纪委书记：金新德（－2020.12）
总工程师：刘建宇（－2020.12）
徐伟民
森林公安局局长：何林法（－2020.12）
执法监察大队大队长：刘火伟
生态林业发展中心主任：刘建宇
总工程师：李杰峰
不动产登记中心主任：林荣华（女）
土地储备中心主任：包松伟

住房和城乡建设局

局　长：王红伟（－2020.3）
潘　毅（2020.3－）
副局长：叶世荣（－2020.12）
胡雄飞（女，－2020.12）
叶茂松
叶亚栋（2020.12－）
徐金俊（2020.12－）
总工程师：叶越屿
党组书记：王红伟（－2020.3）
潘　毅（2020.3－）

土地和房屋征收工作指导中心

主　任：叶松军
副主任：潘拥民
包卓科
党组书记：叶松军

丽水市生态环境局松阳分局

局　长：林晓东
副局长：叶根基
孟群伟
丁根明

总工程师：叶根基
党组书记：林晓东
生态环保综合行政执法队队长：林晓东（兼）
专职副队长：李　超（2020.12－）

交通运输局

局　长：徐火明（－2020.12）
副局长：包海鹰
潘建业
曾　波
何蔚武
总工程师：潘锦胜
党组书记：徐火明（－2020.9）
公路管理局局长党支部书记：叶洪星（－2020.12）
交通运输发展中心主任：何蔚武
交通发展公司董事长（总经理）：洪　斌
城乡公交公司董事长（总经理）：董哲威
交通运输综合行政执法队队长：徐火明（－2020.9 兼）

农业农村局

局　长：吴为民
副局长：李云波
夏卫中
林海长
蓝丽芬（女，－2020.12，畲族）
李大炜（－2020.11，挂职）
程开俊
党组书记：吴为民
副书记：李云波
下山移民（脱贫）（旧村改造）办
副主任：吴世新（－2020.3）
畜牧兽医发展中心主任：廖为伟
茶叶产业发展中心主任：刘林敏
农村能源服务中心主任：范金根（－2020.12）
农业综合行政执法队队长：吴为民（兼）
农业综合行政执法队专职副队长：吴世新（2020.3－）

水利局

局　长：方建来（－2020.3）
吴子斌（2020.3－）
副局长：包绍达
王增亮
包根福
王志祥（2020.10－，挂职）
总工程师：张志杰
党组书记：方建来（－2020.3）
吴子斌（2020.3－）
副书记：包绍达
防汛防旱指挥部办主任：刘开林
黄南水库发展有限公司总经理：潘金土

文化和广电旅游体育局

局　长：叶云宽（－2020.3）
方建来（2020.3－）
副局长：汪德军（－2020.12）
杨建明
刘俏杨
刘　斐（女，－2020.1）
徐伟锋
叶勇军（2020.12－）
李玉兰（女，－2020.11，挂职）
党组书记：叶云宽（－2020.3）
方建来（2020.3－）
副书记：汪德军（－2020.12）
文化市场综合行政执法队队长：叶云宽（－2020.3，兼）
方建来（2020.3－，兼）
专职副队长：华　蕾（女，2020.3－）

气象局

局　长：王益琴（女，－2020.10）
卢建伟（2020.10－）
副局长：周旭琴（女）
蔡寿强（－2020.10）
邱奕婷（女，2020.10－）
党组书记：王益琴（女，－2020.10）
卢建伟（2020.10－）

卫生健康局

局　长：何群荣
副局长：吕建伟（－2020.12）
黄伟飞
刘　军
叶东香（女）
党委书记：何群荣
专职副书记：吕建伟（2020.12－）

退役军人事务局

局　长：鲍海清
副局长：徐新华
王家遗
党组书记：鲍海清

县应急管理局

局　长：潘建伟
副局长：徐　翔
蔡　哲
总工程师：宋　师（女，2020.12－）
党委书记：潘建伟（2020.3－）
副书记：徐　翔（2020.3－）
党组书记：潘建伟（－2020.3）

副书记：徐　翔（－2020.3）

统计局

局　长：徐福标

副局长：李新雄

叶红佳（女，－2020.12）

党组书记：徐福标

总统计师：王树斌

审计局

局　长：叶雯涛

副局长：方观根

陈文俊（2020.4－）

总审计师：杨益平（2020.4－）

党组书记：叶雯涛

经济责任审计联席办主任：叶跃新

市场监督管理局

局　长：吕书元

副局长：周卫星

蔡建立

吴庆华（女，－2020.12）

包根华（兼）

党组书记：吕书元

县食安办副主任：包根华

市场监管综合行政执法队队长：吕书元（兼）

专职副队长：林建波（2020.3－）

【县政协机关】

办公室

主　任：宋明正

副主任：叶荣亮

钟华杰

党组书记：蓝　海（－2020.12，畲族）

宋明正（2020.12－）

副书记：王德明（2020.12－）

经济发展专委会

主　任：翁成龙

社会法制专委会

主　任：毛雄津

副主任：郑樟华

叶炳土（－2020.1）

提案专委会

主　任：陈忠华

副主任：王子鑫

周志清（－2020.1）

农业农村和人口资源环境专委会

主　任：叶建福

副主任：吴定法

杨香兰（女，－2020.1）

委员工作委员会

主　任：程松华

副主任：蔡俊霞（女）

教科卫体专委会

主　任：许士田

副主任：李文标

文化文史和学习专委会

主　任：叶建豹

副主任：张增明

程建中

港澳台侨和民族宗教委员会

主　任：叶伟明

副主任：吴文户

文教卫体和文史资料专委会

副主任：董晓霞（女，－2020.1）

【民主党派、工商联】

民盟松阳县委员会

主　委：叶向东

副主委：廖旭青（女）

王尚德

叶关毅

民革松阳县支部

主　委：叶伟兰（女）

副主委：陈忠华

工商联（总商会）

常务副主席（副会长）：李志荣（－2020.3）

蔡卫民（2020.3－）

副主席（副会长）：郑水旺

党组书记：李志荣（－2020.3）

蔡卫民（2020.3－）

【部分群众团体】

总工会

主　席：阙伟亮

副主席：刘以乾

詹志红（女，－2020.12）

副主席人选：曹莉娜（女，2020.12－）

党组书记：阙伟亮

共青团松阳县委

书　记：陈菁菁（－2020.9）

副书记：张玲燕（女）

周　祎

罗　怡（女，2020.12－）

党组书记：陈菁菁（－2020.9）

妇联

主　席：叶丽丽（女，－2020.3）
林　云（女，2020.4－）
副主席：毛菊军（女，－2020.12）
叶丽萍（女）
副主席人选：蓝丽芬（女，2020.12－，畲族）
郭俊莉（女，2020.9－，挂职）
党组书记：叶丽丽（女，－2020.3）
林　云（女，2020.3－）

科协

主　席：蔡卫民（－2020.3）
叶经伟（2020.4－）
副主席：王金文
党组书记：王德明（－2020.12）

侨联

副主席：曹莉娜（女，－2020.12）
雷晓岚（女，畲族）

文联

主　席：吴秀岳
副主席：罗成武

残联

理事长：许明标
副理事长：李发明（－2020.12）
李根亮（－2020.12）
章明伟（挂职，－2020.12）
陈　军（挂职，－2020.12）
吴君能（2020.12－）
叶红佳（2020.12－）
党组书记：许明标

关工委

专职副主任：颜雪玲（女）

【部分企事业单位】

供销社

主　任：宋苏君（女）
副主任：叶培虎
蓝子光（畲族）
书　记：叶培虎

国有资本投资运营集团有限公司

董事长（总经理）：周昌达
副董事长（副总经理）：廖　青

城市发展投资集团有限公司

董事长（总经理）：潘强军
副总经理：阙祖新
钟土军
黄文山

水务发展投资集团有限公司

董事长（总经理）：曾建伟
副总经理：叶伟成
赵　阳

文化旅游发展投资集团有限公司

董事长（总经理）：王永球（女）
副总经理：杨　彬
裘基鹏

交通发展投资集团有限公司

董事长（总经理）：何迎春
副总经理：洪　斌
董哲威

田园强村投资有限公司

董事长（总经理）：陈艳平
副总经理：李剑勇

经济发展投资集团有限公司

董事长（总经理）：汪德军（2020.12－）
副总经理：谢秀慧（2020.12－）

县融媒体中心

主　任：丁建胜
副主任：吴钟锋（－2020.12）
董剑辉（－2020.12）
程淑慧（2020.3－）
肖土根（2020.12－）
总　编：肖土根（－2020.12）
董剑辉（2020.12－）
党组书记：丁建胜

松阳一中

校　长：阙柳顺
副校长：苏水长（－2020.12）
王尚德
占　悠（女）
党总支书记：阙柳顺（2020.12－）
副书记：苏水长（2020.12－）

松阳二中

校　长：游隆信（－2020.1）
吴国林（2020.1－）
党支部书记：吴国林

松阳第三中学

校　长：郑智军
党支部书记：吴　杰

职业中专

校　长：吴建伟
党支部书记：叶秋发

浙江广播电视大学松阳学院

院 长：修志强

党支部书记：修志强
副书记：潘人发

民族中学
校　长：叶建伟
党支部书记：朱志昊

教师进修学校
校　长：黄文信
党支部书记：占龙根

实验小学集团学校
校　长：程发军
党支部书记：杨慧莲（女，－2020.8）
刘菊梅（女，2020.8－）

县第五中学
校　长：吴新武
党支部书记：鲍景伟

红十字会
常务副会长：王　芳（女）
党组书记：温小运（2020.3－）
副书记：王　芳（女，2020.3－）

人民医院
院　长：王建平
常务副院长：周　方
书　记：周　方
副书记：王建平

中医医院
院　长：郭兴化
书　记：程林贵

古市医院
院　长：刘志平
党支部书记：刘志平

疾控中心
主　任：叶富根
党支部书记：叶富根

卫生监督所
所　长：陈子发
党支部书记：陈子发

妇幼保健服务中心
主　任：陈海莉（女）
党支部书记：黄小伟
副书记：陈海莉（女）

【中央、省属企业和双重管理单位】

国家税务总局松阳县税务局
局　长：朱肖荣（－2020.8）
吴　伟（2020.8－）
副局长：徐关根
叶岳泉
雷永利（畲族）
王海伟
党委书记：朱肖荣（－2020.8）
吴　伟（2020.8－）
纪检组组长：胡小根

国网浙江省电力有限公司松阳县供电公司
总经理：王笑棠（2020.9－）
副总经理：吴常春（2020.9－）
胡洪涛（2020年9－11月）
吴林洋（2020.9－）
陈扬哲（2020.11－）
党委书记：吴常春（2020.9－）
副书记：王笑棠（2020.9－）
纪委书记：徐丽勇（2020.9－）

国网浙江松阳县供电有限公司
执行董事：王笑棠（－2020.9）
总经理：吴常春（－2020.9）
副总经理：胡洪涛（－2020.9）
吴林洋（－2020.9）
监事：徐丽勇（－2020.9）
党委书记：王笑棠（－2020.9）
副书记：吴常春（－2020.9）
纪委书记：徐丽勇（－2020.9）

松阳邮政分公司
副经理：吴青林（主持工作）
杜巧森（－2020.2）
叶永付（2020.2－）
党委副书记：吴青林（主持工作）
纪委书记：杜巧森（－2020.2）
叶永付（2020.2－）

中国电信股份有限公司松阳分公司
总经理：施益俊
副总经理：叶景艳（女）
党委书记：施益俊
纪检书记：叶景艳（女）

浙江省移动通信有限公司松阳分公司
总经理：黄福群
副总经理：吴建明
施淳馨

中国联合网络通信有限公司松阳分公司
总经理：周伟光
副总经理：王　晟（－2020.3）
何晨蔚（2020.3－）

县烟草专卖局（烟草公司）
局长（经理）：黄智灵

副经理：沈小青
副局长：王延众
党组书记：黄智灵
纪检组组长：王延众

中国人民银行松阳县支行
行　长：蒋　政（2020.1－）
副行长：潘利军
　　林伟英（女，－2020.10）
　　连明富（2020.10－）
党组书记：蒋　政（2020.1－）
副书记：潘利军
纪检组组长：林伟英（女，－2020.10）
　　连明富（2020.10－）

丽水银保监分局松阳监管组
组　长：阙一心

中国工商银行松阳支行
行　长：叶斐群
副行长：丁维明
　　雷亚军（畲族）
党支部书记：叶斐群

中国建设银行松阳支行
行　长：王　勇
副行长：纪科锋
党总支书记：王　勇

中国银行松阳支行
行　长：单高翔（－2020.6）
　　朱文伟（2020.6－）
副行长：程伟荣
　　陈　军（2020.9－）
　　周芷伊（女，2020.9－，挂职）
　　何金美（女，－2020.9）
党支部书记：单高翔（－2020.6）
　　朱文伟（2020年6－9月）
党总支书记：朱文伟（2020.9－）

中国农业银行松阳县支行
行　长：吴孚松（－2020.1）
　　吴东星（2020.1－）
副行长：蒋伟峰（－2020.4）
　　吕永勇（－2020.9）
　　翁科君（2020.9－）
党委书记：吴孚松（－2020.1）
　　吴东星（2020.1－）
纪委书记：黄小鸿（－2020.4）
　　翁科君（2020年4－8月）
　　严鑫莉（女，2020.9－）

中国农业发展银行松阳信贷组
主　任：徐胜杰

浙江松阳农村商业银行
董事长：王旭红（女）
副行长：沈俊伟
　　陈俊浩
监事长：李　诚
党委书记：王旭红（女）
纪委书记：李　诚

中国人民财产保险股份有限公司松阳支公司
总经理：陈　斌（－2020.4）
　　王　勇（2020年4－9月）
　　俞　旻（2020.9－）
副总经理：占鲁梅（女）
党组书记：樊毅成

中国人寿保险股份有限公司松阳县支公司
经　理：陈向阳

【西屏街道】

中国共产党西屏街道工作委员会
书　记：阙祖权
副书记：叶　峰
　　蔡根新
　　张森平
　　朱邦建（挂职）
　　林军明（挂职）
委　员：冯　斌（－2020.1）
　　叶建辉
　　陶　震
　　吴爱萍（女，2020.1－）
　　吴新锋（2020.1－）
　　程凌斌（－2020.7）
　　潘关根（2020.9－）
　　徐晓春（2020.9－）

人大工委
主　任：黄　健
副主任：戴松强（－2020.12）
　　叶　剑（2020.12－）

办事处
主　任：蔡根新
常务副主任：吴新锋（2020.1－）
副主任：周恩华
　　王金法
　　吴新锋（－2020.1）
　　潘金增（2020.1－）

【水南街道】

中国共产党水南街道工作委员会

书　记：吴　剑（－2020.3）
　　　　王红伟（2020.3－）
副书记：刘伟松（－2020.3）
　　　　王昌华
　　　　孟子仁
　　　　冯　斌（2020.12－）
委　员：陈小权
　　　　叶松青（女）
　　　　毛金科（－2020.9）
　　　　杨东俊（2020.9－）
　　　　冯　斌（2020.1－）
　　　　叶利军（2020.12－）

人大工委

主　任：周旭锋
副主任：孟子仁

办事处

主　任：刘伟松（－2020.3）
　　　　王昌华（2020.3－）
常务副主任：冯　斌（2020年1－12月）
　　　　　　叶利军（2020.12－）
副主任：江伟胜
　　　　吴定邦（2020.1－）
　　　　徐金俊（－2020.12）

【望松街道】

中国共产党望松街道工作委员会

书　记：温兴水
副书记：江剑武（－2020.12）
　　　　吴伟林（－2020.12）
　　　　刘世伟
　　　　王潜虎（2020.12－）
　　　　施义亭（挂职）
　　　　吴伟松（挂职）
委　员：周淋龙
　　　　蔡杨卿（女）
　　　　王　扬（－2020.9）
　　　　林　辉
　　　　叶　剑（－2020.12）
　　　　潘　俊（2020.9－）
　　　　陈伟斌（2020.12－）

人大工委

主　任：刘　伟
副主任：吴伟林（－2020.12）

办事处

主　任：江剑武（－2020.12）
常务副主任：周淋龙
副主任：阙永生
　　　　项骏华
　　　　蔡　浩
党委副科级组织员：吴文峰

【古市镇】

中国共产党古市镇委员会

书　记：张　屏
副书记：叶德标
　　　　刘以汉
　　　　阙　颖（女）
　　　　商政凯（挂职）
党委委员：宋伟忠
　　　　　叶陈伟
　　　　　吴荣鹏
　　　　　邵成君
　　　　　王建来
　　　　　郑来清

人大

主　席：洪跃伟
副主席：叶君红（女，2020.8－）
副主席人选：叶君红（女，2020年1－8月）

政府

镇　长：叶德标（2020.1－）
副镇长：宋伟忠
　　　　黄松跃（－2020.12）
　　　　叶根清
　　　　包超勇（2020.1－）
党委正科级组织员：陈林法（－2020.12）
党委副科级组织员：王献德（－2020.12）

【象溪镇】

中国共产党象溪镇委员会

书　记：潘伟光
副书记：鲍绍铭
　　　　王伟军
　　　　吴　彦（挂职）
党委委员：赖火旺
　　　　　叶利军（－2020.12）
　　　　　陈奇峰（－2020.12）
　　　　　翁琼芬
　　　　　李红艳（女）
　　　　　范林涛（2020.12－）

人大

主　席：徐发余

副主席：蓝水林（畲族）

政府

镇　长：鲍绍铭

副镇长：王　毅

杨旭明

余　斌（2020.1－）

【玉岩镇】

中国共产党玉岩镇委员会

书　记：邓智强（－2020.7）

叶福龙（2020.9－）

副书记：洪伟林

叶福龙（－2020.9）

毛金科（2020.9－）

楼海勇（挂职）

党委委员：叶明晖（－2020.9）

王超林

叶素伟

杨　扬

雷熠俊（畲族）

庞文强（2020.9－）

人大

主　席：谢筱俊（2020.1－）

副主席：胡爱生（2020.1－）

政府

镇　长：叶福龙（2020 年 1—9 月）

镇长人选：叶福龙（－2020.1）

毛金科（2020.9－）

副镇长：钟俐青（女，－2020.1）

徐志明（2020.1－）

周建武（2020.7－）

祝南胜（2020.7－）

副镇长人选：周建武（2020 年 1—7 月）

祝南胜（2020 年 3—7 月）

何阳春（女，2020.12－）

【大东坝镇】

中国共产党大东坝镇委员会

书　记：翁金豪

副书记：杨庆华（女，－2020.12）

张松龙

叶　霞（女，2020.12－）

褚骏涛（挂职）

党委委员：胡雅杰

郑海燕（女）

阙勇东

范林涛（－2020.12）

尹彬斌

王金良（2020.12－）

人大

主　席：冯黎明（2020.1－）

主席人选：冯黎明（－2020.1）

副主席：方伟才

政府

镇　长：张松龙（2020.1－）

副镇长：叶永明

廖苏里（－2020.1）

李伟科

副镇长人选：谢炳文（2020.12－）

【新兴镇】

中国共产党新兴镇委员会

书　记：杨伟科（－2020.7）

周志勇（2020.9－）

副书记：周志勇（－2020.9）

陈菁菁（女，2020.9－）

周景伟

党委委员：杨东俊（－2020.9）

叶方敏

李　艳（女）

朱松林

鲁国平（2020.9－）

人大

主　席：包建梅（女）

副主席：占满和

政府

镇　长：周志勇（2020 年 1—9 月）

镇长人选：陈菁菁（女，2020.9－）

副镇长：占利军

刘水松

占远峰

潘长国

党委正科级组织员：叶　凌

包朝彪

【叶村乡】

中国共产党叶村乡委员会

书　记：刘　军

副书记：陈智俊

王金鑫
李　诚（挂职）
党委委员：陈伟斌（－2020.12）
马志强
占黎峰
刘文炜
叶舒锐（女，2020.12－）

人大
主　席：周杨胤
副主席：王金鑫（2020.1－）

政府
乡　长：陈智俊
副乡长：丁路敏（女）
刘晓华
蓝昊慧（畲族）
党委副科级组织员：叶昌明

【斋坛乡】

中国共产党斋坛乡委员会
书　记：叶春松（－2020.3）
阙剑和（2020.3－）
副书记：阙剑和（－2020.3）
詹钧强（2020.3－）
潘浩杰
党委委员：邱如华
阙仙梅（女）
张　辉
谢新华

人大
主　席：詹钧强（－2020.3）
主席人选：吴伟林（2020.12－）
副主席：潘浩杰（2020.1－）

政府
乡　长：阙剑和（－2020.3）
詹钧强（2020.8－）
乡长人选：詹钧强（2020 年 3－8 月）
副乡长：陈金伟
周方波
吴定邦
钟俐青（女，2020.8－）

【三都乡】

中国共产党三都乡委员会
书　记：何　苗（－2020.12）
林嘉栋（2020.12－）
副书记：张伟信
张旭军
王治国（挂职）
党委委员：伊　晖
黄夏芳
陈建明
徐　征

人大
主　席：章冰梅（女，－2020.9）
主席人选：杨庆华（女，2020.12－）
副主席：张旭军

政府
乡　长：张伟信
副乡长：叶慧华（女）
温作源
兰晓露（女，2020.1－）
副乡长人选：蓝智桢（女，2020.12－，畲族）

【四都乡】

中国共产党四都乡委员会
书　记：杨志锋（－2020.7）
蒋亚慰（2020.7－）
副书记：吴海燕（女）
兰丽燕（女，畲族）
叶　芳（女，挂职）
党委委员：叶家宝
丁坤勇
叶　霞（女，－2020.12）
吴昊东

人大
主　席：吴永华
副主席：兰丽燕（女，2020.1－，畲族）

政府
乡　长：吴海燕（女）
副乡长：纪定锋
胡　俊（2020.1－）
副乡长人选：叶　楠（2020.12－）

【竹源乡】

中国共产党竹源乡委员会
书　记：李绍誉
副书记：叶长春
卢智华
党委委员：吴爱萍（女，－2020.1）
董笑春（女）
刘　捷
周芝芬（女）

廖苏里（2020.1－）

人大

主　席：吴梦华

副主席：卢智华

政府

乡　长：叶长春

副乡长：杨君弟（女）

秦绍松（2020.1－）

叶家升（2020.1－）

【樟溪乡】

中国共产党樟溪乡委员会

书　记：何花云（女）

副书记：上官耀鹏

邱土基

李征宙（挂职）

党委委员：彭俊根

刘　剑

郑丽君（女）

潘基伟

人大

主　席：林　巍

副主席：邱土基（2020.1－）

政府

乡　长：上官耀鹏

副乡长：金军民

楼继业

詹志伟

【赤寿乡】

中国共产党赤寿乡委员会

书　记：叶新华

副书记：黄良金

胡慧强

党委委员：洪雪婷（女）

叶宝金

蓝季峰（畲族）

王　炜

人大

主　席：叶国章

副主席：胡慧强（2020.1－）

政府

乡　长：黄良金

副乡长：叶方敏

蔡冬生

周慧军（2020.1－）

【枫坪乡】

中国共产党枫坪乡委员会

书　记：王建华

副书记：叶金军

徐华科

党委委员：叶君红（女，－2020.1）

雷海亮（畲族）

苏　辛（女）

吴跃华

人大

主　席：包致远

副主席：徐华科

政府

乡　长：叶金军

副乡长：陈俐光

楼海涛（2020.1－）

副乡长人选：刘宇阳（2020.12－）

【安民乡】

中国共产党安民乡委员会

书　记：应佾潇

副书记：林嘉栋（－2020.12）

牟伊婷（女）

党委委员：周津辉

刘　挺

包海波

王金良（－2020.12）

潘　标（2020.12－）

人大

主　席：谢军生

副主席：牟伊婷（女，2020.1－）

政府

乡　长：林嘉栋（－2020.12）

副乡长：张益平

孟　伟

副乡长人选：林奇才（2020.12－）

【板桥畲族乡】

中国共产党板桥畲族族乡委员会

书　记：孔雀屏（女）

副书记：兰明顺（畲族）

叶　荪

谢勇华（挂职）

党委委员：林伟东

楼深科

蓝伟明（畲族）

刘宇平

人大

主　席：李宗训

副主席：叶　苏

政府

乡　长：兰明顺（畲族）

副乡长：王　玲（女）

汤海霄

徐伟林（2020.1－）

【裕溪乡】

中国共产党裕溪乡委员会

书　记：宋荣丽（女）

副书记：舒　皓

何跃平

潘　琦（挂职）

徐春华（挂职）

党委委员：吴建伟

刘　真

郑　巍

胡松铃（2020.9－）

潘关根（－2020.9）

人大

主　席：章剑荣（2020.1－）

主席人选：章剑荣（－2020.1）

副主席：舒　皓

政府

乡　长：何跃平（2020.1－）

副乡长：钟巧玲（女，畲族）

贾慧珍（女）

梅先亮（2020.1－）

（县委组织部）

松阳县第十二届人民代表大会第四次会议代表名单（2020）

（按姓氏笔画排序）167名

王　峻	王火根	王龙根	王立武	王华松
王志红	王建华	王根水	王智平	王增亮
毛先法	毛伟东	毛建南	毛胜法	毛振荣
孔建民	孔雀屏	邓智强	石金钟	占芳红
占时旺	占跃华	占增军	叶丽丽	叶财金
叶国章	叶金亮	叶春松	叶春景	叶南清
叶信亮	叶根良	叶祥跃	叶基华	叶章根
叶景才	叶新华	叶樟水	包建梅	包荣强
包致远	冯黎明	兰土金	朱金伟	华火浩
刘　伟	刘克忠	刘美燕	刘跃信	刘斯华
刘新法	刘慧芳	江宗信	汤根木	纪　莲
李汉勤	李伟华	李会发	李坤龙	李坤富
李宗训	李建伟	李绍誉	李美爱	杨水文
杨伟科	杨志锋	杨振龙	吴　剑	吴　毅
吴昳敏	吴永华	吴伟波	吴岳平	吴莉梅
吴梦华	邱香兰	何　平	何　苗	何火珠
何花云	何国鹏	何金德	应俏潇	汪　兴
宋火星	宋法亮	宋荣丽	张　屏	张军伟
张宏雁	陈绍明	陈荣华	陈彩美	范大忠
林　伟（县法院）		林　伟（赤寿乡）		林　军
林　巍	金世星	金永兵	周伟兰	周伟民
周旭锋	周杨胤	周国理	周建伟	周建华
周星龙	周根伟	郑伟坚	泮土旺	项军炎
项荣伟	钟仁旺	钟伟明	洪香云	洪跃伟
徐长城	徐火灵	徐火星	徐为民	徐发余
徐李献	徐林德	徐金来	翁　春	翁尚伟
翁金豪	高建松	黄　健	黄文升	黄美花
曹伟湧	章冰梅	章剑荣	韩士丰	程允寿
程林贵	程金花	程晓东	傅明亮	傅春霞
温永其	温兴水	谢伟荣	谢军生	谢筱俊
蒲德余	雷发明	雷剑锋	詹钧强	鲍朝火
阙子华	阙火明	阙伟亮	阙建华	阙祖权
阙祖富	蔡卫民	廖军土	樊邦献	颜荣山
潘必亮	潘伟光	潘仲珏	潘俊明	

（县人大办公室）

松阳县第十二届人民代表大会常务委员会委员名单（2020）

（按姓氏笔画排序）24 名

王华松	王智平	王增亮	毛先法	毛胜法
孔建民	叶丽丽	朱金伟	刘　伟	刘跃信
刘斯华	汤根木	杨水文	邱香兰	陈绍明
周旭锋	钟伟明	洪跃伟	徐发余	韩士丰
傅春霞	雷发明	阙伟亮	蔡卫民	

（县人大办公室）

中国人民政治协商会议第九届松阳县委员会第四次会议委员名单（2020）

（按姓氏笔画排序）178 名

丁晓敏	王　军	王　晔	王小明	王寿康
王茂建	王国华	王金文	王家遗	毛君明
毛建南	毛菊军	毛雄津	占利军	卢寿亮
叶　扬	叶火云	叶东标	叶东香	叶永标
叶伟兰	叶伟民	叶伟华	叶伟明	叶向东
叶丽红	叶青长	叶岳娟	叶金火	叶金明
叶建伟	叶建豹	叶建福	叶经伟	叶春喜
叶炳土	叶祖武	叶艳燕	叶根基	叶逢彬
叶益兰	叶景艳	叶慧兰	叶慧勤	包火旺
包春花	包益来	兰　倩	兰明顺	兰建芳
吕少锋	刘　俊	刘以汉	刘伟军	刘志云
刘金法	刘春梅	许士田	孙丽雅	牟伊婷
纪　红	李　斌	李云波	李永伟	李发明
李伟科	李胜武	李晓英	李爱英	李樟标
杨建明	杨荣军	杨香兰	杨爱华	吴长顺
吴长素	吴永明	吴伟松	吴坛伟	吴秀岳
吴定邦	吴晓霞	吴理文	邱　芳	邱　蕻
何东兴	何尉英	余小华	宋苏君	宋明正
宋泓震	宋跃伟	张　骏	张芝兰	张淑芳
张维清	张增明	陆秀云	陆俊敏	陈　军
陈　彬	陈子亮	陈志选	陈国椿	陈忠华
陈金富	陈春娥	陈晓燕	陈海莉	陈菁菁
邵慧玉	林　云	季学文	金黎艳	周　方
周永龙	周香美	周炳林	郑水旺	郑永安
郑建标	单国亮	孟文化	练秋珠	项晓虎
项骏华	钟水清	钟巧玲	钟新明	修志强
洪　斌	洪建明	夏雨清	徐　翔	徐永健
徐伟民	徐苏成	徐和有	徐定超	徐俊辉
徐微宏	翁成龙	高　飞	黄　莹	黄春爱
曹　栋	曹莉娜	麻功佐	章旭东	蒋　晨
程松华	程建中	曾木连	曾建伟	蓝　海
蓝良松	蓝建平	雷晓岚	詹志文	詹志红
阙柳发	阙柳顺	阙美法	阙翔威	廖卫民
廖建洋	熊火旺	潘　法	潘　清	潘邦先
潘邦佐	潘先宝	潘志超	潘利军	潘昌财
潘建英	潘跃平	潘肇伟		

（县政协办公室）

中国人民政治协商会议第九届松阳县委员会常务委员名单（2020）

（按姓氏笔画排序）35 名

王小明	王茂建	毛建南	毛雄津	叶伟兰
叶伟民	叶伟华	叶向东	叶岳娟	叶建伟
叶建豹	叶建福	叶经伟	包火旺	刘志云
刘金法	许士田	杨荣军	何东兴	宋苏君
宋明正	宋跃伟	陈忠华	陈金富	陈菁菁
周永龙	周香美	郑永安	单国亮	翁成龙
程松华	蓝建平	蓝　海	雷晓岚	廖卫民

（县政协办公室）

松阳县村规模调整后203个行政村党支部、村委会主要负责人名单（2020）

西屏街道

行政村	党支部	村委会
一　村	李文忠	毛革委
二　村	张斌武	叶绍龙
三　村	项威霞	蔡胡秋
五　村	刘勇华	毛菊芝
六　村	兰香华	徐樟林
七　村	程长宪	蔡学民
九　村	丁根生	郑宝英
十一村	叶忠献	夏晓春
钟　楼	张增永	阙祖剑
延　庆	何　平	谢朝利
项　弄	周景军	周开亮
白　沙	程伟胜	包社权
北　山	包珠菊	张章福
官路口	占时旺	高五弟
乌形山	刘石基	刘长法
西　坌	吴起标	吴仁增
新　华	陈家增	李伟华
周　坌	谢伟荣	叶关华
青　蒙	程军民	郑建亮
桐　溪	何红花	郑宗球
铺　门	徐光明	徐云宗
项桥下	吴昌来	程向阳

水南街道

行政村	党支部	村委会
横　山	吴新根	王卫军
瓦窑头	陈金岳	王月生
潘　西	林伟珉	徐金根
独　山	刘起达	何建胜
清　路	曹森火	刘幼军
桥　头	潘绍贤	王　鹏
大竹溪	叶斌武	徐文义
南　山	王永春	廖志军
寺岭下	何樟林	徐光亮
程　徐	李余信	周龙标
水　南	陈　坚	王彩春

望松街道

行政村	党支部	村委会
石　门	金善东	王昌勤
王　村	叶伟军	王昌军
望　松	邱俊慧	黄华军
五都阳	吴群林	钟火达
乌石下	李晓翔	黄良军
西　河	林文科	叶木松
翁　村	李伟樟	郑永清
六　都	郑宗发	王金琦
吴　弄	何跃平	曾建伟
山仁下	杨金利	王根亮

古市镇

行政村	党支部	村委会
建　安	周星平	潘晓华
城　门	杨剑忠	洪秉高
下　街	潘必亮	刘志军
塘　湾	程家发	刘剑波
筏　铺	纪旭阳	王火荣
东角垄	叶文伟	赖水清
七　都	陈志平	刘刚林
八　都	周根伟	王立群
黄　圩	黄文知	黄继军
五　木	叶火寿	叶养平

行政村	党支部	村委会
岗　下	吴延金	叶根金
上　河	王龙根	许文武
山下阳	何跃法	杨孙权
寺　口	张信根	刘彩永
十五里	谢挺华	纪方平

象溪镇

行政村	党支部	村委会
南坑源	兰金连	王荣利
南坑口	周井田	王秋华
雅溪口	留益浪	叶逢祥
东田源	夏绍伟	苏仁贤
南　州	罗金法	罗敏森
象溪圩	兰伟斌	兰土金
象　溪	高建松	谢丽娇
靖居口	胡连有	阙火龙
金　钟	兰大柱	郑慧峰
石牌门	兰火根	涂成火
靖居包	李增仁	包荣强
梅　峰	兰韶东	刘松青
坑　里	刘松青	王松旺

玉岩镇

行政村	党支部	村委会
何山头	叶发起	何松发
周　坑	钱荣斌	叶献明
周　安	吴松发	吴发林
白沙岗	陈赤火	洋成根
溪　口	李洪青	金根宝
排居口	叶樟满	何春伟
玉　湖	徐家利	俞信米
根　坑	叶昌谷	叶关旺
交　塘	叶永标	叶昌发
乌　岩	叶景才	吴达荣
程　惠	谢土富	谢献荣

行政村	党支部	村委会
大　树	周杨辉	洪金旺
玉　岩	李章火	叶金亮
洋　坑	金关金	金水发

大东坝镇

行政村	党支部	村委会
西　山	吴铁英	赖委明
百　步	刘根林	王秀岳
蔡　宅	李　华	蔡伟华
灯　塔	雷文凤	阙晓春
牛角圩	邓武宾	刘启富
二滩坝	梅先标	李有根
五　部	周吴发	周学华
山　徐	潘高宝	周学森
横　樟	包绍忠	叶樟英
茶　排	阙伟华	阙伟胜
山　头	林尉英	王建华
大东坝	叶春景	华章松
黄　南	周冬梅	叶伟荣
洋坑埠头	李美爱	潘关法
燕　田	吴碧伟	潘献德
下宅街	阙关德	阙伟平
后　宅	阙建平	林来英

新兴镇

行政村	党支部	村委会
上　安	袁启章	刘建松
新　刘	邵宏伟	吴松青
潘　连	郑金法	徐传信
横　溪	温永其	温绍荣
杨村头	周建武	俞致信
徐　郑	郑伟春	周樟树
泉　庄	温作林	李建平
内　孟	徐加伟	李荣伟
朱　山	郑荣福	叶水福

行政村	党支部	村委会
外石塘	叶洪清	叶春妹
新　处	徐金来	叶子法
大岭根	叶夏生	张增荣
谢西坑	李光忠	徐顺利
谢　村	李金良	李建平
大　石	文孝明	陈志锋
竹　囮	叶基华	叶金根
庄　后	周坛金	周根林
后周包	程卫文	包立荣
官　岭	陈金标	陈鹏伟
下源口	刘青春	郑青松
李山头	李会发	李关新
平　卿	张小飞	周松飞

叶村乡

行政村	党支部	村委会
东　坞	徐新华	李万喜
横　坑	徐叶谊	叶朝万
河　头	徐海泉	潘思升
叶　家	王曙斐	徐淑敏
叶　村	黄文升	叶庆樟
南　岱	金火贵	吴岳平
官　田	杨伟标	杨光标
松　山	罗来龙	刘火信

斋坛乡

行政村	党支部	村委会
石门圩	丁加亮	陈伟军
小　石	王新美	夏卫平
京　梁	潘土利	周国伟
花田垄	王火根	黄金高
大　路	毛琳波	黄火根
庐　东	叶新东	兰信根
斋　坛	李金星	叶王燕

三都乡

行政村	党支部	村委会
上　田	吴建伟	宋建伟
黄岭根	蔡美仙	周火标
下　田	蔡丽生	蔡伟华
上　源	潘金伟	蔡志良
酉　田	汤忠优	叶爱君
杨家堂	占斌龙	潘伟平
松　庄	叶根忠	叶陈生
尹　源	徐樟龙	李丽霞
紫　草	冯怀杰	王叶伟
里　庄	刘志丰	毛火伟

四都乡

行政村	党支部	村委会
下　包	何更森	何开生
西　坑	丁菊红	叶　伟
陈家铺	鲍朝火	鲍子标
平　田	陈建武	宋绍娥
四都阳	曾文水	陈邦根

竹源乡

行政村	党支部	村委会
后　畲	叶火法	叶龙伟
大岭头	阙进荣	叶庆海
黄　上	王关标	王朝来
黄　庄	王延利	王根亮
呈旺坑	周仲义	潘显亮
小竹溪	吴水军	泮伟平
横　岗	潘安清	潘养春

樟溪乡

行政村	党支部	村委会
上徐山	叶宝龙	李军荣
东　市	任永文	王大旺
力　溪	金永兵	叶深红
兴　村	傅金鋆	郑永峰
樟　村	吴跃明	廖建跃
馒头山	郭春伟	金　伟
溪　下	刘春根	郑连增
肖　周	兰伟林	徐荣卫

赤寿乡

行政村	党支部	村委会
界　首	刘方德	刘权海
楼　塘	傅明亮	杨增文
赤　岸	吴定云	章建伟
半古月	周永庆	周永荣
叶川头	叶信亮	张新华
卯　山	毛坚强	苏国成
红　连	项思蔚	应满华
陇　川	李军华	程志刚

枫坪乡

行政村	党支部	村委会
南　胜	李建林	李树明
枫　坪	符康权	叶水根
山乍口	毛洪根	叶坛根
高　亭	吴永富	王寿松
丁　坑	阙春勇	周立和
斗　潭	周世星	毛关仲
黄埠坞	叶献保	张义春
小　吉	翁伟俊	翁樟富
沿坑岭头	叶庆春	叶金荣
根　下	王林水	李棕根

安民乡

行政村	党支部	村委会
安岱后	陈　斌	陈延平
李　坑	潘黎明	周李升
苏马坪	泮先礼	杨　斌
大潘坑	杨昌仁	樊邦献

板桥畲族乡

行政村	党支部	村委会
高　山	叶李英	郑瑞海
东　坑	包建鹏	蔡延军
板　桥	兰龙奇	叶逢平
桐　榔	李　俊	杨广相
大毛科	潘国强	雷国土

裕溪乡

行政村	党支部	村委会
裕　溪	周国理	兰元仓
内　陈	曾延富	刘先清
靄　溪	陈　烨	叶　平
木岱坑	石华凤	张维忠
联　溪	曾海土	刘根林
小　槎	刘　强	程伟军
凤弄源	许晓玲	许根鑫

［以上名单由各乡镇（街道）党政办提供］

松阳概况

斋坛乡吊坛村

建置·区划·人口

【县名释义】松阳史上曾称松阳、长松、白龙。

松阳县 《吴录》载："作松杨，以地多二木也。"《吴地记》载："县东南临大溪有松阳树，大八十一围，腹中空，可容三十人坐，故取此为名。"《旧唐书》载："后汉分章安之南乡置松阳县，县东南大阳及松树为名。"明万历《郡县释名·浙江卷》谓松阳地处长松山之南，故名松阳县。

长松县 清光绪《松阳县志》及《浙江分县简志》载，后梁时，吴越王钱镠与杨行密为仇，上书梁太祖，以"淮寇未平，耻闻逆姓"为由，请改诸县名"阳"（音同杨）者，梁开平四年（910）改松阳为长松县。

白龙县 后晋天福四年（939）改长松县为白龙县。《十国春秋》、清顺治《松阳县志》载，天福四年，岁旱，县令陈时祈雨百仞山，据传白龙现于山麓之白龙津，吴越王元瓘遂改长松县为白龙县。

【政区沿革】松阳县域夏商时期属扬州域，春秋战国属越；秦始皇时属闽中郡；西汉初属东瓯国，后属会稽郡；东汉为章安县南乡地。东汉建安四年（199），析章安县南乡置松阳县，属会稽郡。三国吴太平二年（257），置临海郡，松阳隶之。晋太宁元年（323）属永嘉郡。隋开皇九年（589），析松阳县东乡地置括苍县，同年，置处州，松阳属之。开皇十二年，处州改括州，松阳隶之。大业三年（607），改括州为永嘉郡，松阳属之。唐武德四年（621），升松阳为松州，括州置总管府；武德七年（624），改都督府，松州均所属。八年（625），复改松州为松阳县，遂昌入松阳县。景云二年（711），遂昌复从松阳析出。天宝元年（742），改括州为缙云郡。乾元元年（758），复为括州，松阳均为所辖。乾元二年（759），析松阳、遂昌南乡地置龙泉县。大历十四年（779）括州改处州，松阳隶之。五代后梁开平四年（910），改松阳县为长松县。后晋天福四年（939），改长松县为白龙县。宋咸平二年（999），白龙县复改为松阳县，县名沿用至今。元至正十三年（1353），松阳属处州路，至正十九年改处州路为安南府，不久复为处州府，松阳均为所属。明、清松阳属处州府，实行乡里制。清宣统三年（1911）11月，置处州军政分府，松阳隶之。民国元年（1912）撤处州军政分府，实行省县两级制，松阳县省辖。民国三年（1914），置瓯海道，松阳为所属。民国十六年（1927）废道，复为省县两级制，松阳仍为省辖。民国二十一年（1932）6月置第十一县政督察区；10月，改置第二临时特区，松阳均隶之。民国二十四（1935）年6月，第二临时特区改为丽水行政督察区。民国二十五年（1936）4月，又改称第九行政督察区，松阳隶之。民国三十四年（1945）4月，改置第六行政督察区。6月，改称第七行政督察区，至1949年5月，松阳均为所属。

1949年5月9日松阳解放，成立人民民主政府；6月改称县人民政府，驻地西屏镇，辖4个区21个乡镇。1950年，全县扩编为43个乡镇。

1952年1月，丽水专区撤销，松阳县属衢州专区。5月，增设石仓区，8月，撤销城关区，建江南、江北区和县直属西屏镇；置王村乡，属江北区；10月，撤销石仓区，辖1个直属镇5个区41个乡镇。1955年3月，改隶金华专区。1956年3月，撤区并乡，辖15个直属乡镇2个区10个乡。1957年3月复置古市区，1958年2月复置城关区，辖4个区25个乡镇。1958年11月21日，撤销松阳县，原辖境域并入遂昌县。1961年12月，叶村公社分置叶村、斋坛两公社。1962年1月，石仓、汶东、横樟人民公社合并为县直属石仓人民公社。1963年，丽水专区恢复，遂昌（含松阳区域）属之。1964年辖4个区2个镇25个人民公社和1个县直属人民公社。1968年，撤销西屏、古市两公社建制，改为镇。1980年7月，西屏、古市两镇县直属。1982年1月30日，复置松阳县，属丽水地区。原玉岩区垵口公社划归遂昌县，时全县辖2个直属镇、1个直属公社、4个区22个公社。1983年10月后，实行政社分设，时全县辖2个直属镇5个区25个乡399个行政村。1984年8月，板桥乡改建板桥畲族乡。1985年5月，撤玉岩乡建为玉岩镇，时全县辖2个直属镇5个区25个乡（镇）400个行政村。1992年3月撤区扩镇并乡后，有5个镇14个乡1个民族乡。1997年设5个镇15个乡(其中1个畲族乡)，400个行政村、17个居民区。1998年，划四都榔树村的榔阳自然村归望松乡管辖，单独成立行政村，此时，全县共401个行政村。2000年7月，丽水撤地设市，松阳属丽水市。2001年开始至2011年11月，松阳县辖5个镇、14个乡、1个民族乡，401个行政村、6个社区、5个居委会。2011年12月，撤销西屏镇，分设西屏和水南街道，并划叶村乡的黄公渡村归前者管辖，划叶村乡的寺岭下村归后者管辖。撤销望松乡，设望松街道。全县辖4个镇、13个乡、1个民族乡、3个街道，401个行政村、10个社区、5个居委会。

2012年12月28日，松阳县撤销原新兴乡人民政府、新处乡人民政府、谢村乡人民政府建制，挂牌成立新兴镇人民政府。全县辖3个街道、5个镇、10个乡、1个民族乡，401个行政村、10个社区、5个居委会。

2019年6月，松阳县依法开展行政村规模调整，全县401个行政村调整为203个行政村；1077个自然村调整为1027个自然村，8月调整完毕。

2019年底，松阳县辖西屏、水南、望松3个街道，古市、象溪、大东坝、玉岩、新兴5个镇，叶村、斋坛、三都、四都、竹源、樟溪、赤寿、枫坪、裕溪、安民10个乡，1个少数民族乡（板桥畲族乡），共19个乡级政区。有城东、城南、城西、城北、城中、古城、独山、阳溪、江南、云峰、新望、新铺、旧市等13个社区。

【地理位置】松阳县位于浙江省西南部，丽水市西部，东连丽水市莲都区，东南接云和县，西南与龙泉市相邻，西和西北与遂昌县接壤，东北毗金华市武义县。地理位置介于北纬28°36′33″～28°14′34″，东经119°42′43″～119°09′53″之间。东西宽53.7千米，南北长40.2千米，区域总面积1405.77平方千米。松阳县人民政府驻地位于西屏街道府前街1号，距丽水市区43千米。

【人口状况】截至2020年底，全县总人口240308人，比2019年底减少270人。增长专区在申报出生2039人，高于死亡注销1573人。县外迁入471人，迁出县外1206人。人口自然增长率为1.93‰，出生率为8.48‰，比上年下降0.8‰。死亡率为6.55‰，比上年下降1.06‰。60周岁以上人口50058人，全县流动人口24452人，登记暂住人口33997人次。

自然环境与资源

【气候特征】2020年年平均气温为19.1℃。年极端最低气温为-4.0℃，出现在12月31日；年极端最高气温为39.8℃，出现在8月14日。年总降水量为1640.4毫米。年内日降水量最大出现在9月19日，其值为155.2毫米。全年降雨日数为148天。年总日照时数为1402.3小时。春季终霜期出现在2月19日，秋冬季初霜期出现在11月22日。全年无霜期日数为315天。

2020年年平均气温偏高，降水量比常年偏多，日照时数比常年偏少。冬季前期持续少雨天气，入秋以来的气象干旱进一步加剧，冷空气强度总体偏弱，2月中旬出现大范围的寒潮天气过程，季后期气温快速回升，入春时间相比常年显著提早；春季气温偏高但起伏明显，降水总体接近常年，但时空分布不均匀，进入降水集中期时间明显偏早，首场暴雨强度强、范围大；夏季入梅早、出梅迟，降水集中期持续时间长、暴雨强度强，出梅后局地暴雨、雷雨大风等强天气强度强，时间集中，高温日数偏多，强度较强，部分时段出现连续高温天气；秋季冷空气活动频繁，入秋早，季前期降水显著偏多，暴雨范围广、强度强，部分地方出现较明显的秋汛，日照异常偏少，季后期降水偏少较明显，部分时段出现连晴天气。

（县气象局）

【自然灾害】松阳县高度重视地质灾害避让搬迁工作，累计地质灾害避让搬迁项目153个，使6132人摆脱地质灾害威胁；地质灾害工程治理项目64个，保护2840人生命财产安全。全县地质灾害隐患点均实现应搬尽搬。2016年6月28日，对玉岩镇沙丘村范山头自然地质灾害点实施整村拆除（A类地质灾害点），多部门连续奋战，用一天时间，55幢房屋全部拆除，彻底消除该地质灾害点长达5年的安全隐患，使该地质灾害点受威胁农户75户245人过上安心生活。同时，全县坚持依法治火，相继出台《松阳县森林防火规定》《松阳县森林防火责任追究制度》《松阳县森林防火考核办法》《松阳县森林火灾应急处置预案》等用火、管火、扑火制度。同时围绕抓基层、抓基础、抓落实这个中心，建立健全县、乡镇（街道）、村三级森林防火指挥部和领导小组，落实各乡镇（街道）村管火、督查、扑火三支队伍，签订县与乡镇（国有林场）、乡镇与村、村与农户、乡镇与护林员四种责任书，每年签订率均在95%以上，形成群防群治，自防自救的森林防火新机制，森林火灾始终维持在低发生水平。

2020年，全县调查、处置地质灾害灾险情5处，经专业调查后确认为地质灾害隐患点3处，威胁人口51人。其中，枫坪乡山乍口村白坛砚滑坡威胁人口14人，三都乡尹源村毛源自然村山头家滑坡威胁人口24人，斋坛乡庐东村下坌自然村王树明等房后滑坡威胁人口13人。3处隐患点已实施避让搬迁，拆除危险区旧房，避让搬迁51人。实现避让搬迁51人，其中枫坪乡山乍口村白坛砚搬迁6户14人、三都乡尹源村毛源自然村山头家搬迁7户24人、斋坛乡庐东村下坌自然村王树明等房后搬迁6户13人；做好枫坪乡山乍口村白坛砚滑坡等3个灾害点19户51人的项目和资金申报，争取避让搬迁资金76.5万元和用地指标0.41公顷；审查发放避让搬迁资金8个批次37户108人，合计资金390.85万元，其中拆房奖励和过渡期租房补助30.7万元、迁建安置补助82万元、公寓安置补助19.15万元、货币安置补助259万元。全年共组织开展地质灾害（应急）治理工程项目8个，其中5个项目竣工验收、3个项目实现初步验收。共排查、划定地质灾害风险防范区180处，涉及户籍人口1514人，常住人口436人。督促指导有关乡镇开展地质灾害隐患点及地质灾害风险防范区常住人口浙江安全码赋码工作，实现436人赋码。组织核销地质灾害隐患点15处，开展汛前地质灾害隐患大排查，全县共排查地质灾害隐患点20处，不稳定斜坡86处。出具13个批次地质灾害危险性评估情况的证明，开展地质灾害危险性评估项目11个，其中一级评估1个、二级评估2个、三级评估30个。森林防火形势总体平稳，全县接报火情46起，实际发生火警4起、火灾1起（过火面积3.4公顷，受害森林面积3.4公顷）。无重特大森林火灾，无扑救人员伤亡事故，无火烧连营事故。各项指标均控制在省市下达的指标内。引发森林火情火灾主要原因是烧荒、烧杂草、祭祀、电力线路老化等。

（县自然资源和规划局）

【国土资源】松阳县土地总面积140077.22公顷。其中，耕地面积18954.77公顷，占全县总面积的13.53%；园地面积7808.73公顷，占全县总面积的5.57%；林地面积100485.03公顷，占全县总面积71.74%；草地面积694.07公顷，占全县总面积的0.50%；城镇村及工矿用地4490.31公顷，占全县总面积的3.21%；交通运输用地1736.92公顷，占全县总面积的1.24%；水域及水利设施用地2940.10公顷，占全县总面积2.10%；其他土地2967.30公顷，占全县土地总面积的2.11%。

耕地构成：水田13386.58公顷，旱地5568.19公顷，分别占耕地总面积的70.62%、29.38%。

园地构成：果园6038.53公顷，茶园1396.59公顷，其他园地373.61公顷，分别占园地总面积的77.33%、17.88%、4.79%。

林地构成：有林地94503.72公顷，灌木林地248.09公顷，其他林地5733.22公顷，分别占林地总面积的94.05%、0.25%、5.70%。

草地构成：无天然牧草地、人工牧草地，其他草地694.07公顷，占草地总面积100%。

城镇村及工矿用地构成：建制镇用地913.05公顷，村庄用地3404.61公顷，采矿用地129.87公顷，风景名胜及特殊用地42.78公顷，分别占城镇村及工矿用地总面积的20.33%、75.82%、2.89%和0.96%。

交通运输用地构成：铁路用地121.52公顷，公路用地840.35公顷，农村道路用地775.05公顷，分别占交通运输用地总面积的7.00%、48.38%和44.62%。

水域及水利设施用地构成：河流水面用地2019.23公顷，水库水面用地389.10公顷，坑塘水面用地255.97公顷，内陆滩涂用地65.76公顷，沟渠用地111.44公顷，水工建筑用地98.60公顷，分别占水域及水利设施用地总面积的68.68%、13.23%、8.71%、2.24%、3.79%、3.35%。

其他土地构成：设施农用地20.52公顷，田坎2899.26公顷，裸地47.52公顷，分别占其他土地总面积的0.69%、97.71%、1.60%。

（县自然资源和规划局）

【生物资源】植被概况：松阳县属亚热带常绿阔叶林带，以甜槠、木荷最为典型，具有明显的垂直分布规律，从低海拔到高海拔依次有针叶林、针阔混交林、阔叶林、竹林和灌丛5个植被型组。由于长期受人类活动影响，天然植被破坏严重，原始次生植被绝大多数被反复改造或利用，代之以次生植被与人工植被。森林群落类型有垂直分布的特征，海拔800米以下为马尾松、樟、楠、槠、栲等森林群落林带；800～1200米为黄山松、甜槠、木荷等森林群落林带；1200～1450米为常绿、落叶阔叶林混交林带；1400米以上山脊往往是山地灌木丛、草丛带。

野生动植物：松阳县共有种子植物144科611属1341种，种子植物中有裸子植物7科15属18种，被子植物137科96属1324种。其中，属国家I级保护植物有东方水韭、银杏、南方红豆杉、钟萼木（伯乐树）4种，国家II级保护植物有福建柏、白豆杉、九龙山榧树、榧树、长叶榧树、长序榆、鹅掌楸、凹叶厚朴、闽楠、毛红椿、香果树等18种。另外，还有景宁木兰、南方铁杉、黄山木兰、乐东拟单性木兰等珍稀濒危植物，其中省重点保护野生植物景宁木兰在全县分布数量居全国第一位。可供开发利用的优良乡土造林树种100余种，花卉、绿化、观赏树种300余种。

松阳县有兽类23科60种，鸟类45科296种，爬行类9科43种，两栖类7科31种，其中属于国家级保护动物的有中华秋沙鸭、云豹、豹、黑麂、猕猴、短尾猴、穿山甲、苏门羚、白鹳、黄腹角雉、鸳鸯、小天鹅、白鹇、虎纹蛙等。国家一级重点保护野生动物中华秋沙鸭已连续11年到松阳越冬。2020年在浙江省野生动植物保护管理站和浙江省野生动植物保护协会野鸟分会的指导下，开展松阴溪鸟类监测试点，首次记录到黑脸琵鹭在松阴溪省级湿地公园栖息。

（县自然资源和规划局）

【矿物资源】松阳县矿产资源具有矿种多，规模小的特点。全县已发现的主要矿种有铜、钼、铅、锌、银、金、稀土、萤石、高岭土、普通建筑石料等18种，金属矿产以钼、铜为主，铅、锌、银、金、稀土次之。非金属矿产以高岭土、萤石为主。地开石型高岭土矿是松阳县优势矿产，主要分布于大东坝镇大樟源、黄南一带，资源分布广，品质优良，形成省内一大高岭土矿田，产业较为聚集，开发条件便利，资源储量在10000万吨以上，开发潜力巨大。松阳稀土矿较为丰富。

全县共有持证矿山10家，其中省级发证矿山4家，县级发证矿山6家。10家矿山分别为铜多金属矿1家、钼矿1家、萤石矿1家、高岭土矿3家、建筑石料矿4家。其中，正常生产6家，停产3家，处于基建期1家。全县共有探矿权1宗，为浙江省松阳县板桥乡上湾铜多金属矿外围详查项目。全县矿山企业应建必建，全面完成省绿色矿山建设三年专项行动任务，创建成为绿色矿山8家。全县矿产资源总储量249533万吨，2020年开采量94901万吨，总销售额1.33亿余元。

（县自然资源和规划局）

中国共产党松阳县委员会

松阴溪绿道骑行

综　述

【概况】2020年，中共松阳县委常委会认真贯彻中央、省委和市委决策部署，始终保持战略定力，深入弘扬践行“浙西南革命精神”，全面厉行“丽水之干”，扎实做好“六稳”工作、全面落实“六保”任务，统筹疫情防控和经济社会发展，高水平全面建成小康社会取得决定性成绩。全县实现地区生产总值119.49亿元，增长2.8%；一般公共预算收入8.19亿元，增长3.8%；社会消费品零售总额58.82亿元，增长8.7%；城镇居民人均可支配收入42494元，增长5.1%；农村居民人均可支配收入20804元，增长7.4%。

【抗击疫情】突如其来的新冠肺炎疫情发生后，松阳县坚决贯彻落实中央、省市决策部署，把疫情防控作为压倒一切的头等大事来抓，第一时间成立高规格的疫情防控指挥部，建立实体化战时指挥体系，科学统筹、精准施策、靠前指挥，始终坚持“外防输入、内防扩散”，全面保障人民群众生命健康安全。除1名武汉返乡人员确诊并治愈出院外，全县无新增确诊病例和疑似病例。疫情防控形势稳定后，全力以赴推进复工复产、复市复学，深入开展“五减”“两直”专项行动，制定支持企业共渡难关“二十条”等政策，减税降费3.91亿元，在全市率先实现省市重点项目全复工，14个年度重点新开工项目全开工，27个重点续建项目顺利推进，经济社会发展复苏有力，实现“半年正、三季进、全年红”。

【经济建设】面对百年未有之大变局，坚定发展信心与决心，以最大努力的确定性措施有效应对不确定性的变化，全面推进生态产业发展。生态工业持续壮大，启动工业平台“二次创业”，制定出台生态工业发展系列新政，高规格举办首届中国不锈钢管高峰论坛等活动，全年实现规上工业增加值26.22亿元，增长1.6%；装备制造业增加值增长41.2%，排全市第二名。生态农业质效双升，浙南茶叶市场交易量、交易额稳居全国绿茶交易市场首位，举办第十三届中国（国际）茶商大会·松阳香茶网络茶叶节，茶产业创新服务综合体列入省级创建名单，创成省级茶叶产业“机器换人”示范县，获“十三五”全国茶业发展十强县、2020年度茶业百强县等称号。生态服务业快速复苏，创成全市唯一的国家全域旅游示范区，入选全省全域旅游发展典型案例，成为省级文旅融合发展十佳县、文旅消费试点城市、文化传承生态保护区创建单位。电商经济、直播经济等新经济形态发展迅速，实现年网络零售额32.83亿元，增长48%，增速排全市第二名，连续五年获评“中国电子商务发展百佳县”，成为国家电子商务进农村综合示范县。招商引资成效显著，全年引进项目62个，其中亿元以上优质生态工业项目12个，实际利用市外内资18.4亿元、外资546万美元。

【基础设施建设】坚持城乡融合发展方向，积极探索山区特色的新型城镇化道路。城市品质有效提升，火车站站前大道建成通车，北山路拓宽改造工程、要津南路延伸段开工建设，客运中心完成南迁，联合大厦破土动工，“一江两岸”初见雏形。美丽乡村增辉添彩，松阴溪干流滨水绿道实现全线全立交贯通，松阳县成为中国古村落文化遗产保护传承基地，入选省级大花园示范县建设单位，创成部省共建乡村振兴示范县。生态底色更加靓丽，空气质量达近年最优水平，松阴溪出境断面水质常年保持Ⅱ类水标准，再获“五水共治”大禹鼎。基础设施建设取得重大进展，衢宁铁路建成通车，衢丽铁路开工建设，黄南水库实现提前蓄水发电。

【社会建设】坚持以人民为中心的发展思想，举全县之力决战决胜高水平全面建成小康社会。脱贫攻坚取得决定性成果，实现“两不愁三保障”突出问题、“8000元以下”、集体经济薄弱村、零就业家庭“四个清零”。民生福祉更加殷实，全面完成省市县民生实事，在全市率先完成农村饮水达标提标三年行动清盘验收，一体化供水覆盖率稳居全市首位。高考一段上线首次突破200人，教育现代化发展水平监测连续两年居全市第一名，教育专项考核获省级优秀，系全市唯一。卫生医疗条件持续改善，县中医院迁建和人民医院改扩建项目开工建设，医共体改革持续深化，连续两年获“健康浙江”考核优秀等次，创成全国基层中医药工作先进县。基本养老保险参保率98.96%，基本医疗保险参保率99.6%。创成省级运动休闲基地，系全市唯一，大东坝镇被评为省级文化强镇，赤寿乡界首村被评为省文化示范村。社会大局总体和谐稳定，“4·13”走私制贩毒案被公安部列为共享试点案件，超额完成国家、省级积案化解任务，创成省级无信访积案县、省级无欠薪县，获全省首批“一星平安金鼎”。

【改革创新发展】把改革创新作为破解制约县域发展的“金钥匙”，持续激发创造性张力。事业单位改革、五个领域综合行政执法改革完成，“最多跑一次”改革实现公事、民事、商事全覆盖，机关内部改革各项指标均排全市第一名。首创“民情地图”促服务工作机制入选省级基层法治政府建设“最佳案例”，成为全省信访事项依法终结工作试点。制定《松阳县高质量跨越式发展综合改革试点方案》，获省委书记袁家军批示肯定。财政绩效管理持续加强，获得新一轮省区域协调财政专项激励政策支持，每年1.5亿元，3年共4.5亿元。获评全省财政管理绩效考评先进单位，得到省政府督查激励表扬。招才引智实现新突破，出台系列人才新政，高规格举办首届人才科技周活动，全年引进博士及以上高层次人才26人、硕士研究生15人，大学生1615人，同比增长197%，A、B类人才平台实现“零突破”。

【加强党的建设】坚定不移推进全面从严治党向纵深发展。修订完善《中共松阳县委关于加强自身建设的意见》，固定每月“逢9日”召开县委常委会会议。持续巩固“不忘初心、牢记使命”主题教育成果，开展“解放思想、加快发展”大讨论，谋划评选“精彩一件事”。严格落实意识形态主体责任，牢牢把握意识形态工作领导权。县委总揽全局、协调各方，全力支持人大、政府、政协和监委、法院、检察院依法依章程履行职责、开展工作，巩固和发展爱国统一战线，充分调动各民主党派、工商联、无党派人士参政议政的积极性和主动性，保持和增强群团组织的政治性先进性群众性，切实加强党管武装和外事、侨务、民族等工作，进一步形成同心同德、真抓实干的良好氛围。坚持正确选人用人导向，全年调配县管干部6批86人次，并为5名党员干部澄清正名。平稳平静高质量完成村社换届工作，得到市委领导批示肯定。持续纠治“四风”，查处违反中央八项规定精神和形式主义、官僚主义问题15起19人。充分发挥巡察利剑作用，一体推进不敢腐不能腐不想腐，持续保持惩腐高压态势，给予党纪政务处分110人，采取留置措施9人，移送司法机关9人。

重要会议

【全县“不忘初心、牢记使命”主题教育总结大会】 2020年1月9日下午，松阳县召开“不忘初心、牢记使命”主题教育总结大会。县委书记王峻出席并讲话。市委第十五巡回指导组副组长周大勇讲话。县委副书记、县长李汉勤主持会议。毛建南、王立武等县四套班子领导参加会议。县委书记王峻指出，自2019年9月12日全县“不忘初心、牢记使命”主题教育启动以来，全县各级党组织把主题教育作为重大政治任务，紧扣“守初心、担使命、找差距、抓落实”十二字总要求和“理论学习有收获、思想政治受洗礼、干事创业敢担当、为民服务解难题、清正廉洁作表率”总目标，坚持把学习教育、调查研究、检视问题、整改落实四项重点措施贯通起来，一体推进。全县党组织和党员干部在学习教育中筑牢思想根基，在调查研究中破解基层难题，在检视问题中展现自我革命，在整改落实中取得扎实成效，有效激发松阳创新发展的强大动力，取得实实在在的成果。在充分肯定成绩的同时，也要清醒地看到，在主题教育中存在着学习教育深入性和系统性还不够、形式主义还一定程度存在等不少问题。下一步要始终坚持思想不松懈、工作不松劲、标准不降低、力度不减弱，不断巩固和深化主题教育成果，在党的政治建设上持续下功夫，进一步强化理论武装夯实思想根基；在使命担当上持续下功夫，进一步增强忠诚使命的政治品格；在紧盯问题整改上持续下功夫，进一步巩固和扩大主题教育成果；在长效机制建设上持续下功夫，进一步完善制度体系建设，努力将其转化为干事创业的动力和担当作为的本领，加快建设“田园松阳”升级版。市委第十五巡回指导组副组长周大勇代表市委第十五巡回指导组就松阳县深化“不忘初心、牢记使命”主题教育提出要求。要把学习教育的好经验巩固好、发展好，通过加强常态集中学、自觉主动学、知行合一学，不断加强党的创新理论武装，努力在学懂弄通做实上更进一步、更深一层；把检视问题的好作风巩固好、发展好，始终保持自警自省意识、提高自强自新能力，通过加强综合立体检视、对照全会检视、自我剖析检视，不断检视和解决各种违背初心使命的问题，在推进党的自我革命上彰显担当；把整改落实的好举措巩固好、发展好，始终坚持严字当头、改字为要，通过加强持之以恒改、建章立制改、聚焦重点改，驰而不息推进整改落实，坚决打好管党治党持久战、攻坚战；把组织领导的好做法巩固好、发展好，始终秉持管党治党“第一责任”，通过加强坚持抓带头引领、坚持抓分类指导、坚持抓典型示范，充分发挥党员领导干部的示范表率作用，以责任传导压力，引领带动“绝大多数”，推动各项工作不断向前发展。

【县委十届九次全体（扩大）会议暨全县干部大会】 2020年3月4日上午，中共松阳县委十届九次全体（扩大）会议暨全县干部大会召开。会议回顾总结2019年工作，研究部署县域治理体系和治理能力现代化建设、2020年工作目标任务，以及统筹推进新冠肺炎疫情防控和经济社会发展等工作。王峻、李汉勤、徐为民、毛建南、王立武等县四套班子领导参加会议。县委书记王峻代表县委常委会向全会作报告。报告要求，奋力推进“田园松阳”升级版建设取得新突破。紧盯“高水平全面建成小康社会”这一目标，对标指标体系，建立补短板清单，确保高质量完成各项目标任务。围绕推进县域治理体系和治理能力现代化，要推进系统治理、依法治理、综合治理、源头治理，构建系统集成、协同高效的县域治理制度体系；围绕建立现代化生态经济体系，要系统修复生态环境、丰富生态产品、打通转化渠道、形成县域特质，构建“生态经济化、经济生态化”的现代化生态经济体系。开展营商环境提升年活动，不断优化政务服务环境、法治保障环境、金融支撑环境，为企业解忧、助力、赋能；开展全县域组织化提升年活动，最大限度整合资源、形成合力、发挥效益，为高水平全面建成小康社会提供重要保障；开展改革创新提升年活动，狠抓“最多跑一次”“最多跑一地”改革、中医药康养胜地建设、集体经济体制混合所有制机制探索等改革创新实践落地，确保年内一批关键性创新实践落地见效、实现突破。全县干部要强化大局意识，强化担当意识，强化标杆意识，强化进取意识，努力实现聚焦高质量发展，加快培育壮大新型经济业态、形成支撑经济发展新动能、创新高质量发展体制机制，在全面提升经济发展成色上取得新突破；聚焦高水平融合，加速城镇村融合发展、区域一体化发展、山区国际化发展，在全面推动区域协同发展上取得新突破；聚焦高品质生活，高水平推进富民惠民，高品位建设美丽城乡，高标准优化生态治理，在全面改善和提高民生福祉上取得新突破；聚焦高效能治理，深化“平安松阳”建设、“最多跑一地”改革、“扫黑除恶”专项斗争，在全面提升社会治理水平上取得新突破；聚焦高标准落实，着力加强党的政治建设、基层基础建设、干部队伍建设、“清廉松阳”建设，在全面从严治党向纵深发展上取得新突破。推动经济在高质量发展前提下实现必要适度的高速度增长，确保与全省同步高水平全面建成小康社会和“十三五”规划圆满收官。统筹推进新冠肺炎疫情防控和经济社会发展工作，要坚定信心、鼓足干劲，高质量实现“两战都要赢”工作目标。要保持警惕，持续抓实疫情防控，不获全胜决不轻言成功；理性看待，坚定年度发展目标不变、任务不变、要求不变；化危为机，抢抓茶产业转型升级的机遇、扩大有效投资的机遇、新动能培育的机遇，逆势推进转型升级；勇于担当，积极主动作为，改进工作作风，提高工作效率，交出“两战”高分答卷。县委副书记、县长李汉勤就2020年工作具体部署。

【县委人大工作会议】2020年5月13日下午，中共松阳县委人大工作会议召开。县委书记王峻强调，要深入学习领会习近平总书记关于坚持和完善人民代表大会制度的重要思想，认真贯彻省委、市委人大工作会议精神，以更高的政治站位、更强的政治担当、更足的政治自信，奋力开创新时代松阳人大工作新局面。要坚持实干担当，奋力推进新时代松阳人大工作高质量发展。旗帜鲜明讲政治，牢牢把握新时代人大工作正确政治方向，始终坚持党对人大工作的全面领导，严格落实党委领导人大工作的机制；围绕中心促发展，聚焦发展所需、民生所向、问题所在，积极投身松阳干事创业第一线；守正创新强担当，提高工作站位，提高监督实效，强化基层创新，创造性地开展工作；广纳民意连民心，更加紧密联系群众，更加充分发挥代表作用，加强代表议案建议办理，更好反映群众呼声、解决群众难题。要加强工作保障，营造做好人大工作的良好环境。以更大力度支持人大建设，全县各级党委要进一步加强对人大工作的政治领导、思想领导和组织领导，“一府一委两院”要自觉接受人大监督，主动支持配合县人大及其常委会依法履职，做到认识到位、行动自觉、措施落实；以更高标准加强自身建设，县人大常委会党组要充分发挥人大工作的领导核心作用，全面加强人大常委会机关党的建设，各级人大要加强人大理论研究和工作研究，促进人大工作与时俱进实现新发展，人大干部要自觉加强自身修养，认真做好服务代表、服务群众工作；以更浓氛围推进工作开展，做好人大宣传工作，讲好人大故事，展现代表风采，推动人大制度深入人心、人大工作创新发展。县委副书记、县长李汉勤主持会议，徐为民、毛建南等县领导出席会议。会议还举行了丽水市示范性代表联络站和规范化代表联络站授牌仪式。县发改局、大东坝镇党委、古市镇人大主席团负责人分别作交流发言。

【县委政协工作会议】2020年5月13日下午，中共松阳县委政协工作会议召开。县委书记王峻强调，要深入学习贯彻习近平总书记关于加强和改进人民政协工作的重要思想，把握政协性质定位，发挥政协制度优势，强化民主监督，积极协商议政，为高质量推进山区国际化发展、建设“田园松阳”升级版凝聚更广泛力量。王峻要求，县政协及政协委员要深化思想认识，切实担当起政协工作的使命责任，深刻把握人民政协工作的新要求，把握新时代人民政协工作的新使命，把握县委对政协工作的新期望，围绕工作大局，提高政治站位，拉高工作标杆，为松阳经济社会发展聚人心、添助力、增合力；聚焦主责主业，充分发挥专门协商机构的作用，进一步明晰职能责任，有效服务大局，完善协商议政体系格局，使政协作为专门协商机构专出特色和水平；广泛凝聚共识，携手共画团结奋斗的最大同心圆，把坚持和发展中国特色社会主义作为巩固共同思想政治基础的主轴，通过委员会客厅、委员讲堂、专题性委员宣讲团、“同心”系列平台等，增进共识、汇聚智慧、凝聚力量；锐意改革进取，大力推进政协履职能力建设，积极创新思路理念，深化拓展平台载体，健全完善制度机制，切实提高政协履职能力，使政协工作体现时代性、把握规律性、赋予创造性。县委副书记、县长李汉勤主持会议，县领导徐为民、毛建南等出席会议。县委统战部、县建设局、县农业农村局和西屏街道分别作交流发言。

【全县村社组织换届工作会议】2020年10月13日，中共松阳县委召开全县村社组织换届工作会议。县委书记、县长李汉勤指出，村社组织换届是全县当前最重要的一项工作，必须坚持党的领导不动摇、坚持高的标准不动摇、坚持严的要求不动摇。要结合换届实践，进一步锤炼政治能力、调查研究能力、科学决策能力、改革攻坚能力、应急处突能力、群众工作能力、抓落实能力，以严实的作风、严谨的态度、严格的程序、严肃的纪律，着力把有干劲、会干事、作风正派、办事公道的人推上去、选出来，真正用高质量的选举带动高质量的发展。李汉勤要求，要围绕省委提出的“五好两确保”总目标，聚焦聚力“五高四无三稳”，其中“五高”即村党组织、村委会的参选率和得票率，年轻干部比率，书记大专以上学历比率，干部人选的群众满意率都要高；“三稳”即全程稳、全面稳、全县稳。李汉勤强调，要认真贯彻落实中央、省委、市委相关会议精神，提高站位、扛起使命，拉高标杆、狠抓落实，紧密协作、合力攻坚，确保村社组织换届稳步推进。要把握时间节点，围绕“2021 年 1 月底前全面完成”计划，坚持时间、进度服从质量，先易后难、稳步推进换届工作。要把握人选要求，对标省市提出的选人用人导向及班子结构要求，进一步深入排摸、优化方案。要把握工作要领，遵循“吃透政策、党员带头、组织发动、规范操作、精密智选”五步工作法，严密做好换届组织。要把握换届纪律，坚持教育在先、警示在先、预防在先，对不正之风保持“零容忍”的高压态势。要把握稳定动向，针对群众反映的各类问题，做到快查快办、有效甄别、精准打击。要把握工作延续性，通过“暖心六法”给予离任干部关心关爱，同时，谋划好配套组织建设，组织好新老班子交接，完善好班子运行机制。村社组织换届是一场整体战、协同战，全县各级、各单位要夯实责任、强化协作、组团督战，努力交出换届高分答卷，为“丽水之干”增辉添彩、为“重要窗口”添砖加瓦，为松阳高质量绿色发展打下坚实的组织基础。徐为民、毛建南、周鸿飞等县领导参加会议。

【县委十届十次全体（扩大）会议】 2020 年 10 月 15 日上午，中共松阳县委十届十次全体（扩大）会议召开。会议高举习近平新时代中国特色社会主义思想伟大旗帜，深入学习贯彻习近平总书记考察浙江重要讲话精神，认真落实省委十四届七次全会、市委四届八次全会决策部署，回顾总结工作，深入分析松阳发展面临的新形势、新要求，积极把握新机遇、主动应对新挑战，研究部署下一阶段的工作任务，进一步动员全县上下不忘初心、牢记使命，抢抓机遇、攻坚克难，全面厉行“丽水之干”，充分展现松阳担当，坚定不移践行“绿水青山就是金山银山”发展理念，奋力打造“高水平生态文明建设和高质量绿色发展”重要窗口示范区。会议以视频直播的形式召开，设主会场和分会场。在主会场参加会议的有县委委员、候补委员、县纪委委员；县四套班子领导，县人武部部长、政委，法院院长、检察院检察长。担任过副县级以上实职的离退休干部等。县委书记、县长李汉勤代表县委常委会向全会作题为《工业强县生态惠民整体智治唯实惟先奋力打造“高水平生态文明建设和高质量绿色发展”重要窗口示范区》的工作报告。会议强调，要认清形势、把准方向，凝聚智慧力量谋好新篇、开好新局。下一阶段和“十四五”期间松阳的发展思路是：高举习近平新时代中国特色社会主义思想伟大旗帜，牢固树立“绿水青山就是金山银山”发展理念，忠实践行“八八战略”，牢牢抓住县域经济社会发展的主要矛盾和矛盾的主要方面，锚定“工业强县”发展路径，紧盯“生态惠民”目标追求，强化“整体智治”思维理念，倡导“唯实惟先”工作导向，用好“跨山统筹、创新引领、问海借力”三把“金钥匙”，系统展示“五位一体”建设硬核成果，打响“智能制造新城、中国有机茶乡、全域康养胜地”等具有松阳辨识度的“金名片”，加快建设“田园松阳”升级版，奋力打造“高水平生态文明建设和高质量绿色发展”重要窗口示范区。会议审议通过《中共松阳县委关于加强自身建设的意见》，表明县委特别是县委常委会班子以上率下，从自身抓起、从自身严起的鲜明态度与决心。通过加强自身建设，进一步提高县委统揽全局、协调各方，谋长远、管大事、抓要事的能力水平；提高县委把中央和省市党委、政府的决策部署与松阳实际相结合的能力水平；提高县委抓班子、带队伍的能力水平；提高县委发挥方方面面的积极性、主动性、创造性，营造心情舒畅、心齐气顺、劲足实干氛围的能力水平。

重要调研

【陈奕君到松阳调研】 2020 年 3 月 3 日，浙江省副省长陈奕君带队到松阳开展“三服务”活动，调研指导疫情防控和复工复产工作。陈奕君一行先后到浙南茶叶市场、望松街道王村工业区块年处理 10000 万千克工业危险废弃物综合利用及处置项目施工现场、县城明清古街和三都乡上田村半岭自然村等地调研指导疫情防控和复工复产，历史文化街区有机更新、古村落保护与发展等情况。丽水市副市长杨秀清，县领导王峻、李汉勤、卢丁方等陪同调研。

【刘小涛到松阳调研】 2020 年 5 月 22 日，浙江省副省长刘小涛到松阳调研重大交通项目建设工作。丽水市副市长楼志坚，县领导王峻、李汉勤、潘永水等陪同调研。刘小涛一行考察了衢宁铁路松阳段建设现场，详细了解衢宁铁路松阳段建设情况、火车站及站前广场等配套设施建设情况，以及衢丽铁路现阶段推进情况。听取情况汇报后，刘小涛强调，要紧盯目标任务、狠抓责任落实，抓住建设高水平交通强省和“新基建”项目建设的机遇，明确时间节点，倒排工作计划，落实工作职责，抢抓工程进度，加快推进项目建设；紧盯困难问题、合力破难攻坚，围绕建设质量、资金资源、土地、“小三改”等关键环节，切实解决项目建设的制约因素，全力化解资金资源需求矛盾，加强施工建设监管，确保工程质量和施工安全；紧盯区域联动、加强沟通衔接，全面深化与遂昌、龙泉、庆元等县（市）及衢州、宁德等市的交流沟通，在政策处理、技术支持及后期的运行管理等方面互通有无，全力打通对外流通的交通要道，激发区域经济发展活力和潜力。

【袁家军到松阳调研】2020年10月22日，中共浙江省委书记袁家军到松阳四都乡陈家铺村、平田村，考察村容村貌，了解数字赋能促农增收、生态产品价值实现工作等情况。袁家军对当地立足生态优势、做好“山”字文章、发展山乡经济给予肯定。

重要活动

【第十三届中国（国际）茶商大会·松阳香茶网络茶叶节】2020年3月29日至4月1日，由中国茶叶流通协会、中国国际茶文化研究会、中国茶叶学会、浙江省农业农村厅、浙江省农民合作经济组织联合会、丽水市人民政府主办，浙江省茶叶产业协会、松阳县人民政府、淘宝（中国）、阿里巴巴1688共同承办的第十三届中国（国际）茶商大会·松阳香茶网络茶叶节在各大网络平台召开。此次大会采取“云活动”方式进行，围绕“畅渠道、创品牌、促转型”主题创新开展四大主题活动，紧抓变革机遇，精准服务茶商茶农茶企，推动茶市场互联互通，驱动茶产业转型升级。中国国际茶文化研究会会长、浙江省政协原主席周国富，中国茶叶流通协会会长王庆，省农业农村厅厅长王通林，丽水市委副书记、市长吴晓东、县委书记王峻以视频录制形式祝贺大会召开。此次节会内容包括松阳香茶标准视频评审会、新闻发布会、“茶香松阳”海报设计大赛、“茶香松阳”主题诗歌征文活动四大前期活动；“网络达人走茶乡”“茶香松阳短视频”“茶乡随手拍”“主打短视频”宣传预热活动，行业推广活动，“疫情下的松阳故事”茶文旅推介活动，线上茶叶智能装备展四大推广活动；“松阳最美茶园采茶大比拼”“寻找松阳老茶树”“绿茶怎么选？我在松阳教你”“走！松阳‘吃’茶去”四大直播活动；1688商人节、淘宝春茶节、松阳香茶拍卖会、“足不出户走茶乡，一县茗茶巧预订”四大促销活动等。

【援鄂医疗队返松欢迎仪式】2020年4月12日下午，松阳县4名援鄂抗“疫”人员凯旋，王峻、李汉勤、徐为民、毛建南、温小运等县领导和广大群众一同参加欢迎仪式。欢迎仪式上，县委书记王峻讲话，县委副书记、县长李汉勤向抗“疫”人员送上暖心包。4名援鄂医疗队员是县人民医院的刘尚伟、程逸路、潘颖慧和县中医医院的徐秀超。2月9日凌晨2时，他们接到驰援湖北的紧急通知，清晨7时便告别亲人、远离家乡，连续奋战49个日夜，完成各项救援救治任务。

【衢宁铁路（浙江段）松阳站开通仪式】2020年9月27日，衢宁铁路（浙江段）松阳站正式开通运营，上午10时47分，首列D9558次列车缓缓驶进松阳车站，结束了松阳不通火车的历史，也为松阳开启了一条“绿水青山”向“金山银山”转化的新通道。列车进站后，松阳县举行盛大的开通仪式迎接铁路时代到来，共庆松阳人民的铁路梦圆。市领导胡海峰、虞红鸣、陈瑞商、杜兴林、楼志坚，县领导李汉勤、徐为民、毛建南、周鸿飞等出席开通仪式。丽水市人大常委会主任虞红鸣宣布衢宁铁路松阳站开通。县委书记、县长李汉勤为火车站开通致辞。

【松阳首届人才科技周】2020年10月25—30日，由中共松阳县委、松阳县人民政府主办的“汇聚各方英才 引领绿色发展”首届人才科技周在松阳举行。北京大学国家发展研究院朗润讲座教授、北京大学博雅讲座教授、博士周其仁，北京大学城市与环境学院教授、联合国教科文组织亚太地区文化遗产保护奖评委、博士阙维民，北京航空航天大学机械工程及自动化学院副院长、教授、博士生导师徐晔，上海交通大学材料学院教授、博士生导师蔡珣，县领导李汉勤、徐为民、毛建南、周鸿飞以及校地合作单位代表，长三角地区高层次人才、松阳籍高层次人才、博士后工作站、科技特派员以及企业家代表等300余人参加10月25上午开幕式。李汉勤、徐为民、毛建南、周鸿飞以及周其仁教授、阙维民教授、上海市松江区人力资源和社会保障局副局长周乾新、宁波江丰电子材料股份有限公司董事长兼首席技术官姚力军等领导嘉宾共同为松阳县首届人才科技周活动开幕。开幕式上还举行了松阳县第四届“突出贡献人才奖”“突出贡献集体奖”表彰仪式、松阳县人才科技工作顾问聘任仪式、松阳—余姚“山海协作”高层次人才疗休养基地授牌仪式以及松阳县人才e贷授信仪式以及校地合作签约仪式。活动期间还举行了博士集中入企、送科技下乡、教育专委会名师讲座等一系列活动。

【2020（首届）中国不锈钢管高峰论坛】2020年12月11—13日，由中国钢铁工业协会、中国金属学会、丽水市人民政府主办，冶金工业信息标准研究院、松阳县人民政府承办的2020（首届）中国不锈钢管高峰论坛在松阳举行。该次论坛采用“现场+云直播”同步进行分享交流，来自全国各地的不锈钢管生产企业、服务企业代表，不锈钢管用户，行业协会负责人，

大专院校专家学者等700余人参会。在12日上午开幕式上，中国工程院原副院长干勇以视频形式致辞祝贺；冶金工业信息标准研究院党委书记、院长张龙强致开幕辞；钢铁研究总院副院长刘骁，副市长戴邦和等领导致辞祝贺；县委书记、县长李汉勤致欢迎辞。县领导徐为民、周鸿飞等出席。论坛上，钢铁研究总院不锈钢及耐蚀合金研究部主任宋志刚、国际镍协会中国首席代表宋全明、东北大学轧制技术及连轧自动化国家重点实验室主任袁国等9名专家分别就“我国不锈钢管发展现状及未来展望”“不锈钢管在建筑行业的应用现状及前景”“不锈钢在线固溶热处理技术”等作主旨演讲，为当下不锈钢管领域难点、热点问题，细理脉络，指引方向。论坛期间还举行了“全国钢标准化技术委员会钢管分技术委员会松阳县不锈钢管标准工作站”“不锈钢管标准领跑者培育基地”“松阳县科技查新分中心”授牌仪式。松阳县人民政府与钢铁研究总院及相关产业项目投资企业进行战略签约。12月12日上午，中国钢铁工业“十三五”科技创新成果展——松阳站启动仪式同时举行。

（县委办公室）

组织工作

【概况】2020年，中共松阳县委组织部（以下简称“县委组织部”）为县委工作机关，主管组织工作、干部工作和人才工作，挂县委直属机关工作委员会、县委老干部局、县委新经济与新社会组织工作委员会、县公务员局牌子，设办公室、干部调配科、干部综合科（挂老干部科牌子）、公务员管理科、干部教育科、干部监督室、组织科、机关党建科、新经济新社会组织党建科、人才科10个科室，下属调研信息宣传中心、党代表联络中心、干部人事档案管理中心、党员电化教育中心4个事业单位。行政编制18人，其中正科级2人，副科级4人，股级12人；事业编制12人，其中股级职数6个。

【干部调配管理】2020年，县委组织部服务疫情保障，制定下发《疫情防控斗争一线考察识别干部工作方案》，组建6个专项考察组开展一线考察，走访干部群众800余人次，发现掌握表现优秀干部50余人，其中7人获市级嘉奖，问责处理疫情防控工作履职不到位的干部29人。推进“茶炼”干部培育机制，出台《关于开展“茶炼”年轻干部培养提升计划的十条意见》。11月，统筹25个科级领导及乡镇（街道）团（工）委书记、妇联主席岗位，通过“三晒比选”提名方式，探索建立干部队伍制度性交流机制，让更多品行好、能力强、作风实的90后优秀年轻干部脱颖而出，动态更新优秀年轻干部库，形成结构完备的干部梯队。以领导班子建设和干部队伍建设为主线，全年共调配县管干部6批86人次。其中，提任及进一步使用23人，平职交流43人，退出领导岗位11人，免职3人，辞职1人，制度性交流5人；超配、高配整改消化12人。

【公务员管理】2020年，县委组织部聚焦入口优化，抓实常态化疫情防控下公务员考试安全措施，实施公务员考录计划编报、报名、资格初审、笔试、面试、体检、考察、录用公示等工作，全年共招录公务员34人，本科以上学历32人，占94.1%。充分运用大数据和“互联网+”理念，深化机关事业单位工作人员职业生涯全周期管理“一件事”改革，全面启动公务员录用、转任、职务职级变动后续经办业务等9个事项及事业单位工作人员公开招聘、岗位等级变动等7个事项线上办理，实现“一张表单申请、一个平台联办、一次不跑办成”，全年全县累计线上办理1468件，公务员调出“一件事”在全省机关事业人员“一件事”改革部署推进会上，作为优秀示范案例进行现场演示，公务员9个事项办结超时率均控制为零，位列全市第一名。发挥职级职数激励导向作用，平稳有序推进第三轮、第四轮公务员职级晋升，晋升159人次，其中县管干部83人次，2人因疫情防控期间表现突出优先晋升职级。进一步规范公务员职级套改及晋升后基本工资、规范津补贴、公务交通补贴、通信补助费等相关待遇标准。开展全国、全省“最美公务员”“人民满意公务员”、防疫工作先进个人等人选推荐工作，1人被评为全省“最美公务员”，7人获市委组织部、市人社局联合嘉奖。全年完成公务员调动33人，辞去公职2人，提前退休4人，录用40人，调任4人，登记64人，获奖励366人次。

【干部（公务员）教育培训】2020年，县委组织部按照“百千万大培训行动”工作计划，有序推进疫情防控下的干部教育培训工作，举办干部教育培训主体班次18个，部门班次25个，完成教育培训46期，参训3124人次，取得全市办班最早、培训班次最多、培训效果历年最好的成果。坚持统筹兼顾和分批轮训，开展县管领导干部学习中共十九届四中全会精神线上培训班学习培训工作，全县618人县管干部全员完成学习任务。完成上级干部培训学员推荐19班次，参训59人次的省市调训工作。首次推出“一个活动、两个仪式、三大纪录”教学改革，即干部教育身心健康激励活动，重温入党誓词和廉政宣誓两个仪式，最讲规矩、最会思考、最聚人气三大纪录，有效提升参训率及培训实效性。学员共撰写咨政论文入选县委咨政刊物《领导参阅》4篇，《调查研究》1篇；入选《党校资政》4篇，其中1篇为“解放思想，加快发展”大讨论专刊，并获县委书记等县领导肯定性批示2个。

【干部教育培训基地管理】 2020年，县委组织部深化“红+绿”融合教育，推进教学专题和教学基地（点）开发提升，全力推进枫坪斗潭村、小吉，安民安岱后村红色教学基地建设，初步形成红色教学集中区域。推进安岱后教学点提升建设，完成村头至浙西南革命根据地纪念碑道路，英烈墙，丹山故居及其他省保点位布展。安岱后红色教育全年接待游学23批次742人，实现经济收入14434元。田园文化培训中心与县委党校合作编印完成《田园松阳乡村振兴研学培训指南》，重点设计开发“一片叶子富一方百姓的奥秘”“上山下山——城乡二元结构侧改革与探索”“建筑针灸——激活乡村振兴的实践与思考”“老屋拯救——现代乡村文明活化的思考与实践”“民情地图——基层治理的群众路线”等当地特色的精品课程。

【干部经常性管理监督】 2020年，县委组织部创新股级干部选任“预审”机制，围绕建立股级职数库、动态库以及选人用人专员库，并严把任职资格、选任程序和材料归档，构建全方位股级干部选任监督体系。抓实县委巡察选人用人专项检查发现问题结果运用，充分发挥提醒、函询、诫勉等组织处理手段警示效果，压实选人用人责任意识及领导干部规范意识。深化完善“意见征求—档案审查—两圈监督—廉政审核—信访查核”为主体内容的干部选任“负面清单”审查体系，全年收录“正负清单”299条。探索构建覆盖面广、渠道畅通、反馈及时、信息共享的“干情大数据”信息系统，逐步拼凑大监督机制拼图。

【基层组织建设】 2020年，县委组织部突出基层组织力提升，推进党建工作提档升级。在农村、社区、机关、两新、学校、国企、医院等领域选树100个示范支部，以点带面，推动基层党组织“全领域建强、全区域提升”。号召882个基层党组织1.6万余名党员投入疫情防控第一线，卫生、农技、心理等各领域人才积极投身战“疫”，构筑起坚强的“红色防线”。开展兴村（治社）名师“互学互比互帮”活动，13名省、市县兴村（治社）名师结对帮扶重点难点村，抱团成长，进一步助推党建引领乡村振兴。抓好党员教育管理工作，创新开展“十佳主题党日”月晒季比年评活动，全年发展党员247人。

【村社组织换届工作】 2020年，县委组织部紧紧围绕村社组织换届“五好两确保”目标要求，平稳有序地开展214个村社组织的换届工作，全面实现书记、主任“一肩挑”。村社干部队伍结构明显优化，实现人选质量与功能提升、组织意图与群众意愿、高质量换届与高标杆干事三个相统一。推行“组团三法”机制，工作责任压实到位，得到上级组织部门的肯定。开展“上任即奔跑 开门一件事”专项行动，古市镇岗下村“架起幸福桥致富不绕路”暨跨河1号大桥建设工程系全市唯一入选省“开门一件事”最佳案例。

【两新组织党建工作】 2020年，县委组织部开展“抗疫情、促发展、当先锋”活动，助力疫情防控和复工复产“两手硬”“两战赢”。建立“政银企党建联盟”，深入开展“大走访、大对接、送服务”活动，破解企业复工复产中的融资难题。完成省级社会组织党群服务中心示范点创建，推动全县社会组织规范、高效、可持续发展。按照整园建强、整楼推进、整线突破、全面提升的总要求，建成“双强六好”示范点10个；实施“双覆盖百日攻坚”集中行动，增建两新党组织10个；举办两新党组织书记“使命如炬”培训班，集中培训两新党组织书记93人。

【人才队伍建设】 2020年10月24—30日，县委组织部举办“汇聚各方英才引领绿色发展”为主题的松阳县首届人才科技周活动，松阳籍高端人才11人受聘为松阳县人才科技工作顾问，县农商银行会同县人才办推出5亿元“人才E贷”，先后与杭州电子科技大学、冶金工业信息标准研究院等8家高校院所达成校地合作协议。茶产业创新服务综合体列入省级创建名单，浙南茶叶市场电子商务中心列入省级众创空间备案等，实现松阳在省部级高层次人才平台创建“零突破”。开展“百企千人”大走访大调

四都乡陈家铺村党支部换届选举大会

2020 年松阳县首届人才科技周启动仪式

研活动，完善以“人才新政”为主体的“1+X”人才政策体系，研究出台《松阳县文艺人才和文艺创作奖励扶持办法（试行）》《松阳县关于加强卫生健康人才队伍建设的若干意见（试行）》《关于事业单位引进高层次、急需紧缺人才“绿色通道”的实施细则（试行）》，制定《松阳县关于生态工业人才培养引进的实施意见（试行）》等，探索制定教育、茶产业等专门行业领域人才政策，不断优化人才发展环境。出台《松阳县关于生态工业人才培养引进的实施意见（试行）》，并组织开展首届工业企业“金牌蓝领”评选活动，评选王群等10 人为松阳县首届工业企业“金牌蓝领”，进一步激发工业企业一线技术人才的积极性、主动性和创造性，促进企业转型升级和长远健康发展。持续开展“松阳工匠”助力乡村振兴系列技能大比武活动，1 人获浙江乡村振兴职业技能大赛乡村讲解项目二等奖；技能人才 5 人获第二届“绿谷工匠”职业技能大赛丽水市“绿谷工匠”称号。

【组织部门自身建设】2020 年，县委组织部把政治过硬摆在核心位置，持续建设讲政治、重公道、业务精、作风好的模范部门。构建部内“798”空中课堂暨“解放思想，加快发展”大讨论学习制度，提升机关干部“提笔能写，开口能讲，问策能对，遇事能办”的能力。构建廉政教育“五个必讲”制度，强化内部管理，在全县“清廉机关”擂台赛中，该部机关“弘扬清廉文化，打造清廉组工”演讲获第一名。深入开展每月主题党日活动、每两个月专题学习、每季度外出活动，组织参加首届全市组织系统文体才艺展示活动，获“组工好声音”一等奖。举办组织工作“精彩一件事”展示活动暨“最强党建好声音”述评会，展现组织工作的成绩和亮点，以及发挥组织优势服务中心大局的担当作为。

机关党建

【概况】2020 年，县委组织部机关党建科（以下简称“机关党建科”）落实新时代党的建设总要求和新时代党的组织路线，加强和改进机关党的工作，充分发挥机关基层党组织作用，提升机关党建整体工作质量，推动机关部门各项工作。截至 12 月底，县直各机关企事业单位有党的基层组织 360 个，其中党委 28 个，党总支 14 个，党支部 318 个，党员 4913 人。

【思想政治建设】2020 年，机关党建科深入贯彻全国全省机关党的建设工作会议精神，按照新时代党的建设总要求，落实党员教育培训工作规划，以建设政治坚定、党性强、素质高的机关党员队伍为目标，提高全县机关党员队伍建设质量，确定全县首批机关“红色讲师团”，各单位党组织根据需求，邀请相应的讲师进行授课，全面提升机关党员教育培训质量和水平。开展“三敢三比”大比拼、“百优示范支部”大提升行动、“十佳主题党日评选”等活动，组织机关在职党员开展党建知识“云上比”活动，形成浓厚的学习氛围。

【机关党组织建设】2020 年，机关党建科抓好《中国共产党党和国家机关基层组织工作条例》《中国共产党基层组织选举工作条例》的落实，推动党建工作与业务工作深度融合、相互促进，健全党的民主集中制，完善党内选举制度，增强机关党建工作实效。优化组织设置，调整 22 个单位党组织设置。其中，结合国企改革，初步梳理国企党组织框架，调整 5 个国企党组织。探索智慧党建手段，依托工商银行云平台开通党费云交纳通道，实现党员党费“线上”交纳模式，打通党员与县级党费专户之间的交纳路径，实现微信和手机银行等移动支付交纳党费。组织机关党务干部 160 人集中“充电蓄能”，重点对发展党员、党费管理、组织换届等业务进行轮训。

【机关作风建设】2020 年，机关党建科以“提高党建质量、提升清廉指数、建群众满意机关”为目标，以“建设清廉机关、创建模范机关”工作为总抓手，创新强思想引领、强担当作为、强风险防控、强制度保障和强监督问责的“五强”建设标准，出台《松阳县直机关全面开展“建设清廉机关、创建模范机关”活动的实施方案》《2020 年清廉机关、模范机关建设工作清单》《松阳县“建设清廉机关、创建模范机关”验收标准》等系列文件，开展“双机关”建设试点验收工作。指导县直机关单位开设“廉心讲堂”，组织开展全县“清廉机关”建设擂台比拼，形成“互学互比”的良好氛围。

【机关党员志愿服务】2020年，机关党建科第一时间印发《关于在新型冠状病毒感染肺炎疫情防控中进一步发挥县直各单位党组织和党员干部作用的通知》，吹响社区战“疫”集结号，除县卫健、县公安等奋战在防疫一线的党员外，组织全县2300名机关在职党员下沉67个社区临时党支部，参与社区防疫“阻击战”，在各小区出入卡口连续值守30余天，筑起疫情防控“安全线”。运用“田园松阳志愿服务”平台深入推进96345党员志愿服务活动，截至12月底，平台共有注册志愿者3766人，全年发布开展志愿服务项目243个，参与志愿者10000余人次。

【“结对帮扶”活动】2020年，机关党建科在全县范围内开展机关党员寻找低收入农户工作，充分发挥基层党组织战斗堡垒作用和先锋模范作用。开展县直部门单位负责人包村帮村，明确把县直各单位派驻第一书记（农村指导员）所在村或联系结对扶贫村作为包干对象，提出落实“五个包”“六个一”任务要求。结合包村帮村工作，深化“三服务”，在“七一”建党节、春节等重大节假日，组织开展机关困难党员、社区困难群众等关心关爱和慰问活动。全年慰问机关困难党员142人次，农村、社区困难群众466人次。

老干部工作

【概况】2020年，松阳县老干部服务中心（以下简称“县老干部服务中心”）是公益一类事业单位，机构规格相当于正科级，归口县委组织部管理。内设综合科、服务科、老干部活动中心（老年大学办公室）。事业编制7人。主要职责是贯彻落实中央和省、市、县关于离退休干部工作的方针政策和决策部署。指导全县离退休干部工作，总结推广离退休干部工作经验，宣传先进事迹；协助有关部门和社会各方面力量做好离退休干部工作。服务管理对象，截至12月底，全县有离休干部26人，实职副处以上退休干部29人。

【老干部政治待遇】2020年，县老干部服务中心以政治建设为根本，引领离退休干部“离岗不离党、退休不褪色”。继续完善和落实老干部听报告、阅读文件、通报情况、参观学习和参加重要会议以及重大决策征求意见等政治待遇制度，引导老干部及时了解党中央大政方针和决策部署，及时洞悉国内外形势和本县主要工作。发挥广大老干部在政治、经验、威望等方面的独特优势，精心打造退休县处级干部学习组、离退休干部党支部书记、“松州夕阳红”志愿团3支队伍，开展多层面“最美助力之星”“助力微故事”的推荐工作，助推正能量活动向纵深发展。在新冠肺炎疫情防控初期，该中心引导全县广大离退休干部迅速响应疫情防控号令，参与社区、村镇疫情防控执勤，并自发捐款捐物，以独特的方言快板宣传防疫抗疫知识等，助力疫情防控、复工复产。此外，诸多老干部积极行动，致力抗疫助农增收，开展体协健康事业，参与社区民间纠纷调解，投身关心下一代教育工作，热心“浙西南革命精神”传承等，有力地激发老干部传递正能量、作出新贡献的内生动力。特别是，围绕9月30日县委书记李汉勤在全县老干部读书会暨离退休干部党支部书记培训会上的讲话精神，引导全县离退休干部参与“解放思想、加快发展”大讨论，发挥老干部影响大、人脉广的优势，在离退休干部群体中征求“我为松阳发展献一计”和“金点子”，发起人才排摸工作，为全县建立“人才库”添砖加瓦，形成银色人才助力县域加快发展的浓厚氛围。同时，征订《浙江老年报》《学习参考》《离退休党建》等报纸杂志，“线上+线下”帮助老干部学习新理论，适应新形势，发挥新优势，筑牢老同志与党同心同德、始终保持对党忠诚的思想基础。

【老干部服务保障】2020年，县老干部服务中心完善离退休老干部“一对一”联系精准服务机制，做到每月联系走访必到，全年共联系走访651人次，慰问因病住院15人。巩固和完善离休干部“三个机制”，确保离休费按时足额发放、医药费按规定实报实销。与县卫计局及所属医院开展协作，开通完善老干部就医“绿色通

县老干部服务中心新场所

道”，建立健全离退休老干部健康档案和“一对一”家庭医生健康咨询机制，解决离退休老干部看病就医难问题。全面开启荣退仪式。在县委组织部每月开展县管干部荣退仪式的基础上，指导各重点单位先行开展荣退仪式。12月中旬，举行全县退休干部集体荣退仪式，实现干部荣退仪式全覆盖。

【老干部教育管理】2020年9月19日，投资1020余万元，建筑面积3602平方米的松阳县老年大学项目建成投用。设有教室7个、活动室10个，能满足老干部的学习活动所需。疫情防控期间，县老年大学采取线上教学模式，借助“老年学员微信群”“离退休干部工作”“浙江老干部”“丽水老干部”等学习服务平台组织学习。12月7日，县老年大学线下教学试运行，时间1个月，开设政治、歌咏、视唱练耳、合唱、戏曲、舞蹈、摄影、书画等课程，有学员230余人。以“支部+班级”的模式，组织开展校园教学活动，组织学习宣传中共十九届五中全会精神和习近平新时代中国特色社会主义思想。

【老干部文化活动】2020年，县老干部活动中心新场所，设有党员活动室、多功能厅、电视室、书画室、象棋室、台球室、扑克室、乒乓球室、麻将室、老干部学习接待室（聊天室）、阅览室和健身舞蹈厅等。7月疫情转平稳后，活动中心在全市先行开放，日均参加活动的老干部有300余人次。采取日常活动与赛事活动相结合的方式丰富活动内容。日常活动天天有，由各活动室自行组织开展。重要节庆日由活动中心组织开展各项比赛，10月15—16日，全县老年人乒乓球交流赛举办，21支队伍、99名运动员参赛。

（县老干部服务中心）

宣传工作

【概况】2020年，中共松阳县委宣传部（以下简称“县委宣传部”）围绕“举旗帜、聚民心、育新人、兴文化、展形象”的使命任务，为决胜全面建成小康社会、决战脱贫攻坚和“十三五”规划收官提供强大精神动力。通过努力，基层基础不断得到夯实，思想理论不断得到武装，发展成就不断得到认可，品牌标识不断得到关注，社会主义新风尚不断得到发扬，网信事业大格局不断得到推进。

【文艺惠民活动】2020年，县委宣传按照省、市、县各级关于疫情防控的要求，举办2020“田园松阳”传统村落全国摄影大展系列活动、“秘境江南·古韵茶乡”雅集、第十三届“田园松阳”农民文化节、“绿色松阳”创建国家森林城市主题摄影大赛、“最美绿道”大花园建设主题摄影大赛等文化活动。配合做好电视剧《春风又绿江南》剧组在当地拍摄工作，推进电影《秀山之恋》、戏曲（松阳高腔）电视剧《红色浙西南》落地。开展农家书屋自查统计工作，推进农家书屋“三个一批”建设，确定“建强一批”23个，“提升一批”108个，“整合一批”72个，按照不同要求针对性发放图书、报刊，对15个有特别需求的农家书屋进行统一硬件设施采购。在原有的20个“圆梦书屋”基础上进行书册更新，新增“圆梦书屋”点位6个；组织参加全省“浙里少年强·我是小小书香大使”公益短视频活动、“助力全民阅读·共建书香松阳”暨全民终身学习活动。

2020年10月24—25日，“秘境江南·古韵茶乡”雅集活动举办

【理论学习】2020年，县委宣传部贯彻落实《中共松阳县委关于进一步加强和改进党委（党组）中心组理论学习的意见》，以县委理论中心组为龙头，党员领导干部为重点，把学习宣传贯彻习近平新时代中国特色社会主义思想作为各级党委（党组）中心组的重要内容，突出县级领导带头学，党员干部研讨学，干部讲堂专题学，先进典型激励学，廉政教育警示学“五学机制”。利用“松阳论坛——县委理论学习中心组专题报告会”、专题读书会、研讨交流会、学习讨论会等活动，切实增强领导干部的政治理论水平和思想政治素质。举办“松阳论坛——县委理论中心组专题报告会”12期，专题学习会12次。

【理论研究】2020年，县委宣传部组织参加丽水市“高质量绿色发展”论坛理论征文活动，4人分别获二、三等奖。向市委宣传部整理报送松阳县践行“两山”理念的具体实践案例。向党员干部推荐《习近平谈治国理政》第三卷、《2020党员学习参考》

《习近平新时代中国特色社会主义思想学习问答》《2020年政府工作报告》《中华人民共和国民法典》等政治理论学习书籍，编发《干部夜学参阅》12期。围绕中共十九届五中全会精神、省委十四届八次全会精神及市县委全会作出的决策部署，深入阐释全会提出的新思想新观点新要求，形成一批有分量的研究成果。各级党委（党组）理论学习中心组撰写一批有深度、有影响的重点文章、调研报告。

【爱国主义宣传教育】2020年，县委宣传部制定印发《松阳县贯彻落实〈新时代爱国主义教育实施纲要〉的实施办法》。开展松阳县第九届未成年人道德文化节系列活动、新时代好少年评选活动、国旗下宣誓活动等，厚植未成年人的红色基因和爱党爱国意识。

【理论宣传及理论队伍建设】2020年，县委宣传部按照全市坚持择优入团、动态管理、资源共享的原则，全县推荐宣讲名师4人进入丽水市“两山”宣讲志愿队伍。出台《松阳县全面推进新时代青年理论宣讲工作实施方案》，全面推进新时代青年理论宣讲工作。发挥“小青松”青年理论宣讲团的作用，重点围绕中共十九届五中全会精神及浙江省委十四届八次全会精神，组织百名宣讲员进机关、进乡镇（街道）开展集中宣讲活动。举办松阳县“决胜小康，奋斗有我；共享小康，幸福有我”微型党课比赛，选拔一批宣讲能力突出、政治素质过硬的基层年轻干部。组织参加丽水市第九届“决胜小康，奋斗有我；共享小康，幸福有我”微型党课比赛活动，县教育系统的曹辰阳和县市场监管局的李浩如分别获十佳和优胜奖，县委宣传部获全市优秀组织奖。2020“微党课”浙江省青年宣讲团全省巡讲活动·松阳站落下帷幕。

【互联网建设管理】2020年，松阳县网络舆情服务中心重点围绕中共十九届五中全会精神、“两山”发展、“重要窗口”建设、“浙西南革命精神”弘扬践行、全县十届十次全会精神等主题开展宣传。利用举办第十三届中国（国际）茶商大会等活动契机，广泛宣传县域自然风光、传统村落、乡土风情、非遗文化、文旅融合、特色美食等。主动适应新媒体传播特点，结合茶商大会网络茶叶节活动，借力借势新媒体平台，做好网络直播宣传。邀请直播网红开展“网络达人走茶乡”活动，中国最美乡村西坑村等网红点位引爆平台流量，单时段观看数突破3000万次。新浪微博活动话题“茶乡随手拍”话题阅读量9000万+，话题阅读量达4.4亿次。组织参与网络茶叶节4场直播活动的网络互动，网民在线参与直播突破600万次。组织开展“探寻红色故事、传承红色基因”网络主题宣传暨松阳县第五届网络文化活动，进一步弘扬“浙西南革命精神”，传播网络正能量。属地网络媒体和意见领袖参加第六届“奔跑吧，丽水”微信PK赛、瓯江时评大赛等活动。

【基层文化阵地建设与管理】2020年，县委宣传部组织全县重点文化企业参加全县首届文化产业高级研修班、首届云上深圳文博会、2020第三届长三角文博会、2020嘉兴文博会、2020温州文博会等省内外文化产业博览会，为当地文化企业、本土文化品牌提供展销平台。推进艺术助推乡村振兴工作，开展第三届力溪乡村艺术节等活动并向市级申报，其中艺术家助推山区国际化项目、力溪村连环画艺术馆项目、状元谷乡村艺术培训基地项目、玖层·云水可以住的美术馆项目、玉岩区域革命历史展陈馆项目、青蒙（水车自然村）村春晚大舞台项目、石仓民俗文化村落项目、上田乡村振兴项目、花田垄村吊坛自然村民宿开发项目9个被列为丽水市艺术助推乡村振兴重点项目，共获专项资金补助90万元。

【重大主题宣传】2020年，县委宣传部围绕县委县政府中心工作，深化融媒体中心建设，全面落实机制再造，加强广播、报纸、电视、新媒体等各类平台进一步融合。组织开展学习贯彻习近平总书记考察浙江重要讲话精神，疫情防控，贯彻落实省委、市委、县委全会精神，决胜高水平全面小康和决战决胜脱贫攻坚，“两山”理念提出15周年，推进长三角一体化国家战略和高水平推进市域治理现代化，“解放思想、加快发展”大讨论等重大主题宣传活动。组织“浙西南革命精神弘扬践行”主题采访出征仪式，推出全媒体“新视角：探寻松阳红色故事”专题专栏。县级媒体共刊播各类新闻30000余条，外宣用稿1600余条，参与新媒体直播策划6场，“松阳新闻”微信公众号总阅读量730万+人次、破万信息110余条；“松阳新闻”抖音号发布40余个短视频阅读量80万+，《松阳这个00后小伙，你救人的样子真帅！》被《人民日报》、“美丽浙江”、“浙江之声”等抖音号转发，点赞量400万+次；“松阳新闻网”微博主持的#茶乡随手拍#话题阅读量突破4.5亿次；“掌上松阳”移动客户端下载量达3.6万次。

中央媒体赴浙开展‘走向我们的小康生活’集中采访活动，“谱写两山新篇章，建设美丽大花园”集中采访活动，“谱写两山新篇章，打造高水平和高质量”重要窗口，“红绿融合推进高质量绿色发展”等大型宣传报道活动走进松阳，新华社、中央广电总台、中新社、《人民日报》、《求是》、《光明日报》、《经济日报》、《中国日报》、《科技日报》、《工人日报》、《中国青年报》、《中国妇女报》、《农民日报》、《浙江日报》、浙江卫视、浙江公共新闻频道、浙江经视、浙江在线、浙江之声等国家级、省级、市级主流媒体单位全方位开展采访报道。组织开展“第十三届中国（国际）

茶商大会·松阳香茶网络茶叶节”“2020（首届）中国不锈钢管高峰论坛”“人才科技周”“第三届全国香榧炒制大赛”等重大主题集中采访报道活动。

省级以上主流媒体刊发（播）涉及松阳正面报道370篇（条）。其中，《人民日报》（包括海外版）9篇，《新华每日电讯》3篇，中央电视台新闻报道19条，《浙江日报》50余篇，浙江卫视新闻报道40余条。中央电视台《新闻联播》头条刊播《在习近平新时代中国特色社会主义思想指引下——育新机 开新局 畅通城乡循环 构建统一大市场》，以40秒的时间报道四都乡通过新业态，架起推动城乡循环重要桥梁的好经验，点赞振兴乡村的好做法；《人民日报》头版刊登《浙江奋力推动乡村全面振兴 日子越过越红火（走向我们的小康生活）》，《光明日报》头版刊登《绿谷“金名片”闪耀浙西南》，《经济日报》头版刊登《空心村热闹起来了》，《农民日报》头版刊登《“三联三送三落实”展现浙江春耕新景象》，《浙江日报》头版刊发《当年下山脱贫 今朝上山致富松阳四都乡高山古村焕发新活力》等4条报道；浙江卫视《浙江新闻联播》头条刊播《回眸“十三五”浙江：决胜高水平全面小康让百姓生活幸福满满》。

【文化和新闻出版监管】2020年，县委宣传部办理出版物许可证、印刷许可证等证照办理工作12项，递交内部出版物审批项目6件。对全县印刷、出版物企业进行集中走访和排查，与企业主签订安全生产责任书，指导各企业做好疫情防控期间安全生产工作。实施全县正版软件安装，研究制定《关于调整县“扫黄打非”工作领导小组成员的通知》《松阳县“扫黄打非”工作领导小组成员单位工作职责》《松阳县2020年度“扫黄打非”行动方案》《关于开展“扫黄打非·正道”集中行动的通知》《关于开展“扫黄打非·新风”集中行动的通知》等文件。牵头举办“绿书签”文化关爱进青少年宫活动，共印制发放“扫黄打非”知识读本2000册，“绿书签”海报500套，其他各类资料1000余份。开展“扫黄打非”专项巡查5次，完善防疫措施18处，排除安全隐患8起。通过“互联网+监管”平台，开展文化市场双随机抽查10次，跨部门联合抽查3次，共抽查主体16家次，日常检查213家次。“3·23”传播淫秽物品牟利案被列为全国“扫黄打非”办督办案件，部分涉案人员移送检察院起诉。大东坝镇申报成为全县第4个“浙江省第四批‘扫黄打非’进基层示范点”。

【“最美松阳好人”宣传活动】2020年，县委宣传部深化“尚德松阳”品牌建设。广泛选树身边榜样，评选“松阳好人”10人、“最美防疫志愿者”30人，入选“浙江好人榜”2人、“丽水好人榜”4人。在县城主城区重要路段设计制作“好人墙”，并把好人事迹通过展板形式在县图书馆、规划馆等地进行巡展。通过报纸、电视及公众号等渠道对最美事迹进行广泛宣传，引领全社会形成崇德向善的良好风尚。

（县委宣传部）

精神文明建设

【概况】2020年，县委宣传部精神文明建设指导中心（以下简称“县文明指导中心”）以培育和践行社会主义核心价值观为主线，突出新时代文明实践中心建设，协同推进公民思想道德建设、系列文明创建、市民文明素养提升、志愿服务四项重点工作，为奋力打造“高水平生态文明建设和高质量绿色发展”重要窗口示范区提供精神动力和丰富的道德滋养。

【公民道德建设】2020年，县文明指导中心印发《松阳县贯彻落实〈新时代公民道德建设实施纲要〉的实施办法》。加强“尚德松阳”品牌建设，选树身边榜样，评选“松阳好人”10人、“最美防疫志愿者”30人，入选“浙江好人榜”2人、“丽水好人榜”4人，并把好人事迹通过展板形式进行广场巡展。通过报纸、电视及公众号等渠道对最美事迹进行广泛宣传，引领全社会形成崇德向善的良好风尚。

【群众性精神文明创建活动】2020年，县文明指导中心开展群众性精神文明建设，持续深化系列文明创建，组织做好各级文明村镇、文明单位、文明校园、文明家庭的创建。推进文明创建工作扩面提质，浙江龙丽丽龙高速公路有限公司龙丽管理处（松阳）获评为“全国文明单位”，中国农业银行松阳县支行、浙江松阳县新华书店有限公司、松阳县妇幼保健计划生育服务中心获评为“浙江省文明单位”，水南街道寺岭下村、西屏街道延庆村、新兴镇上安村获评为“浙江省文明村镇”，四都乡陈家铺村鲍朝火家庭获评为浙江省文明家庭，松阳县实验小学集团学校城南校区被评为浙江省文明校园。持续在各级文明单位中开展新一轮“双万结对、共建文明”活动，有效推动结对帮扶、培育文明乡风、建设优美环境。

【志愿者和社会组织服务管理】2020年，县文明指导中心完善志愿者注册登记管理、活动招募制度，全县注册志愿者5.56万人。常态化实施志愿服务激励机制，加强志愿汇APP积分的兑换，充实“小青松”VI系列宣传品。招募数万名“小青松”志愿者开展疫情防控志愿服务工作，成立“茶香帮忙团 ”，帮助茶农采茶、售茶。致敬抗疫英雄，开展“一人一帮扶”结对服务。依托新时代文明实践阵地广泛开展理论宣讲、政策解读、文艺演出、便民服务、科学普及、结对帮扶等文明实践活动1200场次，增强新时代文明实践阵地的引领力和带动力。

【未成年人思想道德建设】2020年，县文明指导中心实施“春泥计划”，开展“春泥计划”活动150余场次，参与未成年人2万余人次。组织开展松阳县“第九届未成年人道德文化节”系列活动，以红色教育、艺体科技、禁毒防毒、法制普及、平安自护、健康生活、文博传承、阅读引领等社会实践项目，提升未成年人的道德素养、科技素养、文化素养、法制素养。

【“浙西南革命精神弘扬践行”主题采访活动】2020年，县文明指导中心组织媒体记者走进基层，开展“浙西南革命精神弘扬践行”主题采访活动，推出《新视角：探寻松阳红色故事》等专题专栏，《新松阳》、松阳新闻综合频道、松阳新闻网、“掌上松阳”APP和“松阳新闻”微信公众号、抖音号、视频号等县级媒体共刊发报道300余篇（条）。系列报道以红色遗址遗迹、红色项目建设为切入点，以生态种植、文化旅游等产业发展为立足点，讲好红色革命故事和老区振兴故事，描绘“浙西南革命精神”书写“两山”转化的美丽画卷，呈现“浙西南革命精神”在松阳的生命力和影响力。向上级媒体推送外宣稿件，人民网刊发《丽水松阳“红+绿”强产业促致富》，中国网刊发《浙江松阳：用“红绿音符”奏响田园牧歌》，8篇稿件被学习强国浙江学习平台录用。

【农村文化礼堂建设】2020年，县文明指导中心围绕“文化礼堂、精神家园”的定位，按照高水平建设文化小康的要求、以星级文化礼堂为引领，打好“建、管、用、育”组合拳，逐步实现农村文化礼堂从建设成长期向规范发展期转变，把农村文化礼堂建设引向深入。增建农村文化礼堂22个，全县建成农村文化礼堂141个。

（县委宣传部）

统一战线工作

【概况】2020年，中共松阳县委统战部（以下简称“县委统战部”）学习贯彻习近平总书记在浙江考察重要讲话精神，围绕党中央关于统筹推进新冠肺炎疫情防控和经济社会发展各项工作部署，按照县委和上级统战部门部署要求，增强“四个意识”、坚定“四个自信”、做到“两个维护”，坚持以党的政治建设为统领，不忘初心、牢记使命，着眼完善落实大统战工作格局，探索建设县域统一战线工作责任清单，突出重点、细化举措、狠抓落实，推进统战工作提质增效和统一战线事业发展，为实现“两手硬、两战赢”、加快“田园松阳”升级版建设汇聚广泛的智慧和力量。

【思想政治工作】2020年，县委统战部举办“爱国情、强国志、报国行”主题演讲比赛、“见证·初心”经典讲述会、民族团结进步宣传教育、宗教界人士读书会、民营经济人士读书会、《中华人民共和国民法典》学习会等主题活动，举办党外干部培训班、新乡贤工作培训班、民族干部培训班和商会党支部书记培训班，巩固共同思想政治基础，提升统一战线人士综合素质和能力，特别是讲好抗疫故事，以伟大抗疫精神引领统一战线广大成员，如组织派驻口岸干部向基督教信众宣讲抗疫一线故事。

【疫情防控】2020年，县委统战部“上半场”境内抗疫中，深入指导督促宗教和民间信仰场所严防死守、关好“小门”，保证全县宗教领域无聚集、零疫情；广泛联系发动统战成员献计出力，捐款捐物价值3500余万元。在“下半场”境外抗疫中，坚持排摸在前、联系在前、引导在前、服务在前，开展外防输入和安侨暖侨工作，共排摸境外人员3144人次，火线成立意大利、西班牙、比利时3个海外联络站，提升海外侨胞抗疫组织力，密切联系香港同乡会、旅欧同乡会、留联会，开展中秋节线上祝福活动，向港澳台同胞、海外侨胞邮寄“乡愁包”松阳香茶等490份、口罩6000个。通过“全侨”抗疫，精准掌握侨情，增强为侨联系服务，增进侨胞对家乡、对祖国的情感，对中国共产党、对中国特色社会主义的认同。

【乡贤工作】2020年，县委统战部通过搭建平台、畅通渠道、开展活动，推进乡贤工作具体化，引导乡贤在产

2020年9月28日，中共松阳县委统战部“爱国行 强国志 报国行”主题演讲比赛颁奖仪式

业带动、招商引才、基层治理、公益慈善以及抗击疫情等方面发挥积极作用。以异地商会为依托，指导建设乡贤联络站、招商联络站、引才联络站，构建“一会三站”工作格局。组织举办杭州松阳商会家乡行、意大利侨商松阳行等商务考察推介活动。谋划建设乡贤回归创业服务平台，完善“乡贤贷”机制和服务，促进乡村谋项目、乡贤领项目。指导开展乡贤服务村社组织换届、助力脱贫攻坚、助推重教兴学等八项活动。是年全县引进乡贤回归项目 53 个、实际到位项目 48 个，开展公益活动 500 余次，调解矛盾纠纷 353 件次，奖励优秀学子 93 人，资助贫困学生 358 人，有关做法和成效得到中央统战部肯定刊发。召开乡贤工作领导小组会议，研究出台《推进新乡贤工作提质增效行动方案》。

【民营经济统战工作】2020 年，县委统战部贯彻中央《关于加强新时代民营经济统战工作的意见》及省委实施意见，研究出台《关于推进新时代民营经济统战工作提质增效的实施意见》。推进工商联“向心力、凝聚力、创新力”建设，发挥“五个作用”，建设“民营经济人士之家”。以党建为引领，加强商会组织规范化、功能化建设，努力在政治引领、教育引导、服务企业、投身家乡建设等方面发挥作用。组织引导民营经济人士开展争做“四个典范”学习实践活动，学习张謇事迹，弘扬企业家精神。选派第五批新生代企业家到县直单位挂职锻炼，推进“松商青蓝接力工程”。

【民主党派和党外知识分子工作】2020 年，县委统战部召开中共松阳县委十届十次全会报告征求意见会、“一府两院”工作情况通报会等，搭建参政议政、民主监督具体平台，提升统一战线参政议政实效，如民革县支部连续三年聚焦茶产业发展，作政协大会发言，深受县委、县政府和社会各界好评。指导召开民革县支部成立三周年座谈会，支持民主党派开展社会服务品牌建设。召开县知联会换届大会，选举产生新一届理事会班子，联合省知联会建成“三服务”实践基地“松阳匠人馆”，社会效应、经济效益俱佳。召开县网联会一届三次会员大会。引导统战成员投身东西部扶贫协作，全年向四川巴州捐资捐物 266.75 万元，有关做法得到省委统战部刊发肯定。

【民族宗教工作】2020 年，县委统战部探索建立导向性政策扶持、引领性项目带动、一体化基建保障的民族乡村振兴造血机制，在考核激励、帮扶资金安排等方面，强化产业、集体经济发展导向，全年共落实帮扶资金 460 余万元，实施项目 21 个，撬动整合各类资金 3000 余万元；推进桐榔文化康养基地、象溪民族文化中心等项目建设，促成板桥至丽水城区公交车通行。推进民族团结进步宣传教育，有 4 人、2 个集体获市民族团结进步模范表彰。贯彻《浙江省少数民族权益保障条例》，全县 15 个民族村均配备了少数民族干部，7 个村“一肩挑”干部为少数民族。紧密联系团结宗教团体，帮助解决具体问题，指导促成古市教堂搬入新场所，严格落实宗教和民间信仰场所恢复开放审核规定。推进崇觉寺扩建工作。压实宗教工作三级网络两级责任制。着手编印民间信仰故事集，挖掘弘扬优秀民间信仰文化，营造“大气宽容、诚信友爱、互谅互让、平和适度”的社会氛围。

【大统战工作】2020 年，县委统战部推进“三个带头”“四个纳入”有关制度落实，中共松阳县委常委会先后 10 次听取统战工作专题汇报。县委统战工作领导小组会议、全县统战工作会议等召开，研究部署统战工作任务，出台《松阳县统一战线工作责任清单》，明确县乡村三级统战工作具体职责任务，并在全县村社主职干部培训班上专题部署，探索解决乡村统战工作“干什么”“怎么干”问题。完善统战工作考核办法，提升精准度和评分刚性。召开县委组织部统战部联席会议、召开年轻党外干部座谈会，深化“双走访”工作，推进党外干部队伍建设。召开县委宣传部统战部联席会议，研究部署统一战线意识形态工作和宣传工作，推出“我的家乡我的梦”乡贤好故事系列宣传。

（县委统战部　王旭梅）

县委办公室工作

【概况】2020 年，中共松阳县委办公室（以下简称“县委办”）忠实践行“五个坚持”，围绕中心、服务大局，履职尽责、担当作为，着力提升服务强保障，聚焦事务促落实、锤炼队伍壮筋骨，全力推动各项工作迈上新台阶。

【综合协调工作】2020 年，县委办围绕“高水平生态文明建设和高质量绿色发展”重要窗口示范区建设，按照“上接天线、下接地气”要求，有针对性地开展调查研究。注重准确把握上级要求、领导意图，密切联系工作实际，提前认真做好沟通衔接、方案制定、素材收集、资料整理等工作，全力服务保障县委领导工作调研、外出考察、重要会议。全年安排调研活动 230 余次，完成综合性文稿、专题性文稿及演讲、致辞、署名文章等 160 余篇，实现调查研究高质量，文稿撰写有实效。巩固与上级党委、部门联系沟通高效密切，及时了解工作思路、重要工作部署和近期工作动态，为第一时间贯彻落实上级精神、快速有效汇报经验做法创造通道。秉持热情、周到、节俭的原则，精心制定接待方案，注重把握接待细节，高质量完成首届人才科技周活动、2020（首届）中国不锈钢管高峰论坛等重要活动的服务接待工作。强化与县四套班子办公室的沟通、联系，细致全面做好重要工作和大型活动的协调。利用文件、会议和督促检查等方式，及时把县委各个阶段的决策部署传达到基层，把基层的落实情况、意见建议反馈给县委。协调安排好县党政领导及人大、政协主要领导每周工作安排，明确工作计划，提升工作效率。同时，加强对乡镇（街道）、部门办公室的工作联系和业务指导，协调乡镇（街道）、部门间的工作。

【办文办会工作】2020年，县委办制定《关于进一步规范党的规范性文件制定工作的通知》《松阳县党的规范性文件制定流程表》，前置审核党的规范性文件35件，向拟稿单位提出修改建议50余条。严格办文程序，严把内容政策关、文字关、体例格式关、校对关，确保公文格式规范、用词准确、逻辑严谨，全年审核把关出台的各类县委、县委办文件共100余件，做到权威规范。按照高标准、高质量、高效率的要求，完成200余个会议的会务工作。先后下发《关于加强发文管理切实精简文件的通知》《关于加强会议登记管理切实精简会议的通知》，对精简文件、压缩会议等工作作出具体部署，文风会风全面改进。全县党委、政府及相关工作部门印发重点精简文件263件，较上年同期280件减少17件，同比下降6%，完成省委办公厅“2020年发文数量比2019年只减不增”的目标任务；全县县级开到乡镇及以下的各类大小会议198个，较上年同期308个减少110个，同比下降36%。

【督查考核工作】2020年，县委办制定印发《2020年督查检查考核年度计划》《2020年松阳县目标管理考核办法》，健全重点工作“月督查、月通报、季点评、年考核”工作机制，扎实开展中央环保督政、省委巡视交办问题、省委书记调研交办事项、省市对县考核、县委全会、新冠肺炎疫情防控工作、脱贫攻坚、重点项目、土地整治、村社换届等重点工作及县委领导批示的跟踪督查督办，推动各项决策部署落实到位。全年办理县委领导批示件558件，开展各类重大决策部署督查50余次，刊发督查专刊、专报14期，督办重要事项6期107项工作，督促1期《今日聚焦》媒体曝光问题整改落实，完成省市交办事项落实情况报告40余篇。实行省市对县考核指标落实情况定期报送制度，发出省市对县考核指标“一局一档”交办单21件，省对26县考核首次进入第一档次，市对县考核取得全市第六名。深入开展“三服务”活动，通过浙江省“三服务”小管家平台录入交办“三服务”问题1117件，其中企业类问题417件，群众类问题254件，基层类问题446件，办结问题1105件，办结率98.93%。省委督查信息录用松阳“三服务”活动典型案例2篇。

【党委信息工作】2020年，县委办制定《关于进一步加强紧急信息报送告工作的通知》，严格把关信息内容，确保内容准确无误。建立每季度信息例会制度，加强基层信息员队伍培训，全年完成信息员党委信息全面系统培训，组织信息员到信息科顶岗8人。全年编辑县级刊物《每日要情》64期。围绕县委县政府中心工作和主要领导的关注事项，进行刊物编辑，如围绕“解放思想，加快发展”大讨论活动编辑专刊10期。全年围绕“田园松阳”升级版建设、乡村振兴、基层社会治理等中心工作，及全域旅游、电商发展、茶产业转型升级、闲置资源盘活利用等内容，上报信息1500余条，其中市级录用500余条、省级录用14条，其中工作交流《松阳县让“三服务”的春风吹遍茶园茶香、温暖茶农茶商》获十二届全国政协文史与学习委员会副主任、浙江省政协原主席、中国国际茶文化研究会会长周国富的批示肯定。全年未发生紧急信息迟报、漏报、误报、瞒报紧急信息的情况。

【全面深化改革工作】2020年，县委办抓好改革统筹协调和督查指导，全年组织召开各类协调会67次，有效破解殡葬“一件事”、机关内部“最多跑一次”改革等堵点问题80余个，协调有关部门妥善处理“最多跑一次”改革信访件3件，得到企业群众理解。抓好改革培训工作，全年开展机关内部、惠企直通车系统操作等各类培训会10余次，机关内部“最多跑一次”改革各项指标排全市第一名，企业政策兑现办件量和平台使用率均排全市第一名。“最多跑一次”改革在司法领域、公共场所、农村社区等方面实现新突破，无纸化办案试点被最高人民法院发文推广，浙南茶叶市场公共场所服务大提升工作被省市场监管局通报表扬，“三延伸”破除山区群众办事“最后一公里”难题入选丽水改革先锋优秀实践案例。抓好日常材料报送和改革经验推广，全年上报各类材料410余个，没有发生漏报事件；采编各类信息稿件220余篇，160余篇稿件在省市媒体、改革专刊、微信公众号等录用，在省委改革办《竞跑者》刊发改革信息4篇，刊发数量排全市第一名。抓好改革创新，八大领域改革不断深化，平田村入选国家发改委旅游典型案例，社会力量助力养老、乡村景区无障碍试点、青年志愿服务等改革经验在全国会议交流发言，传统村落改革试点助力乡村振兴案例入选丽水市高质量发展绿色发展20大创新样本。特别是12月上报的《松阳县高质量跨越式发展综合改革试点方案》获省委书记袁家军批示。

【机要保密工作】2020年，县委办全面开展隐患排查，充分利用入网保密辅助审查系统，对县编办、西屏街道等单位开展实地保密检查。对文印店开展保密检查。全年共发出保密提醒4次，下发保密提醒专刊1期。开展保密教育，组织两办参加全省保密专题讲座，为各乡镇部门订阅刊物100余份，保密宣传手册50余本。全年未发生严重失泄密案（事）件。

【交流合作】2020年，县委办在疫情防控期间做到交流合作不中断。2月，松阳作为全国唯一县域代表受邀参加世界城市论坛，围绕“乡村振兴：通过创新加强城乡联系——松阳县案例”的主题大力宣传松阳经验实践。3月，创新召开第十三届中国（国际）茶叶节·松阳香茶网络茶叶节，把茶商大会从线下搬到线上。5月，松阳作为全国唯一县受邀参加网络研讨会，就“新冠肺炎疫情时代的城乡联系”主题分享松阳新冠肺炎疫情防治实践经验。主动开展国际招商，抓住木制玩具制造商Hape集团在丽水市业务拓展的契机，积极对接，并建立良好伙伴关系。加强与友好城市意大利奎斯泰洛市沟通，及时慰问关切奎斯泰洛市疫情情况。

【对台工作】2020年，县委办对台交流受疫情影响，无法开展各项交流活动，积极利用电话和微信形式，经常性开展联络对接，交流疫情动态和防护措施，拉近心灵距离，进一步培养相互信任的情感基础，牵线搭桥开展“以茶传情”线上交流活动。认真做好到松阳的台胞、台商的接待工作，使他们感受到松阳台办工作人员的热情好客、田园松阳的大花园建设和优异投资环境。全年接待台胞10批次83人次。同时，结合全县疫情防控和经济社会发展工作部署，到台资企业松阳县国富鞋业有限公司走访调研。向台胞、台商、台企宣介中央和省市县出台的各类帮扶、纾困的财税金融政策，帮助企业用好用足，切实减轻企业负担。

【档案监督执法】2020年，县委办切实提高为党管档意识，先后组织《中华人民共和国档案法》线下培训4次，率先举办《中华人民共和国档案法》培训班，乡镇、部门通过重要会议、夜学等方式开展学习20余次。通过“国际档案日”“国家法制日”等重要时间节点开展宣传活动，受到省、市领导肯定。全力推进依法治档。全年开展实地执法、检查、指导档案工作13次，涉及40余家单位，对查摆存在的问题进行清单式整改，不断提高档案规范化管理水平，完成省委办公厅（省档案局）对松阳县乡镇开展档案执法检查，并得到充分认可。

【党委信息化管理】2020年，县委办坚持“统筹规划、统一平台、资源共享、讲求实效、保障安全”的原则，以“党委信息化内网建设”和“安可替代工作”为重点，推进党委机关内部办公的数字化、网络化和保密性。做好党委信息化内网建设工作，落实省、市部署的党委信息化内网建设工作要求，对相关已经开展业务的单位做好技术和安全方面的指导，按时完成电子政务内网网络收发文工作，设备运行正常稳定。根据上级安可替代工作的要求切实做好非安可设备采购的控制工作，严格按照党政机关公文系统安全可靠应用推进工作领导小组和财政部下发的《党政机关安全可靠应用信息类产品采购名录》要求开展全县信息类产品采购的把关工作，超额完成安可电脑的采购任务。

【干部队伍建设】2020年，县委办充分利用“三会一课”、主题党日等形式，引导党员干部采取集中学习与个人学习相结合、线上学习与线下学习相结合、系统学习与跟进学习相结合、经验交流与撰写心得相结合，进一步拓展学习内容与方式，确保学深悟透，在办公室内部形成重视学习、勤于学习、善于学习的浓厚氛围和有效机制。针对办公室工作“重、苦、杂、难”的特点，按照习近平总书记“五个坚持”要求，不断强化全员“三服务”意识，锤炼过硬作风。注重求真务实的工作作风，大力弘扬精益求精的“工匠精神”，坚持做到案不压卷、事不过夜。坚持学习上追求深，工作上追求高，管理上追求严，作风上追求实，建设一支政治可靠、作风优良、业务精湛、乐于奉献的干部队伍。廉政教育不放松。通过廉政专题讲座、专题学习会等形式，加强对党员干部的廉洁从政教育。加强民主集中制建设，做到重大事项集体讨论决定。积极倡导厉行节约，严格公务用车使用，从简接待安排，落实好中央和省、市、县相关规定。

（县委办）

机构编制

【概况】2020年，中共松阳县委机构编制委员会办公室（以下简称“县委编办”）对标“重要窗口”的要求，牢记“重要窗口”的使命担当，深化机构改革，强化机构编制管理，围绕中心、服务大局，切实发挥县委编办归口组织部管理的体制优势，为高质量建设“田园松阳”升级版提供体制机制保障。

贯彻落实《中国共产党机构编制工作条例》（以下简称“条例”），全年召开县委编委会议2次。制定《〈条例〉学习宣传方案》。组织全办干部撰写学习心得体会，开展《条例》应知应会测试。把《条例》列为县委常委会专题学习内容，向县级领导宣讲机构编制政策法规，强化党对机构编制工作的集中统一领导。把《条例》纳入县委理论学习中心组学习、县委党校主体班次培训内容，该办党组书记为全县新提任县管干部、“两山”理论培训班干部等160余人授课，增强领导干部学习贯彻《条例》的行动自觉。《条例》纳入全县夜学和2020

年度松阳县干部（职工）学法用法建档考试内容，多措并举掀起学习热潮。

深入基层开展调研，转变作风发挥职能。根据县委务虚会“解放思想、加快发展”目标要求，深入赤寿工业园区、丽水市农林科学研究院松阳基地调研，拟定深化合作方案，并到市委编办、市农科院汇报请示，解决机构牌子问题，理顺管理体制，促进松阳茶产业高质量发展。开展公共卫生防疫体系调研。结合新冠肺炎疫情防控，围绕疾控机构主要职责、运行机制和医共体在乡村社区发挥公共卫生服务及防疫作用等方面，对强化县基层卫生院和县疾病预防控制中心的职责、科学管好用足编制资源、加快人才引进、加大委培计划等方面进行研究。根据《关于印发浙江省各级疾病预防控制中心机构编制标准的通知》（浙编办发〔2017〕40 号）精神，核定县疾病预防控制中心事业编制 24 人，达到配置要求。

打好疫情防控阻击战，面对新型冠状病毒肺炎疫情防控期间的新情况、新要求，县委编办按照“工作不停步，服务不退步”的要求，全力以赴开展疫情防控各项工作。办机关支部全体党员第一时间向居住地社区临时党支部报到，参与小区卡点人员流动管控执勤、居家隔离人员值守等一线疫情防控工作，全办干部参与一线疫情防控 145 人次。根据县疫情联防联控指挥部要求，严格执行交办单制度，共落实和反馈交办任务 18 项，建立健全单位内部疫情防控工作方案及应急预案，按时上报工作动态。落实和完善常态化疫情防控举措，坚持必要的人员管控和健康监测措施。开展疫情防控文件和材料的收集整理工作，按时向县档案馆移交疫情防控第一阶段档案。

2020 年，浙江省政府、浙江省教育基金会授予董金福“绿叶奖”称号。

【开展机构改革后续协调工作】2020 年，县委编办持续深化机构改革“后半篇”文章与深化重点领域改革有机结合起来。9 月，开展规范乡镇（街道）“属地管理”工作，编制形成《松阳县乡镇（街道）“属地管理”事项责任清单》，涉及 17 个政府工作部门 69 项清单。12 月 15 日，县“两办”印发《松阳县关于规范乡镇（街道）“属地管理”的实施意见》。开展乡镇（街道）权力清单相关工作，督促和指导乡镇（街道）做好《乡镇（街道）权力清单指导目录》140 项清单办事指南编制和对外公布工作。深化森林公安体制改革，实施森林公安管理体制改革后有关机构设立、编制划转、人员转隶、退休人员安置等工作，森林公安划转公安 17 人行政编制，划转后公安编制为 339 人。推进自然资源行政执法体制改革，组建县自然资源行政执法队和县自然资源和规划局 5 个区域自然资源所。完成县综合行政执法局基层中队机构编制调整工作，增加编制控制数 15 人，调整后综合行政执法局执法中队控制数为 55 人；配合厘清部门职责边界，编制综合行政执法事项划转方案、“三张清单”和 300 项综合行政执法事项划转与交接等工作。完善应急管理体制，健全应急管理指挥体系，配合做好县应急管理指挥部和 5 个专项指挥部（委员会）领导体制和管理体制调整以及成员单位职责分工等工作。落实中共十九届五中全会精神，推进社会治理体系与治理能力现代化，根据省市部署，增加县信访局行政编制 1 人，核增信访督查专员（副科长级）1 人；设立县矛盾纠纷调处化解服务中心，核定事业编制 3 人。开展群团机关改革，完成县工商联、县文联、县侨联、县残联、县关工委、县红十字会、县计生协和县社科联 8 家群团机关“三定”草案审核工作。

【事业单位改革推进】2020 年，县委编办贯彻中央、省市事业单位改革精神及部署推进会要求，按照稳中求进总基调，把“小散弱”事业单位整合、撤并，事业单位机构数由 248 家精简至 184 家，精简事业单位 64 家，精简比例达 26%，完成省下达的精简任务。至 4 月底，18 家局级事业单位和 184 家股级事业单位机构编制规定全部印发，提前一个月实现省委部署的改革任务。改革后，重点对事业单位机构挂牌、人员转隶、领导干部配备、实名制数据库更新、事业单位法人登记等情况进行检查，指导单位按照新的机构编制规定规范履职、高效运行，提升事业单位服务民生、服务发展的能力水平，并于 11 月底完成事业单位改革“后半篇”文章评估总结工作。

【规范编外用工管理】2020 年，县委编办根据省委巡视“回头看”及回访检查要求，按照“清理一批、规范一批、购买服务一批”的原则，推进编外用工清理规范工作。出台政策，明确相关规定。先后印发《松阳县机关事业单位编外用工清理规范工作实施方案》《松阳县机关事业单位编外用工薪酬管理办法》《松阳县机关事业单位编外用工管理工作责任追究办法》3 个措施文件，建立健全严控总量、统一招聘、规范待遇标准、强化实名管理、落实责任追究等长效管理机制。严格清理，规范用工行为。8 月 7 日，召开全县编外用工清理规范工作推进会，集中学习政策规定，部署清理规范工作。12 月 3 日，召开编外用工清理规范工作领导小组会议，审议县教育系统、县卫健系统、县机关事务保障中心等单位编外用工清理规范工作建议方案，并以县政府会议纪要形式印发落实，切实推动编外用工管理更加精细化、制度化、长效化。实名登记，动态有序调整。把全县编外用工数据信息纳入实名制系统管理，各用工单位根据人员变化情况，做好数据动态调整，实现人员管理的网络化、信息化和精准化。截至年底，全县编外用工 1532 人，与上年相比总量减少 467 人。

【事业单位登记管理】2020年，县委编办围绕做好机构改革“后半篇”文章，切实履行好事业单位法人登记监管职能，以法人登记助推事业单位改革落地见效。截至年底，共办理事业单位法人设立登记3家、变更登记86家、注销登记22家；办理机关群团统一社会信用代码证书变更27家、撤销2家。事业单位法人登记3个审批事项接入政务2.0平台，统一办事入口，实现“一网通办”。实行事业单位法人年度报告公示网上“全流程”办理，全面实现“跑零次、零见面”，完成154家事业单位2019年法人年度报告公示工作，公示率100%。12月，对县哈灵幼儿园、县汇文中学2所民办学校2019学年工作开展公益指数评价，综合部门评估得分情况，进行赋分计算。经评价，县哈灵幼儿园、县汇文中学评价结果均为A级。

【机构编制管理】2020年，县委编办推进机构编制实名制管理，严格执行编制使用核准制度，审核2020年公务员用编计划67人，其中公开招考43人、选调生公务员分配5人、转业军官安置1人、公开选调18人。审核事业单位公开招聘、选调、人才引进等用编计划186人，其中县级综合部门事业单位66人、教育系统53人、卫健系统67人、乡镇（街道）下属事业单位28人；核准年度定向培养计划54人，其中教育系统16人、卫健系统35人、基层林业2人、乡镇文化1人；核准国资营运机构定员使用计划35人。开展人员进出编登记和股级职数审核工作。全年办理进编登记340人，其中行政人员112人、参公人员13人、事业人员215人；办理出编登记311人，其中行政人员138人（含工勤3人）、参公人员16人、事业人员157人。开展股级领导职数审核，审核单位292个，股级领导职数1108人。

实行机构编制函告制，推动机构编制违规整改。对全县20家部门一把手开展机构编制函告，加强政策宣传，检查指导部门机构编制工作，增强机构编制纪律意识。配合县审计局开展全县5个部门、4个乡镇（街道）主要领导干部的机构编制审计工作。开展全县机关事业单位超编问题专项梳理工作，整理上报超编机关事业单位67家，超编337人，以事业单位改革为契机，通过人员调整、自然减员等方式，减少超编23家，消化超编42人。开展超审批权限设置机构等问题自查自纠工作，围绕机构编制违纪违规问题清单，全面检视机构设置类问题整改情况，以机构改革为契机，加快超审批权限设置机构的整改，全面梳理各机关事业单位职数和干部配备情况。

截至年底，县级以上科级行政机构42家，其中党委9家、人大1家、政协1家、政府25家、群团4家、检察院1家、法院1家。乡镇（街道）19家，其中街道3家、乡11家、镇5家。上级共下达松阳县行政编制1410人，实有1389人。全县共有事业机构369个，全县事业编制基数为4722人，实有4660人。事业编制报备员额556人，实有140人。

配合省委编办调研组开展机构编制实名制管理和系统升级改造调研工作，邀请县组织、人力社保、财政等部门参加调研座谈会，梳理实名制系统本土化开发需求建议供调研组参考。根据改革后印发的部门所属事业单位机构编制规定，组织相关人员及时开展实名制系统数据更新维护工作，审核部门提交的人员信息更新5786条。开展实名制数据质量压力测试及数据比对工作，6月、9月分别对实名制数据库和社保养老库数据的人员情况进行比对，并把问题数据反馈给单位及时整改。

配合开展机关事业单位人员职业生涯全周期管理一件事改革工作，通过调整优化业务流程，打通业务系统，推行数字化管理，简化办事流程，逐步取消纸质进（出）编登记表、新增（调任）人员基本情况登记表等，实行人员进（出）编无纸化和“零跑次”办理，发挥实名制系统在一件事改革中的基础性作用，为一件事办理提供保障。

【干部队伍建设】2020年，县委编办增强“组织口”意识，对标建设一支“政治过硬、作风优良、专博结合、能征善战”的高素质专业化机构编制干部队伍要求，开展“解放思想、加快发展”主题大讨论，全体干部围绕理念、服务、工作方面查找问题短板19条；积极为松阳、单位发展建言献策，提出“金点子”13个；确定“精彩一件事”——加强和规范全县机关事业单位编外用工管理。持续开展理论学习，组织机关夜学和主题党日活动，把《习近平谈治国理政》第三卷、中共十九大及十九届历次全会精神、全国两会精神、习近平总书记在浙考察重要讲话等精神列入年度学习重点，不断加强理论武装。按照《中国共产党章程》规定，召开支部换届选举党员大会，完成支部换届工作；高标准、严要求执行“三会一课”、党员先锋指数考评、党费收缴等制度，规范党内政治生活。增强作风建设，严格履行党风廉政建设、意识形态“一岗双责”制度，印发2020年全面从严治党和反腐败工作组织领导与责任分工，开展岗位廉政风险排查，压实全面从严治党主体责任。组织全办干部到青田开展党员教育活动，集中收看职务犯罪案件公开庭审，学习党员干部酒驾醉驾、违规操办婚宴、未经审批出国（境）等反面案例，汲取教训，筑牢党员干部廉政思想防线。

（县委编办）

党校工作

【概况】2020年，中共松阳县委党校（以下简称“县委党校”）新校区于1月3日正式启用，位于松阳县西屏街道白露岭59号，占地1.03公顷，内有行政楼、教学楼、报告厅、文体室等，教学基础设施齐全。县委党校核定人员编制18人，其中行政编制7人，事业编制11人，现有在编16人；内设办公室、教务科、 教研室、总务科、对外培训科、党建科、信息网络科7个科室。该校紧扣“田园松阳”升级版和“红色学府、示范党校、清廉基地”建设双建目标，以“工作站位上提标、教学培训上提效、科研咨政上提质、后勤保障上提速、队伍建设上提高”“五提”为抓手，创新“六大模块”“三大纪录”等教学改革、创刊《党校咨政》咨政内刊、创建校园文化工程和《党校工作规范》制度汇编等，实现县委县政府和上级党校交办的抓班子带队伍、教科研咨和行政后勤等任务。全校多人多次在省、市、县三级教科研比赛中获一、二、三等奖，全校教职员工和学员咨政文章多人多次获县委主要领导的肯定性批示，校机关党支部获得全县防疫防控通报表扬，在全市党校系统年度考核中获优秀等次，获党校系统成绩突出优秀集体。

【干部教育】2020年，县委党校突出党的理论教育和党性教育主课地位，始终围绕“专注学深悟透‘两山’发展理论，探索‘田园松阳’成为展示高水平生态文明建设和高质量绿色发展重要窗口的道路”为全年干训主题，使培训目标更明确，培训思路更清晰，培训质量更为高效。举办各类主体班次18期，培训学员1796人；承接对外培训班次（考察团）22期，培训学员1100余人；累计培训党员领导干部2000余人。

【科研咨政】2020年，县委党校创新实行课题领导负责制和全员参与制，深入开展调查研究，推动教研咨一体化建设，为松阳打造“高水平生态文明和高质量绿色发展”窗口出谋划策。创刊《党校咨政》，刊发咨政文章15期，其中3篇分别得到县委书记、县长、县委副书记、县人大主任、分管副县长等肯定性批示6个，入选市委党校送阅件2篇。教师包冬英的咨政成果获全省党校系统咨政优秀成果三等奖。文章撰写，课题立项、文章发表和征文获奖取得好成绩。在全省党校系统规划课题立项4个，在全市9个县（市）区省课题立项数量中并列第一位；丽水市“国家公园保护与发展、品牌推广”立项课题1个；县委立项课题13个；县社科联立项课题7个；《丽水党建交流》等市级刊物发表文章8篇；省级理论研讨会入选论文2篇；市级理论研讨会获奖2篇（一等奖1篇、二等奖1篇）。

【行政后勤】2020年，县委党校推进校园迁建扫尾工程。实施校园绿化、亮化提升工程，美化校园环境。创建数字化档案室，规范档案管理。建成松阳县干部关心关爱中心。建设“有声书吧”，创建信息化党校。打造党校文化生态，全力营造“红色学府、示范党校”为中心，开展“用学术讲好松阳故事，用学理助力强县梦想”为要求，以“党性、求学、为人、从政”四项教育和“红色、求学、为人、从政、清廉、生态文明、浙西南革命历史”七种文化为主要内容的校园文化，努力使“一草一木能育人，面面画壁会说话”。

【队伍建设】2020年，县委党校坚持以“内强素质、外树形象”为主要目标，从严从实抓好队伍建设，健全全员培训、考核评价、集中备课、集中调研等各项制度，立足党校伟大事业，锻造松阳红色铁军。抽调干部2人到县招商服务中心、县委巡察工作组等县重点部门挂职锻炼，选派干部1人到联系村担任农村第一书记。招聘教职工4人，其中全日制研究生学历的专职教师2人，参照公务员管理1人，其他岗位事业人员1人。组织教职工参加省、市各部门组织的培训30余人次。鼓励教职工参加教学比武，教师叶素云在市党校系统精品课比赛中获一等奖。做好防疫防控工作，发挥党校红色标兵的作用，该校职工参与社区卡口执勤工作300余次，包冬英获评防疫先进个人。发挥党校理论宣讲主阵地作用，组建一支含有高级讲师5人的理论宣讲团，主讲方向包括党史党章党规、清廉文化、全面从严治党等10个专题，共宣讲20余次，受众2000余人。

（县委党校）

档案史志

【概况】2020年，松阳县档案馆（松阳县党史和地方志研究室，以下简称“县档案馆”）基于现有档案馆库房饱和的现实和档案史志事业融合发展的需要，启动档案馆新馆建设项目。主动与县现代农业服务中心、环境监控检测中心联合大厦项目工作专班协调沟通，积极推进项目开工建设。准确把握长远性、特殊性、公共性，把社会组织与社会公众纳入档案馆建设满足目标，推动档案、史志工作机制创新，发挥档案史志公共文化服务功能，实现档案馆从部门空间走向公共场域。联合大厦项目于9月28日正式动建，其中档案馆单体预计2021年8月土建结顶，着手开展装修设计，并报请省档案局新馆建设专项补助资金500万元。

2020年，县档案馆把撰写信息新闻稿列入各项工作必备环节，营造人人动手写信息的良好氛围，宣传工作排全市第一名。在各级各类媒体刊物上发表180余篇信息、新闻和论文。其中，《中国档案报》录用5篇;浙江电视台新闻频道《跟着档案去旅行》栏目2次走进松阳，拍摄“松阳石仓契约篇”和“松阳芳溪堰治水篇”，每期12分钟在周五黄金时间段播出，把松阳乡村振兴成果和特色旅游展示给观众，并被“学习强国”录用；《文化匠人，打造乡土文化传承活样本》在省《联谊报》头版整版刊登。

与县融媒体中心联合录制播出“新视角探寻松阳红色故事”系列电视节目，以红色记忆为线索，挖掘松阳革命故事，展现“浙西南革命精神”内涵，内容涵括从1919年“五四”运动及至1949年中华人民共和国成立在松阳发生的重大历史事件，通过形象化、生动化的故事性叙述，把松阳革命先辈光辉的斗争历程以及主要事迹呈现给观众，让党史走近百姓，走进人心，得到广泛关注。截至年底拍摄8期。

史志专家变身“主播”讲述古城故事。县委宣传部推出线上视频“古城故事会”栏目，该馆洪关旺、何为松录制“松阳人的前世今生”等7次视频。节目在“松阳新闻”等微信公众号播出后得到广泛关注。

举办“档案见证小康路、聚焦扶贫决胜期”照片档案主题展，精心挑选馆藏档案图片150余张，制作成5大板块25个展板，以档案见证松阳县全面建成小康社会的历史进程和辉煌成就，在市政广场和档案馆展出，同时被省档案局选中在浙江在线“国际档案日”云展厅展示，成为全省4个云展览之一。通过“松阳新闻”公众号开展档案知识竞赛，500余名网友参与答题。在市政广场举办现场宣传活动，发放档案知识、档案文化、档案编研作品及史志书籍2000余份，接受档案咨询100余人次，开展答题赢礼品等丰富的现场互动活动，发放档案环保袋500份。

【建立新冠疫情防控专题档案库】2020年，县档案馆对应档案局、馆分设和《中华人民共和国档案法》修订后出现的新情况，明晰局、馆职责，理顺局、馆关系，努力推动实现档案行政管理和档案馆业务工作“双加强”。按照县委办县府办《关于做好新冠肺炎疫情防控档案工作的通知》精神，局馆密切配合，率先在全市启动建立新冠疫情防控专题档案库。指导各部门、乡镇（街道）开展疫情档案收集整理移交工作，共收集来自75个部门和乡镇（街道）的“疫情档案”35004件，其中纸质档案13908件，电子档案12230件，照片档案8725张，声像档案37件，实物档案104件，全面真实记录和反映县委、县政府带领全县人民抗击疫情和复工复产全过程。

2020年6月8日，县档案馆在市政广场开展“国际档案日”宣传活动

【档案执法检查】2020年，县档案馆全力配合县委办（县档案局）开展各项工作，完成58家单位的上年度档案年报工作；指导西屏街道、水南街道、安民乡、竹源乡等乡镇档案规范管理和村档乡管工作；开展“双随机一公开”执法检查，开展对县残联、水南街道、公积金中心等单位执法检查，并对团县委、县妇联、县编委办、县信访局、县行政审批中心等单位开展巡查检查，做好“互联网+监管”和“掌上执法”工作；配合省委办公厅对古市镇和樟溪乡开展的档案执法检查；推进乡村振兴档案规范管理考核等工作。

【档案接收征集】2020年，县档案馆接收县委办、县农业农村局、县民政局、县人力社保局等17家单位包括婚姻档案、行政村规模调整等档案共88704件、4039卷，照片档案28册，图书资料199册。接收捐赠档案595件，47卷，书籍4本。征集一批珍贵的明清契约文书（约800张），并向省档案局争取到2021年度重点档案抢救与保护专项资金20万元，用于修复并制作仿真件展出。

【档案查阅利用】2020年，县档案馆搭建数字化民生档案服务平台，深化“异地查档、跨馆服务”，提升档案利用效率，分秒之间满足群众查档需求。全年接待查档人次1702人次，查阅卷数10245卷、6136件、复印11490张，提供网上查档104人次，为解决各类矛盾纠纷，促进经济建设和社会和谐发展发挥积极作用。服务前置，针对各级学校学籍移交滞后问题，主动与县教育部门对接，以满足群众查档需求。加强档案安全管理。严格按照各项安全规章制度执行并逐项落实，库房做到勤检查勤整理，施行库房温湿度统计、档案出入库、安全检查等工作，确保档案实体安全。

【档案数字化稳步推进】2020年，县档案馆开展馆藏档案数字化扫描工作。成立数字化加工项目验收专家组，对前四期数字化扫描成果进行全面检查，对第四期数字化扫描加工进行验收。7月，开始第五期数字化扫描加工，专人跟踪检查数据扫描成果，重点对挂接匹配度、数据录入准确性、图片清晰度等进行查漏补缺。完成更新数据的重新挂接、备份。全年实现数字化扫描约100万页，历年累计完成数字化扫描956万页，基本完成接收档案数字化扫描工作。做好馆藏机房设备维护工作。对馆藏档案系统的服务器、磁盘阵列、备份一体机、交换机等设备一季度一巡检，确保机房硬件设备正常运行。

【档案信息安全管理】2020年，县档案馆每季度开展专项安全检查，确保馆藏档案管理系统、数字档案协同管理系统、浙江档案服务网、档案信息网正常运行，严格做到局域网、政务网、因特网“三网分离”。及时更新服务器最新的操作系统补丁；跟踪管理馆内数字化加工场所，严格计算机内外网物理隔离，做好涉密文件管理；定期对目录数据和全文数据进行备份，并检查存储介质，确保档案信息安全。完善“最多跑一次”电子档案统一管理平台。通过政务服务网暨“最多跑一次”电子文件归档及利用系统的应用，建立档案数据资源体系，开展OA系统电子公文和馆（室）档案资源共享利用，初步实现档案资源数字化、管理规范化、利用便捷化。

【党史编撰】2020年，松阳县党史编研作为全市唯一的试点县率先通过《中国共产党浙江松阳历史（第三卷）》初审。6月形成初审稿，共5编、25章、76节、217目，约40万字。7月23日，《中国共产党浙江省松阳历史（第三卷）》初审会召开，梳理审读组提出的625条意见和建议，经核实修改形成复审稿。计划年底送中共丽水市委党史研究室进行复审。重启《中国共产党浙江松阳历史（第一卷）》编辑出版。《中国共产党松阳历史（第一卷）》于2001年启动，2007年6月定稿，共9章、27节、86目，约13万字。后由于历史遗留问题，经报请省、市党史部门同意搁置出版。2020年在省、市委党史研究室推动下，成立《中国共产党松阳历史（第一卷）》出版工作领导小组，重新启动编撰出版工作，于10月19—20日召开复审会。梳理专家意见597条，拟于2021年1月再次提交市委党史研究室审核，并重新提请县委常委会审核批复，争取6月底前正式出版。修改出版《松阳英烈》《松阳县改革开放四十年成就——中国共产党松阳历史专题》《松阳县革命老区发展史》等党史资料，编撰《中共松阳县组织史资料（第六卷）》。

【革命遗址修复】2020年，县档案馆指导修缮安岱后红军主会场、红军食堂、红军桥，策划斗潭展馆、大竹溪县工委、高亭战斗遗址、玉岩叶义故居布展等，补助安民乡、枫坪乡、玉岩镇2020年度革命遗址保护专项经费10万元；深入研究革命斗争史，整理红色故事，撰写松阳革命斗争小故事50余个，丰富布展内容；配合指导“红色浙西南”建设，对相关文案质量进行把关，参加《安民枫坪红色旅游小镇规划方案》《安岱后红军主会场、红军食堂、刘英粟裕旧居展示方案》等各类评审会近20次，对革命遗址修复和建设提出指导性意见建议。配合上级部门开展丽水市革命遗址松阳部分核对。完成县域内第三次革命遗址普查，配合市委党史研究室召开《丽水市革命遗址保护条例》立法调研松阳座谈会，为立法工作提供基础性资料和建设性的意见。

【培育党史教育基地】2020年，县档案馆推进党史教育基地建设，虎山革命纪念地、大东坝镇党建展馆入选丽水市第三批党史教育基地；开展省级第一、二、三批党史教育基地保护利用情况调查，组织申报省第四批党史教育基地；弘扬践行“浙西南革命精神”。到各单位开展宣讲30余次，受众7700余人次；向市“浙西南革命精神”论坛提交学术研讨论文5篇；做好丽水新四军历史研究会松阳分会工作，组织召开纪念中共松阳县工委成立八十周年暨抗美援朝七十周年座谈会；开展走访解放战争前后的部分亲历者及记录口述史等工作。

【县志编纂】2020年，县档案馆开展《松阳县志》二轮修志。二轮修志复审之后，根据专家学者的意见和建议，进行篇章重组改稿。5月30日，完成终审稿，《松阳县志》（新修）正式交付出版社。7月29日，召开《松阳县志》（新修）终审会。8月开始对三审稿进行校验。12月，进入印刷服务招投标程序。

【年鉴编纂】2020年，由于上年度全县机构改革，人员机构变动较大，《松阳年鉴（2020）》遵循全面性、科学性、连续性和常编常新的原则，在保持原来类目稳定的基础上进行适度创新和调整。9月，《松阳年鉴（2020）》交予出版社审稿；开展招标印刷，年底正式公开出版。

【旧志整理】2020年，县档案馆新增征集寺岭下徐氏、城南王氏、南坑口何氏、黄公渡邱氏宗谱、新安江落户松阳陆氏宗谱等6部11册，截至12月底，共收录102个姓646支1000余卷册。协助市档案馆完成成化版《处州府志》的点校工作、协助《处州文献集成》编纂调研。继续整理古本县志，完成《松阳舆地图志》编纂排版工作。

【田园文化丛书组稿】2020年，县档案馆持续编辑出版“田园松阳文化丛书”。第四辑、第五辑共计10本出版发行，系列丛书累计出版29本。完成“田园松阳文化丛书”第六辑、第七辑组稿，共12本，228万字。联合樟溪乡编辑印发《清廉樟溪绘本》，精选17个樟溪历史上发生的清廉故事，首次尝试以连环画的形式展现松阳廉政文化，并在力溪连环画乡村艺术馆外墙展示，助推廉政文化精品工程建设，培育良好的村风民风。助力全域生态（乡村）博物馆、村级文化礼堂、黄南水库移民馆、张玉娘诗文馆、望松文旅小镇、老邮电局、文里区块等项目的设计、评审、建设、布展及文旅资源普查审查，提供史料依据，充实文化内涵。

【疫情防控聚合力】2020年，县档案馆在新冠疫情期间，全体党员干部第一时间向所在社区临时党支部报到，参与社区安排的住户排查、防疫宣传、外来人员管理、居家观察人员管理、卡点检查检测等工作，累计100余人次400余小时。参与西屏街道原交通局宿舍卡口值守，坚守岗位，完成扫描、测温、登记等工作，参与值守共408人次2312小时。捐赠防疫物资3150元、向县红十字会捐赠口罩500个。落实县疫情联防联控指挥部交办任务257件并及时反馈，制定《松阳县档案馆疫情防控方案》《松阳县档案馆疫情防控应急预案》，填好“一人一表”登记表，执行亮码+测温+登记，守好单位入口。通过“延迟办、网上办、掌上办、预约办”，做到疫情防控与查档服务两不误。发挥资政作用，第一时间提供档案史料。通过数字档案馆，全面迅速检索梳理161份（不含机密件）2003年松阳县抗击“非典”疫情的相关档案，整理《松阳历史上曾发生的疫情》，为全县部署疫情防控工作提供参考。该馆党支部被县委组织部评为全县疫情防控表现突出基层党组织。

【清廉机关建设】2020年，县档案馆被县纪委列为“清廉机关”建设示范点之一，并在全县“清廉机关”擂台赛中获二等奖。编制内部管理、业务工作及党内法规制度汇编，探索建立档案史志业务工作标准化体系化模式，保障档案、史志主业的延续性，解决业务工作因人员变动而断档问题，逐步构建系统完备、科学规范、运行高效的制度体系，形成用制度管权管事管人的长效机制。巩固“两学一做”和“不忘初心、牢记使命”主题教育成果。结合主题党日、夜学、民主生活会、组织生活会加强干部教育。组织全馆党员干部到安岱后村、力溪村、北山村养老中心开展主题党日活动，帮扶做好村集体增收、低收入农户扶贫结对、“五水共治”、村级组织换届等工作，入选县委组织部微信公众号“田园先锋”开设的“主题党日系列展播”专栏。坚持做到廉政党课班子成员亲自上，廉政警示活动常开展，廉政谈话分级全覆盖，廉政风险点常提醒，引导全馆干部“忍得住清贫、耐得住寂寞、经得住诱惑”，培育“忠诚担当、创新开放、敬业守真、淡泊清廉”的档案史志人职业精神。编制两类图表，织密廉政风险防控网。以“各项工作流程廉政风险防控图”为经线，以“本单位、内设科室、各个岗位廉政风险防控表”为纬线，织密廉政风险防控网。分决策类、组织人事类、业务工作类、财务管理类、考勤管理类5大类，编制19张工作流程风险防控图，查找出廉政风险点44个，制定防控措施45条，形成整个单位、各科室、班子成员及每位干部共12张“廉政风险防控表”。本着“依规、合理、节俭”的原则，通过开展文印定点询价、推行书籍出版工作流程项目化管理、规范合同管理、终止书画租赁、取消年鉴公益类照片有偿征集等措施，减少财政开支，严肃财经纪律，规范财务管理。

【教育培训提素质】2020年，县档案馆借《中华人民共和国档案法》颁布实施之际，分层分类开展全员培训，力促宣传贯彻工作横向到边纵向到底全覆盖，增强全县档案干部队伍的责任意识和管理意识，为实现县域档案治理体系和治理能力现代化夯实基础。纳入县委理论学习中心组专题学习会。邀请省档案馆副馆长、研究馆员胡元潮作《增强档案法治意识 履行档案工作责任——新修订〈档案法〉解读》专题辅导。列入县委党校部门办班计划。委托浙江省档案干部教育培训中心举办《中华人民共和国档案法》宣传贯彻培训班，各部门、乡镇（街道）档案工作分管领导76人参加培训，进一步树立基层单位依法治档意识，提升档案基层治理能力。举办专项业务培训。先后开展档案数字化建设、企业档案业务知识培训，邀请市档案馆副馆长朱悦华为乡镇档案员80余人、国企办公室人员80余人授课。开展全县村社组织换届档案管理指导。派出分管领导在全县村社组织换届工作业务培训会上作档案专题培训，确保村社组织换届档案收集整理到位、移交到位、监管到位。全年该馆干部参加各级各类史志档案业务培训30余人次。

（县档案馆）

信访工作

【概况】中共松阳县委、松阳县人民政府信访局（以下简称“县信访局”）是县委县政府负责全县信访工作的职能部门，为县委工作机关，正科级，挂县统一政务咨询投诉举报平台管理办公室牌子。2020年，该局内设办公室、来信来访（督查）2个科室，下属松阳县人民政府信访事项复查（复核）中心，松阳县12345政务咨询投诉举报服务中心2个事业单位，增设下属事业单位1个——松阳县矛盾纠纷调处化解服务中心，增加事业编制 3 人。9 月，新增科级编制干部 1 人（信访督查专员）。

2020 年，接待来访 926 次，初次访化解率 93.3%。初次来信 29 件，化解 27 件，初信化解率 93.1%；初次网上信访（除咨询类外）1754 件，化解 1719 件，化解率 98%；网上信访占比 61.11%。“12345”来电接听 21797 个，转办 1550 件。统一政务平台信访件按期受理率 100%，按期办结率 100%，回访核实率 100%，群众满意率 100%。

【疫情防控工作】2020 年，自全省启动重大突发公共卫生事件一级响应后，县信访局立即启动应急预案，松阳县“12345”政务咨询投诉举报服务中心全体工作人员放弃春节休假，变值班为正常上班，对话务接听、夜间值班、承办落实等进行增援，充分发挥“疫情晴雨表”的作用，把每日动态、群众诉求等相关情况反馈到县疫情防控指挥部，并实现涉疫类信访事项均当天交办当天办结，办结率 100%，为政府决策和防疫工作提供翔实的依据，提高政府应对疫情相关动态的速度。全局实行分批分区域上班，并参与社区、联系村疫情防控，保证社区值守与来信、网上信访等业务工作正常运行。全县乡镇（街道）信访干部及信访代办员自发为居家隔离群众“代跑服务”，累计为群众办事 1600 余件。

【开展巡视巡察问题整改】2020 年，县信访局针对省委巡视、县委巡察信访局党组反馈的问题，开展即知即改，专题研究，年初召开专题民主生活会进行剖析，制订详细整改清单。成立整改工作领导小组，明确责任科室职责、具体明确办结时限和办理要求，保证一件一件落实、一条一条兑现。健全制度，跟踪督查。对巡察反馈的问题，倒查制度缺陷，完善制度建设。对整改情况和取得的成效，及时进行“双公开”，主动接受监督，确保巡察整改成效经得起实践和群众的检验。在规定的整改期限内，30 个问题立行立改，12 个问题制度整改并长期坚持。在巡察整改量化评估中，该局党组获优秀等次。

【积案化解专项行动】2020 年，县信访局结合《松阳县实现“省级无信访积案县”目标收官年实施方案》和信访积案化解百日攻坚活动，积极作为，主动牵头、督导各级积案难案化解，推进积案化解各项工作，实现无信访积案县收官目标。对年初排查的各类信访积案难案均建立“一案一档”工作台账，逐案落实包案领导推进化解。国家级积案 10 件化解 10 件，化解率 100%；省级积案 2 件化解 2 件，化解率 100%，历史积案 50 件化解 42 件，化解率 84%；农村建房类信访件 10 件化解 10 件，化解率 100%，新增积案率下降 63.81%。

【社会矛盾纠纷调处化解中心改造升级】松阳县社会矛盾纠纷调处化解中心（以下简称“县矛调中心”）按照“二类地区”标准建设，2020 年 10 月搬迁至县原林业局新址运行。县信访局整体进驻，负责县矛调中心运行管理，建立健全中心日常管理“六大机制”，实现社会矛盾纠纷“一窗受理、集成办理、最多跑一地”。是年，县矛调中心共接待来访群众 5405 人次，其中法律咨询接待 662 人次，共调解 1270 件，调解成功 1261 件，涉及金额 6334.37 万元。建立玉岩镇矛调分中心。完善信访代办制，全年乡镇、村级信访代办 1127 件，化解 1095 件，一次性化解率 97.2%。

【净化信访生态环境】2020 年，县信访局引导群众依法理性维权。坚持从维护群众合法利益出发，通过“教育为主、惩戒为辅”的方式，引导信访人依法规范信访。继续开展信访事项依法终结工作，在上年全省信访事项依法终结试点工作基础上，继续完善提升工作方法，采取领导接访、专项救助、多方联动疏导等措施，寻求终结案件的突破口，借势引导信访人回归理性，推进问题解决。全年听证终结信访事项 2 件。启动信访信用管理工作，推进信访工作双向规范。提升信访件规范办理的同时，压实工作责任，对办理不规范的事权单位发出工作提醒，实地督查办理情况。县信访联席办对工作责任落实不到位的 6 个单位发出通报批评。配合县政法机关对不依法信访的行为采取行政拘留 5 人，司法拘留 1 人，教育训诫 9 人。

【营造信访文化氛围】2020 年，县信访局依托信访环境整肃工作，着力净化信访生态，推动宣传全县信访文化。开展普法宣传常态化。在新兴镇上安茶青市场、市政广场开展《信访条例》修订 15 周年宣讲以及依法信访宣传活动，累计发放《依法信访》宣传单册 1500 余份。在县矛调中心窗口放置纸质宣传文件供来访群众查阅。11 月 2 日，信访局党组书记、局长叶春松为青干班学员作题为《新形势下信访工作》授课。开展信访队伍强能力建设。提升信访事项受理、办理质量，增强组织活力，激发队伍动力。开展县乡信访干部岗位练兵比武活动，5 月在全市信访系统“三比三化”岗位练兵比武中获二等奖。开展信息宣传争先进。全年在国家、省、市级报纸、杂志、网站等录用信访信息 60 条，获全市信访系统信息宣传工作二等奖；该局干部吴深玲撰写的《一家老小趣话“廉”》文学作品在“清廉丽水建设”主题征文活动中，获丽水市二等奖，松阳县一等奖。

（县信访局）

关心下一代工作

【概况】2020 年，松阳县关心下一代工作委员会（以下简称“县关工委”）设专职副主任 1 人，其余副主任均由离退休老干部或在职的县领导及有关部门领导兼任，名誉主任、顾问若干人。县关工委办公室编制 3 人，参照国家公务员制度管理。其中，办公室主任 1 人（副科长级）由关工委专职副主任兼任。

【青少年思想道德教育】2020 年，县关工委创新教育宣讲方式，以“菜单式”服务，把宣讲团成员姓名、宣讲课题列表供学校选择。因疫情影响，上半年以深入开展学生思想政治教育需求为主，调整壮大宣讲队伍，精心安排宣讲内容和制定宣讲方案。9 月开始，安排以“传承红色基因 弘扬浙西南革命精神”为主题的宣讲活动，组织宣讲团成员到各中小学校，为传递党的声音开辟“直通车”。该委全年在 25 所中小学校开展系列宣讲活动 32 场次，累计受教育青少年 1.2 万余人次。制定《关于进一步加强我县关心下一代教育基地建设的实施方案》，命名大木山茶园等 5 个基地为全县首批关心下一代教育基地，参与县科协等部门联合组织的科普研学活动，助力广大青少年健康成长。

【帮困助学】2020 年，县关工委筹集帮困助学资金 138 万元，资助学生 389 人，其中中小学生及困境儿童 323 人，大学生 66 人。高考结束后，通过《都市快报》、《中天·钱报》、《嘉兴南湖晚报》、《处州晚报》、“市关心下一代基金会”等开展助学活动，争取和筹集帮困助学资金 85.2 万元，资助大学贫困新生 66 人。同时，联合县教育局在全县中小学生及社会资助学生中开展感恩教育活动，重点开展撰写一封书信、送上一份问候、讲好一个故事、报告一次成绩、参加一次公益活动“五个一”活动。在疫情防控期间，对受资助大学生开展爱心关爱行动，逐一联系前 3 年资助的所有贫困大学生，到户进行回访，了解历届受助学生疫情下学习情况和家庭现状，并开展感恩教育。

【科技扶农】2020 年，县关工委以农业三大支柱产业和农业“两区”建设为重点，实施“双百”助力乡村振兴工程。组织老科技专家联系百亩无公害水稻油菜高产示范、千亩光伏基地等项目。全年 16 名老专家下乡实地指导 390 余次，举办各类农技培训班 22 期，参训 1544 人，发放培训资料 1500 余份，发挥科技老专家的作用，手把手教会基地农民种养殖技术，为县域经济发展培养了一批乡村振兴致富带头人，帮助青年农民科技致富，为乡村振兴添彩。在疫情防控期间，老科技专家发挥专业优势为农业复产提供技术服务，全力护航农业复产工作。

2020 年 10 月 16 日，县关工委在汇文小学开展“传承红色基因　弘扬浙西南革命精神”主题宣讲活动

【自身队伍建设】2020 年，县关工委充实“五老”队伍，对超出年龄或身体原因不适合继续开展工作的人员进行调整，吸收年轻人员 8 人参与其中。同时，考虑到参加关心下一代工作的人员年龄在 60～80 周岁，下基层、安全出行存在一定风险，在县委县政府的关怀下，购买商业意外保险，提高“五老”参与关心下一代工作的热情。与此同时，出台 17 项规章制度，并编印成册，使县关心下一代工作开展有章可循。全年完成《青少年思想和家庭现状与发展趋势》《中小学生健康现状》调研报告，为关心下一代工作建言献策。

（县关工委）

全面深化改革工作（“最多跑一次”改革）

【概况】2020 年，松阳县全面深化改革服务中心（以下简称“县改革服务中心”）深入贯彻中央、省委、市委和县委全面深化改革各项部署，全力推动重点领域改革和关键环节落地见效，有效助推“田园松阳”跨越式发展。2020 年 12 月，《松阳县高质量跨越式发展综合改革试点方案》获省委书记袁家军批示肯定。

【便民服务改革】2020 年，县改革服务中心以服务群众为出发点，深入推进“最多跑一次”改革向公事、民事、商事全面延伸，深化“一窗受理、集成服务”改革，全面推行审批领域跨部门全科无差别受理，41 件公民和企业全生命周期“一件事”改革深入推进，1378 个事项实现全域一证通办，全年网上办件量 44.7 万件。

深入推进机关内部“最多跑一次”改革，通过强培训、把关口、抓监管等举措，机关内部 228 个事项实现常态化线上办理，全年累计办件 8000 余件，机关内部非涉密事项 100%实现“一网通办”，新增机关内部联办“一件事”9 件，全年综合考核指标排名全市第一名。深化“1+N”代办模式、“三延伸”等制度，创新“两单一办法”工作机制，理顺农村代办事项，完善代办员管理和激励机制，全面打通农村群众便民服务“最后一公里”，全年累计开展代办事项 3 万余件。

【基层治理改革】2020 年，县改革服务中心以协同高效为着力点，推进社会矛盾纠纷调处化解中心工作机制进一步完善，推动构建“党建统领+矛调中心+四个平台+全科网格+集成服务”的社会治理新模式，全年接待来访群众 5405 人次。推动县乡村联动信访代办机制建立，实现“村级信访代办—乡镇（街道）矛调分中心—县级矛调中心”矛盾逐级导引化解机制，累计代办信访件 1127 件，化解 1095 件。推进基层治理四平台“数字化”提升，与省市平台做好对接，新系统上线以来共上报处置各类事件 46822 件。推动人民调解工作机制全面完善，实行政府购买人民调解服务。推动统一政务咨询投诉举报平台建设，完善 12345 热线运行流程，确保各类政务咨询投诉问题实时发现、即时受理、及时办结，实现按期受理率 100%，按期办结率 100%，回访核实率 100%，群众满意率 100%。推动联动式现代警务运行体系建设，推进以大警种融合、大数据赋能深化“情指行”一体化，社会综合治理能力全面提升。

【民生保障改革】2020 年，县改革服务中心以服务提质为关键点，深入推进民生领域改革。围绕公共场所服务大提升，全面铺开交通、文化、体育、旅游、商务、生活、医疗等公共场所改造提升，浙南茶叶市场通过省级首批“五化”市场验收，城乡公交线路实现移动支付全覆盖，车辆检测站实现“交钥匙”“一站式”服务。围绕学有所教，深化教育体制改革、教师“县管校聘”等改革，教育现代化发展水平监测获全市第一名，被列入中小学教师职称自主评聘改革试点。围绕劳有所得，创新技能人才培养体系，全年开展各类职业技能培训 4801 人，健全欠薪联合处置机制，创成“无欠薪”县。围绕病有所医，深化县域医共体深度融合，医院住院、门诊智慧结算率分别提升至 61.41% 和 75.06%。围绕老有所养，出台《松阳县乡镇（街道）级居家养老服务中心建设和运营补助办法（试行）》，松阳县君宇颐养院入选省级康养联合体试点，推进特困供养模式在全国农村养老服务推进会议交流。围绕住有所居，探索发展住房租赁业，完善住房保障体系，累计发放公共租赁住房补贴 14.13 万元。围绕弱有所扶，实现 15 个部门数据共享工作，社会救助省内异地申请。

【特色创新改革】2020 年，县改革服务中心以特色创新为突破点，深入推进“拯救老屋行动”，全年开工“拯救老屋行动”二期项目 35 个，验收 26 幢，35 幢老屋确定后期利用意向，新培育传统工匠 115 人。推进全县域组织化模式，探索建立“全域统筹、协调联动、共享互联”的资源整合、市场运营、信息互通、利益联结等创新机制，制定下发《关于开展“改革创新提升年”活动的实施方案》《松阳县全县域农民组织化提升活动方案》，健全一、二、三产业融合发展机制和公司、基地、农户利益联结机制，实现基地共建、利益共享。探索村级工程“集体建”模式，建立村干部发展村级集体经济激励机制和“双增”长效机制，89 个村 144 个工程采用“集体建”模式。深化“两山”转化，推进县乡两级生态强村公司、“两山银行”建设，《以传统村落改革试点打造文化引领的乡村振兴》获全市高质量绿色发展 20 大创新样本，平田村入选国家发改委旅游典型案例，大东坝镇“水墨小港”成为省级农村综合改革集成建设项目。深化中医药复兴地建设，健全中医药传承创新发展机制，打造中医智能医联体系统，构建中医药保障、服务、产业、运行、文化五大体系，创成全国基层中医药工作先进县。

（县改革服务中心）

松阳县人民代表大会

松阳县第十二届人民代表大会第四次会议

综 述

【概况】2020年，松阳县人民代表大会（以下简称“县人大”）是松阳县地方国家权力机关，县人民代表大会常务委员会（以下简称“县人大常委会”）是县人民代表大会的常设机关，由同级人民代表大会选举产生。依据法律规定，在本行政区域内，县人大常委会有审议决定重大事项、任免地方国家机关工作人员和对法律法规的贯彻实施、对县人民政府、县人民法院、县人民检察院工作及其人员进行监督等职权。县十二届人大常委会组成人员29人，其中主任1人，副主任5人，委员23人。

【指导思想】2020年，县人大常委会高举习近平新时代中国特色社会主义思想伟大旗帜，坚决贯彻党中央和省市县委重大决策部署，围绕打造高水平生态文明建设和高质量绿色发展“重要窗口示范区”的历史使命，大力弘扬践行“浙西南革命精神”，坚定厉行“丽水之干”，奋力彰显“松阳担当”，充分发挥人大优势，认真履行法定职责，为统筹全县疫情防控和经济社会发展，全面建成小康社会作出积极贡献。

【机构设置】松阳县第十二届人民代表大会设立法制（监察和司法）委员会、财政经济委员会、社会建设委员会3个专门委员会，人大常委会办公室和法制监察司法工作委员会、财政经济工作委员会、教育科技文化卫生工作委员会、代表与选任工作委员会、农业资源环境工作委员会、民族宗教华侨工作委员会、社会建设工作委员会7个工作委员会作为工作机构，西屏街道工作委员会、水南街道工作委员会、望松街道工作委员会作为派驻街道的工作机构，为人大常委会依法履行职责服务。在各乡镇设乡镇人民代表大会（简称“乡镇人大”），县、乡镇人民代表大会会议每年至少举行一次。县人民代表大会及其常委会每届任期5年，乡镇人民代表大会每届任期5年。

重要会议和决议决定

【县人民代表大会】2020年，松阳县第十二届人民代表大会第四次会议（以下简称“县十二届人大四次会议”）于4月27日下午召开预备会议。会议听取县十二届人大常委会代表资格审查委员会主任委员汤根木所作的《关于松阳县第十二届人民代表大会代表资格审查的报告》，通过大会议程、各项决议决定的表决方式、大会主席团和秘书长名单39人、议案审查委员会名单9人，会议表彰先进，中共松阳县委书记王峻在预备会上发表讲话；县十二届人大常委会党组书记徐为民主持预备会议。

4月28日，县十二届人大四次会议在县会议中心正式召开，会期4天。会议正式代表167人，列席人员179人，其中线上列席134人。会议听取和审查县长李汉勤代表松阳县人民政府（简称“县政府”）所作的政府工作报告、县十二届人大常委会党组书记、主任人选徐为民所作的县人大常委会工作报告、县人民法院院长林伟所作的县人民法院工作报告、县人民检察院检察长汪兴所作的县人民检察院工作报告，审查、批准松阳县2019年国民经济和社会发展计划执行情况的报告及2020年国民经济和社会发展计划，审查松阳县2019年财政预算执行情况的报告和2020年财政预算草案，批准松阳县2019年财政预算执行情况的报告和2020年财政预算，审议松阳县2019年环境状况和环境保护目标完成情况的报告。会议经过审议，作出决议，决定批准上述报告。

会议选举徐为民为松阳县第十二届人民代表大会常务委员会主任，选举潘俊明为松阳县第十二届人民代表大会常务委员会副主任，选举冯黎明、黄健、程晓东3人为松阳县第十二届人民代表大会常务委员会委员。通过县十二届人大法制（监察和司法）委员会和社会建设委员会组成人员名单。

会议票决产生2020年松阳县十件民生实事，分别为农村饮用水达标提标工程、农村生活污水处理设施标准化提升改造、交通便民设施综合提升、儿童青少年近视防控、消防安全隐患线路整治、农村亮化工程、加强食品安全监管、“大搬快聚富民安居”工程、小区基础设施提升改造、居家养老健康管家项目。

会议共收到代表提出的议案7件，其中财贸城建方面1件，农林水方面1件，教科文卫方面2件，工业交通方面1件，其他方面2件。同时，代表提出建议165件，其中有3件建议作为来信处理。对以上169件建议进行分析研究，对内容相近、承办部门相同的并案处理，并案后为101件。

会议共召开主席团会议5次。提出县十二届人大四次会议选举办法（草案）和民生实事项目票决办法（草案），提出关于设立县十二届人大社会建设委员会及更名法制（内务司法）委员会的决定（草案），提出关于县十二届人大专门委员会组成人员人选通过办法（草案）。通过主席团常务主席名单10人、执行主席分组名单、副秘书长名单、会议日程，作出议案截止时间的决定，听取各代表团关于县十二届人大四次会议选举办法（草案）和民生实事项目票决办法（草案）讨论情况的汇报，听取各代表团关于设立县十二届人大社会建设委员会及更名法制（内务司法）委员会的决定（草案）审议情况的汇报，听取关于县十二届人大专门委员会组成人员人选通过办法（草案）讨论情况的汇报。听取各代表团对政府、人大常委会、法院、检察院4个工作报告审查情况的汇报，听取县政府关于民生实事候选项目的说明，通过候选项目，提名各项选举候选人，提出县十二届人大部分专门委员会组成人员人选名单。听取各代表团对计划、财政2个工作报告审查情况的汇报，听取各代表团对政府环境保护工作审议情况的汇报，听取、通过县人大财经委员会关于财政预算审查结果的报告，听取、通过议案审查委员会关于议案审查结果的报告，提出各项工作报告决议(草案)，提出总监票人、总计票人建议名单。听取各代表团对2020年松阳县十件民生实事候选项目讨论情况的汇报，听取各代表团对各项工作报告决议（草案）讨论情况的汇报，听取各代表团提名酝酿各项候选人和县十二届人大部分专门委员会组成人员人选名单（草案）情况的汇报，确定各项正式候选人，确定县十二届人大部分专门委员会组成人员人选建议名单，提请大会通过。

【县人大常委会会议】2020年，松阳县第十二届人大常委会（以下简称“县人大常委会”）共举行常委会会议8次。会议听取和审议“一府两院”（县政府、法院、检察院）专项工作报告24个，依法作出决议、决定37个，任免地方国家机关工作人员和人民陪审员132人次。

1月19日上午，县十二届人大常委会举行第二十三次会，会期1个小时，县人大常委会组成人员26人出席会议。会议听取县十二届人大常委会代表资格审查委员会关于部分代表资格变动情况的报告；听取县十二届人大常委会主任会议关于提请补选县人大代表的议案。

3月26日上午，县十二届人大常委会举行第二十四次会议，会期1天，县人大常委会组成人员23人出席会议。听取和审议县人民政府关于新冠肺炎疫情防控和复工复产工作情况的报告；听取县人民政府关于县十二届人大三次会议代表建议和重点督办件办理情况审议意见落实情况的报告并进行满意度测评；听取县人民政府关于2019年民生实事项目办理情况的报告并进行满意度测评；初审政府工作报告和2020年松阳县十件民生实事项目候选项目；初审松阳县2019年国民经济和社会发展计划执行情况及2020年国民经济和社会发展计划草案的报告；初审松阳县2019年财政预算执行情况及2020年财政预算草案的报告；初审松阳县2019年环境状况和环境保护目标完成情况的报告；初审县人民法院工作报告；初审县人民检察院工作报告；初审县人大常委会工作报告；听取吴王文、吴为民、何群荣、潘建伟、王心阳5名县人大常委会任命干部的2019年度履职情况报告，并进行满意度测评，审阅其他县人大常委会任命干部的2019年度履职情况报告（书面）；补选丽水市第四届人民代表大会代表；书面报告2019年松阳县人大常委会信访工作；听取人事任免议案，作出相关人事任免决定。

4月17日上午，县十二届人大常委会举行第二十五次会议，会期1小时，县人大常委会组成人员24人出席会议。会议审议县人大常委会关于召开松阳县第十二届人民代表大会第四次会议的决定（草案）；听取和审议《松阳县第十二届人民代表大会第四次会议列席人员的决定（草案）》；听取县十二届人大常委会代表资格审查委员会关于个别代表资格变动情况的报告；听取和审议县十二届人大常委会代表资格审查委员会关于代表资格审查的报告。

6月24日上午，县十二届人大常委会举行第二十六次会议，会期1天，县人大常委会组成人员28人出席会议。会议听取和审议县人大常委会主任会议关于确定县十二届人大四次会议代表建议重点督办件的报告；听取和审议县人民政府关于2019年度政府重大投资项目执行情况及2020年度政府重大投资项目计划（草案）；听取县人民政府关于2020年政府性基本建设预算的报告；听取和审议县人民政府关于2019年度全县国有资产管理情况相关报告；听取和审议县人民政府关于全县数字经济发展情况的报告；听取县人民政府关于全县“七五”法治宣传教育工作情况的报告；听取县人民检察院关于公益诉讼工作情况报告审议意见落实情况的报告；听取和审议松阳县人民代表大会常务委员会街道工作委员会工作规则（草案）；听取人事任免议案，作出相关人事任免决定。

7月20日下午，县十二届人大常委会举行第二十七次会议，会期1小时，县人大常委会组成人员27人出席会议。会议作出人事任免决定；聘任县十二届人大常委会咨询专家组成员；听取松阳县十二届人大常委会代表资格审查委员会关于部分代表资格变动情况的报告。

8月31日下午，县十二届人大常委会举行第二十八次会议，会期1.5天，县人大常委会组成人员26人出席会议。会议听取和审议县人民政府关于2020年上半年全县经济社会发展情况和下半年政府工作的报告；听取和审议县人民政府关于2020年上半年十件民生实事项目进展情况的报告；听取和审议县人民政府关于2020年地方政府债券使用安排的议案；听取和审议县人民政府关于2020年上半年财政预算收支执行情况的报告；听取和审议县人民政府关于2019年度财政决算（草案）的报告；听取和审议县人民政府关于2019年度财政预算执行和其他财政收支情况审计工作的报告；听取和审议县人民政府关于2020年上半年工业经济运行情况（促进全县民营工业企业发展情况）的报告；听取和审议县人民政府关于矛盾纠纷调处化解“最多跑一地”改革工作情况的报告；听取和审议县人民政府关于农村生活垃圾分类处理推进情况报告审议意见落实情况的报告；听取和审议县人民政府关于疫情防控和复工复产报告审议意见落实情况的报告；审议通过松阳县人大常委会关于加强检察机关行政公益诉讼工作的决定（草案）；听取人事任免议案，作出相关人事任免决定。会前还对农村饮用水达标提标工程、儿童青少年近视防控、加强食品安全监管三件民生实事项目办理进展情况开展现场视察。

10月30日下午，县十二届人大常委会举行第二十九次会议，会期1天，县人大常委会组成人员25人出席会议。会议听取和审议县人民政府关于代表建议办理工作和重点督办件落实情况的报告；听取和审议县人民政府关于消防安全隐患线路整治、“大搬快聚富民安居”工程、居家养老健康管家项目三件民生实事项目进展情况的报告；审议通过松阳县人大常委会关于加快推动生态工业高质量发展的决定（草案）；审议通过松阳县人大常委会关于人大代表助力社会矛盾纠纷调处化解“最多跑一地”改革工作的决定（草案）；听取人事任免议案，作出相关人事任免决定。会前还对消防安全隐患线路整治、“大搬快聚富民安居”工程、居家养老健康管家项目三件民生实事项目办理进展情况开展现场视察。

12月17日上午，县十二届人大常委会举行第三十次会议，会期1天，县人大常委会组成人员25人出席会议。听取县人民政府关于小区基础设施提升改造、农村亮化工程、农村生活污水处理设施标准化提升改造、交通便民设施综合提升四件民生实事项目进展情况的报告；听取县人民政府关于2020年上半年全县经济社会发展情况和下半年政府工作报告审议意见落实情况的报告；听取和审议县人民政府“十三五”规划纲要执行情况及“十四五”规划纲要编制情况报告；听取县人民政府关于2020年上半年财政预算收支执行情况报告审议意见落实情况的报告；听取和审议县人民政府关于2020年预算调整方案（草案）的报告；听取县人民政府关于2020年上半年工业经济发展情况报告审议意见落实情况的报告；听取县人民政府关于全县数字经济发展情况报告审议意见落实情况的报告；听取县人民政府关于2019年度财政预算执行和其他财政收支情况审计查出问题整改落实情况的报告；听取和审议县人民法院关于加强人民陪审员工作情况的报告；听取和审议县人民政府关于县域医共体建设情况的报告；听取和审议县公安局关于提请许可对黄某升行政拘留的申请；听取和审议江山市公安局关于提请许可对叶某水行政拘留的申请；审议丽水市第四届人民代表大会代表辞职事项；听取和审议人大街道工委年度工作报告；审议通过县人大常委会主任会议关于调整代表资格审查委员会的议案；听取人事任免议案，作出相关人事任免决定。

【决议决定】2020年，县人大常委会依据宪法和法律赋予的权力，并根据《松阳县人大常委会讨论决定重大事项的暂行规定》，依法行使重大事项决定权。

1月19日，县十二届人大常委会第二十三次会议，听取县十二届人大常委会代表资格审查委员会关于部分代表资格变动情况的报告，作出松阳县人大常委会关于接受吴宝良等请求辞去松阳县第十二届人民代表大会代表职务的决定；听取县十二届人大常委会主任会议关于提请补选县人大代表的议案，作出松阳县人大常委会关于补选松阳县第十二届人民代表大会代表的决定。

4月17日，县十二届人大常委会第二十五次会议听取和审议县人大常委会关于召开松阳县第十二届人民代表大会第四次会议的决定（草案），作出松阳县人大常委会关于召开松阳县第十二届人民代表大会第四次会议的决定；听取和审议《松阳县第十二届人民代表大会第四次会议列席人员的决定（草案）》，作出松阳县人大常委会关于《松阳县第十二届人民代表大会第四次会议列席人员的决定》；听取县十二届人大常委会代表资格审查委员会关于个别代表资格变动情况的报告，作出松阳县人大常委会关于接受苏仙明请求辞去松阳县第十二届人民代表大会代表职务的决定；听取和审议县十二届人大常委会代表资格审查委员会关于代表资格审查的报告，作出松阳县十二届人大常委会关于代表资格审查报告的决议。

6月24日，县十二届人大常委会第二十六次会议听取和审议县人大常委会主任会议关于确定县十二届人大四次会议代表建议重点督办件的报告，作出松阳县人大常委会关于确定县十二届人大四次会议代表建议重点督办件的决议。

7月20日，县十二届人大常委会第二十七次会议听取和审议县十二届人大常委会咨询专家组成员议案，作出县人大常委会关于聘任县十二届人大常委会咨询专家组社会建设组成人员的决定；听取松阳县十二届人大常委会代表资格审查委员会关于部分代表资格变动情况的报告，作出县人大常委会关于接受潘俊明等请求辞去松阳县第十二届人民代表大会代表职务的决定。

8月31日，县十二届人大常委会第二十八次会议听取和审议县人民政府关于2020年地方政府债券使用安排的议案，作出松阳县人大常委会关于批准县政府2020年地方政府债务限额的决议；听取和审议县人民政府关于2019年度财政决算（草案）的报告，作出松阳县人大常委会关于批准松阳县2019年度财政决算的决议；听取和审议松阳县人大常委会关于加强检察机关行政公益诉讼工作的决定（草案），作出松阳县人大常委会关于加强检察机关行政公益诉讼工作的决定。

10月30日，县十二届人大常委会第二十九次会议听取和审议松阳县人大常委会关于加快推动生态工业高质量发展的决定（草案），作出松阳县人大常委会关于加快推动生态工业高质量发展的决定；听取和审议松阳县人大常委会关于人大代表助力社会矛盾纠纷调处化解“最多跑一地”改革工作的决定（草案），作出松阳县人大常委会关于人大代表助力社会矛盾纠纷调处化解“最多跑一地”改革工作的决定。

12月17日，县十二届人大常委会第三十次会议听取和审议县人民政府关于2020年预算调整方案（草案）的报告，作出县人大常委会关于批准县人民政府2020年财政预算调整方案的决议；听取和审议县公安局关于提请许可对黄某升行政拘留的申请，作出松阳县人大常委会关于许可县公安局对县人大代表黄某升行政拘留的决定；听取和审议江山市公安局关于提请许可对叶某水行政拘留的申请，作出松阳县人大常委会关于许可江山市公安局对县人大代表叶某水行政拘留的决定；听取和审议市、县人大代表辞职议案，作出松阳县人大常委会关于接受徐火明请求辞去丽水市第四届人民代表大会代表职务的决定、松阳县人大常委会关于接受谢伟荣请求辞去松阳县第十二届人民代表大会代表职务的决定；听取和审议县人大常委会主任会议关于调整代表资格审查委员会组成人员的议案，作出松阳县人大常委会主任会议关于调整代表资格审查委员会组成人员的决定。

人事任免

【概况】2020年，县人大常委会共任免地方国家机关工作人员88人次。任免干部实行任前法律知识考试和任职见面表态制度、被任命干部履职情况报告制度，增强被任命干部的法治意识、人大意识、公仆意识和创业意识，提高任命干部依法行政、公正司法的自觉性。

【人大选举产生人员】2020年，十二届人大四次会议选举徐为民为松阳县第十二届人民代表大会常务委员会主任，选举潘俊明为松阳县第十二届人民代表大会常务委员会副主任，选举冯黎明、黄健、程晓东3人为松阳县第十二届人民代表大会常务委员会委员。

人大监督

【概况】2020年，县人大常委会依法履行职责，开展“一府两院”各项工作的监督。推进依法治国，促进“一府两院”依法行政、公正司法，开展执法检查工作，发挥“法律巡视”利剑作用，与市人大联动开展动物防疫“一法一条例”、《浙江省华侨权益保护条例》等实施情况的执法检查，对县卫生健康局近三年执法中适用一般程序处理的行政处罚案件进行专项检查。对县市场监督管理局、县文化和广电旅游体育局落实执法检查审议意见情况，开展跟踪监督并进行满意度测评。配合立法调研，协助省市人大开展《浙江省水资源管理条例》《丽水市文明行为促进条例》等法律法规的立法调研工作。推动法治宣传教育与学校德育工作深度融合，在全省首倡“国旗下宣誓”活动，推动全县中小学校“国旗下宣誓”活动常态化开展。开展野生动物保护情况专题调研，推动全国人大《关于全面禁止非法野生动物交易、革除滥食野生动物陋习、切实保障人民群众生命健康安全的决定》在全县贯彻落实。审查备案登记规范性文件17个，选准监督议题，紧扣重大事项监督、跟踪计划运行情况、关注工业经济运行、完善全口径预决算监督、推进部门预算审查公开、深化预算绩效目标监督、开展专项资金检查，推动全县经济社会发展。视察调研民生实事项目、全民健身中心项目建设等工作，推动社会民生改善。

【民生工作】2020年，县人大常委会专题调研新冠肺炎疫情防控和复工复产工作，听取和审议专项工作报告，促进政府加强疾病预防控制、医疗机构救治能力、应急物资保障等体系建设，提高公共卫生事件处置能力。专题调研教育提质行动进展情况，促进全县教育发展环境持续优化，教育资源布局更加均衡，推动全国义务教育优质均衡发展县创建工作深入开展。开展县域医共体建设和卫生健康事业“十四五”专项规划编制情况调研，推动县域医共体建设更加有力有序，让人民群众享受更加便捷优质的医疗服务。配合市人大开展养老服务体系建设调研，促进养老服务设施建设加快推进，养老服务体系更加完善。关注退役军人服务保障，深入开展专项调研，推动退役军人服务保障体系更加健全，切实维护退役军人合法权益。心系农民饮水安全，连续5年对农村饮用水达标提标工作开展跟踪督办，县域供水一体化工程加速推进，农村饮水安全得到有效保障。积极推动运动健身场馆建设，开展全民健身中心项目专项视察。

【环境保护】2020年，县人大常委会与市人大联动开展大气污染防治“一法一条例”执法检查；落实生态环境状况报告制度，督促政府加大对环境质量的监管力度，促进全县生态环境改善。

【司法工作】2020年，县人大常委会作出《松阳县人大常委会关于加强检察机关行政公益诉讼工作的决定》，支持县人民法院加强和改进人民陪审员工作，发挥人民陪审员在维护宪法法律权威和社会公平正义方面的积极作用。支持检察机关深化公益诉讼工作，拓展公益诉讼领域，增强检察机关的法律监督职能。

【财经工作】2020年，县人大常委会听取和审议县政府上半年经济社会发展情况报告，以及预算执行、决算等报告，形成审议意见并跟踪监督。配合市人大开展数字经济专题调研，助推数字经济“一号工程”有效实施，推动数字经济发展环境不断优化。开展不锈钢管产业可持续发展专题调研并提出监督建议，支持不锈钢管产业发展壮大，助推生态工业高质量发展。听取和审议全县国有资产管理情况综合报告和行政事业性国有资产管理情况专项报告，促进国有资产保值增值。听取和审议审计工作报告、审计查出问题整改情况报告，督促审计部门加大对重点领域、重点部门、重大政策落实情况的审计力度，增强人大监督与审计监督合力。深化财政预算项目绩效目标集中评审工作，参评的11个项目共建议核减财政资金2.41亿元，核减率45.12%。开展行政合同履行专项监督，对近五年标的金额50万元以上的备案行政合同履行情况开展专项检查，推进行政合同全面正确履行，提高财政资金使用绩效。开展“十四五”规划调研，听取和审议县政府“十三五”规划纲要执行和“十四五”规划纲要编制情况报告，不断强化规划的科学性、严肃性。开展村集体经济“消薄”情况调研，助推农村集体经济健康发展。开展茶叶全产业链发展情况调研，推动政府做好延链补链强链文章，实现茶产业更高质量发展。

人大代表工作

【概况】2020年，县人大常委会坚持代表主体地位，牢固树立以人民为中心思想，完善代表工作机制，提高服务保障水平，支持保证代表依法履职，有效促进代表主体作用发挥。

【人大代表议案建议办理】2020年，县人大常委会全面推广使用人大议案建议管理系统，健全建议办理工作机制，交办政府的101件代表建议全部按期办理并答复代表。围绕代表建议解决率和满意率双提升，常委会领导带队深入一线调研，推动一批代表建议得到更好落实，并紧盯“不满意件”开展跟踪督办，4件“不满意”代表建议案经政府重新办理，有3件得到有效落实。实行重点督办件“县委领导联系、人大领导督办、政府领导领办”工作机制，《关于尽快解决火车站及配套工程有关问题的建议》《关于全县中小学学生寝室安装空调的建议》等4件重点督办件得到有效落实。评选出县人大代表优秀建议6件。

【基层人大工作】2020年，县人大常委会深化常委会领导分片联系乡镇（街道）制度，加强政策法规、工作程序、制度建设、履行职责等方面的指导，县乡人大工作整体合力进一步加强。坚持乡镇（街道）人大负责人列席常委会会议制度，健全上下级人大沟通联系和联动开展工作的机制，召开工作例会专题研究乡镇（街道）人大工作。落实《浙江省乡镇人民代表大会工作条例》《浙江省街道人大工作条例》，制定下发《松阳县人大常委会街道工作委员会工作规则》《中共松阳县人大常委会党组关于在我县街道推行居民议事会制度的意见》等指导性文件，并以清单形式交办人大街道工委工作任务。听取人大街道工委年度工作汇报，推动街道人大规范化建设，扩大全县人大“一盘棋”效应。

【民生实事项目人大代表票决制】2020年，民生实事项目人大代表票决制工作实现全覆盖，全县共票决产生162个民生实事项目，项目总投资额11.72亿元。协调县财政落实单列补助资金1000万元用于乡镇（街道）民生实事项目建设。票决产生2020年松阳县十件民生实事，分别为农村饮用水达标提标工程、农村生活污水处理设施标准化提升改造、交通便民设施综合提升、儿童青少年近视防控、消防安全隐患线路整治、农村亮化工程、加强食品安全监管、“大搬快聚富民安居”工程、小区基础设施提升改造、居家养老健康管家项目。

【疫情防控工作】2020年，县人大常委会发出《致全县各级人大代表的倡议书》，引导广大人大代表主动参与疫情防控工作。全县各级人大代表积极响应常委会号召，充分发挥密切联系人民群众的优势，带头参与卡点值守，主动开展排摸走访，组织捐款捐物。开展舆论正面引导工作，宣传疫情防控知识和工作动态，向全社会传递巨大正能量，凝聚起共克时艰的强大力量。

（县人大办公室）

松阳县人民政府

独山驿站

综　述

【概况】一年来，面对新型冠状病毒性肺炎疫情的影响，在县委的坚强领导下，在县人大和县政协的有力监督支持下，全县上下团结一心，攻坚克难，统筹推进疫情常态化防控和经济社会平稳健康发展，扎实做好“六稳”工作，全面落实“六保”任务，顺利完成“十三五”规划主要目标任务，高水平全面建成小康社会取得决定性成果。

【经济建设全面发展】2020年，松阳县实现地区生产总值119.49亿元，按可比价计算，同比增长2.8%。规上工业增加值增长1.6%。财政总收入、一般公共预算收入分别为13.69亿元和8.19亿元，分别增长6.7%和3.8%。社会消费品零售总额增长8.7%，居丽水市第二位。旅游收入53.67亿元。城镇居民人均可支配收入42494元，增长5.1%，增幅居全市第三位。农村居民人均可支配收入20804元，增长7.4%，增速居全市第八位。城乡居民人均收入倍差2.04，比上年同期缩小0.04个百分点。衢宁铁路松阳段、铺门安置小区二期、农村饮用水达标提标工程、赤寿生态工业区块（近期）基础设施工程、火车站站前大道及广场、棚户区改造一期（城中村）项目——青田码道安置区块、江滨路二期及地下停车场工程、县残疾人托养中心、榔树村主题民宿项目、汽车综合服务中心二期、松阳香巴佬食品有限公司“香巴佬”休闲卤制品加工11个项目完工或基本完工。

【民生实事项目】2020年，松阳县十二届人大四次会议票决确定农村饮用水达标提标工程、农村生活污水处理设施标准化提升改造、交通便民设施综合提升、儿童青少年近视防控、消防安全隐患线路整治、农村亮化工程、加强食品安全监管、“大搬快聚富民安居”工程、小区基础设施提升改造、居家养老健康管家项目10件民生实事项目，在县委的正确领导和县人大常委会的监督支持下，县政府以切实提升群众获得感和满意度为目标，围绕民生实事项目精准发力，狠抓落实，10件民生实事项目全面实现年度目标任务。

【生态农业发展】2020年，全县茶叶产量、产值分别增长5.2%和6.8%，举办第十三届中国（国际）茶商大会·松阳香茶网络茶叶节和“国际茶日”直播活动，发布“松阳香茶”团体标准。浙南茶叶市场交易量8100万千克、交易额62.1亿元。创成省级茶叶主导产业“机器换人”示范县。深入开展“有机农耕强县”创建，增建“600基地”1800公顷，古市、玉岩获评省级农业绿色发展示范区。新增油茶213.33公顷、香榧400公顷，举办第三届全国香榧炒制大赛。对标欧盟标准推进肥药双减，建成省级“肥药两制”改革农资店10家。抓好粮食生猪增产保供，建成高标准农田733.33公顷，种植水稻2266.67公顷，粮食产量3600万千克，出栏生猪8万头，茶香牧业大型生猪养殖项目部分建成并投产。农文旅融合持续深化，增加“丽水山耕”背书产品39个、提升合作主体13家。

【生态工业发展】2020年，松阳县启动平台“二次创业”，制订生态工业五年倍增计划，出台工业高质量绿色发展“三十条”、工业人才新政及中介招商、顾问招商等专项政策，累计为企业减负2.8亿元，落实县级财政奖补资金5000余万元。签约亿元以上工业大项目12个，总投资额30亿元，签约额创历史新高。工业运行逐季向好，全年实现规上工业增加值26.2亿元，增长1.6%，其中数字经济核心产业制造业、装备制造业增加值分别增长81.8%、41.2%，居全市第一名和第二名。持续推进平台建设，赤寿生态工业区块一期工程有序推进，恒兆智能制造产业园开工建设。120天实现精品不锈钢管产业示范园房屋征迁和首家企业供地，创造了“新速度”。举办首届中国不锈钢管高峰论坛，成为“不锈钢管标准领跑者”培育基地，成立全国钢标委松阳县不锈钢管标准工作站，与冶金工业信息标准研究院和中国钢铁工业协会签订战略合作协议。改造提升产业数字化、生态化，不锈钢管机器换人、茶产业转型升级、“两化融合”3个省级试点项目竣工验收，松阳县入选工业节能和绿色制造省级试点，增加省级企业研究院1家、绿色工厂2家。

铺门安置小区

科马摩擦材料成为全县首家省级“隐形冠军”企业、省级企业技术中心，上上德盛集团有限公司建成省级数字化车间。建筑业稳步发展，全年实现产值37.3亿元，缴纳税收2.9亿元。

【全域旅游发展】2020年，松阳县多措并举提振服务业，出台“文旅十条新政”，发放疗养券2335万元，实现旅游收入53.7亿元，同比恢复97.4%，恢复度居全市第一名，服务业增加值增长5.7%。全域旅游实现重大突破，创成全市首个国家全域旅游示范区，成为省级文旅融合发展十佳县、产业融合试验区、消费试点城市培育单位，松阳经验入选全省全域旅游发展典型案例。

【拓展电子商务】2020年，松阳县建成茶叶电商孵化园，全县实现网络零售额32.8亿元，增长48%，增速居全省第七名、全市第二名，连续五年获评“中国电子商务发展百佳县”，入选国家电子商务进农村综合示范县。加大金融服务实体经济力度，实现银企线上对接“零见面”审批，推动建立“无还本续贷”等多层次转贷体系，新增制造业贷款6亿元，增长34.7%，增幅居全市第一名，发放专项再贷款3.9亿元，额度居全市第三名。

【项目攻坚】2020年，松阳县开展项目前期提速提质“双提”活动，扩大有效投资“抢时间、补增量”工作考核居全市第二名。14个重点新开工项目全部开工，27个重点续建项目有序推进，实现投资12.6亿元。衢宁铁路全线开通，松阳人民终圆“铁路梦”。衢丽铁路开工建设，赤卯公路建成通车，西竹玉公路推进顺利。黄南水库提前蓄水发电，淹没公路改建工程竣工验收。中德AI产业园、卯山森林康养2个县（市、区）长项目启动建设。农村饮用水达标提标工程全面完工，并在全市率先通过省级验收，成为省级饮用水达标提质行动示范试点县。

【城市建设管理】2020年，松阳县南城建设有序推进，客运中心完成南迁，联合大厦破土动工。老城改造更新稳步推进，老剧院等区块保护性修缮工程和青田码道安置房建设完工，文里区块初步成型，张玉娘诗文馆建成开放。改造老旧小区5个，既有住宅加装电梯、城区截污纳管、城市燃气管道建设等工程稳步推进。优化提升城市公共空间，增加地下停车位160余个、城市绿地5.1万平方米。城市路网进一步畅通，火车站站前大道建成通车，城北公交首末站工程竣工，北山路拓宽改造工程、要津南路延伸段开工建设。城区垃圾分类深入推进，增建成省级高标准生活垃圾分类示范小区2个，创成“定时定点”投放清运商业街1条、小区1个。

【美丽乡村建设】2020年，松阳县认定新时代美丽乡村51个，创成省级美丽乡村示范乡镇1个、精品村3个，成为省级大花园示范县建设单位，大花园建设考核连续三年获全市优秀，古市古城、松阴溪、武松古道入围全省大花园“耀眼明珠”培育名单，大东坝镇成为新时代美丽城镇建设省级样板，横樟村入选省级历史文化保护重点村。推进“百千万”工程，增加景区城1个、景区镇6个、景区村25个，新兴镇成为全国乡村特色产业10亿元镇，茶排村入选全国乡村旅游重点村，云上平田旅游创客基地纳入文旅部投融资项目库。一批精品乡村项目加快推进，桐榔文化康养基地、膳垄玖层美术馆开工建设，云夕摩加共享度假空间、桃野等精品民宿投入运营，增加银宿级民宿4家，创建丽水山居农家乐综合体1家、精品民宿5家，鸣珂里成为“浙江非遗特色民宿”。原生态高品质绿道体系进一步成型，新建绿道130千米，松阴溪干流绿道实现全线全立交贯通，双童山绿道获评“丽水最美绿道”。板桥—莲都丽新“跨县”公交恢复运营。

【全域环境整治提升】2020年，松阳县围绕生态提标，深入实施“蓝天、碧水、净土、清废”四大行动，施行35蒸吨以下燃煤锅炉淘汰，不锈钢废水集中处理中心提标改造、退火油烟综合整治稳步推进，建成省级“污水零直排区”3个，铁腕开展砂石料加工行业雷霆整治专项行动，建成光洁固废处置项目。生态环境质量继续走在全省前列，松阴溪及其支流各断面

桃野精品民宿

水质达标率100%，庄门源创成省级美丽河湖。空气质量优良率100%，PM2.5均值降幅居全市第一名。

（县府办）

法治政府建设

【概况】2020年，松阳县坚持以习近平新时代中国特色社会主义思想为指导，贯彻落实市委书记胡海峰和市长吴晓东对法治建设工作的重要指示和市委全面依法治市委员会第二次会议精神，全力推进法治政府建设，为松阳打造高水平生态文明建设和高质量绿色发展“重要窗口示范区”提供有力的法治保障。推进党政主要负责人履行法治建设第一责任人职责情况列入年终述职内容试点工作。把法治建设纳入县委巡察工作并开展首轮巡察5个单位。事业单位改革、“五个领域”综合行政执法改革完成，机关内部改革各项指标均居全市第一名。

深入实施优化营商环境“10+N”行动，推动公事、商事、民事服务全面升级，一般企业投资项目审批基本实现4个100%，“三延伸破解服务群众最后一公里难题”入选丽水改革先锋十佳实践案例，“掌上办事员助老人跨数字鸿沟”做法获央视点赞。创新实践“民情地图促服务”助力基层社会治理项目，获评全省县乡法治政府建设“最佳实践”优秀项目。优化政府重大行政决策规则和程序，实现全县重大行政决策目录化管理全覆盖。

严格行政规范性文件合法性审查管理，做到应审尽审，全年开展审核35件，规范报备32件。推进乡镇（街道）合法性审查全覆盖工作，合法性审查队伍和制度建立率均达到100%。实施综合行政执法体制改革，300项综合行政执法事项得到划转。提升执法人员素质，创新以集中培训+直播授课方式培训执法人员1300余人次。

2020年5月13日，全县行政执法系统执法司法规范化水平提升年案件交叉评查活动在松阳县司法局会议室开展

开展“证照分离”改革事项审批监管情况等专项行政执法监督。施行行政执法案卷评查工作，总体合格率98.9%，高于全市平均水平。推动行政复议案件处理规范化建设，构筑“一案一专班”“属地管理、事权结合”行政诉讼败诉案件化解机制，建立行政败诉案件由分管县领导带领事权单位主要负责人向县委常委会作出说明制度。全年新收行政复议申请72件，受理38件，审结37件，案件受理数同比增长72.7%；办结行政复议案件调撤率达94.11%，位居全市首位。新收一审行政诉讼案件47件，同比下降14.5%，败诉率3.39%，为全市最低。

推进矛盾调处化解，实行政府购买人民调解服务，落实专职调解员58人，化解矛盾纠纷2210件，涉及金额1.18亿元。着力从源头提升法治政府建设整体水平，创新推出法治人员业务轮训机制，出台鼓励公职人员参加司法考试政策。全面开展省、市“民主法治村”及各类普法阵地创建活动，“七五”普法通过终期迎检验收。

【行政执法监督】2020年，松阳县司法局（以下简称“县司法局”）聚焦疫情防控和优化营商环境，开展行政执法监督工作。印发《关于做好疫情防控期间及企业复工复产相关行政执法监督工作的通知》等系列文件，加强疫情防控相关行政执法监督。推进“正法直度”专项行动，组织开展“证照分离”改革事项审批监管情况、行政执法“三项制度”落实情况“回头看”等专项行政执法监督。组织开展全县行政执法案卷评查，共评查行政执法案卷187卷，评优秀案卷1卷，不合格案卷2卷，发现各类问题205处，合格率98.9%。开展涉企行政执法检查备案工作，规范各单位涉企行政执法检查行为。提升监督权威，制发行政执法监督通知书4份，收到整改报告4份。落实《松阳县行政执法统计年报制度规定》，全县各执法部门、乡镇（街道）均按照规定完成行政执法统计年报，并在松阳县政府网或单位门户网站进行公示。

【完善依法行政决策体系】2020年，县司法局开展重大行政决策目录化管理专项行动，全县各部门和乡镇（街道）均制定重大行政决策事项目录清单或事项标准，实现重大行政决策目录化管理全覆盖。实施行政规范性文件管理，出台《松阳县人民政府办公室关于进一步加强行政规范性文件管理工作的通知》，组织开展涉及野生动物保护领域、优化营商环境方面的专项清理和三年一次的定期清理工作，完成35件行政规范性文件草案的合法性审核，向市政府、县人大报备32件；落实疫情防控期间文件管理，累计向市政府和县人大报备临时性应急管理措施文件100件。推进基层法治建设，制定《关于推进乡镇（街道）合法性审查全覆盖工作的实施意见》，推动全县各乡镇（街道）建立工作制度、完善队伍建设。

【法治培训宣传】2020年，中共松阳县委全面依法治县委员会守法普法协调小组第一次全体会议召开。35个守法普法协调小组成员单位参加，19个乡镇（街道）、县信访局、县综合行政执法局负责人列席。该会议审议并通过《中共松阳县委全面依法治县委员会守法普法协调小组工作细则》《松阳县普法办组成人员名单》《关于构建社会大普法格局的实施意见》《松阳县"七五"普法总结验收和"八五"普法规划编制调研工作方案》。制订《2020年度县直单位法治宣传教育责任清单》《2020年度普法依法治理要点》，落实普法责任制。开展全县干部（职工）学法用法建档考试工作，全县各乡镇(街道)、县直机关、事业单位、国有企业在编干部（职工）8100余人参加。邀请浙江省司法厅《民法典》宣讲团成员、省律协民商事专委会主任陈勇律师给县委理论学习中心组作《民法典的核心内容及亮点解读》专题法治宣讲，共有领导干部100余人参加讲座。开展以案释法典型案例评选活动，组织办案单位开展典型案例征集评选16篇。

（县司法局）

县政府办公室

【概况】2020年，松阳县人民政府办公室（以下简称"县府办"）重规矩、抓规范，重实效、抓实干，重创新、抓创优，努力承担起县政府坚强有力的"前哨"和"后院"的职责与重任，确保县政府各项工作高效有序运转。充分发挥县府办的协调职能，主动加强对重点项目、重大活动、重要工作的综合协调，千方百计解决工作推进中遇到的困难，确保县委、县政府各项决策落到实处、各项工作顺利推进。

依托"学习强国"等线上平台，结合理论学习中心组学习、红色研学等方式，把意识形态、党风廉政建设、习近平总书记关于疫情防控工作系列讲话精神等纳入学习，增强政治理论教育。组织落实"三会一课"，严肃党内政治生活,推动主题教育成果转化。创新完善"集中学习+现场走访+专题讨论"的主题党日工作机制，组织学习党的各级会议精神、党章、相关法律法规等，组织办公室集体学习教育12次，办公室干部队伍思想政治素质得到提升。

制定出台《中共松阳县人民政府办公室党组关于开展"建设清廉机关、创建模范机关"活动的实施方案》，坚持以"清廉松阳"建设为引领，以"清廉机关"建设为抓手，持之以恒正风肃纪，营造干净干事创新业的良好氛围。组织开展"烟票"背后"四风"问题专项整治、租用字画装扮办公室问题自查整改等专项整治工作，均无相关情况。落实谈心谈话制度，开展对干部的日常谈话、任职谈话、提醒谈话和诫勉谈话，落实廉政责任，做到苗头早发现、问题早提醒、错误早纠正。同时，围绕全年疫情防控工作要点，一手抓疫情防控，一手抓廉政建设，坚持"两不误，双推进"。疫情防控期间，全办党员干部主动靠前，冲锋一线，下沉到村社、小区、交通卡点，充分展现党员干部的党性和作风。

【公文处理】2020年，县府办加强对公文办理的全流程管理，以县政府和县府办名义撰写、处理公文860余份，处理省、市、县各类公文8000余件，承办政府常务会议20次，其他各类会议130余次。全年制发全口径文件和召开口径内会议全面实现省市不超过上年的既定目标。加强传阅文件的组织和管理。严格按照文件传阅程序及时送达给县政府领导传阅，对密级文件严格控制传阅范围并落实好保密措施。按照公文办理各文种要求进行公文拟制，并层层做好审核把关。做好收到公文的签收、登记、拟办、请办、分发、传阅、承办和催办等工作，发文经起草、校核和领导审批签发后做好核发、登记、印制和分发等工作。办毕公文及时归档，纸质公文做好分类留档保存，密级文件严格按照保密工作条例进行处理。

政务信息报道

【概况】2020年，县府办上报省、市府办信息1387条，被国务院办公厅采用69条,获国务院领导批示12条；被省府办采用153条，获省领导批示11条次，其中2条经验类专报获全省政务信息工作交流，居全市第一名；被市府办采用587条，获市政府领导批示7条；第一时间报送紧急信息。2020年，获评省、市政务信息工作优秀单位。

【政务信息指导】2020年，县府办紧抓信息网络建设，由该办信息科、乡镇（街道）、部门信息员组成信息报送主体网络，要求每个单位至少有1名兼职信息员，明确分管领导。至12底，全县有政务信息员77人。坚持顶岗培训制度，鼓励各单位、各乡镇

（街道）新任信息员到信息科顶岗培训，通过多指导、压任务，迅速掌握信息报送方法，熟悉各类信息刊物特点。坚持信息季度例会制度，有针对性分部门进行指导，进一步增强基层信息员的信息报送意识，提高信息报送的水平。全年编发《每日要情》248期，《专报信息》8期，《参政园地》4期。

政务督查

【概况】2020年，县府办共开展各类督查检查33次，联合县委督查室建立重点工作常态化督查推进机制，对"大搬快聚"等重点工作实行"月督查、月通报、季点评、年考核"，印发《督查专刊》9期。开展疫情防控、重点项目等各类督查检查30余次，印发《政务督查》7期、《政务督查专报》5期、重要事项交办单16期，"三服务"小管家共收集交办问题1067件，办结问题1056件，办结率99%。

【重点工作督查】2020年，县府办编制《县政府2020年度工作任务书》，包括215项重点工作、63个重点项目、88项重点指标进行分解落实，形成责任清单。

【民生实事项目督查】2020年，县府办坚持目标导向。在县政府常务会议上专题报告民生实事项目推进情况。把民生实事项目纳入县政府"三重任务书"管理，明确由各分管副县长牵头，各单位主要领导作为第一责任人，确定分管领导、责任科室、责任人，确保各项民生实事项目落实到位、到人。编制印发《民生实事任务分解清单》，逐项对目标任务进行分解落实，倒排时间，明确实施点位、节点目标、完成时限、验收标准等，实行"挂图作战""销号管理"。坚持问题导向。把民生实事项目纳入县委县政府常态化督查内容；根据民生实事项目推进情况，把部分民生实事列入县政府《月攻坚任务清单》，对推进滞后的进行预警扣分。常务副县长每月组织召开民生实事项目专题推进会，协调解决民生实事项目推进过程中的难点、堵点问题。坚持效果导向。强化要素保障，对列入县民生实事的项目，在财政资金、用地指标等要素保障方面予以政策倾斜并优先落实。强化结果运用，把民生实事项目完成情况纳入县目标管理考核，加大考核力度，对民生实事实行"一票否优"，并列入加扣分项目，同时依托县委组织部"百团作战大练兵"行动，把在民生实事项目推进过程中的表现作为考评干部的重要内容。强化宣传引导，通过融媒体中心、部门微信公众号等途径，多层次、全方位开展宣传，营造全社会关注实事、支持实事、监督实事的良好氛围。

地方金融管理

【概况】2020年，松阳县本外币存款余额201.14亿元，增速10.96%，本外币贷款余额176.78亿元，增速22.43%，存贷比为87.89%，其中不良贷款余额11207万元，不良率为0.63%。

【地方金融改革工作】2020年，松阳县累计批复56个行政村（并村后）和7个专业合作社（涉农行业协会）设立担保互助社，累计提供贷款担保6726笔6.78亿元，惠及农户4500余户，破解农户贷款难题。

【推进企业股改上市】2020年，施行《松阳县推进企业上市和并购重组"凤凰行动"计划》，成立松阳县企业上市工作专班，公布县内8家拟上市重点培育企业，并建立县领导联系制度。截至12月底，全县有"新三板"挂牌企业1家，区域性股权交易市场挂牌36家（2020年增加2家），入围丽水市拟上市重点后备企业4家。

【地方金融组织管理】2020年，开展金融风险"地毯式"排查，清理非法放贷主体40余家，非法金融广告400余处。积极化解银行不良贷款，全县贷款不良率低于全省平均水平0.35个百分点。信贷资产质量持续保持较高水平，守住不发生系统性金融风险的底线。

（县府办）

县直机关后勤管理

【概况】2020年，松阳县机关事务保障中心（以下简称"县机关事务中心"）统筹推进疫情防控和经济社会发展的要求，践行机关事务"工匠精神"和"实、细、优"核心价值观，贯彻落实中央关于树立过紧日子思想，带头厉行节约、执守简朴，做实后勤服务保障工作。

【办公用房管理】2020年，县机关事务中心完善办公用房信息化管理，利用办公用房智能图形管理系统，对全县各行政事业单位房产的现状实际信息实行动态监管，全面掌握办公用房使用和腾退情况。开展办公用房督查3次，检查范围涉及县直单位49个、乡镇（街道）5个，责令现场整改40处，发放整改通知书15份，收到因退休、离职超标的报备18份，在办公用房钉钉管理群发送办公用房违规警示案例24例。改造修缮县纪委东侧一楼，原县交通局办公楼、县林业局办公楼（矛盾调解中心）、县农机站办公楼项目工程4个。

【公务接待】2020年，县机关事务中心贯彻落实《中共浙江省委办公厅和浙江省人民政府办公厅关于厉行节约坚持过紧日子的通知》要求，严格执行中央“八项规定”要求，公务接待坚持有利公务、简化礼仪、务实节俭、杜绝浪费原则。严格落实疫情防控政治责任，及时改进用餐方式，推行使用公筷公勺。全年共接待各类宾客235批次3800余人。保障县“两会”、省委巡视组回访、中央百名媒体到浙采访“走向我们的小康生活”活动、衢宁铁路（松阳站）通车首发仪式、历史环境活化松阳研讨会、第九届“智汇丽水”人才科技峰会松阳分会场暨松阳县人才科技周活动、（首届）中国不锈钢管高峰论坛等县大型活动的服务。

【公务用车保障】2020年，县机关事务中心开展全县公务用车的编制、配备、更新、调配和处置的审核，更新公务用车9辆。实行“九统一”管理制度，加强公务用车的检查，开展公务用车检查、抽查12次。定期开展驾驶员安全教育，优秀驾驶员、优秀班组评比等活动，提高公务用车驾驶员的个人素质和服务能力。出车12855车次，安全行驶里程173.58万千米，无重大安全事故。

【固定资产采购管理】2020年，县机关事务中心严格执行资产管理有关规定，明确资产登记使用流程，依托“政采云”系统规范资产采购，实现固定资产类采购27万元。探索资产管理模式，健全完善可调剂资产信息，出台《松阳县临时机构办公设备管理办法（试行）》，在满足阶段性临时机构办公需求的同时，进一步发挥资产使用效益。调剂城乡联系国际论坛筹备组、衢（州）丽（水）铁路指挥部、砂管办、县域整体智治工作专班、争先创优办公室、中央环保督察组等临时机构的办公设备，共调剂办公设备7批次98件，节约财政性资金17万元。

【后勤服务提升】2020年，县机关事务中心制订完善保洁、绿化、设施设备维护等操作标准，细化服务标准、奖惩措施，提高维修效率和服务质量。为24个单位提供维修服务，维修水、电238次，门锁、空调等设备故障排除160次。依托县中医药复兴地建设有利平台，利用机关大院土壤资源优势进行中草药种植，共种植紫金牛、草珊瑚、朱砂根等16个品种6000余株中草药。加强机关食堂卫生监管和食材的安全检测工作，疫情防控期间实行打包分散供餐方式，确保干部职工用餐安全。开展机关食堂换购点升级改造，扩大经营规模，丰富商品种类，满足机关干部的商品购买需求。截至12月底，换购点换购金额达164.99万元。

【机关大院安全保卫】2020年，县机关事务中心严控机关大院出入登记管理，维护上访秩序，保障大院正常办公秩序，累计登记来访人员7000余人。加强安全督促检查，对重点、敏感部位实行专人24小时不间断定时巡逻。结合常态化疫情防控要求，落实健康码亮码核验，守住政府“小门”防线。开展安保人员技能演练，组织安保人员进行应急处置、意外临时急救、安全防护等技能培训，提升业务能力和安保服务质量。

（县机关事务保障中心）

行政审批服务管理

【概况】2020年，松阳县行政服务中心（以下简称“县行政服务中心”）推进政务服务2.0建设，利用国庆节休息时间实施服务大厅改造，改造后服务大厅群众办事等候时间缩短50%以上。此项工作获丽水市行政服务中心肯定和推广，全市政务服务2.0建设工作现场会在松阳召开。做实“精彩一件”事，推出“两单一办法”，系全市“最多跑一次”改革创新亮点工作，并纳入全市重点改革试点项目。《浙江松阳全力打造“智慧化”政务服务新模式》在新华网主流媒体报道，《松阳出台“两单一办法”助力农村“最多跑一次”》相继在浙江新闻、《丽水日报》发表。《组建“掌办员”队伍助老人跨数字鸿沟》相关案例在央视二套、新华网、《丽水日报》媒体刊播。

【推进政务服务2.0建设】2020年，县行政服务中心打造智能导服区—

2020年9月1日，开展政务服务2.0业务培训

综合受理区—自助服务区三大业务主承接区和帮办区—出件区两大业务联动区；咖啡区—阅读区以及休息区四大休闲区，开设“掌上学堂”。深化队伍建设，锻造“高效能”服务团队。实现综合受理、导服人员由中心统一管理，实施“差异化”收入分配机制，推行“智能化”督查考核。推进数字赋能，拓展“智慧化”推广应用。采购综合性自助服务终端机 26 台，实现全县 19 个乡镇(街道)、社区和车站、浙南茶叶市场等功能区的全覆盖，政务服务 2.0 收件率 98.44%。

【提升专业队伍建设】2020 年，县行政服务中心推行“专业化”运营管理。采用部门划转+招录的方式，组建无差别综合受理、自助区、智能导服区、帮办区的人员队伍，实现窗口人员由部门管理向行政服务中心统一管理转变。此次划转+招录人员平均年龄 29 岁，均为大专以上学历，本科以上占 35%。推行“差异化”考级定薪。出台考核办法，实施“差异化”收入分配机制，增加 20%的岗位工资用于综合受理前台人员和导服人员绩效考核分配。推行“智能化”督查考核。在大厅安装行为监察系统，结合管理人员日常巡查，推进窗口服务作风建设，全年共对日常考勤、作风效能、服务规范三大类 19 个窗口 108 人次进行绩效扣分处理。同时，开展服务标兵、流动红旗评比。共评出先进 42 人次，以点带面，营造创先争优、树标对标、比学赶超的氛围。

【推广数字应用】2020 年，县行政服务中心拓展自助服务终端。拓宽政务服务网点，在银行、邮政、火车站、工业园区等人流密集场所设置终端，采购综合性自助服务终端机 26 台，实现全县 19 个乡镇(街道)、社区和功能区的全覆盖。引导网办掌办更愿办。办事群众可通过“浙里办”APP 取号，实时查看叫号信息。全年网上受理率 84.46%，同比提升 1.15%。

【推出“两单一办法”】2020 年，县行政服务中心推行“两单一办法”工作机制，即可代办事项清单（高频、常办、非常办），网上可办事项清单和村级代办员管理办法，系全市“最多跑一次”改革创新亮点工作。开展清单梳理，梳理可代办事项清单 48 项，网上可办事项清单 30 项，发布“两单一办法”实施方案，印发《村级便民服务中心村级代办员管理办法（试行）》。开展试点工作。在古市镇、竹源乡进行试点，古市镇通过制度软件与设施硬件相结合，发展村级特色的“两单一办法”，推动“最多跑一次”特色化发展。竹源乡提出“线下线上齐头跑、常规工作规范跑、应急攻坚全速跑、矛盾处置变速跑、村乡联动接力跑、责任落实负重跑”的“六跑”机制。施行全县推广。召开松阳县“两单一办法”工作推进会，在全县范围推广。《松阳出台“两单一办法”助力农村“最多跑一次”》相继在浙江新闻、《丽水日报》发表。

2020 年 11 月，村级代办员指导村民使用浙里办扫码办事

公共资源交易

【概况】2020 年，县行政服务中心（公共资源交易中心）共受理各类招投标项目 139 个，涉及交易资金 14.88 亿余元，为政府增收节支 1.17 万余元。其中，工程建设类项目 52 个，涉及交易金额 13.39 亿余元，资金节约率 6.61%；政府采购项目 65 个，涉及采购资金 9520 万元，资金节约率 8.18%；国有产权交易项目 22 个，涉及交易资金 5441 万元，资金增值率 64.46%。2020 年，获浙江省财政厅 2018—2019 年度集中采购考核优秀。

【公共交易平台建设】2020 年，县行政服务中心（公共资源交易中心）依托市公共资源交易系统和“政采云”平台，推行工程建设项目远程不见面开标和政府采购项目线上交易。开展宣传推广“电子保函”和“中标贷”业务。该中心及时与入驻金融服务平台 5 家银行其中的松阳农商行联系对接共同举办宣传推广会议，由该中心印制宣传手册，农商行制作宣传 PPT，邀请当地的全部企业参与。按市中心的建设标准筹措资金对评标区和交易大厅进行改造。建立远程评标室，新购置远程评标专用设备。开展 2017 年以来工程建设、政府采购、国有产权等交易项目档案进行重新立卷归档。落实《丽水市公共资源交易中心关于积极应对疫情进一步加强服务企业复工复产的通知》（丽交易〔2020〕3号）精神，组织全体党员干部投身复工复产，“防得住疫情，办得了服务”，被评为县疫情防控工作先进集体。落实《松阳县应对疫情支持企业共渡难关的二十条意见》，对疫情防控期间新开工建设的工程建设项目招投标开通绿色通道，特事特办，助力当地施工企业共渡难关。

【“政采云”平台管理】2020年，县行政服务中心（公共资源交易中心）依托“政采云”公司的商品管理、商品信息巡检系统，加强网超商品价格管理，加大预警处置、诚信分扣减、操作权限限制等惩戒措施的运用。全年对24家供应商进行处理，累计扣除诚信分375分，暂停经营资格20个月。

【公共资源交易综合监管】2020年，县行政服务中心（公共资源交易中心）开展招投文件清理抽查。清理文件4份，提请县政府废止2份，予以保留2份，同时对34个项目进行抽查。发现部分招标文件存在设置投标企业在丽水市纳税、企业资质信誉等加分等违法情形，责令项目业主承诺不再发生相关违法行为，并对前期存在问题的招标文件范本进行修订完善。办理落实代表委员议案建议。针对代表委员提出县工程建设领域中介机构管理还存在监管主体缺失、管理制度滞后等问题，谋划出台《松阳县政府投资工程建设项目中介服务机构管理办法（试行）》。

（县行政服务中心）

大数据和金融发展

【概况】2020年，松阳县大数据和金融发展中心（以下简称“县大数据和金融发展中心”）有事业编制14人。设主任1人，副主任2人；股级职数6个。内设综合科、数据发展科、应用管理科、金融发展科、资本市场科5个职能科室。

【政府数字化转型】2020年，县大数据和金融发展中心指导办事部门维护“政务服务2.0”系统事项，解决反馈问题。按照丽水市政务服务2.0实施进度晾晒要求，每周统计分析全县各相关部门政务服务2.0晾晒指标开展情况，形成晾晒榜，对开展情况不理想的单位及时督促整改。配合县市场监管局认领“互联网+监管”事项，配置专门人员，在统一执法平台晾晒的9项指标中有8项指标居全市前列。梳理“机关内部最多跑一次”事项6个，指导部门申请制作单位平台云签章120枚。组织学习《丽水市公共数据资源管理办法》和两大公共数据管理地方标准，通过各种途径推进全县普发。组建部门数据专员制度，建立数据工作交流群。组织开展数据中心平台操作、核心业务梳理和数据目录编制等工作培训。全年梳理数据目录400个，其中开放目录34个，形成数据开放容量突破1000万次。基于丽水市数据中心平台，建立数据申请、审批、调用的工作机制。县教育局、县人力社保局等部门通过该平台接口申请，实现数据调用49万余次。在丽水市公共数据开放网站上，全县开放数据被调用111万余次，形成全县公共数据的共享开放环境。

【电子政务基础设施及系统的运维管理】2020年，县大数据和金融发展中心指导全县各级党政机关、人民团体、企事业单位、基层组织等105个组织机构、8944个用户实现“浙政钉”2.0系统的迁移、信息完善和激活。完成工作群和OA系统、机关内部协同办事平台迁移。全县“浙政钉”激活率100%，活跃率70.58%，位列9个县市（区）第一。政务外网平台全年运行情况良好，未发生重大网络安全事故。针对核心设备使用年限过长问题，进行外网升级改造方案论证，计划在下年度对全县网络核心设备进行更新，在保障全县政务网络运行的安全和稳定的前提下，为下一步外网提速和IPV6改造做好准备。按照全省自建系统整合的原则，摸底全县自建系统建设情况。县人力社保局“松阳就业”小程序整体迁移至“浙里办”APP并正式上线，后续将推进部门便民及办公应用整合至“浙里办”“浙政钉”，为全县实现“掌上办事”“掌上办公”目标打下基础。采用任务分解、志愿者参与、普发推广短信等方式，推进“浙里办”法人注册工作，注册率提升为60.1%。

【政府相关信息的公开发布】2020年，县大数据和金融发展中心依托市政府运维平台、市对县政府网站监测报告、市委网信办监测，对“松阳政府网”存在的严重性错别字、错误链接等问题进行修改，抓实政府网站日常维护管理。根据省、市部署要求，率先完成门户网站栏目和数据迁移省平台的工作任务，为其他兄弟县市提供经验。及时更新“松阳发布”微信公众号和微博内容。经过1年多的有效运营，微信公众号关注人数突破1万人，全年累计发布信息1800余篇。及时传达党委政府防疫工作动态，发布43期疫情防控通知通告，6篇重要提示，成为群众掌握属地疫情动态的权威平台。

【金融保障稳中有进】2020年，县大数据和金融发展中心批复56个行政村（并村后）和7个专业合作社（涉农行业协会）设立担保互助社，累计提供贷款担保 6726 笔 6.78 亿元，惠及农户 4500 余户，破解农户贷款难题。全县本外币存款余额 201.14 亿元，增速 10.96%；本外币贷款余额 176.78 亿元，增速 22.43% ；存贷比 87.89%，其中不良贷款余额 11207 万元，不良率为 0.63%。

【推动企业股改上市】2020 年，县大数据和金融发展中心推进《松阳县推进企业上市和并购重组“凤凰行动”计划》，成立松阳县企业上市工作专班，公布县内 8 家拟上市重点培育企业，并建立县领导联系制度。截至 12 月底，全县有“新三板”挂牌企业 1 家，区域性股权交易市场挂牌 36 家（2020 年增加 2 家），入围丽水市拟上市重点后备企业 4 家。

【政保合作提质扩面】2020 年，县大数据和金融发展中心持续推进政保合作，中国人寿保险松阳支公司政保业务保费全年共计 561.05 万元，赔付金额 489.73 万元（不含未决赔付），赔付率为 87.28%，赔付 1095 人，人均赔款 4472 元；中国人民财产保险松阳支公司政保业务保费共计 1153.62 万元，赔付金额 1206.9 万元，赔付率为 104.62%。增加大型政保合作项目有全县野生动物肇事责任险、县教育局临时帮工雇主责任险、70 岁以上老年人意外险等，增量保费 83 万元。太平洋保险公司松阳支公司政保业务保费共计 40.43 万元，赔付金额 12.3 万元（不含未决赔付），赔付率为 30.42%。农村小额保险工作有序推进。截至 12 月底，增加参保 15659 人，参保率为 55.18%。茶叶气象指数保险持续开展，全年共承保茶叶 74.93 公顷，保费 15.8 万余元，理赔 5.1 万元，赔付率 32.28%，为农户提供 1200 万元高额风险保障。

【防范金融风险】2020 年，县大数据和金融发展中心开展金融风险“地毯式”排查，清理非法放贷主体 40 余家，非法金融广告 400 余处。积极化解银行不良贷款，全县不良贷款余额和不良率实现双降，低于全省平均水平 0.35 个百分点。信贷资产质量持续保持较高水平，守住不发生系统性金融风险的底线。

（县大数据和金融发展中心）

中国人民政治协商会议
松阳县委员会

松阳县城之夜

综述

【概况】2020 年，中国人民政治协商会议松阳县委员会（以下简称“县政协”）围绕全县经济社会发展大局，团结各民主党派、政协各参加单位和广大政协委员，紧扣县委、县政府中心工作，在建言资政和凝聚共识上发力，在服务大局和关注民生上作为，履行政治协商、民主监督、参政议政三大职能，为全县经济社会高质量绿色发展作出贡献。

【思想政治建设】县政协把握习近平新时代中国特色社会主义思想这一统揽政协工作的总纲，把坚持党的领导落实到政协工作各方面、全过程。协助中共松阳县委召开政协工作会议，研究制定《中共松阳县委关于新时代加强和改进人民政协工作的实施意见》。执行重大事项请示报告制度，重大工作提前向县委汇报、重要事项及时向县委请示、重大活动主动邀请党政领导参加，各项工作在县委统一领导下开展。始终把学习贯彻习近平新时代中国特色社会主义思想放在首要位置。巩固“不忘初心、牢记使命”主题教育工作成果，打造“书香政协”松阳版。作为县委领导下最广泛的统一战线组织，紧扣加强思想政治引领、广泛凝聚共识这一中心环节履职尽责，围绕党的主张凝聚人心、增进团结，审议通过《关于支持生态工业发展》会议决议，努力把县委、县政府关于锚定工业强县发展路径及打造“高水平生态文明建设和高质量绿色发展”重要窗口示范区的战略部署转化为全体政协委员、社会各界人士的广泛共识和自觉行动，为全县高质量发展生态工业营造氛围。

【协商议政工作】县政协紧扣围绕中心、服务大局工作主线，运用“请你来协商”平台，助力发展大局，发挥政协协商民主重要渠道和专门机构作用。中国人民政治协商会议第九届松阳县委员会第四次会议（以下简称“县政协第四次会议”）期间，聚焦民生、时政、热点，形成大会发言材料 27 篇，会上发言 20 人次，获县领导批示 31 条，形成 5 个方面共 112 条发言讨论建议。进一步锚定“工业强县”发展路径。举办“创新引领，转型升级，全力推进不锈钢管产业高质量发展”第九届“田园松阳”论坛。运用“请你来协商”平台，按照党政点题、出题，政协领题、破题的原则制订“6+X”协商计划，确立“发展赛事经济”“加强工程中介公司管理”等 6 个重点协商课题和 13 个界别协商课题，向县委、县政府报送 9 份协商纪要和建议案。多篇调研文章在省、市级刊物发表。

【强化民主监督】县政协贯彻以人民为中心的发展理念，深刻领悟习近平总书记关于政协工作要实现好、维护好、发展好最广大人民根本利益的重要思想，不断强化民主监督，着力增强人民群众的获得感、幸福感、安全感。先后组织委员 200 余人次开展多层次、宽领域、高密度的专项监督视察活动 20 余次，向县委、县政府报送监督建议 50 余条。县政协九届四次会议以来，共收到提案 241 件，立案 203 件，并案后为 136 件，全部办复完毕，基本达到承办单位、提案者、政协组织三方满意，有效发挥提案监督的重要作用。全年共有 40 余条社情民意信息上报省、市政协，多篇信息被上级政协录用，得到省、市层面的高度重视，促进了一批事关群众切身利益的民生问题得到妥善解决。

【服务发展大局】县政协始终以服务全县经济社会发展大局、助推全县中心工作为己任，既议政又监督，既建言又出力，在凝聚抗疫合力、巩固脱贫成效、聚力高质量发展的各条战线上，广大政协委员与全县干部群众勠力同心、并肩奋战，用行动诠释忠诚，用作为展现担当。广泛开展“百名政协委员结对帮扶百户贫困户”活动，落实帮扶项目 11 个，提供就业岗位 70 余个，对接贫困户 576 户，帮助 1700 余人贫困群众巩固增收基础。深入村、社参与防疫值守排查，累计参与防控 1500 余人次，捐赠金额和物资价值 500 余万元。深化“提笔”抗疫，征编《松阳“战”疫》文史资料 200 余篇，为常态化防疫注入强大的精神动力。

【自身能力建设】县政协坚持与时俱进，做到党建与廉政两手抓两手硬，对标对表习近平总书记关于加强和改进人民政协工作重要思想所提出的新目标、新定位、新要求，肩负新使命、新任务、新担当，持之以恒加强政协自身建设。深入贯彻落实中央及各级党委《关于加强和改进新时代人民政协工作的实施意见》，对照查找整改自身存在的问题短板，全面提升全县政协系统党建水平。坚持开展廉政学习教育，学习贯彻中央及省、市、县纪委会议精神；坚持把党风廉政建设与政协工作同安排、同部署、同考核。先后出台《政协界别组考评办法》《政协参加单位履职评价办法》《政协委员活动经费管理制度》《委员廉洁自律若干规定》，合理量化对委员、界别、参加单位的履职实绩，激发和树立干部、委员队伍的争先创优、廉洁自律意识。

县政协重要会议

【概况】2020 年，政协第九届松阳县委员会召开全会 1 次，常委会 6 次，主席会议 8 次。

【县政协九届四次会议】2020 年 4 月 27 日，中国人民政治协商会议松阳县第九届委员会第四次会议（以下简称

中国人民政治协商会议第九届松阳县委员会第四次会议

"县政协第四次会议"）在县会议中心召开，会期2天半，政协委员178人，到会176人。会议听取并审议第九届县政协主席毛建南所作的《第九届县政协常委会工作报告》和第九届县政协副主席单国亮所作的《九届三次会议以来提案工作情况的报告》，听取20位委员的上台发言和即席发言。全体委员列席县十二届人大第四次会议听取县长李汉勤代表松阳县人民政府（简称"县政府"）所作的《政府工作报告》、县人大常委会主任徐为民所作的《松阳县人大常委会工作报告》、县人民法院院长林伟所作的《松阳县人民法院工作报告》、县人民检察院检察长汪兴所作的《松阳县人民检察院工作报告》，并进行分组讨论。

4月29日上午，县政协第四次全体会议（选举会、闭幕式）召开，会议选举叶伟民、叶经伟、叶建豹、许士田4人为政协第九届松阳县委员会常务委员会委员。表彰县政协2019年先进界别活动组、优秀委员、优秀提案、社情民意积极分子和2020年优秀大会发言。审议通过会议决议和2个工作报告。县委书记王峻，县政协主席毛建南讲话。

【县政协常委会议】2020年，中国人民政治协商会议第九届松阳县常委会（以下简称"政协第九届松阳县常委会"）召开常委会议6次，会议听取并讨论"一府两院"工作报告及各类专题协商纪要、调研报告、民主监督报告22份。

政协第九届松阳县常委会第十七次会议于1月19日上午举行，会期半天，县政协常委会组成人员33人出席会议。会议听取县政府关于县政协九届三次会议提案办理情况的通报；听取县卫生健康局关于医共体建设情况的通报；审议通过"城乡生活垃圾分类处理"专项集体民主监督工作情况的函；审议通过《关于加快推进松阳茶产业转型升级打造全国茶产业强县的若干意见》《松阳县推进茶产业转型升级扶持办法》贯彻落实情况的民主监督建议案；听取政协第九届松阳县常委会2019年度述职报告；传达学习政协浙江省第十二届三次会议精神。

政协第九届松阳县常委会第十八次会议于4月2日下午举行，会期半天，县政协常委会组成人员33人出席会议。会议协商通过委员调整方案；审议相关人事任免；协商讨论松阳县"一府两院"工作报告（审议稿）和2020年十件民生实事项目候选项目；协商讨论松阳县经济社会发展报告（审议稿）和财政预决算报告（审议稿）；审议通过政协第九届松阳县委员会常务委员会工作报告（审议稿）和提案工作报告（审议稿）；研究决定县政协九届四次会议相关事宜；审议《中共松阳县委关于新时代加强和改进人民政协工作的实施意见》。

政协第九届松阳县常委会第十九次会议于4月27日上午举行，会期半天，县政协常委会组成人员31人出席会议。会议审议政协第九届松阳县委员会第四次会议选举办法（草案）；审议政协第九届松阳县委员会第四次会议决议（草案）。

政协第九届松阳县常委会第二十次会议于4月28日下午举行，会期半天，县政协常委会组成人员31

2020 年 10 月 19 日，县政协举行九届二十二次常委会议

人出席会议。会议听取各委员讨论组讨论情况的汇报；审议通过政协第九届松阳县委员会第四次会议决议（草案）；听取政协第九届松阳县委员会第四次会议提案初步审查情况的报告；审议通过政协第九届松阳县委员会第四次会议选举办法（草案）；审议通过政协第九届松阳县委员会常务委员候选人建议名单（草案）；审议通过政协第九届松阳县委员会第四次会议总监票人、监票人建议名单（草案）；审议通过县政协九届四次会议优秀大会发言。

政协第九届松阳县常委会（扩大）第二十一次会议于 8 月 13 日上午举行，会期半天，县政协常委会组成人员 35 人出席，全体政协委员列席会议。邀请常务副县长郑伟坚、县发改局负责人列席会议。会议听取县政府 2020 年上半年经济社会发展情况与下半年工作思路通报；听取县委政法委关于社会治理领域“最多跑一地”改革情况的通报；审议通过“创新引领，转型升级，全力推进不锈钢管产业高质量”发展专题协商会议纪要；审议通过关于“明清古街建设高品质步行街”的建议案；审议通过“最多跑一地”专题协商会议纪要；审议通过“高水平全面建成小康社会补短板”专项集体民主监督报告；审议通过“城乡生活垃圾分类处理”专项集体民主监督报告。

政协第九届松阳县常委会第二十二次会议于 10 月 19 日举行，会期 1 天，县政协常委会组成人员 35 人出席会议。政协常委会组成人员和在松阳市政协委员视察县重点工程建设情况（黄南水库工程、瓦窑头区块改造项目、荷田岭下区块改造项目）；会议学习传达县委十届十次全会精神；审议通过关于深入学习县委十届十次全会精神，全力支持生态工业发展的决议；审议通过发展“赛事经济”协商纪要；审议通过“最多跑一地”民主监督报告。

重大事项政治协商

【概况】2020 年，县政协依托“请你来协商”平台，构建“6+X”协商模式，通过政协秘书长主任会议、主席会议、常委会议先后审议确定议题报县委常委会审议，最终确定 6 个常委会重点协商课题和 13 个专委会、界别组协商课题。

【专题协商会】6 月 19 日下午，“请你来协商 · 创新引领、转型升级，全力推进不锈钢管产业高质量发展”专题协商会在县会议中心举行，协商课题调研组成员、县直有关部门主要负责人，部分政协委员，《松阳政协》主编 ，部分不锈钢行业协会成员、企业负责人及社会各界人士 70 余人参加会议，会议由县政协主席毛建南主持，县委副书记、县长李汉勤，县政协副主席周永龙，丽水生态产业集聚区松阳分区管理委员会书记、主任纪忠民出席会议。

7 月 1 日下午，“请你来协商 · 明清古街建设高品质步行街”专题协商会在县会议中心举行，县直有关部门、街道主要负责人、村（社区）干部群众代表、明清古街部分住户、商户代表和政协提案人 70 余人参加会议，会议由县政协主席毛建南主持，县委副书记、县长李汉勤，副县长潘永水，县政协副主席叶伟兰出席会议。

7 月 9 日下午，“请你来协商 · 最多跑一地”专题协商会在县会议中心举行，部分县政协常委，县委办、县纪委、县委政法委等相关单位负责人，部分乡镇（街道）、社区、村分管领导和专职调解员，专题协商调研组成员 32 人参加会议，县政协主席毛建南主持会议，县委副书记周鸿飞、县政协副主席廖卫民出席会议并讲话。

7 月 16 日下午，“请你来协商 · 加强工程中介机构管理”专题协商会在会议中心举行，部分政协常委、相关乡镇（街道）、部门负责人、行业代表参加会议。县政协主席毛建南主持会议，常务副县长郑伟坚、县政协副主席廖卫民出席会议。

9 月 14 日上午，“请你来协商 · 我县赛事经济发展”专题协商会议在县会议中心举行，各县直有关部门、街道主要负责人，企业、协会和体育达人等群众代表 40 余人参加会议，县政府副县长彭敏、县政协副主席叶伟兰出席会议并讲话，县政协主席毛建南主持会议。

11月13日下午,“请你来协商·黄南水库饮用水源保护”专题协商会议在县会议中心举行，县政协部分常委、委员，“黄南水库饮用水源保护”专题调研组成员，县直有关部门、相关乡镇（街道）主要负责人以及部分村民代表50余人参加会议，县政府副县长温小运、县政协副主席叶向东出席会议，县政协主席毛建南主持会议。

政协履职为民

【概况】2020年，县政协贯彻以人民为中心的发展理念，深刻领悟习近平总书记关于政协工作要实现好、维护好、发展好最广大人民根本利益的重要思想，不断强化履职为民，着力增强人民群众的获得感、幸福感、安全感。

【民生提案督办】2020年，县政协组织界别委员、提案办理单位负责人等相关方面进行提案办理专题协商，面对面听意见，实打实解难题。县政协九届四次会议期间收到提案241件，立案203件，并案后为136件，提案全部办复完毕，基本达到承办单位、提案者、政协组织三方满意，有效发挥提案监督的重要作用。由县领导领办的6件重点提案也取得良好成效。如通过办理落实《建议开展村调“回头看”解决基层“三盼”》提案后，有效促进3605万元奖补资金落实到位，推进村级干部、资源、资产、民心的融合；在《关于加快油茶产业发展的建议》提案交办后，相关部门制定出台《松阳县香榧油茶中医药全产业链区域激励政策2020—2022年三年行动方案》，落实每年290万元的奖补资金，促进松阳油茶产业的“质、面”双提升。

【社情民意监督】2020年，县政协持续开展社情民意反映，及时了解党政决策的信息需求，研究信息收集报送的重点选题，制订信息收集报送计划。通过委员会客厅、工作室、“三联三进”等平台，广大委员关注民生、为民代言，真切了解民情、真实反映民意，使每条社情民意都紧接地气、带着温度。全年有40余条社情民意信息上报省、市政协，其中《设立特殊自动售卖机 动态储备防疫物资》等信息被上级政协录用，得到省、市层面高度重视，促进一批事关群众切身利益的民生问题得到妥善解决。《让艺术照亮乡村》《温暖人心的向阳花》《加强工程中介机构管理》等13篇信息稿件和多篇消息分别被省政协《联谊报》、“同心苑”公众号刊登录用；同县委宣传部联合创办“古城故事汇”栏目12期，向世人推介松古大地的人文风情，提升“田园松阳”对外影响力。

【助力脱贫攻坚】2020年，县政协开展“百名政协委员结对帮扶百户贫困户”活动，通过产业带动增收、企业带动就业、落实扶贫政策、委员联系帮扶、社会扶贫捐助等形式，落实帮扶项目11个，提供就业岗位70余个，对接贫困户576户，帮助1700余人贫困群众巩固增收基础。配合省政协深化对玉岩镇周安村的结对帮扶，全年竣工帮扶项目10个，投入500余万元，随着高山西红柿基地、村级冷库等项目的投用，村集体经济进一步壮大，结对帮扶成效显著。

文史资料

【概况】2020年，县政协深化“提笔”抗疫，征编《松阳“战”疫》文史资料200余篇，为常态化防疫注入精神动力。全年编辑《松阳政协》杂志3期，其中第一期为1、2期合刊，编发“松阳政协”网站、微信公众号信息50余条。向上级刊物投稿，全年有多篇稿件在《联谊报》《同心苑》等省级新闻媒体上刊登报道。

【举办田园松阳论坛】11月6日上午，县政协主办的第九届田园松阳论坛——《创新引领，转型升级，全力推进不锈钢管产业高质量发展》主题报告会在县城举行。县四套班子相关领导、县直各单位主要负责人、乡镇（街道）领导干部、县政协机关全体干部、部分政协委员、相关业界人士300余人参加。

联谊交流

【概况】2020年，县政协搭建平台、创造条件，加强与各民主党派、工商联、人民团体和无党派人士的联系沟通，组织政协委员外出学习培训，提升履职能力。

【联络联系畅通工作】2020年，县政协贯彻《松阳县政协党组成员联系界别党员委员、党员委员联系党外委员制度》，每名党员委员联系帮带1~3人党外委员，重点在思想引领、履职带头、互助示范等方面发挥作用。立足“学习交流新载体、联系群众新纽带、协商民主新路径、团结联谊新平台”的功能定位，建好用好茶业委员会客厅和中医药、不锈钢行业、城东社区委员工作室，开展各类活动10次。加强政协组织间的沟通交流，全年接待上级政协和省内外兄弟政协单位到松阳考察56批（次），为促进地方经济文化的交流合作作出努力。

【委员学习培训】2020年9月15—19日，县政协在延安举办2期优秀委员（干部）培训班。参加此次培训学习的有县政协2019年度优秀政协委员、各界别组长及机关干部等共50人。此次学习活动以在延安的各革命旧址现场教学为主，主要学习窑洞精神及其现实启示、张思德与为人民服务、三五九旅开发南泥湾与南泥湾精神、白求恩精神等课程内容。

党风廉政

【概况】2020年，县政协坚持与时俱进，做到党建与廉政两手抓两手硬，对标对表习近平总书记关于加强和改进人民政协工作重要思想所提出的新目标、新定位、新要求，肩负新使命、新任务、新担当，持之以恒加强政协自身建设。深入贯彻落实中央及各级党委《关于加强和改进新时代人民政协工作的实施意见》，对照查找整改自身存在的问题短板，提升全县政协系统党建水平。切实发挥政协党组把方向、管大局、保落实的核心作用，深化政协机关各专委会党支部建设，引领党员委员自觉接受政协党组、政协机关党组的教育管理，积极参加党组织活动。坚持开展廉政学习教育，学习贯彻中央及省、市、县纪委会议精神，坚持把党风廉政建设与政协工作同部署、同考核。制定出台《政协界别组考评办法》《政协参加单位履职评价办法》《政协委员活动经费管理制度》《委员廉洁自律若干规定》，量化对委员、界别、参加单位的履职实绩，激发和树立干部、委员队伍的争先创优、廉洁自律意识。落实廉政约谈制度，签订党风廉政建设责任书，贯彻执行廉洁从政各项规章制度。持续贯彻执行中央八项规定精神和县委实施办法，不断改进文风会风、工作的方式方法，以一流标准、一流水平、一流作风，建设让党放心、委员信任、群众满意的模范组织。

（县政协办　蓝天野）

中国共产党松阳县纪律检查委员会
松阳县监察委员会

箬寮原始林景区

综 述

【概况】2020年，中共松阳县纪律检查委员会、松阳县监察委员会（以下简称“县纪委监委”）贯彻中共十九大和十九届二中、三中、四中、五中全会精神，以党的政治建设为统领，以清廉松阳建设为主线，以“三化”建设年活动为载体，履行党章和宪法赋予的职责，强化监督执纪问责和监督调查处置，推动纪检监察工作高质量发展。

全县各级纪检监察组织落实落细政治监督，把贯彻落实习近平总书记重要讲话精神、指示批示精神及主政浙江期间的系列指示要求，作为“两个维护”的具体体现、政治监督的根本任务，一体推进、一体保障落实。跟进疫情防控、复工复产、脱贫攻坚、村社换届等县委重大决策部署执行情况，推动落实、监督检查。全年对21家党组织开展政治巡察，对1家党组织开展巡察“回头看”，对全县216个村社开展巡察或回访检查，发现问题2116个，移交问题线索54条，给予党纪政务处分25人（乡科级3人），采取留置措施6人，移送司法机关10人。

制定出台《中共松阳县委关于建立政治生态（清廉指数）评价体系的实施意见（试行）》，以季度初评、半年中评、年度总评等方式开展政治生态分析研判和政治监督报告，向1个单位发出“政治生态评价预警通知书”。建立政治生态建设档案和领导干部廉政档案，实施县委领导班子和班子成员政治画像，并延伸对全县611名乡科级干部进行精准政治画像。指导基层乡镇（街道）因地制宜优化政治生态，大东坝镇、新兴镇、四都乡入围2020年度丽水市乡镇(街道）政治生态排行榜20强。

健全清廉松阳建设体制机制，把清廉建设情况列入主体责任考核内容，围绕清廉机关、清廉村居等六大板块起草发布2020年清廉建设工作要点，督促各牵头单位制订出台各板块清廉建设验收标准，谋划推进常态化警示教育、廉情地图、村级工程集体建、亲清政商关系清单等重点创建项目，组织派驻纪检监察组组长、乡镇（街道）纪（工）委书记开展清廉机关和清廉村居专项工作调研及业务培训，推动清廉松阳建设发展。

深化清廉村居建设，探索推行由权力清单图、风险防控图、三色预警图组成“廉情地图”，每季度分别授予绿码、黄码、红码，并对黄码、红码实行即时预警。全年共发出预警通知书44份，集体约谈53次，约谈提醒村党员干部253人，取消19个村集体和村主要负责人年度评先评优资格。该做法被人民网、《浙江日报》等中央、省、市主要媒体报道，获评丽水市清廉建设品牌“红榜”。推动信访举报质量评查规范化建设和纪检监察职能“四进”县矛盾调解中心（以下简称“矛调中心”），挂图作战开展“三清三提升”活动，涉纪信访工作从全市末尾跃升至第一梯队。

按照党纪法规开展审查调查，保持惩腐高压态势，实现乡镇（街道）自办案件全覆盖，审查调查一体化工作位居全市前列。坚持“一案一剖析、一案一整改”机制，对案件查办中暴露出的部分单位制度漏洞，运用纪律检查建议书和监察建议书，落实相关单位党组织全面从严治党主体责任，提高监督质量和纪法效果。发挥科级干部违法犯罪案件的警示教育作用，通过组织观看叶某某案件现场庭审、《以案为鉴警钟长鸣》杨某某警示教育片等形式开展警示教育活动。

开展中共十九大以来发现的103条“四风”问题线索进行“回头看”，所有问题线索均处置到位。健全“1+X”正风肃纪检查机制，围绕违规吃喝、违规发放津补贴或福利等六类“四风”突出问题，建立个性清单，加大督查力度。以“规定+自选”的方式开展社会福利机构管理运行、报刊征订代办费、租字画装扮办公室等28项专项整治工作。重视申诉复查工作，依纪依规依法保障受处理党员申诉权益。推进澄清工作向基层延伸，共对10名党员干部的不实举报问题进行澄清正名。

深化乡镇（街道）监察办规范化建设，建成19个乡镇（街道）216个村级监察工作联络站。构建“预瞄式选题、全程式监督、闭环式整改”的靶向监督体系，以县人社局就业处专项资金管理使用情况、茶黑刺粉虱信息素诱捕器项目情况等38项为主题开展4轮“靶向式”监督。该项工作获市委领导的批示肯定和《浙江日报》等省市媒体的关注报道，获评2020年度丽水市纪检监察系统“十佳工作品牌”。开展全省检举举报处置子平台和基层综合业务应用系统试点工作，在全市率先编撰完成《处置子平台系统操作手册》，为全市平台建设提供松阳经验。

组织全县纪检监察干部学习贯彻习近平总书记在浙江考察时的重要讲话精神和中央、省、市纪委全会精神及省纪委书记许罗德在丽水调研的讲话精神。打造“清风松阳·田园卫士”党建工作品牌，成立6个办案临时党支部和巡察临时党支部。实施干部成长导航计划，组织开展全员培训、文字大练兵、师徒结对等活动。全年有2名干部获评丽水市纪检监察系统“最美纪检人”，2名干部分别获丽水市纪检监察机关审查调查工作行政奖励三等功和嘉奖，1名干部获评基层纪检监察机构优秀干部，8名干部通过国家法律职业资格考试。学习贯彻全省纪检监察干部12条严禁，对物品采购、资金报销、公车使用等15项内部管理制度进行修订完善。实施全员廉政风险排查，把廉政谈话融入日常，对1起涉及纪检监察干部信访举报问题第一时间调查核实，严防“灯下黑”问题。

【监督执纪“四种形态”运用】2020年，县纪委监委运用监督执纪“四种形态”处理257人次，下降5.17%。其中，第一种形态138人次，下降9.8%，占“四种形态”处理总人次的53.7%；第二种形态88人次，下降3.3%，占34.2%；第三种形态10人次，下降23.08%，占3.9%；第四种形态21人次，增长50%，占8.2%。

【管党治党政治责任强化】2020年，县纪委监委坚定“四个自信”、做到“两个维护”，以“重要窗口示范区”的定位，落实党中央和省市决策部署。对县委领导班子和班子成员进行逐一精准画像，配合实施松阳县政治生态建设档案和领导干部廉政档案，完成上半年和年度政治生态自评自查报告和政治监督报告。落实监督“四清单”制度，建立疫情防控、扶贫领域、“厉行勤俭节约、反对铺张浪费”等政治监督“四清单”235份，发现问题516个并整改。同时向基层延伸，对全县611名乡科级干部进行精准政治画像，形成政治监督自评自查报告73份、政治监督报告29份。

【纪检监察干部队伍建设】2020年，县纪委监委制定《关于开展干部能力素质提升大练兵行动的方案》，从学习培训大练兵、岗位实战大练兵、竞赛评比大练兵三方面入手，确立分层分类、覆盖全员的学习培训体系。开展师徒结对，实现以老带新，促进年轻干部能力提升。举行2期全县纪检监察系统学习培训，邀请县农业农村局、县审计局等专家，结合中纪委培训课程的学习，通过“课件辅导+现场答题+学习测试”的方式为152名纪检监察干部“加油充电”。定期举办“每月一论”“人人讲堂”等业务论坛，以科室为单位，实现人人上讲台，不断提升年轻纪检监察干部业务能力。组织学习小组，举行每周读书学习会、线上小测试，全年开展学习18次，测试18次。组织文字大练兵活动，编印委机关“文字大练兵成果汇编”7期、乡镇“文字大练兵成果汇编”4期。鼓励纪检监察干部加强法律学习，全年有17名干部通过自学参加司法考试，7人通过客观题考试。坚持“以案代训”“以干代训”方式，先后从委机关、派驻纪检监察组、乡镇（街道）抽调92名干部，参与巡察、专项督查等“实战集训”。选派4名干部参与市纪委市监委“青蓝计划”，有2名干部顶岗锻炼。1名优秀年轻干部到省纪委省监委机关挂职锻炼。1名干部获全市“最美纪检人”、1名干部获“十佳乡镇纪检监察干部”。建立健全纪检监察干部信息管理系统。坚持纪检监察干部选用标准，全年选调公务员5人（其中派驻纪检监察组1人），招聘见习大学生3人。全年调出干部3人，提拔副科3人。同时，委机关科室调整干部4人，优化科室结构，促进干部多岗位锻炼。

【纪检监察内部监督】2020年，县纪委监委落实落细量化考核，结合“三化年”建设工作要求，制定《中共松阳县纪委松阳县监委派驻机构工作办法》《中共松阳县纪委松阳县监委派驻机构及其县管领导干部年度考核办法》《松阳县乡镇（街道）纪检监察机构及其主要负责人年度考核办法》《松阳县乡镇（街道）监察办履职、权力、责任“三张清单”》《村（社区）监察工作联络站履职清单》。探索村级监察工作联络站站长“工分制”考核办法，加强对村级联络站的绩效考核，倒逼干部履职尽责。增强内部监督，开展常“聊心里话”。该委机关、派驻机构、乡镇（街道）纪委监察办从主要负责人做起，与班子成员、科室负责人、普通干部开展经常性的谈心谈话活动，发现苗头性问题及时纠正、疏导，开展春节老干部慰问活动。严管厚爱结合，为1名受到失实检举控告纪检监察干部澄清正名。常“念紧箍咒”。秉承“严是爱”的理念，健全完善管理制度和工作机制，织密自我监督防控网，对纪检监察干部从严要求、从严管理。以锻造匹配“重要窗口”纪检铁军作为主要目标，作出《中共松阳县纪委办公室关于在全县纪检监察系统开展“十二个一”警示教育月活动的通知》。通过开展纪委书记上党课、案例剖析、现场教学、清廉擂台赛、演讲比赛、主题民主生活会、主题组织生活会、风险排查、专项检查等活动，实现警示教育制度化、常态化。常束“监督网”。落实党风廉政建设责任制，推行“五张清单一张网”，坚持每季度召开“一岗双责”汇报会，全方位打造自我监督网。对群众举报、媒体反映、监督检查中发现的纪检监察干部违纪违规线索，及时组织人员进行核查。全年核查信访件1件并办结。

【乡镇监察办规范化建设】2020年，县纪委监委深化监察办规范化建设。选优配强干部队伍，全县19个乡镇（街道）配备监察办主任19人，配备率100%，监察办副主任17人，配备率89.5%，监察办监察员37人。出台乡镇（街道）纪检监察机构履职清单、权力清单、责任清单，乡镇（街道）纪检监察机构谈话场所工作规定等内部管理制度。深化片区协作机制，制定印发《松阳县纪委县监委基层纪检监察组织片区协作制度》。实施村级监察工作联络站建设。4月，全县19个乡镇（街道）216个村（社）的监察工作联络站全部建成，聘请联络站站长213人，联络员588人。完成各村（社）监察工作联络站的履职制度及标识职责等上墙工作，并对联络站站长开展集中培训，发放履职手册以及工作笔记。自联络站成立以来，联络站报送问题信息235条，转问题线索7条；监察信息员报送问题信息120条，转问题线索2条。

【建成“思廉堂”廉政文化馆】2020

年，县纪委监委紧扣“清廉浙江”建设，依托横樟村独特的廉政文化内涵打造“思廉堂”，以“廉”为主旨，以远祖包拯为序，设立廉之序、廉之范、廉之承、廉之道和廉之训五大展厅。通过情景再现、自制动画、图文布置等方式，讲述包拯、松阳包氏后裔的清廉故事，并积极融入当地廉政文化，成为广大党员干部接受廉政教育、培养廉政意识、学习廉政知识的重要课堂。“思廉堂”获评为市直机关主题党日活动基地，接待考察学习团队932批4529人次。

县纪委重要会议

【县纪委全会】2020年，中共松阳县第十届纪律检查委员会第六次全体（扩大）会议于3月25日下午召开。会议学习传达中共十九届中央纪委四次全会、省纪委十四届五次全会、市纪委四届五次全会精神，回顾总结全县2019年纪检监察工作，部署2020年任务。县委书记王峻出席会议并讲话。李汉勤、徐为民、毛建南等县领导出席会议。县委常委、纪委书记、监委主任潘仲珏主持会议，并代表中共松阳县纪律检查委员会常务委员会作题为《奋力推进新时代纪检监察工作高质量发展，为更高水平推进县域治理现代化提供坚强保障》的工作报告。会议统一收看案例剖析。

【乡镇（街道）监察办规范化建设推进会】2020年，松阳县于10月23日召开全县纪检监察工作规范化建设推进会。会议传达丽水市委常委、市纪委书记、市监委主任方文军的讲话精神，并深刻剖析全县在规范化建设中的问题根源，对今后工作提出进一步的要求，并由19名乡镇纪委书记在会上围绕纪检监察工作规范化建设情况和下步问题整改的打算进行交流发言，共同探索提升全县纪检监察工作规范化建设。

【清廉村居建设推进会】2020年6月29日，县纪委监委组织全县19个乡镇（街道）纪（工）委书记，开展清廉村居建设现场观摩学习。在赤寿乡界首村学习观摩村级监察工作联络站相关制度建设与履职情况；在新兴镇后周包村学习观摩村级联络站建设、脱贫攻坚监督执纪、村（社）换届选举准备等方面工作；在古市镇山下阳村学习观摩古村落文化底蕴挖掘、清廉元素融合、景观打造、崇廉尚廉氛围营造等做法。现场学习交流结束后，该委组织召开乡镇（街道）清廉村居建设推进会，进一步促进村级小微权利清单28条与“廉情地图”在基层推广。

清廉松阳建设

【概况】2020年，县纪委监委以规范权力运行和监督工作为根本遵循，全方位推进“五强”清廉机关（强思想引领、强担当作为、强风险防控、强制度保障、强监督问责）、“三清一合”清廉村居（村务清爽、班子清廉、民风清朗、干群和合）、“五清”学校（清明政风、清净校风、清正教风、清新学风、清朴家风）、“三清”医院（党风清正、院风清朗、医风清新）、“三强”民企（强民企基础清廉党建、强龙头企业示范引领、强民企清廉宣传教育）、“三清”国企（清风护企、清明权力、清亲政商）、“三策”交通（规范决策行为、防范决策风险、提高决策水平）、“四个一批”清廉文化（拓展一批清廉文化传播阵地，创建一批清廉文化示范点，推出一批清廉文化精品力作，讲好一批清廉文化松阳故事）建设。探索项目化管理模式，构建“科学立项－推动实施－评估推广”项目推进体系，起草发布《2020年清廉松阳建设工作要点》，督促各牵头单位制订出台各板块《清廉建设验收标准》，谋划推进常态化警示教育、廉情地图、村级工程集体建、亲清政商关系清单、派驻机构“靶向式监督”等项目，推进清廉松阳建设走深走实。

【“五强”清廉机关】2020年，县纪委监委以“提高党建质量、提升清廉指数、建群众满意机关”为目标，以“强思想引领、强担当作为、强风险防控、强制度保障、强监督问责”为导向，出台“建设清廉机关、创建模范机关”验收标准，确保清廉建设有成效。探索党费交纳新路径，依托工商银行云平台开通党费交纳“云通道”，制定出台《松阳县党费收缴、使用和管理的办法》（松组〔2020〕

2020年9月24日，县纪委举办“清廉机关”擂台赛

53号），实现党员交纳党费“云支付”，有效解决党费收缴标准不一、党费现金管理风险、使用范围不正确等问题。举办1期“清廉机关”建设擂台赛，14家单位上台“比擂”，交流经验做法。

印发《2020年度县直单位党组（党委）履行机关党建主体责任清单》和《2020年度县直单位党组（党委）书记履行机关党建第一责任人任务清单》两张清单，要求建立并落实党组（党委）、机关党委、党支部和党组（党委）书记、机关党委书记、机关党委专职副书记、党支部书记“三级四岗”的机关党建工作责任清单。同时，把“建设清廉机关、创建模范机关”情况纳入机关党建考核重要内容，压紧压实党组（党委）工作责任。

【“三清一合”清廉村居】2020年，县纪委监委持续开展清廉村居建设，深化小微权力清单28条成果运用，紧扣数字化改革，构建集明权、防控、监测、预警为一体，由权力清单图、风险防控图、三色预警图“三张图”组成的“廉情地图”监督体系，推进农村人、财、物等制度管理透明化，使村级组织、村干部的权责一目了然，让老百姓监督有据可依，干部履职泾渭分明，有效实现群众办事监督“最多跑一次”。全年共发出预警通知书80份，集体约谈12次，约谈提醒村党员干部92人，取消12个村集体和村主要负责人年度评先评优资格，并扣除相应绩效报酬。清廉村居的“廉情地图”做法，获评丽水市清廉建设“红榜”。创新推出《松阳县村级工程“集体建”实施办法（试行）》，为村集体增收306.28万元，为乡镇强村公司增收376.1万元。同时，避免村干部因违规承揽工程受到党纪政务处分的风险。该项做法被《人民日报》等中央、省、市等媒体的关注报道，县纪委监委在全市清廉村居、消薄工作会上作典型发言和经验交流。

【“五清”清廉学校】2020年，县纪委监委落实责任抓清廉建设，构建内部监督“四责协同”机制。以问题为导向，进一步规范学校关键领域风险防控。县教育局层面推进“三统一”（统一采购、统一询价、统一使用丰收溯配系统），强化学校食堂风险防控。全县学校食堂79个（含民办）全部创成等级食堂（A级14个，B级65个），建成廉政风险防控样本食堂2个，7项阳光工程被《中国教育报》宣传报道。学校层面以“县委巡察30个共性问题”“7个财经纪律类问题”“15个内审共性问题”“9方面30个审计共性问题”为靶点，有针对性地经常性对照检查，自查自纠，持续整改。松阳一中、松阳二中、松阳三中等9所学校首批实现清廉学校创建工作。

【“三清”清廉医院】2020年，县纪委监委大力倡导“以清为美、以廉为荣”的医德导向，深入实施《松阳县清廉医院总体实施方案》总规划图，打造党风清正、院风清朗、医风清新的医院，让“医者仁心、大医精诚”的传统医德医风蔚然成风。通过成立清廉医院工作“专班”“专室”，以及开展“十大规范、十大行动”的专项行动精准化架构“顶层设计”。以不断开展阵地化教育、主题化教育、典型化教育等教育模式常态化筑牢“思想防线”。持续推进药械“洽谈+采购”阳光化、红包“拒收+惩戒”严肃化、处方“点评+述廉”规范化，开展重点领域和关键少数监管，制度化管束“小微权力”。通过建设，“医者仁心、大医精诚”的价值观在全县医疗系统更加突出，群众满意度和获得感更强，各类惠民便民举措“加速”落地，志愿义诊暖心服务经常化；优质化医疗服务更加常态。通过优化群众就医办事流程，推出中医药一体化服务等优质化便捷化就医服务，让群众办事就诊少跑腿。实现县域就诊率提高3.7%，基层就诊比例提高5.2%。清廉医院的“红包回扣”与“处方外配靶向监督”治理项目分别在省清廉医院建设现场会和全市派驻纪检监察干部培训班上进行经验交流。

【“三强”清廉民企】2020年，县纪委监委推进清廉思想、清廉制度、清廉规则、清廉纪律、清廉文化融入民企发展之中，强民企基础清廉党建、强龙头企业示范引领、强民企清廉宣传教育，努力形成清明、清朗、清新的良好生态。制定印发《关于推进新时代民营经济统战工作提质增效的实施意见》《中共松阳县委统一战线工作部亲清政商交往正反面清单》等文件，进一步规范公职人员在扶企、助企、招商引资等工作中与企业交往行为，鼓励公职人员为企业发展提供服务、排忧解难，营造风清气正的政治生态和干事创业氛围，推动厘清政商交往边界，规范政商交往行为，推动构建亲而有度、清而有为的新型政商关系。开展“双覆盖百日攻坚行动”，采取“十个一批”组建方式推进党组织组建，截至12月底，单独新建两新党组织6个。

【“三清”清廉国企】2020年，县纪委监委坚持党委主导、坚持标本兼治、统筹推进，把全面从严治党要求全县国企改革发展的全过程，强化不敢腐的震慑，扎牢不能腐的笼子，增强不想腐的自觉，构建“组织牵头、部门协同、条保块抓、整体推进”工作格局，全力打造清风护企、清明权力、清亲政商的“清廉国企”。把清廉企业建设工作列入相关机关单位《2020年两新党建任务清单》，制定《清廉企业建设验收标准》，细化组织领导、阵地建设、活动开展、制度建设、工作成效5个大方面20项细指标，推进清廉企业建设工作标准化、制度化。县供电局“小微权力禁飞区”获省企业联合会管理创新项目二等奖，市电力公司管理创新项目一等奖。

【“三策”清廉交通】2020年，县纪委监委全面落实从严治党主体责任，以党风廉政建设和反腐败工作为抓手，强化党员干部监督管理，坚持把政治建设摆在首位，把清廉交通建设与各项中心工作同部署、同检查、同考核、同落实，规范决策行为、防范决策风险、提高决策水平。探索实施周一集体决策会商机制规范权力运行，加强权力监督。召开集体决策会商会37次，决策会商通过事项191个，从源头上堵塞漏洞、防治腐败，打造亲清政商关系。制订出台《松阳县交通工程项目廉政风险防控手册》，依托交通工程阳光监管平台，利用大数据，每月对重点工程的项目前期、招投标、设计、计量、工程质量等信息进行日常监管和预警处理。7月23—24日，全市首例公路养护项目品质工程示范现场会在松阳召开。

【“四个一批”清廉文化】2020年，县纪委监委以“传承传统文化、倡导文明新风、弘扬清风正气”为目标，营造干部清正、政府清廉、政治清明、社会清朗的清廉文化氛围。用好“网络阵地”“固定阵地”及“流动阵地”，夯实清廉文化传播主体，拓展清廉文化宣传阵地。充分发挥传统清廉文化和红色革命教育基地作用，以“思廉堂”、传统村居宗祠等为基地，以安民乡安岱后、枫坪乡斗坛小吉等浙西南红色教育基地为依托，开展清廉文化教育实践活动，打造清廉教育示范点。打造一批清风正气的文化作品，通过《箬寮风雷》《向阳而生》《春风又绿江南》等具有松阳元素的影视剧作品，讲好松阳故事，提升松阳风清气正的文化影响力。组建“小青松宣讲团”，结合当地乡土清廉文化故事、清廉机关建设，讲好清廉松阳故事，推动廉政之风在社会广泛传播。

（县纪委办）

党风政风监督

【概况】2020年，县纪委监委建立健全政治生态评价体系，构建亲清政商关系，建立完善评价、反馈、预警、整改机制，持续深入开展疫情防控和复工复产、扶贫领域、“四风问题”、28项专项整治等专项监督和整治，推动警示教育常态化，鼓励干部担当尽责，不断净化基层政治生态，营造政治生态和自然生态“两个绿水青山”，推进全面从严治党向纵深发展。

【政治生态建设】2020年，县纪委监委制定出台《中共松阳县委关于建立政治生态（清廉指数）评价体系的实施意见（试行）》，设置乡镇（街道）评价指标一级13个，二级26个。同时根据工作重点对评价指标体系进行优化完善。建立完善县两办、纪检、组织、宣传、统战、财政、审计、信访等19家单位齐抓共管的监测评价体系，根据时间节点依次开展季度初评、半年中评、年度总评，有重大问题实施实时监督。11个乡镇（街道）评价为好，7个乡镇（街道）为良好，1个乡镇（街道）为一般。其中，四都乡、新兴镇、大东坝镇入选全市乡镇（街道）政治生态排行榜前20强优胜榜。协助县委抓好主体责任落地落实落细，共对全县主体责任履职不到位、巡察发现问题较多的8家单位开展面对面质询点评，现场提问14个，提出评议意见24条，发出整改通知书8份。

【构建亲清政商关系】2020年，全县54家单位分别制订各自符合各自单位工作性质的“亲清政商关系正反面清单”1300余条，明晰政商交往的界限和禁区；制定出台《松阳县应对疫情支持企业共渡难关的二十条意见》《减轻企业负担促进企业持续稳定发展的二十条意见》等助企政策，不断优化营商环境。深入开展县处级领导“三服务”和驻企服务员机制建设，累计走访服务企业500余家次，收集涉工类问题72个，解决落实100%。

【疫情防控和复工复产专项监督】2020年，县纪委监委贯彻落实上级纪委监委关于疫情防控监督保障工作要求，第一时间制定出台《关于做好新型冠状病毒疫情防控有关监督保障工作的紧急通知》《关于严明新型冠状病毒疫情防控工作纪律的紧急通知》。创新构建“4+X+29”日常督查全覆盖和“五个一”工作机制，围绕相关单位防疫责任和复产复工责任履职情况、重点人员管控和卡口值守情况、捐赠物资管理使用情况等主题开展监督检查。对15件疫情防控履职不力问题进行问责，通报1个单位党组织、约谈提醒6人、通报批评19人、诫勉4人、党纪政务处分4人，对5起12人典型案例进行通报曝光。该委机关支部、2名纪检监察干部获全县通报表扬。

【扶贫领域专项监督】2020年，县纪委监委开展多轮联动督查，各乡镇（街道）、各部门共先行自查出问题135个，组织召开扶贫领域工作督导，政策落实座谈，问题整改工作推进，专项监督（整治）部署推进等会议，牵头制定扶贫领域“问题清单”、结对干部“帮扶清单”、扶贫政策“落实清单”，以扶贫监督“暗访月”活动，扶贫领域专项巡察，“一月一主题”扶贫监督，“家门口的扶贫监督主题党日”等活动，密集开展监督23次，现场核查农户602户、扶贫项目40个，发出通报4期，整改通知书69份，监察建议书1份，建议函9份，督促整改问题381个。同时，以片区协作方式，依托省扶贫监测系统，实现对所有低收入农户走访和录入全覆盖。

【“四风问题”专项监督】2020年，

县纪委监委健全完善“1+X”正风肃纪检查机制，重点围绕违规吃喝、违规发放津补贴或福利等六类“四风”突出问题，建立个性清单，加大督查力度。全年开展正风肃纪主题督查12次，发现各类问题247个，问题线索2条，查实违反中央八项规定精神问题10起13人，通报典型案例3起7人，向县财政局发出差旅费报销问题监察建议书1份。鼓励干部担当尽责，为10名干部澄清正名。

【28项专项整治工作】2020年，县纪委监委以“规定+自选”的方式深入整治群众身边不正之风和腐败问题，组织开展扶贫领域监督、社会福利机构管理运行、报刊征订代办费、租字画装扮办公室等28项专项整治工作，通过定期召开专项整治工作例会，压实各牵头单位主体责任和纪检监察组织监督责任，确保专项整治取得实效。全年发现涉嫌违纪违法问题线索2条，查处形式主义、官僚主义问题5起6人，清退各类违规资金18万余元，补缴人防系统易地建设费230.94万元，修订完善相关制度14项。

（党风廉政办）

巡察工作

【概况】2020年，中共松阳县委巡察办公室（以下简称“县委巡察办”）把准政治定位，聚焦“从严治党”核心，推进县委巡察和村（社）巡察、交叉（提级）巡察，聚焦聚力抓“三化”建设，推动巡察工作在巩固中深化、在提升中发展，向着高质量全覆盖目标有力推进。

【围绕中心开展政治巡察】2020年，县委巡察办始终把“两个维护”作为首要政治任务，坚持党中央重大决策部署到哪里、巡察监督就跟进到哪里。面对突如其来的新冠肺炎疫情，及时把统筹推进疫情防控和经济社会发展、做好“六稳”工作、落实“六保”任务等内容，纳入巡察监督范围，推动被巡察单位履职尽责。围绕决战决胜脱贫攻坚战目标任务，开展对叶村乡、三都乡的脱贫攻坚进行专项巡察，重点检查贯彻落实精准扶贫政策情况。开展政治巡察党组织21家，巡察“回头看”党组织1家，政治巡察105个村（社），回访检查村（社）111个，发现问题2116个。

【创新村社巡察】2020年，县委巡察办结合村级组织换届选举工作，创新运用“巡察+回访”联动模式，对105个村（社）开展政治巡察，对往年已巡察的111个村（社）整改落实情况开展回访检查，并结合巡察情况对全县216个村（社）进行综合评价，对村（社）班子成员履职情况进行全面摸排，为进一步优化村（社）班子提供参考依据。在村（社）巡察中探索实行“双语巡察”“日驻夜巡”等模式，提升问题精准性，提高问题线索收集率，发现问题线索32条，党纪政务处分14人，进一步净化村级政治环境。

【巡纪监督协作联动】2020年，县委巡察办深化“四项监督”贯通融会，充分发挥巡察综合监督平台作用，和联系群众纽带功能，建立健全巡察与纪律监督、监察监督、派驻监督等统筹衔接制度。推行“巡纪联动”监督模式有效破解巡前线索发现难、巡中线索不精准、巡后线索办结慢等问题。通过巡察移交问题线索54条，给予党纪政务处分25人（其中乡科级3人），采取留置措施6人，移送司法机关10人，第八轮巡察期间3名党员干部主动投案。

【5+X联审压实责任整改】2020年，县委巡察办为推动巡察反馈问题整改，实行“县委书记约谈制”，县委书记专题会议对西屏街道、县发改局、县农业农村局等11个被巡察单位主要领导逐个进行约谈，压实责任。建立“5+X”联审联评模式，巡察整改方案及落实情况由县委巡察组初审，县委纪委、县委组织部、县委宣传部等部门专项审，县委巡察办全面审，县财政、农业等职能部门专业审。制定《松阳县巡察整改量化评估暂行办法》，综合运用5方面26条细化举措全面评估被巡察党组织整改效果。

（县委巡察办）

监察工作

【监委机构组建】2020年8月，县纪委县监委在选调录用、选拔任用、轮岗交流、教育培训一体化的基础上，稳步推进派驻机构“六个一体化”工作，实现派驻（出）机构工作人员的工资等事项由该委机关统一保障，实现干部队伍融合。

【监委措施应用】2020年，县纪委监委施行监察谈话25次，询问237次，讯问9次，调取59次，查封1次，查询219次，扣押18次，勘验检查1次，鉴定3次，搜查14次，留置11次。

（监察办）

重大举措重要成果

【开展派驻机构“靶向式”监督】2020年，县纪委监委探索实施派驻机构“靶向监督”模式，通过构建“预瞄式选题、全程式监督、闭环式整改”监督体系，同时完善“一组一季一主题”“两报告两考核”等机制，提升派驻监督质效。“靶向式”监督获丽水市纪委书记方文军的批示肯定，《浙江日报》、省纪委网站等多家省市媒体的关注和报道。10个派驻纪检组全年完成4轮40个问题的靶向式监督，发现问题192个，立案5人，给予党政纪处分5人（采取留置措施3人，直接移诉2人），发出纪律检查建议书15份，挽回经济损失732.74万元，督促被监督单位建立健全制度60项，通报曝光5人。清廉机关派驻机构“靶向式”监督，获评全市纪检监察系统“十佳工作品牌”。

【纪检监察职能进矛调中心】2020年，县纪委监委规范矛调中心纪检监察来访接待外部窗口及内部办公区域场所建设，制订全员接访工作机制，推动规范接访工作有效落实。创新《信访举报矛盾调处化解“双向联动”工作机制》，绘制流程图，明确业务内外问题区分衔接举措，推进涉纪矛盾纠纷有效破解。协调派驻纪检组及有关单位做好日常监督，推动矛调中心党风廉政建设工作深入开展。全年纪检监察接访点共接待来访群众203批次，其中业务内来访12批次，引导到大信访综合窗口191批次，引导分流作用充分展现；筛选7件适合调处的涉纪信访问题进行重点跟进，调解成功并息访4件次，破解涉纪访积案成效初步显现。

【信访举报质量评查规范化建设】2020年，县纪委监委领办市纪委“三化”建设年“信访举报质量评查规范化建设”专项任务，结合当地实际推进创新试点工作，制定《松阳县纪委监委信访举报质量评查规范化管理工作方案》。创新“八步工作法”及动态监管预警、定期“回访”督查等5项工作机制抓规范管理；总结提炼出“查”有标准、“评”有重点、“改”有规范的“三有”工作模式抓后续推进，工作成效显著。全县信访举报件按期办结率100%，“四种形态”处置率100%，实名举报反馈满意率56%，查实率38.4%，办信时效和质量均大幅提升。

（县纪委监委　尤芳）

民主党派　工商联

四都乡西坑村

民盟松阳县委员会

【概况】中国民主同盟松阳县基层委员会（以下简称“民盟松阳县基层委员会”）建立于1985年，时称民盟松阳小组；1987年8月8日，经民盟浙江省委批准成立民盟松阳支部；1993年11月30日，经民盟浙江省委批准，成立民盟松阳县总支委员会；2013年8月5日，经民盟丽水市委批准，成立民盟松阳县基层委员会。历届主委分别由阙良庆、何宝元、陈孟义担任。下设松阳一中支部、丽水中专支部、文教支部、医卫支部、科技支部、环境资源支部、经济支部7个支部。截至2020年底，民盟松阳县基层委员会盟员122人。其中，教育界40人，占32.8%；医卫界31人，占25.4%；律师、企业家、科技人员28人，占23%；其他23人，占18.8%；女盟员48人，占39.3%；男盟员74人，占60.7%；退休30人，占24.6%。

【民盟社会服务】2020年，民盟松阳县基层委员会为打赢新冠肺炎疫情防控阻击战献计出力，盟员同心协力、坚守岗位、捐款捐物、攻坚克难，各支部踊跃响应，尽己所能为防疫攻坚战贡献力量。96名盟员捐款捐物，捐款总额12.22万余元。被民盟浙江省委评为抗击新冠肺炎疫情先进集体，王国华、吴悦、阙建梅被民盟省委评为抗击新冠肺炎疫情先进个人；何文胜、章珠云、潘法被民盟丽水市委评为抗击新冠肺炎疫情先进个人。结对帮扶，助力脱贫攻坚。对标全面建成小康社会，协力推进脱贫攻坚和乡村振兴。开展送教送医等教育卫生扶贫活动，“民盟同心·专家工作站”，基层委充分利用盟内资源，开展各类活动。关注留守儿童成长。举“全盟之力”，以“雏鹰·关爱之家”为立足点，通过各种方式支持古市中学的发展。盟员屈小武特级教师工作站每月开展线上“送教下乡”活动；一中支部为初三学生带来《挑战人生 超越梦想》的中考动员讲话；组织各支部“爱心爸爸妈妈”开展“情系留守少年，我盟与你同在”关爱活动。民盟湖州市委会、民盟嘉兴市委会、民盟舟山市委会派专家先后到松阳开展系列送教活动。民盟省委社会服务部副部长吴浩多次到松阳调研指导，关爱留守学生心理健康。发挥优势，展现社会作为。文教支部到项桥下村开展“迎新春、送春联”活动；5月12日护士节，医卫支部盟员深入象溪、叶村等乡村开展“关爱健康，天使护航”义诊活动。基层委走访慰问玉岩镇程路村受灾户周远根并送上慰问金2000元。阮东方、刘志云被民盟市委评为2020年度社会服务工作先进个人。

【盟员参政议政】2020年，民盟松阳县基层委员会在县政协九届四次会议上，提交大会发言3件，均获县委书记、县长批示，分别是金黎艳执笔、阙翔威发言的《优化管水模式 确保饮水健康》，阙松鹤执笔、陈晓燕发言的《做好水文章 打造“生态鱼”

2020年10月30日，民盟湖州市委会专家、湖州帕丁顿双语学校初中部主任王卓到松阳古市中学民盟“雏鹰·关爱之家”开展名师送教活动

品牌 提升生态产品价值》，盟员王国华撰写的《破解三大瓶颈 打好普高提质攻坚战》还被评为优秀大会发言。提交县人大建议2件，县政协提案56件，其中5篇盟员领衔提案被列为重点提案；另有4篇盟员领衔的提案被列为重要提案。阙翔威、陈彬获评优秀政协委员；金黎艳和叶逢彬获评反映社情民意积极分子。立足工作，立项调研课题。撰写《我市乡村博物馆（工坊）建设的建议》调研报告。民盟政协界别组开展古市大鲵养殖基地调研、象山建筑业发展调研；医卫支部开展叶氏中医药文化调研。全年盟员积极撰写社情民意29篇，被采用26篇。其中，浙江省委统战部采用1篇、民盟浙江省委会采用14篇、丽水市政协采用3篇、松阳县政协采用8篇。叶逢彬、金黎艳、马妮卡被民盟市委评年度参政议政工作先进个人。关注民生，开展民主监督。开展“加大扶持建筑业发展”协商成果转化落实情况、城乡生活垃圾分类处理等专项民主监督，助推民生大事落到实处。

【民盟自身建设】2020年，民盟松阳县基层委员会组织学习中共十九届五中全会精神、习近平总书记在党外人士座谈会上的重要讲话精神以及省、市、县两会精神等。不断丰富学习培训载体，举办各类活动。组织盟员参加全市民主党派骨干成员履职能力提升培训班、县委统战部部长会议精神学习会、民法典“公开课”专题学习会、党外干部培训班等。开展“推荐一本好书”读书交流活动。在“盟员之家”举办“见证·初心”经典讲述活动专场，并选送《运用画笔光色，驱散疫情阴霾》《前赴后继的光芒》2个节目参加民盟市委“见证·初心”经典讲述专场节目。该盟委员会被盟市委评为“见证·初心”经典讲述活动优秀组织奖。加强“报纸、网站、公众号”三位一体宣传平台建设，采取微信平台等各种形式加大宣传力度，内聚人心、外树形象。在民盟省委网站发表3篇，市盟民网站发表67篇，在松阳电视台报道2次。王国华、廖旭青、叶逢彬、陈晓燕、叶雯被民盟市委评为年度思想宣传工作先进个人。聚焦制度建设，建立松阳民盟钉钉学习群，制订管理制度和微信公众号信息发布审核制度。发挥“盟员之家”的作用。开展活动5场，促进组织、盟员之间的沟通交流。该盟委员会被民盟市委评为年度先进集体；陈晓燕、叶逢彬被盟市委评为年度盟务工作先进个人。

【爱岗敬业】2020年，民盟松阳县基层委员会广大盟员在本职岗位上奋进担当，努力践行社会主义核心价值观，秉持匠心、刻苦钻研、立足本职，努力创先争优。陈晓燕、叶逢彬、金黎艳、王国华、阮东方、阙松鹤、马妮卡被民盟市委评为年度优秀盟员；叶关毅当选县中医学会第六届会长，李丽香当选为理事；王国华美术作品《绿水青山就是金山银山》登第七期《群言》杂志封面，另一美术作品《美丽乡村——松阳行》入选“祖国的笑容这样美——首届中国水彩风景画展”。

（民盟松阳县基层委员会）

民革松阳县支部

【概况】2020年，民革松阳县支部被民革浙江省委会评为“全省组织工作先进集体”，松阳县民革党员之家获浙江省“五好民革党员之家”称号，连续4年在民革丽水市委会考评中居第一名，被评为“先进集体”。叶伟华被国家林业和草原局聘为林草乡土专家、在第三届全国香榧炒制大赛中获金奖；陈忠华被民革浙江省委会评为“组织工作先进个人”，获丽水民革“伯乐奖”；曹莉娜被浙江民革评为“防控抗疫先进个人”“全省侨联系统先进工作者”；李杰峰被浙江民革评为“防控抗疫先进个人”“浙江省林业产业先进个人”；肖俏梅被浙江民革评为“防控抗疫先进个人”；叶火香获“浙江省标准创新贡献奖”、在丽水市“创新引领”工作中获“突出贡献个人”；熊火旺获民革丽水市委会“优秀党员”称号。截至2020年底，民革松阳县支部有党员22人，其中市人大代表1人、市政协委员1人，县政协委员13人。

【推进民革制度建设】2020年，民革松阳县支部开展“组织建设年”活动，打造与“重要窗口”相适应的党员队伍，增强五种能力，提升领导班子建设；完善民主议事决策制度，特邀部分党员参加每月班子会议，建设“讲政治、重团结、干实事”的领导集体，全年召开支委会议9次。重视骨干党员培养和党员主体作用发挥，依托“博爱”服务队，鼓励党员在学中干、在干中奉献、在奉献中成长。提升代表人士队伍建设，发展各行业、各领域代表性人士，建立后备储备人才队伍，发展新党员5人。完善内部管理制度，制定《社情民意信息工作暂行办法》，修改完善《履职积分管理办法》《参政议政奖励办法》等文件，增强支部工作制度化、程序化、规范化水平。致力于网上民革建设，开展宣传报道工作，编发《松阳民革》1期，被《团结报》录用文章2篇、省市民革网站刊物等采用刊登信息36篇。

【服务大局争创特色】2020年，民革松阳县支部聚焦松阳经济社会发展的重点、难点和群众关心的热点问题，结合民革的祖国统一、三农、社会法制三个特色领域，挖掘民革党员和特邀信息员的潜力活力，开设二期“社情民意信息沙龙”，建务实之言、献管用之策，参政议政有创新、出成效。两会履职方面，在省、市、县两会中“发好声”，提交省政协提案1件，市人大建议案4件、市政协大会发言稿1篇、提案3件（其中个人提案2件），县政协大会发言稿4篇、提案20件，其中《按下茶产业转型升级快捷键跑出“中国茶乡”加速度》等4篇大会发言稿获县政府主要领导批示，被评为优秀大会发言稿，《关于明清古街车辆限行的再次建议》等2篇提案被列为重点提案。调查研究方面，围绕疫情防控、复工复产、乡村振兴、民宿经济、法治化营商环境、景区无障碍环境创建等开展专题调研6次，形成社情民意11篇，其中市级录用4篇、县级录用6篇。同时《浅议全面建成小康社会背景下精准扶贫面临的问题与对策》《最美的乡愁在路上——以浙江省丽水市松阳县吊坛村为例》等5篇文章被民革中央第三届莫干山乡村振兴论坛录用，投稿数量和录用率居全市第一名。民主监督方面。开展“疫情期间扶企政策落实情况”“枫桥式司法所建设”等专项民主监督活动，形成“行业性惠企政策跨山统筹”“民办幼儿园复学与教师留人‘两难’亟须重视”等社情民意上报。发挥党员专业技术优势，利用叶火香的松阳茶产业政协委员会客厅、李杰峰的“香榧人才”“油茶人才”工作室等平台，开展活动11次。

【社会服务活动】2020年，民革松阳县支部开展社会服务和“祖统”联谊，整合资源，精准对接，深化“博爱·牵手”“四个一”活动，开展解难事、做实事、办好事活动，到结对村横樟村开展“送文化、送春联”暖冬活动，争取项目资金10万元。与水南街道机关党支部、江南社区、云峰社区联合开展“九九重阳 幸福吉祥”健步走等趣味活动。分别在大东坝小学、枫坪小学、民族中学和县第五中学建立“博爱”书屋。联合松阳县慈善总会、浙江善益堂公司举办“博爱”善益堂护肾公益行动，并建立规范化的长效机制，筹集捐款2.2万余元，筹集物资价值9万余元，关爱公益对象178人，提供爱心义诊200余人。发挥党派特色，成立“博爱”三农服务队和“博爱”法律服务队；8月14日，“博爱”法律服务队在大东坝镇成立，是丽水市首个民革法律服务站，当天为横樟村村民宣讲相关村社换届的法律知识，并开展送法律进乡村、进企业、进社区活动4次；“博爱”三农服务队开展助力香榧种植采摘加工培训助农服务6次、茶产业复工复产病虫害防治帮扶活动4次。持续深入开展祖统联谊活动，联系爱心企业和有识之士走访慰问抗战老兵2次，捐赠爱心物资和爱心款2万余元。深入台企了解复工复产情况，接待台胞、走访慰问等，开展3次祖统联谊活动。发挥桥梁作用，对接民革浙江省委会教育服务团和三都乡小学开展结对帮扶调研，联合开展“博爱·牵手”暖冬行暨新年音乐会活动，助推帮扶工作再上新台阶。

（民革松阳县支部）

2020年8月14日，在大东坝镇成立“博爱”法律服务站

工商联

【概况】2020年，松阳县工商业联合会（以下简称“县工商联”）有在职在编4人，其中机关行政编制3人，浙商回归办事业编制1人；编外用工1人；大学见习生2人；基层商会15个，其中异地商会9个。基层党支部14个,工作支部2个。工商联执委以上成员114人。2020年，县工商联以习近平新时代中国特色社会主义思想为指导，深入贯彻落实中共十九大和十九届二中、三中、四中、五中全会精神，紧扣“两个健康”主题，围绕中心,服务大局,有效地开展工作,助推“田园松阳”升级版建设。

【六届五次执委会召开】2020年1月16日，松阳县工商业联合会（总商会）六届五次执委会暨新春茶话会召开。王峻、孔建民、卢丁方、廖卫民等县领导出席。会上，县委宣传部网络舆情服务中心副主任包桂林作《十九届四中全会精神宣讲暨社交媒体时代的意识形态安全》的宣讲报告。会议通报和表彰2019年商会考核各项先进，审议通过有关人事事项，会长、书记、秘书长代表交流发言，审议2019年执委会工作报告和财务收支报告。县委书记王峻肯定2019年县工商联在促进民营经济，强化非公经济人士队伍，参政议政，招商引资等方面做了大量工作，发挥了积极作用，要求县工商联“更好地服务非公经济发展，促进非公经济人士健康成长，更好地加强组织建设，推进商会改革步伐，开创工作新局面”。7月30—31日，六届六次执委会暨暑期读书会召开。会议通报上半年工作，审议通过有关制度。在招商引资培训和授课期间，通报县工商联2020年上半年工作，谋划下半年工作。县招商服务中心主任叶辉华详细介绍松阳招商引资概况、招商优惠政策、招商实务等。丽水市委党校副教授张孟洋讲解《数字经济引领丽水高质量绿色发展》。县集聚区管委会主任纪忠民分析《松阳工业（不锈钢产业）的现状及未来》，并安排实地走访浙江鹏业不锈钢有限公司。通过讲座和实地走访，执委企业家进一步解放思想，拓展思维，振奋精神，坚定发展信心。

2020年1月16日，县委书记王峻在县工商联六届五次执委会暨新春茶话会上讲话

【工商联基层组织建设】2020年，县工商联深入推进基层商会建设。通过举办培训班，上党课等形式，提升商会党建引领商会建设的水平和能力。加强指导，统筹协调，推进宁波松阳、广东松阳商会换届，指导温州松阳商会、松阳县建筑门窗商会等商会开好年会；指导各基层商会召开理事会议或会长会议等；支持异地商会返乡开展活动。5月，杭州松阳商会组织长三角商贸文创考察团到松阳考察交流，商洽投资事宜。8月，温州松阳商会返乡开展理事活动，10月杭州松阳商会组织省城名医专家到松阳开展大型义诊活动等；谋划中西部异地商会建设，10月底，该联党组书记先后到贵阳和成都，走访在黔、在川松商，召开座谈会，探讨商会建设事宜。

【非公有制经济人士教育引领】2020年6月28—29日，县工商联组织指导新生代企业家联合会学习交流团到嘉兴学习考察。其间，交流团走访海宁市盐官镇，实地考察南湖区新生代创业者联谊会理事企业，开展座谈交流，参观南湖革命纪念馆。通过此次嘉兴学习交流之行，全县新生代企业家进一步解放思想，拓展思维，坚定发展信心，增强发展动力。8月6—7日，商会党支部书记培训班举办。培训对象主要是各商会党支部书记、副书记，培训方式分为集中培训和参观学习。此次培训，邀请县委组织部季淑燕专题讲解党建理论和引导具体实践，县党史和地方志研究室洪关旺专题介绍松阳党史。同时，组织全体成员到龙泉参观考察原龙浦县苏维埃办公旧址、中共龙浦县委旧址、老交通员故居等。通过系统的培训，各商会党支部书记进一步树牢“四个意识”，坚定“四个自信”，坚决做到“两个维护”。9月21—25日，“不忘初心 砥砺奋进”培训班举办。此次培训从理想信念着手，重点对中共十九大精神、红旗渠精神、扁担精神、谷文昌精神等内容进行细致的讲解和研读，通过现场教学、体验教学、专题讲座、音像教学等方式，使全县民营企业家接受一次难忘的精神洗礼。10月，开展“红色之旅”，组织在松商会党支部和党员到安岱后浙西南革命根据地开展重温“浙西南革命精神”活动。11月23日，组织执委、在松商会副会长以上人员和商会党员100余人观看电影《金刚川》。

【非公有制经济管理和服务】2020年，县工商联开展疫情防控工作。组织做好在外松阳籍商人排查摸底工作，发动医疗物资等募捐，力促疫情防控工作。全县工商联执委企业和15个商会以各种形式募捐折合人民币645余万元。组织到企业摸排疫情管控、复工复产情况。同时，通过总商会群、会长秘书长等微信群，及时向会员企业推送传达省、市、县有关复工政策。组织召开松阳县青年企业家座谈会，助力青年企业家成长。5月8日，时任县委副书记、县长李汉勤听取县新生代企业家联合会工作和14名新生代青年企业家反映的意见和建议。李汉勤在会上希望，青年企业家们要以“做更优秀的自己”为本，以“办更好的企业”立业，以“做更大的贡献”立身，不懈奋斗、不负韶华，为发展添砖加瓦，为松阳增光添彩。持续推进新生代企业家培养提升工程。7月，开展第五批新生代企业家部门挂职锻炼工作，选派8人实力强、年纪轻、潜力大的企业家到政府部门挂职3个月。以商引商助推招商引资。召开班子会议，专题研究浙商回归招商引资工作。成立浙商回归招商引资工作领导小组。要求在松各商会全年提供的有效招商引资信息不少于2条，异地商会不少于3条，并把服务招商引资工作情况纳入商会年度考核。精准助力复工复产。与县经济商务局和县装饰装修家居建材商会联动，组织家博会2次，150余家企业参与，签订订单2000余单，交易额累计实现1亿元。鼓励支持开展光彩事业。温州松阳、松阳建材等各商会积极行动，开展形式灵活多样的走访慰问活动，营造工商联引领支持、执委企业热心参与、各商会踊跃开展的浓厚氛围。

（县工商联　叶伟华）

人民团体

大东坝镇茶排村

县总工会

【概况】2020年，松阳县总工会（以下简称“县总工会”）内设办公室、财务部、基层工作部等职能部室，下属工人文化宫、职工服务中心2个事业单位。设主席1人，副主席2人，兼职副主席2人。现有在岗人员16人，其中正式在编人员10人，职业化工会工作者5人，见习大学生1人。全县有乡镇（街道）工会（工委）19家，其中乡镇（街道）级总工会4家。

【组织建设】2020年，全县有基层工会368家，录入实名制系统335家，基层工会会员实名制录入率91%。推进产业工人队伍建设改革工作，出台《关于推进新时代松阳产业工人队伍建设改革实施方案》，选择丽水飞洲电缆有限公司和浙江以诺电器公司2家企业开展试点工作。开展全市工会组建“双覆盖百日攻坚”行动，全县25人以上未建会企业开展工会组建工作。组织开展全县工会干部培训活动，98名基层工会主席分2期到省总干校进行为期4天的培训。开展工会网络文化员队伍建设，组建“骨干”网络文化志愿者队伍20人，职工文化志愿者200人。《做好“三篇”文章，助力“乡村振兴”》工会经验交流材料在全省作典型发言，为全市行业工会的组建和发展提供经验。

【疫情防控】2020年，新冠肺炎疫情突如其来，县总工会利用微信公众号共推送疫情相关倡议书、疫情工作动态、法律法规和用工政策等相关内容40余篇，并推荐县人民医院抗疫微视频《你戴口罩真好看》参加市总“中国梦·劳动美”视频展播。及时划拨抗击新冠肺炎疫情专项资金14.2万元，用于基层工会购买防控物资和慰问疫情防控一线工作人员。组织劳模服务队开展防疫卡口点送温暖活动，慰问一线防疫执勤干部300余人。开展关爱困难职工“暖心行动”，为30名困难职工发放一次性生活补贴6万元。开展“健康休养·助力发展”抗疫一线职工免费疗休养活动，组织50名抗疫一线职工到山海协作地区开展为期3天的免费疗休养活动。

【推进企业复工复产】2020年，县总工会为加快推进企业复工复产成立3个服务小组，深入企业开展“送政策、送法律、送安全、送保障”活动，及时收集企业和职工的意见建议，做好“三服务”工作。开展集体协商要约活动，号召企业与职工同舟共济、共克时艰，做好复产返岗工作，新（续）签集体合同41份。开展“双爱”宣传进企业活动，萨利格鞋业有限公司和丽水飞洲电缆有限公司2家企业均在现场与职工代表签订“企业关爱职工、职工热爱企业”的共同约定书。多渠道搜集招工信息，开展促就业、送岗位活动，在微信公众号发布300余个就业岗位。

2020年，松阳·南湖疗休养（旅游）推介会签约仪式举行

【职工文化建设】2020年，县总工会与县文学艺术界联合会联合举办“中国梦·劳动美”职工视觉艺术展，得到了广大职工及书画摄影爱好者的积极响应，收到书画摄影作品800余幅，经专家评审，评出134幅作品入展，其中特邀作品17幅，优秀作品32幅。开展文化宫免费公益课程，全年推出免费公益瑜伽课及健美操课程36期，免费培训职工800人次。

【职工疗休养】2020年，县总工会开展年度疗休养承办旅行社和疗休养接待点的资质复审和新增申报，确定7家旅行社和190家经营单位作为年度全县疗休养服务单位。及时出台该年度的疗休养管理办法，为方便职工疫情时期的疗休养提供政策文件依据。全年有185家单位7773人在县总工会审核报备。开展松阳疗休养推介工作。4月，到杭州宣传推介松阳疗休养资源和优惠政策；5—6月，先后邀请嘉兴市、宁波市的工会、旅行社系统代表到松阳踩线，组织1次推介会、2次对接座谈会；6月，在《浙江工人日报》上刊登两个整版的“松阳疗休养资源”推介；7月，到省机关工委、省直机关工会、省总工会保障部、省直机关疗休养服务中心、杭州旅游集散中心等部门走访对接疗休养工作；9月，由《浙江工人日报》社主办的“长三角工会媒体浙江行”采风活动在松阳启动；10月，“松阳故事”上海（松江）分享会暨松阳疗休养旅游推介活动在上海市松江区开元名都大酒店举办。是年，云上平田民宿综合体、云顶仙坑源国际养生度假区、天元名都酒店、七沐山民宿客栈、田园松阳绿茶餐厅5家职工疗休养点为市级职工疗休养接待点，茶香小镇为浙江省职工疗休养接待基地。

【劳模管理】2020年，县总工会开展劳模工匠“名师带徒”活动。4月，与县委人才办、县人力社保局等单位联合组织开展“名师带徒”签约仪式活动，各行各业的高技能人才及名师50余人到场，曹世亮、陈金富等浙江工匠和县技能大师分别签订名师带徒协议书，是丽水市内的首场名师带徒签约仪式。开展劳模体检工作。5月组织全县各级劳模开展体检，为47名机关单位的劳模发放价值360元的体检券，为23名农村及非公企业劳模发放800元体检券，并开展专程劳模体检服务日活动。开展市级以上劳模医疗费半年报销工作，上半年累计报销医疗补助13266元。开展劳模住院慰问、困难劳模调查摸底和申报工作，面向全县基层工会转发文件组织推荐申报工作，在层层把关审核的基础上，向市总申报各级困难劳模8人，获补助资金9万元。

【职工技能素质提升】2020年，县总工会开展中医技能培训。9月25—29日，组织举办2020年松阳县企业转岗、再就业职工（中医适宜技术）培训班，为来自全县各乡镇（街道）企业的60人转岗待岗人员提供一个学习技能的平台。开展新媒体营销培训，来自全县各行业的职工80余人参加培训。举办和参加各类竞赛活动。与县人力资源和社保局联合举办2020年松阳县电工技能大赛、2020年松阳县金牌月嫂技能大赛、2020年松阳县茶艺师技能大赛，参赛职工200余人。11月，组织县职业中专教师李英俊、李应生、叶泽勇参加丽水市“绿谷工匠”工具钳工技能大赛，参赛选手李英俊获第一名，被授予“丽水市首席技师”“绿谷工匠”“丽水市技术能手”“丽水金蓝领”等称号，选手叶泽勇获第四名。

【职工帮扶行动】2020年，全县职工医疗互助保障的参保和报销工作均实现网上办理，通过大数据的共享，县总工会自动为职工实现“二次报销”，实现职工医疗互助报销“跑零次”。全年职工医疗互助参保单位200余家、计9750人。全年先后开展“两节慰问”“金秋助学”“送温暖”“送清凉”等活动，发放慰问帮扶资金17.79万元。

（县总工会）

共青团

【概况】2020年，共青团松阳县委员会（以下简称“团县委”）在统筹推进疫情防控和经济社会发展的关键时期，团县委准确把握“重要窗口”新目标新定位的精神实质和丰富内涵，打好疫情防控战役“下半场”，团结凝聚广大青年为奋力实现松阳经济社会发展目标任务作贡献。

【党建工作】2020年，团县委开展机关党组织建设，全面落实从严治党主体责任。按照党风廉政建设“一岗双责”的要求签订责任书，每季度召开“一岗双责”履职汇报会，自觉接受派驻纪检组监督指导。采用理论中心组学习、主题党日、“夜学”等方式，推进“两学一做”学习教育常态化、制度化，带领机关党员学习《中共中央关于制定国民经济和社会发展第十四个五年规划和二〇三五年远景目标的建议》、县委十届十次全会报告等。1月13日，根据县委第一巡察组巡察反馈的巡察意见，召开专题研究部署会议，成立整改工作领导小组，负责整改工作的统筹协调和督促检查。对梳理出的问题清单，实施整改挂图作业，明确整改时间、方案和责任人，形成层层传导工作压力、压实整改责任的倒逼机制，确保整改工作不留盲区、不留死角。

【青少年思想引领】2020年，团县委在疫情防控期间发动青年志愿者开展关爱一线防疫人员志愿服务行动，并联合县妇联成立“春暖花开”联盟，开展一线医护工作人员帮扶活动，团干、妇干60人结对一线医护人员104人，并对其子女减免少年宫培训费用。利用微信、微博、抖音等新媒体平台发布疫情防控有关信息80余条，总阅读量突破7万次，其中中央、省、市团属网络平台报道29条。开展“不负时代重任 贡献青春力量”大讨论，中共十九届五中全会精神学习会等90余场。组织团员青年参与“青年大学习”，平均每期学习人数9700余人。组建“小青松”青春宣讲团，发动团干、青年代表等开展宣讲20余场。推出“青春互助 携手同行”青年云宣讲活动12期，总阅读量5000人次。开展共青团工作宣传，拓宽宣传渠道，积极投稿学习强国、团属新媒体等平台，5篇被《中国共青团》、《浙江团情》、学习强国等录用刊登。做好“网上共青团”工作，发布原创文章240余篇。“五四”青年节期间开展“聚力奔小康 青年勇担当”线上主题团日活动，制作青年战疫宣传片。

【少先队工作】2020年，团县委开展“真善美”大学习。突出改革引领，把少先队工作纳入党建工作规划，列入中小学党建督导考核。年初全县中小学均成立少工委，并完成换届工作。通过举办主题教育实践活动、观看主题云队课、线上知识竞赛等形式，培养少先队员爱党、爱国情怀。开展“真善美”大寻访。举行 “新时代好少年”学习宣传活动，选树新时代好少年。打造安岱后红色研学路线，组织少先队员开展红色研学，“学习寻访致敬先锋”，举办弘扬“浙西南革命精神”中华文化经典诵读大赛等活动，引导青少年树立坚定理想信念。开展“真善美”大实践。拓展校外实践阵地，建立10家“红领巾学院”分院，新建3家“红领巾e站1013”阵地，开展红领巾公益课堂、少先队知识线上竞答、传统节日体验、流动少年宫等活动，为青少年提供丰富多彩的实践体验。发挥“少先队名师工作室”辐射带动作用，常态化开展礼仪规范培训、课题研究、队课示范等活动，培养骨干辅导员队伍。

【基层团建】2020年，团县委推进党建带团建，联合县委组织部开展“推优入党”工作，在村（社）组织换届中推荐农村青年致富带头人、返乡创业青年等优秀骨干青年，进入村两委108人。以“大抓基层”为导向，做好县教育局团工委、县机关团工委班子的选配，组建县卫生健康局团工委。加强自身建设，严格入团程序标准，新发展团员435人，全部录入智慧团建系统，并逐步建立团员电子档案。开展从严治团大体检活动，开展新任团干部任前谈话20余人。举办党团知识竞赛、青年马克思主义者培训班，举办“争当有‘重要窗口’辨识度的松阳青年”论坛等，引导青年敢担当、勤奋斗。制定《共青团松阳县委“一联N”制度》，用点位学习加点题交流的形式，分片区轮值方式，在“上田半岭”和“七沐山”青年之家开展乡镇（街道）团组织季度工作例会。

【青年就业创业】2020年，团县委以乡村振兴新青年协会、青企协、青联为依托，举办青年培训、交流活动，选拔优秀青年为“创业导师”，麻功佐、张俊杰、叶建新、陈凌杰等获国家级荣誉。营造青年创业氛围，联合县融媒体中心拍摄青年创业宣传片，推出青年创业故事4篇。深化“银团合作”，联合县邮储银行推出“茶商贷”，累计发放贷款800余万元；联合县农商银行开展农村电商创业信贷帮扶行动，为青年提供贷款94人，累计发放贷款2415万元。组织青年参加第六届丽水市农村电商金牌大赛11人，获奖7人。联合县委人才办连续3年开展大学生“乡村振兴·创梦”行动，为在校大学生提供暑期实习岗位157人。培育“云上平田”“呆宠萌兔”家庭农场为省青年创业农场。“青春网红 公益助农”丽水首站走进平田，累计在线观看30万余人次，成交额8.5万元。

【青年志愿队伍建设】2020年，团县委推进青年志愿者服务社区试点工作，在4个社区铺开青年志愿者服务社区专项行动试点工作，组建帮扶小组，精准结对4个试点社区困难群体30人。深化校地合作，招募在校大学生8人担任社区主任助理，构建双向服务。助力社区打造特色志愿服务项目，形成“一社一品”格局。松阳县试点工作在团省委季度推进会和团中央青年志愿者骨干培训班上作交流发言。发动志愿者参与志愿服务广场、“五水共治”、垃圾分类、平安建设等各类活动50余场，参与志愿者700余人次。以社区阵地为依托开展“周四文明日”、第七次全国人口普

2020年10月29日，松阳团县委联合斋坛乡、县人民医院、县法院、县司法局、县交警大队、县龙丽高速、县垃圾分类办、温州银行、96345便民服务中心、老徐好帮手等单位在斋坛乡开展松阳县乡村普法赶集活动

查、亲子志愿服务等网格化志愿服务活动，参与志愿者1000余人次，服务时长2000余小时。助力党政中心工作，服务好全县大型赛事会议，规范志愿者的招募、培训和管理，组织志愿者200余人参与大型活动7场。发挥县志愿者协会作用，打造县、乡、村（社）三级志愿服务阵地，建立县矛盾调解中心志愿服务站。加强志愿汇APP积分兑换力度，充实“小青松”VI系列宣传品（帆布包、笔记本、杯子、扇子、雨伞等），推动注册志愿者活跃率的提升。

【青少年关爱救助帮扶】2020年，团县委联合县预防青少年违法犯罪工作领导小组成员单位举办“青春不惑与法同行”护航青少年“十个一”系列活动，全力护航青少年成长。依托县社工协会、“萤火虫”社工服务站等青少年事务社会组织，持续购买服务，引导社会力量参与预青工作，对青少年群体开展青春自护宣讲、法治教育等专题活动12场，为青少年进行个案帮扶、心理疏导120人次。线上线下结合，推广“亲青帮”平台，入驻专家38人，结合“青年云宣讲”推出法治微课堂4期。线下开展“亲青帮”主题活动23场，承办团省委“亲青帮”主题公益宣讲进校园活动。举办“珍爱生命 远离毒品”主题公益手抄报、“青春护航 法润成长”法治微课、“法润童心 护航成长”主题征文等比赛，多份作品在省市再获佳绩。“亲青帮”关注重点青少年群体，全县摸排五类重点青少年510人，实现100%结对，开展困境青少年实现“一对一”精准帮扶6人，举办关爱农村留守儿童系列活动9场。“亲青筹”关注困难青少年家庭，发起“亲青筹”爱心捐助4次，累计捐款2.5万元；举办“青春灯火 创意微市”爱心义卖；为困难儿童9人点亮微心愿，提供资助0.1万元；对接浦发银行杭州分行团委，筹款为新处校区全体学生捐赠校服。“亲青恋”关注青年内心需求，以“四季”为主题开展青年人才联谊交友活动4场，为全县单身青年搭建交友平台。

（团县委）

县妇联

【概况】2020年，松阳县妇女联合会（以下简称“县妇联”）有行政编制5人，其中主席1人，副主席2人，党组成员4人。按照全省群团改革精神，配备挂职副主席1人,兼职副主席2人。2020年，县妇联围绕“营商环境提升年”“全县域组织化提升年”“改革创新提升年”活动，以“争当战‘疫’巾帼挺进师 争做发展巾帼奋斗者”为主线，凝心聚力、奋发有为，服务大局、服务妇女，引领全县广大妇女为“田园松阳”升级版建设和县域治理现代化贡献巾帼智慧和巾帼力量。

【妇联基层组织改革】2020年，县妇联增强党的政治建设，开展妇联机关政治生态自评、主题党日月晒等，建设让党放心、让妇女群众满意的模范机关。聚焦队伍建设转作风，聚焦素质提升强服务，聚焦基层夯实阵地，在全县妇联系统开展“三敢三比”和先锋人物大比拼活动，形成争优创先工作氛围和唯实惟先工作导向。加强基层妇联阵地建设，在巩固传统妇联基层组织基础上，推广“大妇联”组织架构，扩大妇女组织有效覆盖面。开展“五好”基层妇联组织标准化、规范化建设，培育示范乡镇（街道）妇联7个，推动“四新”领域妇联组织覆盖，建成示范新领域妇联组织4个，依托全县茶产业和民宿业，创建示范妇女微家6个。助力村级组织换届并同步推进村社妇联换届工作，探索启动竞争性选拔乡镇妇联主席工作，着力选拔政治坚定、扎根基层、崇尚实干、群众公认的干部到乡镇妇联主席岗位任职，选优配强基层妇联主席。发挥妇联联系家庭优势，开展换届政策宣传。与县组织部门、县换届办做好对接，把相关职数设置及指标纳入村社换届工作总体布局之中，排摸物色村社妇联班子人选，引导优秀女性参选村民代表、村社两委和村监委班子。

【助推来料加工业持续发展】2020年，县妇联推进美丽经济发展，加大服务来料加工点（企业）工作力度，

2020年9月8日，县妇联举办浙江省最美民宿女主人培训交流活动

帮助经纪人纾难解困，助力各来料加工企业和加工点在疫情危机中寻转机，鼓励来料加工点（企业）挖掘产品潜力，在巩固现有市场的同时大力拓展新的客源市场，做好线上线下两篇文章，实现年发放加工费2.41亿元。培育数字经济，书写“乡村振兴巾帼行动”云文章，打造“数”字号经济，把握网红直播经济机遇，开展“妇联云集市 茶乡邀你买好货”网络直播带货活动，为松阳女企业家、女民宿业主等创业女性搭建产品宣传、培育产业线上销售平台。在全县来料加工经纪人培训班上开设网络直播培训课程，提升电商实操水平。推出“巾帼云创客”培育项目，培育黄秀美、王云等10人“巾帼云创客”，打造樟溪乡力溪村黄姐园艺为市级乡村振兴妇女云创客基地。

【实施妇女创业创新工程】2020年，县妇联开展系列培训，增强知识储备，提升发展能力。承办全省最美民宿女主人培训交流活动，市县民宿女主人和妇联干部100余人参加，此次活动充分展示松阳民宿女主人的风采，发挥最美民宿女主人的集群效应和示范带动作用，搭建民宿领域创业女性交流合作、互帮互促的平台。举办县域来料加工经纪人培训班、松阳厨娘民宿营养简餐培训班，提高女性就业技能，增强从业信心。打造美丽品牌，巾帼工匠跃上新台阶，举办第三届“松阳巧妇”和“松阳厨娘”（妈妈的味道）大赛，继续打响巧妇和厨娘两大巾帼工匠品牌。发挥“松阳巧妇”示范带动作用，培育来料加工从业队伍约2万人，激励引导广大妇女实现家门口就业。选送“松阳厨娘”参加省、市妇联举办的“妈妈的味道”大赛，参加市妇联“妈妈的味道”居家抗“疫”美食展。把“妈妈的味道”松阳美食融入黄家大院—原乡上田—大木山茶园路线，在省市妇联乡村家庭旅游路线宣传活动中进行推荐，宣传推广松阳地方特色小吃。

【“平安家庭”建设】2020年，县妇联开展暖心关爱，做疫情防控的“服务生”。号召动员全县各级妇联组织广大妇女参与疫情防控工作。联合团县委成立“春暖花开”联盟，组织妇干和团干结对关心107人一线医护人员。与县教育局对接，由教师32人组成“爱心妈妈”队伍开展一线医护人员孩子的关心关爱。整合多部门和热心女企业家等多家资源发起致敬英雄活动，为援鄂英雄们备上暖心包。入企进点送上开工必备的口罩和“84消毒液”等防疫物资，助力企业复工复产。对20个“三留人员”重点村的关爱留守人员活动进行支持补助，开展“暖秋关爱”行动和城乡妇女“两癌”救助工作，以“梦想成真·圆梦微心愿”为主题，为困境儿童实现微心愿。发挥执委优势，创建5+N执委工作室或联络站，建立执委轮值、执委接待日、“亮牌”服务等工作机制，带领妇女群众在基层治理中发挥作用。发动妇联干部和执委深入基层妇女群众中，入户访“家情”、走亲“四必访”、联企当“三员”，做好“五个一”，为家庭办理或解决实事和问题200余件。

【家教家风建设】2020年，县妇联推进家庭家教家风建设，开展“好家风好家训好家规”征集评选活动。以“教”为媒，形成家教新格局。注重家长学校建设，通过多种形式为家长儿童提供指导和服务，现全县建成省、市级以上示范家长学校18所，其中国家级示范家长学校2所、省级示范家长学校6所、市级示范家长学校10所。抓住《浙江省家庭教育促进条例》实施契机，调整充实县家庭教育讲师团队伍，开设线上线下家庭教育讲座76期，受益家长9000余人次。以“爱”为介，儿童工作有序开展。联合县民政局、县财政局、县教育局出台《四部门关于推进儿童之家建设的通知》，持续推进儿童之家建设。创建“向阳花开”和力溪村儿童之家为省级儿童之家。依托全县15个儿童之家，开展防溺水、交通安全等宣传教育，用心呵护儿童健康成长。

【生态文明建设】2020年，县妇联开展“洁净家庭”创建活动。建立县、乡、村三级联动的巾帼洁净志愿者队伍，引导全县妇女和广大家庭参与“洁净家庭”创建工作，定期组织城镇妇委会主任、乡镇（街道）妇联主席入户检查指导，培养家庭的卫生健康生活习惯，全年共评选出180户县级“洁净家庭”示范户。通过努力使家庭卫生状况实现根本改观，达到“洁净家庭”“美丽庭院”示范户的标准。全县参与垃圾分类、文明县城创建、环境卫生整治志愿服务活动5000余人次。开展各类特色家庭评选活动，入选省级“绿色家庭”1户，“最美庭院”1户，市级“绿色家庭”20户。

【送温暖促和谐关爱行动】2020年，县妇联开展“建设法治中国·巾帼在行动”活动，坚持以“进社区、进家庭、到身边”为主题，在六一儿童节、国际禁毒日、世界艾滋病日、国际反家庭力暴日、国家宪法日等重要节点集中开展主题宣传，深化平安家庭创建工作，化解婚姻家庭纠纷，增强基层普法宣传和维权服务。配强县乡村三级维权干部队伍，平安“丽姐”队伍实现乡镇全覆盖，在婚调委设立婚姻家庭纠纷调解工作室，在来料加工点设立维权工作站，县妇联本级全年开展维权帮扶23起。联合多部门制定下发《关于建立罪错未成年人临界预防工作机制的实施办法》《关于建立“涉未”行业准入查询制度的意见（试行）》，进一步完善未成年人社会治理工作制度。编制《松阳县妇联处置妇女儿童突发重大侵权案事件操作指引》，为妥善处置全县妇女儿童突发重大侵权案事件提供实操指南。组织婚姻家庭矛盾纠纷化解工作的实务培训,提升妇联干部维权业务水平。开展“情暖半边天——妇女儿童法律援助活动”，为妇女儿童申请法律援助58件。

（县妇联）

科学技术协会

【概况】2020年，松阳县科协（以下简称“县科协”）贯彻实施《全民科学素质行动计划纲要实施方案（2016－2020年）》（以下简称《纲要》），全面推进公民科学素质建设为主要内容，深入践行中共松阳县委十届九次、十次会议精神，为加快建设“田园松阳”升级版，全力打造“高水平生态文明建设和高质量绿色发展”重要窗口示范区建设彰显担当。

【科普知识宣传活动】2020年，县科协开展疫情防控工作。按照“疫情不止、科普不断”的要求，开展疫情防范科普宣传，通过e管家、手机科普短信等编发的科普短信累计18万条，发放疫情防控科普小册子、挂图9000余份。谋划品牌科普活动。组织《纲要》办成员单位开展“全国科技工作者日”和“全国科普日”两大品牌活动。举行现场科普咨询发放各类书籍图册资料5000余份（册），接待市民健康咨询500余人次，展示宣传图板15块；开展科普流动进校园，组织观看文博纪录片，赠送科普书籍，提高学生科学文化素质，增强自主创新能力；施行送科技下乡，组织农、林等专业科技人员22人次到玉岩、安民、枫坪等乡镇开展送科技下乡；召开县科技工作者座谈会，为科技工作者送去关怀和温暖。“全国科普日”主场活动受到中科协表彰，科普项目获中央财政资金补助28万元。打造科普研学线路。统筹协调全县域各类科普资源，组织《纲要》办成员单位召开座谈会、实地走访，形成松阴溪水文化、茶文化、古城古村文化、红色文化、乡村振兴与安全培训教育等具有知识性、体验性、趣味性的8条科普研学线路，编印成册，作为广大中小学生研学旅行指导手册。

【科普信息化建设】2020年12月初，县科协启用“科普松阳”公众微信号，推送《科学防疫 从选对口罩开始》等科普信息80余篇，累计阅读量40950余次。持续在《新松阳》采编中心“松阳新闻”公众微信号的百事通栏目中推出丽水科普，让公众在看新闻的同时学习科普知识。开展现有9台科普e站维护工作，打通科普“最后一公里”。借助民宿、旅游点在安装电子屏传播科普信息，实现了让科普信息化进乡村。通过移动E管家信息手机短信平台，开设《科普小知识》手机短信，全年发放科普短信80万条，重点宣传健康、节能环保、安全生产、防疫、“五水共治”等方面的科普知识，有效推动科学技术知识传播普及。

【科普推进“乡村振兴”】2020年，县科协开展“三服务”活动。为加快疫情后的复工复产，组织科技专家105人35次到乡村、企业,开展香榧、茶叶、中草药等种植技术及疫情预防指导。持续深化实施“百名专家连百村”活动，动态调整专家与产业的需求，实现精准服务。深入服务结对帮扶村古市镇山下阳村，选派科协副主席担任村第一书记，配合做好村级换届、精准扶贫等工作。持续培育农村科普带头人，加大科技示范力度。是年评选科技示范户20人，组织14人参加省农函大培训。开展农民技术职称评定，推荐1人参加农民高级技术职称晋升，30人获初中级农民职称。加强植物医院建设。建立植物医院“云门诊”，把45名植物专家的专业特长、联系方式在平台展示，方便农户线上“挂号问诊”，及时提供技术指导和支持。截至12月底，县植物医院组织开展各类科技培训10余场次，累计培训农民3000余人次，评选出10个植物医院示范基地112公顷。在竹源乡后畲村新建中医农业实践基地，探索中医农业的生产方式。免费向农户发放《生态农业植保手册》等植保科普资料5000余册。

【基层科协改革】2020年，县科协有序组建基层科协组织网络。全县19个乡镇（街道）、3家企业、1个学校建立科协组织。挖掘医院、学校、企业、学协会的科技资源，成立10支400余人的科技志愿者队伍。是年，上上德胜集团科协获全市创新驱动

2020年11月21日，松阳县科普研学活动启动仪式举行

工作行政奖励集体嘉奖，教育学会叶群英获个人嘉奖；林学会在国家、省、市林业科技刊物发表科技论文8篇，“浙南香榧产业化关键技术集成示范及推广”项目获全国林学会第十一届梁希林业科学技术奖科技进步二等奖；预防医学会、护理学会有13名医生护士获奖项和荣誉。提升基层科普能力建设。挖掘和发挥社会科普教育资源，利用企业科普馆、乡村博物馆、工坊、研学基地等场馆，认定10家县级特色科普馆和10家科普教育基地，为青少年科普奠定了基础。牵头举办第十三届青少年科技创新大赛，与县教育局联合举办首届中小学“绿谷之光”科技大赛，让青少年在科技创新实践中成长。

【科普服务企业转型升级】2020年，县科协落实企业防疫工作，助力企业复工复产。组织人员到上上德盛有限集团公司、云中马、宝丰钢业、科马摩擦等26家企业及茶叶市场，发放企业复工指南宣传折页、疫情防控科普挂图送进企业，了解现阶段企业的需求，增强企业员工的自我保护意识，促进企业复工工作。做好日常沟通联系。加强与建站企业沟通联系，深入走访李大鹏院士工作站；全年邀请2名院士到松阳开展疗休养活动；向院士寄送《新松阳》报纸，宣传松阳。

（县科协）

法治　军事

大木山茶园

政法 综治

【概况】2020年，中共松阳县委政法委员会（以下简称“县委政法委”）坚持以建设“长治久安”的田园松阳升级版为目标，在夺取首批“星级平安金鼎”的形势下，深入推进平安松阳、法治松阳建设，保持社会大局和谐稳定。松阳县获评浙江省2019年度平安县。

围绕疫情防控和维护稳定两条主线统筹推进，发挥“一中心四平台一网格”体系作用，督促指导全县网格员做好防疫知识宣传、疫情隐患排查、涉稳问题排摸等工作。全县501个网格、2500余名网格人员累计开展走访排查25.6万人次，排查化解矛盾纠纷642个。全年共摸排风险隐患116件，化解103件，化解率88.8%，防控率100%。

提升基层治理四平台“数字化”，打造全市统一的基层治理综合信息平台，与省协同平台打通，实现数据共享、信息互通。3月，过渡到提升后的“丽水市基层治理综合信息系统”。推广日报制度，按照“有事报事、无事报平安”的原则，全县网格日上报率稳定在99%以上。推进网格队伍建设“规范化”提升。发动网格员开展人员走访、宣传、信息上报等工作。全年累计开展反诈骗、消防安全宣传2600余次，重点人员、重点场所走访巡查3000余次。新冠肺炎疫情防控期间，网格员投身一线，参与人员排查、卡口执勤、为居家隔离对象提供服务。累计开展走访排查25.6万人次，参与卡口执勤1.2万人次，服务居家观察对象3.56万人次。望松街道蔡娇娣、樟溪乡陈厚英获评“浙江省优秀网格员”，其中蔡娇娣被授予“浙江省最佳网格员”称号。

持续开展扫黑除恶。以“十大专项行动”为抓手，以“六清行动”为重点，保持高压严打态势，打好扫黑除恶收官战。推进“逃犯清零”，坚持“有逃必追、一追到底”原则，组建专班全力追逃，在全市率先实现境外“逃犯清零”。推动扫黑除恶工作常态化，建立长效机制40项。结合村社换届“1+4”专项整治工作，聚焦村社组织“一肩挑”换届重点，推行后进村党组织“7+1”组团帮扶模式，整顿转化数十个软弱涣散村（社区）党组织。

【社会环境大治理】2020年，县委政法委在统筹协调全县政法机关方面发挥职能作用，围绕全县中心工作开展本职工作，完成维稳保障任务。县法院出台《服务保障民营经济发展实施意见》，助力民营经济健康发展。加强“僵尸企业”司法处置，维护交易秩序与安全。启用新古市法庭审判大楼，提炼松阳当地契约文化、家训文化、申明亭文化，融入中华五千年法治文化，打造司法服务乡村振兴战略。设立执行悬赏“红黑榜”，探索守信履行正向激励机制。组建“执行先锋”，先后处置因相邻权纠纷引发的信访案件、强占山林阻碍清表引发的信访案件，依法处置腾房过程中的暴力拒执行为。县检察院开展扫黑除恶专项斗争，深挖黑恶案件背后“关系网”“保护伞”线索；履行公益保护崇高使命，打造检察公益诉讼“红+绿+古”模式，切实保护国家利益和社会公共利益。县公安局纵深推进特色机制，缉枪治爆取得实效，侦破特大电信网络诈骗案和重大非法经营案；禁毒工作获市公安局通令嘉奖。县公安局主要业务呈现“四降两零”，即接警数下降，刑事案件下降；侵财案件下降，交通事故下降，网络安全事件、较大以上交通事故零发生。县司法局贯彻《关于充分发挥法治保障职能全力帮助企业复工复产的通知》《关于加强疫情防控期间涉企矛盾纠纷排查化解工作的通知》《松阳县工业企业有序复工复产和疫情防控工作实施方案》等文件精神，发挥人民调解在防范重大风险中的基础作用，开展涉疫涉企矛盾纠纷排查化解专项行动、“法雨春风”法律服务月活动、民营企业法治体检。组织全县律师、法律服务工作者、司法行政干警民营企业进行“法治体检”。

【防范化解社会安保问题】2020年，县委政法委周密部署、严密布控，保持社会面高压严管态势，确保新冠肺炎疫情防控、村社换届、中共十九届五中全会、各级两会、第三届中国国际进口博览会、第七届世界互联网大会以及第十三届中国（国际）茶商大会·松阳香茶网络茶叶节等重要敏感时段社会稳定，全县社会大局总体保持和谐稳定。推进社会风险隐患排查化解工作，摸排化解出各类安全问题100余件。集中开展“消除陈尸（冰尸）”专项行动，对当年摸排出的每具陈尸（冰尸），逐一落实责任单位、制定化解方案，实现化解率100%，成为全市第二个全面实现消除任务的县（市区）。开展重大决策社会稳定风险评估工作，完成各类重大决策事项的风险评估59件。

【基层治理四平台建设】2020年，县委政法委根据省、市政法委工作要求，结合行政村规模调整、“抓乡促村”、加强城市基层党建推动城乡社区治理，提出“中心标准化、指挥顺畅化、平台成合力、网格助发展”的工作部署，对乡镇（街道）“基层治理四平台”和全科网格建设提升工程提出指导意见。根据省统一部署和“浙基治办”的工作要求，开展标准地址库采集工作，统筹建立网格地图和标准地址库的联动更新机制，完成标准地址库建设和人、房、企、事等相关社会治理要素的关联和地图工作，为大数据应用分析奠定坚实基础。结合村（社）规模调整、“抓乡促村”、加强城市基层党建推动城乡社区治理等工作实际，推进网格建设，规范网格员队伍管理，建设一支本领过硬、热爱网格、群众信赖的网格员队伍，不断开创网格化服务管理新局面。

【社会平安监督与创建】2020 年，县委政法委紧盯创建目标，健全完善“平安报表”制度，坚持问题、责任、考核、效果四个导向，压实各平安建设成员单位责任，稳步推进平安建设各项工作任务。“平安松阳”建设实现“十五连冠”，获全省首批“一星平安金鼎”。打击黄赌毒、食药环、涉枪涉爆等方面成效显著。开展护航复工复产安全生产攻坚行动，服务和指导企业做好防疫期间的安全生产工作。对道路交通安全，依托治超站点，通过查缉布控，对重型车辆超限超载等违法行为开展专项治理。通过“四个一律”严管机制，针对电动车未佩戴头盔、逆向、违法载人、闯红灯等行为进行集中整治查处。围绕重点领域和重点经营主体，开展食品安全问题摸排调查，通过群众举报、监督抽检、执法检查等多渠道掌握案件线索，打击和查处各类危害食品安全的违法行为。精准施策、抓早抓小抓源头，及时解决防疫工作进入常态化后可能存在的矛盾纠纷、风险隐患，以及可能面临的公共安全风险等问题。强化舆论宣传引导和监测管理工作，及时监测、研判防疫期间属地重点疫情信息、转发跟踪信息，并精准打击传播涉疫不实信息。

【执法司法监督】2020 年，县委政法委以“执法司法规范化水平提升年”活动为抓手，围绕“三个更加、两个明显”总体目标，自我革新、自我完善、自我提升。把开展“执法司法规范化水平提升年”活动与实现年度工作任务结合起来，有机融合、一体推进。紧扣“执法司法理念是否正确、执法司法行为是否规范、相互配合是否到位、制约监督是否有力、执法司法作风是否文明”等问题，认真对照查摆，确保每一名执法司法干警、每一个执法司法部门、每一个政法单位都建立问题清单、落实整改举措，做到奔着问题去、盯着问题改，全县政法系统共排查出个性问题 456 个，共性问题 16 个。开展案件评查工作，把结案不息诉、非正常访、越级访、重复访等涉法涉诉案件作为评查重点，严格评查过程，对照评查结果落实整改措施，确保评查工作取得实效。全年共受理涉法涉诉信访案件 3 件，通过协调、督促及相关职能单位共同努力，办结 3 件，办结率 100%。

【政法主题宣传教育】2020 年，县委政法委深化政法主题宣传教育工作，为建成“富民强县”，实现“赶超跨越”，打造高水平生态文明建设和高质量绿色发展“重要窗口示范区”提供精神动力和舆论支持。聚焦重点工作进行宣传，着眼于提升人民群众对平安松阳、法治松阳建设的知晓率、参与率和满意率，围绕县委、县政府对政法工作的重要决策部署，开展各种政法主题宣传教育活动，形成全社会共建共享平安法治建设成果的氛围。聚焦社会热点进行宣传，发挥政法部门维护社会和谐稳定的主力军作用，着力解决社会治安中的热点难点问题，宣传严打整治动态和政法部门解决好人民群众最关心、最直接、最现实的利益问题，增强人民群众的安全感，化解各类社会矛盾纠纷。聚焦重大节庆进行宣传，紧扣节庆特点，有计划、有针对性地组织开展宣传活动，注重与时俱进，展示政法文化建设的新成果。聚焦群众所需进行宣传，从群众的关注点和兴奋点入手，因势利导，把所倡导的与群众所需要的紧密结合起来。聚焦队伍建设进行宣传，采取压担子、育新苗的方法，鼓励政法干警贴近实际、贴近生活、贴近群众，促使他们在实践中下好苦功夫，练就硬本领，努力打造一支政治强、业务精、纪律严、作风正的高素质政法宣传队伍。

【综治信息系统化建设】2020 年，县委政法委综治信息系统化经过 2 年的建设运转，基层治理综合信息平台系统终端延伸到全县各个网格，形成网格员发现上报信息、各乡镇（街道）指挥室人员分流交办到“四平台”、职能部门或上报到县指挥中心、“四平台”或职能部门受理处置的流程，在系统上对事件进行成熟、高效的处理。县指挥中心、各乡镇（街道）指挥室均设置 A、B 岗人员负责操作系统，如 A 岗人员因故不在指挥中心（室），则由 B 岗人员负责系统日常运行，充分发挥指挥中心（室）在“四平台”工作中的大脑中枢作用。定期对各乡镇（街道）网格员报送的信息数量和质量进行研判，制定任务清单，并建立台账记录，提升在数字化背景下依托“四平台”和信息化手段提升基层工作的意识和能力。“四平台”的信息汇总、综合研判、流转督办、绩效评估等流程完整以及系统运转顺畅。

【反邪教协会工作指导】2020 年，县委政法委以省级邪教问题专项整治工作为主线，开展反邪教机制建设、防范稳控、教育转化、警示宣传、夯实基层等工作，并在市反邪教协会的统一部署和县科协的支持下，坚持以科学发展观统领，团结和动员社会各界有志于反邪教事业的人士，开展一系列反邪教工作，实现全县社会面平稳有序。开展反邪教宣传月活动，举办宣传月启动仪式暨“反邪教知识进校园”活动，把反邪教宣传工作纳入平安宣传方案，融入县委理论中心组学习、基层党组织主题党日活动、学法用法建档考试、优秀青年干部培训班、新录用公务员初任培训班、社区矫正人员学习班及中小学生德育课程。发挥各类警示教育阵地作用，组织反邪教宣传活动 280 余场次。开拓反邪教网络宣传新领域，选送 2 项作品参加丽水市“反对邪教 共建平安”原创抖音大赛，分获全市二等奖和三等奖。指导协会队伍建设工作，利用社会资源，发挥专家学者、老干部、宗教界人士的作用，县反邪教协会志愿者队伍进一步壮大，同时邀请省级教育转化能手开展反邪教业务培训，县“关爱之家”教育转化班学员转化率100%，反邪教工作年度考核排全市第一名。

（县委政法委）

法院

【概况】2020年，松阳县人民法院（以下简称“县法院”）内设9个部门（团队），下设人民法庭1个（古市人民法庭）。全院现有人员113人，其中政法编73人，事业编5人，在编干警78人，临聘人员40人。在编干警中有研究生学历5人，35岁以下年轻干警36人，员额法官28人。全年受理各类案件7909件，办结8079件（含旧存，下同），法官人均结案293.25件。案件质量、效率、效果指标持续向好，全省基层法院12项主要工作指标中有9项排名全省前10，其中诉前化解和民事可调撤率92.2%，位列全省第一；服判息诉率94.5%，位列全省第八，获评2020年度全省突出贡献法院。

履行宪法和法律赋予的职责，协调公、检、法力量，从快从重判决涉疫物资诈骗案件，从侦查起诉到判决仅用72小时，入选全省妨害新冠肺炎疫情防控犯罪典型案例。服务保障村社换届选举，对7000余人开展资格审查。构建“平台+智能”模式，建成标准化“云间法庭”2个，全年开展网上庭审直播1537次。落实“数据多跑路，群众少跑腿”，网上立案5964件，移动微法院使用率92.1%。电子票据改革试点工作入选全市法院十佳保障“两手硬、两战赢”司法成果。无纸化办案工作在全省法院无纸化推进会上作经验交流，工作视频被省高院内网刊载，工作经验入选最高人民法院《司法改革动态》。

深化“一本通”管理，每月召开质效分析会，强化动态监管。全面落实司法责任制，召开专业法官会议13次，注重预防和化解信访案件，全年案访比为零。院庭长共办结案件3384件，占结案总数76.6%。疫情防控期间，组织干警投入县域疫情防控，支持、配合乡镇（街道）、村居（社区）开展联防联控工作。运用ODR在线化解纠纷即时履行到位案件，入选浙江法院服务保障疫情防控十大典型案例。推进清廉机关建设，构建廉政风险防控体系，制作“廉情地图”，组织开展警示教育6次。创新设立执纪监督“三色卡”，运用执纪监督“第一种形态”处理干警35人。落实巡察整改工作，完善制度23项，教育提醒17人，收回违规资金9.3万元。成立松阳县首批廉政警示教育基地，联合县纪委监察委开展职务犯罪案件公开旁听活动。打造“清风松法”廉政品牌，开设廉政长廊，获全县“清廉机关擂台赛”一等奖。

2020年，县法院被最高法院新闻传媒总社评为司法宣传工作先进单位，刑庭1个案例获全市法院优秀案例二等奖，执行局1个案例获全市法院打击拒执十大案例，尹伟平获评全省法院“行政审判三十年代表人物”。

【刑事审判】2020年，县法院受理刑事案件206件，审结209件（含旧存），同比分别下降24.3%和27.0%。其中，判处五年以上有期徒刑27人，重刑率为8.2%。审结危险驾驶罪、盗窃罪、诈骗罪等高发案件84件99人。审结涉“黄赌毒”犯罪案件25件78人。审结贪污、贿赂、徇私枉法等职务犯罪案件10件15人，以贪污罪、受贿罪判处松阳县综合行政执法局原局长叶某某有期徒刑6年，以受贿罪判处遂昌县人民政府原副县长包某有期徒刑3年9个月。落实宽严相济政策，适用认罪认罚程序案件181件，依法判处缓刑、管制或免予刑事处罚被告人180人，给予60人符合条件被告人指定辩护，指定辩护率100%。

【民事审判】2020年，县法院诉前调解纠纷2206件，同比上升84.3%。审理各类民事案件3858件，同比下降8.5%，平均审理天数缩短22天。推行简案快审，繁案精审，一审适用简易程序2707件，适用率96.7%。致力民生权益保护，审结人身损害赔偿、医疗纠纷、劳动争议等案件251件。引入人民调解观调团制度，成立家事纠纷调解委员会，审结婚姻、继承等案件297件。深化道交一体化改革，诉前分流案件385件，调解成功率64.7%，审结道交案件209件，调解撤诉率43.5%。通过司法裁判弘扬社会主义核心价值观，依法判决员工上班时间打牌猝死案，用工单位无需赔偿，案件文章阅读量突破10万人次。

【行政审判】2020年，县法院受理行政诉讼案件31件，审结37件，分别下降75.8%和72.8%。联合县检察院、县司法局、景宁县法院出台《行政争议调解（协调）工作意见》。加强府院良性互动，召开联席会议2次，实现行政诉讼案件发案量、败诉率“双下降”。稳妥办结省级关注、市级督办的涉遂昌县白马山土地开发系列案件。发布《行政审判白皮书》，助力法治政府建设。在环资审判方面，设立驻河长办巡回审判站，加速涉水领域纠纷预防、处置、审判及修复一体化。发布《环境资源审判白皮书》。开展环境资源暨野生动物保护专项行动，增殖放流鱼苗4万余尾，补植复绿苗木1.33公顷。在案发地岗下村公开开庭审理涉野生动物刑事附带民事公益诉讼案件并全网直播，开出全省最大“修复账单”126万元，发出全省首张野生动物行业从业禁止令，案件入选全省环资公益诉讼十大案例。

【执行工作】2020年，县法院执结各类案件3662件，同比上升16.1%，标的金额2.4亿元。加大执行力度，冻结款项918万元，查封房产285处、车辆462辆、股权70件。严惩失信行为，限制高消费2718人，限制出境94人，司法拘留71人，罚款1129人197.1万元，向县公安局移送涉嫌拒执犯罪15件16人，判处拒执犯罪4件4人。创新设立执行悬赏“红黑榜”，探索守信履行正向激励机制。组建“执行先锋”，敢打执行硬仗，先后处置因相邻权纠纷、强占山林阻碍清表纠纷引发的信访案件，依法处置腾房过程中的暴力拒执行为。妥善解决俞某春制药公司员工集体讨薪案件，发放劳动报酬131.5万元。

【优化法治营商环境】2020年，县法院审结破产案件10件，化解不良资产3.7亿元。出台《服务保障民营经济发展实施意见》，助力民营经济健康发展。审结金融借款合同案件468件，涉案金额3506万元。发布32人职业放贷人名录，向职业放贷人4人共5件案件征收税费，民间借贷纠纷受案数同比下降21.7%。与县人民银行、县银保监办事处建立金融纠纷联动调处机制，调处金融纠纷177件。

【助推基层社会治理】2020年，县法院服务保障村（社）换届选举，对7000余人开展资格审查，参与联系村（社）换届工作，确保选举施行。延伸诉讼服务点，实现全县社区（村）全覆盖。发布《县域诉源治理工作白皮书》，获县委书记李汉勤批示肯定。启用古市法庭新审判大楼，提炼松阳本土契约文化、家训文化、申明亭文化，融入中华五千年法治文化，打造司法服务乡村振兴的窗口。深入开展“三服务”活动，帮助联系村实施“状元笋”项目，助力村民集体增收。

【干警综合能力建设】2020年，县法院深入学习贯彻习近平新时代中国特色社会主义思想，巩固“不忘初心、牢记使命”主题教育成果，加强意识形态工作。组织开展“守初心、担使命、讲廉洁、话成长”主题演讲比赛。连续两年组织中层干部竞争上岗，35周岁以下中层干部从3人增加至17人，占中层总数的68%，中层干部平均年龄从46.1岁下降为34.8岁。开展争先创优，刑庭1案例获全市法院优秀案例二等奖，执行局1案例获评全市法院“打击拒执”十大案例，尹伟平获评全省法院“行政审判三十年代表人物”，另有24个集体和个人获县级以上表彰。开展调查研究，完成省级以上重点调研课题3个，调研文章获国家级奖项4个、省级13个、市级7个。

【接受社会监督】2020年，县法院办理人大代表建议，实审议意见，改进代表联络工作，完善接受监督方式，邀请代表视察法院、参加座谈、旁听庭审、见证执行130余人次。向县政协、县各民主党派、县工商联、无党派人士通报法院工作。邀请政协委员视察法院工作并听取意见建议，办理政协委员提案5件。支持配合县检察机关依法履行监督职责，移交检察监督法律文书15份，办理检察建议22件。落实检察长列席审判委员会会议制度，邀请检察长列席4次，共同维护司法公正。举办公众开放日活动6次，召开新闻发布会4次，公开裁判文书4521份，开展巡回审判15次。组建“松法抖音工作室”，32个短视频在省高院官方平台发布，作品《欠你一万年》获第七届全国法院金法槌奖。在国家级媒体刊发各类报道15篇，省级刊发112篇，获评最高人民法院新闻传媒总社“司法宣传工作先进单位”。

（县人民法院）

检　察

【概况】2020年，松阳县人民检察院（以下简称“县检察院”）围绕刑事检察、民事检察、行政检察和公益诉讼检察“四大检察”和普通刑事犯罪检察业务、重大刑事犯罪检察业务、职务犯罪检察业务、经济金融犯罪检察业务、刑事执行和司法人员职务犯罪检察业务、民事检察业务、行政检察业务、公益诉讼检察业务、未成年人检察业务、控告申诉检察业务“十大业务”履行好检察的法律监督职能。全年办理侦查类案件4件5人，逮捕类案件77件129人，起诉类案件228件381人，监督类案件188件。全年结案率为99.3%，案件质量居全市首位，办案效率居全市第二名。

2020年，县检察院经办小花来料加工厂与松强木制工艺品厂虚假仲裁执行监督案，获国家民事非诉执行监督典型案例；杨某某涉“疫”口罩诈骗案，获全省妨害新冠肺炎疫情防控犯罪典型案例；督促整治野生动物全产业链行政公益诉讼案，获全省检察机关保护野生动物公益诉讼典型案例；“茶产业公益保护”项目，获全省公益诉讼检察创新实践基地创建项目；松阳县野生动物全产业链保护刑事附带民事公益诉讼案，获全省检察公益诉讼三周年精品案例；汪兴《环境检察公益诉讼的磋商起诉制度衔接》，获浙江省法学会诉讼法学研究会2020年年会论文一等奖；阙福亮《以检察行政公益诉讼深化人大监督》，获浙江省人大工作研究会第七次理论研讨会论文二等奖；曹莉芳获评全省扫黑除恶专项斗争成绩突出个人；黄晓莲获全省刑事检察人才库专业型人才（毒品犯罪类）称号；阙福亮入围全省百名检察教官人选。

【检察监督工作】2020年，县检察院落实县委《关于进一步加强检察机关法律监督工作的实施意见》，做优刑事检察监督。强化刑事立案和侦查活动监督，监督立案1件1人，监督撤案4件8人，纠正漏捕漏诉7件8人。完成对县公安机关立案和侦查活动的法律监督年度报告工作，有效促进公安机关提升执法办案规范化水平，立案监督案件数较上年同期下降83.3%。刑事审判监督，提出抗诉1件，提请抗诉3件，法院采纳抗诉意见3件。刑事执行监督，发出纠正违法通知书11份，推进社区矫正检察监督，有效防止脱管漏管，建议收监执行1人。做深民事检察监督。办理审判程序监督案件20件、执行程序监督案件20件、民事生效裁判监督案件11件，法院均采纳。小花来料加工厂与松强木制工艺品厂虚假仲裁执行监督案，被最高人民检察院评为民事非诉执行监督案件典型案例。基于“大数据+检察监督”理念，创新开发“司法网络拍卖智能审查系统”，对司法网拍各流程节点进行合规性筛查，在全市检察系统推广应用。做实行政检察监督。办理人民陪审员审判程序监督案件2件、行政争议实质性化解案件10件、行政非诉执行案件1件。以非诉执行案件为切入点，助推国土资源非诉行政案件“裁执分离”执行工作，实现从国土资源非诉行政执行案件到行政争议实质性化解的有效衔接，化解历史遗留积案9件。

【开展刑事犯罪诉讼工作】2020年，县检察院坚持以人民为中心，立足新时代人民群众对民主、法治、公平、正义的新要求、新期待，充分发挥检察职能。依法批准逮捕69件106人，依法提起公诉186件317人。强化公民人身权、财产权的保护，对严重暴力犯罪案件提起公诉3件3人，对多发性侵财犯罪提起公诉50件76人。积极参与“断卡”行动，依法办理非法买卖信用卡等违法案件5件12人，坚决遏制网络诈骗案件高发势头。对公安机关立案侦查的故意杀人、毒品犯罪等重大刑事案件实现100%提前介入。完善监察调查与检察审查起诉有机衔接机制，起诉遂昌县人民政府原党组成员、副县长包某，松阳县综合行政执法局原党组书记、局长叶某某等一批职务犯罪案件，办理监察委移送审查起诉案件7件12人，追回赃款209万元。重新组建自侦团队，侦办司法工作人员职务犯罪案件4件5人。

【开展“打黑除恶”专项工作】2020年，县检察院打好专项斗争收官战，用半个多月时间审结起诉市检察院指定办理的以陈某某、洪某某为首要分子的2起17人涉恶集团犯罪案件。针对所有犯罪嫌疑人均拒不认罪的情况，积极开展认罪认罚教育转化工作，既讲“严”的政策，又因人而异用好“宽”的策略，有效分化瓦解恶势力集团攻守同盟网系，至提起公诉时有16人自愿认罪认罚，提高办案效率，节约司法成本，减少社会矛盾，高质高效推进扫黑除恶专项斗争。深挖黑恶案件背后的“关系网”“保护伞”线索，移送司法工作人员渎职犯罪案件线索，市检察院立案侦查3人，均获有罪判决。

【生态环境治理检察工作】2020年，县检察院成立“生态+未检”专办组，采取融合式监督、协同化办案模式，实现两类案件“捕诉监防”一体化。共起诉破坏环境资源犯罪12人，督促案件当事人缴纳生态损害赔偿金136万余元、补植树木1.33公顷、投放鱼苗4万余尾。聘任生态环境保护监督员32人，进一步助推生态环境治理体系完善。

【做好未成年人检察工作】2020年，县检察院推出全省首个“未成年人公益诉讼观察员”制度，聘请公益诉讼观察员15人，建成全市首个罪错未成年人公益服务基地，成立全市首家“驻校检察官办公室”，搭建未成年人县域治理保护平台。开展“法治进校园”工作，倡议并推动全县中小学“国旗下宣誓”活动，把爱国情怀、法治理念根植到青少年内心深处。

【开展公益诉讼守护人民利益】2020年，县检察院牢记习近平总书记“检察官是公共利益的代表，肩负重要责任”的嘱托，履行公益诉讼崇高使命，切实保护国家利益和社会公共利益，办理各类案件57件。筑牢“红”的本底，捍卫烈士权益。对系列革命遗址遗迹保护案进行“回头看”，重点回访张惠民、“叶翊儀”烈士姓名权案，确保烈士姓名权不被侵害。该做法获最高人民检察院宣传肯定。秉持“绿”的理念，保护生态环境。疫情防控期间，开展野生动物保护领域专

2020年3月16日，县检察院联合县法院在西屏街道林村林场举行补植复绿基地揭牌仪式

项监督，在办理涉“野”刑事案件中，发现行政机关监管漏洞问题，组织召开诉前会议，督促相关部门依法整改。会同县法院在案发地开庭，同时对庭审全过程进行云直播，在线观看8万余人，取得良好的社会效果。该系列案获评全省检察机关公益诉讼三周年精品案例、保护野生动物典型案例、优秀观摩庭。强化“古”的治理，助力文化传承。开展古树名木、古民居、古建筑以及传统村落保护等涉“古”专项监督活动，针对存在的消防安全隐患、古建筑虫害等问题，向职能部门和乡镇发送检察建议12份，相关单位进行落实整改。坚持以“民”为本，落实“四个最严”。落实食品药品“四个最严”，努力保护人民群众“舌尖上的安全”。办理食品药品安全领域公益诉讼案件8件，探索惩罚性赔偿制度，在办理1起有毒有害食品案中，要求被告承担销售价款10倍赔偿金，计1317.45万元。该案系浙江省首例惩罚性赔偿超1000万元的民事公益诉讼案，有力震慑食品药品领域违法犯罪。

【助力打赢疫情防控阻击战】2020年，县检察院贯彻“两手硬、两战赢”工作要求，参与疫情联防联控。全力打击涉“疫”刑事案件，启动快诉机制，办理的杨某某涉“疫”口罩诈骗案件，从受理到提起公诉仅用4个小时，该案件入选全省法检两家联合发布的第一批妨害新冠肺炎疫情防控犯罪典型案例。联合县公安、县卫健等部门开展留守儿童护卫专项监督，核查805人被隔离观察人员的家庭情况，有效避免疫情防控期间未成年人无人监管现象发生。

【持续优化法治营商环境】2020年，县检察院贯彻落实中央“六稳”“六保”决策部署，为民营企业提供精准法律服务。制定落实《亲清政商交往正反面清单》，制作发放《企业防疫期间复工复产法律风险防范手册》。聚焦疫情防控常态化下主导产业发展面临的困难，坚持宽严相济的刑事政策，在办理茶商李某危险驾驶案时，为确保早春茶叶销售渠道畅通，在李某自愿认罪认罚的情况下，依法对其做出相对不起诉决定。召集不锈钢企业代表、环保企业代表20余人召开座谈会，邀请生态环境领域专家和丽水市环境类案件承办检察官，对民营企业预防犯罪进行授课，获企业家一致好评。

【助推县域治理现代化】2020年，县检察院践行新时代“枫桥经验”，牢固树立“少捕慎诉慎押”理念，依法不批捕23人，不起诉49人。加强因案致贫返贫人员司法救助，办理司法救助案件11件，发放救助金7.3万元。做实“群众来信件件有回复”，受理群众来信来访150余件，做到“7日内程序回复”与“3个月内实体答复”两个100%。以公开听证形式实质性化解矛盾3件，在办理1起民间借贷纠纷审判监督案中，通过笔迹鉴定、互联网平台咨询、公开听证会等途径，切实化解矛盾，彻底打消当事人上访念头，实现“案结事了人和”。

【检察队伍自身建设】2020年，县检察院 坚守队伍“四化”建设的初心使命，注重改革创新，努力打造一支与“重要窗口”建设相匹配的检察铁军。巩固深化“不忘初心、牢记使命”主题教育成果。贯彻《中国共产党政法工作条例》及5个配套制度，把党的领导贯穿到检察工作全过程和各环节。推出检察官专题讲课活动，对内交流办案经验，对外普法教育和宣传检察职能，共授课20场次。原创的《松检说法》音视频普法栏目，取材于真实案例，寓教于案，被学习强国平台录用5期。深化“检校合作”机制，加强业务培训和岗位练兵。推进特色人才培养机制，依托法医鉴定、无人机驾驶、痕迹检验等专业人才，构建“医+文+械”三位一体检察技术辅助办案体系，李某故意杀人案法医技术协助获评市级年度法律监督十大精品案事例。坚持全面从严治检，持续多年执行每月班子带头正风肃纪检查制度，驰而不息纠“四风”，开展“三清”检察建设，严格执行重大事项报告制度，扎紧廉洁办案制度笼子。自觉接受人大依法监督和政协民主监督，落实代表委员提出的意见建议，定期向民主党派、工商联和无党派人士通报检察工作。加强代表委员联络工作，坚持院领导带队走访制度，积极参加代表联络站活动。深化检务公开，法律文书公开率93%，召开听证会3场，组织公开宣告50次，开展检察开放日、新闻发布会等活动4场，邀请代表、委员、人民监督员和社会各界人士300余人次参加。

（县检察院）

公　安

【概况】2020年，松阳县公安局（以下简称“县公安局”）现有行政编制339人、辅警编制357人，局党委班子成员11人，中层干部109人。辖有科、所、队、室28个，在职民警323人、事业干部4人（县应急联动中心）、职工9人、辅警341人。全年有效接警46829起，同比下降6.78%；刑事发案826起，同比下降9.23%；侵财案件发案1090起，同比下降15.90%；交通事故死亡21人，同比下降32.25%；网络安全事件、较大以上交通事故零发生。

【警务督察】2020年，县公安局组织各类警务督察133次，发现和纠正问题117个，发督察文书1份，提出督察建议61条，受理各类投诉31件。为加强现场督察与智慧督察的深度融合，对网上警务督察工作投入9万元，逐步实现从问题查纠到整改处置全过程网上流转。全年开展网上督察巡查543次，巡查基层所队1480个次，查纠问题260个，对发生的投诉迅速调查，依法处置。全年受理投诉31件，查证属实或部分属实的4件，不属实27件，处理妨害公务、阻碍执行职务等案件12起，打击处理违法犯罪人员5人，其中追究刑事责任4人、行政处罚9人，慰问民警、辅警11人次，发放维权慰问金1.7万元。

【情指联情体系建设】2020年，县公安局充分整合资源，继续强化应急联动考核，开展每月“一考一评”，推进非警务警情分流工作，缓解基层派出所接处警压力，提升全县接处警整体水平。在“砺警2020”合成处置大比武中，信息研判、指挥规范、封锁迅速、特色辅助指挥系统开发等方面表现优异，获全市第一名。全年该局侦查发现并下发有效线索102条，直接锁定违法嫌疑人85人，各科所队联合抓获各类嫌疑人员78人，抓获网上在逃人员9人。5月7日，民警从一起失踪人员警情中敏锐发现疑点，迅速指令相关所队开展侦查，仅8个小时就侦破了一起杀人分尸的重大“隐”案。在处置5月26日疑似精神病人抢夺车辆并驶入高速公路的重大突发案事件中，指挥到位，处置有力，得到副省长、公安厅厅长王双全的批示肯定。该局社会联动工作被市局作为先进典型向省厅推荐，情指联情中心作为丽水市唯一参评单位，向省公安厅推荐参加“全国公安机关110工作成绩突出集体”评比。

【出入境管理】2020年，县公安局出入境证件办理制证数据实现“零回退、零差错”。全年受理各类申请447件，其中普通护照289件，往来港澳通行证147件，往来台湾通行证11件。持续推进“浙里办”平台公安专区建设，推行自助引导、快递送达等便利化举措，9项出入境业务接入政务服务2.0平台。报列、撤控法定不

2020年6月15日，县公安局联合邮政部门新开通代办交管业务便民服务点

准出境人员649人次，实现零漏报。新增特岗人员登记备案1653条，撤销388条，变更14条，向报备单位反馈7778条人员持证信息。实现外宾临住登记质量“零差错”，全年管理服务来自40个国家和地区的临时到松阳境外人员487人次，劝导2.8万余人减少非必要出国出境活动，劝返135人前往办证人员。深入17家高新（涉外）企业落实“助企双引”直通车活动。分析研判到菲律宾、柬埔寨等国家和地区的40名申请人，核查10名疑似偷渡人员，报列无正当理由往返澳门超10次的12人为内控人员。梳理、核查305人已破、在侦网络赌博案归案犯罪嫌疑人和在侦涉赌案件嫌疑人，列控77人在侦案件犯罪嫌疑人为法定不准出境人员，并作废其所持有效出入境证件。联合相关单位查处涉外案事件4起6人（“三非”案件2起4人，违反临住登记2起2人），行政处罚及强制措施6人次，遣送出境3人。走访全县131家家政中介，开展家政领域非法就业查处行动。

【公共安全管理】2020年，县公安局牵头的智慧安防小区建设纳入全县十大民生实事之一。截至12月底，全县智安小区、智安单位的创建工作收官，8家智安小区完成前端建设，实现了数据汇聚，90家智安单位信息录入智慧内保信息平台，实现智安单位建设22家。严格落实重点单位安全监管，每季度对全县63家重点单位进行制度、人防、物防、技防等建设和落实情况和相关台账检查，全面提升全县重点单位整体防范能力。结合《校园安防三年行动计划》，对学校周边进行检查，并与县教育部门协同配合，全面检查和落实专职保安员配备、校园封闭化管理、一键式紧急报警、“护学岗”设置等“四个”100%的要求。落实金融监管，对全县13家银行及相关网点和自助银行进行全面检查，检查52家次，审核新建改建营业网点和自助银行6家，会同县邮政管理部门检查寄递企业及各类网点65家次，会同县交通运输部门检查物流企业、货代企业及各类货物经营业主60余家次，全面落实“三个”100%。

【打击治理行动】2020年，县公安局“122”机制纵深推进，破获跨境赌博案件20起，摧毁犯罪团伙17个，抓获犯罪嫌疑人119人。“缉枪治爆”取得实效，破获非法持有枪支案件5起，抓获犯罪嫌疑人5人。大案要案持续发力，破获涉案金额899万元的

特大电信网络诈骗案和涉案3000余万元的重大非法经营案。禁毒打击先声夺人，查获吸毒人员34人，移诉8人，强制隔离戒毒4人，获市公安局通令嘉奖。

【网络安全管理】2020年，县公安局深入开展“净网”“净边”专项行动，破获列为扫黄打非办督办的“九龙”平台传播淫秽物品牟利案等大要案，“净网2020”专项行动全市第一名，有力地净化了网络空间。同时，网约犯罪预警工作成绩突出，公安部录用信息11篇，“杀猪盘”类预警情报27篇，成功预警处置5起恶性案件，劝阻被骗受害人12人，预警信息得到广东省公安厅副厅长孙太平，丽水市副市长、公安局长毛建国的批示肯定。每周开展对全县单位企业网站的漏洞扫描检查工作，检查互联网企业（网站、APP、重要信息系统等）63家次，下发整改通知书12份，联合派出所办理行政处罚案件10起，关停网站、APP各1个。此外，联合县网信办、县经商局对运营商、银行、自媒体公司、港华燃气等重点单位进行关键信息基础设施网络安全检查，对检查中发现的问题现场提出，限期整改，确保当地网站、系统的安全运行。

【禁毒整治工作】2020年，县公安局铲除非法种植罂粟874株，行政处罚6人，持续保持全县“零产量”种植目标。严密易制毒化学品管理，强化易制毒化学品使用企业日常监管，延伸生物医药、麻精药品排查宣传，全程把控易制毒化学品流向。深入开展“毒驾”治理，对79人已注销驾驶证吸毒人员以及57人名下有机动车的吸毒人员开展重点排查，联合交警拘留无证驾驶人员4人。侦破部督“4·13”涉缅跨境走私制贩毒案，该案被公安部禁毒局列为全国首例涉网跨省集群和战果共享试点案件。全国现场工作部署会在丽水召开，各省现已破获6个部督团伙，抓获违法犯罪人员113人，均为外省籍人员，缴获冰毒、麻古45千克，海洛因50千克，查获毒资21万元。

【道路交通安全管理】2020年，县公安局共接交通事故报警8787起，发生全口径交通事故30起，死亡21人，非现场处罚12.8万起，简易处罚5.01万起，一般程序处罚1697起，行政拘留157人，起诉80起80人，办结酒后驾驶案件244起，办结再次酒驾案件83起，办结醉酒驾驶案件76起，酒驾办结案率100%。办理机动车注册登记4683辆，核发机动车检验标志25142辆，受理初次申领驾驶证2352人（外地353人），增驾申916人，组织科目一考试6879人，组织科目三安全文明驾驶考试2672人，车辆检验监管审核24269辆。全年共排查道路交通安全隐患226处，完成182处隐患点的整治，整治率80.5%，开展省安委会挂牌督办的G235国道西垄路段事故多发点段的整改工作，实施58所中小学校周边道路安全设施标识标线全覆盖的市级民生工程，保障国际茶商大会、中国不锈钢管高峰论坛等重大交通安全48起。

【公安法治工作】2020年，县公安局在全市执法质量中位列第三名，连续三年获省执法质量优胜单位。全年办理行政复议案2件，办结2件（维持1件、申请人撤回复议1件）；办结刑事复议案3件（维持3件）；应诉行政诉讼案件22起，判决维持20起，申请人撤诉2起；办理国家赔偿案件3件，均作出不予赔偿决定。同时，加强法制队伍建设，日常以考促学，组织法律知识考试，提高全局民警法律知识储备。通过律师职业资格5人、高级执法资格2人。7月，建成该局受案中心和建设完善办案区后，形成以局受案中心、局集中办案区、局案件管理中心、局涉案财物中心为主要功能区的执法办案管理中心。自投入使用，实现（除快办案件外）全局80%的案件在执法办案中心办理，成为对内惠及全警，对外展示该局执法专业性的“金名片”。

【监所管理工作】2020年，松阳县看守所坚持文明执法，在狠抓队伍建设、在押人员军事化管理等方面下功夫，实现连续20年监所安全无事故。深入倡导“军事化管理”教育理念、每日开展不少于60分钟的队列训练和行为养成教育，达到监内秩序良好、行为规范、卫生整洁，打架事件逐年下降，械具使用率由23%高危使用下降为5%。同时加大监室内处置突发事件的演练，有效保证监室安全，全年处置突发事件12起，走出一条具有松阳特色的在押人员军事化管理新路，被市局监管支队在全市监所推广。因受疫情影响，实行7个多月封闭式管理战时勤务模式，看守所每位民警、职工和辅警均严格按照上级部署，落实执勤制度，未出现队伍违规违纪情况，实现“疫情零感染，队伍零减员，事故零”发生。

【人口与户籍管理】2020年，县公安局开展行政村规模调整工作，把常住人口信息管理系统的401个行政村调整为203个行政村，同时根据不规范地名清理整治工作要求，清理并新增600余条街、路、巷，并对涉及调整的村居人口进行区划调整，做到“乡不漏村、村不漏户、户不漏人”，完成行政村合并和不规范地名清理工作。多策并举开展户口清理整顿工作。4月24日、26日，先后2次召集县相关部门召开第七次全国人口普查工作会议，对工作职责做作初步明确，成立户口清理整顿领导小组，于7月22日出台《松阳县第七次人口普查户口整顿工作暨解决无户口人员落户问题专项行动的通知》。同时，社区民警、辅警通过入户核查、微信公众号发布工作通告等形式向社会各界人士宣传普及人口普查工作。截至12月底，全县摸排出无户籍48人，通过提醒指导办理落户22人。通过调查核实与云南警方联系对接，指导回原籍落户2人，通过与县民政、县人力社保、县卫生部门的沟通联系，清理应销未销人员281人。

【森林警察转隶工作】2020年，因机构改革，松阳县森林公安局（松阳县公安局森林分局）民警19人（退休2人）于12月22日整体转隶至松阳县公安局，内设森林警察大队。该大队侦破全省金额最大的附带民事公益诉讼破坏野生动物资源案，破获周某富非法经营野生动物案，民警到杭州、金华等6地辗转5000余千米开展调查，查实周某富案收售野生动物3256只，涉案金额40余万元，同案抓获犯罪嫌疑人钟某军、陆某华、刘某云等4人。该案是浙江省刑事附带民事公益诉讼索赔生态环境资源损害赔偿金额最大的一起案件。

【护航村（社）组织换届选举】2020年，县公安局根据县委县政府统一部署，协调组织部门，推进“双任”模式，挑选40名党员民警任重点村（社）党组织副书记，33名非党员民警任村（社）主任助理，全面下沉一线，主动参与村（社）重要会议，宣传换届选举纪律，提前掌握各类矛盾风险隐患。换届选举期间，出动警力1800人次，化解矛盾纠纷99起，约谈提醒82人、教育训诫13人、打击处理3人，完成全县214个村（社）委会换届选举安保工作。

【“扫黑除恶”行动】县公安局自“扫黑除恶”专项斗争开展以来，全县公安机关紧紧围绕中央和省、市、县委决策部署，精心组织、全警投入，推动“扫黑除恶”向纵深开展，共破获十类涉黑涉恶案件82起，刑事拘留330人，移诉262人，打掉恶势力犯罪集团2个，恶势力犯罪团伙1个，查扣涉案资产2000余万元。持续深入推进“扫黑除恶”专项斗争行动，形成长效机制，完善线索排摸核查机制、案件及线索会商机制、检察机关提前介入机制、与纪检监察部门的双向移送机制、纪检监察机关同步介入机制等各项制度。在严厉打击黑恶势力犯罪的同时，按照“扫黑除恶”的目标和要求，主动把打击黑恶势力犯罪和加强基层组织建设、社会综合治理结合起来，对线索及案件中发现存在的行业监管漏洞，及时向有关部门移送，对各项监管漏洞进行建制堵塞，共向部门、乡镇（街道）提出管理漏洞建议函3件8条。

【阻击疫情工作】2020年，县公安局面对突如其来的新冠肺炎疫情，全警闻令而动，逆行而上，连续58天24小时坚守入松阳的大门，完成居家隔离和集中隔离对象管控任务，组建数据专班精准研判涉疫风险，依法打击涉疫违法犯罪8起，及时查处3名缅甸籍非法入境人员并遣送出境。全局34个集体和个人因抗疫业绩突出，获省、市、县各级表彰，其中交警大队党支部被省委、省政府评为“浙江省先进基层党组织”和“浙江省抗击新冠肺炎疫情先进集体”。

【党建引领工作】2020年，县公安局以党建为引领，深度融合党建与业务工作，紧扣“绿色警务，护航‘两山’，红色铁军，挺进长安”的主题，确保全警思想同心、行动同步，以公安排头兵的姿态，大力弘扬践行“浙西南革命精神”，推进各项主题教育，发挥基层党组织战斗堡垒作用，通过红色宣讲，最红党员、最红支部评选等活动，把红色基因融入警队灵魂血脉。除常态化开展各类党组织活动外，指导基层所队创新形式，通过构建“党建联盟”，不断深化“党务前移、警务下移”，推动党支部与乡镇（街道）、农村、企业、学校等党组织建立党建联盟，经常性开展党员联学、阵地联建、活动联办、服务联抓等活动，不断壮大“红色朋友圈”，是年该局党建工作在全市排第二名。深入贯彻落实公安部、省厅、市局全警实战大练兵部署要求，靶向瞄准“四个铁一般”大练兵目标，坚持以党建为引领，以技能培训为抓手，在全市“砺警2020”全警实战大练兵比武中获总分第一名，包揽警察基本技能、警务实战、专业警种3个大项第一名，2名民警获“全能王”称号，在第二阶段抽测中，达标率位居全市前列，4名民警参加省厅抽测，全部达标。

（县公安局）

2020年11月13日，县公安局交警大队获“浙江省抗击新冠肺炎疫情先进集体”表彰

司法行政

【概况】2020年，松阳县司法局（以下简称“县司法局”）重点围绕“营商环境提升年”“全县域组织化提升年”“改革创新提升年”及省委政法委部署的“执法司法规范化水平提升年”活动，抓改革、提能力，弘良法、保安全，强服务、促发展，为建设“高水平生态文明建设和高质量绿色发展”重要窗口示范区提供坚强法治保障和精准法律服务。法治松阳建设创佳绩，“民情地图促服务”助力基层社会治理项目获全省县乡法治政府建设“最佳实践”优秀项目（全省6个）；出台鼓励和支持干部参加法考政策；启动法治业务轮训工作；该局与县法院、景宁县法院、县检察院联合建立行政争议调解（协调）工作机制。人民调解工作推进有力，出台《关于加强新时代调解工作的意见》（松委办发〔2020〕50号），完善“1+8+N”大调解工作机制，配齐配强专职调解员队伍；获评司法部“大排查、早调解、护稳定、迎国庆”专项活动表现突出集体；人民调解创新工作在全省司法局长会议上作经验交流；该局被市委、市政府评为全市指导人民调解工作成绩突出单位。法律服务群众工作成效显著，精准法援助力农户脱贫工作获《法制日报》和司法部微信公众号刊载、发布。叶志文获评全国公共法律服务先进个人。意识形态建设取得新成效。叶芳阳积极投身网络正能量传播，被评为全国第五届“五个一百”百名网络正能量榜样，全国优秀网评员，丽水市首届宣传思想文化“绿谷青英”人才。“松阳普法”微博保持在全国政务排行榜司法行政榜前50名。完成“七五”普法终期迎检验收和“八五”普法规划工作。

【法律服务】2020年，县司法局围绕中心工作，发挥法律服务职能。松阳县公证处在衢宁铁路松阳段工程验收、项弄村安置公寓抽签、四都乡梛树村农民公寓楼安置抽签、民办学校招生电脑随机派位摇号等政府工作中发挥至关重要的监督作用，其中办理各类重点项目招投标现场监督公证52件，涉及金额12.50亿元，中小学生入学电脑派位现场监督3次，涉及704人。常态化推进扫黑除恶专项斗争，开展线索排摸143次，加大对扫黑除恶专项斗争工作的宣传力度，营造良好的社会氛围。配合开展县换届选举资格审查工作。针对选民资格纠纷、选举程序争议等开展排查预警，加大对社区矫正对象走访力度，提高风险评估频次，细化信息核查手段。施行矛盾排查8次，实地走访矫正对象140人次。配合村（社区）组织换届工作领导小组，对候选人选进行联合审查，同步开展政策宣传和法律解释，资格审查2000余人次。

【公证法律服务】2020年，县司法局把服务群众作为工作的基本目标，严格落实疫情防控措施，推出多项公证便民服务举措，通过电话咨询预约、微信实时指导、公证书邮寄等方式，引导当事人有序办理公证，让群众尽量少举证、少跑路，尽最大努力保障人民群众对公证服务的需求，助力企业全面复产复工。全年办结案件587件，其中国内527件，涉外60件，接待来访来信来电咨询2800余人次。

【法律援助】2020年，县司法局坚持法援为民理念，充分运用公共法律服务平台，帮助贫困群众通过法律途径维护自身合法权利。7月，《法制日报》二版刊发《精准法援助力农户脱贫》，点赞松阳法律援助服务为民，助力群众脱贫工作。定期安排律师到信访局值班，解答信访群众法律问题，引导信访群众依法理性表达诉求。全年共受理法律援助案230件，其中民事案件99件，刑事案件131件；提供认罪认罚法律帮助案件281件；接受咨询1144人次，其中来访咨询662人次；免费代写法律文书12件；指引起诉和其他救济途径60余件，发放各类法律法规等宣传资料1600余份。

【公共法律服务体系建设】2020年，县司法局深化公共法律服务实体平台建设，县级公共法律服务中心整体入驻县矛调中心，结合村级组织合并工作，整合司法所、人民调解委员会和村（社区）法律顾问资源，建成19个乡镇（街道）及工业园区、浙南茶叶市场共21个公共法律服务站和216个村（社区）公共法律服务点，实现公共法律服务向所有村（社区）的全覆盖。推进智慧公共法律服务建设，畅通“12348”公共法律服务热线，开通“12348法网”、“浙里办”APP、浙江法律援助微信公众号等网络平台，并在公共法律服务中心及8个乡镇（街道）配置9台法律服务自助机，方便群众线上办理；充分利用“全市通办”工作机制加强与各县市间法律援助异地协作机制，实现资源整合和优势互补，降低群众维权成本，提高办案效率，实现群众法律援助“一次办”“就近办”“代理办”。

【人民调解】2020年，县司法局印发《关于加强新时代调解工作的实施意见》（松委办发〔2020〕50号），全面完善松阳县人民调解工作机制。充实全县人民调解队伍，实施政府购买服务形式，落实专职调解员58人。印发《松阳县专职调解员管理办法（试行）》对专职调解员进行严格管理，以绩效工资等方式引导调解员主动调解疑难复杂矛盾纠纷，为全县矛盾纠纷化解发挥重要作用。是年，全县化解矛盾纠纷2210件（涉企涉疫82件），涉及金额11797.35万元。县联动联调中心牵头化解信访积案4件，其中国家级1件、县级3件，协助化解国家级信访件1件，化解县级信访件32件。全县通过“以奖代补”审核的案卷2075件，发放“以奖代

2020年9月3—4日，人民调解员业务技能暨专职人民调解员岗前培训班在县工业园区管委会会议室举行

补”奖金21.86万余元。评定全国模范人民调解员1人徐深源（松阳县人民调解员协会会长），三级人民调解员12人，四级人民调解员2人。各分中心协助片区乡镇（街道），开展好所在片区的人民调解员“一年两次”的业务提升培训。9月3—4日，举办人民调解业务技能暨专职人民调解员初任培训班。全县专职人民调解员、各乡镇（街道）司法所所长，90余人参与培训。

【司法行政“惠企便民”服务】2020年，县司法局立足解决群众、企业和基层关心的热点难点问题，结合司法行政工作职能，不断创新服务模式，共组织开展各种形式的“三服务”活动30余场次，累计开展服务1500余人次，现场解决问题176个，本单位解决问题8个，协助办理需要跨部门解决问题1个。在做好疫情防控工作的基础上，找准切入点，主动对接企业，提供法律服务，助力茶产业复工复产。4月，集中开展“法雨春风”法律服务月活动。全年对100余家企业进行指导服务，开展进企业“法治体检”活动169次，累计答复法律咨询252次。组织律师针对《浙江省民营企业促进条例》进行网上直播宣讲，组织全县企业经营者线上收看学习，组织线上宣讲活动4场，收看55626人次。在全国首场网络茶叶节期间，开设《松小律说法》短视频栏目，采用律师说法、专家访谈等形式，自编自导自演自制普法短视频，并通过“松阳普法”微信公众号、之江法云微信塔群进行层层推送，有效扩大宣传面。

【法治宣传】2020年，建成松阳县首个法治文化主题公园（西屏山法治公园）。6月，县委宣传部、县司法局和县普法办联合制订印发《松阳县关于开展“崇尚法典精神 共筑美好生活”普法宣传活动的通知》（松普办〔2020〕6号），组建《中华人民共和国民法典》宣讲团，开展《中华人民共和国民法典》宣传进机关、进企业、进村（社）、进校园等，掀起学习宣传新热潮。按照《关于做好2020年度农村“法治带头人”“法律明白人”培育工作的通知》，推动全县农村“法律明白人”培养工程落地实施。截至12月底，全县培育农村法律带头人216人，法律明白人216人。部署开展“七五”普法验收工作，下发《守法普法协调小组第一次全体会议暨七五普法验收工作推进会的通知》，对全县19个乡镇（街道）和35个县直单位的“七五”普法工作进行督导检查，并于8月完成“七五”普法验收迎检工作。加强青少年法治教育，开展“流动少年宫·普法进校园”活动10余次。推进农村群众法治宣传教育，开展“乡村普法赶集活动”20余次。

【社区矫正安置帮教】2020年，县司法局全面落实社区服刑人员管控责任，深入推进司法行政改革试点，构建司法行政大帮教工作机制，形成共建共治共享的社会治理格局。全年共接收社区矫正对象114人，解除129人，审前社会调查32件，警告17人次，收监执行3人。未发生社区矫正对象脱漏管和再犯罪事件。提升矫正执法案卷质量，建立检司协作机制，联合检察院探索“驻点检察、定期检察、专项检察、反向检察”四项检察模式，共同分析监管执法和检察监督中存在的问题，研究改进工作措施。开展《中华人民共和国社区矫正法》宣传贯彻，发放宣传材料3000余份，接受现场咨询200余人次，有效提高群众对《中华人民共和国社区矫正法》的认知，并把《中华人民共和国社区矫正法》知识列入年度领导干部和公务员学法用法考试必学必考内容。

【行政应诉和行政执法规范化】2020年，县司法局完成行政复议规范化项目建设，全面应用“浙江省行政复议平台”，推行行政复议文书专递送达，规范相关法律文书送达工作。全年共收到行政复议申请40件，经审查后，受理9件，不予受理31件（职业打假投诉举报类案件）；受理的行政复议案件中，审结9件，撤回复议请求（调解结案）8件，变更复议决定1件。抓好行政诉讼应诉工作，落实分析研判和争议调解工作。建立健全案件信息互通机制，探索建立《松阳县人民法院、景宁县人民法院、松阳县人民检察院、松阳县司法局关于行政争议调解（协调）工作机制》，不断降低行政诉讼发案量和败诉率。建立行政诉讼案件“一案一专班”“属地管理、事权结合”的化解机制，对高败诉风险的案件实行专班包案化解，制订化解方案，明确化解期限，落实化解措施。落实通报晾晒与过错责任追究。每月晾晒全县案件发生数、败诉风险案件数、败诉案件数等“双下降”主要指标。要求发生败诉案件的单位主要负责人，向县委县政府领导说明情况。按照行政败诉案件过错责任追究的相关规定，认定并追究责任人员相应的过错责任。全市各级法院收到以松阳各部门为被告的行政诉讼案件41件，其中被法院纠错2件，败诉率为5.76%，全市最低。建立专班化解机制。组织开展行政执法人员综合法律知识考试，80人通过考试取得行政执法证。采取集中培训+直播授课等方式，开展行政执法、应诉暨行政规范性文件工作业务培训会、法制工作人员行政执法专题培训以及乡镇（街道）合法性审查培训等，培训一线行政执法人员、法制工作人员1300余人次。推进行政执法“三项制度”落实，全县各行政执法单位均按照要求公开执法主体、权限、依据、流程、随机抽查清单等信息；配齐执法记录设备，全县配备执法记录设备818台，其中执法记录仪576台；重点执法部门完善重大行政执法决定法制审核目录清单，做到重大行政执法案件法制审核率100%。

（县司法局）

中国人民解放军松阳县人民武装部

【概况】2020年，中国人民解放军松阳县人民武装部（以下简称“县人武部”）坚持以习近平新时代中国特色社会主义思想为指导，增强“四个意识”、坚定“四个自信”、做到“两个维护”，坚决贯彻“军委主席负责制”，全面贯彻落实上级决策部署和工作要求，主动适应新形势新任务新要求，与时俱进理思路、开拓创新求突破、锐意进取敢担当，坚持以加强练兵备战为工作主线，不断夯实战备基础，大抓军事训练，在坚决打赢疫情防控阻击战的前提下，坚持稳中求进工作总基调，较好完成各项工作任务，后备力量建设取得新的进展，单位全面建设继续保持向上向好的发展态势。

【思想政治建设】2020年，县人武部持续深化主题教育铸魂育人成果，开展“不忘初心、牢记使命”“传承红色基因、担当强军重任”主题教育，学习贯彻中共十九届五中全会精神，利用松阳现有红色革命资源，倡导开展主动式、自发式教育活动，弘扬践行“浙西南革命精神”。注重抓经常性教育活动，坚持落实“每周一学、每月一讲”等教育活动，结合年初编制的整体教育教案，提高干部职工的思想政治素质。定期开展谈心交心活动，掌握了解人员思想情况，做到解决人员思想情况与解决实际情况相结合，不断增强整体凝聚力。

【征兵工作】2020年，县人武部注重宣传发动，规范征集程序，严守廉洁底线，严格按照时间节点完成征兵各项工作。开展适龄青年兵役网上登记，兵役登记率连续4年为100%，采取多种形式开展征兵宣传活动，发放征兵宣传短信20余万条，发动全县企事业单位、民营企业参与征兵宣传，组织开展“征兵宣传进校园”等各项实体性活动。

【民兵训练救援】2020年，县人武部聚焦新形势、新任务抓好职责建设，严格落实值班、请示报告等制度。在水南街道桥头山火扑救任务中，水南、赤寿、西屏、望松4个乡（街道）的民兵第一时间赶到现场，及时扑灭山火，发挥生力军、主力军的作用；在古市学生失足落水救援、斋坛人员落水打捞中民兵队伍均发挥积极作用。配合县教育局筹划部署开展学生军训，挑选组建整体责任心强、能力素质过硬的军训教官队伍分别对松阳县第一中学、松阳县第二中学、松阳县职业中专、丽水学院幼儿师范学院的学生开展军训，动用专武干部、军训教官，参训学生2880余人，学生军训成效明显。

【民兵工作】2020年，县人武部贯彻落实上级关于加强国防后备力量质量建设，提前筹划部署，及时成立民兵整组工作领导小组，有序开展民兵整组工作计划。民兵队伍通过整组提升整体素质水平，各类指标均达到相关要求，为支援地方应急抢险、助力地方经济建设提供坚强可靠保障。

【双拥共建行动】2020年，县人武部推进双拥共建，营造“地方拥军优属，军队拥政爱民”的良好氛围，持续巩固和加强军政军民团结，使人民与军队同呼吸、共命运、心连心的关系更加紧密。在春节、“八一”建军节等重要节点，开展走访、慰问活动，协调各级领导带头走访慰问驻地部队、退伍老兵和立功受奖现役军人，结合抗美援朝出国作战70周年，为全县参加抗美援朝出国作战的老同志送上纪念章和慰问品，在全县上下形成崇尚英雄、感恩英雄的浓厚氛围。同时，利用抗日战争胜利纪念日、国家“公祭日”等多种时机开展全县范围的缅怀祭奠仪式，教育引导广大群众铭记历史、缅怀先烈，充分利用当地现有红色革命资源，广泛开展红色革命教育活动，发挥国防教育实践基地、爱国主义教育基地的教化育人作用。在新兵役前训练、民兵军事训练和专武干部集训等期间，发动广大民兵参与地方“扶贫帮困”“五水共治”“大搬快聚”等工作中，助力地方建设。结合季节形势、当地特点和实际需要，做好参加地方抢险救灾各项准备工作，加强应急值班，随时掌握辖区动态，确保一有险情和任务能够随时拉得出、用得上，民兵队伍在保护全县人民的生命财产安全中发挥应有的作用。

【后勤保障】2020年，县人武部坚持以政策法规为依据，不断提高管理，结合民兵训练、专武干部集训等年度重点工作，科学安排年度经费预算，突出训练保障，按照“足额、及时、到位”的要求，做好年度民兵训练和专武干部集训等各项训练任务。抓节约用电、节约用水、节约粮食等群众性节约活动，贯彻落实习近平总书记“厉行勤俭节约、反对铺张浪费”的指示精神。加强营区、干部公寓楼、民兵训练基地建设，改善营区环境。

【支援地方防疫工作】2020年，县人武部与地方同舟共济，积极支援地方防疫工作。疫情发生以来，应县委、县政府要求，出动民兵参与疫情防控工作，主动担负松阳高速路口、乡镇交通要道、社区进出路口等地段担负卡点设哨、卫生防疫和物资运送等任务，该部机关在抓自身防护的同时，科学部署，配合西屏街道参与青蒙小区、荷田垄路口卡点值勤。推进正规化建设，开展以正规“四个秩序”和营造政治氛围为契机，不断改进软硬件设施，增强营区整体氛围布置，凸显军队属性和政治属性，发挥氛围营造铸魂育人作用。探索推进科室职责管理和人员分工负责制度，发挥文职人员在工作上的引领带动作用，突出文职人员主体地位，增强责任担当，努力履职尽责，同时教育引导广大职工增强归属感和责任感，形成“人人有事干，事事有落实”的良好工作氛围。

【党委班子建设】2020年，县人武部着重围绕学习习近平新时代中国特色社会主义思想和习近平强军思想，提高党委班子成员整体思想政治建设。坚持党风廉政建设常抓不懈，及时传达上级通报内容，结合该部实际，做好自查自纠，切实解决自身存在的问题，改进思想作风和工作作风，努力塑造党委班子良好形象。开展肃清流毒工作和执纪执法专项检查，推进工作统筹，提高政治站位，有效促进党委班子整体建设，大抓党风廉政建设，廉洁征兵连续三年无问题发生。

（县人武部）

武警松阳中队

【概况】2020年，武警浙江省总队丽水支队松阳中队（以下简称“武警松阳中队”）全体官兵牢固树立全心全意为人民服务的宗旨意识，把松阳当故乡，视人民为父母，开展拥政爱民、军地联谊等活动。该中队始终把建强支部作为强军兴军的核心，从班子建设入手，有效发挥“一线战斗堡垒”作用。以习近平新时代中国特色社会主义思想为指导，深入贯彻习近平强军思想，学习贯彻三级党委扩大会议精神，一以贯之地把“忠坚似松，斗志如阳”的队魂注入官兵血脉，突出“职责立队、精细建队、学习强队、素质亮队”队训标准，叫响“坚定信念、勤学苦练、凝心聚力、咬定‘四铁’”的目标口号，努力在支队打造松阳品牌、叫响松阳声音，实现执勤目标连续36年安全无事，高标准实现“三个确保”。

2020年，武警松阳中队在丽水支队比武竞赛中获团体第三名，涌现多名训练标兵，其中2人因工作突出被记三等功1次。

【执勤任务】2020年，武警松阳中队坚持以“围绕中心抓建设，抓好建设保中心”，持续巩固执勤主阵地，推进执勤方式优化改革，确保目标安全。开展常态拉动演练，紧贴任务实际，及时开展抢险救灾、处突反恐训练，完善各类任务预案，随时做好上一线、打头阵准备。紧贴任务抓执勤。落实各项执勤制度，细化职责分工，先后担负县看守所武装押解勤务和国庆期间县重点区域武装巡逻任务13批次，处置执勤险情1起，提升目标安全系数，确保中队连续36年执勤无事故目标。

【军事训练】2020年，武警松阳中队把建设“能打仗、打胜仗”的过硬基层作为建队目标，始终把军事训练作为提升战斗力的根本途径，从严从实按纲施训，紧盯战斗力标准，一切工作向备战打仗中心聚焦，为训练服务、向实战出发。紧盯实战抓训练。坚持干部、骨干带头先训，以无声的号令，掀起军事训练的热潮，坚持向自己开刀、问责，全员查摆问题，全面抓实问题整改，以军事训练龙虎榜为载体，营造“训练有为、训练有位”的氛围，在支队执勤岗位比武、群众大练兵中分别获第三和第四名。以考促训强训练。坚持每日一检验、每周一小考、每月一大考的制度，以考促训，叫响“看我的、跟我上”的口号，全员纳入军事考核，严格要求，不掺杂掺假，用最严格的标准狠抓部队训练。

【思想文化教育】2020年，武警松阳中队建设一支听党指挥、风清气正的队伍。开展主题教育，协调地方专家到中队授课辅导，强化理论武装头脑；组织官兵参观松阳县博物馆，让官兵亲身体验驻地经济腾飞和社会发展，进一步坚定信仰；开展“八一”建军节军民共建活动，让官兵学习松阳红色文化及传统手艺制作；每月开展学习征文和演讲比赛，丰富官兵精神内涵；利用板报、宣传栏和网络等载体营造浓厚的学习氛围，让官兵认识到做好平常的工作和平凡的事情也是在践行革命军人核心价值观。以活动载体为结合点，提高官兵的文化素养。开展“学强军思想、讲强军故事、干强军事业”群众性实践活动，组织“身边最美强军典型”评选活动；推进中队“一队一品”特色文化建设，丰富官兵的文化生活，激发官兵学习热情；协调县图书馆在中队建立武警分馆，不断培养战士看书的好习惯，深化“多读书、读好书、善读书”活动。

（武警松阳中队）

人民防空

【概况】2020年，松阳县人民防空事业发展中心（以下简称“县人防事业发展中心”）深入贯彻第七次全国人防会议精神，全面落实全省人防工作会议精神，坚持战备牵引、平战一体，坚持军民共建、统筹发展，坚持改革创新、提质增效，坚持常态运行、统筹发展，全面履行“战时防空、平时服务、应急支援”使命任务。

【人防知识宣传】2020年，县人防事业发展中心开展纪念日的宣传教育。在3月1日“国际民防日”、5月12日“防灾减灾日”、10月31日新中国人防创立70周年纪念日，广泛开展防空防灾宣传教育系列活动。10月，为纪念新中国人民防空创立70周年，使全县民众知晓身边的人防故事，踊跃参与人防建设，该中心联合相关部门开展一系列宣传活动。组织每个社区通过黑板报主办1期图文并茂的人民防空和防空防灾知识宣传，通过人防志愿者入户发放《居民防空防灾应急手册》和宣传卡片。分批次邀请社区干部、居民参观松阳县人防（民防）宣传教育基地、民防天狼救援队训练基地等地。邀请社区干部、居民参观防空地下室，通过专业人士讲解，让民众近距离了解防空地下室。为提高人民群众对人防的知晓率，在县城主要场所通过LED屏幕连续15天每天定时播放人防知识宣传片及人防标语。10月31日，通过移动公司、电信公司发放宣传短信15万余条。同时该中心联合县气象局、县应急管理局、县交警大队、县消防大队等部门在城西社区开展防空防灾知识宣传教育活动，向居民群众发放《人民防空宣传手册》《旅游出行民防指南》等宣传折页。通过一系列宣传活动，使民众进一步了解人防，增强全社会对人防工作重要性认识和广大人民群众居安思危意识，提高全民防空防灾能力。

【人防信息化建设】2020年，县人防事业发展中心加强人防指挥所指挥信息系统的维护管理。落实各项管理制度，加强机房设备维护保养，做好登记统计工作，落实联调制度，确保指挥信息系统运行良好。继续实施全县人防警报维护及警报试鸣工作。全部实行社会化管理，每个人防警报点有专人维护管理，并做到定期维护保养。4月，对全县警报装置进行检查维修，确保警报装置完好率100%，施行4月4日清明节全国性哀悼防空警报试鸣活动、“5·12”防灾减灾救援日防空防灾警报试鸣、“9·18”防空警报试鸣工作。民防应急指挥中心指挥信息系统管理。坚持每季度对镇民防应急指挥中心指挥信息系统进行巡检，发现问题及时解决，维护指挥信息系统运行良好，促进人防重点镇社会应急管理。

【人防救援队伍建设】2020年，县人防事业发展中心持续抓好人防救援队伍体系建设。组织开展人防专业队、民防应急救援队和志愿者服务队组训工作，完善人防专业队、民防应急救援队和民防志愿者服务队组成的群众性人防队伍体系。县民防天狼救援队招募新一批志愿者，进一步优化队伍人员结构，提升队伍救援水平。2020年，天狼救援队积极参加公益救援活动，出动队员289人组织15次计20天失联人员搜救；组织25次220余人次的志愿服务活动，如安全防护知识技能教育培训、县农业局组织的清网行动、莲都100越野大赛等志愿服务活动。疫情防控期间，参与防疫活动志愿服务。根据西屏街道、

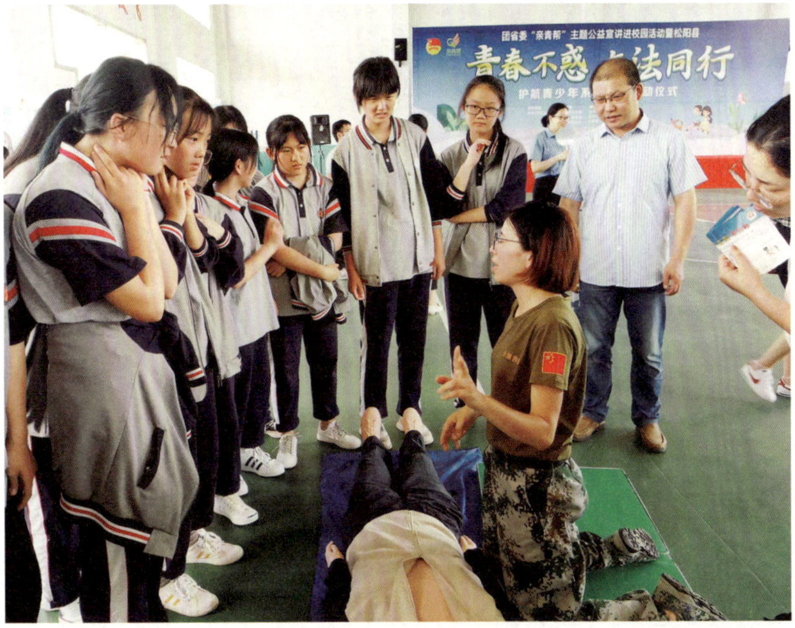

2020年6月12日，民防天狼救援队员到松阳三中开展安全防护知识技能教育培训

古市镇志愿服务人员紧缺的现状，天狼救援队向全体队员发出参与疫情防控志愿服务活动的通知，要求能参加的队员就近就地参加所在街道（镇）、社区、小区（村）的疫情防控工作。该救援队参与卡口执勤等志愿服务480余人次，志愿服务1650余小时。组织安全防护知识技能教育培训。本着“安全第一，预防为主”的原则，大力开展安全防护知识技能教育培训。全年深入学校、社区开展安全防护知识技能培训，利用防空防灾教育基地组织教育培训，累计培训3000余人次。

【人防工程维护管理与监察】2020年，县人防事业发展中心按照省人防办《关于开展全省防空地下室平时使用和维护管理大检查的通知》要求，该中心梳理并明确全县人防结建工程的责任主体，并与维护管理责任主体签订责任书，同时组织专人就全县范围内2019年12月31日前竣工的防空地下室进行全覆盖检查，确保辖区内人防工程设施设备的完好。

（县人防事业发展中心）

城乡建设

入城口全景

住房建设

【概况】2020年，松阳县住房和城乡建设局（以下简称“县住建局”）以全域规划为指引，以项目建设为抓手，推进住房和城乡建设事业稳步发展，为打造“高水平生态文明建设和高质量绿色发展”重要窗口示范区添砖助力，实现年度目标任务。全年总投资22.38亿元，其中房地产民间投资8.23亿元；实现建筑业总产值37.31亿元（省内实现产值31.82亿余元），同比增幅0.45%；实现房地产开发投资8.23亿元，同比增幅35.98%；创建省级高标准生活垃圾分类示范小区1个（桃花源小区）；江滨路二期及地下停车场工程新增公共停车位161个，超额完成目标任务（75个）；改造老旧小区5个；竣工验收农村生活污水处理设施提标改造项目80个；完成凌霄小区污水零直排创建及中医院南侧区块雨污分流治理；治理改造287户农村困难家庭危房；铺设城市天然气管道14.97千米；全年增加绿地面积51146平方米，县建成区绿地率为35.65%。

【城市建设】2020年，县住建局承担城建项目49个，其中新建16个、续建16个、重大前期6个、民间投资11个，全年实现投资22.38亿元（房地产投资8.23亿元）。新开工实施县老旧小区改造、城区截污纳管雨污分流、要津南路延伸段道路、育英路东段道路、北山大道拓宽改造工程等县重点项目。推进重点续建工程建设进度，棚户区改造二期—青田码道安置区块项目完成工程总量的85%，实现投资1亿元；瓦窑头区块改造安置房项目主体结顶19幢，实现投资3.1亿元。长虹西路道路改造工程（大马公路至斋坛连接线段）、长虹中路道路改造工程（太平坊路至环城西路段）、南环路拓宽改造工程（万通大道至站前大道段）完成设计招标；万通大道望松延伸段道路工程、东环大桥及接线道路工程完成规划方案编制；青龙地下停车场及附属工程于11月底施工招标完毕，工程动建。

【房地产业】2020年，县住建局贯彻落实国家、省、市有关房地产市场调控政策，加强房地产业管理。加大商品房预售资金监管力度，全年商品房销售面积17.90万平方米，商品房买卖合同网签备案1501份。全年房地产市场平稳、健康发展，实现房地产开发投资8.23亿元。商品住宅消化周期9个月，控制在合理周期内。全年办理核发预售许可18次，商品房上市2026套，面积22.37万平方米，其中住宅1799套19.4万平方米，商业225套2.97万平方米。开展房地产专班争先创优，商品房预售资金监管排查、房地产企业委托销售行为检查，住房租赁系统推广使用等工作，保持全县房地产市场平稳健康发展，规范商品房销售行为，保障市场各方合法权益。

【建筑行业】2020年，县住建局推进建筑业产业发展，确保行业规模同比增长，全年建筑业总产值37.31亿元，增幅0.45%，其中省内实现建筑业产值31.82亿余元，增幅2.52%，实现入库税收2.88亿余元。引导建筑业企业提升和发展，开展企业资质审核工作。扶持县属建筑业企业发展，执行《松阳县人民政府关于进一步促进建筑业持续健康发展的若干意见》（松政办发〔2017〕157号），命名表彰2019年度松阳县建筑业龙头企业、重点骨干企业和优秀企业，兑现2018年度扶持奖金900.27万元，兑现2019年扶持奖金3551.19万元。探索新型建筑工业化发展，推动全县建筑工业化发展，新开工装配式建筑面积31.25万平方米，其中装配式民用建筑27.205万平方米，即装配式住宅和公共建筑（不含场馆建筑）27.205万平方米，装配式工业建筑超额实现市局考核任务。新建民用建筑实施《浙江省民用建筑绿色设计标准》，深化民用建筑项目节能评估和审查工作，审查率100%。开展房屋建筑和市政基础设施工程施工图联合审查工作，实现该项最多跑一次任务。按照《扫黑除恶斗争工作实施方案》《松阳县住房和城乡建设局关于开展重点行业领域乱象专项整治“回头看”工作方案》《松阳县建设工程领域扫黑除恶专项斗争长效机制》等相关文件开展工作，全年未收到相关线索举报。

【村镇建设】2020年，县住建局在美丽宜居示范村试点建设中把“田园松阳”的理念融入示范村建设的各个环节，按照“村在田中、村就是园”的理念，重点进行村庄环境整治和改善人居条件，同时充分结合传统村落保护利用，着重加强村庄环境整治。截至12月底，全县共开展实施美丽宜居示范试点村23个，通过省级专家验收村16个，持续推进小槎、朱山、内石塘、赤三、赤四、茶排、后畲7个示范村项目建设；申报靖居包村村庄设计与农房设计试点，制订试点工作方案；与松阳县名城古村老屋办联合举办松阳县传统工匠技能提升培训班，培训学员266人，其中老学员复训121人，新参训学员145人，通过培训提高农村建筑工匠的施工技能和安全生产意识，督促农村建筑工匠自觉遵守工程建设的强制性技术标准、规范规程和行业规定，增加老屋拯救项目施工持证人员119人。创成美丽城镇省级样板乡镇1个（大东坝镇），达标乡镇2个（象溪镇、三都乡）。

【市容环卫】2020年，县住建局细化做实县城环卫保洁工作，在原有的作业形式、长效机制、考核管理下，增加人行道冲洗、飞保等措施，以“更新的要求、更高的标准、更严的考核”改进市场化运作模式，逐步提高县城整体环境卫生。推进公厕革命，完善县城公厕设施配置，开展公厕服务大提升。深入推进垃圾分类工作，以“全民清洁日”“洁净家庭”“垃圾分类进校园”“主题党日”等活动为载体，开展进村、进社区等活动；6月，通过中国移动业务平台，制作推出全市首支垃圾分类宣传视频彩铃，与电视、微信、网站等宣传方式，形成多渠道多元化多方位的宣传格局；实施桃花源、万寿家园、御景园、紫荆街等垃圾分类示范点的创建工作，充分发挥市场化作用，引导居民深入了解分类知识，逐步提高居民知晓率、参与率；8月，把县城餐厨垃圾（餐饮废弃物）统一收运至丽水市餐厨废弃物处置中心规范化处置。截至12月底，建成区机关企事业单位、居民小区等范围垃圾分类覆盖面达到90.37%。在“两山”理念、跨山统筹政策指引下，开展松阳县城乡垃圾资源化利用处置项目，完成该项目项建、可研、社会风险评估、特许经营招标等工作，并签订特许经营协议。同时，继续施行县城建筑垃圾临时堆场管理，经收集后的建筑垃圾统一运到县建筑垃圾资源化利用企业处置。

【园林绿化】2020年，全县增加公共绿地面积14.19万平方米，全县绿地率为35.34%，绿化覆盖率为41.21%，人均公园绿地为15.09平方米/人。全力做好县城54万平方米街头绿地和公园的管养工作。县江滨公园评选为优质综合公园、县松泰家园评选为省级园林式居住区。对县城主要街道，松州大桥、要津南路、环城南路部分路段悬挂专门设计的茶字造型，搭配吉祥物茶宝图案的景观灯，对县城松州大桥水南小学转角、白露岭路、江滨公园、生态滩主题公园等各公共绿地增添景观小品10余处，此次景观小品造型种类多样，有吸引儿童的卡通人物雕像，有展示“田园松阳”的农耕文化形象雕像，有以茶叶为元素体现中国茶乡的动植物雕像，结合各绿地花草景观，给市民游客带来全新视觉效果。

环城南路景观灯

【历史文化街区保护利用】2020年，县住建局循序推进历史文化街区保护利用工作，北直街历史文化街区、汤兰公所—文庙历史文化街区、南直街历史文化街区被评为浙江省历史文化街区。延续推进保护发展区块，实施老剧院区块提升更新工程、四联食堂修缮工程、下马街道路整治工程，启动荷田岭区块提升更新项目。研究制定《松阳县明清街建设高品质步行街实施方案》，为明清街步行街实施提供政策依据。执行历史街区范围内传统业态扶持政策，14户营业业态提交县政府认定。名城范围内传统建筑修缮完工6户，发放补贴33万元。截至12月底，全县累计修缮名城范围内传统建筑63户，发放补贴300万元。

【建筑业体系管理】2020年，全县增加建筑企业1家，累计建筑企业30家。其中，施工总承包一级企业2家，施工总承包二级企业4家，三级及其他企业24家。全年实现建筑业总产值37.31亿元，增幅0.45%。做好工程施工许可和竣工验收备案工作。办理建设工程施工许可证77件，建筑面积72.47万平方米，工程总造价15.61亿元，施工图审查率为100%。办理工程竣工验收备案51件，建筑总面积36.07万平方米，工程总造价7.11亿元。狠抓无欠薪创建工作，会同县劳动人事部门，对全县建筑工地开展专项检查行动。在建工地全面施行实名制管理制度，均办理农民工工资专户，并按月按时足额支付农民工工资。狠抓安全生产责任落实。与各施工企业、外地驻松项目部签订安全生产及消防责任书，全县在建项目全部实行工程质量书面终身责任承诺制度。组织召开建筑施工安全生产及质量工作会议4次。办理建筑起重机械登记备案管理236台次。消防和人防各类验收80个次。开展各类质量验收310个次。办理智慧工地报监63个次；开展建筑施工质量及安全生产并结合各类专项检查的大检查4次，在大检查之外每月组织巡查，涉及项目累计345个次，发出限期整改通知书203份，提出整改意见905条。开展消防检查32个次，发出限期整改通知书16份；深入开展“建筑施工安全文明标准化工地及质量杯”“平安工地”“树标杆、学标杆”活动，全县有20个在建工程开展创建省、市、县质量及安全文明标化工地活动。2020年，创成丽水市级文明标化工地2个。

【城市改造升级项目建设】2020年，县住建局根据省、市、县“污水零直排区”建设行动方案要求，实施城区截污纳管雨污分流项目。项目位于县城区域，分三年计划实施，建设内容包括主城区范围内未进行雨污分流的城区主次干道、居民小区、历史文化名城保护区及县属各机关事业单位的截污纳管、雨污分流，以及上述区域内给水、电力、电信管网的改造提升等。项目采用总承包（EPC）模式实施，全年完成凌霄小区，醴泉小区，教师新村、玉峰小区、紫荆村、望松岭小区、白云小区、古老院小区、荷塘坌小区、新华小区10个小区的改造提升，实现投资1.7亿元。实施老旧小区改造工程，项目规划面积为408.6公顷，共19个网格，归纳为18个小区66幢房改房，计2841户，总建筑面积57.09万平方米。完成凌霄小区，教师新村、新华小区、古老院、慧明小区的地下管网提升及路面改造，实现投资1亿元。

（县住建局）

城市公用设施

【概况】2020年，松阳县城区面积115平方千米，其中建城区面积10.31平方千米，建成区人口7.65万人，道路长度128.61千米，污水管网109千米，雨水管网101千米，公共停车场停车位1557个，市政桥梁21座，城市照明装灯总功率1214.57千瓦。完善城市公用设施规划，编制印发松阳县城乡生活垃圾分类工作实施方案、完成松阳县燃气专项规划修编。城市公用设施建设迅速，一批截污纳管、雨污分流、老街整治、垃圾处理、园林绿化、道路桥梁等市政公用基础设施建设工程建成投运，全年实现市政公用设施投资85949万元，城市服务功能日趋完善。新建和改造一批城市公园和市政广场，增加市民休闲娱乐健身的空间，提升了城市品位。城市公用设施水平不断提升，供水、燃气普及率均100%；建城区路网密度12.31千米/平方千米；污水处理率97.94%；生活垃圾无害化处理率100%；人均公园绿地面积15.03平方米；公园绿地服务半径覆盖率82.93%；建成区绿化覆盖率41.32%；建成区绿地率35.46%。城区供水、供气布局合理、保障能力充足，液化石油气储气能力达到200立方米，液化天然气储气能力达54万立方米，城市供水能力10000万千克/日，污水处理能力4500万千克/日。

【城市道路维护】2020年，县住建局就县城长虹东路、环城西路、要津路等主要街道及好又多广场、市政广场、江滨公园等人行道进行修补，修补人行道4200平方米。对主要街道破损路面进行修补，共修补路面2600平方米。实施松州大桥引桥护栏加装、钢主结构及钢护栏除锈喷漆、伸缩缝更换清理等，南门大桥青石栏杆修复加固，茅溪坑1#、2#桥等桥的钢结构护栏除锈喷漆。改造县应急管理局门口、一中转盘边等多处积水点。处理市政污水管道堵塞90余次，累计处理堵塞管道6000余米，清理污水检查井300余个。清理主要街道雨水收集井1200余个。市政广场地下车库进水处理，修复强排站破损管道，对2个进出口进行防水施工。开展城市亮化设施维修维护。修复松荫溪南岸空中玫瑰，恢复灯光秀。处理修复路灯及巷弄灯1200余盏。开展水环境治理重点项目。对古湖坑战友之家至石板桥段、三溪桥段，白龙圳源头段、师范段进行清淤，清理外运淤泥垃圾3800立方米。修复多处破损河道堤岸，修复三溪桥以下堤岸破损游步道，对三溪桥至桃花源段加装路灯，保障市民休闲、锻炼、出行安全。

【城市给水排水】2020年，县住建局完善城乡供水体系，提升供水能力，依托现有和平山水厂供水能力，扩大供水范围，推进供水一体化项目建设，让更多的农村老百姓早日喝上与城市一样的自来水。建设县域供水一体化管网工程，铺设靖居口至靖居包主管道6千米，象溪镇进村主管道13.5千米，开展3座无负压泵站招投标工作，实现投资1820万元；松古平原供水一体化进村主管道工程完工，累计铺设进村主管道30.4千米，建成加压泵站4座，实现投资1996万元；全县45个村农饮水一体化供水项目均完工，实现投资4000万元。全年制水量2050万立方米，最高日供水量7.65万立方米，日均供水量5.55万立方米，出厂水、管网水水质达标率均为100%。2020年，县自来水厂向城镇总供水量为1045740万千克，城镇污水处理总量1002000万千克，城市污水处理率97.94%（按0.9排放系数计算）。县污水处理厂实际规模、实际污水处理量、运行天数等数据与全国和省智慧城管信息系统内数据一致，县污水处理厂运行天数为366天，实际污水处理量为1542040万千克，运行负荷率为93.63%。

【天然气管网建设】2020年，县住建局持续推进天然气管网建设，建成门站1座及配套的高压管线6.46千米并投入试运行。中压管道建设方面，截至12月底，松阳港华燃气公司共铺设管网70余千米，其中2020年建设13.15千米，分别为县长虹西路燃气工程0.91千米；屏安东路(西段)燃气工程0.52千米；十五里(2标段)燃气工程0.66千米；赤寿连接线天然气中压输配工程9.26千米；新华北路燃气工程0.72千米；白龙圳燃气工程0.41千米；金田小区连接线燃气工程0.36千米；江滨二期燃气工程0.31千米。管网覆盖县工业园区1—5期，江南工业园区、王村工业区、赤寿工业区和十五里农产品区等区块，全面敷设城区管网在实施中。全年有工（商）

业用户87户，年销气量6514万立方米。储备能力建设方面，松阳港华公司现有LNG站1座，储气能力54万立方米，LNG站占地15公顷，有150立方米低温储罐6台，空温式汽化器8台，水浴式汽化器1台。

【消防设施管理】2020年，县住建局对各类消防竣工验收备案及政府协办类消防事项展开专业验收工作。全年办理消防竣工备案43件，现场验收16件，总面积441128.83平方米。消防设计审核12件，总面积55096.13平方米。出具消防专项验收合格书42份，出具消防专项整改通知单15份，提出整改隐患62项。配合全县解决协调消防类事项问题，并多次参加县域各个单位、部门组织的消防类巡检巡查，在疫情防控期间配合对隔离点酒店进行现场质量、消防隐患排查；配合县教育局对运营期间的各年龄段儿童培训机构进行抽查、复验以及部分旧校舍消防安全评估；配合县卫生健康局就社会上申报的各类托育机构进行初步筛选、评估；配合县执法局对各类违法建筑整改事项的消防事项勘察等，就以上各类协助均进行现场勘察、指导，并提出专业意见。

（县住建局）

“美丽乡村”建设

【历史文化村落保护利用】2020年，县住建局注重科学规划，制定出台《关于加强历史文化村落保护利用打造“松阳古村落”品牌的实施意见》，并深入开展传统村落串点连线成片保护发展和主题化旅游线路规划研究，最大程度保护村庄的优美形态和整体风貌。注重科学指导，成立历史文化村落保护利用专家委员会，定期召集专家组成员召开项目评审会，主要负责把控传统村落的评估认定、规划评审、项目审查、技术指导、效果评估等工作。同时，定期邀请古建院等专家开设三合土专项培训、传统工匠等培训，提高当地工匠技艺和文物保护工程从业人员专业水平，确保古建筑修缮的品质。全年召开项目评审会5次，评审项目70个。注重风貌管控，严格落实乡镇（街道）、村每周一巡查、两周一上报的巡查管理机制，全年上报巡查报表22期。对提交的现场照片逐一甄别是否有破坏风貌行为，对可疑项目进行现场重点核实，查找存在问题。要求严格根据村落原始风貌、设计图纸进行建设。注重要素保障，先后争取到国家、省、市保护利用发展补助资金。同时，充分整合新农村建设相关政策项目资金，县财政每年安排资金2000万元用于保护发展工作。

2020年10月22日，松阳县美丽城镇建设现场会暨工作推进会召开

【农村住房改造建设】2020年，县住建局对符合条件的266户农村低保户、分散供养特困人员、贫困残疾户、低保边缘户4类农村困难家庭危旧房改造开展即时救助。对于验收合格、资料齐全的农户及时发放救助资金，按照省、市18750元/户的标准发放，另外县补助资金3750元/户由县级统筹，共发放266户救助资金498.75万元。此外全县农村4类人员以外的一般户共99户享受C、D级危旧房改造补助资金484101.5元，改造建筑面积14947.34平方米。

【美丽城镇创建】2020年，松阳县启动美丽城镇样板乡镇创建2个（象溪镇、大东坝镇），达标乡镇3个（叶村乡、樟溪乡、三都乡）。坚持目标导向，统筹谋划、突出重点、抓好落实，自年初启动美丽城镇建设工作后，组建工作专班，4人专职从事美丽城镇建设工作；委托浙江大学城乡规划设计院编制《松阳县美丽城镇建设行动方案》，此方案获评省级优秀方案；颁布松阳县美丽城镇建设实施方案；制订6个样板创建乡镇的镇域行动方案，其中古市镇行动方案获评省级优秀，望松、象溪、大东坝、玉岩、新兴5个乡镇行动方案获评市级优秀。通过一年努力，大东坝镇获评省级美丽城镇样板乡镇，象溪镇、三都乡获评美丽城镇达标乡镇。

【农村污水治理】2020年，县住建局把农村生活污水治理与美丽乡村建设、旅游产业发展和保护传统村落相结合，立足实际，把握农村生活污水治理关键，在多方面下足功夫，通过全县上下共同努力，打赢农村生活污水治理攻坚战。统筹规划污水治理，截至12月底，全县建成农污处理设施892个，农污日均处理量达1800万千克，受益5.3万户。合力推进污水治理，制定由县、乡镇(街道)、村、户和第三方机构“五位一体”的农村生活污水处理运维管理体系。成立以分管副县长为组长、相关单位主要领导为成员的专项工作领导小组，专门负责农村生活污水治理设施验收移交和运维管理工作的协调推进。县领导定期听取工作汇报，研究解决存在的问题，指挥部署工作任务。同时针对全县财政资金薄弱的现状，通过向上争取、自身整合等方式确保农污水治理资金落实到位。制定专项资金管理办法，明确专项资金的筹集、使用和监督，提高项目建设水平和资金使用效益，确保农村生活污水治理工作有效推进。群策群力共治污水，通过召开群众大会、发放宣传手册等多种方式进行宣传，全年各乡镇（街道）共随机发放问卷调查2000余份。示范带动污水治理，松阳县作为“全国农村生活污水治理示范县”之一，通过厌氧池更换填料、人工湿地翻新、新增公示牌等多措并举，对151个处理设施进行提升改造，以出水达标排放为目的，实现农污标准化运维管理。抓好运维管理，全面促进污水治理。全年第三方运维服务机构取水样检测4842站点，合格3298个，出水达标率68.11%；各类应急处理270次，设施抢修42次，污水泵更换44个、检查井盖更换627套，各项修理费用合计45.5万元；微动力设施添加药剂，药剂费4.15万元；同时按省建设厅标准化运维导则规范日常运维台账，并为标化提升工程提供项目指导。

（县住建局）

征收拆迁

【概况】2020年，松阳县土地和房屋征收工作指导中心（以下简称“县征收指导中心”），是县政府直属公益一类事业单位，机构规格为正科级。全年开展板桥乡铜川山畲药博物馆、赤寿生态工业园区不锈钢产业示范园、荷田岭区块综合整治提升工程、235国道松阳段工程建设等项目的征收指导工作。累计实现征收建筑占地面积2.25万平方米，征收建筑总面积4.84万平方米。其中， 板桥铜川山涉及建筑占地面积0.1万平方米，建筑总面积0.2万平方米；赤寿生态园区涉及建筑占地面积0.1万平方米，建筑总面积0.5万平方米；荷田岭区块涉及建筑占地面积0.13万平方米，建筑总面积0.2万平方米；235国道松阳段涉及建筑占地面积0.88万平方米，建筑总面积1.16万平方米。

【房屋征收管理】2020年，县征收指导中心为进一步规范、完善全县的房屋征收程序，制定适合当地的《房屋征收程序》，整理编撰《松阳县房屋征收格式通鉴》《土地和房屋征收与补偿法律法规汇编》。同时编撰《松阳县房屋征收中介服务单位工作内控流程（试行）》，严格按照法律法规，对中介服务单位的选取、中介工作纪律等方面进行规范，确保中介公司能够实事求是、公平公正地开展测量、评估、拆除等工作。先后拟定赤寿生态工业园区不锈钢产业示范园、荷田岭区块综合整治提升工程、235国道松阳段工程建设等项目房屋补偿安置政策。一方面通过与乡镇（街道）交流、认真听取村干部、部分村民的想法，另一方面开展政策法规及利好政策的宣传，指导项目实施单位利用滚动视频、悬挂横幅、入户宣传、流动广播等灵活接地气的举措，做到责任在现场，推动在一线，让群众能更加深入了解政策，把矛盾问题消化在萌芽、解决在一线。

【规范内部管理】2020年，县征收指导中心抓好队伍建设，出台《党组议事制度》《公务用车制度》《干部考勤管理制度》等10类规范性制度，并编制成《制度汇编》，规范各个环节的制度、程序、流程。在日常工作中，严格按照制度执行，真正形成用制度管权、按制度办事、靠制度管人的良好体制机制。同时开展党组成员轮流执勤制，开展对日常制度执行情况的检查。

【社会稳定风险评估】2020年，县征收指导中心推进重大事项社会稳定风险控制，切实从源头上消除影响社会稳定的隐患，最大限度预防和减少实施重大事项过程中的社会稳定风险，把防范化解重大风险摆在打好“三大攻坚战”的首位，做到主要负责人过问，分管领导认真研究风险隐患、抓好督导工作，全面贯彻落实《松阳县土地和房屋征收工作指导中心重大事项社会稳定风险评估制度》。

【国有土地上房屋征收】2020年，县征收指导中心协助指导乡镇（街道）征收235国道松阳段工程建设项目国有土地上房屋征收(含无证）8户，合法用地面积2608.86平方米，合法建筑面积2230.42平方米；无证用地面积207.76平方米，无证建筑面积471.14平方米。征收荷田岭项目国有土地上房屋征收(含无证）5户，合法用地面积382.02平方米，合法建筑面积718.74平方米；无证建筑面积15.77平方米。

（县征收指导中心）

农业农村

枫坪乡沿坑岭头村

农 业

【概况】2020年，县农业农村局立足“严防控”“优服务”“促转型”三个维度，统筹推进疫情防控和农业农村发展，全县农业生产保持平稳有序，获评“‘十三五’全国茶业发展十强县”“2020年度茶业百强县”。重要农产品实现增产提质，粮食生产、生猪保供扶持力度不断加大，全县粮食播种面积8286.67公顷，建设高标准733.33公顷，出栏生猪8万头，引进并落地三都乡年出栏10万头生猪标准化大型养殖示范项目。茶产业发展成色更足，创新制作茶产业防疫“思维导图”和“四色”工作证，以精密智控实现“既防得住疫情，又闻得到茶香”，茶叶全产业链产值127亿元，茶叶产量、产值分别逆势增长5.24%和6.84%，发布《松阳香茶》团体标准，创成省级茶叶主导产业“机器换人”示范县。严格实行肥药双控，全面对标欧盟标准，实现化肥减量205万千克，农药减量4.2万余千克，建成省级“肥药两制”改革农资店10家。全力建设“三山”区域公用品牌，“丽水山耕”农产品销售额14亿元，举办“森博尔”脐橙采摘节、生态番薯产品展销等9场系列活动。水果、蔬菜、食用菌、中药材等特色产业持续发展，形成“1+N”的农业产业发展格局，全年农林牧渔业增加值13.46亿元，同比增长2.4%。

【民宿农家乐】2020年，全县共有农家乐民宿474家，床位4387张。全年接待游客145.92万人次，营业总收入15467.9万元，受新冠疫情影响，分别同比下降44.2%和9.5%。

【农业产业化经营】2020年，松阳县建成国家级浙南早茶产业集群、省级松阳县生猪产业化联合体、省级松阳县香茶特色农产品优势区，开展省级骨干农业龙头企业监测申报工作。浙江浙南茶叶市场有限公司、浙江绿谷牧业有限公司、松阳县雪峰云尖茶业有限公司3家企业均通过省级骨干龙头企业监测。全县有29家市级以上农业龙头企业，其中国家级骨干农业龙头企业1家、省级骨干农业龙头企业3家。

【农业科教与服务】2020年，县农业农村局组织农技人员进村入户开展农技指导6000人次，征订1000余份农村信息报等农技推广资料免费发放给农业龙头企业、农民专业合作社、家庭农场、种植养殖大户等。聘请农技专家47人为植物医院医生，全年坐诊480余人次，田间地头巡诊156人次。建立技术创新与推广服务团队，选择23家在种植、加工、市场营销等环节示范引领作用明显的生态精品现代农业基地，派驻定点联系的农技人员，为基地开展全程指导服务。

【农村能源建设】2020年，县农业农村局实施农村亮化工程，在西屏街道西垄村、望松街道六都村等15个乡镇(街道)18个村安装太阳能路灯372盏；在象溪镇坑里村、象溪圩村建设氮磷生态拦截沟渠2条，工程涉及河道总长3.46千米，其中坑里村河道长2.33千米，象溪圩村河道长1.13千米；继续实施秸秆禁烧重点防控区域奖补政策，收集茶叶枝条1350万千克，研制生产有机肥400万千克；全县农村可再生资源利用指数95.49%；秸秆综合利用率95.10%。

【农技人才培养】2020年，县农业农村局组织县乡农技人员65人参加为期5天的省级基层农技人员知识更新培训。培育中高级农技人员队伍，获评正高级农艺师职称1人，推荐申报副高级农艺师职称2人，获中级职称4人；被评为高级丽水“农三师”6人、中级32人、申报丽水企业新秀4人、企业精英人才4人；全县累计培育获农业主体高级农艺师和高级工程师职称6人、获中级职称1人。

【农业机械】2020年，松阳县落实农机购置补贴资金755.12万余元，其中中央补贴资金737.41万余元，省级补贴资金17.71万元，增加各类先进适用农机装备3679台（套），受益农户1745户。开展创建省级茶叶产业“机器换人”示范县1个，省级农业“机器换人”示范乡镇1个，省级“平安农机”示范乡镇1个，省级农业“机器换人”示范基地1个。截至12月底，全县共创成省级茶叶产业“机器换人”示范县1个，省级农业“机器换人”示范乡镇2个、省级“平安农机”示范乡镇4个，省级农业“机器换人”示范基地5个。

【农村产权制度改革】2020年，县农业农村局推进农村承包土地经营权有序流转，发放流转证40本；推进“农产盘活”试点，开展土地入股试点项目1个。完善农村产权流转交易服务体系建设，畅通农村产权流通渠道，实现农村产权流转增值，引导农村产权进入市县平台进行公开流转交易。是年全县增加农村产权公开交易78宗，交易总额1037.65万元，评估农村产权31宗。推动农村“六权”流转，盘活农村产权促增收，其中土地流转促增收330.80万元，村股改分红增收86万元，林权流转增收320.10万元，农房三权分置促增收1019.50万元，水域开发促增收1万元。

【农产品安全生产】2020年，县农业农村局持续深化农产品质量安全追溯体系建设，全县148家规模以上农业生产主体纳入主体信息库，县级以上示范性合作社、龙头农业企业、家庭农场三类主体食用农产品合格证使用率100%；新培育全国农产品全程质量控制技术体系（CAQS-GAP）试点生产经营主体7家，组织申报国家良好农业规范（GAP）认证生产经营主体2家；增加“松阳香茶”“松阳脐橙”“松阳鹊山鸡”为全国名特优新农产品。农业标准化率72.53%，主要食用农产品“三品”（无公害农产品认证、绿色食品认证、有机食品认证）率62.02%。主要食用农产品省级例行监测合格率100%。建立农资交易“一卡通”信息化管理平台，全县农资经营企业纳入统一追溯交易平台管理，数据覆盖当地全部农资经营企业、90%以上农资商品信息化，区域内70%以上农资店应用农资监管与服务信息化系统。开展农产品质量安全专项整治及食品安全问题联合整治，出动执法检查人员1352人次，排查各类农产品生产企业、农资经营单位899家次，抽检农产品419（县级）批次。立案查处违法案件19起，结案14件，罚没款10.73万元，其中2件为农产品抽检不合格案件。组织开展质量安全相关知识宣传培训6场次，参训1200余人次，发放各类宣传资料3万余份。

【推进绿色环保农业】2020年，县农业农村局深入贯彻落实省市关于农业绿色发展先行的决策部署，以绿色投入品、节本增效技术、生态循环模式、绿色标准规范为主攻方向，全面构建高效、安全、低碳、循环的农业绿色发展技术体系，全力推进绿色农业发展。被省农业农村厅认定为农业绿色发展先行县、建成2个省级农业绿色发展示范区，3个市级农业绿色发展示范区，商品有机肥推广使用面积2333.33公顷，水肥一体化技术推广面积300公顷，不合理施用化肥减量205万千克，农药废弃包装物回收5.78万千克、处置5.06万千克，绿色防控技术推广使用面积733.33公顷，农药比上年减量4.2万余千克，新建高效节水灌溉面积113.33公顷。

【农业园区建设】松阳县松古盆地现代农业园区于2018年6月完成方案编制并申报，是年9月被省农业“两区”办列入省级现代农业园区创建名单。园区以原松古盆地省级现代农业综合区为基础，规划范围涉及新兴、古市、赤寿、樟溪、斋坛5个乡镇，总面积6520公顷，建设年限为2018年至2020年。截至2020年底，松阳县松古盆地省级现代农业园区创建项目下达省补资金2000万元，计划下达项目8个，完成7个，分别为2018年度松阳茶品牌营销店建设项目、大木山茶园二期工程（自然学堂）、现代农业园区新兴镇茶园道路硬化项目、2019年度松阳茶品牌营销店建设项目、浙南山区年产360万千克速溶茶高效加工项目、松阳县绿茗锋茶文化旅游综合体项目（主体工程及制茶设备）、上安茶青市场改造提升项目。7个子项目全部竣工验收，实现拨付资金1944.4万元，拨付率97.22%。建设项目实施后，均未出现重大违规违纪及一般违规违纪现象。2020年度园区总产值（一产）预估60000万元，比2017年增长16.5%；园区主导产业示范区产值48000万元，亩均产出14200元；园区年经济总收入预计22亿元，与建设前相比增加4.35亿元，园区亩均产出14200元，新增劳动就业1700人；园区农民人均收入24490元，比全县平均水平高出15%。

【茶叶产业提质增效】2020年，松阳县实现茶叶总产量1647万千克，产值16.84亿元，同比分别比上年的1565万千克、15.76亿元增长5.24%和6.84%。浙南茶叶市场交易总量8090万千克，交易总额62.09亿元，同比分别增长0.06%和0.33%，网络零售额10.86亿元，较上年同比增长84.69%。茶叶全产业链产值127.02亿元。采取“云活动”方式，把线下茶商大会转到线上，推动节会升级。节会期间，全网关注度10亿人次，实现线上成交额600余万元，引入采购商5000余家，带动线下成交突破2000万元。线上茶商大会的做法得到市政府领导点赞。制定发布《松阳香茶》团体标准，为松阳香茶的生产企业提供技术指导，有效促进产业的持续健康发展。“松阳银猴”品牌价值再创新高，以24.7亿元的品牌价值居丽水市第一名，全省第七名，全国第34名，本次共有110个品牌参加评估。松阳县香茶特色农产品优势区被认定为浙江省特色农产品优势区。松阳县获评 “十三五”茶业发展十强县、2020年度茶业百强县称号。

种植业

【概况】2020年，松阳县坚持高标准、严要求落实“米袋子”责任，积极施行省委、省政府在特殊时期赋予粮食生产工作的新任务、新要求，全县粮食播种面积为7666.67公顷，总产量3575.65万千克，面积与产量均实现省政府下达任务数。

【粮食生产】2020年，全县粮食播种7666.67公顷，较上年增长3.6%，总产量3575.65万千克，面积与产量均实现省政府下达任务数。实施水稻绿色高产高效千亩畈2个，旱粮绿色高产高效百亩片2个，高海拔水稻品种筛选试验1个。建成海拔600米以上绿色有机农林产品基地面积1513.33公顷，粮食生产功能区提标改造336.67公顷；推广水稻品种浙粳99、浙粳优1578、中浙优8号、嘉丰优2号、甬优15号、甬优1540等播种面积1806.67公顷，主导品种覆盖率79.47%。储备油菜种子125千克、晚稻种子1.21万千克。

【植物保护】2020年，县农业农村局开展水稻、茶叶病虫害和草地贪夜蛾监测预警，发布农作物病虫情报9期；开展茶叶农药使用情况调查。采购茶黑刺粉虱信息素诱捕器及扦插服务75万套，在松古平原9个乡镇（街道）

的茶园扦插使用，使用面积3333.33公顷。回收农药废弃包装物5.78万千克并处置5.06万千克，农药废弃包装物回收率130.83%，处置率127.3%。建立水稻、茶树绿色防控和茶树、中药材化学农药零使用示范方各1个，全年推广绿色防控面积7920公顷，使用二化螟性诱剂诱捕器400套，使用稻纵卷叶螟性诱剂诱捕器400套，全年农药减少使用4.2万千克，农药减量6.24%。

【水果生产】2020年，全县水果生产总面积3286.53公顷，比上年3302.53公顷减少16公顷，下降0.48%。主要受城市用地等的征用、山地果园开发水田、果园树龄老化（如李子）等多重因素影响。全年水果产量4151.85万千克，比上年增加110.10万千克，增长2.72%。主要得益于柑橘类产量的增加，全年各柑橘种类、品种花样较多为全年的丰产打下基础，4月中下旬花期的较好天气为结果率创造了条件，8月上中旬的干旱天气，影响水利设施不好的山地柑橘园果实的正常生长，特别是特早熟温州蜜柑的正常生长，但之后较好的降雨弥补了中晚熟柑橘前期果实生长偏小的影响。桃子、梨、蓝莓、李、枇杷等花期天气较好，坐果较上年好，李类、梨类虽然坐果较好，但由于投产面积减少而使得总产减少。2月中旬的霜冻天气，使得处于萌芽期的桑葚受冻，产量只有4100千克，比上年的9100千克下降45.05%。全年果品产值14004.83万元，增加394.6万元，增长2.90%。主要得益于柑橘类、桃类水果产量的增加。

【茶叶生产】2020年，全县现有茶园面积8966.67公顷，其中采摘茶园8566.67公顷。全年茶叶总产量1647万千克，产值16.84亿元，同比增长5.24%和6.84%。网络零售额10.86亿元，同比增长84.69%，茶叶全产业链产值127.02亿元。

【蔬菜生产】2020年，全县蔬菜播种面积4253公顷，总产量10754.3万千克，分别较上年下降2.4%和2.5%，总产值22418万元，较上年增长2%，下降的原因主要是面积减少，加上不良天气影响，比如上半年雨水偏多，后期高温干旱，严重影响露地蔬菜产量和质量，尤其是高山四季豆基地损失较大。

【中药材生产】2020年，全县中药材种植面积1715.33公顷，总产量223.69万千克，总产值5480.3万元，同比分别增长6.4%、2.2%和10.2%。全县增建主要中药材种植基地10个，品种以黄精、白芨、白芍为主；增加省级道地药园示范基地1个，市级道地中药材示范基地2个。

【食用菌生产】2020年，全县食用菌生产占地面积231.87公顷，生产规模5104.36万袋，平均单产0.52千克，总产量2671.15万千克，总产值28017.3万元，标准菇棚建设与上年同比提高1.53%。

【测土配方施肥】2020年，县农业农村局推广商品有机肥应用面积2333.33公顷，推广商品有机肥应用1300万千克，推广测土配方施肥面积40266.67公顷，推广应用配方肥750万千克，减少不合理使用化肥205万千克。

林　业

【概况】2020年，县自然资源和规划局深入践行“绿水青山就是金山银山”的发展理念，按照高质量发展的要求，做好青山绿水的守护和森林经济的发展，各项森林指标稳步增长，全县森林面积112267公顷，林木蓄积量730万立方米，森林覆盖率80.13%（省对26个县考核中排名第一）；乔木林单位蓄积量4.9立方米/亩，增幅0.32%（省对26个县考核中排名第三），获省绿色奖补资金5780万元。生态公益林面积63733公顷，占全县林地面积的56.3%，获省级生态公益林补偿资金3624.5万元。是年，松阳县被丽水市政府推荐表彰2016－2020年全省森林浙江建设考核优秀县，该局被评为全省森林生态保护突出贡献集体。

【森林资源监测】2020年，全县森林面积112267公顷，比上年增加39.67公顷；森林覆盖率80.13%，比上年增加0.02%；林木蓄积量730万立方米，比上年增加38万立方米；生态公益林63733公顷，占全县林地面积的56.3%。

【国家级森林城市创建】2020年，县自然资源和规划局按照“四个统筹，十个一批”的目标，推进创建国家森林城市行动。完善一个城市森林公园、打造一批街头小品、建设一条站前大道、建设一条美丽公路、美化一条滨水绿道、培育一批森林生态旅游休闲基地、创建一批绿化示范单位、种植一批珍贵树、发展一批森林人家和“一村万树”示范村、保护拯救一批古树。整个城市绿化品位和绿量均有很大提升，特别是之前三个未达标的指标中城区绿化覆盖率从2018年的38.9%提升到40.8%，符合国家森林城市城区绿化覆盖率40%的量化指标。

【古树名木保护】2020年，县自然资源和规划局根据县政府《松阳县“拯救老树行动”实施方案》（松政办发〔2018〕108号）和省林业局文件精神及古树名木权属单位的申请，组织编制古树名木保护项目实施方案并经专家评审，通过布置围栏、水肥管理、病虫害防治、支撑加固、堵洞修补、挂牌保护等措施，完成全县116株一级或濒危及存在安全隐患的古

2020 年 8 月 28 日，县委书记、县长李汉勤受邀参加浙江省 2020 年“关注森林——国土绿化书记访谈”

树抢救性保护，拨付省级财政补助资金 126 万元。建成四都乡西坑村、安民乡李坑村及玉岩镇余叶—何山头村古榧—长序榆线 3 个古树保护主题公园，打造玉岩镇大树后村南方红豆杉保护主题公园和玉岩镇吴山头古榧树保护主题公园，全年拨付主题公园建设资金 160 万元。开展林业特色品种森林保险，为全县 5730 株古树名木投保古树名木公众责任险。全年发生古树名木公众责任险事故 2 起，获保险理赔款 4800 元。

【林业与生物资源】2020 年，县自然资源和规划局积极与省林业局、中国林科院亚林所等单位对接争取项目资金，落实追加专项资金 280 万元。开展申报创建松阴溪国家湿地公园前期工作，推进松阴溪省级湿地公园建设。统筹安排 2019－2020 年林业发展和资源保护项目中的松阴溪省级湿地公园湿地保护与生态恢复项目，施行湿地公园补植复绿建设等项目。谋划松阴溪湿地公园生物多样性建设工作，与浙江自然博物院达成合作协议，开展前期相关工作。开展科普宣教，与中国林科院亚林所合作举行湿地科普教育，制作湿地宣教片、宣传画册，系统规划松阴溪湿地公园科普宣教体系。与县文化旅游投资集团共同开展湿地日、爱鸟周等专题宣教活动。开展生物多样性监测试点。在“省野保站”和“省野鸟会”的指导下，开展松阴溪鸟类监测试点，首次记录到黑脸琵鹭在松阴溪湿地公园栖息。

【林业绿化造林】2020 年，县自然资源和规划局开展创建国家森林城市行动和“新增百万亩国土绿化”行动。年初疫情防控期间，先后制定出台《松阳县春季绿化造林和松材线虫病防控工作复工及疫情防控工作方案》《松阳县新增百万亩国土绿化五年行动方案》《松阳县 2020 年各乡镇街道新增百万亩国土绿化计划任务》，把造林任务落实分解到各乡镇（街道），有序推进绿化造林各项工作。全年共完成新增百万亩国土绿化面积 708.20 公顷；迹地更新面积 506 公顷，其中松材线虫病枯死松木清理后林中空地迹地补植 89.47 公顷。新增珍贵树种造林 47.33 公顷。实现 2019 国家战略储备林面积 155 公顷。组织实施“一村万树”示范村 5 个，分别为枫坪乡南胜村、大东坝镇横樟村、象溪镇雅溪口村、三都乡上田村、西屏街道延庆村，推进“一村万树”建设村 51 个。

【野生动植物保护】2020 年，县自然资源和规划局全面贯彻落实《全国人民代表大会常务委员会关于全面禁止非法野生动物交易、革除滥食野生动物陋习、切实保障人民群众生命健康安全的决定》和《浙江省人民代表大会常务委员会关于全面禁止非法交易和滥食野生动物的决定》，开展以“维护全球生命共同体”为主题的世界野生动植物日宣传活动和以“爱鸟新时代，共建好生态”为主题的野生动植物保护宣传月暨“爱鸟周”宣传活动。开展清理以食用为目的的人工繁育和经营利用从业机构工作，全县范围内停止以食用为目的野生动物的出售、购买、利用等野生动物经营活动；对全县在养 13 家野生动物单位进行了分类处置，移交县农业农村部门管理 9 家，退出补偿 4 家。组织开展野生动物执法检查，依法打击破坏野生动物及其栖息地行为。对全县野生动物经营和陆生野生动物人工繁育单位、宠物商店、农贸市场、宾馆饭店、农家乐专项执法检查 1 次，共检查 79 家。开展收缴非法猎捕工具、打击非法猎捕野生动物违法犯罪行为专项行动，在全县范围张贴《通告》800 余份，收缴非法猎捕工具 18 件。野生动物疫源疫病监测全年巡查里程 500 千米，监测到鸟类 31 种 3 万余只，监测到数量最多的有云雀、夜鹭、普通翠鸟等，未发现野生动物异常现象。开展野生动物救护 49 次，救护陆生野生动物 49 只，其中国家二级保护野生动物 11 只，省重点保护野生动物 13 只，省一般保护野生动物 25 只，救护的野生动物主要有领角鸮、草鸮、休鹠、白鹭、池鹭、刺猬、蛇等。主要对大东坝七尖顶新发现景宁木兰分布点的道路进行修建，修建山路 500 米，人工清除植株周边影响其生长的杂灌。同时开展繁育试验和野外回归试验。春季播种景宁木兰种子 6000 颗，繁育幼苗 2000

株；秋季采集成熟种子1200余粒用于下年播种。在马鞍山海拔1000米的“金竹坑”林区野外回归景宁木兰1100余株。

【林业产业】2020年，县自然资源和规划局通过区域协调项目赠送油茶苗44.68万株和香榧苗15.1万株。扩种香榧面积400公顷，油茶面积313.33公顷，全县香榧油茶累计种植面积分别为5600公顷和7066.67公顷。连续第四年开展香榧花粉采购免费送农户活动，采购香榧花粉66.75千克，实现人工授粉面积1000公顷。总投资1667万元，争取省财政支持1000万元，申报并实施松阳县香榧特色产业示范县项目。完成四都乡林区道路硬化4.1千米，动建松阳香榧玉岩服务中心。连续第三届举办全国香榧炒制大赛，首次引入“直播电商”模式，并获央视5分钟现场直播。实施茶榧生态复合经营等多种林下经济模式，有效推进“一亩山万元钱”，实现产业精准扶贫，共实现“一亩山万元钱”示范基地203.33公顷、辐射推广444.67公顷、巩固深化891.33公顷。完成林下经济“中药材”建设面积58.67公顷，苗圃基地0.27公顷。全县增加林地流转面积754.67公顷，林地经营权流转证发证面积212公顷，培育新型林业经营主体10家，新增林权抵押贷款余额1412万元，其中“香榧贷”（香榧基地预期收益抵押贷款）余额553万元，为全市首创林业金融产品。持续十年实现63733.33公顷生态公益林火灾保险全覆盖；林木综合保险面积10687.67公顷。较好地分散林业风险，减轻林农经济损失，为林业的可持续经营撑起“保护伞”。

【林业资源管理保护】2020年，县自然资源和规划局开展松材线虫病防治。年初，针对新型冠状病毒疫情发展变化，早谋划、早落实，出台《松阳县松材线虫病防控工作复工及疫情防控工作方案》。全县松材线虫病防控人员在2月20日前全面复工，具有资质的定点5家疫木加工企业（除1家因其他原因从去年下半年退出生产外），其他4家全部复工，日处理疫木60万千克。全年全县清理枯死松木19.1万株，清理疫木4780万千克。同时完成挂牌古松树467株、黄山松注干剂施药工作以及独山景区、松阴溪绿道景区、高速公路及50省道沿线等重点区域53万支松树注杆剂的注射工作，保护松树30万株。

森林防火：2020年，全县森林防火形势总体平稳，全年接报火情46起，实际发生火警4起、火灾1起，过火面积3.4公顷，受害森林面积3.4公顷。无重特大森林火灾，无扑救人员伤亡事故，无火烧连营事故。各项指标均控制在省市下达的指标内。引发森林火情火灾主要原因是烧荒、烧杂草、祭祀、电力线路老化等。

森林执法：2020年查处破坏森林、野生动物、非法占用林地等涉林案件69件，其中森林公安立案查处41件，涉刑6件，罚款30.78万余元。5月，县森林公安会同司法机关公开审理判决1起“破坏野生动物资源”案件，赔偿金额126.35万元，是浙江省涉野生动物公益诉讼赔偿金额最大的一起案件，并发出全省首张野生动物经营从业禁止令。

（县自然资源和规划局）

2020年11月5日，第三届全国（浙江松阳）香榧炒制大赛央视5分钟直播

水　利

【概况】2020年，松阳县水利局（以下简称“县水利局”）围绕打造“山区水利高质量发展示范县”目标，深入学习贯彻习近平总书记“节水优先、空间均衡、系统治理、两手发力”十六字治水方针，重点推进黄南水库工程、松阴溪干流综合治理工程、农村饮水提升工程、山塘水库除险加固工程等重点项目建设，推进全省小流域山洪灾害防御提升先行县、河湖标准化试点县、小水电清改等重点工作，抓好防汛防台抗旱、“最多跑一次”改革、质量安全监管、水政执法等面上管理工作，增强党建工作和干部队伍建设，协调推进各项工作，全年累计实现投资4.5亿元，获2017—2019年度大禹杯铜杯奖。

【水资源】2020年，松阳县总水资源量12.4951亿立方米，其中年地表水资源量为12.4951亿立方米，年地下水资源量3.4795亿立方米，地下水与地表水重复计算量为3.4795亿立方米。全年降雨量为22.7421亿立方米，比上年减少17.6%，比多年平均减少3.0%。根据水资源公报，2020年全县总用水量0.5451亿立方米（不包括水电站发电等河道内用水）。其中，农田灌溉用水量为0.2943亿立方米，占54.0%；林牧渔畜用水量0.0190亿立方米，占3.5%；两者合计占总用水量的57.5%。工业用水量0.0723亿立方米，占总用水量的13.3%；城乡居民生活用水量0.1020亿立方米，占18.7%；城镇公共用水量为0.0317亿立方米，占5.8%；生态环境用水量为0.0258亿立方米，占4.7%；2020年，城乡居民生活用水量0.1020亿立方米，人均年综合用水量266.06立方米。其中，城镇和农村居民人均年生活用水量分别为56.88立方米和43.31立方米；农田灌溉亩均年用水量为214.04立方米，其中水田灌溉亩均年用水量365.42立方米；万元工业增加值用水量19.80立方米（当年价）；万元GDP用水量45.62立方米（当年价）。

【重点工程建设】2020年，县水利局根据“提前蓄水、提前发电、提前完工”的“三提前”目标，推进黄南水库工程建设。工程建设方面：2月，黄南水库工程全面复工并开始施工；3月，开始大坝面板混凝土施工；5月19日，大坝面板提前12天完成浇筑任务；5月24日，调压井浇筑完毕；6月，通过蓄水阶段移民安置终验；7月，通过蓄水验收，实现“提前蓄水”目标；8月，举行下闸蓄水仪式并下闸蓄水；12月18日，黄南水库电站35千伏线路及输配电部分工程竣工验收整改复验；12月22日，实现“提前发电”目标，举行提前发电仪式，黄南水库电站正式投产运行。移民安置方面：移民安置小区内5幢公寓楼主体建筑及室外配套工程建设完工；401栋自建房屋完工结顶396栋，移民基本搬迁入住安置区，入住率达98%。安置区内市政工程完成剩余4条主路浇筑及绿化建设，公园区块广场铺装及绿化建设完工，36#房土墙夯筑完工约70%。6月，省移民办编制《松阳县黄南水库工程下闸蓄水阶段移民安置终验工作方案》，并成立松阳县黄南水库工程下闸蓄水阶段移民安置终验委员会。6月23日，省移民办形成并通过《松阳县黄南水库工程下闸蓄水阶段移民安置终验报告》。

【民生水利体系】2020年，松阳县农饮水达标提标行动率先销号。9月12日，农村饮用水达标提标行动县级销号清盘验收，全面实现农村饮用水达标提标三年行动建设任务，农村饮用水达标人口100%全覆盖、农村供水工程供水保证率95%以上、农村供水工程水质达标率96.5%以上、全县规模化供水工程覆盖人口比例达到81.2%以上，一体化供水覆盖人口比例达到74.8%以上，一体化供水覆盖率稳居丽水全市首位，在全省山区县也名列前茅。其中，全年实现29个村一体化供水和82个单村供水工程建设并验收，达标提标惠及人口5.4万人，实现投资5837万元。投资720万元，实施后周垄水库除险加固和三都乡上田村老弯山塘、安露源山塘综合整治工程。

【水生态保护】2020年，县水利局依托中小河流治理重点县工程，推进“美丽河湖”创建工作，建设松阴溪象溪段美丽河湖、打造庄门源绿道、创建庄门源美丽河湖；深入河道清淤整治行动，开展河湖库塘清淤3万立方米，中小河流整治4千米，综合治理河道长10千米。7月28日，县域18座小水电通过市水利局、市发改局、市生态环境局、市自然资源和规划局4部门小水电清理整改联合工作组的复核检查，在丽水市率先实现69座小水电全部清理整改销号工作；同时，全县开展绿色小水电示范电站创建工作，石马圃、青石坝、二滩坝、三里亭4座电站获评2020年度绿色小水电示范电站。

【行政管理】2020年，县水利局开展补充和完善办事指南，未发现办事指南不准确问题，并新增6项办事指南；开通网上办理渠道，全年累计网上受理43件；全年累计收到办事群众、企业好评86个，好评率100%；工作人员主动对接办事群众、企业，提供热情周到的办事服务，23个事项列入“跑零次”，累计实现“跑零次”16次（个）；针对水资源费征缴程序较繁琐问题，该局及时对接县财政局等部门，及时对缴款程序进行完善，为服务对象提供便捷；针对申办取水许可证企业大幅增加情形，主动开展容缺受理、开通网上（微信）受理，代为填报（填报后返回给企业修改和确认）工作，企业再正式盖章报送，实现“跑零次”“最多跑1次”。

【防汛防台防旱工作】2020年，县水利局通过建立山洪灾害防御清单、实现山洪灾害监测精准预警、落实山洪灾害风险管控责任，实现全县306个山洪危险区的排查划分、累计3353户11389人的清单建立及信息复核；实施712个预警阈值指标核定，24套水文站点新建改建；全面落实“县—乡—村”三级巡查员及责任人，做到“责任到村、预警到人”。新建靖居口、东坞水库、谢村水库等双保障站点11个；新建大石（界首）交接断面1处；新建松阳站流量站1处；改建靖居口站流量站1处；新建青蒙站、排居口站等江河水位站6处；新建安联溪水库站，水碓垄水库、陈塘垄水库等小型水库水位站14处；新建超标准人工水尺6处，应急四增配6套，雷达3套，压力式3套，遥测终端备份2套，水文站视频会商系统1套、水利局水雨情视频会商1套、水雨情实时显示系统1套，水文防汛“5+1”工程是年建设任务全面实现。以“宁可抓重，不可抓漏”的要求，开展水库调蓄水指导，抓好防御水旱灾害两手准备；做好防汛值班和水雨情监测预警工作；推进松阴溪洪水风险图编制项目收尾工作，完成山洪灾害群测群防整体提升项目实施方案审批。

【水政执法】2020年，县水利局常态化开展“清四乱”、生态隐患大排查等水政监察专项行动；按照每月月初制订的巡查计划开展巡查，每月开展至少8次巡查工作。加大无违建河道巡查力度，执法人员每周不定期巡查相关河段，确保无违建河道创建。成立以局长为组长的松阳县全面禁止河道采砂工作领导小组，加大对重点河段、敏感水域和重要时段的巡查频次，全年开展河道巡查384次，出动执法人员1132人次，巡查路程4586千米；依法查处涉嫌河道非法采砂案件6起，办结案件6起，没收违法所得36540元，罚款20000元，有效地维护了正常的水事秩序。

【提升规范化管理】2020年，县水利局落实“一岗双责”，与各科室、下属单位、在建工程、水电站分别签订安全目标管理责任书，把安全生产工作目标任务层层分解落实。开展“安全生产月”和“安全生产万里行”活动。推进安全生产三年专项整治活动，制定并下发《松阳县水利安全生产专项整治三年行动实施方案》，开展6个重点领域的安全专项整治。组织开展各类安全生产检查，全年对全县山塘水库、小水电、农饮水累计开展安全检查448次，要求整改安全隐患121项，整改率100%。

【水利生态价值转化】2020年，县水文化公园正式获批浙江省生态环境厅第十批浙江省生态文明教育基地，水文化公园效益显现。受疫情影响，水文化公园于4月底正式开放，自开放以来累计实现政务接待50余批次1500余人；累计接待零散游客1万余人次。县水利局开展招商引资工作，大力发展水产业，引进有实力的企业到松阳开发高附加值的水产业和水产品，上半年引进杭州民本科技股份有限公司投资约500万元，在裕溪乡木岱坑动建饮用水生产基地 。

【松阴溪滨水绿道建设】2020年，投资3438万元，建成松阴溪干流滨水绿道松古平原段里程4.6千米，松阴溪干流滨水绿道象溪段里程9.9千米，松阴溪干流滨水绿道裕溪段全程。同时建成2条特色支线，东坞源绿道里程1.8千米，东关源绿道里程2.7千米。

【水库工程建设】2020年，黄南水库工程克服疫情的不利影响，咬定“提前蓄水、提前发电、提前完工”的“三提前一年”目标，全力推进黄南水库工程建设，着力组织复工复产，在全省同批次开工的水库工程中建设进度领先，仅用2个月的时间实现大坝面板的浇筑，并同步推进溢洪道、取水塔等重要工作面，8月6日实现水库提前蓄水目标，12月22日实现电站提前发电目标，全年实现投资3.46亿元。后周垄水库除险加固于11月25日通过完工验收，实现投资384万余元。

（县水利局）

县水文公园

黄南水库工程建设

【概况】2020年，黄南水库工程建设根据相关会议精神，按照“提前蓄水、提前发电、提前完工”的“三提前”目标，克服新冠肺炎疫情影响，全力推进水库工程建设，努力实现年内水库蓄水发电，2021年全面建成。该工程建设进展在全省同批次开工项目中遥遥领先，用2个月时间完成大坝面板浇筑，成为全省上报国家发改委5个复工典型案例之一；8月6日，实现“三提前”第一个目标——“提前蓄水”；12月22日，实现“三提前”第二个目标——“提前发电”，有望在“十三五”期末基本完工，在“十四五”初期实现竣工验收。在跑出“前期审批、移民安置的第一速度”后，该工程建设再次跑出“工程建设的第一速度”。

按计划推进移民专项验收，相关政策处置。着手进行绿化工作，提升安置点工程形象迎接蓄水验收；完成黄南电站和上东坞电站35千伏送出线路建设，确保“提前发电”目标实现；开工实施库底清理工作，为蓄水阶段移民安置终验工作夯实基础。

【工程建设加快推进】2020年，黄南水库工程建设为实现“三提前”目标，加快工程建设速度，追回因新冠肺炎疫情拖延的施工工期。2月，水库工程全面复工并开始施工；3月，开始大坝面板混凝土施工；5月19日，大坝面板提前12天完成浇筑任务；5月24日，调压井浇筑完成；6月，通过蓄水阶段移民安置终验；7月，通过蓄水验收，实现“提前蓄水”目标；8月，举行下闸蓄水仪式并下闸蓄水；12月18日，水库电站35千伏线路及输配电部分工程竣工验收整改复验；12月22日，实现“提前发电”目标，举行提前发电仪式，水库电站正式投产运行。

【移民安置工作】2020年，黄南水库移民安置小区内5栋公寓楼完成主体建筑及室外配套工程建设；401栋自建房屋完工结顶396栋，移民基本搬迁入住安置区，入住率98%。安置区内市政工程完工，实施4条主路浇筑及绿化建设，公园区块完成广场铺装及绿化建设，36号房土墙夯筑完工70%。6月省移民办编制《松阳县黄南水库工程下闸蓄水阶段移民安置终验工作方案》，并成立松阳县黄南水库工程下闸蓄水阶段移民安置终验委员会。6月23日，省移民办形成并通过《松阳县黄南水库工程下闸蓄水阶段移民安置终验报告》，2021年春节前完成工程预验收。

（县黄南水库指挥部）

“五水共治”（河长制）工作

【概况】2020年，松阳县治水办（河长办）内设综合一组（信息宣传）、综合二组（督查考核）、综合三组［河（湖）长制］和农村生活污水处理小组4个职能组。2020年，全县以水质改善提升为总目标，以“污水零直排区”建设为主抓手，推进治水工作，全面推行河长制提档升级，全县治水工作取得阶段性成效。截至12月底，交接断面水质考核为优秀，出境断面总体水质为Ⅱ类，常年优于入境水质。

【“污水零直排区”建设】2020年，县治水办（河长办）根据年度创建任务和2022年全面建成污水零直排区目标（西屏、水南、望松3个街道和古市镇、象溪镇、玉岩镇、大东坝镇、新兴镇5个镇），通过制订方案、绘制线路图、科技排查、细化任务、定期通报等举措，分步推进“污水零直排区”建设，在全面查清工业园区、生活小区、镇（街道）三大类建设单元的截污纳管情况，重点查明污水排水体系、雨污有无混接等问题的基础上，仔细梳理形成问题清单、任务清单、项目清单、责任清单“四张清单”。组织相关单位到武义学习考察“污水零直排区”创建工作，在大东坝镇召开“污水零直排区”建设现场推进会。截至2020年底，实现1个街道（望松街道）和4个镇(玉岩镇、大东坝镇、象溪镇、新兴镇)、1个工业园区和4个生活小区“污水零直排区”创建。同时，开展创建污水零直排区的回头看工作，保证建设成果得到巩固提升。

【实施河湖长制】2020年，县治水办（河长办）分级分片设置县、乡、村三级河长403人，其中县级河湖长20人，乡级河湖长143人，村级河湖长240人，聘请乡贤河长37人。前置县乡村三级河长巡河周期（按系统节点提前1天作为县级巡河周期截止时间），实行扣分制，巡河完成率和问题处理率100%，排名全市前列，开展河（湖）长制提档升级工作，修编“一河（湖）一策”方案，明确问题清单、目标清单、任务清单、责任清单“四张清单”，开展村级河段基础定义数据核对，实现河长制平台提档升级转置和村级河长日常履职“多通融合”试点工作。规范公示牌信息，在河道显要位置竖立三级河长公示牌339块，累计更新各级公示牌信息1513处，更换破损公示牌25块；县级组织河长制提档升级工作集中学习培训2期，乡镇级培训会47场次，参训1600人次，落实定期向县级、乡镇级总河长报告机制，8月21日县委常委扩大会议，集中向县级河长、河长联系单位、乡镇（街道）总河长交办问题104件，向职能单位发放督办单19份问题181件。全年，各级河（湖）长开展APP巡河（湖）作业21517次，围绕河（湖）长巡河履职六大类职责发现各类涉水问题138个，按三色巡河处置办法全部落实整改到位。

【建立各级督查机制】2020年，县治水办（河长办）完善督查考核机制。

2020年4月24日，县治水办牵头赴武义县考察学习“污水零直排区”建设

出台《2020年度松阳县“五水共治”（河长制）工作考评分办法》，紧扣“污水零直排区”建设和河（湖）长制落实等年度重点工作任务，实行“一月一提醒、一月一督查、一月一通报、一月一考评”制度，以持续高压的态势促进治水工作落实。深入实施“治水业务技能竞赛”活动，以治水交叉检查为核心开展为期5个月治水督查竞赛活动，覆盖19个乡镇（街道），发现问题216个，市级交办问题60个、省级交办问题19个，均整改到位。持续实施督查通报机制，发布督查通报5期、巡河通报4期、下发督办单50件，交办单5件。畅通公众投诉举报渠道，建立举报奖惩办法，把县市治水监督电话在松阳政府网站、好水出松阳公众号及河长公示牌等平台进行公布并受理办理，落实整改省治水办交办的信访举报问题和“今日聚焦”曝光问题各1个。强化考核，根据省、市考核指标的变动，优化“五水共治”考核细则，发挥考核指挥棒的作用。配合开展各类督查，配合开展省治水办、市治水办、环保督查等各类专项督查工作。

【提升公众满意度获得感】2020年，县治水办（河长办）围绕省市目标任务，出台《松阳县“五水共治”（河长制）信息宣传工作考评办法》，落实专人负责县级层面简报和微信的编辑、网站的更新和省、市信息的报送。开展与报社、电视台、论坛的合作，继续做好正面信息的报道宣传，全年被省级简报录用4篇、省“五水共治”河湖长制公众号录用8.5篇，《人民日报》14版1篇，《浙江日报》头版1篇、3版2篇，发布县微信文章120余篇，县简报9期，展示松阳治水人良好形象和治水丰硕成果。结合世界水日、世界环境日、节能减排、普法活动等相关时间节点，发放楼道贴、节水标志、日历等各类宣传小礼品、小册子等4000余份，让广大市民深入了解“五水共治”工作所涵盖的内容。镇（街）齐动，开展“五进五个一”幸福感宣传（进机关、社区、农村、校园、企业/商户，推行标语、短信、会议、学习、活动）。施行干部带头开展“全民清洁日”“巡河大PK”“机关党员自愿服务走乡村”等活动，激发治水内生动力。举行群众参与流动车走向串村双语宣传，微信答题赢话费，聘请“乡贤河长”开展“乡贤代言最美家乡河”活动，鼓励和引导“民间河长”参与巡河、监督治水护水，共治共享治水成果。同时，发挥“五进五个一”要求，通过短信、彩频、朋友圈、LED、邮政投递车贴广告发布宣传内容；与抖音达人、热门公众号对接，开展治水好代言、好风光、好故事宣传，实现影视音线上宣传全覆盖。拓展线下宣传，通过送戏下乡、举办摄影大赛、设置户外喷绘、绿道（楼道）细节植入，营造氛围，提升支持度、参与度、满意度和幸福感，激发市民参与“五水共治”热情，享受治水成果。

（县治水办〈河长办〉）

畜牧业

【概况】松阳县是省级生猪调出大县和丽水市畜禽养殖重点县，全县畜牧业经济以生猪养殖为主。2020年，全县肉、蛋、奶产量分别为994.88万千克、110.66万千克和4.31万千克。

【畜牧生产】2020年，全县生猪存栏4.58万头，累计出栏8万头。有存栏200头以上规模猪场30家，年出栏1万头以上规模猪场2家。青莲集团投资项目——浙江茶香牧业有限公司大型生猪养殖场项目，该项目是省级年出栏10万头生猪养殖项目、市级重点项目，养殖场后备舍、污水处理区、纳管工程建成并于12月实现投产，项目预计总投资2.5亿元，投产后年出栏仔猪10万头。全县家禽存栏29.19万羽，累计年出栏54.61万羽，其中鸡存栏26.32万羽，鸡出栏45.88万羽。全县年存栏1万羽以上蛋禽场2家，年存栏5万羽以上蛋鸡场1家。全县羊存栏0.63万只，出栏0.53万只。年出栏100只以上羊场2家。全县蜜蜂存栏1.79万箱，蜂蜜总产量89.5万千克，年饲养蜜蜂100箱以上养蜂场（户）28家。

【畜禽养殖污染治理】2020年，县农业农村局实施生猪规模养殖场标准化的提升改造，整县制推广“异位发酵+有机肥加工”的粪污资源化利用新模式，实现畜禽养殖粪污的资源化利用，有效解决畜禽养殖资源化利用消纳地不足的问题。该模式在全县全面推广，改建异位发酵床24家。推进养殖场废弃物综合利用，创建绿色循环体2个，建设畜禽养殖屠宰场污水处理系统项目1个。

【畜禽疫病防控】2020年初，县农业农村局印发《关于下达2020年度各乡镇、街道重大动物疫病免疫抗体监测样本采送任务的通知》。做到疫情监测全覆盖，实现全县重大动物疫情平稳。全年随机采样5360个批次，其中家畜2235个批次，家禽3125个批次，进行畜禽及其产品的相关抗体水平检测，检测结果显示口蹄疫O型抗体水平为98.6%，猪瘟抗体水平为95.2%，蓝耳病抗体水平为93.7%，小反刍兽疫抗体水平为97.7%，新城疫抗体水平为95.5%，H5Re-11抗体水平为97.7%,H5Re-12抗体水平为98.1%，H7N9抗体水平为93.5%。屠宰场严格执行“两项制度”（屠宰环节非洲猪瘟自检和官方兽医派驻），提升生猪屠宰企业生物安全水平，建立洗消中心，配备PCR等设备，派驻官方兽医（协检员）11人。

渔 业

【概况】2020年，松阳县渔业养殖面积为811公顷（黄南水库蓄水后开始进行鲢鳙鱼养殖），总产量255.3万千克（养殖产量242.9万千克和捕捞产量12.4万千克），比上年增长4.59%。经济总产出14439万元（包括渔业和涉渔流通与服务业）比上年增长4.56%。10月，举办中国·丽水（松阳）休闲垂钓节暨松阴溪垂钓大赛；浙江从都园大鲵产业有限公司、松阳县丽琴家庭农场、松阳县上河惠农家庭农场和松阳县刘老汉家庭农场4家单位创成第二批浙江省水产健康养殖示范场。

【“放鱼日”活动】2020年，县农业农村局在县域内放流各种鱼苗650万尾，其中6月6日全国放鱼日放流鱼苗120万尾。3月16日与检察院联合开展公益诉讼生态修复·增殖放流活动。

【水生野生动物保护科普宣传】2020年，县农业农村局在全市禁渔期间，开展全国人民代表大会常务委员会《关于全面禁止非法野生动物交易、革除滥食野生动物陋习、切实保障人民群众生命健康安全的决定》和《中华人民共和国野生动物保护法》等法律法规宣传。到松阴溪沿线各乡镇（街道）张贴并发放丽水市禁渔《通告》200份，悬挂横幅19幅，通过广播、电视、农民信箱和微信公众号等媒体宣传禁渔制度和渔业法规。

【渔政执法】2020年，县农业农村局渔政执法工作步入正轨，工作机制日益完善，有效遏制“电毒炸”等违规违法捕捞行为。全年处理各类涉渔警情220起，出动执法人员685人次；联合辖区派出所开展禁渔期专项执法行动3次；开展违法垂钓集中整治

2020年8月15日，县农业综合行政执法队工作人员开展清缴非法渔具专项行动

行动2次，发放《违法垂钓告知书》60余份；配合环保部门开展水源保护地专项执法行动2次；联合辖区派出所、松阳县民防天狼救援队在松阴溪开展清缴非法渔具专项行动2次，缴获违法渔具60余件；办理涉渔行政处罚案件2件，罚没款共计0.1万元。

农 村

【概况】2020年，松阳县辖3个街道5个镇11个乡203个行政村。全县农村户籍人口16.63万人，占全县总人口的69.1%。县农业农村局围绕与全省同步高水平全面建成小康社会工作总目标，大力实施低收入农户高水平全面小康工程和新时代美丽乡村建设行动，推动农民增收、农村增色。脱贫攻坚全面实现“两不愁三保障”突出问题清零、年家庭人均收入8000元以下情况清零、集体经济薄弱村清零、零就业家庭清零“四个清零”，农民人均可支配收入20804元，村集体经济总收入1.515亿元。“大搬快聚”稳步推进，全年实现搬迁1111户3270人，其中整村搬迁47个村651户1636人，铺门小区二期安置小区竣工验收。深入实施“千万工程”，通过公园式美化、洁化、绿化乡村，打造一批美丽乡村精品线路，新认定新时代美丽乡村51个，创成省级美丽乡村示范乡镇1个、省级美丽乡村精品村3个，摄影四都线获评2020年省级绿化美化精品道路。全面加强农村人居环境管护，推进农村垃圾、厕所、污水“三大革命”，农村生活垃圾分类处理覆盖面88.2%，生活垃圾回收率45%，资源化利用率90%，农村公厕管护率100%。

【新农村建设】2020年，全县巩固提升垃圾分类村51个，新增垃圾分类村21个，开展农村生活垃圾分类处理建制村179个，农村生活垃圾分类处理行政村覆盖面为88.2%，生活垃圾回收率45%，资源化利用率90%，建成垃圾分类资源化站点15个。落实年度财政专项资金1500万元。全县持续推进农村公厕服务提升工作，建成农村公厕589座，管护费用平均每座3000余元。持续推进新时代美丽乡村村建设，2020年度认定新时代美丽乡村31个，其中精品村17个，创成新时代美丽乡村示范乡镇1个，市级花园乡村精品村6个，垃圾分类示范县（镇）1个、示范村6个。开

展第九批历史文化村落重点村大东坝镇横樟村的申报工作，持续推进第八批、第七批历史文化村落建设，完成第六批历史文化村落验收工作。

【发展民宿经济】2020年，全县引进上海、苏州、杭州、台湾等地外来工商业主发展精品民宿24家，累计投资1亿元，打造卓庐若家、云顶仙坑源、原舍揽树、云影心谷、桃野、原乡上田等40余家精品民宿。松阳农商银行和泰隆银行松阳支行分别推出“田园民宿贷”和“云宝民宿贷”产品，重点支持县民宿特色乡镇、民宿特色村整体规划范围内的民宿建设。截至12月底，发放民宿贷款1405笔金额16316万元。

【产业精准扶贫】2020年，县农业农村局持续壮大茶叶、香榧、油茶等农业主导产业，有力助农增收的同时，精准实施低收入农户产业帮扶到户项目，全年安排640万元扶持低收入农户发展“短平快”增收项目，实现户均增收1200元以上；安排30万元扶持低收入农户发展中蜂养殖，并创新采用委托养殖和自行养殖相结合的养殖模式，可带动3个乡镇的110户低收入农户户均年增收1000元以上。同时，以全省光伏小康工程实施县为契机，先后建成23.6兆瓦的地面光伏电站和2.84兆瓦的屋顶光伏小康项目，项目分红收益主要用于扶持省级结对重点帮扶村和低收入农户。实现首期项目收益分配资金计450万元，全部发放到户，可为52个省级结对帮扶村每村分红1.08万元，在册低收入农户户均最高分红720元。

【农民培训】2020年，县农业农村局开展农民教育培训工作以培训农村实用人才，打造高素质的农民队伍为重点，立足当地产业发展需要和聚焦乡村振兴人才需求，开展农作物防治工、茶园工、菌类园艺工、农产品经纪人、糕点烘焙工等农民培训，培训各类农村实用人才376人，县级高素质农民152人 ，参加省级高素质农民培训28人。

【下山脱贫】2020年，松阳县把“大搬快聚”富民安居工程作为改善农村居住环境、促进农民增收致富、大力推进乡村振兴的重要抓手，通过优化规划布局、创新安置方式、拓宽增收渠道等方式，以整村搬迁（小规模自然村）为重点，积极引导山区农民向县城和中心镇集聚，实现百姓搬得出、稳得住、富得起，并取得阶段性成效。全年实现投资1.96亿元，新续建安置小区（点）5个，搬迁农户1111户3270人，其中整村搬迁47个村、涉及搬迁农户651户1636人。

（县农业农村局）

工 业

2020（首届）中国不锈钢管高峰论坛暖场演出

综　述

【概况】2020年，松阳县工业经济规模扩大，实现规上工业总产值136.6亿元，同比下降0.4%，占全市比重的9.2%；规上工业增加值26.22亿元，同比增长1.6%，占全市比重的8.8%；新兴产业增加值6.39亿元，同比增长6.3%；高新技术增加值12.52亿元，同比下降4.6%；装备制造业3.76亿元，同比增长41.2%。工业投资6.28亿元，同比下降57.2%。规模以上企业有106家，产值上亿元企业39家，其中1亿～3亿元企业30家，3亿～5亿元企业4家，5亿～10亿元企业4家，10亿元以上企业1家。

【数字经济】2020年，松阳县数字经济发展综合评价指数58.4，全省排名83位。数字经济核心产业规上制造业增加值1.32亿元，同比增长81.6%，增速全市第一名。建成5G基站241个，数量居全市第四名。上上德盛集团入选省数字化智能工厂/未来工厂。浙江云中马布业股份有限公司、宝丰钢业集团有限公司2家企业通过国家两化融合管理体系认证。

【企业服务】2020年，松阳县制定出台《松阳县应对疫情支持企业共渡难关的二十条意见》《松阳县推进生态工业高质量绿色发展三十条》等扶工政策，加快涉企扶持资金兑现，累计拨付资金5000余万元，全面落实减税降费各项措施，为企业减负2.75亿元。加大“三服务”力度。落实驻企服务员机制，组织全县351名干部入驻413家企业；召开政银企对接会，采取分割式固定资产验收和分期办证化解融资难题；工业企业难题办结率达98%，通过专题会议化解53家企业存在问题。开展多措并举稳外贸，制定出台《关于进一步稳定2020年松阳外贸发展的若干意见》，举办出口网上交易会（印度专场）、“2020第九届中国管材展”等展会，帮助企业争取订单。

（县经济商务局）

工业园区

【概况】2020年，丽水生态产业集聚区松阳分区管理委员会（以下简称“集聚区松阳管委会”）坚持“稳中求进”工作总基调，一手抓疫情防控，一手抓经济发展，以平台提升为抓手，以项目招引为突破口，全面落实服务企业各项举措，有力推进集聚区管委会各项工作平稳有序发展。受疫情影响，集聚区内企业主要指标有所下降。该管委会紧抓发展主线，迅速行动，推进帮企、服企各项措施落地，使各项指标明显止跌回升。73家规上企业实现产值109.93亿元，同比下降0.8%；实现税收3.049亿元，同比下降11.6%；累计投资6.48亿元。其中，规上不锈钢管企业40家，产值55.46亿元，占比50.45%，税收1.54亿元；规上合成革布业企业7家，产值20.56亿元，占比18.7%，税收0.69亿元；规上服装鞋业企业4家，产值3.74亿元，占比3.4%，税收0.16亿元。

【园区规划项目开发】2020年，集聚区松阳分区涉及西屏街道、望松街道、古市镇、新兴镇、叶村乡、赤寿乡6个乡镇（街道），是丽水生态产业集聚区“一心三片”框架布局的一个组成部分，工业规划控制区面积3600公顷，核心开发规划总面积1160公顷，累计开发1047.47公顷，其中工业用地624.2公顷、商业居住物流用地70.67公顷、路网绿化及其他352.6公顷。工业用地中，出让365.27公顷、意向或正在挂牌80.87公顷、租赁（土地未农转用）70公顷、剩余近期可用108.07公顷。

随着工业平台“二次创业”号角的吹响，为加快培育松阳县百亿级不锈钢“特色产业”，锚定“工业强县”发展路径，谋划平台整合提升。按照“转并整”原则，以原浙江松阳工业园区（产业集聚区）为核心，对现有的工业园区重新规划布局，加快拓展工业发展空间，重点谋划346.67公顷的赤寿生态工业区块以西区块。同时，聚焦聚力打造高能级产业平台，围绕工业平台“二次创业”，推动总占地约78.8公顷，总投资28.44亿元的不锈钢产业示范园建设。赤寿不锈钢产业基础设施项目场地和水渠工程平整已完工80%，有签约入园企业2家。

2020年12月10日，集聚区松阳管委会举行入园企业签约仪式

【招商引资】2020 年，集聚区松阳管委会推进选商引资“一号工程”，坚持主要领导带头招商、亲自招商，选派优秀年轻干部到上海开展驻点招商。坚持选优、选强，将高端装备制造、农产品精深加工、大健康产业作为主要招引方向，努力在引进大项目、好项目上寻求新突破，提高项目签约率、落地率和资金到位率。全县招引恒兆置业、新创泰业、兆翔车业等项目 12 个，用地 77.66 公顷，固定资产投资 27 亿元，预计达产后年产值可 69 亿元，税收 2.26 亿元。

【环境治理】2020 年，集聚区松阳管委会坚持以重点任务为目标，重点项目为抓手，推进园区生态建设。打好“蓝天保卫战”，推进不锈钢行业油烟治理，累计投资 1000 余万元，改造退火炉油烟 46 台。实现 5 家合成革企业配料车间和合成革企业生产线密封改造 2 家，10 蒸吨以下燃煤锅炉的淘汰年度任务。做好第二轮中央环保督察，分行业、分区块梳理问题短板，由各班子成员带队，结合联系企业干部工作，进行全面细致的地毯式排查。聚焦重点点位问题整改，罗列整改任务清单 13 项，落实专人紧盯整改。对辖区内生态环境隐患问题进行全面排查，分类施策，确保问题隐患得到有效控制。实行不锈钢下脚泥“存量清零”转移处置工作，清运污泥 1900 万千克。

【企业帮扶行动】2020 年，集聚区松阳管委会通过开展“三服务”，创新“片区长负责制”，实行“一个片区，一名领导，一支队伍，一抓到底”的“四个一”联系管理服务机制，按照“两手都要抓、两战都要赢”的要求，帮助企业协调解决难题，助力企业发展。针对疫情防控的要求，对企业进行地毯式排查，先后摸排 10280 人。在此基础上，设立“口罩银行”，协调企业与村（社区）、员工与出租户之间关系，为企业及时复工复产解决燃眉之急。针对企业办证难的问题，以违章处置工作为切入点和突破口，开展部门协调，简化处置流程，加快合法部分办理进度，为 11 家企业办理不动产权证，涉及面积 36946 平方米，有效缓解企业办证难、融资难的问题。针对企业兑现政策难的问题，通过宣传解读政策、指导企业准备申报材料，上报各类财政涉企政策资金申请事项 11 件，涉及资金 46481 万元，兑现时间比以往提前 3 个月左右。落实企业员工返岗补贴申领工作，共向 58 家企业的员工 1941 人发放补贴 60.7 万元。针对不锈钢行业工伤发生率高的特点，制订《集聚区不锈钢管企业设备安全规范及操作规范》，先后走访 40 余家不锈钢管企业，督促、指导整改 150 余次，发现 140 余项未整改到位的安全隐患问题，下发整改指令书 40 余份，实现工伤事故零死亡。针对涉企信访件时有发生的情况，加快信访处理进度，全年完成信访件 25 件、来访件 3 件、领导批示件 2 件和 110 应急联动反馈 46 件，联合园区司法所、园区调解中心，调解各类纠纷 45 起，涉及金额 301.46 万余元。

【非公党建工作】2020 年，集聚区松阳管委会党工委组建非公党支部 7 个，占近 5 年非公党支部组建数的 70%，职工 80 人以上党组织覆盖率比上年提升 15 个百分点。提升“六小”促党组织活力，挖掘非公党支部、党员在非公党建、疫情防控、复工复产、企业发展纾困解难等工作中好经验好做法和先进典型事迹 21 个，开展“两新党建好故事”讲演活动并在园区企业中开展“党建好故事”集中巡展。深入对接国家市场监督管理总局特种设备安全监察局，借鉴发挥总局组织、人才、技能优势，与总局党组织开展“党建联学帮建”活动。通过党建活动引领，开展党建引领绿色发展暨热交换压力管道座谈会。同时，与总局党组织形成长期“联学帮建”合作关系，为松阳不锈钢管产业把脉问诊，推动制约产业发展难题破解，提升产品竞争力。

（集聚区松阳管委会）

工业平台

【主要行业】2020 年，松阳县有黑色金属冶炼和压延加工业规上企业 46 家，是规上工业第一大产业，实现产值 61.18 亿元，同比下降 1.9%；实现增加值 8.65 亿元，同比下降 2.1%。纺织业规上企业 2 家，实现产值 14.57

2020 年 6 月 30 日，集聚区松阳管委会举行“两新党建好故事”讲演竞赛

亿元，同比下降 20.21%；实现增加值 2.97 亿元，同比下降 17.4%。橡胶和塑料制品业规上企业 6 家，实现产值 6.19 亿元，同比增长 3.5%；实现增加值 0.82 亿元，同比增长 9.6%。纺织服装、服饰业规上企业 2 家，实现产值 1.24 亿元，同比下降 45.74%；实现增加值 0.44 亿元，同比下降 44.7%。皮革、毛皮、羽毛及其制品和制鞋业规上企业 2 家，实现产值 2.50 亿元，同比下降 2.99%；实现增加值 0.65 亿元，同比增长 1.34%。酒、饮料和精制茶制造业规上企业 5 家，实现产值 2.97 亿元，同比增长 2.29%；实现增加值 0.67 亿元，同比增长 3.5%。

【优秀企业】松阳县根据 2019 年度“亩均论英雄”综合评价结果，综合得分位居全县前二十的 A 类规上工业企业有宝丰钢业集团有限公司、浙江康恩贝中药有限公司、松阳上上德盛不锈钢有限公司、浙江云中马布业股份有限公司、浙江金信不锈钢制造有限公司、浙江鹏业不锈钢有限公司、浙江隆达不锈钢有限公司、浙江科马摩擦材料股份有限公司、浙江博盛不锈钢制造有限公司、浙江锐奇鞋业有限公司、丽水鸿昌混凝土有限公司、浙江巨龙钢业有限公司、浙江香蕙茶业有限公司、浙江冠宇管业有限公司、松阳宏泰不锈钢有限公司、浙江银来钢管有限公司、浙江益大特钢有限公司、浙江鑫通达特钢制造有限公司、浙江信和微粉有限公司、松阳县国富鞋业有限公司。

市级企业技术中心有浙江骏达钢管制造有限公司、华田不锈钢制造有限公司。

市节水型企业有浙江云中马股份有限公司、浙江丽泰革业有限公司、浙铜五星金属材料有限公司。

省“隐形冠军”：浙江科马摩擦材料股份有限公司。

省级企业研究院有浙江隆达不锈钢有限公司。

省重点技术创新项目为上上德盛集团股份有限公司。

省绿色工厂有浙江云中马股份有限公司、浙江科马摩擦材料股份有限公司。

省数字化智能工厂/未来工厂有上上德盛集团股份有限公司。

省首台（套）：浙江上河茶叶机械有限公司。

省级企业技术中心有浙江科马摩擦材料股份有限公司。

（经济商务局）

交通运输　电力

红船共产党员服务队为茶园诱虫灯进行定期检修

交　通

【概况】2020年，松阳县交通运输局（以下简称“县交通运输局”）面对突如其来的新冠疫情，全体干部职工迎难而上、勇于担当，坚持新发展理念，深入践行“交通强国”和“交通先行”战略，抢抓建设高水平交通强省的历史黄金机遇期，构建安全、便捷、高效、绿色、经济的现代化综合交通运输体系，为全面建成小康社会和“十三五”规划收官奠定坚实的基础。2020年，松阳县交通项目计划投资48272万元，累计投资58981万元，实现年度投资任务的122.2%。

2020年，县交通运输系统创建成为全市首次公路养护工程项目“品质工程”示范并召开现场会，为全市历年单体最大的公路养护工程项目，参考价值、样板意义重大。GDP指标中的公路运输总周转量同比增幅全市第一名，全省26个县考核指标“四好农村路建设水平及提升幅度”第五名。丽水市对县考核交通投资增长率全市第二名，丽水生态产业集聚区松阳赤寿至卯山公路、松阳乌弄口至弓桥段公路建成通车，城北公交首末站工程完工，新客运中心实现南迁，仙居至庆元公路松阳县水南至枫坪段工程稳步推进，235国道松阳段改建工程、玉湖村（余叶—余叶口）林区道路工程开工建设。2020年，县交通运输局获评丽水市国防动员委员会先进单位。

【重点项目建设】2020年，松阳县开工交通项目4个：235国道松阳段改建工程初步设计于3月18日获省发改委批复，7月底完成施工和监理招标，8月底完成林地审批，12上旬完成项目水土保持方案审批，开工动建，年度实现投资4195万元；国省道“白改黑”工程于5月10日开工建设，9月底全部完工，实现投资5217万元；玉湖村（余叶—余叶口）林区道路工程于7月1日开工，实施部分桩基路基工程，累计实现投资553万元；城北公交首末站工程于6月底开工建设，年底前完成二层站房、维修车间、43个停车位等各项工程建设，累计实现投资666.4万元。续建项目3个：仙居至庆元公路松阳县水南至枫坪段工程全面施工，市口隧道、八旦隧道、周岭根隧道等均进场施工，呈田隧道涉铁路段1周内完成相关爆破审批事宜，于7月底铁路通车前完成全部爆破作业，累计实现投资40486万元；丽水生态产业集聚区松阳赤寿至卯山公路主体工程完工，累计实现投资7593万元；松阳乌弄口至弓桥段公路完成所有路基、路面、涵洞、支挡、桥梁、隧道等工程，12月中旬全线贯通，累计实现投资17849万元。前期项目5个：50省道二期项目选址意见书、项目土地预审意见书等办理完毕，编制社会稳定风险评估报告、初步设计文本等，出具资金承诺；235国道松阳至武义段改建工程、仙居至庆元公路松阳板桥至靖居口段完成项目工程许可文本编制；金（华）松（阳）遂（昌）龙（游）高速公路松阳段完成前期调研，规划线位文本报送省交通运输厅；江北公路完成线位方案编制。

新客运中心鸟瞰图

【疫情防控工作】2020年初疫情突发以来，县交通运输局坚决落实中央、省市县疫情防控决策部署，迅速行动、全员上阵。第一时间传达各级疫情防控会议精神，第一时间成立疫情防控领导小组，及时制定客运班车、公交车停运复工、返岗复工人员健康监测防控、“三返”人员接驳等各类方案，确保防控有机制，措施落实到位。牵头设置卡点。前期，由该局牵头联合县公安、县卫健、各乡镇等在客运站、高速公路、国省道出入口等设立7个交通卡点，开展24小时体温检测和车辆入境登记，局领导深入一线指导解决存在问题，各卡点均成立临时党支部，形成统一指挥、分工协作的防控氛围，疫情防控前期日均检查登记车辆2800余辆，摸排6500余人次。助力复工复产。2月12日起逐步恢复客运班车、公交车线路，逐步实现100%恢复运营。西竹玉公路、乌弄口至弓桥公路、黄南淹没区改建公路、赤卯公路等交通重点项目全面复工。深入开展“三服务”活动，协助全县20家道路运输企业全面复工。协助全县卡点执勤。抽调全系统工作人员参与茶叶市场，农贸市场、茶青市场、社区卡点等执勤工作，累计执勤1300余次，参与执勤2900人次。

【交通惠民行动】2020年，县交通运输局全面实现省民生实事：改建公交站点1个，新建和改造提升农村公路100千米，建成美丽经济交通走廊90千米，新建农村港湾式停靠站32个，村级物流服务点191个。县民生实事：改造提升公路58千米，新建城北公交首末站，新增新能源公交车14辆，新增微公交线路1条，建设智能电子公交站牌及配套设施23套，在建成区投放共享电动自行车200辆。平稳有序开展春运工作，春运期间共投放运力客车70辆1546座，客运出租车18辆90座，公交车61辆2281个站座位，参与春运驾驶员205人，受疫情影响，全县于1月28日起暂停县际班车、农村客运班车、公交车营运，至2月19日全面恢复，春运运量下降明显，共发3353个班次，运输旅客3.4万人次，周转量171.4万人千米。继续推行公交优先发展，为全县100余家企事业单位工作人员续办公交公务卡6000余张。

【航运管理】2020年，县交通运输局以渡口安全监管、"美丽渡口""美丽渡船"创建为重点，全面加强航运管理，航运安全呈现安全平稳态势，连续35年保持无水上航运事故。全年开展安全巡查30余次，发现安全隐患1起，整改1起。落实《安全生产专项整治三年行动方案》，对全县2艘渡船、1艘游船、1艘交通船舶及辖区31千米航道进行6次全面的排查，未发现渡船、自备游船等水上运输企业及船舶非法经营，发现1艘"三无"船舶，通过与当地乡镇联合执法，船主把"三无"船舶拖离水面消除安全隐患。开展渡口、渡船的卫生防疫工作，消杀渡口20余次、船舶40艘次。对谢村水库"美丽渡口"工程竣工进行验收。

【"平安交通"建设】2020年，县交通运输局推进"平安交通"建设，全县交通运输行业安全生产形势平稳向好，安全生产责任事故控制良好，没有发生较大以上道路交通事故和交通建设工程安全生产责任事故，没有发生水上运输、火灾事故。在建工程方面：开展农村公路安全专项检查40余次，联合市质监站开展综合督查2次，共签发安全检查意见书12份。组织各在建工程安全管理人员30余人观看学习教授傅长荣讲授的《桥梁高墩作业安全技术要点》课程，进一步提高项目参建各方人员对安全工作重要性的认识。道路运输方面：开展对28家企业检查264家次，下发整改通知书11份，查处安全隐患316起并全部整改，开展市县联合打击黑车行动2次。落实"雷霆行动"要求，开展联合执法9次，出动交通执法145人次，抽查车辆210余辆、抽查从业人员320余人，约谈企业4家次，暂扣不合规车辆1辆、非法营运车辆3辆，责令停运危运货车2辆，清退不合规从业人员2人。公路养护方面：开展隐患大排查6次，安全管理检查14次，检查发现一般安全隐患42处，全部完成整改，整治省级事故多发点段1处。投入2083万余元完善农村公路安全生命防护工程；投入280万余元进行危桥改造4座；投入220万余元实施提质升级隧道2座；投入406万余元完成国省道安全隐患整治工程。水上运输方面：全年开展安全巡查30余次，发现安全隐患1起，整改1起。

【交通依法行政】2020年，县交通运输局依法履行交通运输行政审批和便民服务职能，提升交通运输公共服务能力，加快推进"最多跑一次"改革向交通运输公共服务领域延伸，着力优化服务流程、改进服务方式、提升服务效率，让群众办事更加方便高效，出行更加安全便捷。落实法律顾问制度，与松州律师事务所签订法律顾问协议，在行政执法、重大行政决策事项、信访等法律事项，及时与法律顾问沟通，在法律层面给予把关，参与协同处理，全年法律顾问参与相关工作4件次。坚持严格规范公正文明执法。全年开展掌上执法检查172次，双随机任务设置5个，抽取企业7家，检查7次，跨部门联合执法检查2次，其中牵头制订跨部门任务数1次。共办结行政处罚案件539件，罚款金额405.18万元，未发生行政复议和行政诉讼情形。

【城市治堵绿色交通】2020年，县交通运输局持续推进公交优先发展战略，县公交公司新购置清洁能源公交车14辆，微公交6辆，全县现有公交车94辆，新增田园松阳特色电子公交站牌23个，累计建成53个，通过开展"公交免乘体验日""公交云卡体验"等活动，增强市民乘坐公交车出行的意愿。9月11日，正式启用松阳新客运综合服务中心，进一步完善城市交通功能布局；9月27日，衢宁铁路(浙江段)松阳站正式开通运营，结束松阳不通火车的历史，并且城北公交首末站建设竣工，新开通8路火车站公交线路、"微01"微公交线路等，方便市民及游客出行。新建城市道路1.1千米，新增公共停车位479个，全长5.3千米的火车站站前大道建成投用，松阴溪绿道全线全立交贯通，进一步优化道路网系，改善出行环境。严管严治交通违法行为，实现道路路口机动车守法率90%以上，非机动车和行人守法率80%以上，机动车违法停车行为控制在2辆/千米以内。全县32个行政事业单位和国有企业573个停车位向市民错时开放，主城区的公共停车场全部实施差别化停车收费，有效缓解城区群众停车供需矛盾。

（县交通运输局　刘科伟）

公 路

【概况】截至2020年底，松阳县公路管理局（以下简称“县公路局”）有在职事业干部职工26人，编外用工14人，在职党员20人，本科学历20人，大专学历25人，高级职称5人，中级职称25人。内设办公室、计划财务科、工程管理科、养护管理科、农村公路管理科、桥隧安全科、路政管理科7个科室，路政管理科下辖西屏路政中队、象溪路政中队、古市路政中队和路政治超中队。担负全县69千米国省道和1225千米农村公路的养护管理、路政管理等行业管理职责。

【美丽经济交通走廊】2020年，全县累计投资9312万元，创建美丽经济交通走廊90千米，创建公路涉及6条，其中国省道2条、农村公路4条，创建内容包括路面大中修、护栏修复、生命安全防护、病害处理、日常养护等；同时加强农村公路路况质量的提升，开展农村公路路况检测前相关工作。

【推进“四好农村路”建设】2020年，松阳县全面实现“四好农村路”建设任务。累计投资约4亿元，打通自然村、断头路8.8千米；改扩建通乡镇、景区等公路10.98千米；低等级公路提升工程61.4千米；农村公路大中修86千米；4米以上落差路段生命安全防护工程44千米；建设（改造）普通公路服务站5个；实施农村公路危桥改造2座；建设（改造）乡镇运输服务站1个；建设港湾式停靠站70个；建设农村物流点191个；更新车辆2辆。持续施行年农村公路水毁保险机制，全县1440.05千米农村公路总保险费234.5万元，公路保险总金额24.53亿元，保险费率为0.864‰，着力提升农村公路风险保障体系建设。

赤寿乡界首服务站

【路政管理工作】2020年，县公路局路政大队上路巡查3277人次，纠正并拆除非公路标志牌5块，处理路产赔偿案件23件，及时纠正违法占用公路用地、擅自开接道口等各类违章23件，收取赔补偿款12.2万元。查办违法超限案件492件，罚款376.08万元，联合县交警大队开展常态化超限专项整治，现场查处287辆次，交警罚款19.69万元，驾驶员累计记分1548分。案件查处率、结案率100%。运用非现场执法系统等科技手段，加强对重点违法车辆的管控，日均超限率及单车超限程度明显降低，超限率从原来的50%以上下降至20%左右，重点超限对象单车超限率从普遍超限100%以上基本下降至30%以下。

【干线公路养护】2020年，县公路局实施省市县各级下达工程项目5个，项目交（竣）工质量评定10个、竣（交）验收项目7个。其中，全县普通国省道养护大中修工程（G235新海线、S222龙丽线），批复预算7862.76万元；G235新海线(松阳境)路面应急抢修工程，批复预算900.70万元；“四好农村路”大中修工程，批复预算2933.92万元；“四好农村路”安全生命防护工程（村道），批复预算2083.13万元；港排线（弓桥—黄南段）应急抢修工程，批复预算634.22万元。截至12月底，各项工

国道大中修现场

程全部完工。

【科技信息化工作】2020年，县公路局推行“四新技术”，在国省道“白改黑”工程当中，以共振碎石化、沥青智联管控系统、路面标线传统升级三大块质量提升为特色，同时注重项目留痕管理，要求项目部对施工现场影像资料均采用水印相机记录，对施工现场存在问题在质量安全管理群中要求项目部立即整改，确保施工项目保质保量实施。开展项目市级品质工程创建工作，即为丽水市首例公路养护大中修项目提出创建“品质工程”。

【机构改革】2020年，县公路局配合县委编办及主管局，开展事业单位机构改革工作。截至9月底，基本完成交通运输发展中心和公路应急抢险中心的人员定编，其中核定交通运输发展中心编制数26人，设置综合科等9个科室，抢险中心编制数27人。在此基础上，开展人员招聘工作，截至12月底，招入事业人员2人，招聘编外用工6人。

【迎国检工作】2020年，县公路局开展迎国检工作早动员、早部署、重项目、重监督，多次召开迎国检工作部署会和推进会，并多次组织开展现场督查，及时发现问题解决问题，同时自我加压，通过打造品质工程提升路况质量。县域普通国省道养护大中修工程是历年乃至丽水市单体投资额最大的公路养护项目，时间紧，任务重，倒排时间，抓工程进度。尤其是在G235国道被确定为抽检路段后，及时通过路况数据分析，剖析病害产生原因，合理组织施工队伍通过半幅封道、断流等安全管制方式对破碎值、平整度较差路段进行大中修处治，在检查组检测前全面完成迎国检路段路面应急抢修工作。

（县公路管理局　许士发）

道路运输

【概况】2020年，松阳县道路运输管理局（以下简称“县道路运管局”）核定事业编制18人，其中局长1人，书记1人，副局长3人，内设科室4个，分别为客运安全科（公共交通）、法制许可科（维修驾培可）、货运稽查科（信息中心）、办公室。实有在职职工28人（包括协管员等），退休职工17人，遗属2人。

【城乡道路旅客运输】2020年，松阳县城乡道路旅客运输综合体系保障能力和服务水平实现跨越发展。提升城乡客运一体化发展，做好客运站的搬迁工作，实现县际县内客运班线和公交转运无缝衔接；北山首末站—火车站公交线路、板桥—丽水畎岸跨县公交线路和县城内古城区微公交新线路陆续开通运营，拓宽全县公交运营范围和覆盖面；建成农村运输服务站1个(三都乡),淘汰隐患问题客车2辆；提升便民利民惠民服务满意度。新建和改建公交候车亭32个，主城区公交站点500米覆盖率98.2%，公交候车亭建设辐射到11个乡镇（街道），累计投入项目资金187.47万元。建成智能电子公交站23个，投入资金192.8万元。购置新清洁能源公交车14辆，微公交6辆，并于6月实现城市公交车驾驶区隔离装置安装率100%的目标。

【货运物流行业】2020年，县道路运管局持续完善农村电商物流网络建设，引导松阳城乡物流有限公司做好县、乡、村三级农村电商物流服务网络平台，推进与电商、民宿、农旅景区、农业合作社、邮政等农村物流需求较大的服务载体融合发展，投入资金47.5万元，高水准建成农村物流服务点191个，全县19个乡镇（街道）网点全覆盖，城乡居民享受物流服务差距进一步缩小。开展道路危险货物运输专项整治“雷霆行动”。通过部门联动，不定时开展整治，全面落实企业安全生产主体责任，全力防范危险货物道路运输事故。严厉打击危险化学品道路运输违法行为，查处3辆货运车辆未办理道路危险货物运输经营许可和旅客运输擅自经营活动，涉案金额3.6万元；约谈3家危运企业，对动态监控监管不到位企业开出行政罚单，增强企业主体责任；通过进企摸底调查和路面排查，排查出挂靠车辆18辆，外县（市）长期驻点松阳经营车辆6辆，按期完成危运车辆挂靠清理工作。

【驾培维修行业管理】2020年，县道路运管局推进“绿色”维修，打好道路运输市场蓝天保卫战。落实机动车排放检验与强制维护制度（I/M制度），建立完善排放检验和维修治理信息共享机制。建成I站尾气的检测站和M站尾气排放维修站点，于9月投入运营。淘汰国三及以下的农村客运班车2辆，营运重型集装箱牵引车和危货运输柴油车辆79辆。

【行业监管工作】2020年，县道路运管局持续施行道路运输行业监管，提高监管的精准性和有效性。严格落实24小时车辆动态管理，采取一日5班制，共组织值班420班次，强化对企业危货营运期间的监管，全面加强危运领域安全风险防范，第一时间消除和处置异常工单情况。开展全县道路运输系统安全生产隐患大排查行动。按照专项行动的内容和要求，在企业自查自纠的基础上，组织工作人员，对县域内的各家企业进行排查，在安全生产月期间对县域28家道路运输企业开展检查40次，采取“四不两直”和“双随机一公开”，建立问题、责任、整改“三清单”，确保整改措施的落实。组织相关科室对道路运输企业每月进行安全生产大检查1次，共开展检查264家次，下发整改通知书11份，查处安全隐患316起并全部整改。出动稽查人员845人次，检查车辆2358辆，办理行政处罚案件5起，其中客运案件2起、货运（危货）案件3起，罚款金额5.5万元。

【新冠疫情防控】2020年，县道路运管局自1月23日（农历十二月二十九）接到命令起，立即联合县公安、县卫健等部门安排人员在松阳、象溪、古市3个高速出口设立卡点，全天候24小时对进入松阳县境内的车辆和人员进行体温测量和登记，至2月19日14时卡点撤离，计28天672小时252人次。谋划为企，疫情缓解前期，选派人员担任驻企服务员，深入一线开展服务，通过把服务企业和企业防疫相结合，有序推进道路运输企业的有序复工。于2月6日第一时间打开防疫物资绿色通道，韵达快递、顺丰快递等物流企业把全县紧缺的防疫物资从县外运送到松阳，缓解县内防疫防控紧张局面。2月底，因谋划在前，全县10家快递企业和20家物流企业全面复产复工，打通“交通生命线”。问难于企，在指导企业具体安全复工的同时，及时了解掌握复工企业面临的困难和问题，先后上报《驻企服务员周报》6期，上报《松阳物流行业疫情复工复产期间问题分析》，特别是对“物流企业货源不足，运输量同比下降，车辆活跃度恢复慢”“免除过路费以及油价降低，导致车主被迫接受低运费运输”等问题提出建议。做好复工初期企业口罩紧缺工作，向省公路运输服务中心和县有关部门争取到口罩3600余个，并向部分急需企业赠送护目镜15个。服务为民，保障平稳复工，疫情稍缓，为满足企业返岗工人需求，组织调配运力安排接驳车辆和人员到丽水高铁站接送“三返”人员，打造点对点专线运送服务。截至2月18日，共安排车次13次，接驳人员177人次，在做好防控工作的同时，保障群众有序、安全、平稳出行。配合县人力、县卫生等部门开展茶叶采摘工人运送车辆检查，切实保障疫情防控期间全县茶产业安全平稳复工。在此次防疫工作中，全局有中共党员2人被评为省市防疫先进个人，干部职工捐款5000余元。

（县道路运管局）

铁 路

【衢宁铁路】衢宁铁路为《国家中长期铁路网规划（2008年调整）》《“十二五”综合交通运输体系规划》和省铁路“八八计划”第一批建设项目。根据铁路总公司、浙江省政府、福建省政府新建衢州至宁德铁路初步设计的批复，衢宁铁路始于浙江省衢州市，向南经遂昌、松阳、龙泉、庆元，穿百丈山进入福建省，经松溪、政和、屏南、周宁至宁德市，全线设30个车站，正线全长379.17千米，初步设计概算总额274.11亿元。衢宁铁路项目功能定位为客货兼顾的区域性铁路，标准为国铁Ⅰ级电气化，单线预留双线条件，设计时速160千米，施工总工期60个月。衢宁铁路松阳段全长41.27千米，估算投资30亿元左右。工程涉及8个乡镇、34个行政村和4家单位，铁路红线内用地面积121.10余公顷，拆迁房屋500余户，面积7万余平方米，坟墓迁移2000余穴。其中，21.38千米的松阳先期开工段为衢宁铁路浙江段先期开工工程。衢宁铁路松阳段项目建设包括站场1座、会让站2座，单线隧道5座计25千米、桥梁11座，路基13.53千米，涵洞76座。

省市县及铁路部门领导高度重视衢宁建设。2月25日，县委常委、常务副县长郑伟坚到衢宁铁路松阳站站房调研复工及防疫工作落实情况。5月15日，县委副书记、县长李汉勤到衢宁铁路松阳站站房指导建设工作。5月22日，副省长刘小涛在省政府办公厅副主任李耀武、省交通运输厅副厅长任忠、丽水市副市长楼志坚，县委书记王峻、县长李汉勤等陪同下，调研衢宁铁路松阳段项目建设。6月12日，中国铁路上海局集团有限公司董事长兼总经理应慧刚一行到松阳站站房及站前广场检查工程建设进展情况。6月18日，中国铁路上海局集团有限公司金华货运中心主任杜建波、副主任陈登科一行到松阳，开展关于衢宁铁路货源调研。7月10日，县人大常委会主任徐为民调研松阳火车站站房及站前广场、大道项目推进工作。7月13日，县委副书记、县长李汉勤调研松阳火车站站房工程建设情况，县委常委、常务副县长郑伟坚研究落实衢宁铁路运行前与上海铁路局相关工作对接并主持召开火车站站房及大道工作推进会。7月16日，沿海铁路浙江有限公司党委书记、总经理，九景衢铁路公司总经理何晓检查衢宁铁路松阳段站房、站坪建设情况。7月21日，县委副书记周鸿飞调研县域铁路建设工作。8月4日，省发展改革委副主任李军一行调研衢宁铁路松阳段建设工作。8月25日，县委常委、常务副县长郑伟坚实地督查铁路路外环境整治和站前、站房工程建设情况，并慰问高温下工程建设者。9月27日，市领导胡海峰、虞红鸣、陈瑞商、杜兴林、楼志坚及县四套班子领导出席衢宁铁路（浙江段）松阳站通车仪式，县委书记、县长李汉勤致辞，县委副书记周鸿飞主持通车仪式。10月19日，市人大常委会副主任邹培书一行实地视察松阳火车站站房、站前大道及广场建设。

2020年，县铁办坚持疫情防控和复工复产“两手抓两战赢”。针对年初突发新冠肺炎疫情对铁路施工带来的不利影响，铁路指挥部专门组建“三服务”帮扶工作组，春节期间就分组到各项目部驻地排查外来人员情况，分解细化各项目部返松阳管理人员、施工人员监管方案，协调解决多批外来务工人员居住、原材料运输等因疫情带来的问题，对区域内6个施工项目部做好人员返岗、疫情防控、复工复产等服务帮扶工作。自2月18日复工建设至2月底，6个项目部全部复工复产，松阳段各项目部外来人员基本返岗到位。全年各项目部未发生疫情事故，未发生因疫情影响铁路施工问题，保障了各项目施工的顺利推进。

2020年，县铁办加快推进“小三改”工程建设，努力克服施工后期资金、人力不足问题，松阳段共涉及“小三改”项目147项。至12月底，完工145项，完工率98.64%，极大方便沿线群众的生产生活；实施大路下、孔槽源、后周包、上源口、上徐山、小苏坑、乌弄等区块20余公顷临时用地的复垦；实现315户8万余平方米受损房屋的“炮损”补偿工作；配合铁路施工单位开展隔声窗等设施的建设，尽力减少噪声扰民；督促项目部完成十三都源电站、上坞隧道出口等道路的修复，保障沿线群众安全出行。

2020年，县铁办根据《铁路安全管理条例》，按照九景衢铁路公司的要求，深入开展路外环境安全整治，会同沿线乡镇、相关部门，对存在安全隐患的广告牌、塑料大棚、彩钢瓦房、铁皮房、大型堆场、易燃品等280余处点位，通过清理、拆除、加固等方式，进行全面整治，消除铁路开通运营带来的安全隐患。常态化开展安全排查，全年共开展专项检查3次、日常施工巡查50余次。主动对接，提前介入，会同县劳动部门开展各项目部农民工欠薪调查，及时协调处理反映的欠薪问题，消除社会隐患。

【衢宁铁路建成通车】2020年9月27日，松阳县举行衢宁铁路（浙江段）松阳站开通仪式。上午10时47分，首列D9558次列车缓缓驶进松阳车站，结束了松阳不通火车的历史。中共丽水市委书记胡海峰，丽水市人大常委会主任虞红鸣，丽水市政协主席陈瑞商，市委常委、常务副市长杜兴林，副市长楼志坚出席衢宁铁路（浙江段）松阳站通车仪式，市人大常委会主任虞红鸣宣布衢宁铁路松阳站开通，县委书记、县长李汉勤致辞，县委副书记周鸿飞主持开通仪式。衢宁铁路开通首个“十一”黄金周，松阳火车站发送旅客19690人次，日均发送旅客2461人次；9月27日开通至12月底，松阳站累计发送旅客78358人次，日均发送旅客816人次。

【衢宁铁路总结表彰暨衢丽铁路征迁动员会议召开】2020年12月29日，松阳县召开衢宁铁路松阳段总结表彰暨衢丽铁路松阳段征迁动员会议，贯彻落实全省铁路建设动员会议精神，总结衢宁铁路松阳段项目建设成效经验，表彰先进集体和个人，并对衢丽铁路征迁工作进行总体部署。县委书记、县长李汉勤出席并讲话，市铁委办主任罗孝林、衢丽铁路公司董事长周霖、副总经理练志明，县领导徐为民、周鸿飞、潘仲珏、郑伟坚、梅显云、廖卫民等出席会议，衢宁、衢丽沿线乡镇村及铁路指挥部成员单位、全体工作人员等参加会议。与会人员观看了衢宁铁路建设宣传片，县委副书记周鸿飞宣读县政府关于衢宁铁路松阳段工程建设表彰文件，衢宁铁路松阳段工程建设指挥部、县自然资源和规划局、新兴镇、斋坛乡、叶村乡、樟溪乡各记集体三等功1次，县公安局、县铁办、县征收办、大东坝镇、竹源乡、安民乡、赤寿乡各获集体嘉奖1次，丁俊等129人各获嘉奖1次。

2020年12月29日，衢宁铁路松阳段总结表彰暨衢丽铁路松阳段征迁动员会议

【衢丽铁路】衢丽铁路为国家“十三五”铁路规划和省铁路“八八计划”第二批建设项目。项目一期松阳至丽水段西连衢宁铁路松阳站，东接金温铁路丽水站，线路全长65.30余千米，项目估算投资约90.86亿元，工期4年。铁路等级为Ⅰ级，正线数目为双线，速度目标值为200千米/小时，电力牵引。松阳段全长24.11千米，估算投资约33.54亿元。工程涉及西屏街道、水南街道、叶村乡、斋坛乡、三都乡、板桥乡6个乡镇（街道）12个行政村，拟征地面积40公顷，拆迁房屋1.8万余平方米，松阳段境内桥梁12座，隧道10座，路基2.5千米。衢丽二期衢州至松阳段线路起自在建杭衢铁路预留衢江站（建衢铁路）引出，终于衢宁铁路松阳站，正线全长90余千米。按双线客专速度目标值250千米/小时设计。衢丽铁路项目为浙江省“大花园”运输通道建设的支撑性工程，主要承担华中、西南地区经衢州与丽温地区的客货流，

是温州港货物集疏运的重要通道。同时与九景衢、金温等铁路，构成赣北、皖南地区以及湖北等省便捷出海通道。项目的建设有利于完善浙西南路网布局、强化路网能力、扩大路网辐射范围，完善经济空间合理布局，有效促进松阳县高质量绿色跨越发展。

2020 年 4 月 15 日，浙江省发改委正式批复新建衢州至丽水铁路（松阳至丽水段）项目可行性研究报告（浙发改基础〔2020〕99 号），为完善浙西南铁路网规划布局，支撑衢丽“大花园”建设，增强路网灵活性，促进区域经济社会发展，同意新建衢州至丽水铁路（松阳至丽水段）项目。批复项目主要建设内容：项目起自在建衢宁铁路松阳站，途经丽水市松阳县、莲都区，终于金温线丽水站，新建正线长 65.24 千米，建设工期 4 年。项目新设桥梁 28 座 10.32 千米、隧道 25 座 45.47 千米，工程桥隧比约 85.5%。全线分布松阳站、丽新（东西岩）站、丽水站 3 个车站，其中新建丽新（东西岩）站 1 座。主要技术标准：铁路等级为国铁 I 级，客货共线；正线数目双线；设计行车速度 200 千米/小时；最小曲线半径一般 3500 米，困难 2800 米，限制坡度 6‰，电力牵引。项目总投资 91.75 亿元，其中静态投资 85.47 亿元，项目资本金 44.34 亿元。

2020 年 10 月 27 日，浙江省发改委批复新建衢州至丽水铁路松阳至丽水段初步设计（浙发改项字〔2020〕215 号），批复建设规模和内容：衢宁铁路松阳站（含）至金温铁路丽水站（含），正线全长 65.30 余千米，丽水上行客车疏解线 2.31 单线千米，金温线改线工程 2.38 单线千米。设计年度：初期 2030 年，近期 2035 年，远期 2045 年。运输组织模式：采用动车组、普速客车和货物列车共线运行的运输组织模式。车站分布：全线设松阳、东西岩、丽水 3 座车站。其中，松阳和丽水为接轨站，东西岩为新建站。主要技术标准：铁路等级 I 级，正线数目双线，旅客列车设计行车速度 200 千米/小时，正线线间距 4.4 米；最小曲线半径：一般 3500 米、困难地段 2800 米，限制坡度 6‰；牵引种类电力；机车类型：客，动车组、HXD；货，HXD，牵引质量：400 万千克，到发线有效长度：850 米，闭塞方式：自动闭塞。批复还就线路及轨道、地质、路基、桥梁、隧道、站场、机务、车辆、通信、信号、信息、灾害监测、电气化、电力、给排水、环保、综合维修、房屋建筑、总概算和工期作了明确。初步设计概算总额按 908594 万元控制，其中静态投资 845794 万元。

【衢丽铁路开工建设】2020 年 12 月 28 日，衢丽铁路松阳至丽水段项目开工仪式在莲都区丽新畲族乡白岸口村举行。中共丽水市委书记胡海峰宣布开工。中国铁路上海局集团有限公司副总经理杨建中，浙江省发改委副主任李军，浙江省交通投资集团董事、党委委员、副总经理陈江，中铁第四勘察设计院常务副院长田要成，中铁隧道局集团有限公司总经理曹彬，沿海铁路浙江有限公司党委书记、总经理何晓，市领导虞红鸣、陈瑞商、杜兴林、徐光文、楼志坚等领导参加开工仪式，县委书记、县长李汉勤作表态发言，县直相关部门、沿线乡镇主要负责人参加活动。

（县铁办）

电　力

【概况】2020 年 10 月，国网浙江松阳县供电有限公司由国网浙江省电力有限公司（以下简称“省电力公司”）子公司改制为分公司，名称变更为国网浙江省电力有限公司松阳县供电公司（以下简称“县供电公司”）。改制后，王笑棠任总经理、党委副书记，吴常春任党委书记、副总经理。全年售电量 7.81 亿千瓦时，同比增长 3.12%；完成固定资产投资 1.36 亿元，其中配网投资 0.98 亿元；安全生产日 6476 天，连续 17 年安全无事故。2020 年，公司获评全国模范职工之家、全国市场质量信用 AA 级（用户满意）企业等国家级荣誉。同期线损管理、供电可靠性提升、供电所管理提升等工作获丽水市电力系统典型示范。

2020 年，松阳县最高用电负荷 16 万千瓦；全社会用电量 8.23 亿千瓦时，同比增长 1.49%。“十三五”期间，全县用电量年均增速 10.65%。一季度受疫情影响，用电量下降 14.01%；4 月当月增速转正，二季度用电量增长 5.34%；三季度增长 10.09%；四季度增长 0.71%。第一产业用电量同比增长 29.09%，第二产业同比下降 3.04%，第三产业同比增长 6.32%。全社会用电量比“十二五”末增长 64.43%，其中第一产业、第二产业、第三产业分别增长 208.03%、55.92%和 71.55%。十一大行业（其中农、林、牧、渔业；交通运输、仓储和邮政业；信息传输、软件和信息技术服务业；批发和零售业；房地产业；租赁和商务服务业）六大行业实现正增长，分别为 28.82%、45.49%、7.47%、11.95%、27.56%和 6.07%；另外工业、建筑业、住宿和餐饮业、金融业、公共服务及管理组织五大行业受疫情影响，用电量分别下降为 2.58%、12.92%、4.62%、1.5%和 2.21%。

【安全生产】2020 年，县供电公司完善安全管理体系，试运行安全管控分中心，创新“安全色标”管理。执行安全警示约谈“说清楚”制度，签发警示单 4 份，执行“说清楚”4 次。促成省电力公司安全专项奖惩调研。出台低压、小散作业计划管控方案，明确带电作业配合工程实施职责界面，编制《带电作业反违章稽查细则》。开展安全生产专项整治、安全隐患大排查等行动16项，完成安全性评价复查评，基于无人机智能巡检的隐患排查治理体系入围浙江省电力公司优秀示范点。支援缙云抗台复电，联合成立电力综合行政执法办公室，获评丽水市公安联络室先进集体。公司“一把手”讲安全课获国家电网有限公司通报表扬。

【电网运行维护】2020年，县供电公司坚持“运行+运维”赋能，创新配网智能运行管控体系和“1+1+N”智能运维管控体系。采用无人机“双模”智能巡检模式，完成83条线路定制巡检建模，实现人工精细化巡检全覆盖，发现缺陷近万条。承办丽水市无人机现场会，基于无人机智能巡检的设备隐患防治体系获浙江省电力公司优秀隐患示范点。试点AI智慧调度体系，以分层分级、工单化管控、授权考核等手段赋能“三级管控”，明确“五先五后”配网故障处置原则，故障次均停电时户数同比下降20.80%，获评丽水市供电公司专项建设先进单位。户均停电时长突破3小时，管理模式入选浙江省电力公司专业典型。完成中压线路图数治理、通过10千伏分支线直调验收。承接110千伏变电站35千伏及以下设备检修权试点，建立偏远变电站站所联动检查机制，“市、县、所”三级联动提速故障处置。创新绝缘平台作业，实现10千伏一、二类属地带电作业全覆盖，中心网格取消计划停电，带电作业、保供电次数全市领先。以“一线一单”加速配电自动化建设，有效覆盖象溪供区。配合110千伏古市变技改增容，3座35千伏变电站完成C级检修。

【电网建设】2020年，县供电公司编制“151”多元融合高弹性生态电网战略方案落地，1个案例入围浙江省电力公司优秀案例评选。以“核心团队+网格长”形式自主修编松阳电网“十四五”规划，形成三年4亿元项目储备库。明确“电缆双环”“六化”建设标准，建设标准化电网。办理属地复工手续，促成2个电网项目政府专班，推进500千伏夏金输变电、丽西－莲都Ⅱ回线路及110千伏叶水变等市供电公司重点项目，助推220千伏西南电网补强、110千伏火车牵引站等工程投产。落实220千伏樟溪变等7座变电站选址选线。35千伏枫坪变“三证”办理获省电力公司通报表扬。全年投产35千伏靖居变等电网建设项目98个。把《丽水市居民住宅小区电气设计技术导则》纳入出让地块规划设计条件，规范小区用电设施建设。与县城投公司签订战略合作框架协议，推进老旧小区改造、既有住宅加装电梯等民生项目。深化配改办及3个项目部建设，施工日计划执行率100%，监理项目部获评省电力公司“十佳”项目部。

服务衢宁铁路建设

【服务升级】2020年，县供电公司服务疫情防控、复工复产，贯彻国家阶段性降价政策，推出“服政·惠民·助企”20大举措和春茶加工供电服务8大举措，累计降低用电成本1968.37万元，1支红船共产党员服务队及4名员工获评市供电公司防疫先进集体和个人。以“供应链金融”形式帮助中小企业融资1145万元。服务黄南电站、衢宁铁路改造等民生工程，助力黄南电站提前并网发电、衢宁铁路顺利通车。

建成无人营业厅，推广“网上国网”4.15万户、智能缴费1.92万户，服务用户办电“一次都不跑”。落实“三零四省”要求，开放低压新装及增容容量至100千伏安。以“串改并”优化业扩全流程管控体系，推行“双客户经理”“即插即用”等模式，高压业扩时长同比压降49.1%。推动政府出台需求响应激励补贴政策，形成2.18万千瓦电源侧资源池、4.54万千瓦用户侧资源池，安装分钟级、秒级可调控负荷终端4个。建成2座公交充电站，投产智慧用电项目2个，建成1个全电景区和38个全电民宿，打造精品台区带1条、精品台区10个，服务能源消费清洁低碳转型。完成中国（国际）茶商大会等大型保供电任务16次。

【经营管理】2020年，县供电公司制定提质增效举措29项、任务57项，消耗处置存量资产347.32万元，废旧物资处置清理收入108万元。接收迁建资产260万元、用户资产832万元。同期调整所有高压用户供售。消除10千伏负损线路，综合线损率同比下降1.08个百分点，提质增效500万元。同期线损7次入围国网公司百强县公司、2次入围百强供电所。提质供电所管理，供电所管理提升工作获市供电公司总经理特别奖，2家供电所入围全市前十。1个班组、1个供电所分获省电力公司五星级班组、供电所。成立自有土建班组，推行配网零星抢修、业扩快响、表计轮换等业务属地化消纳。开展业务外包人员分级评价和星级评定，自有施工队伍获正好集团配网技能竞赛第二名。强化产业单位开源节流，无人机、不停电作业分别结算266万元和1479.29万元。推行数字化审计监督，廉洁风险防控“两册一图一桌签”全市推广。完成省电力公司党委巡察、公司原执行董事离任及产业单位负责人任期经济责任审计，获丽水市内审协会表彰3项。授权发明专利3项，管理创新、质量控制获市供电公司及以上奖项4项，卓越管理案例获省电力公司二等奖。2项成果分获长三角“三省一市”职工优秀创新成果、浙江数据开放创新应用大赛银铲奖。公司获市供电公司绩效考核优胜单位，产业单位业绩考核位列全市第二。

【企业文化】2020年，县供电公司召开第四次党代会，选举产生新一届两委班子。开展“基层党组织提质增效年”活动，构建“4+2”全员党建工作责任体系，营造“党委坚强、支部管用、党员合格”党建生态。创新思想解放“双再”实践载体，承办第二片区“以思促奋进”论坛，获评省电力公司优秀微文化课。深化“红船精神、电力传承”特色实践，跨区、跨企结对党支部6个，“一户一策一干部”结对帮扶农户77户，完成年度“千户万灯”公益项目，“电力爱心超市”开进西藏那曲。推进“四季暖心”“十件民生实事”，移交退休人员社会化管理。培育“和美”文化，小港所、慧美劳模工作室分获省电力公司“五小”供电所示范点、劳模创新工作室示范点，象溪所获评省电力公司魅力“红船·光明书舟”、浙江省职工书屋。“老屋拯救”社会责任根植项目获市供电公司一等奖，入选省电力公司年度十佳、国网公司重点目录。1人获评“浙电工匠”“丽电劳模”。公司被评为丽水市供电公司精神文明建设先进集体；获丽水市“青年文明号”和浙江省“巾帼文明岗”称号。

（县供电公司　李超）

信息互联网

独山夜景

邮政业务

【概况】2020年，中国邮政集团公司浙江省松阳县邮政分公司（以下简称“松阳分公司”）现有从业人员143人，机构设有综合办公室、市场营销部、寄递事业部，4个支局和2个邮政储蓄所。市场营销部下设1个金融业务中心、1个营销班，寄递事业部下设1个揽投部、1个投递组。是省、市、县三级文明单位、县级文明行业和县劳动关系和谐企业。现有农村邮路45条，投递段道56条，服务面积1406平方千米，担负着全县24.06万城乡人民群众的邮政通信普遍服务。2020年，松阳分公司深入学习贯彻习近平新时代中国特色社会主义思想和中共十九大精神，推动全面从严治党，扎实开展“不忘初心、牢记使命”主题教育，弘扬践行“浙西南革命精神”，坚持问题导向、目标导向、结果导向，努力打造寄递业务行业“国家队”战略目标，以“三个视角”“三个规律”，找差距、抓落实，破解难题，持续加快推进“三个一把手”工程，为邮政转型发展打下扎实基础。

【邮政普惠服务】2020年，松阳分公司全面实现全县空白乡镇邮政局所补建、村邮站和信报箱建设，全县203个（原有401个）建制村，建有98个联合村邮站，实现村村通邮，使农村老百姓与城市老百姓享受到同等邮政服务。该公司在全县原有20个（现有19个）乡镇（街道）6个邮政自建网点基础上，补建成14个邮政空白乡镇网点，实现乡乡有邮政网点，发挥公共服务作用，方便了村民用邮。村邮站增加普法宣传进村邮、邮乐购、代缴水费、金融服务站等项目，通过叠加金融便民服务后的村邮站服务农村客户群全方位，邮政形象进一步提升。此外，该公司积极探索公益包裹项目、“爱心邮路”“预防邮路”建设、加大代投自提网络建设等项目。推进普服转型工作，通过复制推广、以点带面，确保全县20个普服网点实现30%转型的目标，力争实现50%转型的目标。坚持实施“金融服务站”及“助农取款服务”，为全县10万农村百姓全方位提升金融服务水平。全年金融服务查询2005笔，交易11023笔，交易金额267.66万元，有效解决全县山区村民金融服务难的问题，体现“人民邮政为人民”的服务宗旨。

【包裹寄递】2020年，松阳分公司通过场地改造、产能提升、人员精减和考核办法的调整，降本增效工作初见成效。在“双十一”活动期间，是全市第一个完成“双十一”寄递快包业务量的计划，完成率排全市第一名。3月，开展设备和投递工作场所改造。按照邮管局提出的相关要求对大东坝投递场所进行改造和安全设备的增加，分别对板桥、谢村、新处、枫坪等邮政所增加监控设备。全年实现各项质量指标，安全生产无事故，邮政总包损失零个，机要邮件丢失零个，邮件全程时限2%以下，邮件规格不合格率8%以下，邮政服务质量满意率85%以上，均达到县下达的工作目标要求。

【电商惠民行动】2020年，松阳分公司累计建成邮乐购站点数（不含邮乐小店）178个，其中商超型站点105个，每月邮掌柜参与42户，月参与率达24%，数字化优质站点要求每月签到42个，完成计划的120%，列全市第一位。以“邮乐网”为销售平台，累计实现基地农品销售额7.25万元，完成计划104%，主要营销产品为海南三亚芒果、山东淄博樱桃、淳安酱及浦江葡萄，景宁茭白、常山胡柚。自2015年始，该公司以“邮乐网”为销售平台，开展“松阳卯山脐橙”“松阳三都仙桃”“松阳山蜡梅茶”“松阳石仓泡豆腐”等多项扶贫助农项目。其中，“松阳三都仙桃”项目的销售从2017年的400余份、销售收入1万元，到2020年10000份、销售收入30万元，实现台阶式的跨越。

【传统项目发展】2020年，松阳分公司报刊业务实现收入147.77万元，完成年计划109.46%，同比增长5.86%。《习近平谈治国理政》第三卷销售3000册，实现收入24万元；开展“助力全民阅读 共建书香松阳”书展活动，10天累计实现销售47.46万元，单场销售额排全省第一名。函件业务实现收入129万元，完成年计划112%。松阳开发的宣传品的成功案例，得到省公司的肯定，也多次作为全省的成功经验进行分享。2020年，“政采云”采购项目完成规模列全省第一位，被省公司列为“政采云”培训基地，全省多个单位到松阳交流学习。集邮业务实现收入82.5万元，完成年计划的110%。

【内控项目管理】2020年，松阳分公司推进内控项目管理，深化服务质量。加强成本管控，促进经营单位注重业务效益，增强财务管控意识，实现企业“调结构、转方式”的目标，为落实“效益为导向”的经营理念，把全年寄递事业部利润预算损益责任落到各生产经营单元，加强预算执行的过程控制和执行结果绩效考核，强化成本动因分析，通过对标、立标、达标，对企业成本管控的短板和差距进行改善，优化企业资源配置，提高企业管理水平，制定《松阳寄递事业部全面预算执行管控体系实施细则》，对各责任部门职责分工、预算编制及管控流程以及考核要求等予以明确引导基层单位逐步理解发展重效益，经营讲利润的理念，提高收支质量。贯彻落实《中国邮政集团公司关于违反财经纪律处理处罚办法（试行）》《中国邮政集团公司浙江省分公司关于违反财经纪律处理处罚办法（试行）》，进一步严肃财经纪律，规范企业财务管理和经营行为，确保企业健康有序发展。加强金融网点内控，严守合规底线，防范化解金融风险。坚持经营与合规并重，扎实开展“一把手讲合规”活动，全面落实“责任清单”的自查和整改工作，从源头上解决当前仍然存在的各类风险隐患，有效降低风险发生可能。严格落实合规专项检查，创新、丰富检查手段，全面落实内控合规管理各项工作。不定期组织金融从业人员学习违法违规典型案件和开展员工日常行为排查工作，加大警示教育、违规行为通报力度，切实发挥警示震慑作用，为金融业务健康发展保驾护航。贯彻落实“安全第一、预防为主、综合治理”的方针，坚持“管行业必须管安全，管业务必须管安全，管生产经营必须管安全”，健全完善邮政企业安全责任体系、隐患治理体系和预防控制体系，大力弘扬生命至上、安全第一的思想，加强安全生产和内部治安管理，全面落实安全生产、治安责任制，预防和减少各类事故、案件的发生，结合邮政企业的安全特点和重点工作，根据《2020年度松阳县邮政分公司安全生产和治安目标管理责任制考核办法》和《松阳县分公司安全检查考核管理办法》实行严格考核。

【助力疫情防控】2020年，松阳分公司开展平价口罩配送。2月27日开始，连续10天在邮乐网平台开展松阳县政府提供的平价口罩订购活动，通过邮政“邮乐网”平台为市民提供“平价口罩”购买渠道，并以配套的寄递服务主动承担按住址配送，助力全县疫情防控工作。3月3日起，为增加口罩市场供应，县政府指定松阳县浙江万基光学有限公司转产防疫应急民用口罩，开启当地产民用口罩的市场投放活动。县防控指挥中心对邮政的工作给予高度肯定，指定邮政快递作为此次全县当地口罩生产厂家的配送单位。疫情防控期间，协同作战配送教材，助力“空中教学”，对接松阳县教育局，承担起全县29所学校的教材的包装和配送任务，并号召全单位员工参与到教材的封包工作中，按时把全县17664份教材配送到学生手中。为落实丽水邮政、电信战略合作协议，缓解此次邮政课本配送压力，电信公司动员党员、团员56人参与邮政的封包、小区代投工作。

2020年7月22日，松阳县邮政分公司在三都乡松庄村举行“农品进城电商助力”活动暨三都桃电商销售启动仪式

【主要活动】2020年，松阳分公司落实中央关于打赢脱贫攻坚战的重要部署，积极响应习近平总书记东西部扶贫协作和对口支援的重要指示，依托农村电商平台“邮乐网松阳馆”“邮乐小店”和邮政网点等渠道，开展与四川省巴中市农产品“巴山妹子”腊肠的结对销售活动，同时利用线上+线下结合销售的模式，借助邮政平台优势进行广泛宣传，实现线上+线下销售1400余份，销售额10万元。2月27日上午，松阳分公司召开领导调整大会，会议宣布叶永付任中共松阳县邮政分公司党委委员、纪委书记、副总经理。3月4日，市公司副总经理林己光一行到松阳调研春茶寄递情况，并到浙南茶叶市场了解浙南茶叶市场基本运营情况以及茶叶市场春茶寄递渠道。3月12日，市公司党委书记、总经理李红卫一行到松阳调研指导工作，并先后走访浙南茶叶市场和城东营业所。5月29日下午，丽水市分公司党委书记、总经理耿学建一行到松阳分公司开展调研指导，走访城东营业所、新华路支局、邮件处理中心，并召开座谈会。7月3日，松阳分公司党委副书记吴青林为全体党员上题为《振奋改革精神 强化责任担当加快推进松阳邮政高质量发展》、贯彻落实《中共中央、国务院关于新时代加快完善社会主义市场经济体制的意见》的专题党课。组织全体党员到丽水鱼跃酿造食品有限公司开展“百年鱼跃，工匠精神”主题党日活动。7月8日，省公司集邮与文化传媒部总经理鲁鸣、市公司集邮与文化传媒部经理曾苏军一行到松阳分公司调研指导工作，并召开座谈会；随后到集邮门市部进行现场指导，走访参观松阳力溪连环画基地，与来自上海的总经理邵彦山就开办主题邮局，如何把连环画与邮资封、明信片、个性化邮票相结合等做详细探讨。7月22日上午，松阳县三都乡“农品进城电商助力”活动暨三都桃电商销售启动仪式在松庄村举行。11月6日上午，“助力全民阅读·共建书香松阳”暨全民终身学习活动启动仪式在松阳县市政广场举行，中共松阳县委常委、宣传部部长江山，中共松阳县委宣传部副部长、网络舆情服务中心主任邓胜标，县文化和广电旅游体育局副局长徐伟锋，县教育局副局长曾建光等出席活动。11月12日，丽水市分公司副总经理

2020年11月6日，松阳县邮政分公司在县城市政广场举行“助力全民阅读·共建书香松阳”暨全民终身学习活动启动仪式

许碎平一行到松阳分公司开展“双十一”旺季生产调研慰问工作。12月1日下午，省分公司党委第六巡察组巡察工作动员会在松阳分公司四楼会议室召开。第六巡察组组长梁绍君受省分公司党委巡察工作领导小组委托作动员讲话，松阳分公司吴青林代表松阳分公司党委班子作表态发言。

（邮政松阳分公司）

电信通信

【概况】截至2020年底，中国电信有限公司松阳分公司（以下简称“松阳电信分公司”）有在职人员137人（含代管外包）。累计建成232个（含自然村）行政村光纤网络，光纤网络覆盖率99%；发展宽带用户2.78万户，天翼高清用户2.53万户。建成手机基站320个，城市无线（Wi-Fi）APP点位452个，无线信号覆盖率县城达到99%，农村93%。发展移动用户累计3.26万户。下设古市、城区、田园3个支局，服务当地政府信息化工作。成立专门机构——信息化服务中心，拥有网络工程师30余人，技术力量雄厚。

【推进项目建设和维护】2020年春节期间，松阳电信分公司成立党员疫情防控突击队，出动车辆35余车次，出动80余人次，为疫情防控和平安乡镇建设提供有力的支撑保障，获县政府的高度认可及评价。6月，开通松阳主城区的5G网络，重要区域5G信号基本覆盖，新增县行政服务中心、新客运中心等5G室分点位，优化无线站点15个。截至12月底，新建C4传输网松阳—玉岩、谢村—洋坑、衢宁铁路松阳段和C网传输光缆共384芯、110余皮长千米及杆路改造。新增宽带传输网点678个，建成南城、古市赤寿工业园区的部分管道，提升通信网络运营保障能力。

【助力地方信息化建设】2020年，松阳电信分公司助推各单位信息化建设，协助县教育局中心机房项目提升改造，保障全县教育网的平稳迁移；协助县武警中队“智慧磐石”项目落地，加快县武警中队信息化建设；实施全县第一批“信创”国产电脑安装实施及维护。

【保障县重点项目建设】2020年，松阳电信分公司实施松阳县民生工程黄南水库通信线路的迁改、修复工程。为水库蓄水前期准备及玉岩镇、枫坪革命老区人民的网络畅通做好保障。建成衢宁铁路移动信号覆盖项目。配合县政府实施北山路改造前期拆迁、项弄村搬迁等项目。

【重点会议保障服务】2020年初，松阳电信分公司工作人员坚持在县防控新冠疫情指挥部第一现场，保障指挥部会议系统的安全运转。为松阳火车站通车庆典、“国际茶商大会”等各类直播活动提供全方位保障服务。

【深化服务项目】2020年，松阳电信分公司落实“国六条”，“以价值观引领、改革创新驱动高质量发展”，加快5G网络建设，落实携号转网服务工作，提高服务意识。打造电信中心营业厅标杆窗口，给广大用户提供最优质的入店体验；开展上门宣传推广，推进城乡信息化发展。坚持以人民为中心，做好提速降费工作，让客户享受更多流量、语音及话费等权益；宽带及数字电视上门安装服务，建立“当当慢”制度，即当天装、当日修、慢必赔，提高客户感知，在最快的时间享受到更快更好网络服务；开展各渠道满意度测评，贯彻中国电信服务宗旨：用户至上，用心服务，让每一位客户满意而归。

（电信松阳分公司）

移动通信

【概况】2020年，中国移动松阳分公司（以下简称“移动松阳分公司”）围绕省公司和市公司工作思路，全体员工同心同德、砥砺前行，实现公司年度生产经营目标。坚持党建引领，狠抓党建与业务融合，坚持同步聚焦聚力，推动党的建设与生产经营、安全生产、网络运维、5G建设，降本增效等中心工作融为一体，推动公司人才队伍建设和精神文明建设，发挥自身优势，助力松阳社会经济发展，践行央企的使命和担当。截至2020年底，手机用户17万户，同比增长

2.47%；千兆宽带用户5万余户，同比增长8.1%；5G用户增加1.6万户。7月6日，移动松阳分公司与松阳县人民政府签署新基建（5G）战略合作协议。公司被命名“2020年度丽水市诚信守法企业”。

【基建扩面提质】2020年，移动松阳分公司在网络建设方面共计投资8500万元。其中，5G站点开通131个，基本实现城区、城郊、工业园区、乡镇所在地、箬寮景区、双童山景区、大木山景区的覆盖；4G建设开通宏站6个，室分5个，扩容7个；节点机房实现白沙和万寿家园入网，文化中心站址落地；疑难站点建成2个（古市中学与铺门佳苑三期）；驻地网建成3个，重点实施8个老小区B改H规模完成370个小区补点，共计591个DP盒、增新2364端口，提升全业务接入能力。

【提升网络支撑应级保障能力】2020年，移动松阳分公司开通第一个大木山景区5G基站，保障浙江广播电视5G直播，第十三届中国茶商网络直播大会，现场开通多个5G基站保障茶商大会的直播带货。全年先后施行通信保障五一、国庆节期间双童山景区、省管局领导到大木山调研、2020丽水市地质灾害应急演练、松阳第三届全国香榧炒制大赛等活动。2020年，水南桥头村附近发生一起山体火灾，公司第一时间赶到现场通过无人机精准回传画面，有效提升灭火速度。

【助力地方信息化建设】2020年，移动松阳分公司推动信息化疫情防控的同时，主动融入当地经济社会发展，参与县“民情地图”智慧城市建设，拓展行业信息化项目应用，促进行业数字化转型，为松阳信息数字化建设、社会经济发展作出贡献。2020年，该公司分别中标并实施县公安局智慧感知采集平台项目、县人民法院安装部署“健康码上通”产品、县水利局水旱灾害防御无线预警广播系统项目、智能公交电子站牌项目、县教育局公立中小学（幼儿园）立式红外测温仪项目、县各中小学及幼儿园“和教育”智慧校园项目、县自然资源规划局办公楼安防系统升级改造项目、县小流域综合治理平台建设项目、松阳县金山矿业尾矿监测项目、安民乡智慧民宿系统平台项目等紧贴疫情防控、社会治理和民生类的信息化建设项目，为当地疫情防控、智能出行、智慧教育、自然资源规划与社会治理等数字化项目建设发展做出贡献。

【服务客户提升行动】2020年，移动松阳分公司开展以客户为中心，送服务进社区的活动。针对小区中老年客户较多，小区居民到县城营业厅办理业务不方便，该公司营业员一年四季带装备到小区为居民提供现场服务。在现场为居民讲解近期的典型电信诈骗案例，发放防电信诈骗指南，提高小区居民防骗防诈意识。为提升宽带品质，提高用户感知。持续开展宽带免费监测活动。通过询问用户宽带使用情况、上门免费检修等方式了解客户问题所在，并进行针对性的有效整改，从而提升移动宽带品质。每月坚持开展总经理接待日活动，了解客户的需求，倾听客户的声音，聚焦客户所关注的问题进行有效解决。全年开展总经理接待日活动12人次。

【员工关爱行动】2020年，移动松阳分公司推进职工关怀，落实落细员工关爱。结合全市开展的“十件实事”，落实落细员工生日、生育等慰问工作，全年共开展生日慰问55人次、生育慰问5人次；开展“幸福1+1”迎新春、庆端午等线上线下创意工会活动，提升员工的幸福感，提高员工的凝聚力；通过党员亲情网格，与网格成员面对面沟通，了解问题解决问题；通过走访营业厅、生产网格，和员工开展谈心谈话，了解员工生活和工作方面的困难，收集员工需求，关注员工思想动态，深化员工关爱。

【社会公益活动】2020年，移动松阳分公司反哺社会公益事业。6月10日，举行2020年“和你在一起”助学现场捐赠活动。活动收到爱心衣物193件、玩具50余件、文具5件。7月7日，联合古市镇政府开展“弘扬志愿精神，共建和谐社区”为主题的为民服务专项活动。现场为居民提供免费手机贴膜、手机资费、宽带故障等业务咨询答疑服务，面对面讲解防诈骗知识开通机伶防骚扰业务。现场贴膜服务100余次，发送免费贴膜券

2020年6月10日，移动公司举办2020年“和你在一起”助学志愿活动

150余份，发放防诈宣传单800余份，安装机伶200余户。

【助力地方疫情防控工作】2020年，移动松阳分公司承担社会责任，在疫情防控期间科学判断形势、精准把握疫情，统一领导、统一指挥、统一行动。如，在疫情最紧急的2—3月，该公司党支部成立党员突击队开展防控保障，向县防控指挥部捐赠抗疫物资支援一线共同战“疫”、为县人民医院传染科大楼新开通紧急固话36门、移机15门，配合政府完成盯防视频安装20门、宽带修障177次，基站退服抢修45次。开展“一点关爱·一份温暖”活动，在疫情中给在坚守在岗位的环卫工人递上一份糕点牛奶，送上一份口罩，温暖在行动。此外，当防疫防控一线人员急需防雨等紧缺物资时，该公司在多地物资仓库进行盘库并归集帐篷和雨伞等防雨物资，于2月6日把一线抗疫部门急需遮风避雨的防护用品30顶帐篷和1000把雨伞在第一时间送达指挥部，用于各个卡口的居民管控和一线抗疫工作人员的使用。为更好地服务当地防疫工作能温暖人心，向市公司争取通信资源为当地定制优惠服务，为县域所有集中定点隔离区内的外地隔离人员提供400余张，每张含价值100元的优惠移动通信卡，解决隔离期间的亲情沟通和上网需求。

（移动松阳分公司）

联通通信

【概况】2020年，中国联合网络通信有限公司松阳县分公司（以下简称“联通松阳分公司”）以党建为引领，响应政府号召，体现国企担当，一手抓疫情防控、一手抓经营发展。全年主营收入完成率102.1%，同比增长8.7%。“干部有担当、员工有激情”的奋斗者文化得到较好践行和诠释，干部员工自我加压的意识明显增强，高质量答好疫情防控卷，积极开展扶贫结对、公益助残等活动，社会责任践行者、担当者形象日益彰显。

【助力智慧校园信息化建设】2020年，联通松阳分公司实施县实验小学集团学校智慧校园信息化系统建设。该系统是该公司首个“校园一体化管理”信息化平台项目。涵盖平安校园、常态化疫情防控、智慧校园管理、智慧考勤、学生评价等10项基本功能，提升实验小学整体智能化、信息化、数字化管理水平。

【交通道路违法治理项目改造】2020年，联通松阳分公司实施松阳县城区及周边交通道路违法治理改造项目。该项目作为全市首个针对大货车、挂车闯红灯监测的项目，是全市首个监测曝光主城区内主干道未礼让爱心斑马线行为的项目，为建设平安松阳提供重要保障。

【优化网络降本增效】2020年，联通松阳分公司腾退纯固网租赁机房2个，基站整合搬迁2个，纯固网自有机房1个（较年初下降67%），保留基站43个（较年初下降4%）。另外通过铁塔站、自有站和自有室分转改直，2G退网、小区FTTB改造等降本举措，年节省租赁费、电费和维护费10万元。新建衢宁铁路松阳段沿线大网站20个，隧道室分站4个；5G（电信承建）大网站点6个，室分站7个。

【提升客户满意度行动】2020年，联通松阳分公司结合每月25日联通客户日，组织开展“运动有沃、健康行”“畅听世界的声音——助残防诈公益讲座”“走进明清古街现场直播”等活动20余场。

【开展反诈骗宣传与管控】2020年，联通松阳分公司作为县反诈联席成员单位，积极配合省通管局、县公安开展防范自理电信网络诈骗专项工作，发挥公安反诈中心桥梁纽带作用。通过线上线下多种形式，进行防范电信网络诈骗宣传；印发骚扰诈骗电话整治办法，每日根据相关系统数据对疑似号码进行处置；持续推行实名制管控工作，加强网络信息安全。定期对在网联通用户，群发各类防诈宣传短信，全面加强内外宣贯与告知。

【助力疫情防控工作】2020年，联通松阳分公司在抗击疫情期间，为县执法部门、县防疫人员提前开通红名单功能防止停机；针对政府的防疫需求提前对网络进行巡检和问题排查；每天发送疫情防控短信6万余条，对湖北籍、温州籍用户进行有针对性群发；主动为县卫健局提供4G对讲机和流量卡，保证隔离场所工作人员特殊通信需求；为县公安局和县教育局提供沃舆情免费体验账号，保证特殊时期掌握当地舆情工作；按照县公安等执法部门的需求提供多张4G流量卡；面向各行业免费提供云会议系统用于非接触式办公；联合阿里推出钉钉空中课堂，免费向在校学生开放；多渠道地开展网上授课，开放数字电视机顶盒直播课程功能；完成古市镇和樟溪乡居家隔离智能监控的安装，以信息化的手段提高效率，减少基层人员压力。

（联通松阳分公司）

商贸 服务业

2020 年 9 月 22 日，杭州（国际）未来生活节“松阳故事”现场

经济商贸

【概况】2020 年，松阳县共有限上商贸企业（个体）111 家。其中，批发 27 家，零售 52 家，餐饮 21 家，住宿 11 家。全年累计培育电商网店 641 家。全年实现全社会消费品零售总额 58.8 亿元，同比增长 8.7%，其中限上消费品零售总额 8.3 亿元，增长 22.6%。全县网络零售额 32.83 亿元，同比增长 48.0%。进出口总额 11.95 亿元，同比增长 32.57%，同比增幅 32.7 个百分点。其中，出口总额 5.9 亿元，下降 31.76%。

2020 年 12 月 10 日，长沙一乡一品国际商品博览会展销松阳农产品

【国内贸易流通管理】2020 年，松阳县经济商贸局（以下简称“县经商局”）全力保供助战役。修订《松阳县生活必需品市场供应突发事件应急预案》，施行 5 家大型商超每日市场供应监测，为制药、大型商超、快递等企业开辟物资运输绿色通道，办理浙江省疫情防控车辆专用通行证 23 张，员工通行证 300 余张。大型超市等重点场所健康码亮码、体温测量、口罩佩戴、经营场所消毒等全面常态化落实。

兑现上年度服务业资金 390.5 万元，助力商贸企业上规上限和开拓市场等；申报省商务促进财政资金项目 14 个，兑现资金 352.12 万余元。实现 18 家企业（个体户）申报上规，其中批发 1 家、零售 11 家、住宿 1 家，餐饮个体户 5 家。多元活动促消费。开展“浙里来消费”主题促消费活动。举办春、秋 2 场家博会，吸引 60 余家建材家居企业展销，敲定订单 2152 个，销售额达 1.7 亿元；举办第一届“浙里来消费，农民丰收节”活动，组织 10 家企业展销茶叶、蜂蜜、番薯粉等农产品，打响“松阳特产”名号；组织香榧、脐橙、石仓泡豆腐等农产品企业 6 家参加“2020 年宁波食博会”“2020 长沙一乡一品国际商品博览会”，展会现场销售额 30 万元，并线上直播宣传推介松阳特色农产品。县域品尚超市、万家惠超市被评为浙江省防控新冠疫情市场保供贡献突出企业；松阳县水墨石仓农产品有限公司申报获“丽水老字号”。西屏街道申报创建浙江省现代商贸特色镇、新兴镇上安村申报商贸发展示范村；天元名都酒店等 5 家餐饮企业申报丽水市特色餐饮名店。

【对外贸易】2020 年，县经商局全力支持外贸企业发展，出台《进一步稳定 2020 年松阳外贸发展的若干意见》，鼓励企业积极应对国内外发展形势，引导和帮助企业开展国际网络营销活动和参加出口网上交易会等新途径开拓国际市场，组织企业参加“第三届中国国际进口博览会”，签约上银科技中国有限公司 100 万美元大单；支持生产型外贸企业优化出口商品结构。出口结构从资源密集型的初级产品向劳动密集型及技术密集型制成品转变，基本形成以机械产品、纺织服装为主的出口格局。出口市场由以往的欧美市场为主向亚洲、欧洲市场等国家和地区拓展。

【电子商务市场拓展】2020 年，松阳县网络零售增速“领跑全市”。实现网络零售额 32.83 亿元，同比增长 48.0%，总量排全省第 75 名、全市第 6 名，增速排全省第 7 名、全市第 2 名，较全省增速高出 33.7 个百分点，较全市增速高出 18.6 个百分点。农村电子商务“全国示范”。6 月被商务部列入“2020 年电子商务进农村综合示范”县名单，是浙江省入围的 13 个县（市、区）之一。为全县农村电子商务发展争取中央财政资金 2000 万元。茶叶电子商务“春潮涌动”。出台《2020 年度促进阿里平台松阳茶叶网络销售扶持政策》，1—12 月，全县累计培育茶叶网店 1300 余家，带动就业 5600 余人，主要销售松阳香茶、松阳黄金芽、松阳龙剑、松阳白茶等产品，在第三方电商平台产生茶叶线上订单 1044.21 万件，网络零售额 10.86 亿元，同比增长 84.69%。其中，淘宝平台注册地在松阳县的店铺累计成交额 19800 余万元，同比增长 190%，在全国产茶县区排名从上年上半年的第 13 名提升到第 5 名；在“拼多多”平台，绿茶类目中松阳绿茶占平台总销量的 80% 以上，销量前十名茶企中松阳占 7 席。松阳县绿云峰茶业有限公司成为“拼多多”最强拼品牌，绿茶类目销售排第一名。直播经济发展“势头迅猛”。开展“淘宝春茶节松阳香茶专场”活动、“淘宝村播计划——‘松阳春茶节·县长来了’”、“中秋有礼·县长来了”松阳特色产品专场等大型直播活动，与头部主播和网红主播开展直播带货合作，累计在线观看人数220余万人，销售额140余万元，活动期间松阳区域和松阳香茶网络曝光量达10亿多次，“松阳香茶”成为淘宝茶叶类目全网首例通过线上联动也是首次最快的地标名片打造案例。截至12月底，全县累计培育直播电商300余家，积极开展直播带货、推介农特产品，在全县掀起了直播带货的热潮。特别是在浙南茶叶市场，每个集市日有200余人在直播带货，日均销售茶叶1万余千克，销售额300余万元。同时，建成全省首批11个与阿里巴巴合作共建的“淘宝直播村播学院”。全县累计培育跨境电子商务企业21家，主要集聚在“速卖通”“1688国际站”“亚马逊”等跨境电商平台，主营产品包括服装、鞋包、日用品、饰品等，全年累计交易额13632.23万元。

【电商平台建设】2020年，县经商局出台《松阳县促进电子商务高质量发展的二十条意见》，促进电商平台建设。全县建有以服装线上销售为主的松阳祥瑞电商产业园；以跨境电商、直播电商为主的松阳康洁电子商务园；以专业市场电商化为主的浙南茶叶市场电子商务集聚区；以孵化茶叶电商企业为主的松阳县茶叶电子商务孵化园四大电子商务物理集聚平台，建筑面积6.05万平方米，总数居全省第35位，居全市第1位，累计集聚电子商务企业（网店）410余家。其中，松阳祥瑞电子商务产业园全年入驻企业156家，发送包裹286万件，销售额7.157亿元，同比增长6.58%；松阳康洁电子商务园全年入驻企业71家，发送包裹705.11万件，销售额6.89亿元，同比增长30.53%；松阳茶叶电子商务孵化园建成运营8个月，入驻15家茶叶电子商务企业（网店），销售松阳香茶、白茶、黄金芽等茶叶251.83万千克，累计发送快递包裹505万个，实现网络零售额2.97亿余元。其中，12月单月销售茶叶18.76万千克，发送快递包裹51.01万个，实现网络零售额2905万元。

【对外贸易与经济技术合作】2020年，县经商局以展会模式创新企业营销渠道，与浙江远大展览公司联手，于8月10－14日承办“2020浙江丽水（松阳）出口网上交易会（印度专场）”，组织全县40家外贸企业参加出口网上交易会对接活动，参展范围涉及不锈钢、服装、鞋、文教用品等多类产品，与印度67家专业采购商进行云端一对一配对商务洽谈，累计洽谈141次，意向成交额达200万美元。组织传统展会帮助企业开拓市场。组团参加9月23－26日在上海举行的“2020第九届中国国际管材展览会”，并统一以“松阳—浙江不锈钢管产业基地”形象组团参会，集中收集并对外展示松阳不锈钢行业企业及其产品，展会期间全县不锈钢企业30余款产品亮相展览会，现场达成合作意向近1000万元；同时为进一步推进“问海借力”，积极招引优质不锈钢管项目，全面推动松阳不锈钢管产业与长三角经济圈进行深入对接合作，加大利用国内国际展会招引外资力度，在展会期间组织“松阳不锈钢管产业项目（上海）推介会暨产品产销对接会”等系列活动，推动松阳不锈钢管产业转型升级和高质量发展，此次不锈钢产业项目推介会是第一次在国内、国际展会上开展国际招商，通过国际展会平台，帮助全县不锈钢企业开拓国际市场、招引外资，深入对接“长三角”。跟踪做好外资项目对接服务工作。高度重视韩国世亚集团与丽水市青山钢铁集团旗下信拓实业集团共同投资约7800万元的不锈钢精密管合资项目，跟踪做好外资项目对接服务工作，多次与省、市商务部门对接，为相关人员办理入境手续，同时，督促企业做好来华人员防疫工作和外商投资政策服务工作。并为韩方创造良好的营商环境，制定青山特材有限公司“一企一策”优惠政策。11月，韩方到位项目资金546万美元，全县实现外资考核任务182%。

（县经商局）

招商引资

【概况】2020年，松阳县招商服务中心（以下简称“县招商中心”）引进项目62个（技改19个）；引进大项目13个，其中亿元以上生态工业项目10个，实现县下达任务的100%；实际利用市外内资18.64亿元，达成市目标任务（17亿元）的110%；实际利用外资546万美元，达成市目标任务（300万美元）的182%；引进绿谷精英人才5人。

【优化营商环境】2020年，县招商中心先后出台《松阳县生态工业项目快速入园评价决策机制及培育扶持政策试行意见》《关于进一步加强招商引资工作的实施意见》《松阳县推进顾问招商工作实施意见（试行）》等相关优化营商环境政策和举措。全县各相关部门积极行动，结合部门工作实际制定安商帮商政策。在打造优良营商环境的背后，以“好政策与硬举措”为托底。好政策与硬举措双管齐下，为招商引资提供强有力支持，推动招商引资持续发展。

【创新招商引资机制】2020年，县招商中心主动应对疫情，完善政策，为招商引资提供保障。进一步优化完善招商政策，先后出台《松阳县推进生态工业高质量绿色发展三十条》《松阳县关于加快总部经济发展的若干意见》《松阳县招商引资中介机构奖励实施办法》《松阳县关于推进顾问招商工作的实施意见》等。从项目信息收集、有效合作洽谈、促进签约落户等方面开展项目招引工作，合力推动企业客商考察松阳、投资松阳。强化招商队伍建设，9月1日，县委、县政府正式发布《招募令》，通过优选驻外干部方式，进一步充实驻外招商队伍力量。在上海招商部选派优秀干部4人的同时，再优选优秀干部6人参与到一线招商工作，统一由科级干部带队，县管后备干部、精干工作人员参加，进驻嘉兴、杭州、温州、台州、金华以及深圳等地开展新一轮招商工作，重点围绕生态工业拓展项目有效信息渠道。

【招商项目跟踪服务】2020年，县招商中心开展新一轮招商引资集中攻坚行动，各相关部门、乡镇特别是3（A类单位）+8（县发改局、县自然资源和规划局、县应急管理局、县工商联、县市场监管局、县生态环境分局、县建设局、县科技局）+2（县财政局、县税务局）单位，对标任务、强化措施、明确时限，提出工作对策和招引计划，力争全面实现年初下达的工作目标任务。梳理在谈项目库，对有效信息进行逐一摸排对接，对意向投资项目再走访再洽谈，分别对智能制造业类项目:上海和伍物联网系统有限公司（飞标）高精度位移传感器生产线项目，嘉善申光电子有限公司自行车智能照明、码表、助力器设备生产线项目，温州恒兆车业智能摩配生产线项目，深圳维冠视界科技股份有限公司液晶显示屏生产线项目的深度盯引。紧盯谋划类重大工业平台项目，全面开展中德产业园招商前期工作。开展对在建续建亿元以上工业项目进行系统分析，组织相关部门上门落实“三服务”，确保落地企业早日投产。

【招商活动指导】2020年，县招商中心先后到杭州、温州、宁波、丽水等地组织大型招商推介会4场，分别为5月长三角经贸考察招商推介会、7月恒兆装备制造产业园招商推介会、10月宁波松阳商会招商推介会、12月欧洲青田侨乡会招商推介等。同时利用杭州国际人才交流大会、浙洽会、茶商大会、各地商会年会等载体平台，对各地企业客商开展招商推介；利用高低压电器、汽摩配等行业协会，分行业针对性地开展招商推介。全年有30余批次200余位企业家到松阳考察，储备德国产业园项目、Hape国际控股集团投资2000万美元制造木制玩具项目、德力西集团投资4亿元年产30万平方米超强刨花板项目、浙江上上不锈钢有限公司投资7.8亿元打造高端不锈钢产业园区项目、浙江中唐集团马蹄泉文旅综合体项目等在谈项目49个。

（县招商中心）

表1　**2020年松阳县新引进大项目一览表**

序号	新注册企业	项目名称	产业类别	固定资产投资额（万元）
1	浙江恒兆置业有限责任公司	松阳县装备制造产业园项目	二产	50000
2	松阳宏泰不锈钢有限公司	年产5万吨不锈钢管项目	二产	10200
3	浙江瑞尔铝业有限公司	20000吨轻质铝合金工业型材、5000吨铝合金精密精拔管材项目	二产	10520
4	浙江科马摩擦材料股份有限公司	科马科技产业园项目	二产	24200
5	浙江新创泰业不锈钢有限公司	年产12万吨不锈钢管项目	二产	56746
6	浙江华威门业有限公司	高端装甲门窗生产线项目	二产	26318
7	宝丰钢业集团有限公司	不锈钢产业园项目	二产	53000
8	浙江云中马股份有限公司	4.5万吨革基坯布项目	二产	37600
9	松阳县松阳天工钼业有限公司	钼矿采选生产线项目	二产	11579
10	松阳兆翔车业有限公司	年产3900万件摩托车配件生产项目	二产	26000
11	松阳青莲种猪养殖有限公司	存栏1000头祖代原种猪场建设项目	一产	10000
12	松阳县军莉农业开发有限公司	松阳县军莉现代林业产业园项目	一产	5168
13	松阳象昼文化旅游发展有限公司	卯山森林康养项目	三产	168000

供销合作

【概况】2020年，松阳县供销合作社联合社（以下简称“县供销社”）持续推进生产、供销、信用“三位一体”综合改革，成立浙江茶业学院松阳分院；承办首届松阳香茶拍卖会。开展松阳—平湖供销社跨区域合作，动建现代农业综合服务中心，该中心项目由松阳—平湖供销社联合建设，为松阳联合大厦1～3层，共13层，建筑面积5700平方米。召开松阳县供销合作社联合社第五次代表大会，审议通过《松阳县供销合作社联合社章程》，选举产生第五届理事会理事、常务理事、理事会主任、理事会副主任、监事会监事。开展农产品营销活动和农作物放心工程；参与供销服务中心运营管理，完善供销服务体系，拓展农产品销售渠道，该社以资产经营公司入股松阳县农合联田园农产品销售有限公司，占股须达到10%，是年已注资10万元。加强农民合作基金的监管；稳步推进产业农合联规范化建设，成立油茶产业农合联，落实一个产业带头人、一位首席专家、一个发展目标、一套扶持政策、一个管理团队、一套管理制度、一场产业服务活动、一个专业服务平台的“八个一”规范化建设。做好农合联会员分类评定工作，推进农合联农民资金互助会业务；加强对农合联农资批发有限公司的运行管理；开展“服务企业、服务群众、服务基层”活动，办理服务事项14件，其中现场办结2件，通过研究办理12件。向上级争取资金250万元；做好信访接待、解释与沟通等工作。

【成立茶业学院松阳分院】2020年3月16日，浙江茶业学院松阳分院揭牌仪式在松阳职业中专举行，浙江茶业学院松阳分院正式成立。揭牌仪式上，松阳县副县长黄德慧、浙江茶业学院领导周文根院长分别致辞；松阳职业中专校长吴建伟就学校的基本情况作了介绍。参加揭牌仪式有省供销社副主任沈省文、茶叶指导处处长方志文、省茶业学院管理处处长王伟杰、市供销社主任应勇军等领导。该分院招生对象为省内茶叶企业、茶叶合作社、茶叶家庭农场负责人和茶企高管、技术骨干，采用“专业研修+技能鉴定+职称评定”贯通培养模式，为推动茶产业行业整体提升和发展培养中高端人才。为茶产业转型升级提供专业人才、技术支持，助推松阳茶产业转型升级。

【首届松阳香茶拍卖会】2020年4月1日，松阳县在浙南茶叶市场交易大厅举办第十三届中国（国际）茶商大会·松阳香茶网络茶叶节首届松阳香茶现场拍卖会，此次拍卖会分为现场拍卖和网络拍卖。拍卖会现场邀请本土茶企10家，17件拍品全部竞拍成功，总成交额64.9万元；网络拍卖会在阿里拍卖平台开展，27件茶叶拍品进行网络拍卖，4393人次围观，出价92次，总成交额6.12万元。

【供销社跨区域合作】2020年8月3日，山海协作——松阳平湖农产品产销一体化战略合作签约仪式在县会议中心举行，松阳—平湖供销社跨区域合作正式形成。松阳—平湖供销社联合嘉兴市供销社共同组建松阳县山海农产品配送有限公司。松阳县供销社以农民合作基金入股，该公司股权结构为松阳县农合联资产经营有限公司占股35%、平湖市供销社全资公司——东茂供销有限公司占股25%、平湖市农产品展销配送公司占股30%、嘉兴市供销社资产经营公司占股10%。该公司参与松阳联合大厦项目建设，项目总投资4320万元。

【农产品营销行动】2020年，松阳县因受新冠肺炎疫情影响，县供销社农产品营销活动锐减，全县开展各类活动5次，其中丽水、平湖、南京3次。1月17—20日，选派浙江正德和食品有限公司、松阳县洋坑高山蔬菜专业合作社、松阳县绿谷精耕园家庭农场、松阳县昌明香榧专业合作社、松阳县农合联田园农产品销售有限公司、叶伟烧饼6家企业参加丽水市第三届产业农合联农产品精品展示暨第七届供销年货节活动，销售额11.75万元。12月5—6日，与平湖市供销社（农合联）联合有关部门，在平湖市南河头历史文化街区共同举办“山海携手·产销协作”首届平湖·松阳产销一体化农特展暨农文旅展会活动，为两地农产品、民宿搭台展示。该次活动全县组织31家涉农经营主体参与，总销售额32万余元。

2020年8月3日，松阳平湖农产品展销一体化战略合作签约仪式

【农作物放心工程】2020年，县供销社组织开展农作物放心工程培训4次，培训270人次。6月24日，举办油茶产业农合联培育技术培训会，就油茶培育技术展开培训指导，培训49人次；9月3日，举办香榧产业农合联培育技术培训会，指导培训香榧培育技术，参加培训49人次；10月16日，举办"对标欧盟 肥药双控"培训会议，开展禁限用农资和替代农资产品经营管理，使用技术推广以及保障供应等方面培训，培训122人次；10月16日，举办"茶叶产业农合联种植技术培训会"，开展茶叶丰产、包装营销等方面培训，参加培训50人次。

【农民合作基金监管】2020年，县供销社根据县委有关文件精神，创造条件，组建县农合联农民合作基金。基金来源主要是原始基金，原始基金由县财政整合相关涉农资金1000万元，分五年注入,第一年不少于300万元。截至12月底，农民合作基金1000万元已到位。农合联农民合作基金主要用于发展为农服务事业，即注入松阳县农合联农资批发有限公司用于开展农资服务，注入农民资金互助会用于农民资金互助会风险补偿。实现拨付现代农业服务中心建设500万元，农合联资产经营有限公司开办资金400万元，松阳县农合联资金互助会风险补偿金30万元。

【农合联会员分类评定】2020年，县供销社重新开展全县农合联会员分类评定工作。全县有农合联会员参与评定484人,其中获授信评定480人，授信总额2.73余亿元。被评为A类会员（授信额度100万元）与B类会员（授信额度50万元）的共283人，占比59%；C类会员的授信额度为30万元。全年依托松阳县农合联农民资金互助会对农合联会员开展信用服务，推广"丰收农合通"贷款，放贷94笔，涉及金额2810万元。基层代办点开展省农信担保业务48笔，涉及金额1990万元。

【农资批发市场运行管理】2020年，县供销社持续推进农资购销实名制和应急储备及"肥药双减"工作。在农资购买实名制系统全覆盖的基础上，推进农资购买实名制信息化的覆盖。实现农资购销信息智慧监管县域全覆盖、实名销售信息化全覆盖。按照省、市下达的农药化肥应急储备任务，依托县农资公司，全面落实化肥150万千克和农药6500千克入库储备工作。结合"丽水市农作物放心工程"行动，对全县农资门市部主要人员开展农资知识培训，并讲解有关POS机应用方面的知识，推动全县农资溯源体系落实到位。

【信访工作】2020年，县供销社系统因破产或改制造成的历史遗留问题，经过几年的努力，虽然解决了一批，但还有部分问题未解决。全年共接待来访人员20批次。

（县供销社　蔡陈秀）

金融　保险

西坑云雾

中国人民银行松阳县支行

【概况】2020年，中国人民银行松阳县支行（以下简称“人行松阳县支行”）开展“双基建设巩固年”主题活动，严格执行稳健货币政策和宏观审慎政策双支柱调控，积极应对疫情，加大对县域经济的金融支持力度；防范化解金融风险；深化金融服务乡村振兴；提升对外履职水平，推动各项工作上新台阶。

【金融支持抗击疫情】2020年，人行松阳县支行面对突如其来的疫情，及时制定系列稳企业、保就业应对措施。第一时间出台《关于金融应对疫情支持我县经济稳定发展的指导意见》，建立疫情防控期间应急响应机制，统一协调金融机构对受疫情影响企业的融资帮扶，制定政府、企业和银行“三张清单”。通过牵头召开“政银企对接会”，组织辖内金融机构开展民营和小微企业“三服务”走访、“百地千名行长助企业复工复产”专项行动、小微企业和个体工商户“首贷户拓展三年行动”等活动，推动政银企精准对接，解决融资需求13.47亿元，全县规上企业在全市第一个实现100%复工复产。央行再贷款政策“精准滴灌”，普惠小微企业贷款延期支持和普惠小微企业信用贷款支持2项直达实体经济的货币政策工具落地生效。全年向2家地方法人机构发放央行再贷款资金4.39亿元，引导地方法人金融机构为613户普惠小微企业办理延期还本付息共计692笔2.48亿元，加权平均延期率96.67%；落实普惠小微企业信用贷款支持计划1780笔2.79亿元，发放零利率专项资金支持额度2617万元，全年共为企业主和个体工商户减费让利7786万元。

【施行宏观审慎调控政策】2020年，人行松阳县支行完善风险管理体系，对县域金融机构开展“两管理、两综合、一保护”工作：加强对新设银行机构加入人民银行“金融管理与服务体系”的开业管理和在营业银行机构开展重大事项报告、专项检查等日常管理；开展对银行业金融机构综合评价和综合执法检查；强化对金融消费权益保护工作。按年通报金融机构综合评价考核结果，以此为依据对银行业金融机构进行分类管理。约谈金融机构主要班子、开展点对点指导，促进金融机构规范经营、合理竞争、健康发展。

【金融支持乡村振兴】2020年，人行松阳县支行深化农村金融改革，通过走访调研、召开座谈会、工作推进会等方式，布置金融机构农村金融改革工作任务，指导金融机构开展工作。重点支持农业经济发展，加大对涉农、农户的信贷投放。建立贷款担保组织，创新贷款业务。截至12月底，全县涉农贷款增速25.17%，农户贷款增速22.59%，建成田园乡村惠农担保互助社59家，行业协会担保组织6家，分别为社员提供6933笔5.39亿元和376笔1.73亿元的贷款担保，担保余额9200万元和1000万元。依托茶叶质量溯源系统，开展生态主题卡和生态区块链贷业务，助推生态产品价值实现机制创新，共发放茶商e贷366笔7779.1万元，相关工作经验被《浙江日报》《丽水日报》头版头条刊登。

【农村信用体系建设】2020年，人行松阳县支行全面推进信用户、信用村、信用乡、信用县“四信”联动创建，构建农户、社区居民和中小企业“三位一体”信用体系，动态化管理农户信用等级。截至12月底，全县创成省级信用乡1个，省级信用村3个，市级信用乡镇2个，市级信用村33个，信用农户43960户，信用农户数占到全县常住农户数的93.6%。引导金融机构开展“整村批发、集中授信”工作，针对信用农户推出贷款优先、额度放宽、手续简便、利率优惠等政策，推出免担保、免抵押的整村纯信用贷款品种，持续拓展农村信用体系建设成果运用。“整村批发、集中授信”试点县203个行政村全覆盖，授信金额35.72亿元、授信农户33748户。

【农村金融服务体系建设】2020年，人行松阳县支行综合施策不断加载农村金融服务站特色金融服务，打造“普惠金融+N”的农村金融服务体系，为服务站量身定制具有地方特色的一揽子金融服务，推进服务点存量设施改造升级，推动助农服务标准化、流程化、职责化。截至12月底，全县建成金融服务站251个、综合型金融服务站130个，“两山”转化金融服务站25个，全年助农取款业务量32.06万笔5.29亿元，实现金融服务站全域覆盖，让全县村居农户在家门口就能办理存取款、转账、缴费、查询等日常金融服务，实现金融服务普惠于民。

【国库资金管理】2020年，人行松阳县支行守好国库资金安全和国库系统运行安全“两条底线”，加强国库内控管理，建立目标管理责任制，落实“事前审批、事中控制、事后复查”制度，规范财政库款支拨程序，加强财政监督，提供机制保障。

【货币流通环境优化】2020年，人行松阳县支行开展现金服务示范区创建工作，督导各银行机构落实现金服务“六统一”标准化建设，指导金融机构开展现金服务设施改造，通过ATM机、叫号机、反假宣传电子终端、清分机具等设备的改造升级，优化现金流通环境，有效解决基层农村小面额人民币投放难、兑换难、回笼难的“三难”问题。联合县市场监督管理局、县公安局成立检查组，对县域殡葬用品市场非法使用人民币图样开展专项检查，对违法使用人民币图样的商家开展处罚，规范人民币图样使用行为，维护法定货币权威。加强假币、反宣币收缴管理，畅通和公安部门沟通渠道、加强对商业银行监督和指导，建立反假、打假长效机制，持续净化县域货币流通市场，维护正常金融秩序。

【支付环境建设优化】2020年，人行松阳县支行持续提高辖内移动支付的使用率和覆盖面，把云闪付APP应用、受理功能改造、行业应用、业务量增长等内容全面列入对各银行机构年度综合绩效考核，引导商业银行主动推进移动支付工作提升。以助农服务点为依托，大力发展农村移动支付、网上支付等业务，提高农村电子支付使用率。深化“智慧支付工程”建设，进一步推动银行卡、移动支付在医疗健康、旅游景区、行政服务中心、纳税大厅等便民领域的应用，提升智慧支付的服务水平和影响力。协助县执法部门开展电信网络新型违法犯罪、跨境赌博等支付领域的风险整治，实现涉案账户紧急止付、快速冻结等查控工作，确保涉案资金查控的合法性、及时性、有效性。

【金融服务水平提升】2020年，人行松阳县支行积极服务领导决策。在原有统计报表基础上，完善《金融统计简报》，增加不良贷款户数、关注类贷款、制造业贷款、茶产业贷款等指标数据。指导辖内金融机构持续开展“3·15”消费者权益保护日、金融知识宣传月等宣传活动，通过营业网点、集市日、银行卡助农服务点、社区、学校、微信平台等开展形式多样的金融知识宣传。重点宣传新版人民币的防伪鉴伪知识、投资理财、理性借贷、存款保险、安全用卡、反洗钱、防电信诈骗、金融消保、征信等内容。

【基层央行党建工作】2020年，人行松阳县支行优化党支部建设，创建“金融挺进师—乡村振兴先锋”党建品牌。开展党支部委员会换届选举工作，并成立支行离退休干部党支部。深化模范机关创建，以创建“表率型、争先型、规范型、廉洁型、服务型”的“五型”支行为工作目标，打造模范机关创建的“松阳模板”。规范支部管理，提升改造党员活动室1间，并对党员活动室宣传教育的内容进行充实。落实“三会一课”、党组中心组理论学习、季度党风廉政会议、谈心谈话、组织生活会等规定工作。深入推进“人生当如茶，清廉胜浮华”为核心的“一行一品”廉政文化建设，逐级签订党风廉政建设责任书。把意识形态工作纳入党支部重要议事日程，纳入年度工作报告和年终综合目标考评，与业务工作同部署、同落实、同检查、同考核，按时更新意识形态阵地清单，强化网络意识形态管理。

【干部队伍建设】2020年，人行松阳县支行开展爱党爱国主题教育，组织全体干部职工上“九一八”爱国教育课，组织全体党员上“重温入党誓词　时刻不忘初心”党课。开展“致敬先进劳动模范”道德讲堂活动、组织以“奋斗正青春，共筑金融梦”为主题的金融系统朗诵比赛、开展金融系统十佳青年评选等活动。关注青年员工成长成才，完善和青年员工的交流机制，全年提任上岗的中层干部中有3人是青年员工。严格执行领导干部个人有关事项报告规定，重点开展扶贫领域腐败和作风问题自查自纠、员工异常情况自查整治、支行干部职工拥有非上市公司股份和证券清理整改等工作。用好支行内部网页、微信群等载体，做好风险提示工作，组织员工到缙云河阳廉政文化馆参观学习、观看法院庭审直播、学习《中国人民银行和国家外汇管理局工作人员与管理服务对象廉洁交往的规定（试行）》，做深做实警示教育，强化干部职工的遵纪守法意识。

【文明单位创建行动】2020年，人行松阳县支行召开文明单位创建动员大会、文明单位创建工作培训会，布置落实创建工作措施，不断丰富文明创建载体和创建形式，通过道德讲堂、朗诵比赛、“红五月”系列主题活动、青年员工交流会、“创建文明餐桌，开展光盘行动，拒绝餐饮浪费”倡议书等，营造浓厚的创建氛围。组织干部职工融入城乡文明共建，投身扶贫结对、公益捐助、普及金融知识、志愿日清洁等社会公益活动，努力塑造责任基层央行的社会形象。持续推动“家”文化建设。开展“领导干部传帮带”“我与行长面对面”交流、行长向青年员工赠书、青年员工交流座谈会、在办公区域添置绿植、购置办公座椅、修缮停车棚、慰问伤病员工，组织退休员工召开座谈会、召开退休员工欢送会等形式，营造“家”文化建设氛围。

（人行松阳县支行）

银保监组工作

【概况】2020年，中国银行保险监督管理委员会丽水监管分局松阳监管组（简称“松阳银保监组”）立足当地实际，引领银行保险业支持复工复产，服务乡村振兴，推动监管工作高质量发展。松阳县辖内有银行机构12家，二级支行25家，分理处7家和ATM机具133台。有保险机构15家，财险公司9家，寿险公司6家。截至年底，存款总额201.14亿元，同比增10.96%；贷款总额176.78亿元，同比增22.43%。财险保费收入12984.78万元，同比下降10.89%；赔付8738.87万元，同比下降5.46%；人身险保费收入23162.75万元，同比下降1.37%，赔付支出4373.86万元，同比下降0.25%。

【防范信用风险监管】2020年，松阳银保监组每月定期开展松阳银行业信用风险监测简析，组织银行机构对信用风险情况开展全面排查，督促机构加大核销等手段，确保全年处置不良贷款高于上年，全县不良贷款率为0.63%，较年初上升0.01个百分点。

【维护地方金融秩序】2020年，松阳银保监组通过监管约谈，审慎会谈、三方会谈、出具监管意见书等多种措施，督促2家法人机构持续完善内部管理，严格执行监管政策及各项规定，稳健合规经营。加强县农商银行治理主体履职能力建设，督促县农商银行实现合规建设和治理水平3年提升计划行动方案和强化关联交易管理，同时督促2家法人机构找准自身定位，培育工作亮点，打造普惠金融品牌。督促辖内银行保险机构开展星级“消保驿站”创建，并将消保驿站延伸至村级；保险机构每年新增交通安全劝导站，成立诉调对接室，丽水银行业保险业人民调解委员会入驻松阳县人民法院银行保险纠纷调解中心，减少诉讼案件。及时查处信访举报，保护金融消费者合法权益。

【助力乡村振兴】2020年，松阳银保监组加强茶产业链金融支持，春茶产出时正是疫情严重之时，在茶叶交易滞后，茶叶加工资金需求增加的局面下，推动银行机构对茶产业的借贷支持，并要求各银行每日上报茶叶贷款增加户数和余额，实现茶产业贷款户数与余额双增。围绕茶产业推出金融产品各具特色，包括县农商银行的“茶链通”、中行松阳县支行的“茶商E贷”和温州银行松阳支行“惠农贷—茶农贷”等。截至12月底，县域内共发放茶产业贷款合计9486笔，9.84亿元，余额15.68亿元，茶旅融合贷款1.79亿元。精准对接，支持乡村振兴高质量发展。提升金融服务普惠率，督促县农商银行利用科技手段，开展无感授信，对符合准入的农户授信率100%，实现授信覆盖率80.01%，普惠签约率34.07%。建设银行对省级信用村开展“信用惠农贷”授信，并在分局扶贫结对村四都乡四都阳村首先对接，让守信用农民享受低利率产品。引导法人机构在空白乡镇设立网点，提升农村金融服务便利性。县农商银行在望松街道设立支行，恒通村镇银行在斋坛乡设立金融便民服务点，稠州银行松阳支行在浙江省银保监局扶贫结对村活源村设立助农服务点，打通金融服务“最后一公里”。金融推动民宿产业发展，泰隆银行向四都乡民宿产业整乡授信2亿元；县农商银行为支持民宿业发展，与“浙里担”合作，累计发放民宿贷172户，余额4325万元，以民宿行业担保互助社模式发放贷款5户65万元。金融助力生态价值转换，创新推出“生态贷”以GEP未来收益权作质押，向村经济合作社发放贷款50万元。推进创新型抵质押贷款的发放力度，进一步盘活农村资产。农村产权融资服务体系不断完善，逐步将包括林权在内的多种农村产权抵押贷款形式做成体系，满足农业产业各消费链的金融需求。截至11月底，林权抵押贷款、农房抵押贷款、农村土地流转经营权抵押贷款余额分别为3465笔5.33亿元、2079笔6.27亿元、180笔0.67亿元。同时中国农业银行松阳支行成功发放家庭农场生猪活体抵押贷款，共3笔810万元。推动县农商银行与县供销社联手打造农合联金融服务平台，成立香榧、油茶、茶叶3家产业农合联，汇集产业会员484位，发放农合联贷款2635万元。加强政银保合作，助力扶贫和“消薄”，加强与政府部门沟通协作，推动政策性保险扩面。推广小额人身保险、大病保险、农房保险“浙丽保”等险种在农村提高覆盖面，持续推进水稻、生猪、香菇保险保持应保尽保。发挥疫情防控期间保险保障作用，对参保的安全生产责任保险免费扩展法定传染病保险责任，免费为31家企业，承保人员200余人进行扩展，扩展的新冠肺炎保障金额3000万元。对参保的重疾险、人人安康保险的客户210人免费扩展法定传染病（含新冠肺炎）保险责任，人均保额50万元，扩展保障金额1050万元。主动对营运车辆保险期限进行相应顺延，为全县10余家企业的数十辆营运车办理停驶手续，减轻运输企业保费负担20余万元。针对新冠肺炎的“丽水山居”复工安居畅游保险，为全县300余家农家乐民宿提供1000万元新冠肺炎责任保险保障。

【助力扶贫和“消薄”】2020年，松阳银保监组支持新农村建设，县建行、县工行对县“大搬快聚”项目授信18亿元，县农商银行推出新家园贷、富民安居贷等为村民贷款提供利率优惠。截至12月底，县农商银行支持“大搬快聚”315户，余额7884万元。推进金融消薄工作，落实央行支农再贷款资金4.39亿元，其中2家法人机构共发放支农再贷款1.87亿元，扶贫再贷款2亿元。实现扶贫贷款3个100%目标。县农商银行发放“飞地”消薄贷款4712万元，支持各个村消薄。推动银行机构按照“普惠+特惠”的要求，开展金融扶贫。截至12月底，辖内银行机构共向扶贫结对村——活源村发放68户贷款，贷款余额1124.11万元，其中扶贫小额信贷4户28万元，帮助该4户低收入农户实现脱贫。创新多层次金融服务扶贫新模式，推进农村金融改革有序进行。截至11月底，全县64个担保互助社累计为社员提供6703笔6.79亿元贷款担保，惠及农户4000余户，在保余额1.68亿元。同时引导稠州银行松阳支行在活源村设立助农服务点，给予该村扶贫贷授信总额1000万元，实行基准利率，切实提升当地农户金融服务的可获得性。建立常态化的走村访民工作机制，组织县域金融机构到活源村开展金融知识进万家活动。端午节期间，组织县农商银行为活源村低收入农户及老人送去粽子1500余个，在元旦、春节、建军节、开学季等累计慰问低收入农户 67 户，留守儿童 8 人。

【实施“融资畅通工程”强化金融服务】2020 年，松阳银保监组联合县金融办、县人行梳理形成“三张清单”，与银行一起走访企业。截至 11 月底，全县银行业减息 7370.93 万元，超额实现年初 3500 万元减息目标。截至 12 月底，发放企业贷款 8329 户 63.88 亿元，办理续贷延期展期的企业贷款 1371 户，涉及资金总额 9.38 亿元。金融机构新发放贷款利率平均比上年同期下降 20%，县建行向康恩贝发放贷款定价为 3%（年息三厘），低于 LPR0.85%，下浮 22%。对受疫情影响较大的行业贷款，督促银行减免其 2 月利息。推动制造业贷款提速，截至 11 月底，全县制造业贷款余额 23.24 亿元，较上年末同比增加 33.75%，超额完成任务，终结连续 6 年的负增长后实现两级跳。普惠型小微企业贷款完成“两增两控”和实现小微园区企业建档全覆盖，授信比例达到 50%以上要求。推广“浙里掌上贷”，全县范围内推广应用省局金融综合服务平台“浙里掌上贷”，开展专题讲座，向政府主管部门和企业主进行宣传并督促银行推广应用，提高融资对接成功率。全县银行业金融机构共有 42 家网点配置浙江省金融综合服务平台，累计为客户经理 186 人创建用户权限。其中，通过平台办理授信业务的机构网点 37 家，占 88.1%；通过平台办理授信业务的客户经理 109 人，占 58.6%。强化助贷机制和平台搭建，健全政策性融资担保体系。全县政策性融资担保机构担保余额 2610 万元，比年初增长 96.24%，减免企业担保费 8.95 万元。创新金融产品、服务方式，改善企业融资便捷度。对企业反映强烈的短贷长用、频繁转贷、资金错配、抵押物缺乏等问题，推广企业中期流动资金贷款、信用贷款、余值抵押贷款等信贷产品，建立银行“无还本续贷”模式为主的多层次转贷体系。各金融机构积极探索服务产品和服务方式创新，县农商银行、县村镇银行、县邮储银行、县泰隆银行等开展的“无还本续贷”，县建行的“小微快贷”等。加强政策督导，开展明察暗访，参加全县“争先创优”行动作战指挥部工作，在县工业、出口专班工作、县政策专班、松阳县小微企业和个体工商户纾困专班工作提出金融支持建议，开展政策督导和明察暗访，对辖内银行保险业落实好利息减免政策和贷款支持提供保障。

（松阳银保监组）

中国工商银行股份有限公司松阳支行

【概况】2020 年，中国工商银行股份有限公司松阳支行（以下简称“工行松阳支行”）内设办公室、公司金融业务部和营业部（个人金融业务部）3 个职能部门，下辖 3 个自助银行，有在职员工 31 人。截至 12 月底，本外币各项存款余额 15.72 亿元，比年初增加 1.41 亿元，其中对公存款余额 91083 万元，比年初增加 7942 万元；储蓄存款余额 63499 万元，比年初增加 6869 万元。本外币各项贷款余额 106697 万元，比年初增加 2466 万元。不良贷款余额 115 万元（不含卡），比年初下降 55 万元，不良率 0.11%，比年初下降 0.04%，其中公司贷款实现零不良。不良贷款清收处置转化总额 452 万元，实现拨备前利润 4377 万元，净利润 3192 万元，实现中间业务收入 1075 万元。2020 年，该行继续保持省级文明单位和省级卫生先进单位称号和市级“治安安全示范单位”；营业部继续保持市级“巾帼文明窗口”称号，丽水银行同业协会“30 强文明服务窗口”、省级巾帼文明岗称号，连续 31 年实现安全年。

【党建工作】2020 年，工行松阳支行落实“主体责任”，增强“四个意识”、坚定“四个自信”，提高政治站位，确保管党治党责任有效落实和迅速传导。健全党内政治生活，落实和开展好组织生活会、民主评议党员活动，规范支部 “三会一课”制度落实到位。落实“一岗双责”，坚持和落实党建工作与业务工作深度融合，同研究、同部署、同检查，提升党建工作水平和实效，落实好党建和党风廉政建设工作责任，发挥好党员干部“关键少数”的示范带动作用，自觉在党和国家大局中找方位、谋发展、抓落实。提升员工队伍建设，加快年轻员工队伍培养，开展提素质、稳队伍、解决新老员工交替传承的问题，厘清员工队伍建设思路。

【揽储存款提升行动】2020 年，工行松阳支行实现对公存款余额 91083 万元，比年初增加 7942 万元，其中公司存款比年初增加 1.91 亿元。措施有拓展土地保证金业务；争取发债资金；利用项目以贷引存，争取 “大搬快聚”和“飞地”项目，严格执行封闭管理并引入工坊项目等国资平台的存款;上下联动营销，特别是加强房开和集团性公司、建筑类公司的营销；抓基础工作，着重抓好代发工资、建筑类农民工、拆迁户、经商户、企业高管、他行优质客户等群体；推进个人客户“三大工程”工作，细化工作措施，明确责任分工，层层抓好落实，做好客户维护，加大有贷户的贡献度；推行客户经理的产品培训，多模式开展理财、基金、保险产品营销，做大全行客户金融资产资金池。

【拓展信贷市场】2020 年，工行松阳支行争取上级行支持，营销发放“大搬快聚”和“飞地”2 个项目贷款 7086 万元；聚焦普惠金融，增加人行口径普惠 9573 万元；在政策导向上及时调整方向，全年增加个人经营性贷款 10292 万元。

【提升经营效益】2020年，工行松阳支行实现拨备前利润4377万元，净利润3192万元，中间业务收入增长显著。拓宽中间业务收入渠道和细化管理，同业法人理财的营销常态化，日均增量明显；加快分期业务的拓展，落实人员开展分期外拓营销，全年分期中收632万元。

【安全经营】2020年，工行松阳支行强化内控管理建设，完善内控制度体系；压实责任，提升风险防范意识，高度重视风险隐患，明确重要风险点及防控治理要求，及时化解信贷风险，组织员工学习“丽水银监40条”、负面清单110条活动，面对外部监管的不断变化严要求，积极应对，进行落实整改；开展内控文化建设，结合内控合规“制度执行年”活动及“廉政案防”警示教育活动，多次开展内控案防知识测试，组织员工学习各项规章制度，提高员工内控案防意识，定期召开内控例会、案防分析会，剖析内控工作的薄弱环节和风险点，提出工作措施和意见，督促整改;重视安保工作，保障安全经营，开展“治安安全单位”创建，连续31年实现安全年。

（工行松阳支行　毛春达）

中国农业银行股份有限公司松阳县支行

【概况】2020年，中国农业银行股份有限公司松阳县支行（以下简称“农行松阳县支行”）是中国农业银行在松阳县设立的一级支行，辖属支行营业中心和古市支行（二级）二个营业网点和3个自助银行，现有员工51人，是松阳县域营业网点最多、覆盖面最广的国有控股商业银行。县支行内设综合管理部、客户部等职能部门。支行党委班子成员3人，党委书记、行长吴东星；党委委员、副行长翁科君；党委委员、纪委书记严鑫莉。全行共有4个党支部，现有党员37人（含离退休党员）。

2020年，农行松阳县支行以服务松阳高质量绿色发展为己任，统筹推进疫情防控和业务经营，有力支持企业抗疫复产，服务实体经济，助力“六稳”“六保”和经济社会发展，主要业务指标在全县金融同业中名列前茅，保持县域强行地位。截至12月底，各项存款余额21.45亿元，各项贷款余额20.43亿元，成为全县第一家存贷总量突破40亿元大关的国有商业银行；信用风险防控成效显著，不良率仅为0.08%，全行法人贷款实现零不良；全年实现拨备前利润5648万元、拨备后利润5304万元、净利润3983万元；在各金融机构支持全县经济发展考评中获全县金融系统综合考评一等奖，县委书记对农行支持地方经济发展的做法和经验作出重要批示；全行连续24年实现安全经营。2020年，农行松阳县支行被浙江省委、省政府授予“浙江省文明单位”称号。

2020年7月8日，工行松阳支行组织人员到城西社区开展“拒绝高利诱惑 远离非法集资”宣传活动

【支持地方重点项目建设】2020年，农行松阳县支行持续全力支持县重点项目生态保护、城市和城镇化建设、交通及水利等基础设施建设。全年累计投放项目贷款4.15亿元，县域四行（工、农、中、建）占比55%，投放量大幅领先同业，有力推动黄南水库提前蓄水发电、火车站站前广场实现按时投用、项弄安置房竣工交付、“大搬快聚”富民安居工程推进等。全年上报项目3个金额32亿元，获批2个金额24亿元，其中获批“大搬快聚”工程项目12亿元、西竹玉公路PPP项目贷款12亿元。成为松阳县政府性项目贷款授信总额最多、项目储备最丰富的国有商业银行，占全县政府性项目贷款总额的70%。

【金融服务实体经济】2020年，农行松阳县支行开展服务实体经济，助力抗疫复产和企业发展。疫情防控期间，率先同业全面复工营业，设立“三个专班”、列出“三张清单”，推出金融助力复工复产十二条措施。县委十届十次全体（扩大）会议以后，率先同业第一个行动，针对性出台助推松阳打造“高水平生态文明建设和高质量绿色发展”重要窗口示范区的十条措施，得到县委书记李汉勤的批示肯定。大力支持“松商回归工程”，作为银行业代表与县乡贤会签订10亿元全面战略合作协议，加大对乡贤群英的金融支持。围绕“工业强县”，落实“三服务”活动，开展企业关怀专项行动，精准支持企业抗疫复产和转型升级。全年对接企业120余家，增加小微企业（含小微企业主和个体工商户）85户，增加贷款8000万元。为重点防疫企业发放优惠贷款1500万元。创新金融产品，主动对接，加强对不锈钢、茶产业、生猪养殖等主导产业的金融支持，推广“小微网贷”“抵押e贷”“纳税e贷”“续捷e贷”等线上融资产品，让企业可以轻松获得贷款，且随借随还。同时推广“园区建设贷”“入园企业前期贷”“厂房按揭贷”等产品。打通融资渠道，创新抵押方式，在全县首家推出“生猪活体抵押贷款”，累计发放贷款810万元。加大减费让利，对小微企业、制造业优先安排信贷计划，加大利率优惠，落实降息减费政策，对抗疫企业、小微企业免收现金管理服务费等19项费用，新增无还本续贷、中期流贷等产品。全年新发放实体贷款利率比上年下降65个BP；民营和小微企业贷款利率分别低于全行25和28个BP；全年累计减费让利469万元。

【服务“三农”行动】2020年，农行松阳县支行发挥“绿色”本职，助力乡村振兴和脱贫攻坚。按照上级行推出的支持丽水乡村振兴十九条措施，大力推广“茶商贷”“电商贷”“民宿贷”“农家乐贷”等“惠农e贷”特色产品，深化与省再担保集团、省农信担保集团合作，拓宽增信覆盖面，全年累计发放“惠农e贷”4.7亿元，其中“茶商贷”余额1.13亿元，比年初增加2700万元，累计受益农户1000余户，绿色产权抵押贷款6118万元，受益农户390余户。加大数字乡村的对接服务，打造农村普惠金融生态，农户通过手机银行、微信等渠道就可获得贷款、提供服务。打造“微型村银行”，创建“惠农通”平台，全县各村设立“惠农通”场景135个，其中星级商户40户，惠农通示范点4家。连续7年选派业务骨干到古市镇挂职，服务乡村振兴，真正做到为农村“融资又融智”。

【提升服务效能】2020年，农行松阳县支行制定营业网点规范化服务各项措施，开展争创“青年文明号”“巾帼文明示范岗”“文明服务示范窗口”、行风评议和文明优质服务承诺活动，设立意见箱、消保驿站、防诈专区等。加快网点转型，实施营业中心的智能化改造，提升服务能力。网点环境整洁、净化美化、设施完好、功能齐全、方便群众，提升全行服务水平。开展普惠金融进（企）村入户宣传、送金融知识下乡等活动。党团员利用双休和节假日，上街进村设摊咨询，向群众分发各种宣传资料，开展防诈骗、反假币和金融知识业务咨询，维护金融消费者的权益，提升金融责任担当。

【施行内部精细管理】2020年，农行松阳县支行深化“三线一网格”管理。加强网格化团队管理，强化内控案防“三道防线”作用，推进“三化三铁”创建，通过对运营工作的常抓不懈，获评全省农行运营综合管理先进单位。防范操作风险、外部监管风险、洗钱风险和声誉风险，抓好合规教育和问题整改。建立问题整改长效机制，对巡察、内外部检查等揭示的问题，逐一列出清单，落实责任，限期整改，确保整改到位。深化风险处置。加强信用卡不良处置，专人负责，与县法院、县公安系统对接，信用卡不良诉讼走在全市前列。定期召开客户经理例会和贷后管理例会，加强风险研判，及时采取措施。全行不良率均比上年有所下降，大幅低于同业和系统内平均水平。深化疫情防控。严格落实好“外防输入、内防反弹”的要求，严格执行各项防控措施，紧抓常态化防控不放松，确保两手抓、两战赢。

疫情防控期间，农行松阳县支行工作人员深入茶园为茶农办理惠农“茶商贷”

【企业文化建设】2020年，农行松阳县支行突出党建引领，加强领导班子建设。落实“两个责任”和“一岗双责”，突出基层党支部建设，实施“三线一网格”管理，落实党风廉政建设责任制，从严执纪问责，经常通过正面引导和警示教育，使党员干部严守“底线”，筑牢“防线”。开展争创文明班组、文明岗位、文明员工、文明家庭等活动，创先争优蔚然成风。推进“凝聚.激励、关怀”员工行动。定期开展员工岗位技能考核，促进岗位练兵活动深入开展。每年召开职代会，发动员工建言献策，增强员工主人翁意识。从人文关怀入手，持续实施员工生日慰问、结婚贺喜、生育和住院慰问等常态化的关爱员工机制。建设职工之家，开办机关食堂和古市支行食堂，解决员工就餐问题。建立员工活动室，丰富员工业余生活。发挥好工会、团委、女工委等组织作用，成立各类兴趣小组，开展各类文体活动，有效引导员工进一步释放压力，提高队伍凝聚力和向心力。

【履行社会责任】2020年，农行松阳县支行秉承“大行德广，伴您成长”的品牌承诺，主动承担社会责任，支持公益事业。各营业网点利用电子门楣与海报机，开展社会主义核心价值观宣传教育。组建志愿服务队，做好公共场所卫生责任区的环境整治；全县“五水共治”各项活动，组织员工到联系乡、村开展垃圾整治和河道治理。发动员工向受灾地区开展各种献爱心活动，如疫情防控期间发动全员累计捐款83人次，金额8250元。“八一”建军节到县人武部、县消防救援大队、县武警中队慰问子弟兵。组织员工参加无偿献血活动，员工徐荣华参加无偿献血累计10400毫升，获全国无偿献血奉献金奖。开展扶贫结对帮扶助困活动。与枫坪乡原梨树下村结对，开展“消灭薄弱村”专项行动。连续4年与枫坪乡黄埠坞村结对开展“双万结对、共建文明”活动，为结对村提供帮扶资金5万元，并为该村的经济发展献计献策。落实“一户一策一干部”结对帮扶制度，3年为梨树下、黄埠坞村26户低收入户，送慰问金1.6万余元。参与全县疫情防控工作。在做好自身防疫工作的同时，成立党员先锋队参加各小区的值守工作，并为县域各卡口送上口罩、方便面、牛奶等必需物资。为到武汉抗疫前线的4名医务工作者家属配送蔬菜，展现特殊时期农行人的关爱。

（农行松阳县支行　姚政阳）

中国银行股份有限公司松阳县支行

【概况】2020年，中国银行股份有限公司松阳县支行（以下简称“中行松阳县支行”）贯彻落实总行战略目标的“强化执行年”。按照省行“目标导向、问题导向、结果导向”三个导向工作要求，紧扣市分行经营目标，以“茶香中行红”为党建品牌，坚持客户引领、变革引领、机制引领和党建引领，打好业务转型、智慧运营、风险管控、文化建设四大战役。截至12月底，本外币时点存款余额19.41亿元，较年初增加2.67亿元，增幅15.94%。本外币日均存款余额17.07亿元，较年初增加9006万元。本外币贷款余额17.03亿元，较年初增加2.27亿元，增幅15.41%。其中，普惠贷款（两增口径）余额3.08亿，较年初增加8271万元，丽水中行全市排第二名。不良余额53万元，不良率0.03%，资产质量继续控制在较高水平。全年实现营业收入5707万元，同比增幅10.15%。拨备前利润4447万元，同比增幅13.02%；净利润收入2631万元。2020年，中行松阳县支行被丽水市人行授予“两山”银行称号，被丽水市普法办命名为“诚信守法企业”，被丽水市银监评为丽水银行业“放心金融”网点，支行营业部被丽水市银行业协会评为三星级网点。

【存款业务】2020年，中行松阳县支行高度重视存款工作，把存款业务进一步细化到营业部、古市支行2家网点，细化到每一天的工作中，2家网点根据每月员工揽存晒单笔数与金额进行评比与激励，并将存款考核与各项业务的考核挂钩，让每一个在岗员工，在做每一项业务之前，首先能够去想的就是存款揽存，进一步提升全员营销积极性。古市支行在得知县赤寿生态工业区块精品不锈钢示范园项目土地征收信息后，主动对接乡政府，挨家挨户敲门拜访，实现揽存拆迁补偿款1503万元。负债业务方面，主要营销县交通发展有限公司、县中医医院、县兴民新农村建设发展有限公司、县南城独山区块3号地块土地拍卖保证金等存款。

【贷款业务】2020年，中行松阳县支行落实省行“抓大做小中间择优”的授信政策和市行提出大力发展资产业务的工作部署，抓住疫情防控期间推出的“战疫贷”等产品，主动破题，在项目储备上有效突破，全年获批松阳光洁固废处置有限公司2.5亿元，获批松阳县兴民新农村建设发展有限公司安置房项目新增项目5亿元，其中安置房项目实现投放2.1亿元；用好普惠产品大力发展普惠客户，全年利用“战疫贷”“利业通宝”“税务通宝”等普惠产品为浩优实业、得迈机械、金豪、华捷驰、凯越、江南科技、厚岸科技、吉强、鑫通达9户企业获批授信6990万元；加大存量客户挖掘，前三季度获批授信客户万基光学、浙铜五星、宝泽高分子、凯迪化工4户存量新增贷款2050万元。突破贷款困局，做大特色贷款和消费贷款。做好新楼盘跟踪储备，获古市唯一一个楼盘的监管账户开立资格，同时在该楼盘集中开盘时，驻点服务，着力营销，为下一阶段的按揭贷款业务做好铺垫。及时调整贷款方向，把普惠贷款与消费贷款列为开门红期间贷款的重点，并选取适合的营销方式予以突破。抓住茶商E贷产品可以线上办理的优势，在疫情防控期间，通过电话营销、上门服务等方式指导客户及时申请，让普惠贷款不受疫情阻碍，解决茶产业客群的复工复产的困局，累计投放茶叶经营贷款132笔、金额3200万元。在年度总行个贷经理大赛中，支行个贷经理叶晓燕凭借茶商E贷产品获总行级优秀个人，把特色区域产品推上更高平台。消费贷款产品以“中银E贷”与“随心智贷”为抓手，集全体员工之力，对产品进行清单式管理，员工通过班后、假期参与外呼，积极参与贷款营销，共同推进贷款的发展。截至12月底，消费贷款新增6811万元。

【服务助力茶产业】2020年疫情防控期间，中行松阳县支行安排人员，加班加点协助县市场监管局为外来客商办理市场通行证，为茶叶市场安装人脸识别与体温测量的出入管理系

第十一届茶商座谈会暨茶叶质量溯源系统 3.0 版发布会

统，助力市场管理。在分行信贷科的全力帮助下，用 3 天时间研发出浙南茶叶市场预约系统，并与之前发放的茶叶交易卡相结合，最大限度提升市场的交易效率，为特殊时期的茶叶交易保驾护航。组织第十一届茶商座谈会，发布茶叶质量溯源系统 3.0 版和茶产业客户服务方案，加强茶商和加工户的维护，提升客户服务体验。

【非息及产品销售】2020 年，中行松阳县支行在金融机构、金融市场、票据贴现业务上表现出色，实现代理保险收费收入 40 万元，落地丽水首单利率掉期 5930 万元，实现中收 30.88 万元，利用票 E 贴产品继续拓展贴现客户群，全年累计票 E 贴业务量及签约客户活跃率均在丽水中行全辖领先。个金业务方面，不甘落后，力争获得最大突破，坚持抓大不放小，打金融资产组合拳。在贵金属销售中，及时挖掘他行私人银行客户，根据客户的需求与喜好量身定制贵金属产品。在基金销售中，坚持开小单、积大单，古市支行通过对客户资产的配置，开出成立以来最大的基金销售大单，也打开为财富客户进行资产配置的大门，销售能力得到进一步提升。

【基础客户发展】2020 年，中行松阳县支行增开对公账户 134 户。在重点账户的营销上，营销落地有县招商服务中心、县七色花公益服务中心、县民营经济发展服务中心等行政事业单位重点账户；营销浙江得迈机械有限公司、浙江凯越汽车配件制造有限公司、浙江华捷驰汽车部件有限公司、浙江金豪汽车配件有限公司、浙江斯莱德机车部件有限公司、浙江厚岸科技发展有限公司、浙江恒兆置业有限公司等园区重点招商企业开户；营销县城市建设发展有限公司、浙江万寿建筑工程有限公司以及重点外资投资账户丽水世昌特材有限公司落户中行。坚持一周一外拓，借力移动柜台，先后参与师专学校建筑工地、梧桐源水库工地、景顺实业、松州电气工人的代发薪外拓。坚守厅堂阵地，结合手机银行活动，做好厅堂质效、快捷支付绑定、医保电子凭证、信用卡、移动支付等工作，有效带动基础指标的发展。上半年实现民族中学一卡通项目落地，为 1500 名学生家长与教师发卡，增添支行的基础客户群，带动手机银行、信用卡消费、借记卡快捷支付等业务的增长。凭借校园项目，9—11 月手机银行交易客户数同比增幅 50%以上，连续 4 次居全省中心支行组第一名，获手机银行“乘风破浪”机构。

【完善内部管理】2020 年，中行松阳县支行落实指标官考核制度。面对个金指标多且细的问题，把 18 项重点业务安排给 9 名指标官，建立考核与 PK 机制，以结果为导向，并加强过程的及时督导。组织全行员工开展“讲合规、守底线”案件警示教育活动和组织开展党员干部“身边事警示身边人”廉政教育系列活动。推进每日晨会、每周例会制度学习，提高防范风险的能力，增强内控意识，牢固树立合规底线。开展反洗钱甄别与管控，强化员工风险事件学习。落实“四必问、一签字”。切实提高员工合规操作、防范诈骗的业务敏感性。推进金融机构服务社会、履行社会责任的工作，组织开展金融知识讲座和主题宣传活动，全年共阻止 5 起新型网络诈骗事件，为客户挽回损失 47 万元。强化员工廉洁自律和行为失范管理，做到清风常吹，警钟长鸣。加强日常、元旦、春节等节假日和两会等重大活动期间安全管理。经省公安厅、省银保监局评审，该行获浙江省第六轮安全评估优秀单位。有序规范开展疫情防控工作，保障支行员工生命安全和身体健康。成立支行新型冠状病毒感染的肺炎疫情防控工作领导小组，制订防控方案，做到职责分明，分工明确，落实到位。专题研究制订防范新型冠状病毒一日工作操作流程和防范新型冠状病毒应急处理预案。落实当地政府和上级行对疫情防控工作的要求，助力当地经济社会发展各项工作有序开展。

（中行松阳县支行　潘肇胜）

中国建设银行股份有限公司松阳支行

【概况】2020 年，中国建设银行股份有限公司松阳支行（以下简称“建行松阳支行”）围绕丽水市分行党委“抓党建、强队伍”“转思维、增能力”“抓落实、促发展”“强管理、严约束”与“优评价、重极致”五个方面的部署，坚持以党建引领业务发展，强化合规先行，风控至上与安全生产管理，组织干部员工应对新冠疫情挑战，坚定以人为本，真心关爱员工，各项工作取得新进展。截至12月底，一般性存款余额162710万元，其中个人存款余额65220万元，对公存款余额为97490万元。各项贷款余额159000万元，其中个人贷款97289万元，对公贷款61711万元。不良贷款余额465.01万元，不良率0.29%。

【优化信贷结构】2020年，建行松阳支行正确理解和把握国家政策，充分了解市场和客户需求，抓好信贷结构调整工作，优化信贷结构。重点跟进全县“大搬快聚”、县国有资本投资运营集团有限公司等项目的申报和投放工作。深入企业，及时了解企业产品需求，对存量贷款企业做好调查，及时做好转贷工作。拓展新产品，大力发展“小微企业快贷”客户，支持地方小微企业发展，全年普惠金融新增位居全县工、农、中、建四行（以下简称“四行”）第一名。制造业贷款取得突破，贷款额比上年增加9002.4万元，增幅203.77%，在全市分行制造业贷款考核中排名第一名。继续发挥个人住房贷款传统优势，个人住房贷款，个人消费经营类贷款，四行新增占比均位居第一名。

【支持乡村振兴】2020年，建行松阳支行大力支持乡村振兴发展，提升服务“三农”能力。为全县“大搬快聚”农户提供住房贷款金融支持，进一步改善农户居住环境。通过与县下山脱贫办、开发商合作，为全县8个乡镇114户下山脱贫农户办理个人住房按揭贷款，共发放贷款金额4725万元。为省级文明村村民生产、经营和消费等用途提供信贷支持。推广“好家庭信用贷”。与县妇联合作，对获“三八红旗手”等荣誉的家庭、个人办理“好家庭信用贷”贷款，用于家庭生产经营和消费。继续做好惠农担保互助社社员“惠农贷”贷款转贷工作和年检工作，推广信用惠农贷产品，对全县33个市级信用村相继开展推广工作。截至12月底，累计为17户农户授信336万元，发放贷款17笔、金额322万元；“两山”惠农贷7笔、授信162万元、发放148万元，实现人行下达任务的105.71%。

【党建引领业务发展】2020年，建行松阳支行组织“党员外拓团队”走农村活动。发挥支行“张富清金融服务队”“张富清党员突击队”引领作用，组织队员进社区、访单位、依托“裕农通”服务点，开展各项业务拓展活动，引导党员干部在本职岗位上主动作为，体现党员先锋模范作用，结合支行工作实际，把“裕农通”与商户相结合，把有效商户拓展为“裕农通”服务点，把“裕农通”业主发展为商户，利用各类活动，吸引农户，把服务点的便利真正落到实处。以“惠农贷”为切入点，支行员工现场为村民讲解“裕农通”开卡乐活动及“裕农通”渠道存款优惠政策，引导村民通过“裕农通”服务点办理业务，使村民在享受便利金融服务的同时，促进服务点的提质增效。

【落实疫情防控】2020年，新冠疫情发生以后，建行松阳支行建立应急响应机制，做好疫情防控特殊时期网点服务工作，采取远程方式为客户提供服务，有效解决客户需求。为县“红十字”会开通绿色通道特事特办，保障支援武汉捐款顺利汇出和各项应急资金安全及时拨付。成立企业服务支持团队，对疫情防控企业贷款需求优先受理，线上实时审批，保障疫情防控期间小微企业金融服务供给。及时给客户发送《致我行企业客户的一封信》，表达对客户的牵挂以及做好金融服务相关工作的承诺。2月11日、2月19日分别为客户紧急审批发放600万元银行承兑汇票贴现及100万元小微快贷业务。发放抗疫专项贷款5000万元，解决企业燃眉之急。全行广泛动员，参与志愿活动，为高速路口卡点值守交警送食物、给“裕农通”农户送口罩等防疫物品。参加小区网格卡点值守等工作，累计参加志愿者服务280余人次，捐助防疫资金6000余元。

【合规风险管控】2020年，建行松阳支行开展员工合规意识教育，促进全行员工树立稳健经营理念，增强责任意识，组织员工进行政治学习、业务学习和案例学习，学习合规制度、信贷政策、员工行为规范等政策和制度，提高业务素质和服务能力，做到合规经营，遵章守纪。深入开展警示教育工作，以案促改，推进廉洁文化建设。开展“党纪行规”教育、观看警示教育片等，坚持纪律约束和提醒教育相结合，筑牢拒腐防变思想防线。做实贷后管理，逾期贷款催收和不良贷款处置工作。专人负责每天和月末对逾期贷款通过电话、上门、法律等手段进行催收，多举措处置不良资产，全行资产质量继续保持较高水平。

【员工队伍建设】2020年，建行松阳支行发动党员干部主动承担社会责任，组织人员到城中社区开展“周四文明日”清扫活动，到联系乡镇开展结对扶贫帮困活动，共走访结对困难群众20户，为他们送上慰问品，提供帮扶措施等，解决实际困难，体现大行担当。组织员工进行绿道健步走、九龙湿地秋游、迎新晚会等活动，丰富员工业余生活，缓解工作压力。开展“冬送温暖，夏送清凉”慰问一线员工、困难员工等活动，帮助解决新员工住宿困难等措施，切实为员工解决实际困难。组织员工参加松阳县金融系统“奋斗正青春 共筑金融梦”庆祝中国共产党成立99周年朗诵比赛获二等奖，在全县17个代表队中位居第二。

（建行松阳支行）

浙江松阳农村商业银行股份有限公司

【概况】2020年，浙江松阳农村商业银行股份有限公司（以下简称“县农商银行”）有在职员工243人，内设职能部门11个，全行网点机构22个，流动服务网点4个、助农服务点151个、53台ATM机遍布城区及各乡镇。该行客户服务数、贷款服务面、网点覆盖面、贷款普惠度均居全县银行业之首；承担全县3/4的群众基础金融服务，农户贷款1/2，小微企业贷款1/4。打造“做业务最实、与民企最亲、离百姓最近”的银行。助力生态价值转换，支持田园松阳乡村振兴战略实施和小微企业振兴发展，扶持村集体消薄和低收入农户增收，被松阳县政府授予“乡村振兴主办银行”称号；与县委组织部结为党建共建单位，被松阳县农业农村局授予“三资”管理合作银行称号；连续5年获金融机构支持当地经济发展考评一等奖。截至12月底，各项存余额71.33亿元，比年初增加6.14亿元，增长9.42%。各项存款年日均余额70.55亿元，比年初增加9.91亿元。存款增量和总量均居全县银行业第一名。各项贷款余额61.3亿元，比年初增加11.07亿元，增长22.03%。其中，涉农贷款余额55.44亿元，比年初增加10.29亿元，增长22.8%；小微企业贷款余额23.24亿元，比年初增加3.85亿元，增长19.86%。互联网客户8.62万户，增加6435户，互联网客户覆盖率72.93%；社保卡发卡量14.55万张，增加8493张，社保卡新增发卡占比81.29%；一码通用户3716户，智能付商户553户。利润总额11200.37万元，同比增加1020.33万元，增幅10.02%；净利润为8716万元，同比增加778.34万元，增幅9.8%。纳税总额4777.3万元，位居全县所有金融机构第一名。

【“党建联盟”建设】2020年，县农商银行推进“党建联盟”建设，与县委组织部开展战略合作的金融机构，政银合作助力乡村振兴。同时联合发文推进“红色互动”助推企业平稳健康发展。明确重点支持对象，动员在职党支部4个与20家“两新”党组织签订党建共建协议书，建立党建共建联盟关系。成立“两新红管家”队伍。与县委组织部共同组建“红管家”队伍，深入企业开展走访调研，当好“指导员”和“服务员”，建立红色信贷长效机制。推动各领域党建工作融合共进，建立纵向“三级联动”组织体系。截至12月底，与全县203个行政村、3个社区党组织、19个乡镇（街道）党（工）委建立党建联盟，实现“党建+三治融合”发展。开展横向合作，与县武警中队、县消防救援大队等单位签订《党建共建联盟协议书》，延伸党建共建触角。

【助力复工复产】2020年，县农商银行推出“田园·惠企复工贷”专项信贷产品，落实政策、资金、人力保障，全力支持复工复产。安排复工复产专项资金2亿元，茶产业专项资金2亿元，发放复工复产贷款2.62亿元、计2108户。启动“大走访大对接”活动，开展对生态农业、制造业、餐饮业等施行顾问服务，完善“一户一策”精准扶持方案。通过“浙里办”、“省金综平台”、网上商城、微信等便捷渠道，引导客户线上办理贷款申请、贷款信息查询、贷款还款等业务，实现金融服务“一次不用跑”。加大减费让利力度，加强县辖内受疫情影响较重的制造业、批发零售业、住宿餐饮业等企业及普惠小微企业实行贷款利率优惠，为5334户累计减息3037.97万余元。年减费让利5782万元，金融服务项目减费1000余万元。

【拓展金融服务领域】2020年，县农商银行推进茶产业链服务，关注茶文化旅游、茶乡小镇等建设，把握茶产业多元化发展趋势，以“茶链通”贷款为有效载体，深化茶产业链金融服务，发放茶产业贷款9.15亿元，茶旅融合贷款1.68亿元。推动当地民宿产业发展，助力“拯救老屋行动”，发放浙江省首笔专项贷款40万元。发挥“银政”合作优势，以“整村批发、集中授信”方式上门为民宿经营户提供贴身服务，累计发放民宿贷10680万元，其中新农贷4笔400万元。金融助力生态价值转换，探索GEP价值转换，创新田园生态贷助力生态金融服务高质量发展。新兴镇外石塘村股份经济合作社向该行申请以GEP未来收益权作为质押发放贷款50万元。促进旅游业发展，向松阳双童山旅游度假区发放贷款1500万元。

【金融普惠增量扩面】2020年，县农商银行开展全员百日攻坚活动，发挥三级联动工作机制，班子成员带队现场督导，机关部室结对支行营销，建立每月计划、每周例会、每日通报的战时机制，实现资产业务全员会战，百日攻坚期间贷款增长实现既定目标的145.55%。推进农户小额普惠贷款，全面提升贷款市场份额，实现授信覆盖率80%，符合准入的农户授信100%。开展综合营销，推行普惠签约竞赛，以行政村签约率为标准，挖掘农村市场潜力。截至12月底，行政村签约率在50%以上的有40个，较年初增加31个；60%以上的有6个，较年初增加3个；70%以上的有2个，均为是年新增。聚焦生态工业经济发展，及时对接招商引资企业，作为试点银行推广亩均贷产品，出台扶贫再贷款支持制造业专项方案，助力工业强县战略发展。全年增加对公首贷户数90户，增长68.18%。助力“大搬快聚”工程，根据实际情况完善“大搬快聚”金融支持方案，为搬迁农户提供多样化金融服务。截至12月底，“大搬快聚”贷款余额7684万元，惠及搬迁户307户。

【支持乡村振兴】2020年，县农商银行支持县域特色经济发展，助力农旅融合产业做强。以田园系列信贷产品为基础，配套一码通、智能付、丰收溯配等渠道服务，做深做实金融品质。截至12月底，农旅融合贷款余额6211万元。深化“三位一体”改革，与县供销社联手打造产业农合联金融服务平台，全县成立“香榧”“油茶”“茶叶”3家产业农合联，汇集产业会员484人，产业农合联成员授信100%，发放农合联贷款2633万元。推动新型农业主体特色化发展，发挥农信点多面广的优势，采用名单管理+网格划分+精准对接的服务模式，全力满足新型农业主体金融服务需求，发放新型农业主体贷款42户计2753万元。推进金融消薄，坚持消薄工作“一村一策”，把资源优势转化为经济优势，多维度助力薄弱村实现民富村强，为薄弱村163户农户提供2691万元贷款资金帮扶。与县强村公司签订战略合作协议，分批次开展村集体经济“飞地抱团”发展项目，支持99个村集体“飞地”消薄项目贷款4615万元。

【线上线下融合发展】2020年，县农商银行努力推进数字化转型，全行已上线数字化转型项目28个，占比82%。与中国移动公司签订协议，计划为客户经理配备展业平板，覆盖率100%。推进利率定价精细化管理，实时调整利率政策，创新贷款利率测算小程序全面应用，通过基础利率+中间业务减点+存款减点的方式，为每位客户量身定制贷款利率。推广线下贷款数字化模式，把符合条件的线下贷款引导到线上渠道。全面打造金融生态圈，推进“丰收溯配”项目，“丰收溯配”平台用户270户，累计交易20.86万笔，交易金额1.62亿元；力推“云上校园”项目发展，4—12月，通过丰收互联充值4.99万笔，金额829.96万元；助力“最多跑一次”改革，独家代理线下新生儿一件事联办和单位工伤保险人员社保卡开立工作，全年增加社保卡开立8493张。提供全方位金融服务，推进代客理财业务，销售理财产品20期，募集理财金额2.16亿元，理财余额7400万元，大额存单余额7.19亿元。开通上线信用付随心花，推进ETC线上签约变更业务，ETC签约信用付占比58.63%，提升6.19个百分点。

【企业管理】2020年，县农商银行建立常态化学习机制，从6月开始，每个月的第一个星期的星期一晚上举办“知行大讲堂”，开展全员培训学习，打造“学习型农商银行”。每个星期的周一作为周学日，由各部室轮流组织相关人员进行各条线的制度规范、新业务等内容的解读及培训。组织周学21场。完善机制建设，加强对7大类230项内部管理制度进行全面梳理，修订制度45项，废止制度7项，新增制度20项。内部审计监督，加强重点业务审计，开展对资金理财业务制度建设、信用卡业务、年度核销贷款管理、反洗钱调查评估、机构运营情况评估、突发事情风险防范评价、关联交易等专项审计，获“丽水市内审协会表彰项目”2个。推进审计整改，对审计发现的问题，制定切实可行的措施，强化整改意识，主动查找风险隐患，发放审计整改通知8份。根据审计过程中出现频率较高、处罚较严格的风险点，进行梳理和归类，进行风险提示，从而最大限度减少屡查屡犯问题的发生。推进财务精细化管理。加强财务成本核算，有效降低运营成本。该行入驻新大楼之后，以全新的环境和一流的服务，进一步提升员工素养和企业形象，先后获浙江农信系统文明规范服务示范单位、浙江农信“‘微’光成炬 向光而行”微课大赛最佳组织奖、丽水农信审计质量评比优胜审计报告、丽水市财贸系统职工气排球比赛一等奖、松阳县金融系统庆祝中国共产党成立99周年朗诵比赛一等奖，丽水市技能比武二等奖。

（县农商银行　郑楚楚）

中国人民财产保险股份有限公司松阳支公司

【概况】2020年，中国人民财产保险股份有限公司松阳支公司（以下简称“人保财险松阳支公司”）业务总保费7077万元，同比下降7.06%。其中，车险保费收入5002万元，非车非农保费收入1711万元，农险保费收入364万元。赔款支出4586.5万元，其中车险赔款支出2804.57万元，非车非农保险赔款支出810.54万元（还有大额案件未决赔款150万元），为县社保高额医疗补充一档保险支出赔款270万元（连续3年为县医保局承办此项业务但每年处于亏损状态，年累计亏损金额近40万元）。同时，农险累计赔款支出540万元，养殖业受非洲猪瘟影响，全年对生、母猪养殖户6家进行整户扑杀，养殖业保险赔款支出454万元，同比上升154.1%；种植业全年为全域食用菌支付赔款80.31万元，为茶叶低温气象指数保险支付赔款5.14万元，整体赔付率150%。

【政保合作业务持续深化】2020年，人保财险松阳支公司实施辖内7个乡镇农村小额意外险续保工作、全县低保户及低保边缘户等人群的农村小额意外险续保工作、统保全县养老机构综合责任保险、第8年续签自然灾害公众责任险、连续4年统保全县80岁以上老年人意外险项目。其中，低保低边人群和老年人意外险统保小额意外险模块，因人均保费较低，且受惠人群也较多，导致连年赔付率突破200%，存在长年的亏损情况，被省级公司纳入监控项目。与县强村公司签订保险服务一揽子协议，为全县各乡镇（街道）提供工程一切险、建工意外险、完工履约保证金保险的全流程服务。

【疫情攻坚优化服务】2020年，人保财险松阳支公司为全县统保的民宿复工复产保险及民宿公众责任险开展宣传推广工作，对重点的10余户民宿企业走访送去保单资料和择页；疫情防控期间，实现出口信用险业务，承保浙江金信不锈钢制造有限公司2020年度出口业务，助力企业复工复产。连续12年独家承办松阳茶商大会暨松阳银猴茶叶节公众责任险，为保障茶文化品质发展，护航全县茶产业品质化、国际化发展。

（人保财险松阳支公司）

中国人寿保险股份有限公司松阳支公司

【概况】2020年，中国人寿保险股份有限公司松阳县支公司（以下简称“人寿保险松阳支公司”）内设个人业务部、营销发展部、综合管理部、客户服务部4个部门。通过个人营销、团体直销、银行代理、网络销售等渠道，向个人和团体提供人寿、年金、健康和意外伤害保险产品，涵盖生存、养老、疾病、医疗、身故、残疾等多种保险保障，全面满足客户在人身保险领域的保险保障和投资理财需求。该公司秉持“诚实守信、客户至上”的服务理念，拥有95519客户服务专线、安全快捷的企业互联网站，专业管理人员16人、专业销售人员300余人，致力于为社会广泛大众提供优质的保险产品和服务。2020年，实现总保费收入6945.46万元，同比增长4.4%；新单保费2412.52万元，同比增长6.36%；续期保费4906.92万元，同比增长11.7%；标保832.93万元，同比增长3.86%；大短险1316.34万元，同比增长10.3%。

【政策性保险】2020年，人寿保险松阳支公司针对不同群体开展多项政策性保险，分别在大病保险、意外保险、住院医疗等方面提供保险保障，包括独生子女家庭意外伤害保险、计生特殊家庭保险、女性安康保险、男性安康保险、残疾人保险、学生平安保险、农民自建房保险、康悦百万医疗保险等，在改善民生、服务困难群体、完善社会保障体系、辅助社会管理和促进经济发展等方面起发挥积极的作用。

【内部管理】2020年，人寿保险松阳支公司制订《松阳支公司费用管理办法》《松阳支公司职业化建设管理办法》，成立反洗钱、非法集资、内控管理等相关领导工作小组，提出“遵制度、明流程、严执行”的工作要求，推行月度经营管理制度、月度学习制度，形成年度有思路、季度有总结、月度有进度、员工有目标的良好格局。同时开展各岗位员工的工作技能培训，提升业务管理质量，提高销售人员的销售技能，增强客户服务体验标准。

【风险管控】2020年，中国人寿松阳支公司开展纪检风控辅导式教育，并持续开展反洗钱、非法集资、“治乱打非”、销售非保险金融产品、金融服务月等各项活动，有效治理销售过程中的不合规行为，通过风险教育与现场检查相结合的方式，防范化解销售风险，强化整改责任落实，及时消除风险隐患，促进公司持续稳步健康发展。

【党建工作】2020年中国人寿松阳支公司以政治建设为统领，狠抓党支部自身建设，培养基础干部队伍，以党支部工作手册为抓手，以“三会一课”的执行为基础，加强党支部标准化和规范化建设。积极发展预备党员1人；入党积极分子2人；通过干部交流转入党员2人，正式党员人数从原来5人增加至7人，主管以上党员占比大幅提高，党员的先锋模范和战斗堡垒作用得到充分体现，成为公司发展的核心动力。

（人寿保险松阳支公司）

中国邮政储蓄银行股份有限公司松阳县支行

【概况】2020年，中国邮政储蓄银行股份有限公司松阳县支行（以下简称“邮储银行松阳县支行”）有员工51人，内设职能部门3个，下辖自营网点2个、邮政代理网点6个、金融空白乡镇网点6个和助农取款服务点90个。该行发挥和运用邮政金融特有的网络优势、品牌优势、信誉优势、服务优势，依托遍布城乡的物理网点、金融空白乡镇网点、助农取款点和ATM等自助终端体系，持续加大支农支小服务力度，加强业务创新和服务创优，推进涉农金融业务快速发展，以助推松阳经济高质量发展。截至12月底，各项存款余额15.61亿元。其中，个人储蓄余额13.63亿元，公司存款余额1.98亿元。各项贷款余额13.98亿元。其中，个人贷款余额11.94亿元，小企业贷款余额2.04亿元。不良贷款余额271.02万元，不良率0.18%。

【内部管理】2020年，邮储银行松阳县支行深化内部管理，开展“案件警示教育”活动，组织员工进行“查摆反思”，教育引导员工树立良好的职业操守。持续开展“三廉三树”廉洁教育活动，不断强化各层级、各岗位人员廉洁自律意识，防范廉洁风险。开展“资产质量再提升”活动，严格管控信贷资产质量。持续开展党风廉政警示教育月活动。加强全行员工特别是党员干部的政治思想教育，提高整个队伍的思想道德素质，提高思想免疫力。

【专项贷款政策】2020年，邮储银行松阳县支行加大对县域制造业支持力度，全面提升服务实体经济质效。通过优化授信政策、加大信贷资源倾斜、降低企业融资成本、强化考核激励等举措，支持松阳不锈钢产业发展；为解决民营小微企业“融资贵”问题，立足民营企业“倒贷”痛点，推出小企业无还本续贷业务（贷款到期时实现自动续贷的业务，无需偿还本金），有效缓解“过桥资金”的问题，有效解决续贷难问题，有效降低小微企业融资成本。全年为8家存量企业转贷无还本续贷，金额7300万元；立足县域特色，针对茶农及茶叶加工户融资需求，推出产业特色贷——“茶商贷”。

【农村产权融资业务】2020年，邮储银行松阳县支行探索农村产权融资，创新产品，开办“农房集聚”按揭贷款、美丽乡村农房自建按揭贷款业务，为整村搬迁、下乡脱贫等集聚新区的购房农户提供按揭贷款服务。截至12月底，为当地铺门小区项目授信1.65亿元，发放贷款406笔、金额1.4亿元；新溪公寓项目授信700万元，发放贷款17笔、金额415万元；发放农房自建笔数175笔、金额3685万元。为解决农业主体担保难问题，融合省农担、省担保公司，为农业经营主体、农业龙头企业提供担保，共发放该类贷款15笔、金额345万元。

【现代农业服务】2020年，邮储银行松阳县支行推进服务现代农业，开展产品创新，向上级行争取开办家庭农场（专业大户）贷款业务的权限，进一步简化流程、拓宽抵押物范围，采用保证、抵押、质押等形式，也可把多种担保方式进行组合，同时对经营主体给予利率优惠等措施。

【企业文化建设】2020年，邮储银行松阳县支行开展党工团工作，坚持“以党建引领”促进支行经营管理更上台阶。以党员突击队——宣教小分队、内控小分队、外拓小分队活动为抓手，充分发挥支部战斗堡垒作用和党员先锋模范作用。2月，组织全体党员、入党积极分子、中层干部参与城东社区卡口值勤志愿服务，组织部分青年党员带领团员助力邮政“停课不停学”中小学生教材配送服务；6月，与县森林公安分局党支部开展共建活动，到莲都区新屋红色基地开展红色教育；10月，组织全行员工观看爱国励志电影《夺冠》等。工会组织爬山、健步走、烧烤、包饺子比赛等系列活动，丰富职工业余生活，营造积极向上的企业氛围，增强企业凝聚力和向心力。团支部开展读书会等活动，关注青年员工的成长，了解青年员工的所思所想，不断提高青年员工的归属感。

（邮储银行松阳县支行）

浙江泰隆商业银行丽水松阳支行

【概况】2020年，浙江泰隆商业银行丽水松阳支行（以下简称“泰隆松阳支行”）深化小微企业市场定位，持续探索符合当地实际的信贷产品和模式，满足实体经济的信贷需求，树立高效、优质、廉洁的社会形象，各项业务得到平稳有序的发展。截至12月末，泰隆松阳支行各项存款余额153349万元，较年初增长22772万元，各项贷款余额162835万元，较年初增长17872万元。

2020年，泰隆松阳支行获中国银行业协会“2019年中国银行业社会责任百佳评估最佳社会责任特殊贡献网点奖”、省级“巾帼文明岗”称号。

【金融宣传服务】在自身发展的同时，该行勇担责任，深耕“三农”，热心公益事业，主动服务农村，把金融宣教服务送到家。2020年在突如其来的疫情下，该行强化防疫支持、建立快速响应机制、主动减轻客户还贷还息压力、成立2支队伍深入客户、加大金融科技运用，扩大业务办理线上化，提升金融服务水平，助力田园松阳的升级发展。

（泰隆松阳支行）

浙江稠州商业银行丽水松阳支行

【概况】2020年，浙江稠州商业银行丽水松阳支行（以下简称“稠州银行松阳支行”）有员工42人。坚持“支持中小、服务个私”的市场定位，扎根松阳，深耕市场，满足客户多元化需求，赢得了广大客户的信赖与支持。截至12月底，各项存款余额14.09亿元，较年初增加4.54亿元，日均存款12.03亿元；贷款余额7.56亿元，较年初贷款增加2.16亿元。全年正式开业乡村振兴金融服务站13家，其中特色服务站3家，“线上安心贷”整村授信10个村。通过扩充服务站业务，结合互联网，融入党建、普惠、扶贫、文化四大功能，赋能已开业的乡村振兴服务站，全面提质增效，并利用“线上安心贷”，进行整村授信，打造具有丽水特色的生态服务站、“两山”服务站、创建优质示范站。利用服务站，全面服务农村市场，推动农村经济稳步增长。

【信贷支持】落实营业网点和员工疫情防控，保障防疫期间金融服务，成立疫情防控工作领导小组，制订疫情防控工作方案，严格执行“三管理、三询问、三引导、三报告”制度。疫情防控期间，加大重点领域信贷支持，走访辖内重点企业，及时给予信贷支持，利用支农支小再贷款、国开行转贷专项资金，发放支农支小贷款

乡村振兴金融服务站大竹溪服务站开业

125笔、7620万元；发放国开行资金贷款31笔、4854万元。全年增加首贷户42户、1675万元。开展减息助企，主动延长还款期限和无还本续贷业务。累计延期还本付息132户、7250万元，累计减息258.44万元。

（稠州银行松阳支行　谢晓芬）

温州银行股份有限公司丽水松阳小微企业专营支行

【概况】2020年，温州银行股份有限公司丽水松阳小微企业专营支行（简称“松阳小微企业专营支行”）立足松阳，依托温州银行的产品与服务，按照“整固规模、严控风险、增收提效、强化管理”经营发展思路，落实“从严治党、从严治行，深化改革、深度经营”基本方略，坚持反哺地方，实施“1+3+6”区域发展战略，坚持服务地方实体经济，为地方经济发展提供坚强有力的金融支撑；坚持特色化经营，实施“上网、进城、下乡”业务发展战略，塑造温州银行特色化金融服务品牌；坚持普惠金融，深化金融服务“最多跑一次”，提升服务效率、创新服务产品、锻造服务品质；扩大“金鹿小额贷”“茶农贷”“水电费代缴”等特色产品深受市场认可。截至12月底，该行本外币时点存款20062万元，贷款余额10078万元，其中小微企业贷款余额6362万元,茶产业贷款余额1455万元，不良贷款余额189万元，关注类贷款29.5万元。

【金融知识宣传】2020年，松阳小微企业专营支行通过开业周年庆、节日活动、金融知识宣传月等活动，持续与县老年大学、退休团体、周边社区开展金融知识宣传。建立村居、社区联系人制度，推进客户经理1人负责1个社区几个村网格化的营销管理模式，紧密联系社区书记、村关键人，利用水电费代扣代缴优惠、金融小额贷等产品，在产品推广的同时宣传金融消费者保护知识。

【“金鹿小额贷”业务试点】2020年，松阳小微企业专营支行作为“金鹿小额贷”试点行，为保质保量推进“金鹿小额贷”实施，开展对客户经理培训、辅导，通过绩效、奖励方案的解读，鼓动营销积极性，通过分析小额贷的风险点，农户的特性，严把贷款的风险防控。此外，支行行长全面参与入村走访了解，白名单准入，贷款实地调查，严防贷款风险。全年该行调查、筛选、报批白名单客户10批次,40余个村和小区的1万余户农户，“金鹿小额贷”试点工作自6月20日受理第一笔贷款。至12月底，发放贷款83笔，授信金额2219万元。

【疫情防控】2020年，松阳小微企业专营支行每周召开周例会、业务部和营业部的晨会把疫情防控的要求进行重点的学习和强调。通过例会、晨会与员工的自学相结合，把疫情防控切实贯彻执行到工作的各个环节。严格按照疫情防控要求，对外来人员进行信息登记，定期对厅堂、自助存取款设备、办公区域的消杀工作，及时关注客户流量，人员过多时及时分流，防止人员聚集。

（松阳小微企业专营支行）

浙江民泰商业银行股份有限公司丽水松阳小微企业专营支行

【概况】2020年，浙江民泰商业银行股份有限公司丽水松阳小微企业专营支行（以下简称“民泰银行松阳支行”）以“百地千名行长助企业复工复产”“客群营销项目”“提速增效”等专项活动为契机，全面贯彻落实疫情防控监管政策，推进金融服务乡村振兴示范点建设，大力推广优势产品，调动全行员工业务营销积极性，通过全行员工团结拼搏，克难制胜，实现上级行下达的各项任务，并获“丽水银行业文明规范服务星级网点”称号。

【金融知识宣传工作】2020年，民泰银行松阳支行贯彻落实“服务企业、服务群众、服务基层”活动要求，把普及金融知识万里行、国家网络安全宣传、征信服务小微与民营企业专项宣传、普及金融知识守住“钱袋子”等活动充分结合，通过网点讲座、实地走访、有奖问答、线上调研等方式，因地制宜开展形式各样的教育宣传活动。该行建立活源村和水车村2个信用村，推进“进百园、走千企、访千户”活动的开展及存款保险宣传工作，同时以营业网点、社区、“存款保险宣传责任田”为宣传主阵地，开展活动26场次，如“3·15”消费者权益日宣传活动、打击非法集资宣传活动、“以棋会友”厅堂活动、“最佳当日”进社区金融知识宣传、“雏鹰计划”金融知识进校园、重阳节关爱留守老人活动、关爱残疾人等活动，上报稿件30余篇，总行录用20篇，累计各媒体宣传报道14篇。

【安全保卫工作】2020年，民泰银行松阳支行遵循“预防为主，综合治理，谁主管，谁负责”的原则，坚持从加强队伍建设、物防技防硬件设施建设、制度建设等方面入手，巩固支行安全保卫工作各项基础，全年实现无安全责任事故，为支行业务发展创建一个安全、稳定的环境。邀请县消防救援大队进行消防安全培训和防火器材实操辅导，与全行员工签订综合治理责任书、逐级消防责任书，形成人人各负其责，层层责任落实的良好工作局面。全年开展消防安全演练4次，安全保卫演练1次、社会综合治理方面的安全测试。完善安全设施建设，购进一批悬挂式灭火器。加大对安全保卫工作的监督检查力度，落实安全消防措施，及时消除隐患，把一切不安定因素消灭在萌芽状态，保障全行资产和员工的人身安全。

【金融普惠提升行动】2020年，民泰银行松阳支行以“基础客群活动”为抓手，存贷款规模稳步增长。密切关注区域内动迁信息，组织人员对水南街道瓦窑头村、北山拆迁区域开展“白+黑地毯式”持续走访工作。通过建客户服务互动微信群、陌生拜访、集中受理、组织开展各项营销活动等方式，做好新客户拓展和存量客户维护工作，并与塔寺下村、叶村村、独山社区、云峰社区等建立良好的互动关系。完成“存款日均增量”“信用卡”指标。实现下半年“提速增效”专项活动目标。运用政策性产品，坚持“支农支小”。为支持地方经济，缓解客户经理的管护压力、区域性的行业风险压力和经营成本压力，优化信贷客户结构，深入开展市场调研，以审慎介入为原则，充分利用“房闪贷”“普惠信用贷”“延期还本付息”“支小再贷款”等政策性产品。以“百地千名行长助企业复工复产”“百行进万企”等专项活动为契机，对受困企业（个体）提供针对性、差异化、优惠的金融服务，全力保障企业复工复产金融需求，确保企业融资优惠政策落地。

【提升服务质量】2020年，民泰银行松阳支行为实现“为您服务”宗旨，对网点的硬软件进行升级。改变服务模式，制定统一迎客、送客流程和高峰期疏导客户流程。按网点日常工作、特别天气、节假日、各节气等不同的时节、分不同工作时段，采取适时的温馨问候和提示语言，使服务更加精细化和人性化。每逢节假日，向客户推出“自助设备指引图”“金融服务指南”和“休假网点营业时间及附近营业网点金融服务指引表”，引导客户就近办理业务，方便客户金融需求；制作温馨提示牌，提醒客户保护资金安全，防范投资风险等。把服务细化为客户服务的每一个环节之中，通过一项项服务措施的推进，使服务工作紧跟客户需求。网点服务设施的人性化配置，体现以人为本、以客为尊的思想，服务到位，高效、快捷的服务满足客户的需求。

【完善内控管理】2020年，民泰银行松阳支行增强安全信息管理，提高员工安全风险意识。在案件防范方面，切实增强员工安全防范意识，逐步提高员工处置突发事件的能力，把“安全教育学习”和“预案演练”落到实处，确保业务正常开展的同时不忘自身和集体的财产安全，使员工及时了解当前安全管理工作重点，在合规经营方面，为达到规范化、制度化、科学化的管理目标，出台《浙江民泰商业银行丽水分行松阳支行关于组织开展2020年服务管理考核工作的通知》《关于调整浙江民泰商业银行丽水分行松阳支行突发应急处置领导小组的通知》《关于调整浙江民泰商业银行丽水松阳小微企业专营支行消防应急指挥小组的通知》《关于调整浙江民泰商业银行丽水松阳小微企业专营支行巩固治乱象成功促进合规建设工作领导小组的通知》等，建立完善各类服务规范，管理制度及业务操作规范，通过各类规章制度的完善，激发全体员工的工作积极性和主动性，以优质的服务促进支行的合规经营、合规发展。

2020年8月5日，民泰银行松阳支行邀请县消防救援大队开展消防演练

【“消保驿站”建设】2020年，民泰银行松阳支行营造可持续消费环境，有效维护消费者合法权益提供法律支撑，开展形式多样的《中华人民共和国消费者权益保护法》宣传普及活动。通过“3·15”活动、食品安全宣传周、现场咨询服务、摆摊设点、发放宣传资料、召开座谈会等形式，以“点对点、面对面”普及《中华人民共和国消费者权益保护法》及消费维权知识，引导广大消费者依法维护自身权益，广大经营者的守法经营意识、营造科学、理性、放心、安全、可持续的消费环境。

（民泰银行松阳支行 郑芳媛）

台州银行股份有限公司丽水松阳支行

【概况】2020年，台州银行股份有限公司丽水松阳支行（以下简称“台州银行松阳支行”）现有员工32人，其中管理人员4人，客户经理20人，前台序列8人。业务人员直接从事农户和小微企业信贷服务的20人，占比为62.50%。该行秉承目标市场定位与内控管理，专营小微企业、农户、工薪阶层等，推进小微金融差异化、特色化、专业化、精细化服务，持续加强小微金融服务模式、渠道、产品等创新，为客户提供“简单、方便、快捷”的金融服务。截至12月底，各项存款余额16403万元，各项贷款余额21352万元，贷款户数为725户，户均贷款余额为29.45万元。其中，小企业贷款余额11031万元，贷款户数279户，涉农贷款余额18454万元，贷款户数670户，存贷比130%，贷款不良率为零。

【金融服务】2020年，台州银行松阳支行通过市场调研，把小微企业、“三农”、个体工商户作为主要服务对象，坚持“以市场为导向、以客户为中心”的经营理念，遵循“额小、面广、高效”的信贷方针，复制、传承总行经营模式和信贷操作理念，结合松阳当地小微客户需求特点，以“简单、方便、快捷”的服务特色、简单实用的个性化产品、高效的服务流程为客户提供服务。坚守“了解你的客户”这一信贷风险控制的根本，管理人员以身作则，“下户调查、眼见为实、自编报表、交叉检验”的“十六字”防控技术和“不看报表看原始，不看抵押看技能，不看公司治理看家庭治理”的“三看三不看”风险识别技术，坚持严谨、廉洁、高效的工作作风，建立良好的防控体系。

【创新金融产品】2020年，台州银行松阳支行助力小微企业成长，对小微企业作市场细分并针对性创新产品，让合适的客户取得合适的产品，具有“一次授信、循环使用、随借随还、自主灵活”的特点，且以信用担保方式为主，不仅能满足其生产经营的正常资金需求，减少贷款期限错配，还能有效减少贷款资金闲置期的利息支出，减少不必要的转贷，降低客户融资成本。

【农村普惠金融】2020年，台州银行松阳支行推动新农村建设，持续深化“行业推进、批量获客”及“整村授信、批量营销”的模式，以网格化推进方式向农村地区批量投放“村居易贷·兴农卡”产品，进一步把金融服务下沉至乡（镇）、村等金融服务不充分区域，主抓基础工作，深扎村居，建立村居客户群，加大农村地区金融资源供给。

【践行办贷“最多跑一次”】2020年，台州银行松阳支行推进移动办公，依托后台线上支持，全行客户经理人手一台Pad，客户可以足不出户办理贷款业务，从申请贷款到资金到账，业务办理时间从原来的1—2天，缩短到最快1小时，把小微金融服务做到更简单、方便、快捷、高效，让客户可以申请贷款“一次不用跑”，客户需求最大的自助贷款产品全流程均在线上完成，实现“最多跑零次”。

【支持复工复产行动】2020年，台州银行松阳支行从2月开始，针对疫情的发展变化，开展多维度、多轮次的风险大排查、大走访活动，由支行班子带队到企业、个体工商户，了解企业受疫情的影响情况，存在的困难和问题。同时，对接各级政府及相关部门、行业协会、核心企业客户等，开展外部联动及协作客户大走访，并对受疫情影响严重的企业，制定“一户一策”的帮扶方案，助力企业复工复产。提供应急式支持。对信用卡和贷款到期客户中受疫情影响收入波动较大或暂时失去收入的，经排查确认后可延期还款并不视为违约，同时免除违约金，征信不进入违约客户名单；对受疫情影响大，暂时受困的贷款客户，不盲目抽贷、断贷和压贷，而且加大与疫情相关企业的信贷额度和利率优惠。提供便捷式支持，结合客户需求，除做好营业网点对客户金融服务保障外，在疫情防控背景下，重点加强柜面业务、授信业务等线上化服务。提供保障式支持，通过“复工低息专享贷”“利息抵用券”等给予复工复产企业以优惠利率，支持小微民营企业、个体工商户主在新冠肺炎疫情过后的复工复产。截至12月底，发放疫情复工复产贷款17笔，贷款金额587万元。

【减费让利】2020年，台州银行松阳支行结合新形势新政策，继续加强对小微企业的信贷支持。创新转贷还贷方式，降低企业还贷和转贷压力。稳定企业长期发展信心，减少企业转贷次数，增加中长期贷款投放；特事特办，对缺少不动产抵押的小微企业及企业主，综合考虑其未来现金流、客户信用记录，给予纯信用贷款，且享受优惠利率。既免去企业寻找抵押担保带来的费用支出，又节省其利息成本。同时，该行向客户开放免费结算渠道，创新视频柜员服务，采取免收ATM跨行取现手续费等措施，增加客户结算的便利性，节约交易成本。疫情后期，主要通过复工复产专项贷款和无还本续贷产品，持续降低客户的融资成本。

（台州银行松阳支行）

松阳恒通村银行向县慈善总会捐赠10万元善款（慰问县域内困难老党员及贫困户）

松阳恒通村镇银行

【概况】2020年，松阳恒通村镇银行（以下简称“县村镇银行”）有员工80人，内设综合办公室、风险（业务）部、计划财务部等管理层级，下辖总行营业部、古市支行、新兴支行、长虹支行4个网点。截至12月底，各项存款余额7.7亿元，各项贷款余额9.5亿元，同45个村建立金融服务关系，存款、贷款客户4194户。

【支持企业复工复产】2020年初受疫情影响，县村镇银行推出金融服务承诺支持促进小微企业复工复产。在第一时间向全社会推出恒通首月免息贷、贷款利息减免等“复工复产”贷款支持活动及“众志成城，风雨同舟”8项疫情防控服务承诺，全力助推县域实体经济的发展。全面落实货币政策，疫情防控期间实行小微企业延期还本付息和加大信用贷款支持力度。截至12月底，为小微企业及个人提供信用贷款金额23627万元；同时为缓解小微企业、个体工商户到期贷款还本付息的压力，推出贷款延期还本付息贷款，发放延期还本付息贷款金额计3239万元。

【普惠金融】2020年，县村镇银行履行金融助农扶农的社会职责，为乡村振兴输送金融血液，开展助力特色产业发展。3月，结合当地春茶交易黄金时段，是全县农业复工复产关键期，针对这一特殊时期制定推出“茶香贷”；4月，推出“天使贷”，把客户群体锁定为医护人员。在首批松阳援鄂医护人员回归的当天为其送上享有该行贷款优惠的爱心卡。简化便利金融服务。及时推出“地摊贷”贷款产品，手续简便，免去配偶签字，可当场授信，当天放款，以上贷款较普通经营性贷款利率明显下降。截至12月末，共发放60余户，授信金额300余万元。

【减费让利行动】2020年，县村镇银行降低小微融资成本。疫情防控期间，企业复工生产面临不同程度压力，该行按照“特事特办 急事急办”原则，给予该贷款利息按照LPR利率执行给予下调515个BP的优惠利率，全年共减免利息900余万元，为企业复工生产提供金融保障。推进红色金融服务。该行成立党员服务先锋队，发动全体员工组成社区志愿者队伍，投入疫情防控、社区联防联控等工作中，3月组织全体员工把筹集到的1万余元善款专项捐赠用于慰问在抗疫一线的医护工作人员及基层党员、干部、职工。12月，该行向县慈善总会捐赠10万元，该笔款项专项用于慰问县域内困难老党员及贫困户，用实际行动回馈社会。

（县村镇银行）

综合经济管理

双童山景区

计划管理

【概况】2020年，松阳县发展和改革局（松阳县粮食和物资储备公司，以下简称“县发改局”）统筹推进大花园（创新区）、重大项目建设、粮食物资、综合能源等各项工作，保障地方经济运行平稳有序。全县实现地区生产总值119.49亿元，同比增长2.8%，增速排名丽水市第七位。农林牧渔业增加值13.46亿元，增长2.4%；规上工业增加值26.22亿元，增长1.6%；服务业增加值60.92亿元，增长5.7%，排名全市第三位；社会消费品零售总额58.82亿元，增长8.7%；固定资产投资增长7.9%，排名全市第五位；财政总收入13.69亿元，增长6.7%，排名全市第四位，其中一般公共预算收入8.19亿元，增长3.8%；一般公共预算支出47.22亿元，增长2.0%；城镇居民人均可支配收入42494元，名义增长5.1%，农村居民人均可支配收入20804元，名义增长7.4%。项目复工复产走在全市前列，研究制定《松阳县重点项目有序复工和疫情防控工作实施方案》，推进项目早开工、早复工。2月12日，松阳火车站站前大道和广场项目实现复工，成为全省第一批复工的重点项目之一。2月15日，黄南水库工程实现复工，成为全省重大水利项目第一批复工项目之一。2月18日，5个省重点在建项目和11个市重点在建项目全部复工，成为全市第二个省重点项目复工率100%和第一批市重点项目复工率100%的县。黄南水库工程作为浙江省在疫情防控期间5个重点项目复工优秀典型案例之一上报国家发改委，系全市唯一。

【“十四五”规划编制】2020年，县发改局“十四五”规划主要按照“12345”目标体系推进经济社会发展，围绕高质量跨越式发展这“1主线”，到2025年地区生产总值达到175亿元；实现经济增速高于全省平均发展水平、居民收入增速高于省市平均发展水平“2个高于”；实现数字经济核心产业增加值、生态工业产值、文化及相关产业增加值“3个倍增”；打响智能制造新城、中国有机茶乡、全域康养胜地、国家传统村落公园“4张金名片”；在民富县强的经济建设、坚强有力的政治建设、彰显特质的文化建设、共建共享的社会建设、山清水秀的生态文明建设“5个方面打造硬核成果”。

【重点项目建设】2020年，县发改局在抓好疫情防控的基础上，坚持“抢时间、补增量”，在全县开展项目提速提质“双提”活动，制定《松阳县2020年项目前期提速提质“双提”活动方案》，修订完善《松阳县重大建设项目前期经费使用管理办法（试行）》，保障项目前期工作推进。在全市“抢时间、补增量”扩大有效投资综合考核中获第二名。全年共有重点建设项目45个，其中新开工建设项目14个，续建项目27个，重点预备项目4个。另有重大前期项目18个。全年计划投资44.51亿元，实际完成投资41.85亿元，实现年度计划的94.0%。6个项目列入省重点建设项目，涉及总投资59.31亿元，年度计划投资8.69亿元，实现年度计划投资130.9%。14个重点新开工项目全部开工，开工率为100%。完成投资12.65亿元，实现年度投资计划的88.5%。衢丽铁路松阳段、235国道松阳段改建工程、北山大道拓宽改造工程、要津南路延伸段道路工程、老旧小区改造、县中医医院迁建工程、县档案馆、现代农业服务中心、环境监控检测中心联合大厦、南山大健康文化园、松阳光洁环保固废处置有限公司年处理10000万千克工业危险废物综合利用处置项目、松阳—嘉兴飞地产业园、松阳港能投智慧能源有限公司分布式集中供热项目、松阳茶香牧业有限公司年出栏10万头生猪标准化养殖示范项目等一批项目实现开工。27个重点续建项目全年累计投资29.16亿元，占年度投资计划的96.5%。衢宁铁路松阳段、铺门安置小区二期、农村饮用水达标提标工程、赤寿生态工业区块（近期）基础设施工程、火车站站前大道及广场、棚户区改造一期（城中村）项目—青田码道安置区块、江滨路二期及地下停车场工程、县残疾人托养中心、椰树村主题民宿项目、汽车综合服务中心二期、松阳香巴佬食品有限公司“香巴佬”休闲卤制品加工项目11个续建项目完工或即将完工。黄南水库工程提前6个月下闸蓄水和发电。重点预备项目和18个重大前期项目进展正常。卯山森林康养项目一期仙人谷区块土建工程、青龙地下停车场及附属工程开工。全县57个“双提”项目计划完成336项任务，实际完成321项任务，任务完成率为95.5%；任务完成率为100%的“双提”项目46个，占比74%；完成开工前所有前期节点的项目26个，占比45%。在全市扩大有效投资“双提”考核工作排名第二。

【大花园（创新区）建设】2020年，县发改局落实松阳县创新区、大花园核心区建设任务清单和考核评分表，统筹推进空间规划落地、最美生态保护、美丽城乡建设、绿色经济发展、基础设施提升、强村富民惠民、全域旅游推进、开放合作助推、体制机制创新9大行动，攻坚大花园重点项目建设。连续三年大花园建设全市考核优秀，被列入全省大花园示范县创建名单，古市古城、松阴溪、武松古道入围全省大花园“耀眼明珠”培育名单。绿道建设三年行动计划完成，累计投资15.92亿元建成高品质绿道365.55千米，松阴溪绿道实现“全线全立交贯通”并获评“浙江省最美绿道”，大木山骑行花园绿道、小港绿道、双童山绿道获评“丽水市最美绿道”。

【施行绿色清洁产业发展】2020年，县发改局推进光伏产业发展。截至12月底，全县光伏发电装机总容量为9.778万千瓦，同比增长5.9%，增加0.545万千瓦。其中，分布式家庭屋顶光伏装机容量为1.659万千瓦，增加0.061万千瓦，同比增长3.82%；工商业分布式光伏项目装机容量为2.269万千瓦，增加0.484万千瓦，同比增长27.1%；地面集中光伏项目容量为5.85万千瓦，同比持平。启动风电等新能源项目前期工作，松阳县棋盘山风电场、何山头风电场、牛头山风电场3个风电项目列入《丽水市风电开发专项规划》。天然气“县县通”项目竣工并通气投运，松阳段管道全长47.2千米，涉及8个乡镇（街道）48个村，农户2600余户。工程共有4个标段，分别为C标段，起于裕溪乡木岱坑村、止于望松街道西河分输站，长23.33千米；D标段，起于望松街道西河分输站、止于赤寿乡大川村，长17.1千米；隧道标段，共8条隧道，长6.77千米，以及望松分输站标段。城区居民天然气管网覆盖17个小区3300户；城区覆盖且具备通气条件的小区6个1698户；新建小区配套签约7个小区3015户；天然气实现通气户数100余户。淘汰改造燃煤锅炉，推进松阳港能投智慧能源有限公司分布式集中供热项目，项目年供气1.5亿立方米，建设6座150立方米储罐，8座3000标准立方米汽化器，总投资1.2亿元，一期项目投资3000万元，包含集中供热站和热力管道，一期规模为建设2×25000千克燃气蒸汽锅炉。

【生态产品价值实现机制试点】2020年，县发改局组织中国（丽水）两山学院对全县、示范乡镇、示范村及17个非示范乡镇进行价值核算，经初步复核2019年松阳GEP的数值约为263亿元。以生态产品试点领导小组的名义向各乡镇（街道）发放“更名”交办单，把承担削薄任务的乡（镇）强村公司变更为乡（镇）生态强村公司，全县19个乡镇（街道）除西屏街道外均进行更名。确定新兴镇上安村、四都乡陈家铺村为生态信用试点村，经市信用办评审，上安村为AA级信用村，陈家铺村为AAA级信用村。四都乡获评丽水市生态产品价值实现示范乡镇。建立生态产品抵押贷款机制，全年发放茶园贷2906笔2.37亿元；发放林权贷款1008笔2.12亿元；发放香榧贷8笔435万元。流转经营权、租赁集体林498公顷，办理经营权证11本（121.33公顷）；根据民宿经营不同阶段的使用特点，推出民宿建设贷、装修贷、流动资金贷等贷款模式，累计贷款发放1504户，金额1.65亿元。与丽水市三青农业发展有限公司签订秸秆处置合同，由专人负责把秸秆进行收储，公司以燃料化、肥料化的方式处理秸秆，形成有机肥，该公司全年收储秸秆800余万千克。

【全面深化改革】2020年，县发改局深化企业投资项目“最多跑一次改革”，实现一般企业投资项目全过程审批“最多80天”。列入80天考核的所有项目均实现开工前审批“最多50天”、竣工验收阶段审批“最多30天”，全过程审批“最多80天”的要求。开展赤寿生态工业区块、丽水生态产业集聚区松阳分区一期、茶香小镇3个省级以上平台的区域评估工作。采用“标准地”形式挂牌出让工业用地9宗，总面积46.05公顷。编制《松阳县“营商环境提升年”实施方案》，制定营商环境提升年活动任务分解表并把任务分解至各责任单位。联合各部门制定《松阳县2020年度优化营商环境考核办法》，加大对营商环境提升工作的考核力度。施行市场准入负面清单制，针对相应权限许可准入事项，围绕是否已在“浙江政务服务网”上公开受理条件、申请材料、审批流程等基本信息，及时梳理建立市场准入负面清单配套制度和工作机制情况，并向市营商办反馈。

【粮食储备】2020年，县发改局落实粮食收购政策，开展为农服务。继续出台订单粮食奖励政策，订单粮食签订数量稳定，增加发放粮食预购订金。提升粮食仓储和物流等基础设施，松阳县粮油储备中心获评“四星级”粮库。落实储备粮油管理，完善轮换管理和库存监管机制。足额落实省政府下达的地方粮油储备任务，并按规定及时轮换到位。健全粮油供应网络，建设粮食应急供应体系。针对疫情及时组织调度粮源，未出现脱销断档，未出现区域性粮食市场剧烈波动，粮油保供稳价。加强粮油应急体系和市场体系建设。按照粮食安全责任书的任务要求在全县19个乡镇（街道）建立22个应急供应网络，2家应急加工企业，日加工能力为20万千克，增加1家应急配送企业。发展粮食产业经济，全年实现粮油加工产值1.16亿元。

【乡村振兴示范点建设】2020年，县发改局推动松阳—余姚山海协作乡村振兴示范点大东坝横樟村建设，共开展项目21个，总投资1950.6万元，其中援建资金260万元（包括扶贫项目资金），政府配套635.6万元，村级自筹35万元，工商资本投资1020万元。实施示范点规划制定、综合休闲广场、生活污水提升、廉政教育基地设施提升、残疾人之家、弱点线路序化、“一村万树”、饮用水达标提标、古驿道修复等17个项目，投资960.6万元；半山亭民宿、污水终端提升、环境综合整治、中草药基地设施建设4个项目按计划实施中。同时推动松阳—嘉兴经开区山海协作乡村振兴示范点水南街道横山村建设。该示范点共开展项目21个，总投资3800万元，其中援建资金380万元，政府配套2000万元，村级自筹620万元，工商资本投资800万元。全年实施项目2个，投资257万元，其中援建资金180万元。村庄整体规划完成，樟树群环境整治、旧村改造区块排污、排水、路面硬化工程等项目按计划实施中。

物价管理

【概况】2020年，县发改局贯彻执行省、市发展和改革委的价格管理政策，调整管理权限范围内价格定价项目；施行放开工农产品、服务价格组织行业价格行为监管；对重要商品和服务价格进行动态监测，对重点行业运行成本监审和农产品种植养殖成本价格进行调查，为全县经济发展提供良好的价格秩序。

【开展价格监管规范市场行为】2020年，县发改局动态调整并公布《松阳县行政事业性收费目录清单》《涉企行政事业性收费目录清单》《全县政府定价管理的经营服务性收费目录清单》；制定县幼儿园放学后校内托管服务收费标准（200元/学期），调整汇文中学基准学费和住宿费（学费基准价5000元/学期，学生住宿费500元/学期），出台管道居民和非居民天然气临时价格政策，建立居民生活用气阶梯价格制度，各阶梯气量基数：第一档气量为0～360（含）立方米/年·户，第二档气量为361～540（含）立方米/年·户，第三档气量为540立方米以上/年·户。销售价格（含税）：第一档气价3.00元/立方米，第二档气价3.60元/立方米，第三档气价4.50元/立方米，明确非居民天然气阶段性价格。完善生猪屠宰收费标准，整治殡葬服务收费工作；监审自来水价格成本。调查机动车监测成本，规范机动车监测收费行为。定期监审城市供水成本，监审污水处理成本配合长江经济带环境污染治理，监审浙南箬寮原始林景区门票成本助推瓯江山水诗路旅游发展。

【价格监测】2020年，县发改局实施重要民生商品保供稳价，开展农产品成本调查，关注粮油肉蛋菜等重要农产品市场供应和价格变化，防范生猪等商品价格大幅波动，做好重要节假日、严重自然灾害等特殊时期保供稳价工作，跟踪分析价格总水平、重要商品和服务价格变化，增强价格调控的针对性、前瞻性、有效性。定期监测民生、重要商品、服务及粮油等价格，品种涵盖粮油、蔬菜、禽肉、水产品、农业生产资料、建材以及民生商品和服务价格等50余个品种，共建立监测点20个，监测频次每月1至3次，一旦发现价格异常及时处理，保障群众利益。定期在松阳政府网站公布县城主要民生价格信息。为维护疫情防控期间市场价格秩序和广大人民群众的合法权益，2月6日至3月15日，该局开展粮油菜肉等26个品种重要民生物资的价格应急监测，做到一天一监测、一天一报告。落实困难群众价格补贴联动机制，及时、足额、精准发放价格临时补贴。截至11月底，全县发放价格临时补贴903.26万元，惠及低保、低边、三老、特困、困难儿童及退休生活困难群体85147人。

【价格调查服务民生】2020年，县发改局修订松阳县市场价格异常上涨应急预案，规范市场行为，认定2019年度普惠性幼儿园，协助县供电局整顿工作，配合县水利局验收农业水价改革工作，开展全县景区票价执行情况、民办学校收费及机动车监测收费改革跟踪调查，及时收集、记录、整理与分析有关市场价格运动的现状及其发展变化的活动过程。同时开展农户种植意向、农户存售粮情况、农户购买农资3个专项调查，并对茶叶、晒红烟、中晚稻种植和生猪养殖成本进行调查。2020年，茶叶种植成本每公顷为200203.65元，生产成本每公顷为197203.65元，每公顷净利润为17024.85元；晒红烟种植每公顷总成本为136134元，生产成本133134元，每公顷净利润为58903.95元；晚籼稻种植成本每公顷为26813.25元，生产成本每公顷为23572.8元，每公顷净利润为3125.1元；生猪饲养总成本平均每头2772.41元，每头生猪净利润为2054.04元。维护管理市场价格监管系统，把全县旅游景区名称、价格管理形式、门票标准、景区位置、分类、经营单位性质和城市供水价格及污水处理标准详细录入系统，实行信息化管理。

【发挥价格杠杆作用降低企业要素成本】2020年，县发改局贯彻落实减轻企业负担，降低企业要素成本。抓好“六稳”“六保”工作，降低水电气价格，助力市场主体纾困和高质量发展，新冠疫情发生后扶持企业复工复产降低水电气涉企收费，全年支持性两部制电价政策累计减费617万元，大工业和一般工商业电价的用户电费按原到户电价水平的95%结算，累计减费1620万元；企业到户水价下降10%，涉及企业用水量334.5亿千克，累计降低水费126万元。继续执行一般工商业电价在2018年降低10%的基础上再降10%，优惠企业电费1327万元。惠及直接交易电价优惠企业810户，累计减负510.76万元。

（县发改局）

统　计

【概况】2020年，松阳县统计局（以下简称“县统计局”）坚持以“依法治统、依法兴统”为主导，依法管理统计、依法做好统计、依法发展统计，推动统计基础工作，加强部门、乡镇和农村、企业的联系指导，推动统计工作的有效开展。出台《2020年统计

2020 年 12 月 15 日，县人口普查办公室工作人员在古市镇开展入户调查

法治工作要点》，运用钉钉“掌上执法”系统，分别开展专项检查和“双随机”执法检查，检查企事业单位 42 家；推进第七次全国人口普查工作，完成业务培训、普查入户登记、数据审核改错、数据质量检查等相关工作；积极提供高质量的统计分析产品，上报《统计分析》24 篇；为县两会提供统计信息服务，印发《2019 年松阳经济和社会发展报告》；编辑发行 2019 年度《松阳统计年鉴》。

【统计基础管理】2020 年，县统计局夯实业务学习基础。为确保各科室熟练掌握 GDP 各项重要指标构成及计算方法，要求各科室定期交流学习专业知识，各专业人员持续开展业务探究，学深悟透，及时储备更新业务知识，厘清数据来源，及时向相关部门做好指标解释，确保各部门对指标理解到位，实现业务指标沟通顺畅。巩固数据分析基础。推进 GDP 核算机制，科学预判，实现精准预测。对重点行业指标进行月度跟踪，做好分析比较，在比较中找原因、补短板，总结运行特点，客观反映全县经济发展实情，及时为党委政府提供统计服务，保障信息传达时效性。开展企业调研。深入了解企业及其行业发展趋势和市场情况，着力解决疫情后期企业所碰到的各类问题。利用 QQ、钉钉等工作软件，开展线上业务指导，注重统计指标解释、统计报表制度的最新变化等内容。联合相关主管部门、乡镇开展“三服务”活动，深入企业工作实际，注重一对一辅导。

【统计服务】2020 年，县统计局注重统计数据监测预警及信息报送等统计服务工作。针对各项主要经济指标数据的新特点、新情况进行监测分析，重点分析短板指标所牵涉的相关企业发展现状，深入重点企业开展实地走访调研，了解企业生产经营情况，并根据掌握的第一手资料撰写出有针对性的预测预警分析，为领导决策提供有价值的统计参考资料。全年上报各类统计动态信息 81 篇，统计分析 24 篇、统计专报 7 篇。每月 25 日前完成上月主要统计指标排序压膜卡片编印、发放工作。每月底前完成上月《松阳统计信息》编印、发放工作，统计数据短信发送。编印 2019 年度《松阳统计年鉴》，及时为县“两会”提供经济发展参阅材料。

【统计监管数据质量提升】2020 年度，县统计局贯彻落实国务院办公厅《关于深化统计管理体制改革提高统计数据真实性的意见》、国家统计局《统计执法监督检查办法》、全省加强统计领域数字造假问题监督执纪问责工作视频培训会精神，出台《松阳县统计局全面落实防范和惩治统计造假弄虚作假责任制实施办法》《松阳县统计局数据质量管控办法》。要求各统计专业人员主动对照检查，举一反三管控统计数据质量，掌握统计数据质量管控重点、管控“红线”，建立健全数据质量管控长效机制，强化统计数据质量监督检查，提高统计数据质量。8 月 25—29 日，在浙江工商大学举办统计干部能力素质提升班，全县各乡镇（街道）、主要部门统计干部 50 人学成结业。坚持贯彻《中华人民共和国统计法》和《统计违法违纪行为处分规定》，出台《2020 年统计法治工作要点》，明确各相关业务科室要严格责任落实，切实履行法定监管职责。把统计法治宣传教育融入统计报表布置、数据采集、质量检查、资料公布、统计服务等各个工作环节中。全年开展统计执法检查企事业单位 42 家，其中警告 1 家。

（县统计局　叶欣）

审　计

【概况】2020 年，松阳县审计局（以下简称“县审计局”）围绕县委县政府中心工作，组织实施审计项目 22 个，对 56 个政府投资项目开展价款结算审计，揭示各类问题 256 个，管理不规范资金 3.26 亿元，违规资金 1392 万元，核减工程结算造价 3828 万元，移送案件线索 6 件。1 个审计项目获全市优秀审计项目，审计报告和审计专报获县委县政府领导批示 60 次，200 余篇审计信息被各级信息刊物和新闻媒体采用，其中《中国审计报》采用 16 篇。

【政策落实情况跟踪审计】2020年，县审计局组织施行疫情防控资金和捐赠款物、“两直”资金、扶贫、企业职工基本养老保险、生态产品价值实现机制、传统村落保护6个政策跟踪审计项目。通过审计，推动收回未使用的“两直”资金659.28万元，清退三年无欠薪建筑企业工资保证金、制砂场环境保护设施保证金等涉企保证金262万元，拨付使用疫情防控捐赠资金101.05万元，追缴收回违规发放的各类补助资金和多付工程款56.17万元，推动出台山海协作、土地整治等项目和资金管理办法。

【财政资金审计】2020年，县审计局组织开展本级预算执行和决算（草案）审计、部门预算执行情况审计和4个乡镇（街道）财政决算审计。通过审计，推动县财政局通过提前下达省专项转移支付资金分配计划等措施，提升预算编制科学化、精细化程度，清理收回长期挂账的非税收入2961.81万元、财政专户结余资金1719.55万元，收回和核销财政借款5500万元；推动县综合行政执法局停止收取临时摊位费；推动出台《关于严格控制财政资金支出安排的若干实施意见》等制度。

【经济责任审计】2020年，县审计局组织实施县教育局、县司法局、县科技局、县残联、县红十字会5个部门和西屏街道、古市镇、三都乡、四都乡4个乡镇（街道）领导干部经济责任审计以及四都乡领导干部自然资源资产任中审计。通过审计，揭示了“三重一大”事项集体决策制度执行不到位、超范围超标准支付各类费用、项目结余资金较多、国有资产闲置未用、公务接待管理不规范等一批问题，督促有关单位进行整改规范，建立健全“三重一大”事项集体决策、财务管理、资产采购等系列制度。

【内部审计】2020年，县审计局组织召开全县内部审计工作会议，明确内部审计工作重点和要求。出台《松阳县审计局内部审计工作指导监督管理办法》，要求各单位健全内部审计相关制度，建立主要负责人直接领导内部审计工作机制；出台《松阳县审计局与内审机构联合督促整改实施办法》，通过国家审计项目发现的问题向被审计单位通报，共同督促审计结果的整改落实，提高审计执法效果；结合内部审计工作计划，在全县4个乡镇进行领导干部经济责任审计的同时延伸开展部分村级财务收支审计，以经济责任审计为抓手，强化内部审计。

【政府投资审计】2020年，县审计局对56个政府投资项目开展价款结算审计，核减工程结算造价3828万元。同时，组织开展重大水利项目和PPP项目专项审计调查、1个工程预算执行情况审计和1个工程竣工决算审计。如开展重大水利项目专项审计调查，揭示问题18个、违规资金558.30万元，移送案件线索3件；开展PPP项目专项审计调查，揭示问题43个、管理不规范资金1.46亿元、违规资金642.79万元。此外，推动出台造价监督管理问题通报、重点项目安全检查报告等制度。

【专项审计调查】2020年，县审计局开展应对新冠肺炎疫情防控资金和捐赠款物专项审计、扶贫专项审计、传统村落保护资金管理使用情况专项审计调查。及时组织实施应对新冠肺炎疫情防控资金和捐赠款物专项审计，促进相关资金规范使用；连续第3年开展扶贫专项审计，重点对集体经济薄弱村消除、农村饮用水达标提标、山海协作援建、高标准农田和土地整治建设等内容进行了审计；开展传统村落保护资金管理使用情况专项审计调查、重大水利项目实施情况专项审计调查、PPP项目专项审计调查，促进项目规范实施；开展生态产品价值实现机制试点情况专项审计调查，推动试点工作整体协调推进。

【干部队伍建设】2020年，县审计局建立落实“不忘初心、牢记使命”长效机制，打造“审计论坛”学习平台，以“红+专+廉”的形式，把政治学习同业务培训、廉政教育有机结合，提升党员干部的政治素养和党性修养。开展“百优示范支部”创建，健全“党建+业务”融合机制，推行“项目+党建”管理模式，组织开展“以高质量审计助力乡村振兴”等主题党日活动，打造“红色引擎、审计先锋”党建品牌；对年轻干部进行“墩苗”锻炼，有计划分梯次安排干部参加县委巡察、交叉审计等实践，推动干部在学用结合中快速成长。注重提升年轻干部的理论研究能力，通过目标任务考核、评优评先激励等方式，鼓励年轻干部每年围绕1个课题进行研究，2篇课题获省厅立项，4篇论文分别获全省三等奖、全市二等奖和优秀奖，还获全市优秀组织奖，实现课题、论文双丰收。深入开展“三敢三比”大比拼活动，完善以绩效为导向的干部考核办法，激励全局干部在各项工作中争先创优。

（县审计局）

财　政

【概况】2020年，松阳县财政总收入13.69亿元，与上年同比增长6.71%，其中一般公共预算收入8.19亿元，同比增长3.78%，全县一般公共预算收入占财政总收入的比重为59.82%；税收收入6.66亿元，同比增长3.14%，占一般公共预算收入81.38%。全县一般公共预算支出47.22亿元，增长1.98%，全县地方财政实现收支平衡。完善资金管理体系，召开2020年预算项目绩效目标县级集中评审布置会，共核减当年预算资金 2.41 亿元，核减率达 45.12%；开展 2020 年度单位公款竞争性存放、招投标工作，招标存款 11.56 亿元，全部存款中标利率比银行基准利率平均上浮 40.72%。提升资金统筹能力，加强政府投资项目造价预算结算审核工作，预算业务方面，全年完成 39 个政府性投资项目的预算审核和 162 个备案报送工作，核减额 7788 万元；结算业务方面，全年完成 15 个结算工程复核工作和 263 个结算备案报送工作，核减额 859 万元；全县政府采购“政采云”平台交易额为 2.01 亿元，平台运用率 100%。

全面推开绩效改革，起草《松阳县深化财政预算绩效管理改革实施方案》，以项目支出和部门整体支出为抓手开展事前审核、事中规范工程变更程序、事后结果应用管理，对所有的政府财政资金使用全过程绩效管理。该方案还写入《松阳县高质量跨越式发展综合改革试点方案》。向县政府提交《松阳县政府投资项目工程变更管理办法》，加强政府投资项目管理，提高资金使用效益。

【组织财政收入】2020 年，县财政局坚定收入目标，根据税收目标，开展收入预测分析，保障财政收入序时进度，财税联动抓好全县优势税收产业税收工作，做到依法征管、应收尽收；全力加快政府性基金收入，抓好土地收入，做好土地出让金的结算和缴库工作，全年各项政府非税收入 20.65 亿元，下降 4.5%。政府性基金预算收入 18.83 亿元，下降 5.06%，其中国有土地使用权出让收入 12.82 亿元。积极向上争取新增债券，全年增加 12 亿政府债券，其中一般债券 3.95 亿元，专项债券 8.05 亿元。省级转移支付 24.30 亿元。在区域协调财政专项激励、扶持村级集体经济发展、“一事一议”助推美丽乡村、农村综合改革集成项目、涉农、扶贫资金和二次资金的切块中，尽可能使用竞争性分配。

【保障民生支出】2020 年，县财政局加大对民生领域的财政倾斜力度，全县民生支出 38.79 亿元，与上年基本持平。应对疫情防控，做好“两直”资金统筹、分配、拨付及使用工作，实现“两直”资金 3.38 亿元 100%的直达支付；全年全县实行减免政策小微企业和个体工商户共 224 户，减免租金 474.18 万元；推进政府投资项目建设，保障各类资金有效使用，全年政府投资项目实际支出 20.73 亿元。支持全县招商引才工作，全年给予财政惠企资金补助 8744 万元，本级财政用于人才专项投入 2595.97 万元。落实政府过紧日子要求，全年累计压减和收回资金 1.63 亿元，累计清理回收资金 1.21 亿元。加大对产业培育、农业基础项目、新农村建设等重点领域的扶持力度，施行涉农资金整合，全年财政支农专项资金累计支出 6.99 亿元，整合涉农资金 8530 万元；持续实施“一事一议”助推美丽乡村建设项目、中医药康养产业示范项目等省级改革试点项目。争取到省级农村综合改革集成建设、省级 2020 年区域协调财政专项激励政策［原“两山”（一类）］等试点。

【深化财政改革】2020 年，县财政局入选省财政厅资产云 2.0 试点县；起草《松阳县公益性项目建设集中管理试行办法》；实施全民所有制企业制改制 7 家、集体企业改制 1 家（城建测绘队）和 38 家子公司股权划转工作；举办全县国有企业管理人员素质提升专题研讨培训班；有序交还原国有营运机构财务审核功能；推行国有企业退休人员社会化管理；依托“资产云”平台，从严控制通用设备、办公家具等国有资产购置、处置行为。开展优质企业筛选，夯实为区域基金投资基础。把湖溪林场、林村林场、古市医院纳入集中支付；实现全县基本建设资金集中支付。召开全县行政事业单位财务人员业务培训和全县规模以上财务人员反诈骗和业务素质培训会，累计培训 300 人次。

【财政监管】2020 年，县财政局以提升财政综合管理水平和防范财政管理风险为抓手，在严格财政支付、加强财政纪律等方面深化财政监管检查，确保财政资金安全。更新《综合性开支标准与财政管理制度》，印发《关于建立政府投资项目造价监督管理问题通报制度的通知》；对全县涉农补助和民生补贴资金项目进行清理和梳理，实行清单化管理方式全部纳入乡镇公共服务平台进行量化管理，实行“一卡通”发放。开展基层财政资金、扶贫资金及项目专项检查、PPP 项目监督检查、违规领取县内下乡伙食补贴自查自纠；配合做好省市扶贫资金检查，市审计局 2019 年度财政决算、2019 年度预算执行和其他财政收支情况以及“两直”资金审计问题整改，提高财政资金管理意识，防范基层财政资金风险。

【推进法治建设】2020 年，县财政局践行“财为政服务、法为财保障”工作理念，平稳推进法治财政建设。建立健全决策机制，推进依法科学民主决策，制定《松阳县财政局关于印发松阳县财政局（国资办）重大行政决策事项标准的通知》《松阳县财政局重大行政决策程序暂行办法》《松阳县财政局重大决策社会风险评估制度》等。严格把关规范性文件制定程序，全年出具合法性审查意见 14 份，其中局发文合法性审查 2 份。严格按照两年一清的要求对规范性文件进行自查和清理，全年整理规范性文件 21 件，其中保留 16 件，废止 5 件。全面应用“互联网+监管”。全年掌上执法率、任务检查完成率、抽查事项覆盖率、应用信用规则率皆为 100%，跨部门监管率达 50%，较好实现各项监管指标。开展法治宣传教育，组织学习《中华人民共和国民法典》《中华人民共和国保密法》《中华人民共和国档案法》等 12 部法律法规，完

2020 年 10 月 19 日，县财政局干部叶健勇作题为《学习新中国工业发展历程》的第三期“小财团”青年宣讲活动

成年度“七五”普法收尾工作，制订“八五”普法各项计划。

【干部队伍建设】2020 年，县财政局配合开展县委巡察，高悬巡察监督利剑，确保问题及时解决，净化政治生态环境，局党组落实管党治党主体责任，推动全面从严治党纵深发展。创建“金绿红”三色品牌，参与“清廉机关”擂台赛、开展“解放思想，加快发展”大讨论等活动，形成有影响力的财政党建特色成果。组织开展支部换届选举、“三会一课”、主题党日、“践行七个一”、结对村四联主题党日、趣味运动会等活动，提升干部凝聚力；组织干部参加社区报到、社区（单位）卡口执勤、居家隔离服务等疫情防控、“三服务”以及扶贫结对帮扶，发挥财政党员干部先锋模范作用；团支部成立宣讲团，创新性开展青年干部宣讲，挖掘青年干部才华，提升青年干部能力。

（县财政局　应少泽）

国有资产监督管理

【概况】2020 年，县财政局（国资办）按照县委、县政府及县国资委的统一决策部署，加强国有资产管理、优化国有资本配置、建立国有企业现代企业制度，推进全县国有企业市场化改革。按照“1+6”的改革框架模式，把 55 家国有企业改组整合到松阳县国有资本投资运营集团公司、松阳县田园强村投资有限公司、松阳县文化旅游发展投资集团公司、松阳县水务发展投资集团公司、松阳县交通发展投资集团公司、松阳县城市发展投资集团公司、松阳县经济发展投资集团有限公司，另有县粮食收储公司和县生态经济产业基金投资有限公司 2 家单列。截至 12 月底，全县国有企业 57 家，总资产 187.63 亿元，负债总额为 131.59 亿元，净资产 56.04 亿元。

【国有企业改革指导】县财政局（国资办）推进全民所有制改制，全年实施全民所有制企业公司制改制 7 家、集体企业改制 1 家（原城建测绘队改制成为城建测绘有限公司）。开展国有企业整合重组，先后组建完成县国投集团、城投集团、交投集团、水投集团、文旅投集团和强村公司。12 月，松阳县经济发展投资集团有限公司董事长到位，其下属企业的重组整合基本落地，全年实施子公司股权划转 38 家。全面开启国有企业退休人员社会化管理，完成县属国有企业社会化管理服务 232 人、人事档案移交 232 人和党员组织关系移交 56 人，实现三个“100%”。

【国有资产监督管理】2020 年，县财政局（国资办）落实国有资产报告制度和向县人大常委会报告准备工作，起草《2019 年度松阳县国有资产管理情况综合报告》《2019 年度松阳县行政事业单位国有资产管理情况专项报告》，准确完整反映全县国有资产管理情况。6 月 24 日，县人大常委会审议通过《2019 年度松阳县国有资产管理情况综合报告》《2019 年度松阳县行政事业单位国有资产管理情况专项报告》。完善国资管理制度，建立健全国有企业内控制度，对原有国有营运机构工作人员的薪酬管理、人事管理、财务管理等制度进行修订完善，建立国有企业人事管理、财务管理、工资总额、绩效考核、项目投资管理等一系列制度，形成较为系统完善的国资监管制度体系。引入智能监管系统，入选“资产云 2.0”省级试点，依靠省财政厅信息网络资源，建立智能化国有资产监管手段，加强对全县国有企业监管。施行以查促管，开展银行账户开设、公款存放情况、财务收支情况、制度实施情况、财务管理情况等进行全面检查，并及时梳理检查结果，形成检查报告，做到问题及时反馈及时整改。开展源头控管，按照《松阳县行政事业单位国有资产管理暂行办法》《关于严格控制财政资金支出安排的若干实施意见》有关规定，依托“资产云”平台从严控制通用设备、办公家具等国有资产购置、处置行为，同时更倾向县教育系统、县卫生系统、县政法系统等公共资产以及疫情防控物资的配置。全年实现国有资产购置审批 600 余批次，总金额 13700 万元。累计资产处置审批 200 余批次，报废资产原值 2100 余万元。广招人才，开展国有企业干部人事档案专项审核、国有企业的人才引进和人事招聘，全面提升国有企业队伍。

（县财政局　应少泽）

税 务

【概况】2020年，面对新冠肺炎疫情的突发以及繁重复杂的税收改革发展任务，国家税务总局松阳县税务局（以下简称“县税务局”）全面贯彻习近平总书记对税收工作的重要指示批示精神，落实税务总局“优惠政策落实要给力、‘非接触式’办税要添力、数据服务大局要尽力、疫情防控工作要加力”的“四力”要求，为服务“六稳”“六保”大局、推进“田园松阳”升级版建设做出贡献。2020年文明创建再获新成绩，继续保留“浙江省文明单位”称号，获“丽水市职工书屋示范点”，纳税服务股获“省级青年文明号”，西屏税务所获“2020年度市级青年文明号”。

【税收征管】2020年，县税务局深化税收征管改革，依托数据驱动、数字管税，推动建立“风险+信用”动态管理模式，全面提升税费征管质量。大力推广增值税电子发票的应用，有序推进增值税电子专用发票试点扩围准备工作。实现上年度企业所得税汇算清缴，有汇算清缴企业2325家，40家企业申报研发费用加计扣除，扣除金额1.65亿元，享受高新技术优惠企业15家，减免税金额3611万元。持续推进建筑业由当前的核定征收向查账征收转变。平稳实施个税首次汇算清缴，制定个税汇算分类分批方案，引导纳税人和扣缴单位以网络申报为主，错峰、稳妥办理年度汇算，畅通征纳互动沟通渠道，高效保质回复问题，做好汇算退税审核，通过机审、人工审核、抽检审核等方式，确保退税数据准确性，全年完成上年度综合所得年度汇算1.3万人，汇算退税金额137.95万元，新个税减除费用和适用税率调整减免6592.9万元，专项附加扣除减免税额879.23万元，对调节收入分配和促进消费增长发挥积极作用。持续开展税收风险应对，强化重点企业风险应对，完成省市局下发风险应对32批200家，入库税费347.89万元。强化砂石行业风险应对，深入行业调研，建立单位电耗比税收风险模型，建立多部门合作机制，制定《加强砂石行业税收征管办法》，全年共追缴砂石行业资源税等214万元。

【减税降费】2020年，县税务局建立减税降费工作专班，结合“万名党员进万企”“三服务”活动，走访企业512家次，现场解决企业问题54个。开展线上线下精准政策宣传，线上推进纳税人学堂建设，开展3期线上直播，培训1000余人次，通过征纳沟通平台“点对点”推送税收优惠政策，累计推送相关信息109条，涉及纳税人10万余户次，开展“在线访谈”，持续在线回应网友问题90分钟；线下结合县重大项目、重大活动开展重点宣传，把税费优惠政策宣传搬进松阳举办的全国香榧炒制大赛现场、全国不锈钢管高峰论坛现场，政策宣传工作得到了央视、学习强国、《浙江日报》、浙江在线等媒体关注和宣传报道。全年累计实现减税降费1.88亿元，有效激发市场主体活力。

【组织收入】2020年，县税务局坚持组织收入原则，依法依规征税收费，坚决不收“过头税费”，开展税费收入质量监控分析，精准实现上级局和县委县政府收入目标，持续提升经济税收的匹配性、均衡性和可持续性。全年组织税费收入21.82亿元，同比增长2.67%，其中税收收入12.65亿元，同比增长5.45%，增幅居全市第五名；社会保险费收入8.75亿元，同比下降1.22%；非税收入0.42亿元，同比增长5.77%。一般公共预算税收收入6.69亿元，同比增长4.81%，增幅居全市第五名。

【依法治税】2020年，县税务局优化税务执法方式，坚持“首违不罚”，推行说理式执法、互动式执法，全年做出一般程序行政处罚决定89件，其中由于疫情原因或适用“首违不罚”不予行政处罚案件40件，为营造健康有序的市场环境奠定了坚实基础。“三项制度”纵深推进，配备执法记录仪12台，配备固定音像记录设备约谈室1间。切实增强税务执法监督。做好内控平台的过错监控工作，跟进执法督察和内审回头看，及时整改到位。持续开展支持疫情防控和经济社会发展税费优惠政策落实自查自纠，及时查漏纠偏。

2020年12月11日，松阳县税务局减税降费宣传走进2020（首届）中国不锈钢管高峰论坛现场

市场监督管理

【概况】2020年，松阳县市场监督管理局（以下简称“县市场监管局”）立足监管职能，高质量实现“两手硬、两战赢”工作目标。通过党建旗帜引领、党员示范作用、精准联控举措，助力浙南茶叶市场有序开放、平稳开市，推进茶产业可持续发展。全年发放市场经营通行证、摊位证、从业人员通行证1.5万余本，吸引茶商8000余人，引入采购商5000余家，增加注册茶叶网店1000余家，实现网络零售额7.97亿元。

围绕“民生实事”，营造放心消费环境。落实《松阳县人民政府任务书》重点工作，推进省、市、县三级民生实事项目建设。培育放心消费单位615家，无理由退货承诺单位200家，放心工厂66家，放心消费街区1个，农村家宴放心厨房改造提升5家，中小学校和幼儿园“阳光厨房”17家，名特优工坊6家，“5S”食品企业和小作坊管理提升5家，建设食品小作坊加工集聚园区1个。围绕“最多跑一次”，提升营商环境建设。推进“证照分离”、常态化企业开办全流程“一件事”一日办结、推动企业注销“一网服务”等举措进一步压缩企业开办、注销时间，持续释放改革红利，优化营商环境，全县在册市场主体总户数22650户，同比增长19.26%。围绕“纾困帮扶”，推进小微企业和个体工商户纾困专班工作。为把中央政策资金精准落到基层，让小微企业和个体户享受到实实在在的政策红利，帮扶渡过难关，在县委县政府统筹领导下，县市场监管局牵头组织，相关部门分工协作，以“高标高质、力争前列”为工作导向，以“核查到位、数据精准”为工作要求，迅速部署开展“精准定”全面核实工作。全县累计完成8392个拟补助对象的实地核查，核查后补助5288家，其中个体工商户4945家、小微企业343家，兑付“两直”资金3653万元，是全市核查数量最多、补助对象最多的县。

2020年，县市场监管局被评为浙江省食品安全工作成绩突出集体；浙江省2017－2019年度放心农贸市场建设先进集体；丽水市创建星级“平安金鼎”工作突出贡献集体；第四党支部被评为全市抗击新冠肺炎先进集体；吕书元被评为国家食品安全先进个人；李浩如被评为浙江省市场监管局新闻宣传工作先进个人。

【行政执法监督】2020年，县市场监管局查处各类案件240件，其中大要案30件，涉刑移送案件3件，罚没款186.5万元。开展疫情医用口罩、防护服、红外体温计等医疗器械的产品生产经营企业监督检查，出动执法人员220人次，检查防疫物资产品经营企业47家，摸排生产企业2家，帮助医疗器械原辅料生产企业联系白名单，解决产品滞销的难题，帮助恢复生产活力；实施行刑衔接，与县公安部门开展联合执法，严厉打击各类保健食品违法行为，查处涉刑移送案件3起，其中2起为保健食品（减肥产品）添加“西布曲明”案，被公安部门立案侦查，其中移送张某某等人生产销售有毒有害减肥产品案，人民法院于8月21日下达判决书，判处张某某有期徒刑10年2个月，处罚金80万元，支付侵害消费公共利益的损害赔偿款1172万元，判处被告刘某某、纪某某有期徒刑十年四个月，并处罚金100万元，支付侵害消费公共利益的损害赔偿款1317万元；保障疫情防控期间全县食品安全，先后开展冻品冷链专项整治行动、打击长江流域非法捕捞渔获物等专项整治行动，针对各大中型超市、农批市场、农贸市场的进口食用农产品无入境货物检验检疫证明，餐饮业采购鱼类食品原材料渠道开展严密巡查，行动中，共检查餐饮经营单位68家，整改“野生”等涉野广告行为4处，查处猪肉未按规定检疫案件3起，查获未经检疫猪肉400千克；对辖区内加油站（点）的经营主体资格进行全面检查，加强联合执法力度，严厉打击无证无照、证照不符或超范围经营成品油、销售假冒伪劣成品油和国家明令禁止销售的成品油等行为，对辖区内多处涉嫌销售无合法来源、质量不合格的成品油加油点进行查处，办结11起成品油案件，罚没款82.7万元，没收不合格油品12.85万千克；做好商标知识产权的保护，维护公平竞争的市场秩序，营造保护知识产权的良好氛围，查处侵犯注册商标专用权案件5起，罚没款计5.58万元，其中查处的松阳县狮峰茶业经营部销售侵犯“西湖龙井”注册商标专用权案，查获侵权商标、包装袋2万余个，罚款5万元，撰稿执法经验上报到市局，并受到市局领导夏海国的批示；帮助多家企业分析研判商业秘密保护薄弱点，动员企业主动申报年度省、市、县级商业秘密保护示范点创建对象，并推进和后期补漏，确保实效的部署安排，统筹推进示范单位创建，按计划落实好示范创建单位的申报验收和考核工作，指导4家企业开展商业秘密保护示范点创建工作，帮助浙江上河茶叶机械有限公司被授予“省级商业秘密保护示范点”称号，为企业营造良好的营商环境。

【市场价格监管检查】2020年，县市场监管局发挥价格监管职能对规范市场价格秩序的重要作用，抓重点民生领域价格监管，保障重点民生领域价格基本稳定；密切关注消费量大的粮油肉禽蛋菜等生活必需品市场价格变化，加强猪肉等市场价格监管，维护市场价格基本稳定；及时处置价格舆情，防范和处置好价格突发事件，维护国庆节、春节等节假日和重大活动期间市场价格秩序。规范餐饮业明码标价，推行“阳光菜单”，创建餐饮业明码标价示范店5家。加强医药价格监管，推进医疗服务价格重点治理，打击医疗收费乱象，立案3件，罚没款10.7万元。先后对水电气价格优惠落实、企业房屋租金减免、银行机构疫情防控期间有关惠企政策落实等情况进行检查，降低企业用水、用电、天然气成本920.9万元，减免企业、个体户101户租金362.92元，银行机构免息减息460.96万元。

【食品安全监管】2020年，县市场监管局全面落实“食品安全党政同责”属地管理责任，建设食品安全基层责任网络，实现大东坝镇食安办四星级管理，斋坛、古市、赤寿、三都、竹源5个乡镇食安办三星级管理，其中大东坝镇四星食安办建设推动食品产业转型升级的案例作为典型经验在丽水市基层责任网络现场会上交流。推进“食安通”推广应用，巡查信息上报2.8万条；选拔网格员参加全市食品安全知识竞赛获团体一等奖，其中1人代表市“食安办”参加浙江省比赛获团体一等奖；在全市首届“食安杯”气排球比赛中获季军。协调各部门定期对创建工作进度开展督查3次，并发布督查通报。共办结食品安全类案件75起，其中3起涉刑移送案件，罚没款计40.37万余元。办理涉食品安全犯罪公诉案件4件10人。其中，纪某某等犯罪嫌疑人3人被判处10年以上有期徒刑刑罚。实施“食安金融”联手信用工程，向人民银行松阳县支行报送食品安全不良信息38条，12家有贷款的食品生产经营主体被实施提息、限贷等金融联合惩戒。以政府出资、全县统一投保的方式对全县农村集体聚餐投保责任险。以食品安全宣传月、国家宪法日、科技宣传周等活动为载体开展食品安全知识及法律法规科普活动，提升公众食品安全满意度。县食品安全年度考核获丽水市优秀等次，食品安全工作持续保持稳中求进的总基调。

【信用监管】2020年，县市场监管局在新冠战“疫”防控时期，采取“零接触、云培训”隔空指导，力求战“疫”防控期间的年报安全。截至6月30日，企业自然年报率96.23%，位居丽水市第二名；农民专业合作社年报率86.53%；个体工商户年报率81.3%。加强规范执法监管，牵头推广浙江省行政执法监管平台暨“浙政钉·掌上执法”系统，构建“互联网+监管”智慧监管格局，此项工作的各项指标均居全市第一位，监管事项入驻率100%、掌上执法率100%，事项抽查覆盖率100%、双随机任务完成率100%、引入信用规则任务率91.78%、跨部门任务率20.56%、事件处置率100%。组织开展2019年度“浙南茶叶市场”行业信用信息采集与评价工作。通过对浙南茶叶市场经营户实地考核测评，评定出2019年度信用优良的AAA级经营户12户，信用良好的AA级经营户19户，信用稳定的A级经营户64户。实施新“小微企业三年成长计划”，开展小微企业及个体工商户指数的采集。3月，完成84家小微样本企业2019年度数据采集工作，采集率100%。6月，实现15家小微样本企业2020年二季度数据的采集，采集率100%。9月，15家小微样本企业、32家样本个体工商户2020年三季度数据采集工作完成率100%。

【行政审批工作】2020年，县市场监管局深化“最多跑一次”改革，持续优化营商环境。全县在册市场主体总数22650户，同比增长19.26%。为疫情防控，全面推行“网上办”“掌上办”“电话办”“邮寄办”等非接触式办理途径。把企业设立登记、公章刻制、银行开户、发票申领等环节统一为1个完整闭环流程，实现每日办结。731家企业通过企业开办平台办结登记，其中新设公司100%实现网上办结。从3月1日开始，新设企业首套公章由政府买单。引导企业通过企业注销“一网服务”平台进行注销，减时又省钱。172家企业使用企业注销“一网服务”平台实现申请注销。开展对全县涉企经营许可事项再次进行逐项梳理确认，统一编制形成《松阳县“证照分离”改革全覆盖试点事项变动清单（2020年版）》。全县办理具体事项1705件，审批改备案21件，实行告知承诺156件，优化审批服务1528件。

【市场规范管理】2020年，县市场监管局贯彻落实省、市、县的工作部署，开展市场疫情防控，推进商品交易市场提升发展。新冠肺炎疫情防控关键时刻正值春茶上市季节，牵头制定《浙南茶叶市场新冠肺炎疫情防控及应急处置预案》，会同县卫生健康局、县交通运输局、县农业农村局、县经济商务局、县综合执法局、县公安局等部门，对市场开展联防联控，落实“一码一测一口罩”等疫情防控措施，确保既防得住疫情，又闻得到茶香。贯彻落实中共浙江省委十四届六次全会关于“加快‘最多跑一次’改革延伸覆盖，推动公共场所服务大提升”的决策部署，浙南茶叶市场全面开展便利化、智慧化、人性化、特色化、规范化“五化”提升，新建茶叶交易大厅设立警务室，引进政务一体机制进市场，通过浙江省四星级文明规范市场复评，“五化”提升工作获浙江省市场监管局通报点赞，入选浙江公共场所服务大提升新闻行动亮点项目展评。开展驻场管理，落实四个严禁（严禁场内吸烟、严禁茶叶落地、严禁随地吐痰、严禁乱扔垃圾）要求，规范市场交易秩序，加强产品质量监管、交易纠纷解决、知识产权保护等工作。浙南茶叶市场实现交易总量8090万千克，交易总金额62.09亿元。从农贸市场“民生性、社会性、公益性”定位出发，发挥农贸市场在新冠肺炎疫情防控期间农副产品保供应、稳物价主力军作用，常态化组织开展各农贸市场疫情防控工作。以创建为抓手，抓农贸市场提升，省民生实事项目—城东菜市场建成省级放心农贸市场，被省市场监管联席会议评为2017－2019年全省放心农贸市场建设工作成绩突出单位。

【网络交易监管】2020年，县市场监管局按照“依法管网、以网管网，信用管网、协同管网”的要求，结合全县网络市场特点和监管实际，发挥监管资源的综合效益，增强监管合力。同时营造公平有序的网络市场秩序和消费环境，对辖区内从事电子商务经营的经营者开展电子商务相关法律法规的宣传，增强电商经营者守法经营意识及消费者的维权。加强新平台、新系统的运用，“浙江省市场监督管理局一体化平台”“网络交易监管协同平台”“浙政钉2.0”均平稳有效运行。坚持“依法监管、审慎监管、智慧监管、综合监管和协同监管”的要求，开展网络监管专项行动。打击网售不安全食品、医疗器械、化妆品，假药劣药及网络餐饮、网上销售假冒伪劣商品行为、网络不正当竞争行为、互联网违法广告、侵害消费者权益等违法行为，监督电商经营者落实责任，强化网络交易监测。查处网络案件26件，罚没款26.14万元，其中大要案5件，罚没款21.97万元，有力维护网络交易秩序。

【消费维权】2020年，县市场监管局充分利用12345政务咨询投诉举报平台、全国12315平台、110应急联动等多种渠道不间断受理消费者各类申诉、举报、咨询，为社会大众提供高效、优质、便民的服务。共受理消费者投诉举报咨询1204件。其中，举报537件，投诉215件，咨询452件，为消费者挽回经济损失6.76万元，结案率100%。同时根据消费者投诉热点，针对松阳现状发布了五期消费警示，及时提醒消费者安全理性消费。为切实加强新型冠状病毒感染肺炎防控工作，在“3·15”期间，根据疫情防控的实际情况，通过公众号发布“新消法”宣传知识，利用县有线电视图文频道，以图文滚动的形式向广大市民发布消费警示，延伸开展宣传普及工作。为深化“放心消费在浙江”行动，推进“放心消费”建设，根据省委、省政府“放心消费在浙江”工作决策部署，按照建设要求推进创建工作。经培育、公示、监管及后评价，全县培育放心消费单位611家，其中无理由退货承诺单位199家，放心工厂66家，培育放心消费街区（商圈）建设单位1个（县城南直街）。

【加强餐饮服务业监管】2020年，县市场监管局抓餐饮环节食品安全监管和提升，餐饮环节检查出动执法人员2079人次，检查餐饮单位2812家次，培训4950人次，发放宣传资料5300余份。开展农村家宴“放心厨房”建设，提升农村家宴的整体水平，创建并通过县级验收C级5家，同时通过众食安监管端开展家宴厨房场景应用工作，实现在线申报备案，在线现场核查。开展学校食堂智能阳光厨房建设，安装AI部署及物联的17家单位均开展校园食品安全智治场景应用，超额10%完成市定任务。开展网络阳光厨房建设，根据“饿了么”平台推荐及走访确定首批创建网络阳光厨房名单40家，经营范围涵盖甜品店、小吃店等多种形式，通过线上线下宣教，助推“外卖封签”。开展分值红黑榜餐饮单位检查，推出6期不同主题的餐饮红黑榜微信公众号文章。鼓励打造茶空间、茶主题餐厅，创成3家，奖励金额9万元。开展食安管理员培训考核工作，重点餐饮主体总数98家，考核119人次，合格119人次，抽考合格率100%，并把结果名单通过政府网、局公众号公示。督促大型及以上餐饮单位、学校食堂、养老机构食堂开展自查工作，全县大型以上餐饮单位9家，学校及幼儿园食堂80家、养老机构食堂5家均开展自查工作，自查率100%。开展年夜饭餐饮单位专项检查，排查各类相关食品经营单位135家，其中供应年夜饭的餐饮单位14家，责令整改户数7家，立案查处1家。春秋季开学期间，联合县教育部门、县卫健部门对全县学校及周边餐饮单位开展专项检查，并利用掌上执法系统对学校食堂进行检查全覆盖。开展月饼整治专项行动，共抽取糕点店自制月饼4批次，检测结果均为合格。开展各类大型社会活动的食品安全保障工作8次，出动执法人次134次，保障餐次41次，保障用餐12000人次。

【食品生产与流通监管】2020年，县市场监管局围绕省、市、县食品安全监管工作要求，结合疫情防控，开展进口冷链食品“物防”、5S［注：指的是日文SEIRI（整理）、SEITON（整顿）、SEISO（清扫）、SEIKETSU（清洁）、SHITSUKE（素养）］现场管理及名特优工坊创建、“12+1”风险智控等各项重点工作。6月17日始，该局按照省市局部署要求迅速行动，组建“物防”专班，建立冷链食品督查、网格化监管、“九统一”公示等制度，持续开展专项检查。出动执法人员1800余人次，检查重点主体900余家次，建立全县72个生产经营性冷库网络化监管明细表，落实“全受控、无遗漏”。开展食品安全监督抽检，推进“抽检分离”改革，全年开展食品、食用农产品监督抽检1050批次，超额31.25%完成县民生实事任务，检出问题产品17批次，合格率为98.38%，立案16件（移送公安1件），处罚没款6.34万元。双管齐下，稳步推进食品加工小作坊提升优化。全年6家参加省级名特优复评，5家“5S现场管理”企业和小作坊创建，打造松阳县蔡宅豆腐工坊集聚园区。按照“传承传统、打扶结合、优化升级”的要求，出台《松阳县名特优食品工坊及小微食品生产企业（名特优食品工坊）验收标准及奖补方案》，5家申请单位通过县民生实事“名特优工坊”创建验收。多元对接，深化溯源体系建设。疫情防控期间，各农贸市场快检运行平稳，开展快检 12.5 万批次，检出率为 0.04%；安装 1329 家食品经营单位第三代食品安全溯源系统；浙南茶叶市场如期开市，全年茶叶交易 22.49 万笔、交易金额 22.31 亿元；茶青交易 39.46 万笔、交易金额 7748.67 万元。根据省市场监管局年度工作任务，推进“12+1”风险智控，实现松阳浙西南绿色农产品物流中心对接省风险智控平台，并把检测数据、视频信息等归集上传协同应用，持续规范落实食用农产品产地准入准出、检验检测、日常监管、问题处置等长效机制，巩固农批市场规范化建设成果。

【药品医疗器械监管】2020 年，县市场监管局坚持以人民为中心的发展理念，聚焦民生痛点难点，干群众所盼、急群众所需、解群众所难、打群众所恨，让群众用得上药、用上好药。深化“上山进岛”送药行动。拓展内涵外延，在功能上增加“送械”内容，在手段上嫁接电子处方、移动医保支付等，在模式上推进“互联网+”。增建“送药上山”便民服务点 4 个，累计建成“送药上山”便民服务点 8 个，辐射 6 个偏远乡镇，服务群众 6719 人次，送药 1128 单。开展药品安全科普宣传，家庭过期药品回收等活动 40 余场，受益群众 7000 余人次。启动“网订店送”便民行动。借鉴食品外卖做法，运用 O2O 模式，利用移动互联、在线支付等技术和快递网络优势，开发“网订店送”系统，把一批实体药店升级为 24 小时“网订店送”药房，为城市居民提供“白天 30 分钟送达、全天 24 小时送药”的便民服务，增强老百姓购药便捷度和获得感。截至 12 月底，实现省政府认定“网订店送药店”1 家，完成送药（饿了么、美团）777 单，此外县域范围内另有 11 家药店均可开展“网订店送”业务。开展打假治劣“药剑”行动。围绕中药饮片质量、网络销售、医疗器械体验式消费、美容美发用品等老百姓关心关注的突出问题，开展“2020·药剑”行动，整治一批问题，查办一批案件，清除假药劣药，净化药品市场环境。出动执法人员 664 人次，检查药品经营单位 108 家次、医疗器械使用单位 224 家次，发放责令改正通知书 20 份，警告 4 份，查处案件 20 个，货值金额 0.92 万元，罚没款 16.92 万元，移送公安案件 2 个。推进药企换证再提速。坚持“时间缩减，底线不减”的原则，对换证企业现场条件严格把关，有效保障辖区药品安全，37 家药店享受到加速版换证红利。开展防疫相关流通企业监督检查，抽查退热、止咳药品 369 批次，重点关注产品的进、销、存等质量管理环节是否合法合规，查处口罩等防疫物资质量案件 6 件，货值金额 0.58 万元，罚没款 0.63 万元。梳理国家卫健委发布的 6 大类 45 种新冠肺炎治疗用药品禁忌、注意事项等，及时为各医疗机构临床用药提供安全性指南，并持续对上述药品的不良反应实施重点监测，开展药品不良反应监测 133 例，其中严重病例 30 例。

2020 年 12 月 9 日，县市场监管局对老百姓大药房各门店开展药械质量管理情况专项检查

【化妆品安全监管】2020 年，县市场监管局通过摸底数、做宣贯、强监管三步走的方式施行化妆品质量监管工作，提振化妆品市场消费信心。通过数据库整合、实地勘察等形式，摸清辖区内化妆品生产经营单位底数。根据经营性质，建立分类监管清单，截至 12 月底，建立基础数据 516 条，为新《中华人民共和国化妆品监督管理条例》（以下简称“条例”）的实施打好基础。结合摸底工作，开展新《条例》的宣贯工作。面对面告知化妆品经营单位新《条例》的罚则、对经营单位提出的新要求等，要求做好索证索票和进货查验记录，指导如何辨别化妆品的类别、如何使用化妆品监管 APP 查询化妆品是否合规、如何正确使用化妆品广告用语等，开展各类宣贯 13 场，发放宣传资料 4000 余册。在宣贯工作基本覆盖的前提下，结合化妆品专项抽检工作，对辖区内各化妆品生产经营单位进行对标对点“诊断”提升，对未按要求落实化妆品台账管理的经营单位进行约谈，并责令限期改正，严肃查处化妆品违规宣传治疗疾病、化妆品资质及进货渠道不明、化妆品过期出售等违法行为。

【质量与产品监管】2020 年，县市场监管局开展生产领域监督抽查产品 80 批次，其中市级定期监督抽查 76 批次，县级定期监督抽查 4 批次，合格78批次，批次合格率97.5%；流通领域监督抽查产品48批次，合格41批次，批次合格率85.4%。加强“品字标浙江制造”品牌的培育。协助“品字标”企业浙江科马摩擦材料有限公司开展“品字标浙江制造”四个百分之百工作，指导帮扶宝丰钢业集团有限公司完成“品字标浙江制造”产品认证。印发《关于开展2019年度松阳县推进品牌创建与质量建设奖励申报工作的通知》，开展2019年度品牌创建和质量建设奖励兑现工作，共兑现奖励资金142万元，落实第四届松阳县人民政府质量奖奖励资金90万元，以激励企业转型提升，提高企业质量创新和品牌培育积极性。根据省局“放心消费在浙江”放心消费单位创建工作的要求，在上年度创建的基础上提升力度，全面梳理符合条件的企业开展创建工作，要求企业及时进行相关信息的公示，并把相关信息上传到创建系统中，全县创成企业66家。

【标准与计量监管】2020年，县市场监管局推进地方标准体系建设，全力落实标准强县战略目标，鼓励制造业企业打造“一流企业”，兑现2019年度标准化奖励资金共计109万元，为标准化建设提供政策保障。全年参与制修订3项国家标准，分别为《奥氏体－铁素体型双相不锈钢无缝钢管第一部分：热交换器用管》《奥氏体－铁素体型双相不锈钢无缝钢管第二部分：流体输送用管》《液化天然气用不锈钢无缝钢管》。2项“浙江制造”团体标准，为《PU防水靴》《绘图仪尺 学生用仪尺》。发布《居家无障碍设施改造技术规范》《乡村景区无障碍环境建设指南》2项市级地方标准。通过“标准化+”农业项目建设，助力农业发展现代化。创新推动农业标准化管理体系建设，大力培育农业标准化试点，由松阳县晓英家庭农场承担的《大豆种植标准化推广示范》和松阳县君凯安农家庭农场承担的《香榧林下套种多花黄精标准化生产与推广示范》通过2019年度市级标准化项目验收。落实民生计量监管，组织对农贸市场、网店、实体店、医疗机构、眼镜制配以及民用“三表”、定量包装商品等开展计量监督检查，重点管理计量器具检定率98%以上。把计量重点监管事项纳入“亮剑2020”系列综合执法行动中，严厉打击计量作弊等违法行为。全年检查物流快递企业、医疗机构、眼镜制配场所等230余家次，电能表检查480件，定量包装抽检26批次。发放责令整改通知书10份，立案查处计量案件3起，罚没款1.72万元，全力营造县域内良好消费环境。以民生宣传进社区、进企业、开放实验室，计量免费培训为主要内容，开展“优化计量、提质增效”千家民生、民企计量帮扶活动，全年开展计量讲座、计量宣传、计量培训8次，参训500余人次，发放计量宣传资料300余份。

2020年12月25日，由松阳县国富鞋业有限公司主导起草的“浙江制造”团体标准《PU防水靴》召开评审会，该标准为全国首个防水靴团体标准

【特种设备安全监察】2020年，县市场监管局特种设备安全工作始终坚持“安全第一，预防为主”的方针，贯彻落实《中华人民共和国特种设备安全法》和《特种设备安全监察条例》等相关法律法规，开展特种设备隐患排查治理，加大安全监察力度，认真履行职责，全县特种设备运行总体平稳，未发生特种设备安全事故。全年检查重点单位20家，双随机监督检查单位18家，检查特种设备使用单位150家，出动执法人员433人次，检查设备334台（套），发现安全隐患323处，开具特种设备安全监察指令书73份，立案查处特种设备违法行为5起，罚没款12.5万元。根据国家、省、市局相关工作部署，在全县开展特种设备安全专项大检查行动、特种设备“假停真用”专项整治、不锈钢行业起重机械专项整治、快开门式压力容器专项整治等行动，督促特种设备使用单位落实主体责任，规范特种设备的安全使用行为，严厉打击各类特种设备违法违规现象。为提升特种设备使用单位及居民的特种设备安全意识，倡导正确、安全地使用特种设备，该局组织开展特种设备安全进企业、进校园、进社区及特种设备安全大演练等活动，全年累计培训1000余人次，发放宣传资料600余份。

【基层市场监管】2020年，县市场监管局开展星级规范化建设所创建活动。帮助各基层所建立健全长效创建机制，因地制宜，与“四个平台”有机结合，严格坚持标准，提高服务质量和硬件设施，创建规范化市场监管所1个（玉岩市场监督管理所）通过验收，实现基层所规范化达标所创建100%。至12月底，该局拥有四星级规范化市场监管所1个，三星级规范化市场监管所4个，规范化达标所4个。

【知识产权与发明专利】2020年，县市场监管局发挥职能作用，盯紧目标，找准抓手，统筹资源，多点推进，以既做“卫士”，又当“管家”，还要干好“宣传员”的定位，全力推进知识产权保护工作。全年共接受企业、个人各类商标查询500余次，增加注册商标670件，其中农副产品商标182件、服务商标203件，国家商标局已受理“原乡上田”在29、30、43类别上的集体商标申请要求。全县有效注册商标3307件，其中农副产品商标982件、服务商标653件。全年全县专利申请量697件、授权量593件，其中发明专利申请量80件、授权量25件。截至12月底，松阳县经国家知识产权局授权的有效发明专利为99件，按上年末全县常住人口计算，每万人有效发明专利拥有量为5.15件。借助形式多样的知识产权政策宣传，引导经营者增强知识产权保护意识，自觉守法诚信经营，开展“4·26”知识产权宣传周活动；针对举报投诉较多的超市、药房等经营户，开展辖区知识产权“双随机一公开”抽查检查，并进行集中整治和综合性执法，严厉打击侵权违法行为；培育优势主体，推进知识产权示范企业申报、复核工作；落实专利补助政策兑现工作；开展全国专利调查工作；走访专利权人做好“三服务”帮扶工作，积极搭建融资平台，鼓励以小微企业为核心的品牌企业开展知识产权专用权质押，提升知识产权的品牌价值。是年，浙江恒源钢业有限公司商标质押1500万元和浙江隆达不锈钢有限公司专利质押1000万元、松阳县景顺实业有限公司专利质押1500万元。全年开展知识产权专项行动5次，共出动检查人员420余人次，检查经营主体295家次，立案查处侵犯商标注册权案件5起，案值2.8万元，罚没款为8.1万元。

（县市场监督管理局）

应急管理

【概况】2020年，松阳县应急管理局（以下简称“县应急管理局”）围绕“安全监管、防灾减灾、应急救援”三条主线，夯实基层基础，强化监管执法，加强安全风险防范，安全生产形势总体稳定。全县发生各类安全生产事故9起，死亡8人，事故起数同比降低18.18%，死亡人数同比降低20%。其中，发生工矿商贸事故2起，死亡2人；发生生产经营性道路交通事故7起，死亡6人。未发生各类较大及以上生产安全事故。

【应急责任体系建设】2020年，县应急管理局建立完善应急管理组织责任体系。县政府主要领导与各分管副县长及乡镇（街道）、集聚区管委会、16个重点部门和11个国有企业签订应急管理、安全生产和消防工作目标管理责任书，推动落实部门行业监管职责、属地监管职责。建立“1+5”工作体系，成立松阳县应急管理指挥部，下设县防汛防台抗旱指挥部、县森林防灭火指挥部、县抗震救灾指挥部、县突发地质灾害应急指挥部和县减灾委员会5个专项指挥部。为建立统一指挥、专常兼备、反应灵敏、上下联动、平战结合的全县应急管理体制奠定基础。推进应急指挥体系建设。5月底，出台《松阳县应急指挥体系建设方案》，探索建立清单化、制度化和标准化的“三化”防灾应急指挥管理工作模式，对全县应急管理工作的组织领导体系、防灾责任体系、应急保障体系、应急协调体系等10个体系建设方向和任务进行明确。

【安全生产行政执法】2020年，县应急管理局组织检查工贸、矿山、危化企业375家次，排查并整改隐患401项，行政处罚26起，处罚金额76.98万元（含事故）。开展高温熔融金属作业安全、“战高温，保安全”、危化品使用企业“十个一律”等隐患排查整治，检查八大行业企业266家次，排查并整改隐患243项，行政处罚16起，处罚金额52.98万元。矿山领域：开展对尾矿库、废弃矿山空区和边坡治理等检查19家次，排查并整改隐患26项。危化领域：开展危化企业安全生产大检查、危化企业运输领域专项整治、危化企业“战高温”专项安全等重点整治检查90家次，排查并整改隐患132项，行政处罚10起，处罚金额24万元。

【防灾减灾救灾】2020年，县应急管理局（县防汛指挥部）在防梅汛期间，启动防范强降雨Ⅳ应急响应2次，防御4号台风“黑格比”Ⅳ应急响应1次，发送预警通知9.1万余条次。全县累计开展巡查2.85万余人次，转移危险地带人员107人。实现13307人的人员转移精准管控基础信息排查及“浙江安全码”赋码工作，同时应用于防御4号台风（黑格比）的实战，收到较好效果。森林防灭火工作，全县共发生森林火灾（火情）20起，过火面积16.39公顷，森林受害面积6.84公顷，处于历史最低位。减灾救灾工作，推进避灾安置场所及可视化建设，建成规范化避灾安置场所33个，其中，县级1个、乡镇级9个、村级23个。2020年，望松街道“新望社区”创建省级综合减灾示范社区。

【应急救援队伍建设】2020年，县应急管理局建立专业骨干队伍，开展以赤寿乡楼塘村森林扑火队为基础，成立县级森林消防综合救援队伍。持续培育社会救援力量，抓天狼、蓝天和山鹰3支社会救援队的队伍建设，落实扶持、培训、各类保障资金10.30万元，开展绳索、潜水技能、急流水域救援技能培训，组织在双童山进行山地救援实战演练，提高各支社会救援队伍的综合救援技能和相互协作能力。举办2020年丽水市突发地质

2020 年 6 月 27 日，县应急管理局组织开展社会救援队伍绳索技术培训

灾害应急演练。会同市级部门共同筹备演练相关工作，于 10 月 16 日在竹源乡举行，是丽水市首次演练调用直升机参与救援。借助“线上+线下”的演练模式，实现“市、县、乡、村”四级应急联动，远程指挥。

【应急创新工作】2020 年，县应急管理局开展“应急管理”“安全生产基础”“消防安全基础”三个提升年活动。出台“三个提升年”活动方案，对 15 大块、131 条具体工作任务进行责任分解与落实。隧道应急体验馆建设，县应急管理局、浙江省公安厅高速交警丽水支队四大队、浙江省交通集团高速公路丽水管理中心三方共建浙江省首座隧道应急体验馆，按隧道比例建设，安装消防、照明、通风等系统，设置人行通道、汽车通道、消防箱等消防救援设施，并设有宣教视听区，面向司乘人员、县市区市民、中小学生、驾校学员等外部人群开放。公众可通过现场体验和亲自感知，比如启动报警装置、手动开启应急通道门、拿起灭火器模拟灭火演练、学习隧道内安全标志大全等，了解隧道内发生突发事情下该如何应急处置，如何使用隧道内预备好的逃生工具、抢险救援设备等，进一步提高公众在隧道内发生紧急事件时的自救避险能力。

【安全生产知识宣传教育】2020 年，县应急管理局在电视台常年开设安全生产和应急管理宣传栏目，定期宣传安全应急知识，播放森林防火、防汛、地质灾害宣传视频。通过微信公众号等载体公布一批安全生产违法典型案例，进一步督促生产经营单位落实安全主体责任。开展“百镇千村万户”宣传教育活动，通过送电影下乡、农村党员活动日等方式全面覆盖各企业、村（社区）、学校，全县“应急入心·安全万家”警示教育片观看 152492 人次，其中集中观看 51446 人次，网络观看 101046 人次。8 月，在中国计量大学开展 2 期全县应急管理（安全生产）实务培训，部分乡镇（街道）主要领导，各乡镇（街道）、有关单位分管领导、工作人员，重点企业负责人，应急管理局全体干部参加。开展全县百万员工安全大培训，强化企业主要负责人“要安全”、安全管理人员“会安全”、从业人员“懂安全”。全县 5800 余人完成线上、线下培训。

（县应急管理局）

综合行政执法

【概况】2020 年，松阳县综合行政执法局（以下简称“县综合行政执法局”）内设办公室、政治处、法制科、综合业务科 4 个科室；派出机构 10 个，机动中队、办案中队、西屏中队、水南中队、望松中队、古市中队、象溪中队、大东坝中队、玉岩中队和新兴中队，其中西屏中队、水南中队、望松中队、古市中队创成文明规范公正基层队所；下属事业单位 2 个，县综合行政执法指挥中心、县后勤服务中心。现有工作人员 173 人，其中在编人员 48 人、协管员 125 人。

【城市执法精细化管理】2020 年，县综合行政执法局实施网格化管理制、“高峰岗”值勤制度和徒步巡逻制，通过开展校园周边食品安全整治、机动车违停整治月等集中整治行动，及时纠正店外店、流动摊贩、人行道违停等违法行为，实现市容管理精细化，持续巩固、提升文明创建成果；推行柔性执法，以“721”工作法为导向，开放“执法体验日”，邀请违法当事人以及执法队员家属跟随执法人员亲身参与体验市容管理工作，以义代罚，提升市民、家属对执法工作的理解度，营造人人参与市容管理的良好氛围；施行市容管理标准，探索打造“文明示范街、严管街”，同时在城区范围内合理谋划设置临时便民疏导点，确保在城市秩序安全有序前提下，助力常态化疫情防控期间商企复工复产。全年累计出动执法人员 10500 余人次，纠正店外店、流动摊贩、噪声扰民、横幅广告等违法行为 6300 余起；整治人行道违停非机动车 2800 辆，开具《违法停车告知书》5139 份，处理“抛洒漏”车辆 60 余辆；增加临时便民疏导点 7 处，发放疫情防控期间临时经营准入证 476 张。

【城乡规划综合行政执法】2020 年，县综合行政执法局依托网格化执法体系，压实执法监督职责，强化违建巡查、违建处罚以及批后监管，坚持发现一起处置一起，推进防违控违工作。持续推进违建审查，推行不动产过户变更、房产抵押贷款违建审查制度，严格执行干部选拔任用、村社组织换届选举等相关人员的违建审查，提高农村违法建设成本，有效推进无违建县创建工作。全年开展各类资格审查人员 9170 人次；加强小区违建处置，对中梁、铺门等新建小区违法建设开展全面调查摸底，联合县“三改一拆”办、县建设局及相关街道等单位共同商讨、制定处置意见，推进新建小区违建处置工作，从源头上遏制违法建设行为；注重案件规范管理，开展执法案例分析研讨、执法案卷讨论学习等活动，规范办案流程；落实网上案件办理，充分利用“掌上执法系统”和“浙江省综合执法平台”两个执法平台，完成“互联网+监管”平台双随机计划，加强执法平台案件办理检查督查，把案件办理情况列入责任考核。全年累计立案调查 265 起，罚款人民币 97 万余元。

【智慧城市管理】2020 年，县综合行政执法局“智慧城管”系统通过移动网络、城管通 APP，实时采集城市管理问题上报平台，并对政务热线 12345 和 110 社会应急联动、四个平台举报投诉问题进行受理、转办和指令下达，形成“高位监管、一级监督、二级指挥、三级考评、四级联动”的城市管理新模式；建立秸秆禁烧烟雾监测系统，通过全县 20 个铁塔自动匹配周边秸秆焚烧烟雾，对县域内秸秆焚烧行为进行实时监控，有效提高秸秆焚烧巡查与整治效率；创新高空远程语音喊话系统，通过“监控+喊话”形式，有效缓解执法人员不足等问题，减少现场执法冲突，促进城市管理再升级。全年依托“智慧城管”平台累计发现综合行政执法问题 8730 件，各部门落实解决 8730 件，结案率 100%；发现秸秆焚烧火点 2320 余个，立案处罚 77 起，收取罚金 29850 元；受理政务热线 12345 和 110 社会应急联动举报投诉问题 753 件，办结 753 件，办结率 100%。

【专项综合行政执法行动】2020 年，县综合行政执法局通过开展各类专项综合行政执法行动，为疫情防控、复工复产及各项重点工作顺利开展提供有力保障。在保障各项临时性重点工作、文明指数测评等重大活动期间，全体人员加班加点，投入日常执勤 3 倍的执法力量，为活动圆满完成保驾护航。配合重点项目清表、乡镇拆违等工作，全年展开行动 30 余次，出动执勤人员 950 余人次；全力做好疫情防控工作，通过街面巡查+视频监管，及时劝离集聚人员，严查贩卖活禽及野生动物的摊贩；抽调 28 人参与各道路口卡口执勤，24 小时守好城市防护关；参与联合巡察组巡察工作，加强对城区范围内农贸市场、商超等场所的监督指导；落实茶叶市场值班执勤和茶青市场联合巡察制度，打好茶产业护航“组合拳”，全年出动执法人员突破 1500 人次；开展校园周边整治，规范校园周边市容环境秩序，助力各大学校安全复学；通过微信、执法巡逻车等多渠道开展防疫工作宣传，在社会上形成良好防疫氛围。

【行政执法宣传】2020 年，县综合行政执法局围绕“整体智治”、城市精细化管理、防违控违、砂石资源管理等亮点措施和做法，突出工作重点，不断提升宣传效益，树立综合行政执法队伍新形象，提高综合行政执法工作的社会认同感；丰富宣传形式，着力在宣传内容上更有温度、宣传技巧上更加丰富、宣传载体上更加创新，多层次、全方位展现工作风貌、执法形象；强化党委、政务信息报送，加强经验专报类信息提炼，力求信息工作有亮点、有特色，为领导发挥好信息决策参考作用。全年报送社会舆情信息、电子政务信息、党委信息、舆情信息等 1050 余篇，录用 698 篇，其中市级录用 82 篇，省级录用 16 篇，国家级录用 1 篇。松阳县先行开展砂石资源整治的主要做法得到丽水市委副书记、市长吴晓东批示肯定。

【行政执法体制改革】2020 年，县综合行政执法局按照县委、县政府统一部署，开展机构、编制、职责和人员的调整工作，推进全县机构改革落实。全力施行综合行政执法事项划转。按照《浙江省综合行政执法事项

2020 年 11 月 12 日，县综合行政执法局开展“小手牵大手，执法进校园”主题宣传活动

统一划转目录》，梳理事项变动情况、厘清职责边界、编制“三张清单”，确保事项真正划转到位、交接到位、授权到位、协作到位。截至12月底，第一批300项划转职能完成交接并开始履职；全力推进行政执法属地管理。结合“四张清单一张网”及基层治理体系“四平台”建设的要求，通过设立派出机构，把综合行政执法职权和执法人员进一步下沉到基层，不断探索和创新综合行政执法的新方法、新思路。19个乡镇（街道）下沉执法人员100人，乡镇（街道）镇容镇貌和规划管理成效显著。

【基层综合行政执法事项】 2020年，县综合行政执法局在全县行政区域内集中行使涉及原由县发改、经信、教育、公安、自规、建设、水利、人防、科技、气象、应急管理、市场监管、生态环境、农业农村、综合执法14个部门承担的20个方面的共计300项行政处罚权及与之相关的行政强制、行政监督检查职权，另有地方性法规授权39项，共计行使339项行政处罚职权，于2020年11月30日正式开始履职。

（县综合行政执法局）

消防救援大队

【概况】 2020年，松阳县消防救援大队（以下简称“县消防大队”）持续发扬“搏在山区、拼向前列”的丽水消防精神，开展“践行训词精神，担当神圣使命，坚持五个不动摇”教育实践活动和“以案促改，整风肃纪”专项整顿活动，队伍整体形象明显跃升。全年接警出动199次，其中扑救火灾100次，抢险救援93次；出动人员1680人次，出动车辆267辆次，抢救被困人员57人，疏散被困人员90人，抢救财产价值733.1万元。全县火灾起数同比下降15%，未发生亡人和有影响的火灾事故。

【消防监管责任落实】 2020年，县政府组织召开应急管理、安全生产、消防安全工作会议，与19个乡镇（街道）、32个消防安全委员会成员单位签订年度应急管理、安全生产和消防工作目标管理责任书，把消防工作纳入松阳县年度综合考核内容并提高分值比重。县委、县政府先后召开县委常委会、县委议军会和县政府常务会听取消防工作报告，部署启动消防安全基础提升年活动。教育、民政、民宗、卫健、文广旅体等部门均出台行业消防安全标准化管理文件。全县上下贯彻落实《消防安全责任制实施办法》，督促乡镇（街道）、行业主管部门落实消防安全岗位职责规定、责任追究办法，依法履行消防安全管理责任。县长李汉勤、县政法委书记周鸿飞、常务副县长郑伟坚等县领导先后带队开展消防安全检查，推动全县消防安全工作的开展。

【执勤备战】 2020年，县消防救援大队着力构建符合松阳特点的灭火救援初战体系，深化“专业化、基础化、实战化”的要求。围绕“能打仗、打胜仗”目标，不断夯实灭火救援基础工作。开展重点单位熟悉演练120次，制作新增重点单位数字化预案12份，修订完善预案单位107个；联合龙丽高速管理处、县交警大队等部门开展龙丽高速东田隧道应急演练，配合古市镇政府、县应急管理局等单位完成全县地质灾害联合演练。成功处置“9·28浙江创元特种纸业有限公司火灾”“3·11玉岩镇黄南水库山上救援”等灾害事故。组织全县专职消防队员开展轮训，提升专职队伍能力建设。大队在支队第一次夏训普考获号操全优秀，代表支队参加全省消防救援队伍首届“火焰蓝”全员岗位大练兵比武竞赛获团体第一名。

【城市消防设施】 2020年，县消防救援大队对全县401只市政消火栓和6个天然水源取水口进行检查保养，确保完好率，全年增加市政10只消火栓和1个天然水源取水口。

【消防宣传教育】 2020年，县消防救援大队以消防宣传“五进”、安全生产月、“119”消防宣传月等活动为抓手，以微博、微信、电视、报刊、广播等为载体，全方位开展消防安全宣传。联合县教育局开展消防安全暑期社会实践活动、消防安全“开学第一课”，提升师生消防安全意识和逃生自救能力。部署行业部门、乡镇（街道），发动广大群众参与消防知识答题，提升全民消防常识知晓率。督促16个乡镇建成消防宣传教育体验室。

2020年9月1日下午，松阳县消防救援大队联合县教育局走进实验小学城南校区开展消防“开学第一课”活动

对接县应急管理局把消防知识同步纳入全县百万员工大培训内容，开展线上线下培训，培训5500人。全年该大队开展各类消防培训120余次，累计培训20515人，开放消防站15次，出门宣传169次，刊播消防微博1900余条、微信750余条，发送提醒短信15万余条，发放宣传资料10万余份。

【消防安全监督检查】2020年，县消防救援大队紧盯“防大火、遏亡人、降总量”工作目标，以高层建筑、小微企业、居住出租房等场所为重点，开展一系列专项整治。6月16日，县委常委、常务副县长郑伟坚专门召集相关部门部署高层建筑整治事宜，明确责任分工，量化工作任务。截至12月底，县域各高层建筑均完成消防车通道线工作，除天元时代广场以外，其余小区消防设施全部整改。联合县工业园区管委会、县应急管理局对不锈钢行业开展第二轮集中治理，把消防安全管理纳入行业安全生产制度化管理内容，更换可燃顶棚10万平方米。检查社会单位773家，督促整改火灾隐患381处，下发行政处罚决定书54份，临时查封11家，责令“三停”19家，罚款18.97万元，拘留2人。跟踪督办1家市级挂牌重大火灾隐患单位整改。

（县消防大队　金水华）

自然资源管理

【概况】2020年，松阳县自然资源和规划局（以下简称“县自然资源规划局”）实现政府性资金收入15.06亿元，其中收取土地出让金12.06亿元，指标调剂收入3亿元。争取土地指标83.2公顷，在全市范围内土地指标执行率率先达到100%，为全县争取土地指标奖励13.33公顷。在做好全年各类项目用地指标保障的同时，还帮助解决易地农民搬迁历史遗留问题指标的保障及工业园区土地农转用指标。积极争取并解决了赤寿工业区块49.4公顷使用林地的报批问题。全年征地项目11个，征收面积65.64公顷，支付征地补偿费5401万余元。

【自然资源调查监测评价】2020年11月17日，国家“三调办”发文，浙江省全部县级成果通过国家内业核查和数据库质量检查，松阳县“三调”数据以未参加全国“三调办”强制改数据的成绩，优质地完成全县第三次国土调查。根据《丽水市人民政府办公室关于印发丽水市自然资源统一确权登记工作方案的通知》（丽政办发〔2020〕21号）文件，开展全县各类自然资源统一确权登记工作。按照市局的部署和要求，完成马鞍山省级森林公园、梧桐源水流自然资源的确权登记。同时在马鞍山森林自然资源确权登记的基础上，进行自然资源活权改革，施行1个森林经营权的流转，签订流转合同，完成确权登记。

【自然资源的合理开发利用】2020年，县自然资源和规划局于3—4月牵头组织开展全县域国有闲置土地情况调查，将征而未转、转而未供、供而未用、用而未尽、农民建房等五类图斑下发各自然资源和规划所和各乡镇（街道）全面细致排摸国有闲置土地现状，并到全县各乡镇（街道）分析研判，提供处置意见。6月，牵头开展省级模范县创建工作，县政府成立以县长为组长、常务副县长为副组长、相关部门和各乡镇（街道）主要领导为成员的模范县创建领导小组，统筹协调模范县创建工作，在各相关部门的配合下，8月底把土地资源指标、矿产资源指标、综合性指标等3大类29项细化指标创建资料汇编成册上报省自然资源和规划厅，完成省级模范县创建工作。为保障县域经济发展，做到用好增量和盘活存量两手抓，全年供应土地69宗，面积164.53公顷(包括铁路单独选址75公顷)，其中增加建设用地133.8公顷，存量建设用地30.73公顷。开展村庄规划编制、集镇建设。全年完成村庄规划修编事项50件，涉及西屏街道、樟溪乡、新兴镇等乡镇（街道）。

【耕地保护】2020年，县自然资源和规划局坚持“数量不减少、质量有提高”，牢牢守住耕地和基本农田红线。是年全县实际耕地面积为18953.33公顷，大于下达的耕地保有量指标。基本农田任务14733.33公顷，基本农田划定14733.33公顷，完成上级下达任务。全县完成垦造耕地立项面积413.33公顷，建设用地复垦项目立项面积61.33公顷。核查全县储备补充耕地项目245个，其中被认定为不实耕地的项目数为134个，认定不实耕地数量指标346.87公顷、不实的水田指标83.63公顷。此外，根据县纪委要求，由该局纪委牵头，于5月7—20日开展永久基本农田“非农化”“非粮化”调查。

【规划体系并监督】2020年4月，松阳县完成国土空间规划编制招投标程序，与浙江省城乡规划设计研究院签订编制设计合同。根据县情和自身国土空间资源特点和要求，启动开展县域传统村落和土地整治2个重点专题研究工作。9月，根据《丽水市国土空间规划支撑“绿水青山就是金山银山”转化实践试点实施方案》要求和任务部署，制订全县对于“两山转化”试点工作相关实践试点任务工作方案，启动农村集体经营性建设用地开发利用和传统村落村庄建设用地指标管理模式2个专题研究工作，并根据相关市局试点研究成果积极贯彻融合，落实深化至新一轮全县的国土空间规划中。是年，针对县域各建设工程项目推进实施情况，编制完成建设用地及工程规划许可办理89个，简易审批办理6个，完成规划设计条件编写26个，规划方案会审纪要10余个，公示公布大小项目92件，办理规划选址意见书42件，规划核实验收项目81件。

【不动产登记工作】2020年，松阳县不动产登记中心根据市局和县政府的部署，新增两项线上便民服务。其一，对接市局“总对总”业务协同模块，完成系统改造，与县银保监和各银行业金融机构共同推进，实现不动产抵押登记“网上办、网上查”“一次不用跑”，在银行办理抵押贷款的用户，可直接在银行办理抵押登记；其二，实现不动产登记与水电业务的线上联动办理，用户在办理不动产转移登记时，由不动产登记窗口推送水电过户需要的相关信息给水电业务窗口，实现两件事一个环节办理。全年办理各类不动产登记业务3719件，各类查询登记2602次。

【土地征用】2020年，县自然资源和规划局拟定并报县政府出台《松阳县征收集体土地区片综合补偿标准》，依法规范土地征收行为，保障集体土地所有者、使用者的合法权益。全年征地项目11个，征收面积65.64公顷，支付征地补偿费5401万余元。特别是年底面对G235国道、衢丽铁路、育英小学区块3个重点项目落地动建的局面，该局克服时间紧、任务重、人员少等困难，不折不扣抓落实，配合农转用报批与实际征收补偿两不误，按要求完成任务。此外，全年共测算失地农民保险名额785人，落实到人并报送县社保局381人，切实保障失地农民合法权益。

【未供土地及闲置土地管理】2020年，松阳县2009－2017年批而未供土地面积共129.33公顷（不含低丘缓坡项目201公顷，其中已供55.42公顷，未供145.58公顷）。全年市级下达松阳县2009－2017年批而未供消化利用任务数20.52公顷，全年完成22.45公顷，完成率109.43%。是年，闲置土地处置市级下达松阳县闲置土地处置任务数0.08公顷，全年完成0.11公顷。此外，松阳县仍有茶香小镇综合体一期、松阳县新溪小区进小区道路工程、松阳县赤寿生态工业区块（近期）基础设施工程商住综合体基础配套工程、松阳县赤寿生态工业区块（近期）基础设施工程——横三路遗址公园工程4宗闲置用地。

【土地出让管理】2020年，县自然资源和规划局按照县域区块发展的整体导向，统筹全县土地出让项目，有序把握经营性用地出让规模、结构和时序，抓好项目动态监管，推进全县土地市场健康平稳发展。全年共收取土地出让金12.4亿元，其中具体建设项目土地出让金12.06亿元，涉及41宗，项目总面积49.85公顷；补办土地出让金0.34亿元，涉及337宗。

【自然地质灾害】2020年，县自然资源和规划局开展调查、处置地质灾害灾险情5处，经专业调查后确认为地质灾害隐患点3处，威胁19户51人，其中枫坪乡山乍口村白坛砚滑坡威胁6户14人，三都乡尹源村毛源自然村山头家滑坡威胁7户24人，斋坛乡庐东村下坌自然村王树明等房后滑坡威胁6户13人。至12月底，3处隐患点均实施避让搬迁，拆除危险区旧房，避让搬迁51人。实施3个灾害点19户51人的项目和资金申报，争取避让搬迁资金76.5万元和用地指标0.41公顷。全年完成8个批次37户108人避让搬迁资金审查发放，合计资金390.85万元，其中拆房奖励和过渡期租房补助30.7万元、迁建安置补助82万元、公寓安置补助19.15万元、货币安置补助259万元。全年组织开展地质灾害（应急）治理工程项目8个，其中竣工验收项目5个，初步验收项目3个。开展排查、划定地质灾害风险防范区180处，涉及户籍人口1514人，常住人口436人。督促指导有关乡镇开展地质灾害隐患点及地质灾害风险防范区常住人口浙江安全码赋码工作，完成赋码436人。核销地质灾害隐患点15处，开展汛前地质灾害隐患大排查工作，全县排查地质灾害隐患点20处和不稳定斜坡86处。出具13个批次地质灾害危险性评估情况的证明，对11个项目开展地质灾害危险性评估，其中一级评估1个，二级评估2个，三级评估30个。

【国土矿藏资源】2020年，松阳县有持证矿山10家，其中省级发证矿山4家，县级发证矿山6家。10家矿山分别为铜多金属矿1家、钼矿1家、萤石矿1家、高岭土矿3家、建筑石料矿4家。10家矿山中，正常生产6家，停产3家，处于基建期1家。全县共有探矿权1宗，为浙江省松阳县板桥乡上湾铜多金属矿外围详查项目。全年累计收取矿产资源出让收益507.20万元，全县矿山企业应建必建，全面完成省绿色矿山建设三年专项行动任务，创建成为绿色矿山8家。

【基础测绘工作】2020年，县自然资源和规划局推进基础测绘与自然资源管理业务对接和融合，建立适应新形势下测绘与地理信息管理体制机制，持续做好测绘基准体系的动态维护，统筹推进基础地理信息数据的覆盖与更新，持续完善地理信息公共服务平台，丰富地理信息公共服务产品，为当地重点工程和重点基础设施建设等提供有利的基础地理信息支撑。全年完成松阳县主城区30平方千米倾斜三维建模项目并通过省质检站验收；组织开展测绘标志巡查，及时更新测绘标志数据库；推进规划核实、土地核验、不动产测绘等多项测绘业务整合，测绘由业主自主选择有资质的、服务优质的测绘单位，做到“多测合并、联合测绘、成果共享”不得重复测绘。推出农民住房集体土地不动产发证“综合测绘”项目，把农房竣工、不动产、地形修测由一个测绘单位负责完成，测绘费用下降45%；围绕政府数字化转型建设，充分利用地理信息大平台、大数据、大底图的优势，实现30平方千米地名地址数据采集更新与融合，基于1∶2000DLG库体成果数据，完成860平方千米1∶2000电子地图生产和数据融合、矢量融合数据融合更新；对新生产的1∶500地形图进行数据融合、矢量融合数据融合更新，并通过省质检验收为国土空间基础信息平台提供大数据支撑，充分发挥“天地图”的作用。开展对县域范围内房地产企业进行问题地图专项整治检查。9月24日，县自然资源和规划局、县委宣传部、县文广旅体局、县市场监管局就县内文化市场进行地图检查，是日还举行“规范使用地图、一点都不能错”为主题专题讲座；8月29日，举行以“强化国家版图意识，共同守护美丽中国”为主题的全国测绘法宣传日活动，就规范使用地图进行宣传。

【自然资源档案管理】2020年，县自然资源和规划局整理归档建设用地档案2391卷，临时用地档案95卷；县城土地登记副表档案225卷，数字扫描7220条；县城土地登记卡档案203卷，数字扫描21599条；县城土地登记归户卡23卷，数字扫描1612条；整理文书档案649件，数字扫描949条；接收不动产档案15461卷、林业档案1284卷。

县国有资本投资运营集团

【概况】2020年，松阳县国有资本投资运营集团有限公司（以下简称“县国投集团公司”）内设综合部（党务办）、财务审计部、资产运营部、投资发展部（法务办），编制定员18人（含担保公司），现有在编12人，缺编6人，编外人员2人；中共党员11人，其中退休1人。2020年，该公司围绕打造“田园松阳”升级版发展战略，积极履行“融资、经营、管理”三大职责，坚持边组建边运营，谋划投资经营思路，推进平台融资工作，着力提升公司实力。截至12月底，公司总资产17.57亿元，同比增长42.49%，净资产为12.08亿元，同比增长26.36%。营业收入786.07万元，实现利润79.71万元。

【施行投资经营】2020年，县国投集团公司投资入股浙江博勒科技公司。根据《中德AI产业园项目框架协议》内容，完成注资3000万元共同成立浙江博勒科技有限公司，占其公司股比9.09%，现该公司进入项目厂区投产工作。投资入股松阳县石化石油经营公司。7月，与中国石化销售股份有限公司等3家企业投资成立合资公司，注册资本金3000万元，县国投集团公司投资330万元，占股11%，合资公司经营范围为带储存经营成品油：汽油、柴油、食品、卷烟、润滑油；汽车充电、清洗服务等业务。截至12月底，完成首期注资192.5万元。投资入股浙江人享贸易公司。8月与浙江人享贸易公司签订投资入股合同，投资150万元，占股比10%，首期注资30万元，该公司注册资本1500万元，经营范围为建材批发、建筑装饰材料批发、零售等业务，把建筑材料销售给下游建筑商，实行“先线下后线上，先市内后市外”的经营策略，构建建材电子商务平台，建立了互联网建材交易平台。投资承建联合大厦项目。与县档案馆、市生态环境局松阳分局等8家单位联合投资建设松阳县联合大厦，项目计划总投资2.5亿元，公司承担总投资额3.51%，项目用地总面积10169.55平方米，建筑占地面积4373.84平方米，总建筑面积38436.92平方米。截至12月底，按期投资345万元。投资县老年大学改造项目。筹措县老年大学项目建设资金（项目概算1040万元），该项目竣工验收，出租县老干部局全部用于老干部活动和老年大学教学。收购存量闲置资产。2月，公司以3195万元收购凯尔泰竹业资产。该资产市场评估值5007万元，地块土地使用权面积4.2公顷，土地性质为工业用地，建筑物面积39148.82平方米。此次收购，有效扩大公司资产体量。合作收购玉新峰竹制品厂资产包。公司与1家杭州公司合作以1300万元收购该资产包，享有年12%的投资回报。资产包为工业用地3宗及厂房，土地面积1.21公顷，厂房面积5524.8平方米；叶国栋（系叶帮新子）名下筱铺新区商住用地5宗，面积855平方米。据中介机构评估（初步），玉新峰厂资产包估价1562万元。此外，玉新峰厂和叶帮新、叶国栋其他资产估价1256万元，作为国投集团收购的反担保投资成立合资丽水九月文化服务公司。与遂昌风速文化传媒有限公司等2家企业合作投资成立丽水九月文化服务有限公司，合资公司注册资本100万元，首期注资30万元，其中县国投集团公司出资20.1万元，股份占比67%。通过收购博雅学校组织培训业务，截至12月底，办班23期，培训学员1300人，营业收入95万元。

【国有资产管理】2020年，县国投集团公司开展资产调查分类工作，对各类资产进行梳理汇总，全面摸清底数。截至12月底，该公司名下资产（不动产）58宗，其中办公用房25宗，文化教育场所4宗，出租商铺、仓库（粮库）和住宅27宗，闲置资产2宗（即古市镇万寿南路6号老车站附近二层楼房1幢、古市镇公园路4号电影院宿舍1套，为危旧房）。未办证或缺土地证13宗。经筛选5宗房产可拍卖处置，面积1825平方米。此外代管房产47宗。土地情况，公司在青蒙村青蒙垄口有土地1宗，土地性质为城镇单一住宅用地，面积0.67公顷。实施经营性资产公开拍租。全年开展资产拍租4次，对31个标的物进行公开拍租，成交金额为63.3万元。现公司在租房产标的122个，其中托管房产55个；全年共收取租金304万元，其中代管房产收入98.88万元。根据县治砂办工作安排，开展砂石料资源拍卖2处次，成交金额502.2万元。做好资产修缮管理工作。保障资产结构牢固和使用安全，发挥资产的效能。全年零星资产修缮5处，支出修缮费5万元。

【企业纾困解难行动】2020年，县国投集团公司在疫情防控期间勇担国企责任，落实减免中小企业和个体工商户租金政策。启动快速响应机制，第一时间发布减免租金公告，全面摸排资产出租情况，并做好租金减免的受理、清算、复核工作。全年减免县域中小企业和个体工商户83家租金90万元。

【企业融资服务】2020年，县国投集团公司提供投融资服务，协调银企双方关系，发挥国投融资平台功能。全年对外提供融资担保额31.65亿元，其中为县"大搬快聚"富民安居工程项目担保额18.2亿元；县农村人居环境提升项目（一期）提供融资担保额8亿元；县城乡一体化贷款（流贷）项目提供担保额4500万元和县兴民新农村建设发展有限公司提供融资担保额5亿元等。公司累计对外提供融资担保额43亿元。探索政府投融资渠道，深挖投融资潜力，实施政府交办的投融资服务，作为县黄南水库回购主体单位投资1000万元。开展银行融资，争取低成本项目融资。12月完成华夏银行丽水分行证租通业务授信额度2亿元、期限1年的授信，授信资金全部到位。推进小微创业园项目建设。促进破产企业资产处置和小微园创建，按"一园二区"的布局把原凯尔泰竹业公司、原华汽公司等地块建设成小微创业园，总投资3.6亿元，其中古市小微产业园项目，至12月底实现投资1975万元。

【担保公司业务】2020年，县担保公司开展担保业务5笔，担保金额1280万元。截至12月底，承担存量担保业务6笔，担保余额1960万元。根据上级关于有效发挥政府性融资担保基金作用，支持小微企业和"三农"发展的要求，结合县域中小微企业对融资担保服务的实际需求，着手开展担保业务。

（县国投集团公司）

【城市发展投资】2020年，松阳县城市发展投资集团有限公司（以下简称"县城投公司"）以疫情防控工作为根本，重点围绕县委、县政府布置的各项重点工作、项目建设和业务经营开展工作。全年承担政府投资项目33个，其中新建项目5个（县重点项目3个）、续建项目12个（县重点项目6个）、预备项目8个、重大前期项目6个民间投资项目1个，实现投资9.37亿元。

由县城投公司负责的火车站站前大道、站前广场及其配套工程PPP项目总投资3.6亿元，于2018年8月开工建设，2020年10月正式投用。

全年建设竣工江滨路二期及地下停车场工程PPP项目、松泰家园周边道路、南城1号2号区块间道路、环城南路道路路面修复、独山脚斜坡综合治理工程等政府投资项目；完成城中村改造一期项弄区块317户选房安置工作，并交付投用。

（县城投公司）

交通发展投资

【概述】2020年，松阳县交通发展投资集团有限公司（以下简称"县交投集团公司"）有职工276人，其中副科以上领导3人，股级（中层）18人，正式国企编制68人，编外人员和派遣员工208人。截至12月底，公司总资产16.4亿元。全年实现营业收入9561.37万元，利润总额154.86万元。根据县政府第64次常务会议精神，2020年10月县交投集团公司正式收购县长运公司客运部分资产，新成立县交通运输公司。该公司以道路旅客运输为主业，经营范围包括道路货物运输、旅客运输站经营、旅游服务等业务，有经营车辆101辆，经营班线25条。10－12月，完成行车里程371.74万千米，始发站共发送旅客4.5万余人次。

松阳火车站夜景

【工程项目建设】2020年，县交投集团公司（交通发展公司）推进工程项目7个，其中新建项目3个，续建项目4个。实施项目有G235国道改建工程、城北公交首末站、松阳县玉湖村林区道路工程、仙居至庆元公路松阳县水南至枫坪段工程、丽水生态产业集聚区松阳赤寿至卯山公路主体工程、龙泉安福至松阳大东坝公路工程（松阳乌弄口至弓桥段）、黄南水库淹没公路改建工程，全年累计实现工程投资48089.4万元。

【公交与客运服务】2020年，县交投集团公司（城乡公交公司）以城市公共交通客运为主业，经营包括客运、公交、广告载体及各类包车服务业务，有运营车76辆，其中新能源电动车46辆；公交线路17条，线路总长303千米，公交停靠点490个。全年实现公交客运量94.82万人次，客运周转量805.78万人千米，公交IC卡刷卡量68.6万人次，其中公务卡刷卡量13.8万余人次，老人免乘卡刷卡量33.5万余人次，爱心卡刷卡量6.6万余人次，免费运送乘客53.9万余人次，为全县100余家企事业单位工作人员续办公交公务卡6000余张。

【公路抢险与养护】2020年，县交投集团公司（三鑫工程公司）实施农村公路大中修86千米；4米以上落差路段生命安全防护工程44千米；建设（改造）普通公路服务站5个；实施农村公路危桥改造2座；中标普通国省道养护大中修工程（G235新海线、S222龙丽线）、G235新海线(松阳境)路面应急抢修工程、松阳县国省道安全隐患整治工程、“四好农村路”大中修工程、“四好农村路”安全生命防护工程（村道）、港排线（弓桥-黄南段）应急抢修工程等项目。截至12月底，各项工程均全部完工，实现营业收入7860.42万元。

【交通设计与服务】2020年，县交投集团公司（交通勘察设计所）完成235国道松阳段施工图设计和11条农村联网公路的外业勘测和设计，总计里程12.657千米。全年实现营业收入494.87万元。

（县交投集团公司）

水务发展投资

【概况】2020年，松阳县水务发展投资集团有限公司（以下简称“县水投集团”）从业人员有162人，下辖2座水厂日供水能力10000万千克，13座电站总装机规模9150千瓦。全年实施建设项目10个，实现投资2.396亿元。其中，新开工项目5个分别为松阳县档案馆—现代农业服务中心—环境监控检测中心联合大厦、45个村农饮水供水一体化达标提标工程、古市区域供水管网改造和应急指挥调度中心工程、污水处理厂清洁排放技术改造工程PPP项目、农村供水工程信息化管理平台（一期）工程；续建项目4个分别为松阴溪干流综合治理工程、县域供水一体化管网工程、松古平原供水一体化进村主管道工程、白沙湖电站项目；前期项目1个为东坞水库二级电站迁建扩容工程。2020年，实现供水215亿立方米，发电1290万千瓦时，实现经营收入1.49亿元，资产总额17.01亿元。

【城乡供水一体化】2020年，县水投集团立足于安全供水，依托县城自来水厂，扩大供水范围，纵深推进城乡供水一体化工程。续建县域供水一体化管网工程，铺设靖居口至靖居包主管道6千米，象溪镇进村主管道13.5千米，新建3座无负压泵站，实现投资2000万元。完工松古平原供水一体化进村主管道项目，铺设管道30.4千米和新建4座加压泵站，实现投资1996万元。建成45个村农饮水供水一体化达标提标工程，增加受益1.98万余人，实现投资4000万元。截至12月底，全县城乡一体化供水总受益18.03万人，城乡一体化供水率74.8%。

【松阴溪干流综合治理】2020年，县水投集团持续开展河道治理工程。毛弄村至裕溪村段综合治理工程竣工验收，港口至毛弄村段综合治理工程主体工程完工，石门村至港口段综合治理工程实现河道整治10.6千米，界首村至石门村段综合治理工程完成河道整治8.4千米，实现投资5000万元。12月11日，松阴溪绿道全线全立交贯通。

【农村供水工程统管工作】2020年，县水投集团推进农村供水工程统管

松阴溪石门村至港口段综合治理工程县城段

工作。建成松阳县农村水质检测中心，提升全县892个农污设施及307个农饮水设施水质检测能力。推进农村供水工程信息化管理，建成一期工程43个点位，移交第三方使用，实现投资110万元。开展供水规范化创建，通过丽水市“县级统管机构和农村集中式供水工程规范化”验收。11月26日，松阳县获评省级健康浙江饮用水达标提标行动示范试点县。

【砂石料资源管理】2020年，县水投集团有序推进砂石弃料开发利用。拍卖黄南水库库区河道疏浚沙石弃料，收益2300万元。启动砂石加工业务，计划投资3300万元，在赤寿工业园区动建1个年产100000万千克标准骨料的砂石加工厂。

（县水投集团）

文化旅游发展投资

【概况】2020年，松阳县文化旅游发展投资集团有限公司（以下简称“县文旅投集团”）下辖6个子公司，分别为松阳县旅游发展有限公司、松阳县四方保安有限公司、松阳县田园乡村建设培训有限公司、松阳县档案服务有限公司、松阳县广播电视广告有限责任公司、松阳高腔传承发展有限公司，现有工作人员134人。

加大对大木山茶园、松阴溪、黄家大院和延庆寺塔等旅游景区的基础设施建设，同时增设大木山游客中心销售服务中心、延庆寺塔休闲区，青龙堰驿站投入使用；丰富景区业态，松阴溪景区打造独山驿站童乐园项目，植入乐高积木、淘气堡、梅花鹿观赏等新业态，开拓亲子游玩市场；延庆寺塔景区植入展览、增加研学交流区、梳理环境，提升景区内涵；黄家大院充分挖掘黄家大院历史文化内涵，布置展陈空间，充实黄家大院历史价值，提升黄家大院可游览性，延长游客驻足时间，植入研学课堂，开展研学实践教育；对老邮电局进行改造利用，集旅游咨询服务、休闲体验、旅游商品购物等于一体的休闲空间，并致力于把其打造成为松阳故事旗舰店。不定期开展景区亲子主题活动，如大木山茶园农耕体验活动、黄家大院风筝节、延庆寺塔爱鸟周、松阴溪烘焙DIY等活动20余场次，拓展业务范围。完成国家级全域旅游示范县创建迎检工作，对景区基础设施、标识系统、旅游产品、接待服务等各方面进行提升，配合做好高速服务区、高速口接待中心等配套工作，助力旅游发展提升。

大木山茶园农耕小学生参观体验活动

打造老城和新车站游客服务中心，推进全县域旅游示范区创建工作，发挥老城和新车站游客服务中心的旅游集散、咨询等功能，引导游客快速了解松阳当地旅游资讯。强化微信、支付宝小程序的景区介绍、自助购票、点位导航、游玩攻略、网络商城、民宿餐饮预订等功能作用，打造松阳旅游总入口。配备专门的仓库和管理人员，对所有商品实行分区分类，进行统一管理，使商品管理与配送更加有序，同时提高商品调配的速度。通过金蝶进销存系统及纸质领料单规范商品入库、调拨及出库流程，提高了库存数据准确度，减少因后期单据遗漏、错误导致查找问题困难的情况发生。统一景区商品调拨，根据各景区热销商品和产品结构，调整调拨数量，减少景区无序补货和商品过期现象的发生。

挖掘、提升、创新松阳特色乡土艺术、文化元素，以文创产品、农产品、食品为载体，设计研发“松阳故事”系列产品51款。以古村落、古建筑、历史人物等文化元素，开发设计笔记本、帆布包、茶具、积木、书签为代表的文创产品。以四都萝卜片、板桥畲茶、樟溪红糖、庄后土豆等农产品为代表，进行包装设计提升，增加农产品附加值。突出茶叶特色，充分利用茶叶元素，包装设计“松阳香茶”系列产品4款12种，开发绿茶糕、绿茶酥、抹茶流心糕、绿茶洗发露、绿茶沐浴露等茶叶特色产品。以春节、中秋等传统节日，推出松阳特色礼盒产品。

开发集团公司网站，涵盖集团公司及各子公司最新新闻动态、旗下景区介绍等模块，集中展示集团公司的经营业务及风采风貌。开发松阳文旅投智慧卡，线上线下灵活使用，注册会员可享受相应的特权，一卡畅玩松阳景区景点，在线上线下公司商城购买松阳好物。开通松阳故事抖音账号，对外讲好松阳故事，现有合作发布公司景区介绍、老城传统手工艺、助农系列等视频55个，吸引5.4万粉丝关注，获14.4万个赞。扩大微信公众号影响力，全年发布景区活动、研学系列、产品宣传等112篇文章，通过员工转发带动朋友圈关注，提高公司热度，粉丝数同比上年增长67%，阅读数17.6万余次；开设淘宝店铺，以公司+合作社途径，把更多的松阳优质农产品通过网络渠道销售到全国各地。参加上海吃货节、杭州未来生活节、义乌文博会、衢宁铁路旅游推介会等推介活动，对外展示松阳美景、美食、文创，宣传松阳独特魅力，向各地游客讲述松阳故事。

2020年，县文旅投集团受疫情影响，传统门票收入103.5万元，同比下降34%，商品收入130.2万元，远超上年同期；政务接待700余批次，9000余人次，讲解200余次。全年下辖6个子公司合计营业收入3435.7万元，同比增长20.6%。

【实施项目建设】2020年，县文旅投集团树立“项目为王”理念，紧扣品质建设、融合发展的要求，推进文旅项目建设。茶文化体验中心土建工程竣工，进入工程结算审计，对接合资公司四方股东以及后续装修事宜。大木山自然学堂项目土建竣工验收，正在结算审核中。蚕桑研学中心项目竣工验收，并移交古市镇及十五里村进行运营。大木山茶园景区景观驿站（采石矿）完成建筑主体框架。造纸工坊完成主体框架，正在进行部分屋面混凝土浇筑。老邮局改造工程竣工验收并投用。松阳县老城综合服务中心（原青田码道西路口项目）完成招投标，进入桩基施工。瓦窑农耕文化园，房屋一期修缮工程完成，二期、三期、四期修缮工程完成招标，进场施工，道路基础工程开工建设，结合区块内房屋修缮情况，正在进行部分路段管网的开挖。大木山茶园综合服务中心，不动产权证办理完毕，对接项目结算审计，完成室外景观工程二期的审计，主体工程及景观一期、茶叶博物馆装修布展正在进行结算审核。松阴溪景区综合服务中心不动产权证办理完成，进入二期项目的结算审计，一期项目结算审核正在进行，防渗墙项目完成复审。

【盘活资源行动】2020年，县文旅投集团加快完工项目的遗留问题处理，及时办理不动产权证。办理旭日酒店、大木山茶园综合服务中心、茶文化体验中心、松阴溪景区综合服务中心项目一期等5个项目的不动产权证，永丰粮库、实验幼儿园江滨分园等资产完成过户，望松粮库、望松街道办公用房、原县计生局办公用房、瓦窑头及青田码道保留房屋等不动产正在办理过户手续。

（文旅投集团　刘思捷）

县田园强村投资

【概况】2020年，松阳县田园强村投资有限公司（以下简称“县强村公司”）有编制9人。其中，总经理1人，副总经理1人，综合管理部（总经理办、办公室）2人，财务审计部2人，投资经营管理部3人（投资开发部1人，项目建设部1人、项目运营部1人）。该公司主要职能为解决“三农”问题，消除全县经济薄弱村，实现乡村振兴。2020年，围绕“消除薄弱村、振兴乡村经济”这一中心，积极履行职责，完成全年的各项工作。

【施行“飞地”项目】2020年，县强村公司实施“余姚消薄飞地产业园”项目。该项目投资为3109.547万元，其中村集体投资为2510万元，该公司投资为599.547万元。8月、11月，分别进行第二次和第三次收益分配，金额371.93万元，其中48个参股村收益267万元。开展项目招商。截至12底，松阳—余姚“消薄”飞地产业园引进2家企业入驻，为中业华威安欣（宁波）生物科技有限公司和北京万户纳美印刷有限公司。松阳—嘉兴“飞地”产业园项目。该项目位于嘉兴市经济开发区塘汇街道，用地面积3.87公顷，建筑面积6万平方米，投资概算2亿元。5月，嘉兴飞地地块摘牌，并正式取得施工许可证。截至12月中旬，1#厂房结顶，1#厂房墙砌筑完成。2#厂房结顶，2#厂房一层二层结构完成。3#厂房结顶，屋面砼浇筑完成。4#厂房结顶，一层砌墙。综合楼完成7层砼浇筑，8层钢筋绑扎。实现工程投资额12200万元，完成年度工作目标101.7%，总工程量的61%，建设进度正常。实现项目收益。第一次收益于12月初分配完成，金额273.59万余元，其中乡镇强村公司收益266.85万元，平均为每个参股村增加经营性收入2.75万元。

【光伏小康项目】县强村公司与浙江水利水电投资集团公司于2018年签订合作协议，合作开发建设光伏项目，成立浙江松阳浙源光伏发电有限公司，项目总投资1.54亿元，2019年建成并网发电。2020年8月光伏小康工程实现第一期收益分配，分配金额474.13万余元，其中分配到低收入农户资金417.97万余元，分配到52个帮扶重点村的资金为56.16万元。

【乡村振兴改革试点】2020年，县强村公司按照县委决策部署落实乡村振兴改革试点工作。实施上田村试点“原乡上田”综合体项目基本成型，120个餐位和32间客房对外营业；对花田泥农业基地的劳动生产方式进行调整，鼓励和引导村民直接参与农业生产，并在基地增加捉泥鳅、钓青蛙等体验项目，丰富试点业态；尽管上半年受新冠肺炎疫情影响，全年仍实现营业收入170余万元。蔡宅村试点与浙江讯唯电子商务有限公司开展合作，把豆腐工坊打造成传统工艺体验和研学实践教育基地，全年共有

4000余人参加80余场体验活动，实现收入20万元。山头村试点重点做好白老酒工坊的生产准备等前期工作，相继完成工坊食品生产许可证办理、白老酒生产标准制定及酿造设备调试等工作。

【斋坛乡陶窑工坊建设】2020年，县强村公司推进斋坛乡美丽乡村建设，展示当地的陶窑文化。在斋坛乡桐村村投资建立缸窑工坊，计划总用地面积3089.14平方米，总建筑面积3089.14平方米，总投资2109.2万元。主要建设项目为新建陶窑工坊展示、传承用房及配套给排水、电力电信等配套设施。于6月中旬完成图纸交底会审，6月底办理开工许可证，正式进场动建。

【东西部扶贫茶苗捐赠】2020年初，县强村公司收到四川省巴中市巴州区发改局《关于松阳县捐赠巴州区茶苗所需品种及数量分配的函》，春节复工后，该公司第一时间着手落实捐赠茶苗采购程序工作，并于2月底通过公开招标，采购茶苗540.5万株，总价值52.95万元。3月初，分两批向巴州区运送茶苗130万株。

（县强村公司）

住房保障

【概况】2020年，县住建局在推进城镇住房商品化的同时，探索推进城镇住房保障工作，通过加快保障房建设、推进住房保障受益人群扩面、强化住房保障配租和监管等措施，加大住房保障力度，保障对象包括城镇低保户、低收入、中等偏下收入、外来务工、新就业职工和引进人才家庭。建设标准化。县保障性住房项目规划选址在3个区块，分别位于县城城北、城东及城南区块，共797套，总建筑面积为5.53万平方米，总投资约1.27亿元；配租公平化，为确保保障房配租过程公平、公正、公开，保障性住房申请须经社区、街道、民政、公安、国土、建设等单位进行联合审查，最终符合交由县房管处进行统一配租管理。保障房配租抽签过程由公证处公证，并由人大、政协、新闻媒体及相关单位现场监督。加强住房保障年审工作，严格落实保障房退出机制，根据保障房资格年审结果，符合条件的租户续签合同，不再符合低收入标准的租户按要求提高租金标准，不再符合保障房条件的退租处理；管理物业化，为确保物业企业切实履行职责，在物业公司的选聘上，事前对有意向的物业公司进行调查摸底，了解其是否符合保障房物业服务企业标准。物业管理费用由县财政承担，不向住户收取物业费，县住房保障服务中心定期对物业公司管理情况进行考核。

【公租房准入管理】2020年，县住建局多举措力抓公共租赁住房保障工作。公共租赁货币补贴方面：根据上级部门对住房保障的有关工作要求，通过开展调查和多方论证，制定年度公共租赁住房货币补贴相关政策，扩大公共租赁住房货币补贴对象范围。把外来务工家庭和新就业家庭纳入货币补贴保障范围，全年享受租赁补贴60户，发放公共租赁住房补贴14.13万元。公共租赁住房实物配租方面：县公共租赁住房保障对象为县城规划区范围内的城镇低收入、中等偏下收入住房困难家庭、新就业职工和外来务工人员。2017年底，全县建成的797套公租房全部面向社会公开配租，后续对公租房重点工作是加强日常维护、租房资格年审等监管。2020年，抓好住房保障年审工作，落实保障房退出机制，根据保障房资格年审结果，符合条件的租户续签合同，对不再符合低收入标准的租户按要求提高租金标准，对不再符合保障房条件的作退租处理。加强保障房小区的管理，组织工作人员到保障房进行检查，开展小区环境整治。

【高层次人才住房保障】2020年，松阳县人才公寓位于水南保障房小区，共54套，户型面积约60平方米，二居室，简装修。人才公寓保障对象为从县外引进到县属机关、企事业单位第四至第五类高层次人才，以及经县委人才工作领导小组办公室研究审定的从事高新技术研究、科学成果转化的高层次人才或专家等。县人才公寓配租2期5户，因工作调动等原因退租23户。截至年底，实际居住38户，空人才公寓16套。人才公寓实行动态管理，由县住建局按照保障性住房进行统一管理，落实每年资格年审，同时做好小区日常公用设施维护、环卫保洁等物业管理工作。

（县住建局）

公积金管理

【概况】2020年，丽水市住房公积金管理中心松阳分中心（以下简称“公积金松阳分中心”）单位开户增加33家，实缴单位440家；职工开户增加1075人，实缴职工13890人，净增实缴人数522人；缴存住房公积金3.51亿元，累计缴存总额25.60亿元；提取住房公积金3.02亿元，累计提取总额16.94亿元；发放个人住房贷款340笔1.19亿元，累计发放个人住房贷款7505笔16.72亿元，贷款余额8.74亿元；实现增值收益1636.47万元，个人住房贷款余额占缴存余额的101.04%，贷款逾期率为零。2020年，获丽水市住房公积金管理中心管理目标考核二等奖。

【公积金事项办理“最多跑一次”】2020年，公积金松阳分中心推出“五

2020 年 6 月 1 日，公积金松阳分中心到松溪新语花苑开展“主动送政策、送服务上门”活动

跑”服务模式，为群众提供优质的办事体验。简政服务“一窗跑”。完善窗口岗位人员管理制度，提升综合窗口工作人员全业务能力，在“资料齐全、符合法定规范”的前提下，办理住房公积金业务实现“一站式”100%。联动服务“数据跑”，深化个人住房公积金贷款“一件事”办理，申请者只需一次预签材料即可办理好公积金贷款、不动产抵押登记等事项。开通约定提取住房公积金服务，一次签约无需再跑，为公积金偿还商业按揭贷款的缴存职工带来便利。快捷服务“就近跑”，打造延伸服务网点建设，在县建行的基础上，增加县农行、县工行、县中行等延伸服务点，打造“就近办便民服务圈”。创新服务“不用跑”，推进“互联网+公积金”服务，缴存单位网厅签约率 70%（其中行政事业单位网厅签约率 99%），“机关内部一件事”改革迭代升级，实现“单位业务零上门”。推进政务服务 2.0 工作，100%事项实现网上办、掌上办，缴存职工“掌上办”公积金成为常态，同时线上线下办事渠道全面接入“好差评”系统，职工满意度、幸福感更高。特色服务“我来跑”，结合“三服务”活动，施行上门服务、专场服务、延时服务、双休日预约服务、“代跑”服务等，上门为缴存单位办理开户手续、到医院为产妇开展上门服务，推动“最多跑一次”改革在住房公积金领域显特色、见成效、出经验。

【住房公积金内部控制与管理】2020 年，公积金松阳分中心严格执行丽水市住房公积金管委会的各项决议，完善“三重一大”决策管理、大额资金存放、划转、调剂管理等制度，坚持以制度促规范，以规范促落实。完善资金绩效管理，谨慎合理安排资金使用，实行资金竞争性存放机制。4 月，委托县财政局公开招投标 2020 年资金竞争性存放 7000 万元；建立“贷前严审、贷中规范、贷后跟进”的风险管理机制，落实贷款逾期催收制度，1 例逾期贷款案件通过法院司法网拍于 7 月结清贷款，贷款逾期率连续 21 年保持为零；定期开展内部稽核，配合外部审计与监管，主动防范资金风险。12 月，成立工作专班对 600 余笔缴存、贷款、提取业务及岗位操作权限、密码使用等进行排查，未发现异常不合规情况；坚持“一查、二问、三核实”的原则，严查住房公积金骗提骗贷行为。坚持从严治党抓作风。落实全面从严治党主体责任，深化意识形态工作，推进干部担当作为和清廉机关建设，查找廉政风险点，制订权力事项登记表、权力运行流程图表和防控措施，提高风险防控水平；定期开展内部稽核，配合外部审计与监管，深化运用监督执纪“四种形态”，构架科学严密的日常管理监督体系，营造风清气正的政治生态。

【住房公积金缴存管理】2020 年，公积金松阳分中心围绕工作重点，严格规范公积金缴存业务。提升住房公积金制度落实，在疫情防控特殊时期推出“大解读、大培训、大服务、大融合”四大宣传活动，利用《新松阳》报、微信公众号、大型户外墙体广告、公交车体广告等拓宽宣传渠道，提升公积金政策“宣传员”、业务“服务员”、工作“联络员”队伍宣传成效。落实双贯标工作，开展个人信息补录，对长期封存个人账户进行清理，完善住房公积金账户管理。推进单位网上办事大厅、“机关内部一件事”改革，推动缴存单位业务零上门。严格按照丽水市公积金中心要求，在疫情防控期间实施住房公积金阶段性支持政策，通过扩大住房公积金缴存比例浮动区间、住房公积金缓缴、加大贷款发放力度等简政提速服务，助力企业复工复产。

（公积金松阳分中心）

烟草专卖

【概况】2020 年，松阳县烟草专卖局（分公司）（以下简称“县烟草公司”）销售卷烟 9710 箱，同比增长 4.21%；重点品牌销量 7590 箱，同比增长 5.85%；建成现代（合作）终端 393 户，超过全市平均水平；“香溢通”使用覆盖面 28.75%，排名丽水市第一名；累计发展“香溢家”会员 34557 人；“香溢坊”活动参与率 85%；非烟交易额全市占比排名第三，开通客户人均订单数排名第二，复购率排名第一。

组织召开党组会议，专题研究党建工作 28 次，其中研究党风廉政建设工作15次、研究意识形态工作5次、研究党支部工作2次、研究群团工作3次；开展政绩观专题教育，抓实新时代干部职工爱国主义教育，主动探索“4+”学习新模式，举办第三届“知行杯”理论知识竞赛；推进党支部标准化规范化建设，落实“三会一课”、民主评议党员、谈心谈话、党费收缴等制度，转接退休党员组织关系，党总支获全县疫情防控先进基层党组织；制止餐饮浪费行为，组织干部职工集体签订“光盘行动”承诺书，发放“厉行勤俭节约，反对餐饮浪费”倡议书，营造勤俭节约风尚潮。探索推进现代企业管理工具建成体系、发挥作用、完善提高，全省分层分类对标综合评价首次进入小组前六名；发掘和培养优秀人才，全面升级人才队伍的能力和质量，17名职工纳入全市人才库，参与全市工作室、数据分析小组活动。《印章使用线上审批工具开发》项目获丽水烟草第十届QC成果发布三等奖；1人参与全省营销技能竞赛，专卖技能竞赛参赛4人均进入全市前20名，1人进入全市前10名；《浅谈县级局如何打好新进大学生“保卫战”》论文获全省系统2020年度思想政治工作研究成果一等奖；专卖管理所和专卖稽查中队分获第三季度标杆专卖所、标杆稽查大（中）队称号；助力全省烟草专卖商业工作会议H5制作、两项试点工作“一图两书”设计等。

【烟草专卖监管】2020年，县烟草公司共查处各类涉烟违法案件108起，同比增长33.33%，查获违法卷烟3042件，市场净化率99.63%；查获违法违规大户案件18起，责令停业整顿5户，取消经营资格2户，大户取缔率位居全市第一。侦办的“8·07”特大非法经营卷烟案，是浙江省历年查获的首起个案实物案值超千万元特大非法运销假烟案件，也是浙江省历史以来内陆仓库查获假烟实物最多的一起案件。推进政务服务2.0平台事项接入，重点加强办事指南维护、“好差评”主动评价引导，提升政务服务效能；聚焦许可证后续监管，全面落实省局零售许可证后续监管专项治理工作方案，优化零售许可资源配置，规范卷烟市场经营秩序，下发内管联系单50份，对68户零售户作出批评教育或降级降档等处理；有序推进中小学周边卷烟零售户清理和整顿工作，实现中小学周边卷烟零售店清零；执法案卷质量位居全市前列。通过明察暗访与联合检查，对重点区域、重点户、可疑户进行调查摸底，会同县纪委、县市场监管局、县公安局、县税务局、县商务局等有关部门，就“烟票”“天价烟”问题，牵头开展专项监督检查3次，并通过粘贴标语、面对面宣传等方式向零售户开展相关政策宣传，共同构建“亲”“清”政商关系。

【规范内部治理】2020年，县烟草公司组织全体干部职工参加《中华人民共和国民法典》等专题培训，学习《浙江省烟草专卖商业系统第三轮政治巡察发现问题题库及典型案例集》等反面案例，以钉钉线上语音宣讲的形式向全员推送民间借贷等《风险提示与警示教育》10期，组织签订丽水烟草干部职工“敬畏法纪，拒绝酒驾”承诺书60份，开展专项督查2次；重点关注防范和整治基层“微腐败”，组织专卖执法人员集体签署执行“六个严禁”“八条禁令”明示承诺书，填写问题对照自查表，组织参观廉政教育基地，持续加强新形势下专卖队伍建设，并以此辐射带动基层职工树牢廉洁从业意识。聚焦推进问题整改，全面落实政治生态突出问题全面整改及上年度省局党组第一巡察组反馈问题、市局党组第一轮巡察反馈问题整改落实情况“回头看”；抓好市局党组新一轮巡察反馈的6大方面、23个整改任务、82项具体问题及经济责任审计反馈的4大方面、7项具体问题整改，做到有漏必补、有错必改、全面整改。聚焦监督执纪落地见效，完善“三级联动”督查体系建设，针对17个事项开展职能督查70次、专项督查4次、专题汇报2次；开展系统性廉洁风险防控，全年共辨识、跟踪廉政风险点75个；采取日常检查、重点抽查、明察暗访等形式加强监督，共开展正风肃纪检查12次；组织各层级开展廉政谈话59人次；运用“第一种形态”处理26人次，为干部职工拧紧责任“发条”。

【宣传活动】2020年，县烟草公司开展法制宣传现场咨询活动，在县市政广场设置宣传摊、发放宣传资料、解答法律咨询等专业法的宣传，并以此为契机，吸引粉丝关注丽水专卖打假打私公众号，提升“互联网+专卖”监管模式影响力。组织员工参与全县干部（职工）学法用法建档考试，促使全体干部（职工）深入学习和掌握履行职责所需的法律知识，牢固树立法治观念，从而达到以考促学，提高法治化管理水平的目的。加强对零售户的法制宣传教育，发放专卖法律法规资料，引导零售户规范经营；利用零售户微信群、钉钉群、自律小组等线上资源，做好法律法规线上宣传，进一步规范卷烟零售市场。紧贴内部规范，审核合同9份，涉及金额59.93万元，规范性文件合法性审查2次，开展执法检查3次，出具审查意见110份，着力提升依法治企规范化水平。

（县烟草局）

生态环境保护

【概况】2020年，松阳县深入贯彻“绿水青山就是金山银山”战略指导思想，坚持高质量绿色发展，全力打好治水、治气、净土、清废污染防治攻坚战，保护和优化生态资源，加快生态创建，在成功创建国家生态县和省级生态文明建设示范县的基础上，启动国家生态文明建设示范县创建。按要求做好中央、省级环保督察整改工作，加强环境监管与风险防控，全年未发生突发环境事件。2020 年 PM2.5 浓度为 21 微克/立方米，浙江省排名上升第 7 名，较 2019 年下降 5 微克/立方米，降幅达 19.2%，高于全市平均降幅 8 个百分点，降幅居全市第一位，空气优良率首次 100%，同比上升 0.5%，升幅居全市第二位。

【大气污染防治】2020 年，丽水市生态环境局松阳分局（以下简称“县生态环境局”）推广清洁能源，加快实施太阳能光伏发电，推进天然气管道“县县通”工程建设。控制重点区域煤炭消费总量，加强燃煤锅炉综合整治，全面实施 35 蒸吨/小时以下高污染燃料“五炉”淘汰。开展锅炉综合整治提升，改造燃气锅炉低氮 11 台、工业炉窑综合治理 2 台、VOCs 源头替代治理 2 家、工业臭气异味治理项目 3 个。不锈钢行业退火油烟治理初见成效，出台《松阳县老旧营运车辆提前淘汰补助实施细则》，淘汰国三及以下的营运重型集装箱牵引车和危货运输柴油车辆 118 辆。

严禁燃放烟花爆竹，2020 年禁燃面积扩大至整个松古平原。环境监测数据显示，自 2019 年以来连续 2 年春节期间县城空气质量均达到优良等次。抓秸秆禁烧和综合利用，修订完善《松阳县秸秆禁烧与综合利用工作方案》《松阳县秸秆与综合利用禁烧工作考核办法》，将秸秆焚烧和综合利用纳入乡镇考核，秸秆综合利用率 95%。建立联合专项巡查工作机制，加强执法巡查，开展秸秆禁烧巡查和秸秆禁烧烟雾检测系统实现实时监测，精准发现并扑灭火点。处理火点 2355 个，立案查处焚烧秸秆案件 77 起，处罚 69 人。加强移动污染源管理，建成机动车尾气遥感监测系统，实时监测尾气中的烟度、一氧化碳、二氧化碳、碳氢化合物、氮氧化物等指标，打击机动车尾气超标排放行为。

【水污染防治】2020 年，县生态环境局稳步建设全域“污水零直排区”。持续实施截污纳管、黑臭水体治理、水源地保护、农业农村面源治理、排放口整治和生态配水与修复等治污工程，开展生态缓冲拦截区试点项目建设。改建污水管网 16.1 千米，实现年度目标 197%。实行农村生活污水处理设施标准化运维 47 个，开工提升改造项目 151 个。有序推进垃圾填埋场地下水污染阻控工程及县城污水处理厂清洁排放提标改造项目，实施“千吨万人”（即日供水量大于 1000 吨或供水人口大于 1 万人）及乡镇集中式饮用水水源保护区的“划、立、治”。建成城镇生活小区 2 个、“污水零直排区”3 个镇（街道）。绿色打造标杆园区，实施新星、绿洁、环洁三大污水处理厂提标改造，启动园区地下水调查评估以及地下水污染防治工程。推进清洁生产，改造合成革企业清洁生产 5 家，整治“低散乱”企业（作坊）49 家，其中改造提升 32 家，关停淘汰 16 家，合理转移 1 家。加强园区雨水、污水、废水泵站的检修和维护。全面推进工业园区“污水零直排区”建设，并通过省级验收；成功申报“2020 年度工业与信息化重点领域提升中工业节能和绿色制造试点”。实施“美丽河湖”建设，开展河湖现状情况调查，在全市率先完成水域调查工作。投资 567 万元推进省级民生实事项目庄门源综合治理提升工程建设，成功创建省级美丽河湖。开展河湖“清四乱”整治，整改率 100%。综合治理松阴溪港口至毛弄段中小河流 4 千米，治理率 133%。开展十三都源整治疏浚，绿植面积 2200 平方米。增殖放流鱼苗 620 万尾，创建水产健康养殖示范场 4 家，实现年度目标 100%。

【土壤污染防治】2020 年，县生态环境局推进农业对标欧盟，肥药双控标准。开展农药化肥减量行动，推进绿色防控与统防统治融合发展，完善农药包装物回收机制，推广测土配方施肥 4.03 万公顷次，应用商品有机肥 1300 万千克，绿肥种植面积 1333.33 公顷，应用配方肥 750 万千克，实现化肥减量 205 万千克。建成零化学农药示范点 2 个，回收农药废弃包装物 5.78 万千克，农药减量 4.2 万千克。推进氮磷生态拦截沟建设，减少农业面源污染物排放。推广垃圾分类，建成省级高标准生活垃圾分类示范小区 2 个。全县生活垃圾处置量为 6074.2 万千克，同比下降 0.8%，无害化处理率 100%；回收利用城镇生活垃圾 501.5 万千克，回收率达 45.8%。规范餐厨垃圾处置，实施统一收运，由丽水餐厨废弃物处置中心进行规范处置。安全处置工业固废，印发《松阳县“无废城市”建设工作实施方案》《松阳县土壤污染防治 2020 年工作计划》。与 10 家重点监管单位签订土壤污染责任书，并实行重点行业企业用地土壤污染状况调查。实施危废动态清零，规范处置危险废物 4000 万千克。建成丽水市工业污泥处置项目、松阳启诚新型环保材料有限公司协同处置项目，提升县域危险废物和一般工业固废处置能力。

【生态建设】2020 年，松阳县启动美丽城镇建设。制定《松阳县美丽城镇建设行动方案》《松阳县美丽城镇建设实施方案（2020—2022 年）》，分类分批推进 17 个小城镇美丽城镇建设，明确“五美”建设任务，建立乡镇美丽城镇建设项目库，计划建设项目 310 个，项目投资额 17.8 亿元，其中 2020 年启动建设项目 272 个，实现投资 5.78 亿元。大东坝镇获美丽城镇建设省级样板乡镇，象溪镇、三都乡获美丽城镇建设基本达标乡镇。保护生物多样性，疫情防控期间，出台《关于切实加强陆生野生动物疫源疫病监测防控工作的紧急通知》，在全县范围内停止所有活禽交易和野生动物交易，分类处置全县在养野生动物13家，移交农业农村部门管理9家，退出补偿4家。加强对辖区候鸟等野生动物主要分布区、越冬地、繁殖地、迁飞停歇地、迁飞通道等地野外巡护和安全防控宣传，共派出140个检查组710人次，检查各类场所970个，巡护重点区域1.5万个，巡护里程3.6万千米。开展珍稀濒危植物苗木野外回归试验，先后在林村林场马鞍山林区、沿背林区和湖溪林场万寿山林区回归国家一级保护珍稀濒危植物伯乐树246株，国家二级保护珍稀濒危植物长序榆2000株，省重点保护珍稀濒危植物景宁木兰1100株。

【生态环保督察迎检工作】2020年，县生态环境局制订《松阳县迎接第二轮中央生态环境保护督察协调保障工作方案》，成立以县委书记和县长为双组长的领导小组，设立工作协调联络组，下设专项工作组6个，实行集中办公。全县先后召开会议8次，部署推进迎检工作，开展全面自查自纠10余轮。第二轮中央生态环境保护督察，全县共收到交办件12件，数量较第一轮下降29.4%。全部交办件由县领导领办，多部门协同推进整改落实。截至年底，整改3件，整改逾期4件，其余5件有序推进。

【污染物排放与减排】2020年，县生态环境局核定2019年度削减化学需氧量8.09%，减排33.7万千克；氨氮削减5.4%，减排2.3万千克；二氧化硫削减1.2%，减排2.9万千克；氮氧化物削减3.9%，减排6万千克，四项污染物均完成年度目标任务。

【环境监测】2020年，县生态环境局系统开展县域水生态体检，摸清水系水质情况。对12个县控以上地表水断面，以及41个主要河道、主要支流和城区内河的水质进行系统监测，实施对全县县控以上重点污染源开展监督性监测，共实现污染源监测任务27家（次）。开展地下水预警监测，提供有效监测数据1775个，监测数据显示，监控区域的地下水水质呈持续变好的趋势。做好污染纠纷仲裁监测以及应急事故监测，获得环境执法提供监测数据920个。

【环境应急与执法监管】2020年，县生态环境局规范整治砂石料开采和加工，出台《松阳县进一步加强砂石资源管理的实施意见》《松阳县制砂场整治提升指导意见》《松阳县砂石资源运输管理单使用管理规定》等规范性文件，成立工作领导小组、专项办公室。启动砂石料加工行业“雷霆整治”专项行动，关停占用农用地的砂石加工场10余家，立案查处4件，拟改造提升过渡期加工场13家。加强矿山生态环境保护治理，创建绿色矿山8家。开展森林资源专项整治，查处破坏森林、野生动物、非法占用林地等涉林案件69件，其中森林公安立案查处41件，涉刑6件，罚款30.78万余元。查处一起全省野生动物公益诉讼赔偿金额最大的“破坏野生动物资源”案件，赔偿金额126.3万元，发出全省首张野生动物经营从业禁止令。开展生态环境隐患大排查和全县企业生态环境排查整治专项行动，共查处环境违法案件数11件，处罚款129.8万元。

【生态体制改革】2020年，县生态环境局加强红线保护，发布实施“三线一单”管控方案，制定全县生态保护红线及生态分区管控、环境质量底线及环境分区管控、资源利用上线及自然资源开发分区管控，明确环境综合管控单元、生态环境准入清单。优化《畜禽养殖禁养区划分方案》，依法科学划定畜禽养殖禁养区。全面推进一证式管理，按照“核发一个行业、清理一个行业、规范一个行业、达标一个行业”的原则，通过线上咨询、上门服务、集中培训等措施，全面核发排污许可证，核发登记单位1364家。简化审批程序，落实全流程网办，审批项目35个，环境影响登记表备案58个，零土地技改备案2个，区域环评降级备案4个，网上办理率100%。

（县生态环境局）

2020年3月11日，市生态环境局松阳分局监测站工作人员开展生活污水采样

教育　科学技术

石仓契约博物馆

教 育

【概况】2020年，松阳县有高中3所（普高2所，职高1所），初中4所，小学19所（集团学校2所），九年一贯制学校1所（民办汇文中小学），特殊教育学校1所（松阳县培智学校），幼儿园共48所（公办幼儿园21所，民办幼儿园27所），社区学院1所，区域成技校4所。全县共有在校生30964人，其中高中5107人（普高2921人，职高2186人）、初中6900人、小学12092人、培智学校55人、幼儿园 6810人。全县在编在职教职工2096人，拥有省级特级教师2人，省市县教坛新秀525人，市县学科带头人56人，市县名师118人。

2020年，全县办学条件进一步改善，队伍建设进一步加强，各类教育协调发展，教学质量成绩喜人，亮点纷呈。教育现代化发展水平监测连续两年居全市第一名；教育专项考核获省级优秀，系全市唯一；2020年教育满意度测评获丽水市第一名，教育生态监测排名前列；松阳县教育局（以下简称“县教育局”）获市级平安金鼎工作“突出贡献集体奖”。

【疫情防控工作】2020年，全县教育系统1100余名党员助力社区防疫，成立“爱心妈妈”团队服务一线抗疫职工子女。复工专班组及时解决复工困难，实现重点项目全县首批复工。4月13日，起组织分批开学，组建5个开学复课督查小组，深入学校，深入一线督查指导。历时一个多月全县学校、幼儿园、培训机构全部开学。开学复课后，坚持采集师生员工每日健康信息，掌握全体师生每日“健康打卡”情况和“健康码”状态，开展学生心理健康“五个一”活动，有效保障师生健康和校园稳定，实现全年教学计划目标。全县3.3万余名师生实现零感染。

【教师队伍建设】2020年，县教育局把教师队伍、校长队伍、班主任队伍、名师队伍、教研员队伍“五支队伍”放在心上，抓在手里。坚持把师德师风放在首位，健全师德建设长效落实机制，提升教师政治素质和职业道德。完善人才培养和引进制度，是年通过绿色通道引进教师15人，公开招聘中小学幼儿园新教师29人，定向委培教师11人。32人被确认为市教坛新苗德育新苗，15人被确认为市教坛新秀德育新秀，14人被确认为市教学能手德育能手。加大教师交流力度，合理配置资源，实现县域内跨校竞聘23人。探索“优绩优酬”体制机制，打破平均主义奖金分配制度，以实绩论英雄，以贡献论英雄，干事创业氛围逐步浓厚。修订职称评聘制度，大幅度削减与教育无关的各类活动获奖加分，明确论文及课题的有效性，办好教师关心的“关键小事”。

【教育基建项目】2020年，全县教育系统新建、续建及改扩建项目共22个，实现固定资产投资2.8亿元。有序推进职业中专迁建工程、丽水学院松阳校区工程建设，启动育英小学项目立项、征迁等前期工作。建成幼儿园项目2个，新增幼儿园学位450个；下拨250万元专项资金用于22所学校添置补充音美专用教室教学仪器设备；分期分批推进中小学校舍扩容改造，投入839万元资金用于松阳一中、民族中学等13所学校的暑期校舍维修；大力推进智慧教育，投入640万元用于全县32间中小学新型教学空间建设，为促进技术与教学深度融合打下良好的基础。

【省市县民生实事】2020年，县教育局开展教育惠民展示新形象，实现省市县三大民生实事。省民生实事新建老年大学（学堂）1所，于9月挂牌并投用。市民生实事幼儿园放学后校内托管服务，做到四个100%，实现有放学后刚性托管需求的幼儿园全覆盖，178人次享受到放学后园内托管服务。县民生实事推行儿童青少年近视防控，全县19所学校329间教室照明标准化提升工程全部竣工投用。

【立德树人教育】2020年，县教育局推进学校、家庭、社会“三位一体”合力育人机制。坚持“五育”并举，全面发展素质教育，着力培养担当民族复兴大任的时代新人。深化特色学校创建工作，全县共创建国家级特色学校10所。其中，全国国防教育特色学校4所，全国足球特色学校4所、全国攀岩特色学校1所，全国中华吟诵特色学校1所。开展劳动教育，创建劳动教育项目试点学校省级4所，市级5所。做实做精当地校本德育课程，推进“田园教育”县域德育品牌创建。松阳一中的《从“和己”出发，以“和合”育人》被教育部评为首批“一校一案”德育工作典型案例，系全省十席、全市唯一。在多部门的合力支持下，启动全县中小学每周一国旗下宣誓活动，被浙江松阳新闻客户端宣传，阅读量达35万+次。在第五届全省学生“学宪法讲宪法”活动中，松阳一中学生获演讲比赛一等奖，松阳三中学生获知识竞赛一等奖。在浙江省中职教师职业素养大赛“德育成长导师项目”比赛中，职业中专教师获一等奖。

【学前教育】2020年，县教育局落实《松阳县发展学前教育第三轮行动计划》，推进集团化办园工作。出台《松阳县多法人组合式学前教育集团实施方案》，充分发挥优质园的辐射带动作用，以松阳县实验幼儿园、松阳县第二实验幼儿园、松阳县古市幼儿园为龙头园，与15个乡镇幼儿园组建3个多法人组合式学前教育集团。等级幼儿园比例为100%，其中一二级幼儿园覆盖面为67.15%，持相应教师资格证的专任教师比例100%。

【义务教育】2020年，县教育局开展联盟学校教学质量交流座谈会、教研活动研讨会，通过网络观课评课、互动交流、评课实现了数据对接和教研活动共享。松阳县中考优秀率排名全市第三名，平均分和关注率排名第四名。

【普通高中教育】2020年，松阳县高考纯文化普通一段上线人数首破200人大关，为217人，上线率为22.1%，这一数据实现5年连续增长，突破全省平均水平；一段线（含体艺类）录取307人；普通高中本科上线率64.7%，高考上线率98.7%；职业高中234人参加高考，98.29%上线。其中，叶张骞被清华大学录取，李媛被中国人民大学录取，12人被浙江大学等高校录取。

【中等职业技术教育】2020年，县教育局探索“中高职一体化、中本一体化”招生人才培养模式，完成率95.8%。单考单招和中高职一体化上线人数401人，创历史新高。全县有80.5%以上的高中毕业生接受高等教育。3月，浙江茶业学院松阳分院落户职业中专，挂牌成立，更深层次契合区域经济发展。职业中专“松古茶道”“优秀毕业生典型”2大项目入选省级中职教育质量提升行动计划。职业中专成立共建共享实训基地3个，产教融合品牌2个，与江南科技（松阳）有限公司共建“丽水市企业学校”。

【中等幼师专业教育】2020年，丽水学院幼儿师范学院（丽水中等专业学校）占地面积7.33公顷，建筑面积4万余平方米，图书馆藏书9万余册，教育、教学和生活设施完备。学校现有教职工在编118人，其中专任教师99人。教师中有副高以上职称54人；具有硕士研究生学历（或硕士学位）的教师68人，博士2人，在读博士生25人。增加学科带头人3人，市（市直）新秀新苗新增6人。教师队伍的学历、职称、年龄结构合理。学校本部在校生1114人，生源分布包括丽水、温州、金华、衢州、台州等市。学校还分别在龙泉市中等职业学校、缙云县工艺美术学校、青田县职业技术学校、丽水市职业高级中学以及温州、台州、金华等地设有教学点。坚持立德树人根本任务，人才培养质量不断提升。学校学前教育专业入选浙江省高水平专业建设（A类）项目。3项教育教学成果分获丽水市职业教育一等奖，高等教育一、二等奖。优雅女子塑造工程获浙江省“中职教育质量提升行动计划”德育品牌建设项目立项。学前教育专业获丽水市中职特色优势专业建设项目。学校获丽水市首批艺术教育实验学校称号。全年有学生类获奖国家级2个，省级133个，市级77个。其中，声乐节目《红墙叹》《卷珠帘》和舞蹈节目《纸扇书生》代表丽水学院参加2020年浙江省大学生艺术节，分别获一、二等奖。《中国教育报》、中工网、省职成高教网、《丽水日报》等媒体相继报道学校的办学成果。2019届毕业生380人，教师资格证通过率93.7%，就业率96.05%，专升本录取9人，升学率2.4%，考取各地教育局正式编制56人，占比14.74%。增强科学研究意识，实现南大核心期刊CSSCI发表论文4篇，北大中文核心期刊1篇。省哲社重点课题立项1项，省教育科学规划结题1项。市级课题结题12项，优秀成果获奖6项，市级重点课题立项1项。教材出版1部，实用新型专利1项。发挥地方文化传承、弘扬作用，获评浙江省社科联测评的“理论研究优秀单位”。提升社会服务能力。依托“丽水市师资培训中心”平台，开展各类教师教育培训。师训平台全年立项29个，开班项目17个，新增浙师大幼教集团国际部、金华市实验幼儿园等4所师训校外培训基地。加强与高校和社会培训机构合作，为学生提供“学历+X证书”的多种提升途径。主动和地方对接，开发培训新项目。首次承办由松阳县农业农村局委托的松阳县职业技能培训（实用人才—农作物防治工培训）。全年培训3644人。参与地方的礼仪、文旅等文化服务，助力地方文化建设。深入推进和谐学校创建，加大依法治校力度。2020年，学校获“丽水市依法治校示范校”称号。推进“平安校园”建设，学校获评省健康促进铜牌学校。学校群团工作扎实有效。教工趣味运动会、师生远足、社团之夜等校园文化活动丰富多彩，营造有温度、有温情、有温暖、有温馨的校园文化氛围。

【教育改革】2020年，县教育局推进“公民同招”，首次网上报名、首次电脑派位、首次数据共享全部平稳落地。制定《松阳县教育局关于进一步组建松阳县实验小学集团学校的实施方案》，实验小学集团学校阳溪校区于7月23日揭牌，实现区域内优质资源共享。想方设法应对学前教育入园高峰，采取增加班额、设立教学班、适当分流等举措，完成适龄幼儿入园工作。深化“最多跑一次”改革，义务教育入学、学前教育入园实现线上办理，群众办理入学更便捷。

（县教育局　叶扬舟）

科　技

【概况】2020年，松阳县科技局（以下简称“县科技局”）是县域科技工作主管部门，内设办公室、综合科、下设县科技信息中心、县科技发展服务中心，该局机关行政编制5人，事业编制8人，其中班子成员3人（局长1人、副局长2人）。根据《松阳县人民政府办公室关于补齐科技该创新短板的若干意见》（松政办发〔2017〕204号文件），全年兑现奖补资金616.95万元。发放创新券103.36万元，使用创新券67.39万元。助企服务员走访企业 50 家次，帮助解决问题 17 件。2020 年，全县完成高新技术产业增加值 12.52 亿元，占规上工业增加值比重 47.7%，比上年 43.7%提升 4 个百分点。全县高新技术产业投资 2.8 亿元。全县规上企业研发费用支出 3.44 亿元，同比增幅 24.8%，排名全市各县市第一名（莲都区除外）。

【科技创新体系建设】2020 年，松阳县茶产业创新服务综合体列入省级创建名单。浙南茶叶市场有限公司运营的“浙江浙南茶叶市场电子商务中心”列入省级众创空间。协助丽水农林科学院完成松阳农业（茶）科技园区的申报。申报并获批省科技型中小企业 17 家，分别为巨特钢业有限公司、松阳宏泰不锈钢有限公司、松阳县浩宇茶叶机械有限公司、松阳县绿云峰茶业有限公司、松阳县水墨石仓农产品有限公司、松阳县鑫久不锈钢有限公司、松阳县雪峰云尖茶业有限公司、松阳县振跃茶叶机械有限公司、浙江宏盛特钢有限公司、浙江厚岸科技发展有限公司、浙江万寿建筑工业科技有限公司、浙江鑫通达特钢制造有限公司、浙江亿脉不锈钢有限公司、浙江以诺电气有限公司、浙江宏海钢管制造有限公司、浙江浙铜五星金属材料有限公司、松阳县吉强机车配件有限公司。申报国家高新技术企业 11 家（含重新认定 5 家），获批省级企业研究院 1 家，浙江省隆达不锈钢新材料研究院。获批省高新技术企业研发中心 2 家，云中马新材料省级高新技术企业研究开发中心、鹏业不锈钢新材料省级高新技术企业研究开发中心。

【科技人才】2020 年，县科技局科技推进招商引才工作。通过走出去，请进来，大力推介松阳县的引资、引才优惠政策，邀请上海高端企业到松阳考察。协助上海高端智能制造企业——上海和伍物联网系统有限公司总经理高层次人才李进春申报 2020 年绿谷精英创业人才。开展绿谷精英 550 计划申报。共申报推荐创业项目 6 个、创新人才项目 1 个。通过市级评审，有 5 个项目入选。

【科技计划项目】2020 年，浙江康恩贝中药有限公司的“中药材鱼腥草山区高效种植研究推广及全产业链建设”项目获浙江省 26 县绿色发展重大科技专项立项支持，获首期省补经费 65 万元。国家知识产权局发布第二十一届中国专利奖授予“浙江康恩贝中药有限公司‘一种复方鱼腥草合剂及其制备方法’中国专利优秀奖”（国知发运字〔2020〕28 号）。推荐浙江正德和食品有限公司与中华全国供销合作总社杭州茶叶研究院合作申报“茶在肉制品加工中应用关键共性技术研发与示范”项目 2021 年省 26 县绿色发展专项，参加省竞评。协助企业对到期的 2017 年、2018 年度省 26 县专项“浙西南山区超微绿茶粉安全优质加工关键技术集成研究与示范”“废活性炭再生生产线提升及其废气净化关键技术研究与示范”通过省级验收。推荐《耳尖放血在妊娠期高血压疾病中的应用研究》《医学影像科设备使用和维护中管理措施的应用研究》《细胞 DNA 倍体分析技术提高宫颈癌诊断准确率的临床评估》《神经内镜下经额微通道治疗基底节区高血压脑出血的临床研究》《基于实地调研与文献研究的松阳民间传统饮品端午茶疗效与安全性评价》5 个项目纳入年度市级类公益项目。

松阳上上德胜集团绿谷精英创业人才季学文创建的“智能工厂”项目通过验收

【科技交流与合作】2020 年，县科技局与上海松江区科委签订科技合作协议，党组书记、局长何开健先后多次带队到上海与上海大专院校科研院所洽谈，促进松阳企业与上海科研院所的合作。上海中医药大学中药学院教授李医明及其团队克服新冠疫情造成的不利影响，如期推进新型茶爽糖（枇杷味）的研发工作，指导浙江茗阳茶业生物科技有限公司先后完成 2 批产品的中试工作。浙江康恩贝中药有限公司与华东理工大学合作的“常春藤口服液”研究开发活动也未受新冠疫情影响停止，华东理工大学派驻研究人员协助进行了常春藤口服液制剂的中试放大研究，处方研究及其稳定性考察等研究内容。浙江康恩贝中药有限公司公司还与上海医药工业研究所联系，开展常春藤提取物的动物模型试验，进入抗炎、止咳祛痰等相关研究。该局与余姚市科技局签订 2020 年科技合作协议，年初从余姚市引种优质高产蟠桃项目，在松阳樟溪乡中草药基地空间种

2020 年 10 月 25 日，松阳县科技特派员座谈会

植蟠桃，建立示范基地 3.33 公顷，每公顷可产生纯利 15 万元，其解决了中草药基地前期收益成效不明显、土地利用率不高等问题。

【科技特派员工作】2020 年，县科技局推进科技特派员工作有序。实现全县乡镇（街道）的省市科技特派员全覆盖。引进 2 支专业科技特派员团队入驻松阳，即茶叶病虫绿色防控及污染物阻控团队（茶产业服务团队）和松阳甲鱼（中华鳖）产业振兴服务团队。在松阳茶产业、花鳖产业领域展开对接服务。实现《板桥畲族乡特色红茶产品研发和畲药种植研究》《鲜食加工两用型番薯新品种的引进筛选及示范推广》《中华蜜蜂标准化养殖技术示范与推广》《山区溪流水光唇鱼养殖模式研究与示范》等 17 个省第十四批个人科技特派员项目合同书的签订工作。举办松阳县首届人才科技周之省科技特派员主题服务活动，通过科技特派员专版展板、电视新闻等形式宣传科技特派员工作，让广大农户更了解科技特派员的作用。

【防震减灾】2020 年，县科技局与松阳县华数广电有限公司合作，于 3 月、7 月分别开展《浙江省防震减灾条例》《中华人民共和国防震减灾法》图文频道播放宣传。通过与《新松阳》合作，利用传统报纸形式，向全县公众，尤其是老年群体科普防震减灾小常识。结合“全国科普日”“国家宪法日”等活动，在县级层面允许聚集的情况下摆摊设点，发放宣传小礼品，宣传折页。利用移动 E 管家平台，在“5・12”等重点时段发布防震减灾宣传标语，全年发布防震减灾标语 13 条，受众 6 万人次。9 月，邀请市局专家到松阳县第五中学开展防震减灾千场科普讲座，普及该校初一新生 180 人。开展建设工程地震安全监管检查工作方案填报，协助市局开展行政执法 2 次。开展地震台美化绿化工作 3 次，安排台站专人值守，保障数正常传输。

（县科技局）

气象事业

【概况】2020 年，松阳县年平均气温偏高，降水量比常年偏多，日照时数比常年偏少。冬季前期持续少雨天气，入秋以来的气象干旱进一步加剧，冷空气强度总体偏弱，2 月中旬出现大范围的寒潮天气过程，季后期气温快速回升，入春时间相比常年显著提早；春季气温偏高但起伏明显，降水总体接近常年，但时空分布不均匀，进入降水集中期时间明显偏早，首场暴雨强度强、范围大；夏季入梅早、出梅迟，降水集中期持续时间长、暴雨强度强，出梅后局地暴雨、雷雨大风等强天气强度强，时间集中，高温日数偏多，强度较强，部分时段出现连续高温天气；秋季冷空气活动频繁，入秋早，季前期降水明显偏多，暴雨范围广、强度强，部分地方出现较明显的秋汛，日照异常偏少，季后期降水偏少较明显，部分时段出现连晴天气。

2020 年，松阳县天气气候事件：年均气温居历年第二高。全年除 4 月、7 月、9 月和 10 月外，其余月份月平均气温均较常年偏高，年平均气温为 19.1℃，较常年偏高 0.6℃，与 1998 年持平，为历年第 2 高。日照显著偏少。全年平均日照时数为 1402.3 小时，较常年偏少 87.5 小时，为历年第七少。各月来看，1 月、2 月、4 月、5 月、8 月和 11 月偏多，其他各月均偏少，其中 9 月平均月日照时数为历年最少，12 月平均月日照时数为历年第二少。暖冬明显，经历有气象记录以来最暖冬季。全年冬季（2019 年 12 月至 2020 年 2 月）全县平均气温为 9.9℃，较常年偏高 1.4℃，为有气象记录以来第三暖。其中，2019 年 12 月全县平均气温较常年偏高 0.1℃；2020 年 1 月全县平均气温较常年偏高 0.2℃；2 月全县平均气温较常年偏高 3.4℃。寒潮过程多、范围大，岁末年初出现大范围严寒天气。全年共有 4 次寒潮天气过程，分别出现在 2 月 14—17 日、3 月 26—29 日、12 月 13—15 日和 12 月 29—31 日。其中，2 月 14—17 日出现寒潮天气；12 月 29—31 日出现强寒潮天气，而且 31 日和 1 日气温低，大部分地方出现严寒天气，1 日城区的最低气温降到－5.6℃，山区降到－7～－8℃，有严重冰冻。3 月局地暴雨过程多，月底出现春汛。2020年3月共有6次局地暴雨过程，分别出现在8日、9日、22日、27日、28日和31日。其中，以28日的过程暴雨范围最大、强度最强。28日受西南暖湿气流和强冷空气共同影响，出现大范围的大到暴雨天气过程。其中，27日傍晚到夜里全县普降大到暴雨。27日15时至28日8时全县面雨量65.0毫米，城区65.4毫米，最大竹源乡96.3毫米，大东坝镇82.6毫米，南坑源村、箬寮82.3毫米，其余48~78毫米。受大范围的暴雨影响，春汛突现。入梅早、出梅迟，降水集中期持续时间长、暴雨强度强。于5月29日进入梅汛期降水集中期，7月18日出梅，历时50天。梅汛期降水集中期不仅持续时间长，而且部分过程暴雨强度强，给影响地区造成较明显的洪涝灾害。其中，受梅雨带影响，6月4日8时到5日8时全县普降大雨部分暴雨，平均面雨量42.8毫米，其中城区56.6毫米，有7个气象站点雨量超过50毫米，最大竹源乡63.4毫米、庄后村62.9毫米、水南街道61.6毫米；受梅雨带影响，6月29日20时至30日20时，全县有一次明显的降水过程，普降暴雨，局部大暴雨，平均面雨量81.4毫米，城区94.4毫米，有3个站点累计雨量超100毫米，最大为象溪镇坑里村106.2毫米、象溪镇南坑源村104.7毫米、象溪镇103.1毫米，其余站点60.2~98.0毫米。梅中有伏，6月全县月平均气温为历年第二高。2020年6月月平均气温为26.8℃，较常年偏高1.4℃，为历年第2高。特别是中旬气温异常偏高，为历年最高。入秋伴随大范围暴雨过程，出现明显的秋汛。受较强冷空气影响，9月18日开始全县气温明显下降并持续走低，于18日入秋，入秋时间较历年明显偏早。其中，19—20日出现大范围的暴雨大暴雨天气。9月18日20时至9月20日17时全县平均雨量153.7毫米，城区181.0毫米，有34个站点累计雨量超100毫米，1个站累计雨量超200毫米，排名前三分别为竹源乡233.8毫米、洋坑村191.3毫米、坑里村184.4毫米，其余站点在96.3~181.0毫米。此次暴雨过程范围广、累计雨量大，出现较明显的秋汛。秋冬季降水显著偏少，气象干旱范围大、持续时间长。2020年10—12月全县降水持续偏少。平均降水量60.1毫米，较常年同期（195.1毫米）偏少近7成为历年第3少。10月6—16日、10月23日至11月19日和11月25日至12月13日出现长时间的连晴少雨天气。受降水明显偏少和长时间的连晴少雨天气影响，大部分地方出现较明显的气象干旱。直到12月中旬中后期受强冷空气影响，气温大幅下降，并出现较明显的雨雪天气过程，特别是山区的积雪和冰冻天气有效地缓和了秋季以来的气象干旱。

【气候要素】2020年，松阳县年平均气温为19.1℃。年极端最低气温为负4.0℃，出现在12月31日；年极端最高气温为39.8℃，出现在8月14日。年总降水量为1640.4毫米。年内日降雨量最大出现在9月19日，其值为155.2毫米。全年降水日数为148天。年总日照时数为1402.3小时。春季终霜期出现在2月19日，秋冬季初霜期出现在11月22日。全年无霜期日数为315天。

【公共气象服务】2020年，县气象局面对异常天气，加强业务学习，做好值班值守，严密监测天气形势，科学预测天气发展及其影响态势，及时向县委县政府及相关部门提供气象决策服务，同时向公众加密发布各类预警信息，全方位做好各类灾害性天气的预报服务工作。全力做好各种灾害性天气过程、重要季节（春运期、梅汛期）、关键时段（森林火险高发期）、节假日和中考、松阳茶叶节等重要活动的预报预警工作，为防灾减灾和各项生产活动的开展提供气象保障，并及时发布各类天气的预警信息。在春茶的低温期、汛期、森林火险高发期以及重要的节假日与县应急管理局、县自然资源和规划局、县水利局、县农业农村局等部门开展联合会商。全年共向政府和相关部门发送“气象信息报告”51期、“专项气象服务”22期、“专题报告”1期。向县领导、相关单位负责人、气象信息员、协理员、网格员、基层防汛防台体系责任人、农业种养大户等发布“紧急异常天气”服务短信120条，接收46万余人次。对公众发布地质灾害气象风险黄色预警12次、地质灾害气象风险橙色预警2次、山洪灾害气象风险蓝色预警2次、山洪灾害气象风险黄色预警9次、暴雨橙色预警信号2次、暴雨黄色预警信号17次、暴雨蓝色预警信号4次、雷电黄色预警信号9次、寒潮蓝色预警信号3次、寒潮黄色预警信号1次、高温橙色预警信号6次、道路结冰黄色预警信号2次、低温橙色预警信号2次、大风黄色预警信号1次。

【农业气象服务行动】2020年，县气象局开展春季农业生产气象服务保障工作，印发《松阳县气象局2020年农业气象服务周年方案》。针对12月寒潮天气，与县农业部门联合发布《农业气象灾害监测预警》。截至12月底，与县茶办联合会商6次，发布服务短信2.5万条。继续与松阳电视台联合制作的“一周气象专题”节目。为缓解部分茶叶、蔬菜等缺水受旱情况，县人工影响天气工作领导小组办公室分别于1月11日上午、11月23日下午，在东坞水库作业点开展人工增雨。暖云增雨作业项目通过县财政项目申报审批，获县财政拨款资金80万元。12月14日，在三都乡紫草村、新兴镇庄后村、安民乡李坑村实施暖云烟炉作业，使用烟条11根。

【生态气象服务保障能力提升】2020年，县气象局围绕乡村振兴气象保

县气象局工作人员到汇文小学开展“气象课堂”实践活动

障，以“中国天然氧吧”为契机，谋划推动“气象+生态”融合发展。推广避暑生态，助推旅游发展。开展箬寮景区“避暑指数”预报，服务箬寮避暑胜地。7—9月，箬寮景区共接待游客2.23万人次，较上年增加1.01万人次，其中8月接待游客9000余人，避暑生态游推广初显成效。助力当地产业，实现提质升级。加强市县合作，在四都乡开展日出日落、赏雪指数、雨凇指数、观星指数等预报，把气象元素融入民宿、餐饮、乡村观光等旅游资源的融合，促成当地丰富气候景观资源转化为旅游资源，使得旅游体验多元化，实现当地产业的提质升级。普及气象知识，共助研学旅游。该局被授予“气象科普教育基地”，正式纳入松阳县青少年研学路线。制作青少年研学手册，观测仪器使用原理二维码等学习材料投用。全年接待实验小学、汇文小学、汇文中学和民族中学共1200余名师生研学。建成古市小学校园气象站，参与指导松阳气象·二十四节气馆布展和大毛砚背观星博物馆建设。

【气象防灾减灾体系建设】2020年，县气象局新建区域站8个，升级10个4要素区域站为6要素区域站，地面自动气象站平均站间距5.79千米，通过增设区域自动气象站进一步提升气象监测能力，完善和优化全县气象灾害监测站网布局，更好地满足气象服务需求。落实“五水共治”项目资金185.5万元，拟新建区域自动气象站17个。开展部门合作，与县应急管理局、县水利局、县农业农村局建立全方位的合作机制和定期会晤机制，开展联合会商16次、联合调研3次。指导乡镇（街道）开展气象防灾减灾工作、采取多种措施提高“智慧气象”活跃度和天气、灾情上报率，修订《松阳县气象灾害应急预案》。完成全县19个新创气象防灾减灾标准化村（社区）材料上报，并通过市局初审。

【气象社会管理】2020年，县气象局推进“互联网+监管”工作，“互联网+监管”检查户数100%、双随机检查事项覆盖率100%，完成各项考核指标。联合县文广旅游体育局开展国家AAAA级景区防雷安全检查，并对双童山景区下达防雷安全隐患整改通知书；联合县应急管理局对县域加油站开展防雷安全检查；协助园区管委会开展遗留项目完善防雷设施。

【气象科普宣传】2020年，县气象局抓住“3·23”世界气象日、全国“安全生产月”、“5·12”防灾减灾日等契机，开展宣传气象防灾减灾科普宣传活动。联合县应急管理局、县水利局对全县各乡镇（街道）分管领导、气象协理员、水利员进行汛前培训；到古市中学进行气象科普宣传和科普宣传资料捐赠；联合县人防办、县消防救援大队、县交警大队、县应急管理局等部门开展防灾宣传。

【开展“三服务”活动】2020年，县气象局开展“三服务”活动。重点针对春茶采摘期，主动与县茶办对接，联合发布茶产业应对新型冠状病毒性肺炎疫情技术4项措施；到四都乡调研，了解“云系列”民宿气象服务需求，为GEP向GDP价值转换提供气象数据支撑；到赤寿乡开展结对帮扶工作，帮助农户解读具体扶贫政策；指导浙江能源集团在松阳投资建设的3个综合能源站和3个天然气场站完成防雷装置竣工验收工作，指导园区上上德胜集团、古市建材经营部等待办证不动产完成防雷装置整改工作。

【疫情防控工作】2020年，县气象局党员带头参加社区临时支部疫情防控执勤，3月3日起，全局人员参与，每天安排人员到卡口24小时执勤。利用气象电子显示屏、微博等滚动播放防控宣传标语，共发布疫情防控信息467条。倡议全局干部职工参与捐款，捐款3100元，另捐赠县域卡点580元物资。

【党风廉政建设】2020年，县气象局组织召开党风廉政专题会4次。修订《党组工作规则》《松阳县气象局三重一大集体决策事项》，制订《2020年度松阳县气象局党组成员全面从严治党责任清单》，强化履行全面从严治党主体责任和监督责任，及时上报《重大事项报告》《松阳局重要事项月报表》。落实中央八项规定精神。加强节假日、汛期应急值班及日常等监督检查，把党风廉政建设与日常业务工作相融合，主要领导和分管领导不做甩手掌柜。强化党内监督，主动参与重大项目招投标、验收等重点工作的监督，严格工作程序。开展违反中央八项规定问题通报等警示教育，把开展警示教育和典型案例学习作为重点任务和经常性工作。驰而不息抓作风建设。对法定假日期间车辆专项督查、工作纪律检查、安全生产等方面做作专门部署。开展上下班纪律、会议纪律检查等工作，实施月考核。其中，专项检查4次，作风纪律检查5次。

（县气象局）

社会科学研究

【概况】2020年，松阳县社会科学界联合会（以下简称“县社科联”）设主席1人，专职副主席1人，挂职副主席1人，兼职副主席2人，秘书长1人。现有松阳县教育学会、田园文化研究工作者协会等所属社团39个，社科普及基地27家，包括赤寿乡界首村省级基地、县博物馆、县图书馆、县文化馆、寺岭下村文化礼堂、县地情资料馆、青少年活动中心等7家市级基地，县地震台科普展示馆、礼仪与口才协会、豆腐工坊等20家县级基地。县社科联围绕全县中心工作，夯实各项机制，聚焦社科普及，施行品牌打造，取得较好成绩，2020年被评为浙江省市县社科联测评优秀单位。

【课题规划与管理】2020年，县社科联围绕县委现代化“田园松阳”战略目标和县域经济社会文化发展的重大理论和现实问题，组织开展课题申报立项及第六次社会科学优秀论文评选工作，评选出优秀论文8篇，14个立项课题被评为优秀课题，形成各方积极申报、共谋现代化田园松阳建设的浓厚氛围。

【社会科学人才培养】2020年，县社科联根据《松阳县社科联深化改革方案》，起草《关于加强松阳新型智库建设的实施办法》和《关于新时代加快推进哲学社会科学发展的实施意见》，组建县社科人才库，建设“社科专家宣讲团”队伍，指导志愿者协会、礼仪与口才等协会开展《习近平谈治国理政》第三卷朗读及“用声音汇聚力量——云上社科”讲述民俗故事等活动，并在“丽水社科发布”“松轩茶语”等微信公众号上推出。培养一批优秀的社科宣讲员，发挥社科人才在社科理论研究、社科普及宣传方面的作用。

【社科成果】2020年，县社科联联合田园文化研究工作者协会开展松阳历史文化、“浙西南革命精神”等方面的系统研究，开展对当地历史文化、红色革命史料的收集和研究分析，汇编完善浙西南故事集。完成《松阳英烈传》《烽火松阳》等“浙西南革命精神”丛书及《田园文化丛书》第五辑编撰工作。

【社科活动】2020年，县社科联助力疫情防控工作，指导下辖学会（协会、研究会）、社科普及基地助力抗疫。县礼仪与口才协会开展“用声音传递力量，献给一线的抗疫英雄”朗读活动，县图书馆等社科普及基地开展线上数字阅读等。组织开展“市民讲堂暨田园文化大讲堂——古城故事会”系列专题讲座，邀请研究松阳历史文化的专家学者为主讲人，以松阳人讲松阳自己的故事为活动主线和基调，共推出线上讲座12期。联合县图书馆、县非遗馆等单位开设文化大讲堂11期，包含《礼仪逻辑与人文素养》《浙西南革命精神解读》《四季养生》《走进大学》等各类人文教育主题。打造“非遗+”学堂品牌，邀请非遗传承人、本土专家授课，讲授松阳非遗文化，展示非遗项目，探索文旅融合的有效途径。《江南秘境 古色松阳》讲座视频在浙江公共新闻频道《文化浙江大讲堂》栏目刊播。举办第五批社科普及基地创建评选，评定王景纪念馆、云上平田农耕博物馆等8家县级社科普及教育基地。联合县教育局、县文联开展弘扬践行“浙西南革命精神——红色文化进校园”活动，向全县中小学生及广大干部群众发放《红色浙西南》连环画10000余册。举办“对标重要窗口，助推全面小康”为主题的社科普及周活动。组织开展“民俗文化”图片展进农村文化礼堂、志愿者服务礼仪培训等活动。

（县社科联　蔡绚）

文体　旅游

双童山景区

公共文化

【概况】2020年，松阳县文化广电旅游体育局（以下简称“县文广旅体局”）统筹城乡公共文化服务网络建设，实现公共文化设施全覆盖，推动公共文化资源共建共享。组建成立松阳高腔传承发展中心，大东坝镇被评为省文化强镇，赤寿乡界首村被评为省文化示范村；完成全国第五次文化馆评估定级工作；在大东坝镇建设图书分馆及文化馆分馆。与浙江婺剧艺术研究院联合打造的松阳高腔折子戏《琴诗祭忠烈》《元宵闹婚》《古井捞钗》等作品参加2020浙江省传统戏曲演出季松阳高腔专场。开展文化基因解码工程，开展3个重点文化基因解码工作。启动原创现代戏曲（松阳高腔）电视剧《红色浙西南》拍摄。“松阳高腔传承保护实践团”入选2020年“浙江省文化和旅游创新团队”。松阳成为省级文化传承生态保护区创建单位，《箬寮风雷》登陆北京保利云剧院平台，鸣珂里文化民宿获“浙江非遗特色民宿”。松阳县博物馆《这里是我们的家》临时展览获第十四届全省博物馆陈列展览优秀奖。

【群众文化】2020年，县文广旅体局免费开放活动室，预约2000余次，参与活动18000余人次，举办16个培训班，培训7600余人次。举行“2020首届中国不锈钢管高峰论坛”开幕式暖场节目，松阳县创建“大花园”行动暨第13届“田园松阳”农民文化节等各类大型文艺活动10场次，观看演出70000余人次；举办展览6次，观看展览11800余人次。开展送戏下乡135场次。指导出版全县文艺骨干创作文艺作品37件，多篇作品被浙江省音乐家协会、丽水市文联、丽水市文化馆录用发布。歌曲《致敬钟南山》被《文化月刊》报道。歌曲《黄泥墙》获2020“歌颂新时代”全省歌词大赛金奖；《七月的第一个早晨》《中华之家》和《浙江 我为你歌唱》三首歌词在省级刊物《花港词刊》第三期发表；选送选手陈雨茜到宁波参加全省“新松”计划器乐大赛获三等奖；入围2020年浙江省第十九届音乐新作演唱大赛，2019浙江省新人新作大赛，歌曲《为美丽浙江歌唱》获入围奖、市级银奖；小品《代价》获丽水市第五届原创戏剧小品大赛创作金奖、表演金奖。通过公众号发布送戏下乡，民俗节庆和文化走亲活动预告，浏览28953人次。开设“直播入口”，把农民文化节的2场活动通过直播的方式呈现，浏览量6万次。推出线上培训课程。开设“圆梦四季”云课堂茶艺欣赏和艺术普及系列课程；开设“文化慕课”板块供公众免费学习，助力全民艺术普及。

【文化交流】2020年，县文广旅体局与上海市松江区、嘉兴市平湖市，云和县，景宁县，龙泉市，莲都区、临海市、长兴县和余姚市等地开展文化走亲交流活动17场。其中，走进来7次，走出去10次。

【传统文化保护】2020年，县文广旅体局推进全县非物质文化遗产保护工作，完善县级非遗代表性传承人认定与管理制度，根据国家级、省级非遗代表性传承人认定和管理办法，制定《松阳县县级非物质文化遗产传承人认定和管理办法》；召开传承人座谈会，明确非遗保护工作思路，部署传承人传承保护相关工作；建立国家级传承人考核机制，实行动态管理。梳理非遗名录、代表性传承人、传承基地相关内容。重点对2018年、2019年中央专项资金开展自评复评工作，评估资金的绩效利用。开展非遗活态保护利用。探索新形势下的文旅融合发展，推动非遗融入现代生活。开展以线上为主的“文化和自然遗产日”活动；引导传承人群，创作抗疫作品，如松阳豺虎画传承人郑王义，创作多幅抗疫作品，麦秆扇传承人何香兰编制抗疫作品；推进非遗传承人群复工复产，搭建平台，转变销售模式，助力线上销售。开展省级文化传承生态保护区工作。根据《浙江省文化和旅游厅关于开展省级文化传承生态保护区申报工作的通知》精神，着眼于松阳发展现状，编制《松阳县田园康养文化传承生态保护区规划纲要》，推进实施健康中国战略和松阳山区国际化发展的落地，至12月底，入围17个创建地区之一。

【博物馆】2020年，松阳县博物馆不断提升公共文化服务水平，举办润物锡（细）无声——传统锡器匠艺文化展、“初心的力量”书画展、烽火浙西南等临时展览、流动展览等活动14场，送文博知识进学校、社区、部门等流动博物馆活动8场，开展中秋节古典簪饰制作活动、陶艺DIY、线装书等点单式体验活动5次，累计服

博物馆点单式体验活动——中秋节古典簪饰制作活动

务群众10万余人次。发挥社会教育功能，深化馆校合作机制，打造博物馆社会教育特色品牌。被授牌成为“红领巾学院博育分院”，接待学生参观和开展学习实践活动6场2000人次；送文博知识进阳溪小学、赤寿小学、安民小学等流动博物馆活动4次。创新全县域生态博物馆“建、管、用”长效机制，推进生态博物馆后期活化利用与产业融合发展。茶叶博物馆、红糖工坊、契约博物馆、王景纪念馆、白老酒工坊、蚕文化馆、航运博物馆等19处示范项目建成并投用，被住建部推荐申报第十二届迪拜国际可持续发展最佳范例奖。开展生态博物馆建、管、用机制课题研究，为全省生态博物馆建设贡献“松阳模式”。生态博物馆课题《创新建管用机制 助力乡村振兴——松阳建设全县域生态博物馆群的实践与探索》被评选为“全省文化和旅游系统2020年度优秀调研报告”。

【文物保护】2020年，县文广旅体局加强文物保护修缮及展示利用，推进文物保护工作。整治国保延庆寺塔塔院环境，修整周边道路，启动落实第八批国保詹宝兄弟进士牌坊“四有”工作。修缮省保安岱后红军主会场、红军食堂、红军桥3处省保单位，推进石仓乡土建筑之后宅依仁堂、后宅报德堂、七村怀德堂、七村敦睦堂，青云塔、西三蔡氏民居修缮工程。完成何联奎、西三蔡氏民居、青云塔等省保单位的四有档案工作编制工作。公布第六批县级文物保护单位25处151点位。传承弘扬红色文化，推进革命文物保护利用。申报国家专债1500万元，于6月10日召开全县红色革命文物项目讨论会，确定各乡镇年度实施项目清单23个子项目。完成所有子项目方案设计并报请县发改局初设立项；实施安岱后村红军食堂、红军主会场、红军桥等修缮、保养工程；完成枫坪小吉会议旧址布展、松阳县弘扬践行“浙西南革命精神”红色氛围营造雕塑展，安岱后村红军主会场展览和斗潭革命纪念馆提升设计展正在布展中。举办松阳县青年古建工匠手艺传承班、古建木作技艺实训班和松阳县文物保护从业人员（领队）培训，提升古建工匠队伍素质。

【公共图书馆】2020年，县文广旅体局按照“五化”目标要求，以深化“最多跑一次”改革为引领，加强公共图书馆服务体系建设，打造便利化、智慧化、人性化、特色化、规范化的图书馆，提升读者满意度和获得感。获“魅力声音、抗击疫情，我们在行动”浙江省少儿音频大赛（金丽衢赛区）优秀组织奖，以及由中国图书馆学会阅读推广委员会主办的“方言·图书馆”创意短视频展示活动最佳组织奖，“松阳早安朗读”获浙江省社科普及创新示范推介项目提名，“线下闭馆防疫情，线上服务不打烊”等特色工作被《中国文化报》《文旅中国》《浙江文化和旅游》等主流媒体报道。

根据《浙江省公共图书馆服务大提升行动方案（2020—2022年）》，结合群众实际需求，对现有图书馆（包括少儿室、卫生间、走廊等）进行局部提升改造，关心关爱老年人、残疾人、少儿等特殊群体，设立母婴室、盲道、无障碍厕所、盲人阅览区，提供行李寄存、雨伞、轮椅，购置1台自动体外除颤器和2台图书杀菌机，规范并完善馆内各类标识标牌，为读者提供一个温暖愉悦的阅读环境和活动场所。在提升基础设施建设的同时拓展服务外延，为读者提供丰富、优质的图书馆服务。举办“阅读暖童心、书香伴成长‘六一’儿童节”系列活动、“绿书签”文化关爱进校园、关爱留守儿童公益活动、古城故事会、中秋诗会、“古诗里的松阳”、阅读马拉松等100场活动。结合馆藏实际和读者需求，购置各类图书，并根据群众需求为乡镇分馆、农家书屋、图书流通点配送图书，满足基层读者的多元化阅读需求，全年送书下乡11515册。结合“不忘初心、牢记使命”主题教育、打造“中医药复兴地”等全县重点工作，开展地方文献收藏整理工作，设立“习总书记书单”“少儿红色经典书籍推荐”“中医药”等系列专柜，提升群众查阅图书的精准性。结合文化基因解码工程，推出“方言图书馆”，以“看、说、唱”等形式，重点对松阳古诗词、松阳童谣、松阳茶叶、松阳古法造纸技艺等地方文化资源进行挖掘利用，举办“古诗里的松阳”“古城故事会”“文化探秘”等活动，编制《松阳方言童谣》传唱手册。结合社会教育功能，推出“流动图书馆”，探索“图书馆+研学”模式，培养一批地方文化的青少年群体。举办“诗意松阳·四季学堂”流动图书馆进校园主题活动（包括春天里的第一只纸鸢，夏天里的第一把纸扇、秋天里的第一枚书签、冬天里的第一盏纸灯），“我是小小茶艺师”“我是小小传承人”，主题展览进校园、进文化礼堂等活动。结合大众朗读，推出“有声图书馆”，以“声阅读”助推“深阅读”，累计早安朗读191周，推出线上有声阅读12期。建有松阳高腔特色数据库，设有超星移动图书馆，利用微信公众号平台，提升服务功能，实现自助查询、借阅等功能，推出超星读书、读联体等阅读平台，为读者提供便捷丰富的数字资源。以信用为依托，免除读者证和借书押金，推出信用免证免押注册服务。结合拯救老屋行动和乡村振兴发展战略，把公共文化服务与老屋活化利用进行融合，在全精品民宿、旅游驿站建成“圆梦书屋”22家。

（县文广旅体局）

文学艺术

【概况】2020年，松阳县文学艺术界联合会（简称“县文联”）是松阳县委、县政府领导下的群众性文艺团体机关，是党和政府联系文艺家的桥梁和纽带，是全县文艺家协会的联合组织。有参公编制3人，主席1人、副主席1人、普通公务员1人、抽调1人（副秘书长1人）；文联委员22人；直属艺术家协会11个，协会会员736人，其中市级会员94人，省级会员51人，国家级会员20人。主办季刊《松阳文艺》并开设有同名微信公众平台，创办“文艺之家”创作室和县美术家协会工作室。召开五届三次全委会审议通过《松阳县文联第五届三次全委会关于充分发挥各协会（研究会）党员先锋模范作用，争做德艺双馨文艺铁军的决定》。2020年通过文联主席政协提案呼吁，出台《松阳县文艺人才和文艺创作奖励扶持办法》。开展乡镇文联改革试点工作，继在革命老区安民乡、枫坪乡建立文联，在古市镇建立乡镇文联，指导乡镇成立红色宣讲协会、书画协会、音乐舞蹈协会、民间文艺协会和传统工匠协会等协会。

【文艺交流活动】2020年1月3日，浙江省文联书记陈瑶到松阳力溪等地调研。3月2日开始，采取网络培训的方式进行“田园松阳·书法人才”第四期公益培训，受到广大书法爱好者的好评。5月31日，浙江画院到松阳采风。7月17－18日，丽水市影视骨干人才培训班在松阳举行。9月21－25日，松阳县文学艺术界联合会在浙江旅游职业学院举办2020年文联系统干部培训班，文联下属各文艺家协会（研究会）负责人、乡镇文联负责人、有关单位负责文化和文艺工作人员、文联机关全体干部40余人参加。10月24日，“秘境江南古韵茶香”雅集启动仪式及活动在松阳“三庙”文化交流中心举行。

【举办各类展演赛】2020年，县文联先后举办新湖杯“古韵茶香·田园松阳”全国摄影大展、首届影像中国·云端高端论坛交流会、老街影展、垃圾分类连环画主题创作。3月，举办2020年网络茶叶节诗歌大赛和海报设计大赛等。5月，联合相关单位举办“绿色松阳”创建国家森林城市主题摄影大赛、“最美绿道”大花园建设主题摄影大赛。6月，开展“中国梦·劳动美”全县职工摄影、书法、美术视觉艺术展征稿活动。8月，举办松阳县“五水共治”美丽河湖摄影大赛；与松阳县创想艺术家工作室举行“田园松阳·水墨石仓”写意当代联盟油画名家写生和展览活动。“七一”联合县委组织部在市政广场举办“初心的力量”书画展。9月，举办“秀山丽水、田园松阳”丽水市首届书法篆刻临摹展。国庆节期间，为县委大楼文化机关建设创作布展书画、为火车站贵宾室进行国画创作和布展。10月底，举办第二届连环画艺术节暨《张玉娘》连环画首发仪式。11月，开展“田园松阳”书法讲座，邀请市书协主席邹建利教授主讲《书法创作的行与势》；联合望松街道举办“2020浙江省国际美术交流协会走进丽水（松阳）文化扶贫”活动；配合全县茶商大会等大型活动艺术氛围营造，现场开展布置书画、摄影作品展览、书画创作等。

【文艺创作活动】2020年，县文联与上海图连文化传播有限公司合作，以企业投资的方式，邀请知名连环画画家，出版了当地原创连环画《张玉娘》《叶法善》《垃圾分类小侦探》连环画，创作并制作松阳文艺志愿者之歌《一路同行》。为抢救散落民间即将失传的松阳高腔经典唱段，组织开展演唱和谱曲工作，编印《松阳高腔经典唱段荟萃》。筹备创作连环画《霭溪支部》，献礼中国共产党成立100周年。面对突如其来的新冠肺炎疫情，全县文艺工作者抗击疫情，“艺”无反顾，创作诗歌、书画、歌曲、曲艺、连环画、摄影等各类文艺作品750余件，编发《松阳文艺》微信公众号防疫专辑21期，编印《松阳文艺》季刊4期，其中抗疫专辑1期。疫情防控期间，县书法家协会为结对帮扶村叶村乡河头村书写抗疫宣传标语，全村张贴，用文艺的力量助力抗疫工作。县音乐家协会充分发挥自身专业优势，创作创编各类抗疫音乐作品，如《致敬钟南山》《有你在我不怕》《当疫情袭来的时候》等，在各类平台和微信公众号上发布鼓舞人心。2月10日，力溪连环画艺术馆组织签约画家，用连环画的形式讲述抗疫故事，与上海美术家协会连环画艺术委员会联合出品抗击新冠肺炎连环画故事连载，并开通网上阅读空间。

【文艺志愿者服务惠民活动】2020年，县文联推进文艺志愿服务工作。持续多年坚持春节前到农村免费为村民写春联、送书画和拍全家福。充分利用好文艺志愿者队伍，整合和合理配置各类文艺资源，从实际出发，不断丰富文艺志愿服务内容和形式。1月10日，市文联送文化下基层巡回演出在斋坛乡斋坛村及叶村乡河头村演出并开展“书法进万家 全民奔小康”主题送对联活动。舞台艺术门类协会分别到各乡村指导春晚节目，活跃乡村文化氛围和提高春晚节目质量。根据前期调研，因地制宜成立艺术村打造工作、地方文化挖掘工作、舞台艺术辅导工作3个助力农民增收工作专班。同时，县书法家协会、美术家协会的文艺志愿者为河头村开展“清廉村居建设”书画创作志愿服务活动，营造清廉村居的浓厚氛围。与河头村的联合党日活动，获“三敢三比”大比拼活动二季度基层党组织“十佳主题党日”称号。

（县文联）

旅 游

【概况】2020年，因新型冠状病毒疫情影响，文旅行业受到较大冲击，为应对现实影响，县文广旅体局聚焦工作要点难点，以改革创新为抓手，推进文旅产业深度融合、文旅消费提质升级。推进国家全域旅游示范区建设，创成国家全域旅游示范区（全市唯一），获评省文化和旅游产业融合发展十佳县；大东坝茶排村获评全国乡村旅游重点村；双童山景区获评国家AAAA级旅游景区；松阳隐巷艺术酒店管理有限公司获评国家三星级旅游饭店。

【旅游经济运行】2020年，松阳县实现旅游收入53.67亿元，同比恢复97.4%。县内出台疗休养、党建活动、“探秘松阳 清凉一夏”活动等系列奖励政策，旅行社地接量逆势增长。全县10家旅行社共接待国内游客35.94万人次，同比增长49.03%。其中，以假日旅游有限公司累计接待国内游客10.64万人次，同比增长185.9%。全县6家星级饭店营业收入4566.9万元，恢复至上年同期的84.1%；平均床位出租率41.3%；天元国际酒店床位出租率58.41%。非星住宿设施平均床位出租率54.28%，恢复至上年同期的86.12%；其中松泰酒店床位出租率68.27%。全县纳入统计的重点景区接待人次396.67万人次，恢复至上年同期的63.74%。其中，双童山景区新推出飞天魔毯、凌玻微步玻璃桥、双童问天玻璃悬廊等项目，全年营业收入突破1000万元，营收位列各景区首位。

【A级景区建设】2020年，县文广旅体局推进国家级A级旅游景区创建，全县共有国家级A级旅游景区10家，双童山景区创成国家AAAA级旅游景区。推进“百千万”工程，松阳县城创成省级AAA级景区城，四都乡创成省级AAAA级景区乡，新兴镇、象溪镇、大东坝镇创成省级AAAA景区镇，三都乡、安民乡创成省级AAA级景区乡，创成28家省级A级景区村庄（新增25家，提升3家），其中三都乡上田村、新兴镇横溪村、叶村乡横坑村3个村庄创成省级 AAA级景区村。

【创省级旅游风情小镇】截至2020年底，松阳县共有省级旅游风情小镇2个，分别为西屏街道（松阳老城）和四都乡，大东坝镇和象溪镇被列入创建培育单位。大东坝镇白丰民宿综合体项目建设完工；小后畲大乐之野高端民宿综合体项目签订框架协议，并完成一期房屋租赁；蜂巢营地旅游综合体项目通过项目方案审查和用地红线报批；加快山头村酒文化特色民宿综合体、横樟中医康养综合体等文旅项目前期；推进石仓片区传统村落文化保护、客家文化为代表民俗文化传承发展、虎山坝红色资源保护利用等文化传承工程建设。

【旅游基础设施建设】2020年，县文广旅体局深入开展旅游“厕所革命”，新建改建旅游厕所10座，增加评定国家A级旅游厕所8座。深化区域导视系统建设，安装全域旅游全景手绘地图，推广使用首款城市字体“汉仪松阳体”，建成四都乡、三都乡区域导视系统。

【旅游推介和市场营销】2020年，县文广旅体局开展“FM93百城局长带你游浙江”等8场直播活动，进行“云游松阳”线上营销，点击量和直播量4300万次；依托“春光计划”，整合景区、酒店、民宿等旅游资源，发放游消费券500余万元，推出夜房及景区（点）门票体验券，为湖北一线抗疫医护人员送上社会温暖“礼包”。开展“探秘松阳 清凉一夏”活动，发放旅游企业活动奖励金额96.25万元，激活文旅市场，促进疫情后文旅市场恢复。巩固“江浙沪”地区文旅市场，开发衢宁铁路沿线客源市场，举办2020杭州（国际）未来生活节“预见未来乡村田园梦”、江苏推广周、“四县联动”“百县千碗”松阳最美一餐等30余场活动。通过“松阳文旅”微信公众号推送介绍9条自驾徒步线路、12条研学线路等特色旅游线路的信息共200余条，利用“松阳文旅”抖音官方账号发布短视频55个，推出冬季宣传片《又见独山》。与华铁传媒合作，开展“绿巨人”+“和谐号”媒体组合列车广告宣传合作，提高全年曝光率和知晓度，拓宽铁路沿线客源市场。与《都市快报》、“今日头条”“马蜂窝”等媒体展开合作，讲好松阳故事。

【旅游行业管理】2020年，县文广旅体局加强旅游行业规范化、法制化、品质化管理，开展文旅企业检查302家次，排查隐患25个，整改率100%；受理旅游投诉10起，解决率100%。借助专业和部门力量，委托江泰对全县67家文旅体企业（项目）开展第三方机构安全风险评估，提高全县文旅行业风险管控能力。根据《松阳县旅游企业年度考评办法（试行）》，评定2019年度“最佳”旅行社2家、旅游饭店1家和A级景区2家。印发《共同抗击疫情 展现文旅担当 松阳文旅新政十条》（松政办发〔2020〕5号），促进疫后文旅产业快速复兴。举办松阳县首届旅游饭店技能大赛；隐巷艺术酒店创成三星级旅游饭店，松泰酒店创成银桂级品质饭店；张琦荣获浙江省首届诗路文化带景区讲解员大赛“金牌讲解员”称号。

体 育

【概况】2020年，县文广旅体局提升体育设施建设，逐步完善户外运动休闲体系，举办大型品牌赛事，促进产业融合发展，做好“体育+”文章，把运动休闲元素与优质旅游资源相结合，推进体育工作。被浙江省体育局认定为“浙江省运动休闲基地”，全县经常参加体育锻炼的人数为全县人口的28.3%。

【群众体育】2020年，县文广旅体局因地制宜承办各类赛事，发展绿水青山之上、蓝天白云之下的体育事业。举办“陈妙林带你探索江南秘境——田园松阳”的户外体育直播活动以“运动赋能乡村”为主题，松阳作为首发站，全方位展示松阳的山水、人文、旅游、赛事、助力运动等，被央视新闻等20余家平台同时转播，观看400万人次；举办浙江省围棋育苗工程段级位赛、“田园松阳杯”浙沪业余豪强围棋对抗赛、“走进国家传统村落公园”系列赛中国·松阳古村探秘定向赛及中国·松阳气排球邀请赛等一系列赛事活动。

规范体育社会组织管理，促进民间社团组织的规范化建设。全县共有27个体育协会，新增社团1个，其中足球协会获评AAA级体育社会组织，全县AAA级体育社会组织有11个。增加注册社会指导员136人，现共有社会体育指导员616人。体育社会组织逐步壮大，协会积极配合承办全国围棋赛、气排球赛、定向赛等各种大型体育赛事，组织社团会员开展全民健身活动，举办社会体育指导员培训班、国家体育锻炼标准达标测验、第五次国民体质监测工作等活动，营造良好的全民健身氛围。

【竞技体育】2020年，县文广旅体局推进全县青少年业余训练工作的开展，备战浙江省第十七届省运会，推动青少年文化、体育协调发展。新注册运动员 312人，现有运动员共1030人。依靠县教育局、县属有关学校，通过教体结合机制，巩固完善松阳县业余训练点（田径、足球、排球、篮球、攀岩、皮划艇等）的管理。以调整、完善、充实为基础，以输送体育人才为目的，有计划、有选择、有重点地挖掘和培养体育苗子，抓好青少年部各项目的训练工作，及时了解各项目训练的动态。通过制订科学的目标体系和有效的训练计划，提升训练质量，提高全县青少年竞技体育整体水平，提升运动员队伍建设，搞好梯队衔接，争取在输送优秀运动员和完善体育后备人才上有更大突破。组队参加省、市、县各项竞赛，夺取运动成绩和精神文明的双丰收。

“走进国家传统村落公园”系列赛2020中国·松阳古村探秘定向赛活动

【体育产业】2020年，县文广旅体局围绕永不停歇的“乡野运动场”品牌建设，结合丰厚的自然、人文资源，整合各部门优势，加快推动实现体育产业与经济、社会、旅游、文化、生态的协调发展，共同推进体育产业项目建设，打造好“体育+”金名片。由县委、县政协牵头，召集多部门召开“请你来协商——发展我县赛事经济”专题协商会，针对运动休闲产业制定出台专项扶持政策《松阳县加快发展运动休闲产业促进体育消费的实施意见》，编制《松阳县运动休闲产业发展规划（2020—2025）》。首个运动休闲赛事品牌——松阳中国天空跑国际挑战赛，入选“浙江省重点培育品牌体育赛事名录库（2020年）”。松阳七沐山滑草入选“省级运动休闲旅游优秀项目”，松阳双童山山地生态运动休闲基地被评为“2020中国体育旅游精品项目”“2020浙江省运动休闲旅游示范基地”“2020丽水市运动休闲示范基地”。通过推动运动休闲产业发展，松阳县获评“浙江省运动休闲基地”。

【体育设施】2020年，县文广旅体局全面落实省民生实事项目，继续免费开放场馆政策，抓好基础设施项目建设，提升群众健身环境。新增笼式足球场1个、拆装式游泳池1个、社区多功能公共运动场3个、百姓健身房3个，实施小康体育村升级工程11个。在原有体育健身器材基础上，向各小康体育村提供哑铃、乒乓球桌、室内台球桌等健身器材。改造县体育中心篮球训练馆音响系统，场馆区域覆盖5G网络信号。推进省首批PPP试点项目——松阳县全民健身中心项目。项目总用地15.3万平方米，包括体育场、体育馆、游泳馆和室外运动场以及停车场、景观绿化、道路、电力等配套工程。该全民健身中心投入使用后，结束松阳没有大型体育场馆的历史。

（县文广旅体局）

融媒体　华数

四都乡平田村

广播电视

【概况】2020年，松阳县融媒体中心（以下简称“县融媒体中心”）贯彻落实中央和省、市、县关于新闻宣传工作的方针政策和决策部署，在履行职责过程中坚持和加强党对新闻宣传工作的集中统一领导。9月28日，该中心迁入水南街道南环路199号。内设办公室、总编室、计财室、采访部、编辑部、新媒体部、专题部、图文广告部、技术部、安全播出部、应急广播管理部、活动和节目部、档案和媒资室、党建科。办有广播调频松阳人民广播电台FM105.8兆赫、松阳新闻综合频道2套节目，有自办广播节目7档，分别是《松阳新闻》《今日关注》《致富经》《每周农经》《病虫预报与防治》《音乐茶吧》《生活新风尚》；有自办电视节目6档，分别是《松阳新闻》《时空漫步》《农业在线》《时代风帆》《松阳闲谈》《一周要闻》；还有通用性栏目2档，《星火科技30分》《致富经》。每周刊发《新松阳》3期，每期印数9100份。新媒体平台有“掌上松阳”移动客户端、“松阳新闻网”、“松阳新闻”微信公众号、“松阳新闻”抖音号、“松阳新闻网”新浪微博。该中心的广告经营对外发包，2020年广告收入113万元。

【重要宣传活动】2020年，县融媒体中心开展新冠肺炎疫情防控宣传报道。新冠肺炎疫情突发以来，该中心迅速响应，第一时间投入防控疫情报道中，一方面，及时准确、公开透明发布权威疫情信息，及时辟谣；另一方面，利用微信、网站、应急广播等平台发布微视频和方言广播，全面准确解读有关政策，传播宣传科学防控知识，增强民众防范意识，把党的声音传递到千家万户，把共度时艰、战胜疫情的信心传递给全县人民。该中心各平台每日滚动刊播通告和科普知识150次以上，刊发（播）疫情相关原创报道1200余条，转载上级媒体报道4900余条。微信公众号“松阳新闻”发布疫情防控文章880余条，总阅读量突破329万次，《强烈呼吁，能不出松阳就别出，能不回松阳就别回，坚决不放松警惕!》《松阳人注意!关于防疫，这些信息都是谣言!》等文章阅读量突破5万+人次，H5《我是松阳人，我承诺!》有突破4.7万人接力转发，原创微视频《这样的松阳不是一座空城，而是抗击疫情的众志成城》引发朋友圈广泛传播。

第十三届中国（国际）茶商大会·松阳香茶网络茶叶节宣传报道。2020年3月29日至4月1日，松阳采取“云”活动方式集中举办第十三届中国（国际）茶商大会·松阳香茶网络茶叶节直播活动。其中，由该中心承办的3场主题直播活动累计获点击量500万次，#茶乡随手拍#相关微博发布6532条，话题阅读量4.2亿次。人民网、中国网、央广网等央媒以及《浙江日报》、浙江在线、天目新闻客户端、浙江新闻客户端、《丽水日报》、《都市快报》等省内主流媒体予以报道，覆盖报、台、网、微、端等多平台，实现信息综合立体传播。省级以上主流媒体刊发报道40余条，其中中央电视台9条，浙江卫视3条，《浙江日报》5条（其中1个整版），浙江在线推出专题页面；市级媒体多次在《丽水日报》头版头条和《丽水新闻》头条等重点时段、重要版面予以宣传报道。3月19日，央视财经频道《经济半小时》栏目聚焦松阳“不一样的春茶季”，整档播出《今年春茶谁来采？（上）》。

衢宁铁路开通运营宣传报道。2020年9月27日，衢宁铁路正式通车当天，记者兵分多路，多角度、多层次地讲述松阳人民圆百年铁路梦的心情，以及铁路时代带来的憧憬与期待，“绿巨人”到来对沿线旅游资源开发、生态资源优势转化、巩固脱贫攻坚成果等方面的作用等，集中推出重要节点回顾、开通仪式、群众海采、跟车报道等报道，并在全媒体平台刊发，有点、有面、有现场，《历史时刻！今天10点47分，衢宁铁路首辆列车驶入松阳……》等报道获得社会广泛关注。

弘扬践行“浙西南革命精神”融合报道。2020年7月1日，是“浙西南革命精神”研究成果发布周年之际，全县启动“浙西南革命精神”弘扬践行主题采访活动，以“浙西南革命精神”生动践行“四力”，以工作实践推进媒体融合发展。采访中，记者深入挖掘，以红色遗址遗迹、红色项目建设为切入点，以产业发展为立足点，讲好革命老区的振兴故事，把镜头对准红色故事及其背后的精神，把笔尖瞄准红色人物及其经历的事迹，讲好革命老区的红色故事。APP、电视、报纸、微信公众号、网站等平台先后发布《粟裕与安岱后的故事》《我县第一个党组织——中共霭溪支部的建立》《松阳革命序幕——党的外围组织和早期中共党员》《农民阶级的反抗——白岩农民武装暴动》《畲汉两族人民的反抗——桐川农民武装暴动》《青红不分家——三迎红军的故事》《掀起浙西南革命根据地的全面建设浪潮——小吉会议》《红军游击战术的成功实战——燕田战斗》8期节目，全部被“学习强国”浙江学习平台录用。

外宣工作实现新突破。2020年，中央、省、市级外宣共计用稿2766条，其中央媒发稿85篇（条），省级媒体发稿127篇（条），“学习强国”平台录用31条。10月28日，该中心记者团队采编的题为《在习近平新时代中国特色社会主义思想指引下——育新机 开新局 畅通城乡循环 构建统一大市场》的报道首次在央视“新闻联播”节目中以头条播出，是松阳外宣工作中的一个重大突破。相关松阳的篇幅占40余秒，通过文字和画面，展示四都乡近年来通过改善基础设施、整合各方资源、吸引外来资本、植入新业态，建民宿、建书店、建文创基地，让曾经的“空心村”重新焕发活力，带动老百姓增收的经验与成果。11月19日，在“高水平全面建成小康社会”主题系列新闻发布会——丽水专场上，该报道还成为丽水市委书记胡海峰分享的丽水6个精彩故事的事例之一。

【媒体融合发展】2020年，县融媒体中心坚持“移动优先”战略，持续深化媒体融合，着力重建采编流程，逐步打破传统媒体与新媒体之间的壁垒，全年以“松阳新闻”微信公众号、“掌上松阳”APP等为主的移动端平台影响力迅速扩大。

微信公众号融合。1月15日，“松阳广电”和“松阳新闻”2个微信公众号进行融合，完成粉丝迁移，合并成“松阳新闻”微信公众号。粉丝数从58841人增加到74435人。至12月底，粉丝数增到84715人，全年共发布信息、视频等2614条，阅读量突破过747万次。3月25日，“松阳新闻”抖音号正式上线。截至12月底，有粉丝1.1万人，发布视频55个，点击量突破96万次。

机构人员融合。科学设置内设机构，设置总编室、新媒体部、采访部、编辑部等14个科室，打破原有体系的组织结构，推进传统媒体和新兴媒体融合发展，形成一体化工作链条。推行人事制度改革，实施股级干部竞争上岗、一般干部双向选择，优化人力资源配置，实现“人、岗、事”三者之间的合理匹配。

新闻生产流程融合。为解决各块采编人员各自为战的现状，在融合改革过程中，广播、电视记者与报纸记者合在一起组成采访部，要求所有记者都能写、能拍、能制作，逐渐向全媒体记者转型。记者完成稿件后，供稿给新媒体部、编辑部，再由新媒体部和编辑部对采访部所投的稿子进行二次加工，编成新媒体和传统平台产品进行传播，实现新闻生产流程的整合。

“掌上松阳”移动客户端上线。12月5日，“掌上松阳”移动客户端结束试运营，正式上线推广。截至12月底，“掌上松阳”移动客户端有粉丝40958人，共发布信息、视频等929条，阅读量突破160万次。

深化与省市媒体合作。12月16—17日，浙江省广电集团“蓝媒学院”第一期培训班在松阳开班，松阳成为省市县三级融媒人才培训平台“蓝媒学院”5个实践基地之一。成立浙报集团县级融媒体中心共享联盟松阳工作站，并在2020年浙报集团丽水县级融媒体中心共享联盟新闻协作评比中，松阳位列全市第一名。

【科技设施建设】2020年，县融媒体中心技术平台由该中心和浙江广播电视集团联合研发，项目建设投资680万元，主要包括中国蓝云接入系统、媒资及当地制作系统、APP及网站定制开发、融媒体中心基础建设等四大配备功能模块。平台业务主要包括依托于省级中国蓝云平台，通过云上租户和当地环境，实现素材稿件交互、内容共享、统一选题策划、协同生产等，实现信息的“一次采集、多媒体呈现、多渠道发布”，满足地方台融合节目生产及安全备份需要。

（县融媒体中心）

华数电视

【概况】2020年，松阳华数广电网络有限公司（以下简称“松阳华数公司”）内设综合办、工程技术部、市场部3个部门，西屏、古市、象溪、大东坝4个乡镇站，有员工68人，其中技术人员35人，占公司总人数的51%。为提高技术支撑的及时性，技术人员为属地化分布管理。该公司服务于全县各级党委、政府和各行业，是当地规模最大的有线电视运营商和智慧化综合服务运营商。业务涵盖有线电视、数字内容传输、综合政务信息化服务、综合生活信息化服务、行业数字化应用服务等。承担全县“最多跑一次”“文化大礼堂”“四个平台”“党员远教平台”等政务数字化信息化服务运行。截至12月底，该公司有线电视主终端出账用户37666户，其中数字电视用户22781户（高清电视用户12270户，互动电视用户10511户）。实现权责总收入2769万元,年度考核完成率104%，其中大众增值业务收入119万元,大众基本视听收入723万元，集客业务收入1630万元，智慧家居产品销售收入79万元，广告收入及其他收入218万元。

【大众业务提升】2020年，松阳华数公司分别有互动业务、宽带业务、付费频道业务、信息化业务。互动电视业务分为高清互动电视产品和华数4K智家产品。高清互动电视基于浙江华数的内容生产系统、互动电视平台和运营支撑系统，通过高清增强交互型机顶盒，提供全方位的视听类、应用类、服务/功能类的互动服务产品线。主要包含数字电视产品、互动视频产品与互动增值产品3大类业务，定位用户群体为个人家庭用户。华数4K智家产品搭载国家自主知识产权的TVOS2.0系统，以华数4K智能盒子为核心，实现4K直播、4K点播、语音遥控等功能，智慧+教育、智慧+医疗、智慧+安防等业务也在不同区域结合项目落地。利用广播电视网络传输视频和海量下行带宽优势，华数光宽带通过智能缓存、内容聚合等技术，为用户提供高速上网、海量视频、云端存储、智能加速等服务。截至12月底，松阳华数光宽带用户有10255户。付费频道业务主要由中数、鼎视、华诚等平台提供，汇集超100路的影视、体育、娱乐、健康等专业频道。信息化业务指基于电视大屏，提供满足村/镇政府及村民信息化需求的综合解决方案。以本地电视屏幕为基础，实现美丽乡村、党员远教、智慧乡镇、智慧旅游、视频会议、无线局域网、农产品交易等信息化平台的搭建、运营和维护，为政府信息化宣传提供发布便捷、质量稳定、形式多样的展示平台。

【集客业务发展】2020年，松阳华数公司挖掘客户价值，向特定领域渗透，从集成类项目向平台类转变，以校园电视台、“最多跑一次”“四个平台”等项目作为突破口，做深做透政务、民生、教育、安防4大重点行业。具体项目涵盖智慧交通、智慧教育、生活污水智慧监控、智慧社区、智慧安防、可视应急广播、智慧城管、“四个平台”、县级融媒体平台、“最多跑一次”、新时代文明实践中心等。

【网络建设提质】2020年，松阳华数公司以市级骨干网为全县互动电视业务、宽带业务、集客业务的传输承载和交换枢纽，建成丽水方向、遂昌方向两个通道环网，实现环路双路由传输。通过浙江华数省、市干光缆监测保护系统实现骨干网络主备光缆的保护切换、光缆监测检测和光缆资源管理等功能，增强骨干网络可靠性、缩短光缆故障历时、降低光缆阻断率，确保市级骨干网络安全、可靠运行。在城域IP网络建设上，主要乡镇具备10Gbps及以上的业务对接能力，全县核心层与汇聚层之间基本实现双路由，具备承载综合性IP业务能力。通过网络运行管理系统对全网设备运行参数采集，图形化呈现，实现城域网自动化、智能化的管理。截至12月底，松阳华数全县网络实现双向接入，具备全县全网双向运营能力。接入网侧60%县城区域和农村区域支持100Mbps带宽接入，可开展4K超高清视频、超高清游戏、AR/VR等高带宽业务应用。通过浙江华数网络质量拨测系统实现实时收集现网中宽带用户和互动电视用户的网络质量指标数据，通过后台系统大数据分析，实现网络运行质量的实时监测，主动发现网络质量劣化并预警，为全县网络质量的优化提供数据支撑。有线数字网络同轴电缆具备技术优势，完全适应三网融合与绿色建筑发展要求。以有线数字同轴电缆网作为家庭网络的基础设施，传输带宽可按需扩展至3Gbps，满足4K视频、3D视频、VR等新应用，具备极高的网络安全性。满足人民群众日益增长的精神文化需求，以及“智慧家庭”“智慧城市”的建设发展需要，同时确保可管可控。

【销售模式】2020年，松阳华数公司通过实体和电子2大类渠道向用户销售业务。实体渠道主要包括自有实体广电网络营业厅和第三方代理机构。通过广电网络营业厅自行销售公司业务，或在部分城市、社区、乡镇、村组通过与银行、便利店、社会化营销机构等合作，由其代理销售公司业务。公司积极规划小服务单元，推进网格化管理，由网格经理向用户提供更为全面周到的售前、售中、售后服务。电子渠道主要包括网上营业厅、微信营业厅、电视营业厅，支持银联卡、微信、支付宝等多种支付方式，能够帮助用户轻松实现信息查询、账户充值、产品订购、客户服务等多种功能。

【服务模式】2020年，松阳华数公司按照“分级、分责、属地化管理、量化考核”的原则，秉承“贴心服务、满意第一”的服务理念，坚持“以客户为中心，用服务促转型”，提升服务水平。公司客户服务部主要负责落实本级客户服务的具体工作并指导监督支公司客服工作；由丽水市公司统一成立全市呼叫中心，通过全省统一客服电话96371，为广大用户提供7×24小时业务咨询、业务受理、故障报修、投诉建议等“一站式”服务，并开展电话营销、座席外包等业务。

（松阳华数公司）

医疗　卫生

全民健身——二十四式太极拳

综 述

【概况】2020年，松阳县卫生健康局（以下简称“县卫健局”）贯彻落实中共十九届四中、五中全会精神，围绕县委十届九次、十次全会要求，团结拼搏，奋勇前行，积极应对新型冠状病毒性肺炎突发疫情，在抓改革中勇于迈出新步伐，在促发展中不断取得新成果，在惠民生中展现新作为，各项工作取得显著成效。

2020年，县卫健局落实党风廉政和意识形态主体责任，常态化推进“一岗双责”履职汇报和监督检查指导，开展“三服务”。结合清廉医院建设，组织开展廉政风险排查防控工作和民间借贷、变相商业贿赂行为等专项整治自查自纠行动，逐项厘清权力和责任事项，持之以恒纠正“四风”问题。全年卫健系统梳理形成廉政风险排查表1000余份。同时，修订完善医院人事、财务管理、设备采购管理、后勤采购管理等制度，把各项流程在公示栏、OA系统等公布，从源头上预防违纪违规行为的发生。

【卫生健康事业发展】2020年，松阳县级公立医院有县人民医院、县中医医院2家，县级卫生机构有县疾控中心、县妇幼保健服务中心、县卫生监督所3家，乡镇（街道）卫生院及卫生服务站29家，村卫生室51家，巡回医疗点47个，民营医院有吴苏君医院、博大医院、康馨医院、舒宁医院4家，其他民营诊所（医务室）30家。截至12月底，全县卫健系统在岗人员1305人，其中在编人数、卫技人数分别为1085人和1184人；高级职称200人、中级职称361人；医疗床位1145张。

【卫生重点项目建设】2020年，县卫健局以项目建设带动资源提升，持续释放能力建设红利、健康保障活力。全年实施项目5个、投资额8667万元，其中安民乡卫生院建设项目完成主体工程，“按三乙医院建设标准、投资4.69亿元、500张床位”的县中医医院迁建工程于9月底动建，投资3.7亿元的县人民医院改扩建工程于12月底开工。

【中医药事业】2020年，县卫健局推进“中医药复兴地”“国际中医药康养胜地”建设，优化中医智能医联体运行机制，推进中医药项目和创建。松阳县以小组第一名的成绩通过全国基层中医药工作先进单位创建国家级验收考评，全年实现中医药康养示范项目投资额7414.6万元。增进中医药文化推广和交流，出版《松阳常用中草药（第一辑）》，举办中医中药中国行、中医药膏方节等活动，面向康养企业、家政服务业、民宿业等行业普及中医适宜技术培训10期，水南小学、城北小学等学校建成中医药文化教学实践场所。

【卫健人才队伍建设】2020年，县卫健局出台《关于加强卫生健康人才队伍建设的若干意见（试行）》，全年引进卫生人才30余人（其中研究生学历5人）公开招聘16人，定向委培35人，培训培养1300余人次。开展先进典型选树，获评“丽水之干”先锋人物1人，入选丽水市第三届“绿谷名医”“绿谷名护士”3人；获评丽水市抗击新冠肺炎先进个人7人，获评市优秀共产党员2人，获评丽水市抗击新冠肺炎先进集体4个，获评市级优秀基层党组织1个。

【基层公共卫生服务】2020年，县卫健局深化公共卫生服务和家庭医生签约服务，落实“两员一中心一团队”工作机制、医保差异化支付、慢病长处方政策等，做实做优健康管理。全县家庭医生签约10.1万余人，常住人口规范签约率52.59%；孕前优生健康检查率112.5%、孕产妇系管率95.86%；高血压、糖尿病规范率和控制率均达到省定目标要求。

（县卫健局）

生育和家庭服务

【开展大走访送温暖活动】2020年，县卫健局开展困难计生家庭关怀慰问活动。各乡镇计生协通过政策宣传及基层调查，全面摸查辖区困难计生家庭，因地制宜开展慰问救助活动。全年发放奖扶、特扶金2531人429.4万元、计生困难家庭补助482户33.9

2020年2月10日，县人民医院、县中医医院派出4名医护人员组成松阳县首批驰援湖北医疗队

万元，计生系列险赔付 393.35 万元惠及 670 户计生家庭。

【推进生育关怀行动】2020 年，县卫健局开展“生育关怀圆梦微心愿”活动。联合中国人寿松阳支公司开展为计生困难家庭圆梦微心愿活动，为 100 户困难家庭圆梦微心愿。开展各类计生特殊家庭按需帮扶活动，为计生特殊家庭老人提供生活照料、家政服务、陪同就医等服务。为 298 人投保计生特殊家庭综合保险，全年累计投入保费 5.96 万元。

【施行健康促进活动】2020 年，县卫健局组织实施省计生协生育关怀——青春健康教育项目。与各部门联动推进国家计生协推出的“成长之道”“沟通之道”互动式青春健康精品课程进学校、进社区、进企业、进农村，全年开展针对青少年学生及家长的教育培训 144 场次，受益学生及家长 19724 人次。

（县卫健局）

卫生监督

【公共场所卫生监督】2020 年，县卫健局围绕群众关心热点以及风险点，开展公共场所双随机工作任务、游泳场所、理发场所、疗休养接待单位卫生状况“红黑榜”晾晒等专项治理行动，全县公共场所量化分级率 100%，B 级以上单位占比 62.9%；游泳场所监督抽检覆盖率 100%。全县公共场卫生管理水平不断提高，卫生环境得到改善。全年共监督检查公共场所 1300 余家次，出动执法人员 2600 余人次，出具卫生监督意见书 130 份，其中指导性意见书 45 份。

【医疗卫生监管】2020 年，县卫健局坚持打击非法行医常抓不懈。执法人员采取日常监督巡查和集中整治相结合，在辖区内加强排查、摸底，及时掌握“黑诊所”的动态信息，并联合县公安等部门，及时准确地予以打击。全年立案查处非法行医案件 7 起，罚没款 10.86 万余元，其中涉及医疗美容案件 6 起。开展医疗机构自查自律工作，通过与省、市两级沟通，根据当地的实际情况，把村卫生室纳入辖区卫生院科室管理，核减任务数后，全县 52 家医疗机构全部完成自查工作。医疗卫生案件（含计划生育）立案查处 14 起。

【监督执法能力提升】2020 年，县卫健局围绕年度重点工作，对各专项执法工作推进情况以及案卷质量、投诉举报等工作开展内部稽查，并把稽查结果进行通报。落实好市法制稽查、县人大行政执法综合调研等问题整改反馈，通过稽查提升办案水平以及违法处置能力。

【传染病防治卫生监督】2020 年，县卫健局结合疫情防控、双随机监督检查等，开展国家医疗机构废弃物专项整治、传染病防治分类监督综合评价和医疗废物智慧采集终端系统项目等工作。完成辖区内的 2 家二级医疗机构、2 家一级医疗机构、17 家未定级医疗机构、1 家疾病预防控制中心传染病防治监督检查综合评价，评出优秀单位 6 家，合格单位 13 家、重点监督单位 3 家。启动医废终端数据采集项目，辖区内 19 家医疗机构（2 家二级以上医疗机构、1 家接种门诊、16 家卫生院）实现医废终端数据采集，医疗废物产生、分类收集、运送、暂存、交接全环节全程在线监测并接入省医废监管系统。开展餐饮具集中消毒服务单位监管，抽检样品 80 份，检测结果均为合格。根据省、市相关防控工作要求，开展医疗机构疫情防控执法工作、公共场所疫情防控执法检查，并多举措有序推动复产复工复学工作。在常态化防控期间，把新冠肺炎疫情防控纳入常态化执法检查。其间，查处因违反防控通告擅自营业的案件 13 件，医疗机构违反门诊管理、住院管理及陪护管理的案件 5 件。

（县卫健局）

卫生应急

【食品安全风险监测】2020 年，全县报告 3 起食源性疾病事件，相关病人均治愈出院；开展疑似食源性异常病例和异常健康事件监测，未发现疑似病例；食源性疾病哨点医院监测中县人民医院上报 204 例，样本采集 193 份，阳性 16 份，阳性率 8.3%；县中医院病例监测 136 份，均按要求上报；开展食品污染及食品中有害因素监测，监测 234 件，完成 1.2 件/千人的监测任务。

【大型活动应急保障】2020 年，县卫健局在县内大型活动期间，如县“两会”、不锈钢高峰论坛等，制订医疗卫生保障方案，调度救护车辆，派出医务人员做好医疗保障工作。在高考、中考和成人自考期间，派出医务人员做好考生医疗保障。全年派出 41 批医疗卫生人员 238 人次。

【疫情应急处理】2020 年，县卫健局建立分类管控、精密智控、群防群控、主动监测、应急处置、健康促进等常态化疫情防控和秋冬季疫情防控运行机制，把疫情防控工作纳入部门、乡镇年度考核“一票否优”事项。同时，做好指挥部办公室、工作组日常工作和常态化运行管理，密切分析研判疫情态势，为县委、县政府决策指挥建言献策，为全县疫情防控早准备、早部署、早落实赢得主动权。除 1 人武汉返乡输入型病例确诊并治愈出院外，全县无新增确诊和疑似病例，并快速高效处置涉疫冻带鱼和奶枣事件，全力保障人民群众健康安全。

（县卫健局）

医院管理

【公立医院综合改革】2020年，县卫健局按照省市医共体建设要求推进各项工作，启动县域信息一体化建设，在乡镇卫生院建成医师工作站、开设全专联合门诊、开通双向转诊绿色通道、开展模块化培训，基层活力和服务能力进一步增强。至12月底，39名县级专家参与签约团队，47名省县专家下沉成员单位坐诊，合计排班483天；患者在基层可实现预约牵头医院医师号源、检查检验、费用结算、结果查阅等功能;古市医院作为全市唯一一家一次性通过评审的基层医院，达到“浙江省优质服务基层行”活动推荐标准。同时，开展流动医院巡回诊疗和小药箱进村入户行动，借助“互联网+中西医+配药”，实现定时定点定人送医到乡、到村、到户。全年流动医院累计巡诊920余次，派出医务人员2100余人次，服务群众7.47万人次。松阳在10月全省医共体改革考评排名位列全市第一名。

【县级强院建设】2020年，县卫健局以“上联借力”实施县级强院工程，加强重点学科、智慧食堂、智慧医疗等建设，推进医疗服务水平加速提升。县人民医院设立全市首家县级医院麻醉药房，与丽水二院建立精神专科协作模式，2个课题获省级科研基金支持、5个课题获市级立项，并建成五大共享中心、五大急救中心，危重症抢救成功率达92.29%；县中医医院成立张烁博士工作站、省中医院松阳分院内镜中心和松阳县治未病服务网络。上年度松阳县公立医院综合改革考评得分为全市第一名。

【卫生许可管理】2020年，县卫健局核发各类卫生行政许可事项675件，按期办结675件。其中，公共场所卫生许可226件,医疗机构执业许可(含变更、校验、设置等）139件，放射诊疗许可（注册、变更、校验）8件，放射诊疗建设项目卫生审查（预评价、竣工验收）6件，医师护士执业注册229件，母婴保健许可证到期换证10件，再生育审批55件，中医诊所（备案、注销）1件，职业病健康检查机构备案1件。全年无重大行政许可听证案件、无行政复议和诉讼案件。

（县卫健局）

社会事务管理

红糖工坊

人力社保综述

【概况】2020年，松阳县人力资源和社会保障局（以下简称“县人力社保局”）深入学习贯彻习近平总书记考察浙江重要讲话精神，落实各级党委、政府疫情防控部署要求，以“三服务”为抓手，着力稳复产、强人才、保民生、促和谐。以党建引领，打造“清廉人社”，制定“建设清廉机关、创建模范机关”活动的实施方案，举办决胜小康主题微党课比赛，开展形式多样的主题党日，其中“助力脱贫攻坚，松阳人社机关支部党员这样做”主题党日，获全县年度十佳主题党日。组织党员干部参与疫情防控和企业复工复产，局机关党委被评为县级疫情防控表现突出的基层党组织。各项人社业务有序推进，成绩初显。在2020年度全省人社系统绩效考核中获全市第三名，其中“最多跑一次”改革、乡村振兴战略等指标排全市第一名。创建成为省级“无欠薪”县，获2020年浙江乡村振兴职业技能大赛优秀组织奖，松阳县劳动争议纠纷人民调解委员会获大调解工作突出贡献集体，在市级人社系统窗口单位业务技能练兵比武竞赛中夺得桂冠，并获“优秀组织奖”，曹素君、徐婷燕代表丽水参赛获省赛团体三等奖，其中曹素君获省人社系统业务优秀选手称号(全市唯一)。潘武军、罗倩玲2人代表浙江代表队获2020年度全国人社窗口单位业务技能练兵比武竞赛团体一等奖，并获“岗位练兵明星”称号。李冬梅获2020年度全省劳动人事争议案件处理成绩突出仲裁员。

提升全方位公共就业服务能力，保就业稳就业作用提升，脱贫攻坚成效明显。疫情防控期间，通过专车、专列为20余家企业接回外省籍员工及家属3批次98人，规上企业复工复产率100%。全年城镇增加就业2572人，新增发放创业担保贷款28人905万元，开展返乡入乡合作创业带头人培训，培训8期405人，选送的灵山云雾茶项目获第四届“中国创翼”创业创新大赛浙江省大赛扶贫组优胜奖。城镇登记失业率1.68%。增加见习岗位25个，累计开发企业见习岗位372个，发放见习补贴132.07万元。社区（村）公益性岗位200个，在岗167个。签订余姚—松阳—巴州劳务协作协议书，设立四川巴州区—浙江松阳驻余姚劳务基地联络处，实现余姚市、松阳县、巴州区三方建成劳务协作合作关系。实现“零就业家庭”动态清零。

打好疫情防控期间采茶工用工保卫战。出台疫情防控期间采茶工管控方案，做好采茶工入松预订情况前期调查，发放《疫情期间采茶工雇佣工作告知书》，制定《松阳县新冠肺炎疫情期间县外采茶工服务工作方案》，共检测接待入松采茶工4628人，免费发放口罩15000个。该项工作得到县委书记、县长李汉勤的肯定，被中央财经频道经济半小时节目专题报道。严格规范管理中介行为，依法查处未经许可从事采茶工中介活动的行为，加大审批力度，审批全县采茶工职业中介许可21家。

【人力资源事业发展】2020年，县人力社保局坚持稳中求进的工作总基调，围绕全县中心工作，着力稳就业、强人才、保民生、促和谐，助力复工复产，全面提升人力社保服务质量。疫情防控期间，出台采茶工管控方案，加强采茶工用工管理。开展“精准服务企业、振兴实体经济”专项行动、“强供给优服务助企业”专项行动，为企业和个人解决难题60余个。推进“互联网+人社”多元化发展。

“松阳工匠”高技能人才研修班合影

大力推广新媒体运用，通过各类媒体平台为650余家企业发布岗位信息3.6万余条，与余姚、嘉兴等山海协作地开展技能培训、人才交流等方面的深度合作，创新线上直播培训模式。开展返乡入乡合作创业带头人培训，为乡村致富提供新的生机。引进人才1615人；培养具有国家职业技能人才2275人，发掘培养“松阳工匠”52人，评出“松阳茶师”4302人，增加高技能人才246人。

【优化公共服务】2020年，县人力社保局做优一窗受理，提升窗口经办服务能力。社保大厅、就业大厅实现减窗，减窗率达50%。施行集中服务受理，从10月起，该局劳动保障监察大队、劳动关系科、人事劳动争议仲裁院全员进驻社会矛盾纠纷调处化解中心，配强纠纷调解力量，形成“由窗口负责简单答复和登记，功能室进一步调处”的经办模式，全力提高经办效率和水平。社保领域服务不断创新。社保大厅设立网办区，鼓励单位和个人网上办、掌上办、电话办，截至12月底，网办率达83.64%。实现社保系统省集中，新系统上线个人通过手机APP办理生存认证7197条。社保卡应用不断集成。58个财政补助项目通过社保卡发放，补助人次突破22万人。养老保险待遇、就业创业扶持政策补贴、农民工工资领取等重要的人社领域待遇均通过社保卡发放。提升公共服务水平，增强人社工作效能。推进公民个人全生命周期“一件事”、企业生命周期“一件事”和部门间一件事改革，牵头开展事业单位人员职业生涯全周期管理、失业一件事联办等。加大基层社保工作人员培训力度，通过业务技能大比武、集中培训等方式，增强社保基层服务平台经办能力，提高社保经办的效率和水平。

【“互联网+人社”行动】2020年，县人力社保局推进政府数字化转型，加快推动“数字人社”建设，实施“互联网+人社”行动。全面推进人社“掌上办”“网上办”。引导、指导参保单位和参保人员进行网上自主操作，设立网办区。多平台的“丽水掌上人社”服务统一升级到“浙江政府服务网”和“浙里办APP”上，全年新系统上线个人通过手机APP办理生存认证7197条，网上办理量达167083件，网办率83.64%，100%民生事项实现“一证通办”，100%政务服务事项实现掌上办，100%部门间“最多跑一次”服务事项实现网上办理。94%政务服务事项实现即办，所需材料均实现电子化。松阳就业小程序成为全市首个在“浙里办”APP上线的招聘小程序，全年累计共发布招聘信息1150余条，招聘岗位4300余个，累计注册企业300余家次，个人添加用户1500余人，点击量59.03万人次。探索“互联网+职业技能培训”模式。鼓励企业开展线上培训，给予企业不超过实际培训费用95%的培训补贴。在疫情防控期间，实施“百日免费线上技能培训行动”，引导技能人才利用线上各类职业（工种）的数字培训资源在线学习，帮助提升技能水平。推行社保费线上返还。依托社保就业一体化系统、税务、金融三系统、浙江省行政执法监管（互联网+监管）平台，掌握企业社保缴费、征信情况等信息，通过银企直联线上平台精准返还社保费，实现企业“零次跑”，全年为670家企业线上返还社保费1452万元。实现矛盾纠纷化解网上联动。推进工资支付监管平台、一体化平台、掌上执法平台、浙江省劳动纠纷化解一体化平台等平台工作，从事前、事中、事后三个阶段直接介入监管，保障民工工资按月足额支付，从源头上消除欠薪隐患。

【完善政策体系】2020年，县人力社保局开展职业技能提升行动。推进职业技能培训工作，调动劳动者培训的积极性，培养一支满足经济社会发展需求的技能人才队伍，加快建设知识型、技能型、创新型劳动者大军，先后出台《松阳县人力资源和社会保障局 松阳县财政局关于印发松阳县职业技能提升行动实施方案（2019－2021年）的通知》（松人社〔2020〕18号）、《松阳县人力资源和社会保障局 松阳县财政局关于调整松阳县职业技能提升行动 培训补贴标准的通知》（松人社〔2020〕28号）。发放企业以工代训补贴。开展常态化疫情防控中的稳就业工作，出台《松阳县人力资源和社会保障局 松阳县财政局关于开展松阳县企业以工代训补贴工作的通知》。调整工伤保险费率。为保障职工人身安全，促进用人单位加强安全生产管理，对2020年各用人单位的工伤保险费率进行了调整。

【制度改革推进】2020年，县人力社保局规范全县机关事业单位编外用工管理，保障机关事业单位和编外用工合法权益，有效控制政府运行成本，出台《松阳县机关事业单位编外用工薪酬管理办法》（松委办发〔2020〕35号）。

人事管理

【事业单位公开招聘与岗位管理】2020年，县人力社保局完善人事招考。与县疫情防控指挥中心对接，制订完善切实可行的疫情防控方案，考试前，对工作人员进行考务培训以及疫情防控知识培训，提高全体考务人员疫情防控意识和能力。同时医务人员全程参与，保证疫情防控工作落到实处。严格按照《浙江省公务员录用办法》和《浙江省事业单位公开招聘人员暂行办法》，坚持“信息公开化、操作程序化、监督全程化”，严把报名关、笔试关、面试关、体检关、考察关。对考生和家长最为关注的面试环节，坚持做到“三全制”，即全部外县考官制，全部聘请外县具有考官资格的人来本县担任面试考官；全程监督制，由县纪检监察部门全程监督，并聘请人大代表、政协委员进行全程监督；全程录音录像制，把面试情况全程录音录像，设立举报电话，增加了工作的透明度；确保面试环节的公平。因为程序到位、工作严谨，招聘全程无举报、无差错，全年零投诉，人事招考工作得到社会各界的认可。完善机制，有序开展机关事业单位工作人员考录工作。先后会同县委组织部、县教育局、县卫健局、县国资办等单位开展高层次人才引进、公务员、事业单位综合岗位、卫技人员、教师、机关事业单位编外用工等人事招聘考试30余场，参加考试人员8200余人次，共招聘事业单位综合岗位工作人员60人，中小学幼儿教师29人，卫生计生人员15人，引进硕士研究生6人，卫生计生系统紧缺专业人才11人，教育引进15人。会同县国资办和县公安局，招聘国企工作人员22人，辅警18人，司法雇员2人。选调机关事业单位工作人员20人。完善事业单位岗位设置管理工作。根据编制员额、人员结构变化以及事业发展需要，实行动态管理。推进和规范中小学校教师“县管校聘”和县域医共体岗位设置管理工作，中小学校和县域医共体分院设置岗位总量，实行总量控制。全年核准变更事业单位岗位设置65家，岗位2384个。推进事业单位工作人员职业生涯全周期“一件事”改革以及全省事业单位人事工资系统线上运行。通过微信公众号、钉钉群等宣传上级关于事业单位工作人员职业生涯全周期管理“一件事”改革相关精神，增强内部协调和部门间合作形成合力。实现事业单位人员只需要通过线上平台便可办成公开招聘、解聘、调入、调出、退休、岗位变动等事项，全年共办理“一件事”815件。

【机关事业单位工资改革和管理】2020年，县人力社保局以机关事业单位按年度考核正常晋升工资工作为重点，开展机关事业单位工作人员的工资调整审核审批工作。全年共审核审批晋升级别工资524人，晋升级别档次工资1233人，晋升薪级工资4306人。开展机关事业单位工作人员职务岗位调整工资变动审批和重新确定工资工作。审批办理机关事业单位工作人员职务（岗位）变动调整工资807人；工作调动、工龄认定等原因重新套改工资228人；调整警衔津贴标准84人；基层农技人员及农村教师卫技人员浮动工资转固定60人；享受浮动工资审批6人；审核办理工资转移手续407人。根据《中共浙江省委组织部 浙江省人力资源和社会保障厅关于非公有制经济（社会）组织、自主创业等从业人员被机关事业单位录（聘）用后工龄计算有关问题的通知》（浙人社发〔2018〕88号）等文件办理工龄认定192人。审批晋升职级公务员766人。以严格执行机关事业单位工作人员退休制度为重点，做好退管工作。按照干部管理权限下文批准机关事业单位工作人员151人退休，其中机关干部61人、机关工人6人、事业干部71人、事业工人12人、事业管理人员1人。审核机关事业单位工作人员和离退休人员死亡后享受丧葬费和抚恤金58人，其中在职4人、离休3人、退休49人、退职1人、精简人员1人；审批遗属生活困难补助10人。发放丧葬费23.2万元、抚恤金710.66万元。对机关事业单位离休干部16人、企业离休干部6人落实每年增发1～2个月的基本工资作为2020年的生活补助费工作。根据上级文件完成上年公务员职务职级套改和晋升工作。根据县委改革办要求，从5月开始，在机关内部协同办事平台办理机关事业退休一件事业务。根据省委巡视反馈意见及上级对机关事业单位编外用工管理方案完善工作的相关要求，拟制《松阳县机关事业单位编外用工薪酬管理办法》，并经县政府常务会和县委常委会通过，于2020年7月30日发布实施。

人才服务

【人才引进】2020年，县人力社保局在深入企业开展人才引进需求情况调查摸底的基础上，组织县域123家次企事业单位到省内外参加人才招聘会28次。其参加了浙江省人才市场云聘会、山西大学2020届毕业生网络双选会、河北医科大学春季网络招聘会等14场网络招聘会。参加杭州综合类人才招聘会、浙江中医药大学招聘会、西安校园专场招聘会、兰州大学和兰州工业学院校园专场招聘会、浙江师范大学专场招聘会等14场线下招聘会。引进人才1615人，其中研究生15人。

【技能人才培养】2020年，县人力社保局加强职业技能培训考核。全年共职业技能培训4558人次，其中开展国家资格（技能）培训和技能鉴定2518人次，核发国家职业资格证书2275人；开展项目制培训2283人次。全年增加高技能人才246人。组织县职业中专学生参加技能鉴定考核，参加考试373人，合格361人，合格率为96.8%。开展新时代工匠培养。牵头组织举办第三届“松阳工匠”助推乡村振兴系列技能大比武，涉及“松阳金牌月嫂”、电工、茶艺师、“松阳厨娘”、“松阳巧妇”等项目，参赛225人，共培养发掘“松阳工匠”52人。举办“松阳工匠”高技能人才研修班，组织全县各行业的高技能人才52人到丽水、杭州、东阳等地进行实地考察学习，提升职业技能。组织技能人才4人参加浙江乡村振兴职业技能大赛，其中乡村讲解员1人获二等奖。组织技能人才11人参加第二届“绿谷工匠”职业技能大赛，李英俊、叶泽勇、温兴军、叶俊女、徐斌5人获“绿谷工匠”称号，其中李英俊获“丽水市首席技师”和“金蓝领”称号，李英俊、叶泽勇、温兴军获“丽水市技术能手”称号。开展名师带徒培养。大力培育技能大师工作室，潘永鑫技能大师工作室入选市级技能大师工作室建设项目。充分利用县内技能大师工作室开展名师带徒活动，为7家县级技能大师工作室授牌。开展名师带徒签约仪式，12名徒弟与名师结对。推进企业技能培训稳岗促就业。落实企业以工代训补贴，为738家企业10033人发放补贴资金451.48万余元。提升“松阳茶师”队伍建设。是年，评出“松阳茶师”4302人，其中高级32人，中级378人，初级3892人。实现“松阳茶师”百千万培养目标，涉及茶叶种植、园艺、加工、销售等领域，为松阳茶产业培养一批实用技能人才，促进茶产业健康发展。

【人才项目选拔】2020年，县人力社保局开展博士后工作站建站工作，建成县人民医院博士后工作站1家。组织浙江荣兴活性炭有限公司参加全市博士后工作站考核。板桥乡和望松街道2个乡镇列入丽水市博士入乡镇人才计划试点，5家企业纳入“丽水市百名博士入百家企业引领计划”管理。开展援鄂一线卫技人员专项选拔市138人才培养工程人员，推荐援鄂人员4人参与选拔，1人入选市138第二层次人员培养工程。开展引进高层次人才公寓配租，发放引进人才安家补助13人次39万元，发放上年度高层次人才政府岗位津贴729人次、468.3万元，发放5家次“百名博士入百家企业”项目奖励计30万元。

【专业技术人才培养】2020年，县人力社保局推进职称评审制度改革，在专业技术人才集中的教育、卫生系统推进自主评聘改革。增加改革试点，是年教育系统自评评聘试点单位从上年的1家增加到10家，其中省级试点2家，为县第一中学和县第二中学，市级试点增加县民族中学、县城北小学等7家教育试点学校，各自主评聘学校评审初级人员17人、中级76人、副高级37人。深入推进卫生系统自主评聘工作，县人民医院医共体、县中医院医共体2家卫生试点医院自主评聘副高级人才25人，正高级10人。根据市委组织部《关于进一步做好疫情防控期间全市人才工作的通知》精神，对参与疫情防控的一线医务人员，在卫生高级职称评审中，落实优惠政策，并在评审时适当倾斜。指导农业工程、林业工程、水利工程、教育、卫生等系列的职称评审委员会做好职称评审和推荐工作。开展企业工程专业技术人才评审工作，评审初级人才29人，推荐中级57人。开展大中专毕业生初定专业技术职务申报、审核工作，共确认117人具有初级专业技术职务任职资格。是年，全县通过职称评审（初定）425人，其中初级189人、中级149人、副高76人、正高11人。

劳动就业

【职工维权】2020年，县人力社保局持续巩固建筑工程六项制度管理工作，全面治理企业欠薪问题。7月，迎接“松阳无欠薪”创建验收工作，并通过实地验收和网上台账验收，创建成为“无欠薪”县；推进农民工工资支付监管平台建设及社保卡结算工资工作，发挥县建设、交通、水利等主管部门及银行的联动作用；充实乡镇基层劳动监察协管员，推进劳动监察“两网化”建设。

【劳动争议仲裁】2020年，县人力社保局围绕“结案率”“调解率”两个硬任务为工作目标，以“最多跑一次”改革和“对标赶跑”活动为契机，推进工作创新，加大日常案件的处理力度。运用“简易案件办理”“要素式办案”等方式，克服人少案多的困难，加大办案力度，提高案件处理效率。参与劳动纠纷治理“一体化”平台应用，在各个乡镇上线运用。整合处理劳动纠纷的力量，加强各部门的衔接，提高处置能力。在新冠肺炎疫情严峻形势的大环境下，仲裁院充分运用线上调解仲裁平台，开展线下线上相结合，发挥网络调解仲裁平台方便、灵活、高效、快捷的优势，逐步推进线下办案向线上审理的转变。倡导双方当事人运用这一平台处理争议案件，通过“无接触办案”开展劳动纠纷化解工作。全年网络调解案件25起，网络办案率为21.8%。2020年，县劳动争议仲裁委共受理案件53件，上期末未结9件。其中，涉及劳动报酬3件，社会保险37件，经济补偿金4件，其他9件。期末结案60件，结案率95.3%，仲裁终结率为96.7%，结案金额365.76万元。其中，调解结案46件，撤诉9件，调解率为96.9%；裁决6件，终局裁决4件，终局裁决率66.7%。

【劳动保障监察】2020年，县劳动监察大队共处理各类欠薪投诉案件345起，为农民工追回被欠工资1836万余元。及时处理采茶工劳务纠纷30余件，接到相关的110应急案件40件。全年开展建筑工程落实六项基本制度情况的专项检查8次，检查建筑企业190余家次。主动排查，妥善处理荣兴活性炭有限公司、“南城二号工程”“松溪新语”工程等欠薪案件。全面排查处理衢宁铁路（松阳段）欠薪案件，积极回应配合省、市防欠薪办的督办和督查。

【企业薪酬调查】2020年，县人力社保局实行专人负责落实，做到精心准备、周密部署，调研走访企业120余家，完成薪酬调查工作。前期，通过电话逐个落实人社部下发的样本企业经营状况，制订2020年企业薪酬调查工作方案。在填录过程中，通过电话、网络、远程操作演练等方式对企业填录过程中存在的问题加以解决，通过入企指导、实地调查对应用计算机填录有困难的企业进行帮助。最终选定浙江云中马布业股份有限公司、松阳上上德盛不锈钢有限公司等5家企业作为长期跟踪的行业薪酬调查国家级样本企业，定期上报数据。

【劳动关系机制建设】2020年，县人力社保局开展“双爱”宣传周、“两法”宣传、诚信保障宣传等活动。7月，开展现场宣传“双爱”送清凉活动及相关法律法规、政策宣传，解答群众咨询。深入企业与企业管理人员及职工代表座谈，了解职工工作、生活情况，现场解决实验区创建存在的问题，并与飞洲电缆公司约谈签订集体劳动合同，规范企业用工，维护用人单位和劳动者的利益。全年共发放宣传资料800余份，扎实推进全县“双爱”活动的开展。

【公共就业服务】2020年，县人力社保局搭建招聘供求平台促就业。联合全县各乡镇（街道）开展“就业创业乡村行”系列活动、“扶贫日专场”“残疾人专场”等特色招聘活动9场次，创新开展松阳县岗位需求展为150余家企业推送岗位2400余个。线上全方位推送企业岗位信息，推进“百千万网络招聘专项行动”，通过各类媒体平台为650余家企业发布岗位信息3.6万余条，为浙江分会场网络招聘会提供450余家用人单位，6000余个招聘岗位。疫情防控期间，松阳保就业稳就业工作获省人力社保厅表扬肯定。网上企业用工平台实现动态监测。全县省级监测企业66家，部级监测企业15家，发放企业用工监测补贴7.9万元。开展创业培训。与余姚、嘉兴等山海协作地开展技能培训、人才交流等方面的深度合作，创新线上直播培训模式，有针对性地开展市场急需创业培训，充分发挥培训带动创业带动就业作用。组织参加省市各类创业大赛，加强与省市的沟通交流。《松阳县打造“五大模式”畅通就业增收“内循环”》被列入丽水市12月“最佳实践”激励名单。

【就业援助】2020年，县人力社保局开发村级公益岗位。至12月底，累计开发公益性岗位200个，在岗人员167人，从事工作人员每月岗位补贴500元，并通过不定期走访和电话回访对公益性岗位安置对象实行动态管理。推进东西部扶贫，对在松阳就业的东西部扶贫建卡立档人员信息进行核实走访跟踪服务，了解帮扶地区人员在松阳工作情况，及时更新，落实核对吸纳就业情况。帮助贫困人口（中西部22个省）到松阳稳定就业759人，对口帮扶4个省到松阳就业339人（含历年稳定就业人员）。松阳县创新扶贫协作六大模式助力四川巴州区就业工作得到原常务副省长冯飞的批示肯定。完善就业创业优惠政策，实施高校毕业生就业创业促进计划，精心打造毕业季系列服务活动。全年发放创业担保贷款28人905万元，发放创业担保贷款贴息23人41.19万余元。认定27个社区（村）为县级高质量就业社区（村）。

社会保险

【基本养老保险统筹管理】2020年，松阳县参加基本养老保险186028人，参保率98.96%；企业职工基本养老保险基金收入45025万元（财政补助3000万元，上级补助7203万元），支出80202万元，累计结余7862万元，支付能力1.78个月。机关事业养老保险基金收入26019万元（财政补助12011万元），支出26011万元，累计结余808万元。城乡居民基本养老保险基金收入10663万元，支出7869万元，累计结余14078万元，支付能力21.47个月。工伤保险基金收入3795万元（财政补助2400万元），支出3370万元，累计结余907万元，支付能力3.3个月。被征地农民保障基金收入6637万元，支出3929万元，累计结余6140万元。社会保障待遇进一步提高。企业退休人员基本养老金从人均2221元/月提高至2279元/月，惠及2.8万人。机关事业退休人员基本养老金从人均6415/月提高至6785元/月，惠及0.3万人。失业保险基金收入1356万元，支出2171万元。实现企业职工基本养老保险接入省级统筹。

【社保基金安全管理】2020年，县人力社保局通过规范社保经办业务操作，健全基金监督制度，强化内部审计等手段，结合现场监督与非现场监督，保障社会保险各项基金的安全平稳运行。开展失业保险基金管理内控专项检查、提前退休疑点核查、服刑人员违规领取养老待遇专项检查、社保经办风险防控自查整改工作、工伤保险基金安全评估自评省厅复评工作、“三个全面取消”工作和社保基金第三方审计工作。严格执行社保基金要情报告和基金监管定期报告制度。由丽水万邦天义会计师事务所有限公司对松阳的失业保险基金进行审计，督促失业保险经办机构对存在的问题进行整改。通过增强风险意识，完善制度，堵塞漏洞，确保社保基金安全。

【工伤保险】2020年，县人力社保局严格按《工伤保险条例》开展工伤认定工作，配合市局做好劳动能力鉴定预约和鉴定结论送达工作，为企业和工伤职工提供便捷、高效的服务。推进工伤预防国家试点，探索全县工伤预防工作机制体制建设，贯彻落实“政府牵头、部门协作、信息共享、常态管理”的工伤预防工作思路，通过召开工伤预防联席会议、实施工伤事故三级预警制度和工伤保险参保费率浮动机制，开展多部门工伤预防联合检查和工伤事故信息共享等，督促生产经营单位落实安全生产主体责任，减少工伤事故的发生。是年全县工伤保险平均参保 50335 人，发生工伤 750 件，工伤发生率 1.49%，工伤发生数较上年同比下降 1.32%。

【被征地农民基本生活保障】2020 年，县人力社保局全力攻坚被征地转保工作。截至 12 月底，全县办理被征地农民转保 4 万余人，增加被征地农民基本生活保障 3 人，增加被征地农民基本生活保障转保企业职工养老保险 447 人，增加被征地农民未参与档次及转保 2 人。被征地农民保障基金收入 6637 万元，支出 3929 万元。

【城乡居民基本养老保险】2020 年，县人力社保局完善举措，残疾人员按城乡养老最低缴费档次（100 元）全额免缴；对低保、特困人员做到应保尽保。出台城乡居民基本养老保险待遇确定和基础养老金正常调整机制。从 2020 年 1 月 1 日起，城乡居民基本养老保险个人缴费档次调整为 9 档，分别为每年 100 元、300 元、500 元、800 元、1000 元、1500 元、2000 元、3000 元和 5000 元，其中 100 元档次限低保对象、特困人员、残疾人、低保边缘户等困难群体参保，由县财政全额代缴。合理调整缴费补贴水平，对选择较高档次缴费的人员适当增加缴费补贴，引导城乡居民选择高档次标准缴费。

（县人力社保局）

退役军人事务

【概况】2020 年，松阳县退役军人事务局（以下简称“县退役军人事务局”）发挥全县三级退役军人服务保障机构作用，践行“服务不缺位、保障全覆盖、尊崇有氛围、引领建新功”的工作理念，推进各项工作。完善退役军人和其他重点优抚对象信息采集系统，及时审核评定 60 周岁以上农村籍退役军人的信息并输入优抚信息系统，新认定带病回乡退伍军人，增强对全县军队离退休干部的服务管理，落实军休干部各项待遇。聘请法律顾问为退役军人提供退役军人相关的法律咨询、法律援助等，对退役军人进行普法知识教育，开展法律知识宣传、讲座等活动，为退役军人提供法律咨询。

根据建设退役军人服务保障体系的要求，县级退役军人服务中心办公场所装修竣工投用，实现首批“新时代枫桥式退役军人服务站”创建工作，其中包括县本级退役军人服务中心 1 个，乡镇（街道）退役军人服务站 18 个，村（社区）退役军人服务站 4 个，以及 30%村（社区）标准型退役军人服务站 64 个。

【军转人员移交安置】2020 年，县退役军人事务局开展退役军人的接收安置工作。探索军人退役一件事联办，提高办理退役手续的便利性，及时做好退役军人的落户、社会保险转移、党（团）员关系以及档案的接收移交工作。对符合政府安排工作的人员和退役军人转交优抚安置科施行落实，健全“阳光安置”政策，严格按照服役表现量化评分加考试的方式妥善安置，并及时发放转业士官待安置期生活补助。

【优抚政策落实】2020 年，县退役军人事务局依照国家出台的标准，把各类抚恤补助足额及时发放到优抚对象手中。开展优抚社会化工作，安排农村籍义务兵父母、烈士遗属等开展免费体检。开展残疾军人和其他优抚对象假肢矫形器助听器适配、巡回修理服务工作，协同县民政部门为 60 周岁以上优抚对象提供家庭适老化改造。

【服务部队建设】2020 年，县退役军人事务局在春节、“八一”建军节等重大节日，走访慰问丽水军分区和驻松部队官兵，向驻松部队发放慰问金；县退役军人事务局、乡镇（街道）、村（社区）服务站、退役军人志愿者队伍对一线工作退役军人、困难退役军人、新中国成立前参加革命工作老同志、抗美援朝老兵、“三属”、边海防现役军人家属、荣立二等功以上退役军人、参战退役军人、残疾军人等进行走访慰问。联合县人武部组织开展 2020 年迎老兵送新兵活动，发放退役军人返乡纪念品，增强广大退役军人的获得感、幸福感、荣誉感。

【退役军人教育培训】2020 年，县退役军人事务局开展退役士兵的复学以及技能教育培训。在退役士兵报到时，发放一张技能培训申请表，进行面对面宣传，不仅开设驾驶证等常规课程，9 月底，联合县求实职业技能培训，为退役士兵开展适应性培训以及就业技能技术培训，结合往年退役军人的主要就业方向开设办公自动化培训、茶叶种植及加工培训课程，培训班设有技能教育培训的重要性讲解，并带领退役军人到招聘现场，主动对接当地企业，帮助退役军人在培训后能够实现就业、创业。

【自主择业退役军人服务管理与保障】2020 年，县退役军人事务局对 2014－2019 年的退役军人就业情况进行精准的摸底调查，掌握就业状况，深入了解退役军人的就业需求，并与县人事部门和全县各大企业对接，在水南、古市等地召开退役军人专场招聘会，为退役军人提供更多就业岗位，并多次通过微信等平台发布招聘信息，向退役军人提供岗位信息。严格个人档案管理，坚持“一人一档”，实行动态化管理，做到更新及时、信息准确、底数清楚、情况掌握。持续加大就业创业扶持，组织退役军人参观退役军人企业，在疫情复工后，走访 10 余家县域退役军人自主创业企业，把就业创业政策宣传与走访慰问相结合，面对面、针对性为退役军人答惑解疑。组织退役军人自主创业人员参加浙江省首届退役军人创新创业大赛，并获三等奖。与县农商银行、县中行、县邮政储蓄银行等金融机构合作推出各类“拥军贷”信贷产品，为符合条件的退役军人、军属提供贷款利率优惠政策，解决现役军属、退役军人及其家属融资难等问题，使其加快融入“大众创业、万众创新”的行列，有效填补县内退役军人军属群体信贷服务的空白，为县域金融系统服务推进军民融合发展搭建桥梁。

【褒扬纪念工作】2020年，县退役军人事务局继续为全县烈士遗属、因公牺牲军人遗属、病故军人遗属家庭和现役军人家庭、退役军人家庭悬挂光荣牌，并在春节、“八一”建军节、国庆节等节日，对部分一至四级残疾军人、复员军人、烈属、参战人员，下岗残疾军人等优抚对象开展走访慰问，把立功受奖的喜报送上家门，组织重点优抚对象到嘉兴开展短期疗养，全年帮扶生活困难优抚对象，发放困难补助金。走访调查全县曾赴朝参加抗美援朝的老战士，发放19枚“中国人民志愿军抗美援朝出国作战70周年”纪念章。组织开展英烈事迹宣传和纪念活动，在清明节前夕开展“致敬·2020清明祭英烈”的线上祭扫活动，发动7000余人次参加线上祭扫，大力宣传当地立下不朽功勋的英雄烈士，激发广大市民学习英烈的优秀品质。开展《松阳县退役军人风采》系列丛书之二《奋斗的故事》采编工作，并与松阳电视台联合推出“退役军人创业风采”、抗美援朝老兵故事宣传等节目，彰显榜样力量，弘扬社会正气。

（县退役军人事务局　徐亚文）

医疗保障

【概况】2020年，松阳县医疗保障局（以下简称“县医保局”）继续抓改革、惠民生、强基础，以亲民、优质、高效、清廉的“医保之干”为“重要窗口”建设添砖加瓦，为全县参保群众提供坚实的医疗保障服务。

全年全县医疗救助困难人员31416人次，救助金额774.72万元。其中，特困5590人次，救助金额202.53万元；低保23227人次，救助金额453.83万元；低边2533人次，救助金额83.03万元，因病致贫对象39人次，救助金额24.76万元；县政府规定的其他困难人员救助人次27人次10.57万元。困难群众医疗费用救助政策落实率100%.

深化“最多跑一次”改革。医疗保险、医疗救助和生育保险11个主项、31个子项，在浙江政务网、“浙里办”APP平稳运行。全县医保经办事项实现三个100%，政务服务2.0收件率99.87%，“好差评”主动评价率40.08%；线上办件率88.69%，“一件事”平台线上运行，全年办件1200余件。延伸服务触角，推进医保经办服务均等化、普惠化、便捷化，加快“县—乡—村”医保服务（监管）体系建设。现有乡镇（街道）医保员24人、村级医保代办员405人，实现县—乡—村三级医保员队伍全覆盖；“四位一体”延伸网点60个。推进“送药上山”便民服务点建设，指导新增4家“送药上山”便民服务点申请医保定点工作，为4家“送药上山”便民服务点配置医保移动POS机。

【疫情防控】2020年，县医保局落实“确保患者不因费用问题影响就医、确保收治医疗机构不因支付政策影响救治”的“两个确保”要求，完成新冠肺炎确诊、疑似和隔离人员医疗费用结算，累计支付基金6800.95元；为全县16594人参与新冠肺炎防控工作定点医疗医护人员和其他工作人员办理人身保险，向全县行政事业、国企179家单位发放民用口罩33215个。预拨定点救治机构专项资金500万元。实现阶段性减征职工医保费工作，为859家参保单位累计减免1189万元。优化经办服务，实施常规事项线上办，紧急事项咨询办、预约办。

【医疗帮扶工作】2020年，全县有372名困难群众享受大病保险补助，补助金额300余万元。县财政投入100万元，为全县低收入农户购买补充医疗保险（低农补助）。全年低农补助享受人数463人，补助金额70.71万元。全县累计救助困难群众31416人次，发放救助金774.72万元。困难群众医疗费用救助政策落实率100%，城乡困难人群医疗综合保障率83.04%。

【医保基金管理】2020年，县医保局联合县纪委、县财政局在出台禁止性文件，严肃公职人员医保卡使用，明确“十不准”规定，防止出现医保基金使用方面的违纪违法行为。加强行业自律，做好民营定点医药机构协会筹建，并于11月18日召开松阳县医药行业协会第一次会员大会，医药协会有了自治组织。掌上执法活动持续推进。实现监管事项认领率100%；完成所有监管事项实施清单编制，编制率100%；开展“双随机、一公开”监管，双随机事项覆盖率和抽查任务完成率100%，跨部门监管率50%，同时在双随机抽查任务中引入信用评价，信用双随机率100%。开展外伤核查、按月开展“人死卡活”的稽核工作。审核外伤案件2175例，发现阳性案件697件，涉及违规金额564.57万元；开展公立医疗机构自查自纠活动，退回违规收取医保基金155.13万元。开展县、市区交叉检查，发送处理意见书23份，扣回违规医保基金2.4万元。

【基本医疗保险和生育保险】2020年，全县基本医疗保险参保21.7万人，其中一档职工3.2万人，二档城乡18.5万人，参保率达99.58%。基金总收入45589.12万元，总支出39581.3万元，年末累计结存26566.56万元。2020年1月1日起，生育保险和职工基本医疗保险合并实施，职工医保（含生育）收入16877.28万元，支出12368.66万元，年末累计结存16979.53万元，其中个人账户累计结存7383.75万元；城乡医保收入28711.84万元，支出27212.64万元，年末累计结存9587.03万元。

【施行全民健康补充医疗保险“浙丽保”】2020年，全市统一推出政府主导、商保承办、公益运行的全国首创“浙丽保”。县府办印发《关于加快推进全民健康补充医疗保险（浙丽保）单位职工参保工作的通知》，县医保局制定《松阳县全民健康补充医疗保险（浙丽保）宣传工作方案》，通过电视台、广播、报纸、微信公众号、短信、LED显示屏、“两定”机构宣传等方式全方位多角度宣传推广城乡医保和“浙丽保”，推动市民参保。截至2020年底，全县实现2021年度参保19.58万人，参保率90.25%。

【实施药品带量采购】2020年，县医保局按照省市关于药品带量采购有关要求，实施第一批、第二批国家组织药品集中采购，其中第一批供应松阳20个品种，药品价格平均降幅60.21%；第二批供应松阳的21个品种，药品价格平均降幅76.07%；第三批从11月10日开始实施第三批国家组织药品集中采购（浙江）中选品种带量采购工作，其中供应松阳有32个品种，该批药品价格平均降幅62.05%，中选的药品落地可为节约全县参保群众药品费用498.52万元。截至2020年底，第一批中选产品合计采购489万片，完成首年约定采购量236万片的207%。采购总金额由带量采购前的1289万元下降为402万元，累计节约药品费用896万元，其中医保基金支出节约537.6万元，群众个人支出节约358.4万元。

【打击欺诈骗保行动】2020年，县医保局开展“打击欺诈骗保 维护基金安全”宣传月活动；创新线上监管模式，实现医药机构实时监控；夯实长效机制，严格案件查处。全年查处违法违规定点医药机构33家，解除医保协议1家，暂停服务协议5家，移送司法机关案件2件，追回医保基金460余万元；解除医保医师协议1人，移送司法机关2人次，追回医保基金3.5万元。查处参保人员违规报销1例，追回违规金额1.1万元。智能网审违规单据5.1万条，扣回医保基金14.87万元。

2020年2月，县医疗保障局工作人员到板桥乡向群众宣传“浙丽保”政策

【便民服务】2020年，全县医保电子凭证激活44450户，激活率20.95%，无卡就医成为现实。持续完善异地就医结算，住院费用跨省直接结算307人次，累计结算医疗费用887.21万元，医保基金支付368.81万元；稳步推进门诊费用直接结算，市外直接结算9.5万人次，累计结算医疗费用1464.45万元，医保基金支付211.26万元。

（县医保局）

民政事务

【概况】2020年，松阳县民政局（以下简称“县民政局”）在做好民政系统疫情防控常态化工作的基础上，锚定“两手硬、两战赢”的目标。1月21日，松阳县养老服务工作在央视2020年中国应对——《不离乡土 安养晚年》播出；7月27日，松阳县施行低收入农户动态管理的做法在《丽水日报》头版作了报道；11月，在全国养老服务工作会议上，松阳县高质量推进特困供养工作的主要做法，是浙江省2个典型案例之一，被民政部经验推广。

【养老服务体系建设】2020年，县民政局全面落实丽水市政府《关于推进养老服务体系建设的实施意见》精神，推进机构、社区和居家养老服务融合发展，满足多样化、多层次的社会养老服务需求。实施省、市民生实事项目，开展生活困难老年人家庭适老化改造50户，通过统一入户评估、设计、施工的“三统一”措施，于9月底完工投用；建设社区嵌入式养老护理机构2家，11月底完工投用；新兴、大东坝、水南、安民、枫坪、裕溪乡6个乡镇（街道）级居家养老服务中心于11月底投入使用；实现养老护理员培训全覆盖和家庭照护者培训500人次。推进养老机构建设，松阳县恒泰康养中心于6月投入运行；县残疾人托养中心已结顶；县君宇颐养院和松阳县百龄帮长者养护中心被评为三星级养老机构。全县6家养老机构、179家居家养老服务照料中心与县中医院和当地卫生院签订合作协议，并在西屏、玉岩等乡镇（街道）设置幸福夕阳健康服务站，开展医生进点巡诊。全面落实养老服务补贴，引进3家社会组织承接养老服务补贴政府购买服务项目，为特殊需要对象提供全方位、个性化的服务，同时组织工作人员定期或不定期对3家服务组织的服务时间、服务效率、服务内容开展督查，全县享受养老服务补贴老人165人，发放补贴资金81.72万余元。

【社会救助体系建设】2020年，县民政局按照“精准再精准，聚焦再聚焦”的要求，全面动员、尽锐出战，集中攻坚、善作善成，确保符合条件贫困人口兜底保障不漏一户、不落一人，实现脱贫攻坚兜底保障各项任务。加强兜底工作更精准，印发《关于深入推进社会救助专项治理工作的通知》《松阳县困难群众探访关爱制度》等，施行低收入对象走访全覆盖，对全县户籍人口开展一次“地毯式”大排摸，累计走访140余天，走访农户1800余户，全县增加低保对象451户744人、取消926户1373人；增加低边对象119户179人、取消1060户1960人；全县有低保对象3873户6106人、低边对象825户1542人。完善民生保障，会同县财政部门，出台《关于规范公建民营供养服务机构供养资金使用的实施意见》，规范特困供养资金的使用管理，保障特困供养人员的基本权益；出台《关于进一步加强社会救助对象动态管理的通知》，设置工作流程图，压实乡镇、村干部责任，健全低收入农户动态管理机制和责任溯源倒查机制；建成“儿童之家”9家，同时每季度召开乡镇（街道）民政工作季度会议，部署当期社会救助重点工作，开展业务培训及工作交流等，提高民政干部服务能力水平。实行主动救助，在丽水市率先开展数据共享工作部门15个，每月通过钉钉群把新申请和新退出的低收入对象数据信息进行共享，实现低收入对象数据库民政、扶贫“两线合一”；做好最低生活保障标准提标工作，低保标准提高到每人10200元/年，全年发放低保金4000.41万元；临时救助1595人次，发放临时救助资金157.7万元；特困供养人员253人，发放救助金351.25元；孤儿救助14人，困境儿童救助199人，发放救助金265.66万元；救助肇事肇祸精神病人620人次，支出医疗救助金243.88万元；流浪乞讨人员救助35人次。

2020年6月29日，县民政局工作人员开展低收入农户动态管理核对工作

【慈善事业】2020年，县民政局加强慈善事业的宣传，弘扬中华民族“扶贫济困、乐善好施”传统美德，采取多形式、多媒体、多渠道宣传慈善文化、慈善理念；精心组织慈善捐赠，募集善款894万元；开展松阳县慈善精准帮扶基地建设，申报全省慈善基地；举行助困、助学、助医、助残、助老等各种慈善救助活动，发挥慈善救助在完善社会保障体系和构建和谐社会中的补充作用。始终把“急”“难”“灾”作为慈善救助的出发点和落脚点，全年发放救助款639万元，救助人员3000余人。

【社会管理体系建设】2020年，县民政局以党建为引领，促进城乡社区治理转型升级，构建自治、德治、法治相结合的共建、共治、共享“三治三共”社会治理新格局。加强基层社会治理，编制换届选举工作指导手册，依法指导全县开展村（社）委会换届选举工作，全县有214个村（社），村委选民176451人，“一肩挑”人选（主任）平均得票率95.47%，村委会副主任、委员平均得票率88.54%，平均参选率97.52%。11个社区选民人数为21313人，“一肩挑”人选（主任）平均得票率99.34%，居委会副主任、委员平均得票率98.52%，平均参选率98.13%；出台《松阳县社区规模调整优化指导意见》《松阳县社区规模调整优化方案》《松阳县专职社区工作者配备方案》，分两批共招聘社区专职工作者39人，稳妥有序地推进城市社区规模调整优化工作，把全县城市社区打造成具有山区特色的基层治理示范地；出台《村社出具证明事项清单》，开展专项治理“社区万能章”；组织开展第三批省级引领型农村社区创建工作，四都乡陈家铺村、西屏街道北山村、新兴镇上安村通过验收。优化社会组织发展环境，开展省级社会组织党群服务中心示范点创建，委托第三方社会组织实体化运行，提升党组织标准化建设水平；通过单建和选派党建指导员，实现社会组织党组织和工作全覆盖，其中单建党组织1家，工作支部2家；组织开展社会组织年度检查，全县345家社会组织，年检率96.5%；组织开展社会组织公益项目创投，做好公益品牌培育以及全省、市品牌社会组织和公益领军人物推荐；开展社会组织等级评估，有AAAA级社会组织1家；依法登记的枢纽型、支持型社会组织数量实现乡镇（街道）和城乡社区全覆。社工队伍建设，建设乡镇（街道）社会工作站，西屏、古市社社会工作站，通过省市验收；开展绿谷社工师评选工作，获绿谷社工师5人；增加社会工作岗位数7个，增设“幸福成长营”社工机构；组织4个社区开展志愿服务项目，探索推广“时间银行”制度；发动277人参与社工报名考试。

【殡葬管理】2020年，县民政局编制公墓建设和布点规划纳入国土空间规划；出台《松阳县村级生态墓地建设、节地生态安葬奖补办法》，有8个乡镇13个村共1274穴坟墓实行审批，验收11个村共1415穴坟墓；在全省殡葬综合改革试点工作的基础上，建成8个乡镇节地生态安葬点；落实殡葬基本服务免费政策，办理免费服务1701人次，免费金额96万元；跟踪管理骨灰1600余具。

【区划地名管理】2020年，县民政局完成地名普查档案整理归档；开展不规范地名清理整治，编写修改《国家标准地名志》《浙江省标准地名词典（下卷）》等松阳县部分书稿；象溪村入选第二批浙江省“千年古村落”地名文化遗产，办理门牌证、出具地名证明等7598件；实现行政区域界线——遂松线的联检工作。

【婚姻和收养登记管理】2020年，县民政局举办“1212”集体颁证仪式暨幸福讲堂，邀请浙江省最美政协人、国家二级心理咨询师陆秀云老师为新人们颁发结婚证书；落实“双休日”预约服务，办理结婚登记1131对，离婚登记551对，补发婚姻登记证228件，收养登记15件。

（县民政局）

移民工作

【概况】2020年，松阳县移民工作中心（以下简称“县移民中心”）持续开展“入千访万”活动，密切关注移民群体思想动态，建成移民涉稳信息收集管理平台，建立健全县乡镇（街道）移民联络员队伍。开展联系乡镇、村结对帮扶等服务工作，全年投入37.5万元移民专项资金扶持结对村集体经济发展，该中心干部分别结对帮扶移民15户19人脱贫解困，指导结对村村级组织换届平稳推进。全年来信来访4批次14人，办结率100%。实现黄南水库“三提前”，6月21日和6月23日，黄南水库分别通过下闸蓄水阶段移民安置技术验收和省级终验，8月6日实现下闸蓄水，12月22日正式发电。7月21日，副省长王文序高度肯定黄南水库移民安置工作，并作出“丽水市强化政策、机制建设，改进方式方法、推动安置帮扶做法值得肯定”重要批示。松阳县连续7年获评全省“水库移民工作优秀县”。

【扶持移民工作】2020年，县移民中心开展移民直补人口复核，直补资金发放。全年核减直补移民84人，其中死亡72人，财政供养8人，其他情况4人，发放移民直补资金743.44万余元。实施年度后扶项目。全中心工作人员深入各移民安置乡镇（街道）、村调研，对照精准扶持和转变扶持方式要求，结合县委、县政府中心工作，全面分析和把握移民扶持重点，科学合理编制移民项目年度计划，开展立项前期踏勘，建立高质量的后扶项目库，召开项目实施方案分析研判会议。全年分三批共安排移民项目64个，项目资金1670.94万元。

【黄南水库移民后期帮扶】2020年，县移民中心按时发放移民直补资金。从2019年一季度开始，按每人每年600元标准，按时发放黄南水库1140人移民直补资金，发放136.8万元；开展项目扶持，全年安排63万元扶资金用于水库移民村生产用地的生产作业道、水渠等基础设施的改造提升；把水库移民安置村玉湖村的光伏小康项目纳入省扶贫项目，8月底成功并网发电，全年总发电量21.34万千瓦时，发电后移民每户每年固定受益700元，移民村集体每年预计发电受益14万余元；开展茶叶种植、来料加工等移民就业技能培训3期，培训500余人次。

【移民安置村基础设施建设】2020年，县移民中心根据部分移民安置村基础设施尚不健全的现状，重点加强移民安置村道路、基地路面硬化、农村饮用水达标提标、村庄亮化工程、水渠建设、文化礼堂等基础设施配套工程的资金补助，改善生产生活条件，提升移民安置村现代农业发展水平和人居环境。村庄亮化工程，涉及1个乡镇1个村，补助资金35万元；道路、基地路面硬化及水渠建设项目，涉及8个乡镇28个村，补助资金771.44万元；农村饮用水达标提标工程，涉及5个乡镇8个村，补助资金222万元；文化礼堂修缮项目，涉及3个乡镇3个村，补助资金69万元；挡墙、渠道、游步道、综合楼、物业楼等基础设施建设项目，涉及5个乡镇6个村，补助资金243.69万元。

【移民创业致富能力增强】2020年，县移民中心围绕富民强村目标，加快移民创业致富步伐。开展技能培训，增强移民创业能力，坚持“移民需要、促进创业、群众满意”的培训宗旨，在培训内容上，与县域经济产业发展、市场需求、移民就业及创业实际相结合;以“绿色生态理念”为主导，扶持移民村的原种农业、有机农业等生态农业业态的发展，依托香茶、香菇、香榧等优势特色农产品，打造一批具有移民村自身特色的绿色优质农产品生产基地；扶持创新创业移民带头人，发展创意农业、功能农业、休闲农业、特色食品、民宿经济、电商等新产业、新业态，实现移民安置村一、二、三产业深度融合；以移民项目资金入股投资物业分红为创新试点，为移民村集体经济增收。全年古市镇建安村、八都村、上河村分别投资80万元，3个村均补助移民资金30万元，年分红收益8%，并形成固定资产。

（县移民中心）

残疾人事业

【概况】2020年，全县有各类持证残疾人9796人，其中视力残疾1174人，肢体残疾3374人，听力残疾3322人，言语残疾75人，智力残疾666人，精神残疾672人，多重残疾513人；一级1085人，二级1443人，三级2960人，四级4308人。

【残疾人服务设施建设】2020年8月，松阳县残疾人托养中心项目完成主体建筑工程结顶。谋划实施托养中心公建民营，11月县政府第46次常务会议通过公建民营运营模式方案，12月初采用竞争性磋商方式对外公开招投标，中标公司为杭州钱江养老服务中心。2020年，投资1510万元，主要实施内部装修和附属工程建设，至12月底项目基本建成。残疾人康复中心（二期）改造工程于7月动建，2020年实现投资220万元。

【民生实事建设】2020年，松阳县残疾人联合会（以下简称“县残联”）根据省市民生实事建设要求，推进残疾人之家规范化建设和困难残疾人家庭无障碍改造。全年提升打造玉岩、望松星级“残疾人之家”2家，新建水南、古市、大东坝残疾人之家3家，庇护照料残疾人160余人。开展困难残疾人家庭无障碍改造进家庭。3月完成入户摸底调查，并对外公开招投标，由第三方入户实施改造，全年实现困难残疾人家庭无障碍改造44户。

【残疾人社会保障服务】2020年，县残联全面落实残疾人扶贫救助，积极向上争取资金，落实重度残疾人护理补贴和困难残疾人生活补贴，规范申报流程，按月发放补助，同时开展动态管理，全年残疾人2项补贴共发放金额1266.08万元，惠及5787人次。为全县持证残疾人参保意外伤害保险、残疾人城乡居民医疗保险、城乡居民社会养老保险和“浙丽保”，实现社会保险全覆盖。积极向省里申报慈善助残危房改造39户并获批，全县残疾儿童义务教育入学率99%以上，69人残疾学生在培智学校就学或开展送教上门，实行专业免费特殊教育。对45名残疾人大学生和贫困残疾人家庭大学生开展助学救助，救助资金15.18万元。春节和“助残日”期间，走访慰问贫困残疾人248人，发放慰问金19.84万元。

【残疾人康复服务】2020年，县残联为有需求的残疾人提供精准康复服务，为全县符合条件的残疾人发放轮椅等辅助器具184件，助听器验配160台，假肢安装15条；髋/膝关节置换手术补助5人。开展精神残疾人救助工作，全年精神病人门诊免费服药补助2454人次，补助金额63.7万元。

【就业培训工作】2020年，县残联举行残疾人茶园工培训班3期，共培训150人。对残疾人从事个体经营、自主创业、灵活就业等进行补助，帮扶个体经营、自主创业、灵活就业残疾人330人，增加就业68人。开展残疾人创业贴息补助75人，补助金额

古市残疾人之家

55.6 万元。临时救助困难残疾人 305 人，补助金额 45 万元。全年残疾人就业保障金征收总额 789.8 万元。

【基层组织建设】2020 年，县残联以全县行政村换届选举的时机，对全县 203 个行政村村残协进行调整，每个村（社区）残协主席由村（社区）党组织负责人担任，残协副主席由村监委（社区）主任担任， 选聘 203 个残疾人专职委员负责日常工作。组织开展乡、村残疾人专职委员业务培训，提升残疾人工作者业务水平和服务能力。紧扣改革要求，推进“最多跑一次”惠残公共服务改革，全面提升服务水平，把服务关口前移到评残医院服务大厅，实现残疾人证办理即申、即评、即办。落实公共服务“帮代办”和集成办理模式，推行残疾人工作代帮办和八个助残事项网上集成办理，由残疾人专职委员主动上门服务，开展代帮办服务 1335 人次。构建“线上+线下”全代办助残服务新模式，全年先后在省跑改办《竞跑者》、市改革先锋、丽水政务信息专报、《丽水日报》和《丽水新闻》刊播；组织参加市改革办组织的主题演讲比赛。

【宣传文体工作】2020 年，县残联在重大残疾人节日（爱耳日、全国助残日、残疾预防日、盲人节国际残疾人日）和残疾人文化艺术周期间，开展惠残政策宣传和适合残疾人的文化活动，发放各类宣传资料 2000 余册。围绕残疾人工作，与主流媒体的沟通与对接，宣传全县残疾人工作经验、成就、亮点，全年县残联在《新松阳》、电视台等主流媒体宣传 33 次。印发《幸福松阳》杂志 1 期，深化文化助残“五个一”工程，组织 150 余人残疾朋友观看爱国电影，组织全县残疾人艺术家参加省残联系统组共抗疫情书画作品网络展和省书画摄影比赛。

【无障碍环境创建】2020 年，县残联以松阳被列为省级无障碍建设示范点（全省 2 个县之一）为契机，开展省级无障碍示范点建设。6 月，成立领导小组，由县府办出台实施方案，全方位开展以“一镇两村、一街两景、一地图两标准、一社区 100 户”为主要内容的无障碍建设工作，完善残疾人居家无障碍，优化乡村无障碍旅游环境，着力把全县打造为浙江省无障碍环境建设的“重要窗口”。在市残联和市场监管局的指导下，编制无障碍领域地方标准，1 月发布县级地方标准（DB331124/T33－2020）《乡村景区无障碍建设导则》。编制《居家无障碍设施改造技术规范》《乡村景区无障碍环境建设指南》两个市地方标准并发布，填补全市无障碍建设规范空白，在国内也是首创。《居家无障碍设施改造技术规范》申报省级地方标准并获立项。开展乡村景区无障碍建设市级标准化项目试点工作，全县无障碍环境建设工作 9 月在全国第十五届中国信息无障碍论坛上进行应用推广，受到上级领导和全国各地专家学者的赞赏与肯定。

【东西部残疾人扶贫行动】2020 年，县残联在四川巴州区江北、老城区、残疾人服务中心建立贫困视力残疾人“盲人按摩车间”。8 月 17 日，举办一期盲人按摩专业技能培训班，培训视力残疾 62 人。其中，建档立卡贫困视力残疾 30 人，非建档立卡困难视力残疾 32 人。开展贫困残疾人示范基地建设暨股权量化，在天马山镇四川省松巴茶业有限公司、大和乡鑫瑞家庭林场、水宁寺镇宏兴种植养殖专业合作社以及信誉良好的企业投入股权资金 230 万元，对全区 230 余名特困残疾人实施股权分红，增加贫困残疾人收入。捐赠巴州区贫困残疾人电动轮椅 10 辆。

（县残联）

红十字会

【概况】2020 年，松阳县红十字会（以下简称“县红十字会”）有机关事业编制 3 人，其中会长 1 人，常务副会长 1 人，股级职数 2 人。共建立基层红十字会 36 个，其中乡镇（街道）红十字会 19 个、村（社区）红十字会 3 个、学校红十字会 8 所、医疗机构红十字会 4 个，其他行业红十字会 2 个。县红十字会发挥党和政府在人道领域联系群众的桥梁纽带作用，各项工作不断取得新突破。

【应急救援】2020 年，县红十字会在新冠肺炎疫情防控期间积极组织单位干部职工、志愿者、红十字山鹰救援队成员开展疫情防控工作；接受捐款、捐物 671.12 万元，转交拨付中天爱心慈善基金定向为松阳县援鄂医护人员捐赠善款 4 万元，援助四川巴中区 20 万元，所有款、物的接收使用情况都已向社会公示。在新冠肺炎疫情防控期间得到浙江省红十字会的肯定，获“2020 年度浙江省红十字新冠肺炎疫情防控先进集体”称号。松阳县红十字山鹰救援队为松阳突发意外事件做好救援准备。2020 年，出警 12 次，其中搜救溺水受困群众开展水上搜救 5 次，搜救村、社区失联群众开展山地搜救 5 次，为县农业农村局“五水共治”休闲垂钓大赛、松阳火车站通车仪式保障备勤等大型活动开展后勤备援 2 次，为松阳县应对突发意外事件提供重要帮助。

【救护培训】2020 年，县红十字会组织专业师资力量，对机关事业单位、企业、人民群众等群体就心肺复苏、创伤急救、意外灾害等急救知识进行培训，完成普及培训 3683 人，救护员培训取证 667 人。救护员培训严格按照《中国红十字会应急救护培训标准化工作手册》执行。规范发放证件，建立救护员档案。

【关爱生命工程】2020年，县红十字会加强对志愿献血、造血干细胞捐献工作的宣传，有效动员适龄人员造血干细胞采样入库，造血干细胞入库30人份。做好入库后的再动员和高配成功后的动员服务工作，定期走访慰问造血干细胞捐献者，努力营造“爱来爱返”的良好氛围。2020年，通过媒体宣传、现场活动、发放宣传资料等多种形式，多渠道宣传捐献工作，鼓励更多的人加入遗体、器官捐献队伍。实现人体器官捐献1例，遗体捐献2例，眼角膜捐献3例。采购12台AED（自动体外除颤仪）设备，实施在松阳县4个国家AAAA级景区、8家4钻级民宿组网安装，构建“社会五分钟应急救护圈”。提高全县景区、民宿应对旅客、工作人员突发心搏骤停的应急救护能力，抓住“社会应急救护黄金五分钟”救援时机。

【宣传工作】2020年，县红十字会开展红十字会员、志愿者发展工作，增建城东社区基层红十字会1个，协助新兴镇红十字会理事换届。新发展会员72人，志愿者55人。做好新建基层红会召开红十字会员代表大会，会前宣读《中华人民共和国红十字会法》与“红十字运动七项基本原则”，为会员、志愿者发放宣传手册。在城东社区市民活动中心、大石村文化礼堂建成红十字博爱家园2个，设立红十字文化宣传栏，宣传《中华人民共和国红十字会法》等红十字知识。9月3日，在城东社区开展“人人争当小园丁 共建共享大花园”志愿服务活动，宣传《中华人民共和国红十字会法》，发放红十字急救知识手册，现场开展应急救护教学。

【博爱帮困活动】2020年，县红十字会开展“松阳县红十字会博爱送万家”活动，为新兴镇73户困难户送去大米、食用油、棉被等博爱物资，受益247人。争取到省红十字会“浙江省红十字博爱送万家”活动名额30人次，为19个乡镇（街道）上报困难户30人，每户发放食品大礼包、1000元慰问金，受益93人。城东社区开展博爱救助活动，为城东社区15户困难户，发放红十字人道互助基金7000元、受益50人。为全县因病、因灾、因祸等致贫的贫困群众发放红十字农商银行人道救助金5万元、受益23人；吴苏君助医券9500元、受益13人；象溪镇火灾援助款1500元、受益5人。

（县红十字会）

乡镇（街道）

石门廊桥

西屏街道

【概况】2020年，西屏街道区域面积69平方千米，辖22个行政村、85个自然村和6个社区。辖区山林面积1709.93公顷，耕地面积1403.49公顷，其中水田16.33公顷。总户数20766户，总人口48107人；出生新生儿378人，死亡258人，人口自然增长率2.49‰。2020年，该街道克服新冠肺炎疫情带来的不利影响，做好“六稳”工作，落实“六保”任务，打好打赢三大攻坚战，奋力夺取疫情防控和经济社会发展“双胜利”。实现工业总产值6561.7万元，增加值1698.5万元；村集体经济总收入1691.4万元，同比增长11%，其中经营收入943万元。街道党工委、办事处先后获评丽水市疫情防控事迹突出的党组织，丽水市创建省一星“平安金鼎”工作突出贡献集体，“丽水之干”模范集体。

【疫情防控工作】2020年，西屏街道坚持人民至上、生命至上，以高度的政治自觉和使命担当，发挥党工委、村社党组织、小区临时党支部三级组织阵地作用，发动党员、干部、网格员、人民群众等防疫队伍，形成“三横四纵”的疫情防控体系，实现辖区群众零疑似、零感染，居家、集中隔离双清零。街道党工委获评丽水市疫情防控事迹突出党组织，城南社区党委获评丽水市抗击新冠肺炎疫情先进基层党组织。

【支持生态工业】2020年，西屏街道落实《支持企业共渡难关的二十条意见》等惠企援企政策，核查受疫情影响的困难企业和特殊行业个体工商户信息1600家，确保中央疫情资金补助发放到位；开展“精准服务企业、振兴实体经济”专项行动和“三服务”活动，辖区2家规模企业、13家小微企业和4000余户个体工商户疫情稳定后有序复工复产；引进浙商回归农产品加工项目1个，实现工业投资1280万元。

【“三农”产业发展】2020年，西屏街道促进集体增收，筹资1300万元入股飞地项目，累计收入89万元；建成集体建项目17个，收入28.5万元，拓宽集体经济增收路径。保障农业生产，实施垦造耕地15.33公顷、建设用地复垦2.87公顷，建设高标准农田项目6项，启动茅溪坑马桥段引水灌溉工程，推进铺门村至阳东坑段水渠修复工程。推广茶叶市场网上交易平台，增加茶商网店48家，助力“第十三届中国(国际)茶商大会·松阳香茶网络茶叶节”召开，北山村、新华村、白沙村电商经济逐渐壮大；扶持低收入农户种植业、养殖业、经营业发展，全街道产业帮扶140户，发放扶持资金27.2万元。

【项目建设】2020年，西屏街道重点项目启动“春季百日攻坚大作战”，疫情稳定后抢先启动6大项10小项工程建设。先后完成育英路北侧综合区块开发项目征地，235国道征迁土地征收任务，并妥善解决育英路、北山区块改造等项目遗留问题，推进19大项37小项遗留项目画上句号。项弄城中村改造一期、二期项目284套安置公寓竣工交付，洞阳亭安置区块基础设施建设先后启动道路、通信、红绿灯等6项工程，项弄新村基础设施建设总投资1400余万元。文旅项目启动蔡氏宗祠修缮、青云塔修缮、邻里中心建设、明清古街步行街建设、荷田岭区块有机更新5个项目建设。推进国家全域旅游发展示范县建设，置换荷田岭区块房屋26幢，南直街、北直街及汤兰公所——文庙三大街区入选浙江省历史文化名街区。

【基层治理】2020年，西屏街道化解积案10件，受理矛盾纠纷23件，调处率100%，其中重大疑难矛盾纠纷18件，涉及金额413.5万元；街道荣获丽水市创建省一星“平安金鼎”工作突出贡献集体。抓防违、控违，开展“吹哨行动”和节前集中拆违行动，组织拆除处置违法建筑56宗，整改点位24个，“两违”处置160余宗；超额实现三改任务78511平方米，拆后土地利用率91.8%，街道从“无违建”创建先进街道转为基本“无违建”街道。

【民生福祉事业】2020年，西屏街道实施“大搬快聚”搬迁人口198户400人，官路口村源内自然村实现整村搬迁；坚持“刚需优先、改善在后、大搬快聚”的旧村改造原则，全街道通过联合审查295户。开展凌霄小区、教师新村、新华小区、古老院、慧明

2020年，西屏街道举行“梵蒂斯慈善之夜”奖学仪式

小区、金田小区和醴泉小区 7 个老旧小区的改造，惠及居民 1800 余户；启动既有住宅加装电梯 5 台，金田小区电梯建成并投用；做好城东社区党群服务中心搬迁，城西、城南社区党群服务中心项目完工验收，筹备设立阳溪社区。全面推广“浙丽保”，参保 21870 人；建成文化礼堂 4 个，举办“梵蒂斯慈善之夜”奖学活动，资助奖励 2020 年应届优秀高考学子 26 人，营造崇文尚学的良好氛围。此外，第七次全国人口普查工作收官，并通过国务院第七次全国人口普查办公室事后质量抽查小组的抽查核对。

【村社组织换届工作】2020 年，西屏街道贯彻村社组织换届 “一肩挑” 和 5 年任期的政策，秉承“一肩挑是底线，不跳票是红线，干部年龄不过线，职数配备有上限”的换届工作原则和“以事选人”的选人用人导向，坚持组织意图和群众意愿的有机结合，启动 76 个村社党组织、22 个村委会和 6 个居委会的换届工作，选出 “一肩挑” 干部 28 人，委员 227 人，所有村社均实现 “一肩挑”。村两委班子的年龄结构、性别比例、学历水平等均有明显的优化，村两委班子的平均年龄下降为 48 岁，党员人数占比 62%，“一肩挑” 干部大中专以上学历占比为 82%。

（西屏街道党政办）

水南街道

【概况】2020 年，水南街道区域面积 46 平方千米，辖 11 个行政村、45 个自然村、2 个社区。全街道山林面积 2348.93 公顷，耕地面积 901.8 公顷。户籍总户数 6729 户，户籍人口 14278 人。开展“百日攻坚”专项行动，打通西竹玉公路遗留问题破解、环城西路“断头路”，鉴定危旧房 36 处，拆除 C、D 级危房 12 处，修缮大小老屋 94 项。做好 11 个村 2 个社区组织的换届选举工作，并以“开门一件事”为抓手，促进新班子融合。

2020 年 6 月 7 日，“悠然南山 休闲一夏” 南山杨梅节开幕式

【重点项目建设】2020 年，水南街道开工建设项目有县中医院迁建项目所涉土地的征收，于 8 月 25 日进入清表，项目开工建设，其他遗留问题逐步化解中；程徐加油站项目已开工建设；衢（州）丽（水）铁路实施边界放样，5 个村所涉 15.67 公顷土地测量工作已结束。续建项目：兴阳路项目所涉遗留问题的政策处理落地，保障搁置已久的断头路全线贯通；西竹玉公路项目遗留的葡萄园、铁皮石斛基地等政策处理已实现，项目如期推进；清露乡隐旅游度假区续建项目征收土地 1 公顷，迁移坟墓 3 穴。

【实事项目推进】2020 年，水南街道新溪小区公寓楼续建项目投资 700 万元，主体工程和基础设施建设竣工，验收合格后即可交付安置；松阳县南城独山区块迁建安置小区一期基础设施配套工程项目，投资 1800 万元，排污排水、强电弱电、路面硬化、路灯、绿化、车位等工程均建成；投资 30 万元，建成“残疾人之家”。旧村改造项目，大竹溪、清路 2 个村的项目放样、审批工作已结束；程徐村建房用地征收落地；做好南山村防涝工程项目的招投标工作。横山、南山、潘西等村水田垦造项目，清路、潘西等村初验通过，其他村进入收尾阶段。潘西村、南山村、大竹溪村、程徐村等移民项目全面建成，并通过县里验收。竹溪村中共松阳县工作委员会旧址修缮项目竣工，进入布展阶段。瓦窑头村居家养老照料中心及瓦窑头村综合楼项目建设方案设计以及选址落地。

【产业发展稳中调优】2020 年，水南街道“三服务”活动搭起政企连心桥，建立街道领导联系企业制度，班子成员联系重点企业，召开政企连心座谈会 1 次，帮助企业解决发展难题 12 个。做实农业产业发展谋划，推动现代绿色农业发展，有效带动人民群众持续增收致富。实现粮食播种面积 680.67 公顷；造林面积 35.2 公顷；培育“农创客”2 家；高标准农田建设项目立项 78 公顷；增加农村产权公开交易 4 宗。走好体验观光农业发展之路，举办首届旅游文化节、葡萄采摘节等“农文旅”活动，破解疫情导致的水果滞销难题，同时带动周边民宿、农家乐客流量，累计增收 10 万余元。

【“五水共治”工作】2020 年，水南街道深化“河长制”，完善河道市场化保洁方案，强化河道巡防监管，街道、村级河长累计开展巡河 851 次，整治小微水体 11 处。农村生活污水治理，截至 11 月底，提升农村生活污水终端12个，全县进度排第一位。开展全民清洁日活动，发动800余人，清理河道20千米，清运垃圾1.5万千克，巩固“清三河”成果。落实治水满意度宣传“五进五个一”活动，发放宣传挂历6500份，治水沥水器300余个，围裙100余件，营造全民治水护河的氛围。

【农村人居环境治理】2020年，水南街道组织开展“洁净家庭”创建活动，评出“洁净家庭”528户，其中示范户318户。秸秆焚烧专项治理持续深入，及时制止违法乱烧事件270余起，行政处罚7起，累计罚款4800元。零星点位整治常抓不懈，拆除各类违法广告牌680余处、清理河道40千米、清除“牛皮癣”1300处、整治乱堆乱放1.5万余平方米。规范垃圾分类，对辖区内所有垃圾池、垃圾箱、垃圾房进行规范化改造，投入6万余元购买分类垃圾桶，便利垃圾分类的收集与转运。

【脱贫攻坚工作】2020年，水南街道把脱贫攻坚作为重要政治任务来抓，突出“精准”二字，对238户390人低收入农户，量身定制帮扶计划，制订“一户一策”方案，落实帮扶机制，“两不愁、三保障”突出问题全面破解。改造低收入农户危旧房12处，发放补助资金20.25万余元，产业帮扶138户257人；现金帮扶75户4.13万元；光伏收益分红补助19.70万余元；雨露计划补助13户14人，累计4.2万元。

【疫情防控】2020年，水南街道新冠肺炎疫情严峻考验，全街道上下坚持迎难而上，团结一心，开展联防联控防疫工作，因时因势制订调整防控策略，坚持常态化疫情防控，完善应急预案。街道全体干部、村干部实行“5+2”、“白+黑”，开展8轮拉网式入户排查，累计排查6458户，管控居家隔离对象235人。坚持两手抓、两促进，出台复工复产系列政策，全体机关干部下沉到一线开展茶业种植大户、加工户等复工复产“一对一”贴心帮扶486家。

【民生保障】2020年，水南街道帮扶残疾人有举措。发放残疾人生活补贴105人、重度残疾人护理补贴226人；为17名重度听力残疾人申领助听器；建成省民生工程“残疾人之家”并投用；为3名困难残疾人施行改造危房；为5名肢体残疾人建成无障碍卫生间。落实卫生健康有保障。完成858人“两癌”检查工作；861人肺炎疫苗免费接种；走访计生特殊家庭，发放慰问金2000元。社会保障有提升。城乡居民医疗保险参保率99.02%，电子社保卡签发1320张，基本养老保险参保率99%，“浙丽保”参保率86.11%。

【平安街道建设】2020年，水南街道开展“南城社会风气大整治”“扫黑除恶攻坚年”各项行动狠刹不良风气，推动社会大局稳控、积案化解工作。受理信访239件、结案221件；信访积案15件、结案4件，其中国家级2件。深化矛盾纠纷排查调处，摸排较大风险隐患14件，其中涉疫类2起，利益群体类6起，矛盾纠纷类6起，均化解。结合“四个平台”建设，加强网格化信息化管理，依托平安建设信息系统，实行业务对口办理、一站式服务到位。通过APP受理、流转、处置平台爆料事件2411件。探索建立“两单一办法”工作机制，聘用11人村级代办员，梳理出39项村级“最多跑一次”可代办事项清单，为广大村民提供“点办式”服务，推动“最多跑一次”改革向基层延伸。全年，村级便民服务中心代办事项264件。

【意识形态“一岗双责”】2020年，水南街道落实党工委意识形态工作责任制，通过微信课堂学、会议集中学、远程教育学、中心组理论学等各种形式，宣传党和国家的方针政策，帮助广大干部群众树立正确的思想政治意识。开设“水润南城”公众号，发表文章20余篇，全年开展中心组理论学习会13次，其中党工委书记上党课4次。开展各类宣讲活动9次，新建文化礼堂1个、提升新时代文明实践所（站、点）6个。重点落实舆情舆论研判会商制度，化解属地舆情5起，答复网络问政3件。

【党风廉政建设】2020年，水南街道深化党风廉政建设，制订奖惩并举的各项纪律措施，筑牢纪律规矩防线、亮出执纪问责红线，推动党风廉政建设“两个责任”落地生根，促进全面从严治党向基层延伸。开展“四风”问题督查12次，作风效能督查5次，并对督查结果进行通报，党员处理6人。开展回访检查11个村，发现问题81个，整改63个，尚有18个正在整改中。抓涉纪信访工作，办理涉纪信访件3件，接待群众来访来信23件，化解矛盾纠纷30余件次。

（水南街道党政办）

望松街道

【概况】2020年，望松街道区域总面积46平方千米，辖10个行政村、137个村民小组、1个社区。常住人口16962人，其中户籍人口10634人，流动人口6328人。耕地面积636.07公顷，山林面积2399.74公顷。财政收入4070.82万，财政支出5138.36万元；农村集体经济收入624.3万元。辖区内主要名胜古迹有黄家大院、石门廊桥、王景纪念馆、吴弄古村落、翁村瀑布群等。

2020年，街道克服疫情带来的不利影响，做到防疫、发展“两手抓”，通过驻企服务机制助力企业复工复产。2月下旬，4家规上企业实现全面复工。实现工业总产值6.22亿元，同比增长5%。其中，4家规上工业总

2020 年 5 月 8 日，望松街道举行翁村状元笋开采仪式

产值 2.29 亿元，同比增长 6%。增加规上商贸企业 1 家，系松阳县头上红食品有限公司；增加企业技改项目 1 个，系浙江科马摩擦材料股份有限公司车间设备自动化和环保设备改造项目。同时，牵头松阳县天阳工艺有限公司等 5 家企业，谋划建设小微园提升项目，该项目拟计划总投资 2 亿元，前期规划设计程序已完成。

【保障茶农增收行动】2020 年，望松街道在疫情防控期间有序开展复工复产，组建街道和村级工作专班，组织茶叶采摘、加工、销售等各环节沟通协调，共办理茶叶田间作业工作证 5000 余本，加工工作证 218 本，茶青收购工作证 300 余本。通过设立茶青临时交易点，结合微信群、网络平台，畅通茶叶（干茶）、茶青流通，统筹提高街域采茶工复工率。推进山仁下茶产业基地道路硬化项目、西河高圳水渠及挡墙修复工程和六都茶叶田间道路硬化项目落地，完工后受益茶产业 133.33 公顷，惠及农户 3400 余人。打赢“消薄”攻坚战，10 个行政村集体经济全面实现“消薄”目标，其中 9 个村实现双达标。

【农文旅结合】2020 年，望松街道委托上海埃瑞弗设计公司规划以“乡居乡闲、有知有味”为主题的“知味望松”文旅特色小镇，明晰发展思路。整合当地旅游资源，开展文旅宣传推广，推出《品味松阳》旅游专刊 1 期，提升当地文旅知名度。增加翁村状元谷山庄、头上红乡村食府、西河泽林别院和望园民宿客栈 4 家民宿（农家乐），逐步壮大辖区民宿特色产业。依托黄家大院“寿”文化和王景纪念馆“状元”文化开发黄家百寿面、黄家私房菜、状元饼、状元酒，正德和状元香肠、头上红状元煨盐鸡等特色饮食，系列产品销量与日俱增，推动了当地农文旅融合。

【村（社）组织换届选举】2020 年，望松街道把换届工作作为首要政治任务进行落实，选优配强村支部书记及其他村支委干部。截至 12 月底，村（社）党组织、村（居）委会、村（社）监会、经合社四套班子换届选举工作全面收官，实现所有村（社）一肩挑，一批政治素质好、群众公认度高的优秀人才被选入村级领导班子，切实优化了班子结构，增强整体合力。10 个村“一肩挑”人员平均年龄 46.5 岁，比上届下降 2.5 岁；新一届村支委成员 44 人，委员平均年龄 48.5 岁；新一届村委成员 30 人，委员平均年龄 46.6 岁。社区支委共 5 人，平均年龄 29.7 岁；社区居委会委员共 3 人，平均年龄 27.5 岁，村（社）干部年轻化水平明显提升。

【疫情防控工作】2020 年，望松街道在防疫重点时期，以广播、横幅、微信等方式进行宣传，悬挂横幅 400 余条，发放资料 8000 余份。排摸租屋 586 户，排查外来人口、流动人口其间未发生一起确诊病例。发挥党员干部的作用，开展点亮“微心愿”活动，认领微心愿 103 个，为居家隔离户送上米、油、牛奶、学习用品、玩具等物资，稳定外来务工人员居家隔离期间的情绪，坚定了大家携手齐心攻克疫情的决心。防疫常态化阶段，以严防输入为目标，严格落实境外人士一对一责任人，组建工作专班，及时了解境外人士行程安排，截至 12 月底，有境外 13 人回国，均落实闭环管理。

【重点项目建设】2020 年，望松街道实现松古平原供水一体化工程（望松片区）通水。铺设管道 8.2 千米，改造村内管网 87.97 千米，保障辖内 1.5 万余人的安全用水需求。实施石门村、乌石下村、西河村 3 个村的建设用地复垦 1.87 公顷，水田垦造 20 公顷。污水零直排区创建工程通过市、县两级审核验收。该工程概算总投资 467.69 万元，改变了区域污水横流、脏乱差等现象，实现人居环境质量再提高。持续推进“大搬快聚”富民居工程。做好翁村村鲤鱼山、西河村社公山、山仁下村对门山塘脚 3 个自然村 7 户 17 人的整村搬迁，零星搬迁 7 户 15 人。

【基层党建】2020 年，望松街道深化巩固“不忘初心、牢记使命”主题教育成果，通过“三会一课”、党员联系农户走访、党员责任区落实等常态工作，促进党支部标准化、规范化建设。全面落实“三张清单”制度，以“党建引领、村社亮绩”季度擂台赛为载体，建立健全支部工作体系。开展“开门一件事”“党建引领、村社亮绩”季度擂台赛、“年轻干部大比拼”等活动，在实践中提升干部工作能力和服务群众的能力。持续加强党员队伍建设，严把党员“入关口”，排摸推荐吸收入党积极分子 18 人，发展预备党员 4 人。全面落实班子成员“一岗双责”责任清单，听取各班子成员汇报“一岗双责”季度履行情况 4 次，开展廉政谈话 113 次。联合象溪镇、板桥乡、裕溪乡、四都乡和县第三、四纪检组开展片区协作，进行学习交流 7 次，协助修改完善“廉情地图”20 余条风险防控措施，合力查办案件 6 个。建设规范化监察办，设立村（社）监察工作联络站 12 个，打造“清廉村居”示范村 2 个，实现基层监察和“清廉村居”全覆盖。

【城乡面貌优化提升】2020 年，望松街道推进城乡融合，加强两违控新工作，落实两违处置 46 户，拆除违法建筑 55 处，拆除违法建筑面积 2.07 万平方米，收缴两违处置款 33 万元。修缮危旧房 14 幢，联合审批建房 533 宗，其中备案办理不动产证 111 宗。定期开展“全民清洁日”“洁净家庭”等活动，落实各类巡查和保洁制度，提升村庄洁化水平。验收 A 级景区厕所六都、翁村 2 个村，增加吴弄、王村、石门、翁村、山仁下 5 个省 A 级景区村庄和 1 个省 AA 级景区村庄望松村。做好秸秆禁烧工作，每村配备灭火器、宣传喇叭，加强禁烧巡查检查，对焚烧的违法行为坚决给予查处。高度重视第二次中央环保督政迎检工作，对反馈问题进行整改销号，关停不符合环保要求企业 2 家。推进堤防修复工程建设，修复半岭源、山仁下段的堤防工程，建成防洪堤 550 米，筑牢村民生命财产安全防线。持续落实“河长制”工作，推进农村生活污水治理，石门、王村、吴弄、翁村 4 个村的生活污水设施标准化提升项目验收。

【基层武装组织规范建设】2020 年，望松街道开展基层武装规范化建设，建成民兵应急排指挥室和应急物资器材库，配备反恐应急、森林灭火、防洪抗灾等物资器材，满足辖区应急任务的需要，为处理突发灾害事件提供保障。组织民兵参与理论学习和军事训练，抓民兵“参建”工作，出动应急排、民兵参加各类抗洪抗灾，人员落水搜救、走失寻找等 150 余人次。重视“双拥”工作，在“八一”建军节、春节期间定期组织开展军烈属走访慰问活动。

【基层统战工作】2020 年，望松街道发挥乡贤优势，乡贤联谊会成员第一时间响应防疫号召，累计向街道捐赠各类防疫物资和捐款 13.9 万元。在农村基层矛盾调解中，乡贤参与助力矛盾纠纷调解 30 余次。多次召开境外疫情防控工作会，部署排摸，严防境外疫情输入。建立健全干部“一对一”包干责任制，通过电话、微信等方式主动联系境外人员做好沟通、服务、解释、劝返和保障工作。

【文体活动】2020 年，望松街道组织各类文化惠民活动 12 余次，送戏下乡活动 4 场、送文化下乡活动 1 场，举办第四届全民运动会、第四届乡村文化旅游暨第五届太极养生文化节，协助承办 2020 浙江省国际美术交流协会——走进丽水松阳文化帮扶书画活动。组织开展各类宣讲、培训、礼仪、民俗文化、评选等活动。发挥社区文化阵地和文体队伍的作用，结合街道各时期的中心工作和重大节日，开展文化体育活动，构建和谐社区周边村（居）民之间的友情。街道社区举行“浓情腊八粥，温暖望松人”、“孝老”主题留守儿童春泥活动、“外来本地一家亲，和谐邻里暖人心”中秋主题活动、庆祝中华人民共和国成立 70 周年主题教育实践、杭州黄龙体育中心走进新望社区“公益体育课”大型活动 5 场。加强民间文化团队建设，街道现有民乐队、舞蹈队、舞龙队、腰鼓队、合唱队、健身队等群众文体队伍 20 余支。五都阳村广场舞舞蹈队在县第十三届田园松阳农民文化节“祈福四季·祭二十四节气”民间艺术展演获银奖。

【脱贫攻坚工作】2020 年，望松街道对符合扶持条件的 124 户农户进行产业帮扶，发放帮扶资金 27.75 万元，为农户生产提供启动资金提升造血功能；开展小额信贷受益低收入农户 46 户 2.5 万元；落实松阳县光伏小康项目受益低收入农户 268 户 41.54 万元；建成山仁下岗后自然村光伏项目。落实“一户一策一干部”“两不愁三保障”工作，每月动态更新浙江省扶贫数字化管理系统，填补大量基础信息，人均收入实现 8000 元以上，脱贫攻坚工作完美收官。

【民生保障】2020 年，望松街道城乡居民医疗保险惠及扩面，完善医疗救助制度及居民保障机制。参加“浙丽保”缴费人数 7336 人，参保率 90.83%；电子社保卡签发 930 张，签发率 101.1%；农医保报销 109 人次，报销金额 28.6 万元；参加城乡居民养老保险 1777 人，享受养老金待遇 1224 人，参保率 98.8%。实施医疗救助 111 人次，发放大病救助款 12 万余元；纳入“五保”15 人，低保 167 户 297 人，低保边缘户 43 户 69 人，发放各类救灾、临时救助及慰问金 12 万余元。

【安全工作】2020 年，望松街道落实安全生产责任制，联合多部门对“三合一”“多合一”场所开展安全生产隐患排查治理专项整治，对发现的一般安全隐患全部整改到位。辖区内安全生产形势总体平稳，未发生重大安全生产事故。强化食品安全监管，落实党政同责，保障食品安全，组织开展食品安全知识培训，完善农村聚餐风险防控。开展农产品质量安全快速检测工作，抽样检测农产品 300 批次，抽检合格率 100%。加强防汛防火安全巡查，压实工作责任，实施 10 个村“浙江安全码”赋码工作，完善重点领域危险区域转移人员基础信息排查，为人员转移有效管控打好基础，保障群众生命财产安全。

【社会治理】2020年，望松街道夯实综治平安建设工作责任制，健全信访工作长效机制。推动信访积案的化解，调解各类案件105件，积案化解3件，涉及信访矛盾件11件，调解兑现金额398.17万元，维护辖区稳定和长治久安。

（望松街道党政办　朱晓雅）

古市镇

【概况】2020年，古市镇创成浙江省级农业“机器换人”示范单位、省级电商镇、省级农业绿色发展示范区、省级美丽乡村示范镇、市级“乐水小镇”，创建省A级景区村1个、省级民主法治村1个、市级“水美乡村”5个。入选浙江第一批千年古城复兴试点建设名单；古市古城列入浙江“耀眼明珠”培育对象，是全省古城名镇名村培育对象之一；古市镇美丽城镇样板创建行动方案获评浙江省第二批优秀样板创建城镇行动方案；古北社区获评全国综合减灾示范社区；镇退役军人服务站获评全国示范型退役军人服务站、省新时代枫桥式退役军人服务站；庄门源获评省级“美丽河湖”；获浙江省大学生乡村振兴创意大赛优秀组织奖，被定为全国大学生乡村振兴创意大赛基地乡镇。截至2020年底，古市镇辖行政村15个、自然村60个、社区2个；总人口20766人，其中农业人口18085人；年内出生新生儿167人，死亡156人，人口自然增长率0.53‰；财政总收入1268万元。

【现代农业发展】2020年，古市镇投资4500万元，建设国家茶叶特色农业产业强镇，实施6大类20个子项目。茶叶种植1006.67公顷，茶叶产值1.76亿元，占农业产值72.70%。岗下村绿色防控示范点完成统防统治34公顷。单季晚稻种植172.67公顷、旱粮305.33公顷。推行茶叶、水稻、食用菌等农业政策性保险，农村小额保险参保率位列全县第一名。疫情防控期间，开展茶叶种植用工情况、茶叶加工户调查，帮助茶农办理采茶证、茶叶收购证和茶叶加工证，建立茶叶产业信息库，做好茶产业复工复产服务。寺口茶青市场开市，茶叶淘宝店铺注册53家，开展村三资清产核资工作，化解村级债务322.7万元；实现重大动物疫病免疫抗体监测样本送达任务，快速检测农产品301批次；松阳县呆宠萌兔家庭农场获评2020年省级示范性青创农场。

【工业产业转型升级】2020年，古市镇推进驻企服务员和班子成员联系企业制度落实，疫情防控期间助力企业复工复产，帮扶5家企业技改。培育新型墙体材料厂、松洲电气公司2家企业新上规。配合县市场监管局帮扶企业，培育市场主体95家、企业29家、个体工商户961家，创建“松阳县放心粮油示范店”2家。维护统计单位名录库388个、个体工商户名录库1567个，整治低散乱企业3家，其中淘汰落后产能企业1家。9家规上企业实现产值8.77亿元，实现增加值12720万元，与上年同比增幅11.23%。生态工业固定资产投资4164万元，招商引资2000万元。

【全域旅游开发】2020年，松阳县卯山森林康养项目列入丽水市重点建设项目，于12月2日开工建设，项目总投资21亿元。建成十五里蚕桑研学中心、岗寺畈农业观光园项目正式开园，全年接待游客6000余人次。城门村入选浙江省第九批历史文化（传统）村落保护利用一般村名单。庄门源获评省级“美丽河湖”，新开河绿道、庄门源绿道全线贯通，形成镇域旅游15分钟交通圈。山下阳中国星火基金会项目进场作业。古市老街复兴列入“农信杯”浙江省大学生乡村振兴创意大赛项目，共吸引中国计量大学、浙江师范大学、浙江农林大学等40余所大学团队到古市老街实地策划，其中由同济大学浙江学院设计的《古市镇城市客厅建设》方案和浙江科技学院设计的《江浔古市，溪上榛屋——古市镇城市客厅设计》方案获大赛金奖，古市镇被授予浙江省大学生乡村振兴创意大赛优秀组织奖。9家民宿农家乐（酒店）被列为2020年县职工疗休养接待点，增加旅游咨询点1个、民宿3家。

【精准扶贫】2020年，古市镇结对帮扶低收入农户381户560人。组建扶贫帮扶团，由帮扶领导带队，帮扶干部成团，以“一团包一村”方式，包

古市镇十五里蚕桑研学中心

村包户开展精准扶贫工作，该做法获人民网、中国网报道。全乡共发放低收入农户产业帮扶资金51.99余万元，雨露计划补助资金3万元，光伏小康收益35.36万元，现金帮扶资金8.85万元，创业资金0.17万元。举办“就业扶贫行动日”专场招聘会，吸引低收入农户200余人报名。八都村、五木村2个扶贫产业增收项目竣工验收。实施村级工程“集体建”项目15个，总投资537万元，为村集体经济增收24.5万元。寺口茶青集散地联建项目完工并对外招租。开展省扶持村集体试点项目五木茶厂和十五里休闲农业开发项目建设。消除经济薄弱村13个，超出省定任务要求。

【基础设施建设】2020年，古市镇编制《松阳县古市镇城区“污水零直排区”管网整治提升建设规划》和《松阳县古市镇美丽城镇建设行动方案》，其中美丽城镇建设行动方案获评省级优秀方案。治理六小行业污染排放，修编污水零直排区建设方案，改造提升岗下、上河、五木、下社、源口、筏铺、黄圩7个自然村的生活污水处理终端。实施广场路污水整治提升及人行道改造工程、城隍路后消防道排水改造及广场一区（车站围墙外）道路排水工程、酒厂路污水整治提升工程、老三角坛桥边污水整治提升工程、镇政府周边污水整治提升工程、松州路北段污水整治提升工程、松阳二中区块污水分流工程、樟塔头公厕改造及老医院入口改造工程、地质灾害安置区块配套工程筏铺二期公园及绿化工程、筏铺1～3期区块绿化提升工程等基础设施工程完工。筏铺安置小区四期项目采取市场化建设模式，其中16幢小高层结顶。历史文化名镇整治二期工程竣工验收。

【推进城乡治理】2020年，古市镇开展秸秆禁烧、秸秆清运、建房批后监管、马路市场管理、窨井盖更换等市场化运维管理。救助四类人员住房共23户，其中C类19户、D类4户。古市老街建筑保护修缮设计12宗，修缮6宗。新增农民建房审批40户，验收房屋68户。改造城中村0.11万平方米，累计拆除违法建筑面积2.69万平方米，完成率107.52%，拆后土地利用面积1.03万平方米，利用率52.5%，两违处置审批7宗，茶厂备案9户。录入农村房屋信息管理系统和农村住房“一户一档”信息。调查摸底筏铺小区人员和党员情况，制订《筏铺小区治理实施方案》，成立古市镇筏铺小区临时党总支，下设临时党支部3个，组建志愿服务队伍。创成“洁净家庭”示范村3个、“洁净家庭”示范户150户，山下阳村创成市级花园庭院样板村。

【重点项目建设】2020年，古市镇镇级民生实事项目8项，总投资1850万元。镇城区污水整治提升工程、困难住房安居工程、古新路与S222省道平交口工程、少年儿童特色教育培育工程、村级便民服务中心规范提升建设、拯救老屋行动（二期）、洁净家庭创建7个项目完工，镇域道路交通安全隐患点消除工程、天然气管道项目政策处理完毕，进入扫尾阶段。“大搬快聚”富民安居工程零星搬迁农户28户75人、整村搬迁4个村11户23人。垦造耕地项目全年共立项60余公顷，开工37.8公顷，验收11.47公顷。东角垄村道士岗、上下山头和五木村瓦窑山等5个垦造耕地项目完成施工；城门三村红帽顶、塘湾村四村凉亭后等7个项目进入扫尾。启动全域土地综合整治工作。省政府民生实事项目——后周垄水库除险加固工程完工并验收。提升新铺社区多功能运动场所建设和十五里村体育小康村建设。

【科教文卫体事业】2020年，古市镇全面部署并落实新冠肺炎疫情防控工作，镇域有新冠肺炎疫情医学观察对象313人，其中居家医学观察247人，集中医学观察66人，实行重点公共场所健康码亮码测温及“小门”管控。古市医院开展医共体建设和乡村“流动医院”建设。县第二中学疫情防控期间落实“停课不停学”“离校不离教”，线上教学上网课1400余节，2020年学年高考上线率97.4%。古市中学运用“iTeach”、学创等智慧教育平台，把“翻转课堂”确定为学校实施精准教学课堂模式，校合唱团获丽水市“绿谷之春”文艺比赛声乐现场赛一等奖，获2020年省春蚕奖教师1人。古市镇中心学校获全国青少年校园足球特色学校、浙江省绿色学校等称号。古市幼儿园获浙江省象棋特色学校称号，并被列为“云和木玩”游戏试点园。镇域首家按省一级标准建设的民办幼儿园古市闻莺幼儿园和浙江省重点民生实事项目松阳县好奇星托育园开园并对外招生。“向阳花开”“七色花”儿童之家投用。出版连环画《叶法善》，连续5年举办“畅游母亲河”冬泳活动，古市古韵旗袍队参加杭州长三角旗袍团队比赛获第三名，原创歌曲《古市有故事》获丽水市第十三届乡村文化艺术节村歌大赛银奖。市级妇女儿童励志教育基地熊顿漫画馆，全年累计接待游客5000余人次。改编自熊顿漫画《滚蛋吧！肿瘤君》的电视剧《向阳而生》10月12日在湖南卫视金鹰独播剧场黄金时段开播。

【平安建设行动】2020年，古市镇实行“两个三次”矛盾纠纷调解机制，累计调解矛盾纠纷147起，调处成功147起，调解成功率100%；110联动平台受理件155起，办结155起，办结率100%。受理各类信访237件，来信8件，来访12件，来电107件，网上投110件，累计化解信访积案4件，化解率100%。招聘9人专职消防员组成专职消防队。落实安全生产责任制，签订安全生产责任书84份，邀请专业培训机构培训800余人次。普查全镇污染源，报结率100%。改造 60 岁以上独居老人电源线路，定期对农村、社区、单位、公共场所进行消防安全检查。古北社区被评为全国综合减灾示范社区。

【社会服务提升】2020 年，古市镇 15 个行政村、2 个社区开展普法宣传，全镇干部职工学法普法考试通过率 100%。岗下村、上河村分别创成省级民主法治村和市级民主法治村，筏铺村被评为省善治示范村。采集标准地址库，建成反邪教主题公园，设立“让爱回家”关爱室。办理服务事项 19958 件，办结率、满意度 100%，收受 2153 件，“好差评”服务满意率 100%。实现申领老年人优待证“最多跑一次”，办理并邮寄老年优待证 98 份。实现门牌证办理 100%一窗办，办结 813 件。开展低保低边清查整改工作，每月动态更新人员信息。调整社区居民委员会规模，撤销古北社区居民委员会和古南社区居民委员会，合并设立旧市社区居民委员会，新铺社区居民委员会规模调整后辖区范围涵盖筏铺“大搬快聚”安置小区。创成三星级“残疾人之家”和三星级乡镇“食安办”。

【村社换届选举】2020 年，古市镇完成村社党组织、村（居）务委员会、村（居）监会、经济合作社及其他配套组织换届选举。“一肩挑”人选全部当选，村社干部整体年龄降低，文化水平和综合素质提高。换届前各村社张贴“张榜招贤”公告，挖掘动员优秀本土人才和在外创业人才参与村社组织建设。换届后，各村社干部启动“开门一件事”。其中，岗下村“开门一件事”——“跨河 1 号大桥”入选全省“开门一件事”最佳案例，浙江卫视新闻联播栏目予以报道。

（古市镇党政办）

象溪镇

【概况】2020 年，象溪镇区域面积 124 平方千米，辖 13 个行政村 101 个自然村；山林面积 9043.19 公顷，耕地面积 489.45 公顷。总户数 5676 户，总人口 14460 人；出生新生儿 89 人，死亡 106 人，人口自然增长率为负 1.17‰；实现工业总产值 3.36 亿元，同比增长 17.2%；财政总收入 7112.10 万余元，同比增长 5.52%；辖区内主要名胜古迹有七沐山景区、象溪村旅游景区、上梅畲族旅游景区；象溪镇创成浙江省 AAAA 级旅游景区镇，国家卫生乡镇。

【村级组织换届工作】2020 年，象溪镇开展村级组织换届，实现 13 个行政村书记主任“一肩挑”，按照高质量、高标准选优配强村四套组织班子，并同步完成群团等组织换届。选出村两委干部 92 人（含交叉兼职），其中 35 岁以下 10 人，占 10.87%；大专以上学历 30 人，占 32.61%；妇女干部 20 人，占 21.74%。新一届两委干部呈现“年龄优、学历优、结构优”的特点。聚焦选后关，上任奔跑干。坚持“干中换、换中干”总要求，迅速启动干部履新，推动新一届干部上任即奔跑。13 个行政村新一届班子围绕群众最期待的实事迅速实施“开门一件事”，营造出上任就干的良好氛围。全镇通过“开门一件事”完成服务群众 2 件，建成项目 11 个，清理乱搭建、乱堆放 600 平方米。

【疫情防控行动】2020 年，象溪镇面对突如其来的疫情大考，全镇上下众志成城、坚韧应战，第一时间启动应急响应、进入战时状态，全面开展地毯式排查、网格化管控，组织和发动广大党员、志愿者严守各道“小门”，及时滚动发布中高风险地区信息，严格落实重点地区人员动态排摸管理。以一对一防控专班落实境外人员疫情防控工作，密切关注人员行程和思想动态，织密疫情防控工作网，筑牢“外防输入、内防扩散”的生命屏障。组织 2 次镇域外出返乡人员大排查，登记境外人士 120 人。镇村主要干道设立文明劝返点 20 余处 24 小时轮班值守，对 9 人境外返乡人员闭环管理。防疫工作开展以来施行居家隔离 185 人，集中隔离 18 人。疫情防控形势稳定后，迅即推进复工复产，通过简化开复工流程、选派驻企服务员、开通绿色通道等举措，实现快速平稳复工复产。办理茶叶田间作业证 5000 余本，加工作业证 227 本，茶青收购工作证 180 本，实现“既防得住疫情，又闻得到茶香”。

【农业基础设施】2020 年，象溪镇以省级果蔬强镇创建为抓手，全力打造绿色先行示范区。建成镇域农业生产设施、水渠、路面整治等一批基础设施提升项目，镇域农业基础设施持续完善。投入 150 万元增加中华蜂养殖 300 箱，初步建成以南坑源为中心的蜂旅融合示范区。建成 50 万袋标准化食用菌生产基地、精品标准化气雾果蔬基地，提升以油茶、香榧、水果等产业为中心的农业特色果蔬基地建设，联结农业生产基地 2333.33 公顷，带动农户 4500 余户。全力打通微商、电商、赶街等农产品销售渠道，镇平台销售人员 110 余人。加快培育生态油坊、茶叶加工等绿色农产品加工企业，南州油茶加工区项目结顶。2020 年，象溪镇创建成为省级果蔬强镇。

【工业发展】2020 年，象溪镇铆钉“工业强县”发展路径，优化助企帮扶措施，全力帮助企业科学应对挑战。全镇实现工业总产值 33552 万元，同比增加 4921 万元，同比增长 17.2%。松阳县三联矿业有限公司及浙江宝泽高分子有限公司 2 家规上企业虽年初受到“新冠疫情”影响，仍实现年总产值同比增长 67%和 29%。开展“三服务”活动，利用闲置已久的厂房“腾笼换鸟”引进优质工业企业1家；引进松阳雅溪口十里芳菲项目，计划投资1000万元，一期开发面积2700平方米，中远期开发面积12000平方米，已投入200万元。松阳县雅溪日鑫页岩砖完成技改投入试生产。全镇引资3582万元，实现技改投入3160万元。

【旅游设施】2020年，象溪镇加快推动松阴溪沿岸、周边行政村与绿道的衔接，实施雅溪口省级休闲村项目建设4个，其中手工皂工坊（宿茶民宿）、休闲绿道及周边附属设施建设等项目竣工，村民休闲中心（游客接待中心）项目完成基础建设。有序推进靖居历史文化重点村项目实施，重建文昌阁、修复改造古堰坝（古井）、整修改造与历史风貌有冲突的建筑（构）物（立面改造）等项目建设7个，总投资599万元；修缮建成王景故居、靖居客栈、顺治禅院等项目工程量的70%，实现投资600余万元。推进象溪风情小镇创建，集镇溪鱼馆文化体验中心、集镇民族文化活动中心等项目建设，编制旅游风情小镇创建总体规划。举办第三届脐橙采摘节、第一届丰收节、“遇见最美乡村，争做廉洁尚品好少年”研学等多场民俗文化活动。

【重点项目建设】2020年，象溪镇有序推进镇域县重点项目建设，做好滨水绿道涉及的南坑口、雅溪口、南州、象溪圩、象溪、靖居口6个行政村11个自然村400余户农户的地块政策处理工作，共10.8万平方米，涉及农户47170平方米，支付政策处理费261.44万元。天然气象溪段全线管道施工主管落地98%，基本实现全线贯通，因管道改线、施工便道等补租补测南坑口、雅溪口等村零星土地1.2万余平方米，补租补测超范围用地8000余平方米，协调解决南坑源隧道3个弃渣点2.23万立方米的弃渣清运，清理沟渠5处，保障工程有序施工和沿线群众生产生活不受影响。

【美丽城镇建设】2020年，象溪镇编制完成《象溪镇美丽城镇建设行动方案》，被丽水市美丽城镇办评为市级优秀方案，按照行动计划共确定建设项目20个。占地748平方米，总建筑面积2740平方米的集镇农贸市场及周边基础设施提升项目建成投用，一批超市、家具、医药等中型经营实体进驻。美丽城镇创建通过省级达标验收。实施土地整治，做好镇域范围内逐村逐地块排摸工作，筛选土地资源49公顷，启动实施垦造水田项目7个、垦造旱地项目2个、建设用地复垦项目完成招标手续4个。开展建房审批及“两违”处置，联合审批农民建房83幢，确权登记审核90余幢，对住房确权超用地及超建筑面积符合“两违”的22幢住房进行处置，收缴“两违”罚没款3.2万元。组织开展农村困难群众危旧房大排查，住房救助施行动态管理。排查鉴定C类危房13幢，其中9幢低收入农户，4幢低收入残疾户，全部修缮竣工并通过县级验收。推进“无违建”县创建工作，拆除涉及公共安全危房及整治违建面积2.03万平方米，农村住房落实“一户一档”备案管理。施行“大搬快聚”工程，紧盯偏远山区村、困难群众、住房困难户等群体，加快落实“两不愁三保障”中的住房保障，金钟村内湾、朱章，东田源村十二堀脚、中央4个自然村实现整村搬迁，搬迁农户70户225人。办理零星货币安置联审38户105人，旧房拆除及资金申报21户69人。

【脱贫致富项目】2020年，象溪镇实施村级工程集体建项目6个，项目总价228.8万元，实现收益22.88万元，入股嘉兴“飞地”项目村4个，入股余姚“飞地”项目村3个，中央扶持村集体经济薄弱村2个，光伏项目建设村4个，启动县文旅投、镇村强村公司、社会资本共同入股开发雅溪口十里芳菲项目建设。截至12月底，全镇13个行政村总收入均突破20万元，12个村实现经营性收入10万元，全年总收入962万元，总收入同比增长10.41%。低收入农户申报产业帮扶484户765人，发放帮扶资金53.65万元；发放雨露计划补助资金2.7万元；发放光伏小康收益32.29万元，补助农户256户492人。

【民生实事工作】2020年，象溪镇实现公益性岗位就业14人，镇机关7个部门干部178人与低收入农户结成一对一帮扶。全面实施低收入农户动态核查管理，增加低保户51户112人，取消56户86人；低收入边缘户增加12户23人，取消94户201人；特困供养增加10人，取消7人。截至12月底，低保户286户452人，低保边缘户80户139人，特困人员39户39人。临时救助45户117人，发放救助金额7万元。“浙丽保”参保率90%，医保参保增加152人。改造困难老人适老化12户、残疾人家庭无障碍改厕4户、危房改造7户。增建象溪村、南坑源村2个村级避灾安置点。围绕健康教育，做好直肠癌筛查、女性两癌筛查、两性安康保险、60周岁以上老年人免费接种肺炎疫苗等工作。发放计生公益金12人1.02万元，发放微心愿物资38份1.14万元。两性安康保险参保2391人。民生实事项目60周岁以上老人免费接种23价肺炎疫苗994人次，70周岁以上老人免费接种流感疫苗409人次，女性两癌筛查450余人次。

【平安工作】2020年，象溪镇坚持把矛盾纠纷调处、信访积案化解工作摆在突出位置来抓，按照“案结事了”原则，探索建立基层治理“多元共治”模式，在镇便民服务中心设立窗口接待群众来访，发挥“两代表一委员”、党员和乡贤力量建立6+X个调解工作团，做好矛盾纠纷、积案化解工作。该项工作开展以来，信访量与前5年平均值和上年相比分别下降38和49件，实现信访数量大幅减少；矛盾纠纷调解量与前5年平均值和上年相比分别增加51件和32件，调处纠纷提升显著，为全镇社会稳定和谐奠定了基础。

（象溪镇党政办）

玉岩镇

【概况】2020年，玉岩镇镇域面积134平方千米，辖行政村14个、自然村60个。山林面积10901.07公顷，耕地面积1040.2公顷。常住人口14112人，其中户籍人口13737人，流动人口375人。财政收入7205.88万余元，财政支出7726.84万余元；农村集体经济收入920万元，同比增长11.5%。辖区内主要事业单位有5家，名胜古迹有普济桥、文昌阁、香乳禅寺、天师殿、砻空殿、香乳山、云台山、高腔文化中心、翠屏山公园、千年红豆杉主题公园等。

【疫情防控】2020年，玉岩镇组建工作专班，落实24小时值班值守制度。全面排摸高风险区域及境外返乡人员，采取“人盯人”落实居家隔离。安排镇干部常态化督查机关单位、超市、药店、车站等人员密集场所实行“亮码+测温+口罩”管控措施落实情况。采取农产品绿色通道、产销车辆在高速出口对运等措施，保障菇农鲜菇产销流通。通过安装防护栏、划分停车位、安排干部值守、发放口罩等，规范市场交易秩序。做好茶叶采摘和加工服务管理，全镇增加茶叶加工户23户。协助解决疫情防控期间农产品滞销问题。疫情防控期间，镇村干部主动建立爱心团队，储备米、面、油等生活物资，通过“微信+”统一采购、统一送货上门等措施，解决群众日常生活必需品短缺难题，为群众居家隔离提供物质保障。

玉岩镇周安村西红柿基地

【农林产业扩面提质】2020年，玉岩镇打造“香榧产业发展示范县”的契机，提升吴山头省级香榧基地、乌岩香榧基地建设，推行“茶叶套种香榧”实现扩面提质，春季种植香榧5万余株。实施科技引领食用菌产业转型升级，发展食用菌1300万袋，加增周年化生产香菇60万袋。开展菇棚综合整治，改造提升矿山食用菌集中生产区块路面。发展高山蔬菜，对标欧盟肥药双控技术，推广减药增效，推进周安等蔬菜交易市场和冷库等设施建设，四季豆产值创历史新高，助推产业富民。抓住省政协结对周安村的机遇，丰富土豆、萝卜、西红柿等蔬菜品种，实现规模化生产。推广香榧套种中药材技术，乌岩村入围县级中医药基地培育项目名录。取得省级土专家职称1人，农民高级技师2人，落实新一轮省科技特派员项目资金20万元，支持民泰公司、君凯安家庭农场发展黄精等中草药种植。贯彻落实中央“藏粮于地藏粮于技”工作部署，水稻种植面积166.87公顷，旱粮种植面积597.87公顷，分别完成任务数的109.8%和116.7%；抛荒地复稻还粮耕种面积13公顷，完成任务数的175.9%；推广使用有机肥95万千克，完成任务数的132.7%，善待农场选送的中浙优8号稻米获丽水市好稻米优质奖。

【生态工业】2020年，玉岩镇以“产业平稳，产能增效”为目标，引导工业朝低碳、无污染方向发展。扶持发展多种形式规模经营，重点培育花菇冷藏加工营销、香榧炒制、油茶加工等主导产业群，引导花菇加工流通户联小做大、整合做强，规上企业实现总产值2422.7万元。

【乡村旅游】2020年，玉岩镇牢握县委建设国家传统村落公园的机遇，主动对接县域“十四五”规划，依托省级历史文化名镇、国家级传统村落、红色革命遗址保护发展等项目，推进香榧产业示范县玉岩区块建设项目，开展红军标语保护、叶义故居修缮工作，乌岩村创成浙江省A级景区村庄。全年增加民宿5家，房间35个，床位43个，新建旅游公厕2座。

【重点项目】2020年，玉岩镇推进黄南水库工程，开展库底砂石料清运、库区杂木清理、征迁数据核对等工作，实施移民安置小区屋顶光伏发电项目，通过省市工程技术验收和行政验收。做好西竹玉公路（玉岩段）政策处理，完成永久占用2.95公顷征用手续和4.45公顷租用手续以及征收拆除房屋1246.15平方米；加强溪口段房屋拆除工作调查评估；推进玉岩段强弱电迁移政策的处理，确保项目无障碍施工；垦造耕地项目工程，全镇有8个行政村开展建设用地复垦项目立项招标，规划面积8.33公顷全面开工，竣工验收2.67公顷；建成高标准农田10个村266.67公顷。

【基础设施】2020年，玉岩镇农民饮用水改造提升全域实现，18个单村供水的饮用水改造提升工程均通过县级初验，程路、道惠口自然村防洪堤项目完工；推进“四好农村路”建设，改造提升周安口至周安段、周安至潘山头段均完工，西沿头至周坑联网公路路基路面及安全设施工程通过验收，水毁公路得到及时抢修；建成根坑、大树、周安村文化礼堂；完善镇域配电网，完成程路、周安配电网改造和道惠线、惠分支线项目。

【村庄环境治理】2020年，玉岩镇结合“五水共治”、垃圾分类、洁净家庭创建等工作，开展农村人居环境整治“百日攻坚”行动，落实河长职责，加强河道保洁督查考核，全面开展禁渔、禁砂工作。坚持“防、控、拆”相结合，拆除各类违法建筑2.5万余平方米，“一户一档”系统录入有证房屋880余幢。推进传统村落保护发展利用，交塘村传统建筑修缮，大岭脚村公厕立面改造、室内电路老化提升，白麻山村古道修复，何山头村传统村落建筑修缮和不协调建筑风貌改造等工程均竣工验收。

【扶贫帮扶行动】2020年，玉岩镇推进“大搬快聚”工作，整村搬迁有丁岱、内湾等自然村，搬迁355人，实现年度任务数的118.3%，位列全县乡镇（街道）第一名。扶贫工作全面铺开，实施周安、程惠、根坑、乌岩、交塘5个行政村扶贫项目11个，资金总额600万元。产业帮扶114户253人，发放帮扶资金计25.29万余元。落实“一户一策一干部”工作要求，县政协等12个单位干部108人结对272户低收入农户。申报并落实雨露计划，救助大学生16人4.8万元。实施村级工程集体建项目13个，总投资583万元，为镇生态强村公司和村集体共增收60余万元。高标准完成消薄任务，14个行政村全部实现总收入20万元以上、经营性收入10万元以上目标。总收入920万元，同比增长11.5%。

【民生保障工作】2020年，玉岩镇落实脱贫攻坚兜底保障相关政策，全面开展低保专项整治工作，取消低保41户85人、低保边缘37户88人，新增低保40户60人，低保边缘7户9人。发放疫情防控期间临时救助金31户5.03万元。增建周安、潘山头2个避灾场所，提升镇级和玉岩村2个避灾场所。开展危房修缮解危工作，16户低保残疾等4类重点对象的危房治理通过县级验收。建成镇本级、玉岩、乌岩、根坑、交塘村退役军人服务站。

【基层社会治理】2020年，玉岩镇围绕“长治久安”和建设“平安玉岩”目标，固化排查机制，深化大调解体系建设，建立浙西南红色革命根据地联动联调体系，成立全县首个乡镇级社会矛盾纠纷调处化解中心，调解矛盾纠纷100余起。全力开展信访积案化解工作，化解县级以上信访积案6件。注重利益群体前期干预，密切关注动态，及时开展思想疏导。发挥基层网格作用，全面落实安全生产责任制。开展防邪、禁毒宣传教育，维护镇域和谐稳定。“岭源小筑民宿客栈”获评2020年度丽水市“普法农家院”。

【村级组织换届工作】2020年，玉岩镇成立镇村级组织换届领导小组，制订选举工作实施方案，传达贯彻省市县换届工作相关会议精神，逐户走访宣传发动，建立“一村一预案”。突出“事业选人”导向，开展“张榜招贤”活动，全面优化班子结构。新一届村两委干部92人，交叉任职17人，其中35岁及以下的12人，占比13.04%，妇女干部20人，占比21.74%。

【社会事业】2020年，玉岩镇开展第七次全国人口普查工作，设立普查小区49个，依托镇普查办、指导员17人及普查员58人，登记和数据录入14722人。做好农医保、“浙丽保”、农村小额保险参保的征缴。组织开展各类文化教育活动，举行“松阳高腔”展演，举办“庆祝浙江省老年体协成立四十周年”老年人健身走、暑期“春泥计划”、防暴演练进校园等活动。秸秆禁烧、推广文明祭扫、加强森林防火巡查和松材线虫病的防控。加强

松阳高腔展演

地质灾害隐患点巡查频次和治理，群策群力抓防汛防台，保障人民群众生命财产安全。

（玉岩镇党政办）

大东坝镇

【概况】2020年，大东坝镇区域面积206平方千米，辖17个行政村108个自然村，192个村民小组；耕地面积571.2公顷，林地面积17600公顷，总人口16839人；实现工业总产值1.57亿元；创成国家级卫生城镇、省级美丽城镇样板、省级文化强镇、省AAAA级景区镇；茶排村创成“全国乡村旅游重点村”；横樟“思廉堂”获评为市直机关主题党日活动基地，在丽水市乡镇政治生态比拼中入围20强。举办第一届“智汇石仓创力筑坝”创新创业大赛，进入决赛农文旅精英团队17个。举办社交电商直播人才培训班1期，有创业青年52人参加培训。全镇农村电子商务网店130余家，从业人员1200余人。

【产业发展】2020年，大东坝镇聚力做好“生态+”文章，推进工业生态化发展。发展茶叶23.33公顷，增加600米以上绿色农林有机基地240公顷，其中水稻26.67公顷，大豆20.67公顷，香榧、桃子等经济作物193.33公顷；种植新品种油茶27.4公顷，新品种油茶零星种植27.7万株，折合面积230.8公顷；种植零星香榧1.5万余株，折合面积41.67公顷。下宅街青年旅社、蔡宅馥茗居等4家民宿投入运营，精品民宿白丰·泉沚民宿综合体建设接近尾声，横樟伴山民宿综合体将动建。依托山头村白老酒产业开发的居酒屋民宿综合体，做好初步设计方案，并启动22座牛棚及1幢民宅的流转。由上海野庐酒店管理有限公司与小后畲村合作开发的康养民宿综合体完成房屋、土地的流转，于11月签约合作开发。截至12月底，全镇建成并经营的民宿、农家乐54家，接待游客7.5万余人次，旅游经济收入600万元。

【乡村人居环境治理】2020年，大东坝镇施行美丽河湖工作，开展河道清淤、保洁、治理与水环境污染隐患和清淤大排查，保持良好水生态。开展全民清洁日活动，深入内坑源、石仓源、大阴源等7条重要河道及其支流，发动1270余人次开展保洁行动，清理垃圾3万千克，保洁河道、沟渠30余千米，巩固“清三河”的成果。全面提升改造农村生活污水终端，落实“河长制”，组织各级“河长”开展自查督查竞赛、履职竞赛。创建成为省级森林城镇，实施横樟村“一村万树”建设，栽种树木2万余株。推动17个村生活垃圾减量化处理工作，垃圾分类收集处置，推动垃圾处理生态化。整合历史文化名村保护与利用项目和A级景区创建项目，打造整洁有序、优雅舒适、宜居宜业的小城镇。持续推进“厕所革命”，茶排村六村广场公厕被列为2020年度省级星级农村公厕名单。

【综合项目建设】2020年，大东坝镇实施“五大改革”和“五大工程”省级农村综合改革项目，投资2.08亿元，形成“一区、一带、五核”空间布局，打造区域农村综合改革集成示范样板。动建项目94个，其中建成34个项目。改建235国道松阳段，用9天时间完成镇域内路段长19.8千米，涉及9个村和47.47公顷土地的红线放样和分户调查测量，用2天时间调查评估镇域内6个村44户的房屋，用3天时间入户核对签字，11天实现房屋征迁签约率100%。改建配电网，启动黄南、洋坑埠头、横樟村等村配电网改建工程，规划架线15千米。实施垦造耕地，水田2.93公顷；茶排、大东坝村旱地18.67公顷；五部、二滩坝村建设用地复垦1.07公顷；地力培育项目64个，其中水田项目17个26.13公顷，复垦项目30个6.99公顷，旱地项目4个12.19公顷，综合整治项目4个2.36公顷。推进农村饮用水达标提标工程，二滩坝、大东坝2个村的饮用水达标提标工程竣工验收。建设四好农村公路，山头至蔡宅联网公路、石汶线到蔡宅的公路项目通过验收；内大阴至百鸟朝凰联网公路建设完工，树梢至二滩坝段老公路铺设沥青路面1.3千米。

【强村公司发展扩面增效】2020年，大东坝镇与浙江讯唯电子商务有限公司共同出资300万元成立松阳县乡趣文化旅游有限公司。整合各类涉农项目扶持资金，同时立足当地实际，排摸聚合各村优质资源，把目光放到镇域内丰富的文化资源和客家传统食品，先后投资豆腐工坊、白老酒工坊、胡家里6号酒吧等农文旅融合项目，让山货走出“山门”。7月，公布2019年丽水市乡镇强村公司年利率排名中，该镇强村公司位居全市第一名，收益分红200万元。

【农文旅融合发展】2020年，大东坝镇依托当地丰富的历史文化、农耕文化、廉政文化、红色文化等人文特色及自然风光、民俗活动、传统村落、绿道、革命遗址等资源，加快培育农业经济发展新动能，探索具有当地特色的产业融合发展道路，打造全景式、全季节、全产业、全方位的全域旅游体系，推动景点变景区、产品变礼品、民房变客房。创建成为省级文化强镇，茶排村创成全国乡村重点旅游村；胡家里六号小酒馆开业运营。推进省级旅游风情小镇创建，蔡宅村、山头村分别申报创建省AA级、A级景区村；举办第一届燕田村稻米丰收节；与杭州大穿越旅游策划有限公司签订虎山坝——蜂巢营地红色旅游智慧研学合作协议。

【传统村落保护】2020年，大东坝镇完成洋坑埠头、横樟、后宅、燕田、蔡宅、六村、百鸟朝凰传统村落建设。推进小后畲与上海大乐之野公司合作整村开发，前期项目县名城古村老屋办召开评审会议，方案均已通过。“拯救老屋”二期项目共申报11幢，完工验收8幢。依托横樟廉政文化教育基地，传承弘扬廉政文化，带动廉政氛围，全年接待参观、考察、学习团队932批4529人次。以弘扬践行“浙西南革命精神”为中心，整合资源优势，确定燕田、二滩坝、黄南、横樟4个红色革命重点区域，全面提升红色革命重点点位，谋划红色遗址修复、宣传氛围营造等14个项目，打造一条以“红+绿”融合发展为特色的红色旅游线路。

【村级集体经济】2020年，大东坝镇探索投资参股经营，支持村集体推动农旅融合发展，蔡宅村与县强村公司以及乡趣公司合作，投资以土地+资金10万元入股建设豆腐工坊，在制作石仓泡豆腐基础上，推出亲子体验活动56次，带动农户种植原种大豆+游客消费，每年可带动村民增收60万元，村集体保底增收5万元。推动灯塔、燕田、横樟3个村参与县“飞地”项目，各村均获项目分红5万元。茶排村投资余姚“飞地”项目50万元，获收益2.25万元。开展排摸村内闲置资源，西山村把闲置场地出租堆放矿石，年租金收入3万元；牛角圩村村集体闲置房屋出租给松阳县交通发展有限公司，年租金收入4.8万元。

【扶贫救助工作】2020年，大东坝镇有低保424户664人，年发放救助金415.58万元。低保边缘户25户40人，特困户25户25人，光伏帮扶492户，发放帮扶金35.45万元，协议帮扶80户4.48万元。省民生工程残疾人之家、镇级居家养老服务中心投用。落实雨露计划，有12人得到资助，发放资助金3.6万元。开展“两癌”筛查600余人。落实全科医生服务签约5376人，其中重点人群签约3145人。

【村级组织换届选举】2020年，大东坝镇成立村级组织换届领导小组，制订选举工作实施方案，传达贯彻省市县换届工作相关会议精神，逐户走访宣传发动，充分调研掌握选情，建立“一村一预案”。突出“事业选人”导向，开展“张榜招贤”活动，全面优化班子结构。127人“两委”班子中（含交叉兼职），中共党员78人、占61.41%；35岁以下的有8人，具有大专以上学历的有41人、占32.28%，班子文化水平明显提升。回引优秀人才88人，占69.29%；有经商办企业经历人员109人，占85.83%；农业大户、专业户或专业合作社负责人95人，占74.80%；新进班子成员62人，占48.82%；妇女干部27人，占21.26%，其中“一肩挑”人选中女性干部5人。以“开门一件事”为抓手，促进新班子融合。

2020年11月23日，大东坝镇举行村级党组织换届开门“一件事”暨农村综合改革集成建设第二批项目集中开工仪式

【疫情防控工作】2020年，大东坝镇第一时间设立疫情防控指挥中心，配备专班人员，迅速行动、积极应战。全镇17个行政村设立19个镇、村两级卡点，落实24小时值班值守制度。坚持疫情图和复工图同研判、相匹配，成立专项督查小组，开展监督检查30余次，编发通报10期，督促整改问题17个，统筹推进疫情防控和经济社会发展。根据疫情防控工作出现的新特点，及时作出有针对性的防控部署，抓紧抓实抓细常态化疫情防控。

（大东坝镇党政办）

新兴镇

【概况】2020年，新兴镇辖22个行政村76个自然村，镇域面积210904.05平方千米，全镇山林面积12229.3公顷，耕地面积2072.33公顷，其中水田1555公顷。全镇总户数8475户，总人口23878人，出生新生儿188人，死亡194人，人口自然增长率–0.25‰。实现工业总产值10.96亿元，农民人均纯收入20937元；辖区内有国家AAAA级景区大木山骑行茶园；全镇共有茶叶加工企业561家，茶产业产值8.37亿元，占工业产值的76.36%。规上企业1家（丽水鸿昌混凝土有限公司），年产值1.08亿元，同比增长15.68%。2020年，创成全国乡村特色产业十亿元镇、浙江省电子商务电商镇、浙江省农村集体经济数字管理系统上线试点单位；上安

疫情防控期间，新兴镇各级党员开展志愿服务助力上安茶青市场开市

村、大石村、徐郑村3个村创成“浙江省电子商务专业村”，上安村创成“浙江省农村集体经济数字管理系统上线”示范村。

【疫情防控行动】2020年，新兴镇全力应对新冠肺炎疫情，排摸县外返松阳人员，做好境外人员排查管理，未出现一例疑似或确诊病例。疫情防控期间，乡贤代表支持全镇抗疫工作，捐赠物资及爱心款1370.46万元。常态化疫情防控，引导申领健康码9917人，组织开展村庄环境卫生大整治6次，定期对镇域重点公共场所进行消杀，联合市场监管工作人员开展食品安全检测10余次，举办“健康素养进文化礼堂”活动30余场。

【农村经济工作】2020年，新兴镇农业势头良好，开展农业面源污染防控和农药化肥减量化工作，农药废弃包装物回收率和处置率达98%。推广使用有机肥23.25万千克，检测农产品312批次。茶产业转危为机，全镇有茶叶加工企业561家，年工业总产值10.96亿元，其中茶产业产值8.37亿元。疫情防控期间，鼓励茶农线上销售，开展茶叶电商培训2期，参加培训100余人次，配合举办第十三届中国（国际）茶商大会·松阳香茶网络茶叶节。全镇有电子商务店铺102家，年销售额1.8亿元。推进政策性农业保险落实，实现农房保险4938户；小额意外保险4755人，缴纳保费总额为21.25万余元；实施茶园冻害保险工作；施行水稻种植保险11.29公顷。

【村社换届】2020年，新兴镇成立村级组织换届选举工作领导小组，召开“张榜招贤 揭榜挂帅”工作动员部署会，开展村社干部任期考评工作，张贴宣传换届的海报、横幅以及张榜招贤公告350余份，组织党员干部100人参加专题党课，镇主要领导走访22个行政村450余人次。开展基层党建专项整治，针对选情复杂的村严格落实“7+N”专项整治举措，制订“一村一策”方案。专项整治群众身边的腐败和作风问题，不定期在上安茶青市场、文化礼堂等地开展扫黑除恶专项斗争宣传活动，受众2万余人次。选出22个行政村四套班子，班子成员在年龄结构、学历结构、产业结构方面较上一届有所提升。组织举行“开门一件事”擂台赛，评选出优秀项目5个，不合格项目3个，形成比学赶超的良好氛围。

【重点项目建设】2020年，新兴镇实施镇域“污水零直排”建设项目和外石塘、大岭根、李山头等8个村农村饮用水达标提标工程；提升改造谢村至大甫、大甫至仙岩村（遂昌）公路竣工；实施山甫、金坞等村小型水毁修复排水工程并通过验收；新兴镇集团学校综合楼、教学楼及连廊区域项目完工。实施杨村头村溪滩边、五爪垄垦造耕地面积4.67公顷。推进“大搬快聚”富民安居工程，全年整村搬迁16户52人、零星搬迁60户225人。核销山甫村地质灾害整治点，15个地质灾害隐患点全部实现核销。拆除违法建筑1.73万平方米，制止违法建筑行为6起，拆除违法建筑5起。

【全域旅游工作】2020年，新兴镇坚持“生态立镇、文化强镇、产业富镇、旅游活镇”战略，推进砖窑博物馆、造纸工坊、大木山自然学堂、大木山茶园景观驿站（采石矿剧场）、茶文化体验中心、湘湖师范遗址纪念馆等精品旅游项目建设。创建浙江省AAAA级景区镇并通过验收，获评丽水市“乐水小镇”。大岭根等7个村获评市级“水美乡村”，官岭村、潘连村、新刘村获评2019年度浙江省新时代美丽乡村达标村，大岭根村、横溪村获评美丽乡村精品村，横溪村创成浙江省AAA级景区村，泉庄村、大石村创成省AA级景区村，平卿村、内孟村创成省A级景区村。静觅民宿、小茶姑娘民宿被评定为浙江省银宿。

【公共服务】2020年，新兴镇推进“最多跑一次”改革向茶青市场延伸，打造集“便利化、智慧化、人性化、特色化、规范化”为一体的市场服务体系。组建“全天候”代办队伍，22个行政审批和公共服务领域高频事项实现“就近办”，全年累计代办事项326件，提供咨询等服务1200余人次。茶乡巡回法庭化解涉茶矛盾纠纷49起。上安村入选浙江省第三批引领型农村社区、浙江省文明村和丽水市生态产品价值实现示范村。春茶期间发放《新冠肺炎疫情期间采茶工雇用工作告知书》4100余份，对接引进外来采茶工1万余人；组建线上“新

"茶香帮忙团"帮助茶农采摘茶叶

兴镇乌牛早茶青交易群"，群内单日茶青成交量达300千克；成立"茶香帮忙团"，招募志愿者1000余人，为困难茶农义务采茶5000余人次，办理茶叶工作"三证"1144本，被央视直播，并获《人民日报》点赞；成立"上安茶青市场志愿服务队"，参与服务1500余人次；开展"两直"补助申报618家，推动"三农"金融服务工作，帮助茶农、茶商获批贷款2000余万元。

【脱贫攻坚】2020年，新兴镇推进精准扶贫，完善低收入农户基础信息，全面整理扶贫相关政策汇编成册，组织干部系统学习。落实"一户一策一干部"结对帮扶机制，县、镇机关干部243人结对低收入农户541户775人，每月一走访，摸清帮扶对象政策享受情况，列出问题清单，有针对性地进行帮扶，确保精准扶贫不反弹。"双增"工作实效显现，强村公司开展实体化运作，实施村级工程"集体建"项目7个，保底收益7.26万元。新刘、大石、大岭根等16个村投资嘉兴"飞地"项目，2020年分红为投资额的6%。实施谢西坑、平卿等8个村联建光伏小康项目，争取光伏补助资金144万元，该项目于6月并网发电，全年发电28万千瓦时，收益17.64万元。全年消除集体债务93.36万元。

【民生保障】2020年，新兴镇有低保户431户616人、低保边缘户87户134人，特困供养21户21人，发放低保救助资金380.76万元。临时性困难救助21户，发放救助款3.26万元。落实残疾人"两项"补贴政策，全年享受困难补贴229人、重度护理补贴337人，累计补贴金额108.87万元。省民生实事项目新兴镇居家养老中心通过验收并投用。慰问特殊困难计生家庭26户，发放困难计生独生子女公益金8户6100元，为独生子女家庭户免费承保意外险；开展省民生实事项目结直肠癌筛查1300人；组织泉庄、竹囮、谢村等14个村1000余人适龄育龄妇女进行免费"两癌"筛查。强化食品安全监管，推进镇农产品检测中心建设，完成检测90余批次；改造提升上安村农村家宴厨房并投用。2020年，获评2017－2019国家卫生乡镇。

（新兴镇党政办）

叶村乡

【概况】2020年，叶村乡境域面积43平方千米，辖8个行政村29个自然村。全乡山林面积2554.9公顷，耕地面积338.9公顷，其中水田338.9公顷。全乡总户数3066户，其中农业户2082户；总人口7247人，其中农业人口6909人。出生新生儿59人，死亡47人，人口自然增长率1.66‰。全乡实现工业总产值1821万元；财政总收入3111.44万元。农村集体经济总收入570.95万元，同比增长10.4%。辖区内AAA级景区村庄横坑村，AA级景区村庄河头村，A级景区村庄南岱村。实现电子商务销售额7.15亿元，创成省级电商乡（镇）和电商专业村3个。

发挥粮食生产基地优势，巩固发展水稻、玉米、蔬菜、香菇等种植，种植水稻66.67公顷，香菇475万袋。依托村企结对帮扶政策，持续发展高山有机大米、中蜂养殖等产业。推广农药化肥减量增效工作，鼓励实施茶产业转型升级，发展生态有机茶叶。培育香榧、油茶新兴产业。开展农民素质提升，组织各类培训200余人次。

生态工业稳中向好，落实各项惠企政策，服务企业纾困解难，对符合条件的10家小微企业和148家个体工商户开展"两直"补助，帮助企业渡过难关。创新培育新动能，增加市场主体55家。

发展全域康养，横坑玖层生态艺术村项目签约动建，横坑村创成AAA级景区村，举办岱头丰收节，河头文旅综合体、叶村园当代艺术在地空间项目前期工作。传统村落保护发展有序推进，斗米岙接待中心、拯救老屋修缮项目竣工。建设美丽乡村，实施部分老屋修缮、道路提升、水渠改造。

【疫情防控工作】2020年，叶村乡第

一时间成立疫情防控工作领导小组，全乡干部农历大年三十进岗到位，实行全天候保障防控。动员村两委干部、党员、网格员、志愿者主动投身疫情防控，参与防控宣传、巡逻、卡点执勤等工作，全方位做好限流量、防集聚、严管居家隔离等疫情防控措施。全体乡贤和社会爱心人士发挥自身优势，四处筹措防控物质，纷纷踊跃捐款捐物，为疫情防控提供强有力支撑。各行政村严格落实“一码一测一口罩”工作要求，组织对辖区内外来人员逐一进行排查登记，着重对出租屋、香菇棚等开展地毯式筛查，确保不落一户、不漏一人、不留死角，对排查出的外来人员逐一落实防疫措施。全天候做好境外人员服务保障工作，与全乡54名境外人员建立一对一服务制度。坚持两手抓，两战赢，全力推动复工复产，努力把疫情对经济社会发展的影响降到最低。克服麻痹思想、厌战情绪、侥幸心理、松劲心态，全方位落实防控责任，持续对各村各场所落实疫情常态化防控工作进行监督检查和明察暗访，重点围绕传达落实上级文件及会议精神、常态化防控措施落实、外来人员排查等情况开展督查指导，巩固防疫成果，把各项防控措施落实落细，做到责任到位、防控到位、服务到位，常态化做好疫情防控工作。

【乡容村貌】2020年，叶村乡做好衢（州）宁（德）铁路租用地续租、站前大道项目借地等工作，为衢宁铁路、站前大道按时通车营造良好环境。推进衢（州）丽（水）铁路前期各项准备、土地分户的测量工作。保障黄南水库、汽车综合服务中心二期等县重点项目推进。整合各方资源，把环境整治作为改善城乡面貌的突破口，整治江南公路、铁路、站前大道沿线环境，提升改造道路两侧及村庄脏、乱、差等重点节点。开展以“三改一拆”为切入点，落实“即查即拆”机制，拆除违法建筑面积10700平方米，拆后利用面积6142平方米，创成“无违建乡镇”。开展“全民清洁日”及“百日攻坚全域大洁净”活动，生活污水处理终端提升改造7个村。开展“洁净家庭”创建活动，日常秸秆禁烧巡查，松材线虫病防治，实现区域环境面貌明显改善，创成“国家卫生乡镇”。

【社会环境】2020年，叶村乡建立完善乡村两级矛盾排查化解网络，畅通群众诉求表达、利益协调、权益保障渠道。调处各类矛盾纠纷45起，化解省级信访积案4件和省级交办件1件。健全综合指挥体系，基层治理四平台有效运行，上报处理各类事件信息1910条。推进“最多跑一次”改革，实行“一窗受理”服务模式。开展安全隐患排查和安全生产大检查，全面加强安全生产、食品药品安全、公共卫生、防台防汛、消防等各项工作，保障了社会大局和谐稳定。

【民生保障工作】2020年，叶村乡围绕“两不愁三保障”这一核心，逐户分析393人低收入农户的致贫原因，落实“一户一策一干部”结对帮扶方案，精准制订脱贫措施786个。推进产业扶贫，落实124户262人产业帮扶资金29万元，为低收入农户提供公益性岗位8个，推动来料加工助力扶贫，累计带动120户低收入农户在家门口实现脱贫。开展教育扶贫，12户13人低收入农户子女享受雨露计划资金补助。实施住房保障，改造低收入农户危旧房13户。完成城乡居民养老保险、农村医保、“浙丽保”收缴工作。推进村级项目“集体建”，依托“飞地”等消薄项目，鼓励发展壮大村集体经济，全乡8个村全部实现20万元以上总收入、10万元以上经营性收入目标。推进“大搬快聚”富民安居工程，开展土地整治，实施建设用地复垦4公顷，垦造水田13.33公顷。竣工南岱、横坑农民饮用水提升工程，松山、东坞等4个村城乡供水一体化工程。完善文化基础设施，实现农家书屋和文化礼堂全覆盖。发展教育事业，该乡中心小学获丽水市劳动实践基地试点学校、县教学质量管理效益奖。

【党风廉政工作】2020年，叶村乡持续巩固“不忘初心，牢记使命”主题教育成果，开展理论学习，树牢“四个意识”，坚定“四个自信”，坚决做到“两个维护”。全面落实党风廉政建设责任制，切实履行“一岗双责”，严格执行中央“八项规定”，严格控制“三公经费”，坚决杜绝铺张浪费。从改进工作作风、提高工作效能入手，完善机关考勤值班制度、请销假制度、财经管理等规章制度。深化政务公开，保障人民群众知情权、参与权、表达权、监督权，合法审查规范性文件和行政合同。自觉接受人大法律监督、纪委监委监督和社会舆论监督，着力办理人大代表议案和民生实事项目。开展乡监察办规范化建设，配合县委巡察组开展巡察工作，接受省财政厅基层财政管理检查，抓好问题整改。

（叶村乡　徐雨潇）

斋坛乡

【概况】截至2020年底，斋坛乡区域面积26平方千米，辖7个行政村46个自然村。全乡山林面积1356.3公顷，耕地面积1931.5公顷。全乡总户数4164户，总人口9258人。2020年，出生新生儿69人，死亡65人，人口自然增长率0.43‰；财政总收入4348.05万元，同比下降8.87%；农村经济总收入620.43万元，增长14.21%；庐东村创成浙江省级A级景区村；石门圩村提升松阴溪国家AAAA级景区美丽节点村的品位及业态植入。

【村级换届工作】2020年，斋坛乡7

个行政村“一肩挑”人选100%当选得票率98.15%，委员得票率85.75%；村班子（含书记）37人，平均年龄为48岁，女性3人（占比8.11%）；大专以上学历14人（占比37.84%）；35岁及以下6人（占比16.22%）；60岁及以上1人（占比2.7%）。

【党风廉政建设】2020年，斋坛乡围绕“清廉村居”建设，推进全乡党员干部提高廉洁自律意识，增强廉洁履职能力，规范村集体三资管理和重大事项决策等工作。配合村居巡察工作，抓好巡察反馈整改。建设“清廉村居”示范点，由点带面在全乡域铺开建设，营造风清气正的政治生态。全年立案3件，结案3件，党内警告1人，严重警告2人。受理涉及信访件3件，办结3件。

【乡域人居环境治理】2020年，斋坛乡推进“大搬快聚”富民安居工程，有6个自然村实现整村搬迁，搬迁补助报账45户118人。推进治危拆违工作，拆除各类违章建筑1.1万余平方米，实现全年任务总量的102%。持续推进旧村改造，联合审批113户。实施农村危房改造16户，其中C级危房14户、D级危房2户，均通过解危验收。开展地质灾害隐患点清零，对新增2处滑坡风险防范区人员按要求录入防汛转移人员系统并赋码。开展“农村人居环境整治”专项行动，推进农村污水垃圾厕所“三大革命”，抓实农村生活污水提升建设，东圩蓬村、大路村污水终端提升改造项目竣工验收；推行农村生活垃圾分类，维护石门圩村的太阳能垃圾沤肥房正常投用。持续开展“河长制”APP、多通联合试点巡河工作，采取分段市场化保洁的方式，推进河道保洁工作。

【生态农业发展】2020年，斋坛乡优化产业结构，形成以茶叶为主，生态稻，高山油茶、蔬菜为辅的农业产业布局，建成市级农业绿色发展示范区。发展绿色农产品，其中佳佳乐家庭农场引进的蓝莓品种，并通过梨树培植铁皮石斛等生产技术，提高经营效益；绿健蔬菜专业合作社“绿健牌”雪菜，通过无公害、绿色食品认证，获丽水市“绿色农产品基地”称号。创新“农户+合作社+公司”运作模式。启动吊坛村集体经济发展有限公司实体化运作，首期流转0.67公顷土地建设“云农场”。

【乡村休闲旅游】2020年，斋坛乡庐东村创成省级A级景区村，提升松阴溪国家AAAA级景区美丽节点村石门圩村的品位及业态植入；建设小石、石门圩、京梁、大路、斋坛等村沿溪绿道，发展田园绿道骑行项目。开展各项文旅活动，弘扬农耕文化，配合“陈妙林带你探索江南秘境 田园松阳”石门圩廊桥段“网红桥”集市、民俗文化活动的相关工作。以“传承农耕文化，发展全域旅游”为主题，举办创建“大花园行动”之首届云顶仙坑源旅游节暨斋坛乡第十三届农耕文化节活动。

【疫情防控】2020年，斋坛乡全乡干群统一战线，整合各方力量，开展疫情防控工作。召开会议专题安排部署疫情防控工作，落实24小时值班值守制度和领导在岗带班制度；全面落实摸排和居家隔离户的监管责任，切实推进群防群治；坚持把预防关口前移，多渠道做好防护物资供应保障。疫情防控期间，摸排外来人员，设立各类卡口72个，乡干部和各村党员干部100余人24小时蹲点值守，引导群众推迟或取消婚嫁等宴请活动10起，从简办理丧事3起；统筹调配口罩、温度计等设备4000余件，消毒液250升、帐篷20顶，对企业和个人捐赠的物资进行统筹分配使用。同时结合“三服务”工作，建立茶产业帮扶机制，组建复工复产服务队，分村入户开展面对面帮扶。防疫期间，发放采茶证1.5万余份，规范设立临时茶青交易市场2个、指导195家茶叶加工厂复工复产；帮助374家企业实行网上备案，全面实现复工。

【重点项目建设】2020年，斋坛乡投资2000余万元，建设斋坛陶窑工坊。保障衢宁铁路、松阳火车站站前大道等重点工程的推进，开展对铁路封道带来的交通出行、农业水利灌溉问题进行全面梳理，实施遗留的大小三改项目，推进项目无障碍施工。垦造耕地项目建设，实施垦造水田项目6个，涉及4个行政村面积13.6公顷。启动宅基地复垦项目5个，涉及5个村面积3.62公顷。有3个传统村落村项目建设已竣工，总报账进度94%。推进民生实事项目，寺口塔—桐楼便道修复等铁路项目竣工。此外，竣工验收分别为八亩山公墓道路硬化和绿化项目、小石村旧村改造区域农村生活污水治理项目、火车站站前大道排灌渠延伸工程、斋坛安置小区基础设施建设项目，投资金额281万元。

【脱贫攻坚】2020年，斋坛乡贯彻落实脱贫攻坚会议精神，把各项扶贫政策落到实处。落实扶贫项目，庐东村光伏扶贫项目、东关—寺口塔新建机耕路项目、小石中央扶贫项目均竣工。做好社会救助、扶贫济困工作，落实“一户一策一干部”结对帮扶工作，开展低收入农户政策宣传，让低收入农户第一时间享受上级的各类补助政策。年收入8000以下农户全部清零，231户农户实现增收目标。全年救助受疫情影响困难户37户，发放受疫情影响救助款5.10万元。完善低收入农户动态管理，对各村的低保户、低保边缘户、特困户做好日常动态管理，做到“应纳尽纳、应保尽保、应退尽退”，全年增加低保20户29人，剔除低保17户22人、低边8户11人。

【基层社会治理】2020年，斋坛乡京梁村推进全村各项事业健康有序发展，开展以问题为导向，以实用为追求，修订训诫式村规民约。安保工作，全乡开展全网式排查3次，办理信访件168件，化解信访积案省级4件、县级4件，调解矛盾纠纷27起，办理联动信息60条。加强扫黑除恶、反邪教、禁毒等预防，严格查处黄、赌、毒等各类违法行为。推进“四个平台”建设，助推“最多跑一次”改革。采集标准地址库的数据，网格员16人在2周时间录入信息4000余条；实现对接事项“一窗受理”平台接件，综合信息指挥室收到信息7201条，受理7201条，办结率100%。

【社会事业】2020年，斋坛乡开展第七次全国人口普查工作，审核登记4164户。推进“新农医”“浙丽保”等各类政策性保险参保工作，实现“新农医”参保7079人、“浙丽保”参保5355人。落实安全生产责任制，加强安全生产检查和督促整改，推进食品安全监管、农村交通道路安全、公共卫生安全工作。持续改善卫生健康工作，推行计生安康保险。坚持党管武装，规范化建设基层人武部，整组基干民兵队伍，做好兵役登记，成立乡村两级退役军人服务站。建成乡级、村级避灾安置场所各1个，配齐应急装备器材，提升应急能力建设和水平。重视教育、农村卫生、文化、体育、环保工作，支持团委、妇联、工会、残联等开展各类活动。

（斋坛乡党政办）

三都乡

【概况】2020年，三都乡区域面积63平方千米，辖有行政村10个，自然村32个；总人口8323人，常住人口2227人；出生新生儿52人（数据来源乡计生办统计数据），死亡64人（数据来源乡民政办统计数据），人口自然增长率为-1.44‰；被评为省AAA级景区乡镇，获浙江省体育强乡、丽水市群众体育先进单位称号。该乡党委政府坚定不移地践行“绿水青山就是金山银山”的发展理念，立足县城后花园的区位优势和产业优势，做足“高山果蔬、传统村落、户外运动”三大文章，成为县域范围内的生态农业先行区，传统村落保护利用示范区，户外运动体验区，打造“生态、古韵、和谐”的秘境三都。

【疫情防控】2020年，三都乡面对疫情大考，坚持把人民生命安全和身体健康放在第一位，第一时间启动应急响应进入战时状态，全乡上下统一思想，履职尽责，齐心协力打好疫情防控组合拳。通过各村主要路口等地悬挂横幅标语、流动宣传小广播、建立“微信群”等举措加强疫情防控舆论引导，形成良好的疫情防控氛围。同时动员全乡党员干部、群众等参与防控工作中，在丁旺山路口和18个自然村主要路口设立执勤卡点，严控往来人员，构建严密的联防联控网络体系。实行党员干部分片包干、网格化排查制度，以走访、电话问询等方式，对全乡逐户逐人进行走访，建立人员管控清单表，做到底数清、情况明、责任实，筑牢生命安全防线。在做好疫情防控工作的同时，采取各种措施推进茶产业复产复工，办理茶叶种植、加工证件600余张。坚持把常态化疫情防控各项措施和要求落到实处，慎终如始抓好秋冬季疫情防控工作，切实做到思想不松懈、责任不松动、工作不松劲，守好各个小门。

【生态精品产业】2020年，三都乡推进生态农业示范基地建设和农产品市场对接工作。支持鼓励紫草、里庄、黄岭根等村抛荒田资源的整合开发，形成具有一定规模的生态农业基地，提升上田花田泥、上源旱粮种植等生态农业示范基地，推进松庄美丽云上牧场、8个村高标农田等项目建设，实施上田、紫草、里庄等村生姜种植科技项目，在紫草“沿油山”、黄岭根“大处底”等地种植黄精、白芨、石菖蒲、元胡等中草药20公顷。拓宽农产品销售渠道，在县城老街开设“乡山谣”农产品窗口，对接县邮政公司及邮乐网等拓宽农产品销售，举办原乡上田农产品淘货节、三都桃子电商销售启动仪式、直播带货等活动，推动三都农产品和市场的对接工作。

【传统村落保护】2020年，三都乡启动传统村落项目建设百日攻坚行动，实现计划投资4810余万元，报账3419余万元。松庄、黄岭根村、毛源、尹源等项目建设全部竣工；做好里庄、上源2个村的传统村落保护发展规划编制，省历史文化重点村杨家堂规划设计通过省评审并获优秀等次，启动古道修复等项目建设；上庄美丽宜居项目和毛源、周山头省级历史文化一般村项目基本完工。持续推进老屋拯救项目建设，修缮完工上田、下田、周山头等老屋10幢计3028平方米。截至12月底，全乡老屋修缮42幢。持续推进传统村落活化利用，杨家堂2号、19号通过植入民宿业态取得了成果。

【全域旅游品牌】2020年，三都乡以创建省级景区乡为抓手，全力推进全域旅游工作，打响“古韵山村、秘境三都”全域旅游品牌。创成省级AAA景区乡和上田AAA景区村、里庄AA景区村。推动原乡上田、松庄桃野等精品民宿发展，筱隐—杨家堂民宿项目建成运营，桃野民宿获评“2020年度中国民宿帮黑松露奖”。艺术振兴乡村发展，“2020洛丽文创——无恙巡回艺术展”在松庄桃野展出，电视剧《春风又绿江南》《向阳而生》等在杨家堂、西田、上田等实地拍摄。与县登山协会的合作，组织开展古道徒步登高、紫草扎营、“七一”和国庆节徒步行走等活动6次。天空跑国际挑战赛入选浙江省重点培育品牌体育赛事名录库。

电视剧《春风又绿江南》杨家堂拍摄现场

【民生实事工作】2020年，三都乡上田改革试点推进项目建设基本完工，启动原乡上田中医药康养村项目建设，实现投资1137万元，到位省补资金600万元。农民组织化提升工作全面启动，在上源、里庄、紫草、上田、黄岭根、杨家堂6个村实施农民组织化提升，流转土地26.67公顷，开展种植生姜、玉米和中草药等，联结农户116户。推进村级工程“集体建”，全乡有上田路面硬化、松庄公厕、紫草水渠等6个项目实行“集体建”。改善基础设施，优化乡村环境。实现里庄车站、上源至周山头、上田至杨梅坪公路提升，完成桐溪小区排污排水、老湾山塘整治等项目建设和G235国道土地征收工作。农民饮用水达标提标三年行动提前实现，13个项目全部通过验收，完善安联溪山塘和水厂、单村供水村的日常运营管理，落实长效管理机制。以自然村整村搬迁为重点，鼓励零星货币安置搬迁，推进“大搬快聚”工作，全年整村搬迁2个点位27户8人，零星搬迁56户194人，落实农户退税7户24人，低收入农户搬迁4户19人。持续推行“五水共治”和河长制工作，提升里庄、上源等3个污水终端；持续推进垃圾分类工作和“厕所革命”。创建上田半岭村无蚊蝇村，实行垃圾集中清理，安装灭蚊灯12盏、诱蝇笼22个。持续开展治危拆违工作，严格落实“即查即拆”工作机制，对违法违章建筑做到零容忍。

【脱贫攻坚行动】2020年，三都乡抓实抓好脱贫攻坚工作，聚焦重点、紧盯难点、破解堵点，实现低收入农户精准识别、精准帮扶，做到“不落一户、不落一人”。通过分村召开低收入农户分析会、下村走访、部门联审等措施，对低收入农户进行动态调整，截至12月底，全乡有低收入223户374人，其中低保户194户320人、低边20户45人、特困9户9人。开展对低收入农户危房“地毯式”大排查，“一户一策”做好危房治理，多措并举推进里庄、上源、后湾等村危旧房治理难点、堵点和痛点，34户低收入农户危房治理工作全面实现。启动新一轮村集体经济发展攻坚提升行动，推进“飞地”项目、上田改革、各级消薄等工作，拓宽村集体增收渠道，10个村均实现年度消薄任务。

【村级组织换届选举】2020年初，三都乡开展专题调研分析，对村两委班子及成员开展任期考评，评出优秀村集体1个、优秀村两委干部15人。开展包联村走访，对村社换届“一肩挑”人选开展5轮排摸上报，促使10个行政村“一肩挑”人选全部确定。开展“张榜招贤、揭榜挂帅”工作，收到自荐报名111人，其中“一肩挑”19人，并在杨家堂村举办自荐人比选演说和民主测评，旨在提高群众对自荐人的满意度。举行“一肩挑”人选誓师大会，交办村级组织换届选举任务，压实“一肩挑”人选责任。通过班子会分析研判和部门联合审查，提高村级组织人选质量，全乡选举产生新一届村党组织班子36人，村委会班子37人，村（社）监会班子和经合社班子各30人。全面贯彻落实村级组织“一肩挑”政策，担任“一肩挑”的干部大专以上学历占比60%，两委班子63人中，中共党员占63.49%，大专以上学历占33.33%，妇女干部30人、占47.61%。通过村级组织换届，切实把政治强、敢担当、能带富、善治理、口碑好的优秀人才选进村级组织班子。

（三都乡党政办）

四都乡

【概况】2020年，四都乡区域面积47平方千米，辖5个行政村13个自然村。全乡山林面积3466公顷，耕地面积292.8公顷。全乡总户数1464户，总人口3578人。出生新生儿41人，死亡35人，人口自然增长率1.7‰。财政总收入3200.38万元，同比下降23.3%。农村集体经济总收入291.62万元，同比增长12.7%。辖区内建成精品民宿有过云山居、云端觅镜、揽树山房、云上平田、云影心谷、九舍、无心云舍等；有先锋书店陈家铺平民书局，诗人庞培、陈东东等艺术家工作室，云夕摩加国际文化交流共享中心等文化交流中心；有荷花山中药材基地、大旱田梅花鹿养殖基地、大荒田自然农法果蔬种植基地、牛路岗高山生态水稻种植基地等生态种植（养殖）示范基地。10 月 22 日，中共浙江省委书记袁家军到该乡陈家铺村、平田村考察村容村貌，了解数字赋能促农增收、生态产品价值实现工作等情况，并对当地立足生态优势，做好“山”字文章，发展山乡经济给予点赞。举办 2020 中国・松阳古村探秘定向赛暨四都乡第七届萝卜节，《建筑学报》“松阳路径”研讨会。被中共浙江省委浙江省政府评为浙江省文明镇（乡），获评中国长寿之乡乡情体验基地，创成省级 AAAA 级景区乡镇，摄影四都线被浙江省自然资源厅评为特色精品道路，陈家铺村被浙江省民政厅评为“第三批省级引领型农村社区”。

【生态农业建设】2020 年，四都乡全面推进生态农业发展，发挥生态强村公司、专业合作社及家庭农场的示范引领作用，推动农民合作组织化运转。变“九山半水半分田”的劣势为“高山生态无污染”的优势，培育高山白茶、高山蔬菜、生态土鸡、中草药材等特色产品。全乡种植晚稻 26.9 公顷、旱粮 108.31 公顷、茶叶 139.8 公顷、萝卜 33.33 公顷、番薯 26.67 公顷、中草药材 30 公顷，养殖高山生态鸡 6500 羽，生态猪“移栏出村”183 头。

【民宿旅游】2020 年，四都乡致力于建设“小而精、小而美”的旅游产品，做大生态自然景观优势，完善基础设施、优化景观配套。陈家铺云夕 MO+ 共享度假空间、依山半舍精品民宿（一期）建成试运营，推进榔树民宿综合体二期项目。民宿（农家乐）营业收入实现逆势上行，较上年同比持平且略有增长。该乡入选浙江省首批民宿（农家乐）助力乡村振兴改革试点，被评为中国长寿之乡体验基地、浙江省 AAAA 级景区乡镇，增加云影心谷、无心云舍 2 家民宿为“丽水山居”精品民宿示范项目，揽树山房为“丽水山居”农家乐综合体示范项目。

【农文旅体产业】2020 年，四都乡挖掘当地乡土文化、山村特色的旅游产品、文创产品，打响文化旅游品牌。建成乡旅游接待中心、陈家铺村旅游服务中心，规范村级旅游咨询点、旅游标识标牌建设，陈家铺停车场、云夕风铃广场、西坑苔藓工坊、气象公园（二十四节气馆）、古树公园等项目完工，举办 2020 中国・松阳古村探秘定向赛暨四都萝卜节、《建筑学报》“松阳路径”研讨会等活动，稳步推进农文旅体产业深度融合。加快推进数字赋能乡村产业发展，推动全域旅游和电子商务、网络直播等深度链接，相继与团市委、市妇联等联合开展青春网红公益助农、巾帼网红直播“带货”等公益直播活动，大力宣传推广乡域美景、美食、美宿，实现线上线下联动。全年接待游客 40 万余人次，营业总收入 3600 余万元。

2020 年 10 月 24 日，四都乡举办走进“国家传统村落公园”系列赛 2020 中国・松阳古村探秘定向赛

【推进项目建设】2020 年，四都乡深化重点项目“清单式管理”，建立项目“一周一报”长效督查制度，实行精细化管理。全乡实施项目建设 30 个，涉及财政资金 1936 万余元，建立工作专班，全程把控项目建设。推进国家传统村落开发利用各项工作，开展村庄环境整治提升、基础设施建设等。大力实施旅游和交通基础提升工程，改建旅游公厕 2 个，改造提升召寨线—— 陈家铺村康庄路 1.7 千米，抓农村公路巡视和养护，做好农民饮用水达标提标、百姓健身房、文化礼堂等民生实事项目，以及民宿旅游项目的要素保障。

【脱贫攻坚】2020 年，四都乡贯彻落实以人为本的基本方针，完善保障体系。全面落实“一户一策一干部”结对帮扶机制，压实干部责任，建立低收入农户数据库，全面摸清底数。发挥生态强村公司和村股份经济合作社在农民组织化提升中的主体作用，推进“生态农业 600”番薯组织化工作，实施高山生态鸡和“心香番薯”扶贫助农项目，为 53 户低收入发放“高山生态鸡”仔 280 羽、“心香番薯”苗 6000 余株。开展民宿“扶贫认购”活动，8 家民宿认购低收入农户的生态鸡、“心香番薯”，助力低收入农户增收。开展低收入农户产业帮扶补助，为 151 户 246 人发放补助资金 30.8 万元，实施“雨露计划”7 人，发放低收入农户光伏收益分红 12.7 万元。推进生态强村公司实体化运行，发挥村级工程“集体建”的杠杆作用，撬动村集体经济增长，实施“集体建”项目 11 个，其中 9 个项目完工验收。拓宽村集体经济增收渠道，鼓励各村参与余姚、嘉兴“飞地”项目投资，4个省级结对帮扶村光伏收益分红金额4.3万元。实现“消薄”任务5个村，村经营性收入、集体收入实现“双增长”。

【疫情防控工作】2020年，四都乡以最严要求、最高标准和铁的作风、铁的纪律推进疫情防控和复工复产“两手抓，两战赢”。建立高效有力的工作指挥体系，坚持群防群控和精密智控相结合。发挥村级防控网格的作用，推进宣传排摸基础工作，全面掌握外出人员返乡情况，实行动态管理。发放倡议书2600余份，严格落实“一码一口罩一测温”防控举措，对居家隔离对象施行隔离措施。精准服务推动复工复产，重点对茶产业、民宿（农家乐）和项目建设，建立健全点对点、一对一的服务专班和工作机制，全面推动复工复产，减少损失。

【民生事业融合发展】2020年，四都乡把“大搬快聚”作为山区群众改善生活的一项重点工程，通过整村搬迁、集中安置，实现人口集聚、产业集群、空间共用、服务共享，促进群众民生改善。实现“大搬快聚”42户103人，其中汤城自然村整村搬迁38户92人，其他零星搬迁、货币安置4户11人。完成公寓楼集中安置8户，一类区购买商品房、二手房15户，其他安置19户。开展残疾人帮扶、独居老人电路改造、留守儿童关爱等民生保障工作，为27人发放大病救助3.22万元，走访慰问困难群众83人，发放慰问金7万余元。落实上级惠民政策，在乡、村两级设置专岗专员，开展惠民保险的内容宣传和保费征缴工作。实现2021年农村医疗保险征缴2736人，参保率99.96%；养老保险参保2825人，参保率98.98%；“浙丽保”参保2448人，参保率达90%以上。

【基层社会治理体系】2020年，四都乡完善健全基层治理“四平台”，理顺工作机制，推行全科网格员考核、监督、激励、淘汰机制，形成上下联动、触角到户的基层社会治理体系。落实安全生产责任制，组织应急处置专项培训，开展消防、旅游、民宿、交通、传统民居等专项安全指导和行业整治。加大安全巡查力度，组织开展11个高危隐患区巡查，对检查发现居住在易暴发小流域山洪周边的182人、居住在易发生地质灾害周边的102人进行“安全码”赋码。制订应急工作预案，完善巡查排查、信息预警、人员转移、联动联防体系建设，全力保障群众安全。

【机关效能建设】2020年，四都乡坚持先定事后定人，开展5个行政村的村级组织换届选举工作，打造一支政治强、敢担当、能带富、善治理、口碑好的村干部队伍。选出新一届村委会成员共16人，平均年龄43岁，其中大专及以上学历的7人，女性6人，干事创业氛围愈发浓厚。严格执行乡人大各项决议、决定，主动接受乡人大代表的监督，坚持重大事项向乡人大报告制度，办好人大代表建议。开展“营商环境提升年”“全县域组织化提升年”“改革创新提升年”活动，全面实施机关干部岗位设置模块化运行改革，变过去的“条线管理”为“模块化管理”，提升行政服务效能，增强科学决策和工作执行水平。落实党风廉政建设“一岗双责”，推进“清廉村居”建设，规范村级工程“集体建”等项目监督和管理，加强审计监督，营造风清气正的政治生态。

（四都乡党政办　张佩霞）

竹源乡

【概况】2020年，竹源乡区域面积57平方千米，辖7个行政村20个自然村；山林面积5065.53公顷，耕地面积368.67公顷，其中水田336.44公顷；总户数2591户，其中农业户2591户；总人口6824人，其中农业人口6824人；出生新生儿47人，死亡44人，人口自然增长率0.44‰；财政总收入2580万元，下降18.03%；农村经济总收入556.80万元，增长66.54%；辖区内主要名胜古迹有“竹源峡”瀑布群、潘殿源瀑布、尧桥观景亭、东岭蝙蝠洞、水库湖心岛等。

【生态农业】2020年，竹源乡水稻种植56公顷，旱粮种植120.67公顷。投资470余万元，建成后畲、大岭头、小竹溪、横岗4个村的高标准基本农田266.67公顷。打造高山生态循环农业基地，引进乡村新农人张世铭在大岭头、后畲等村发展生态农业，协助建立“归朴永续”农业实践站，依托生态循环农业打造新的农村经济增长点。后畲村中药基地完成种植，呈旺坑村花满坡生态农业基地进行复种。

【村集体经济】2020年，竹源乡横岗、黄上、黄庄等5个行政村抱团联建物业大楼全部出租，年租金收入54.9万元；小竹溪村投资50万元，参与嘉兴“飞地”项目，项目可获分红6%；后畲村引进浙江后舍农旅发展有限公司投资民宿项目开发，村集体入股150万元，年保底收益7.5万元。7个行政村年经营性收入均达到10万元以上，其中6个村达到15万元以上，全乡农村经营性收入300万余元，总收入687余万元。乡强村公司全年实施“集体建”工程7项，投入工程资金200余万元；承包河道保洁、垃圾清运、松材线虫清理等，全年实现盈利20万元。

【民生工程建设】2020年，竹源乡辖内西竹玉公路市口至潘坑段实施全线施工，潘坑至周岭根隧洞口段主线征地收官，实现年初预定工作目标；黄下至周岭根路段共计征收租用土地17.33公顷，处理沿线山界等纠纷6件，项目在该乡区域内实现无障碍施工。做好大岭头石井、小竹溪石狮

竹源乡黄庄村物业大楼

子、呈旺坑徐山3个自然村35户96人“大搬快聚”整村搬迁申报工作，实施零星货币安置32户122人，其中包括低收入农户5户14人。推进黄上、后畲、周岭根、呈田传统村落项目建设，项目竣工验收8个，在建3个，其中5幢房子被列入优秀传统建筑修缮项目。建成小竹溪、后畲、大岭头、横岗、黄庄5个村电瓶车公共充电棚6个，黄庄村茶产业笋竹林产业道路基地和小竹溪村移民村内游步道。后畲村公益性公墓竣工验收，大岭头村完成设计。

【基本民生保障】2020年，竹源乡打好脱贫攻坚战。按照“一户一档”要求，加强低收入农户信息的核对和动态管理，退出低保25户33人、低边20户45人，增加低保37户75人、低边2户6人；推进低收入农户产业帮扶到户项目落地，帮助156户低收入农户331人获得产业帮扶补助39.73万元；落实护林员、保洁员、便民服务中心办事员等公益性扶贫岗位16个，帮助18人低收入农户到村集体建立的项目就业；落实低收入农户家庭子女教育扶贫政策98人、残疾人2项补贴198人；开展农村危旧房排查工作，为低收入农户实施危旧房改造12幢；对57户102人因疫情影响困难户进行临时补助救助7万余元。

【疫情防控】2020年，竹源乡筑牢农村疫情防范安全线。1月28日，武汉返松阳人员1人发热被送往医院就诊，随后被确诊为新冠肺炎，该患者与该乡后畲村一村民有过密切接触。就此，乡村两级党组织和党员干部立即行动，发挥先锋模范作用，深入每户每宅进行防疫知识宣传、环境卫生大整治和设卡排查劝导等工作，疫情严控期间排查返乡人员，实施集中隔离33人、居家隔离60人；劝阻群体性集聚活动5起，在主干道及村口设卡点9处，24小时专人值守，劝返人员600余人次；复工复产后，发放茶叶田间作业工作证、茶青收购工作证、茶叶加工工作证500余本，外出复工复产人员证明300张。按照“外防输入、内防反弹”总体防控要求，严格落实疫情防控常态化管理各项工作。

【决战脱贫结对同行】2020年，竹源乡党委、村党支部通过交流座谈的形式，加强党员队伍教育管理和村级事务管理，聚焦结对帮扶村产业发展等实际情况，共同制订产业发展计划，形成支部联动模式。3月，开展“红色暖人心”活动，为低收入及生活困难的孤寡老人送上生活物资、测量体温、打扫卫生、烧一顿爱心午餐等活动，走访贫困户213户，引导他们积极就业，依靠双手致富。

（竹源乡党政办　吴叶菁）

樟溪乡

【概况】2020年，樟溪乡区域面积31平方千米，辖8个行政村49个自然村。山林面积1187.56公顷，耕地面积735.7公顷。总户数4094户，其中农业户3869户；总人口10300人，其中农业人口10134人。出生新生儿83人，死亡73人，人口自然增长率0.8‰。全乡实现工农业总产值1.96亿元，同比增长9%；财政总收入3345.96万元，同比下降33.62%。农村集体经济收入572.85万元，同比增长10.41%；农民人均纯收入17000元，同比增长6.2%。辖区内主要古迹有始建于南北朝大同年间的县级文物保护单位法昌寺。市级非物质文化遗产樟村拳，县级非物质文化遗产木偶戏、溪下文武彩灯等。

【疫情防控】2020年，樟溪乡第一时间成立防控领导小组、疫情防控指挥部，建立疫情防控责任体系，全力投入疫情防控工作。“地毯式”开展走访排摸，成立“驻村干部+1村干部+1网格员”队伍，逐门逐户对不同时段重点疫区人员、境外返乡人员开展地毯式排查。宣传防控知识全覆盖，从严从细抓好秋冬季节疫情防控宣传，引导群众多通风、勤消毒、勤洗手、出门戴口罩，时刻绷紧疫情防控这根弦。通过微信群等信息平台发布信息500余条，张贴宣传标语20余幅，发放宣传资料15000余份，用宣传车、小喇叭播放防控知识50余次。抓实疫情防控常态化，盯住中高风险地区返乡人员，确保各项防控措施落到实处。及时排摸掌握村民动态，对低收入农户、孤残人员等重点人群，实行服务上门、困难救助。充分发挥乡贤、人大代表等作用，参与疫情防控工作，累计收到口罩、牛奶、方便面等防疫物资 10 万余元。

【复工复产行动】2020 年，樟溪乡针对春茶时节采茶工缺口、茶青交易困难等问题，召开专题会议研究部署，发放茶叶工作证 500 余本，通过依托乡域内中介机构规范引进采茶工 1 万余人，解决了农户采茶难题；成立乡茶青交易微信群、临时茶青交易市场，提供“点对点”线上茶青交易平台。打好营商环境提升战，主动靠前服务，对条件成熟的企业，指导其做好疫情防控措施的同时，开展复工复产。全面启动直达市县基层、直接惠企利民的“两直”资金补助，为小微企业和个体工商户解难纾困，引导和帮助 321 家小微企业和个体工商户完成自主申报。打好招商引资攻坚战，坚持以非常之态拼抢项目、招引项目，抓住新媒体经济契机，打造数字文旅平台，引进浙江星娱传媒有限公司入驻红糖工坊，增加村集体经济收入 1 万元，并成立松阳县力诚农贸有限公司开展合作，打开网上市场，培育新一批“带货达人”。提升力溪湖景区环境，签约连环画艺术家 1 人入驻连环画乡村艺术馆，举办第二届连环画艺术节。

【乡村生态环境治理】2020 年，樟溪乡成立专班组制订年度土地整治工作任务和工作计划表，倒排时间，层层压实责任，提前掌握各村地块的实际现状，对地块的信息进行分类登记。全乡土地整治项目立项 17 个，面积 70.93 公顷，投资 3888.93 万元，其中旱改水项目 2 个，垦造耕地项目 15 个，竣工待验收项目 10 个。开展环境卫生整治，提升农村人居环境。结合每月主题党日开展“百日攻坚”活动，组织乡村干部、党员、志愿者开展环境卫生大整治，对日常清扫中薄弱环节环境的治理，清除卫生死角并对辖区内河道、公路边沟、水渠、水塘等进行全面清理，清理河道 10 余千米，清理村内沟渠 50 余千米、清理村内卫生死角 50 余处，清理各类生活垃圾、水面漂浮物、农业生产垃圾 5500 千克。

【“大搬快聚”富民安居】2020 年，樟溪乡加快实现富民安居。抽调 8 人组建专班，推行“每周汇报，每周排名，每周通报”工作机制，每周召开班子会专题研究部署，每周在干部大会上驻村干部汇报工作开展情况，对开展进度较慢的村主职干部进行约谈提醒。专题开展政策解读及业务培训 5 次，要求乡村两级干部人人当好政策宣传员。5 月被确定为“大搬快聚”工作攻坚月，举全乡之力在攻坚提质上下功夫，围绕“搬哪些人”，分村制订计划落实点位任务数，科学确定搬迁对象和搬迁范围，摸清群众意愿和困难，共排摸整村搬迁点位 10 个，实现整村搬迁 4 个 39 户 114 人。

【脱贫攻坚工作】2020 年，樟溪乡取消低收入户 86 户 134 人；共有低收入农户 225 户 362 人，其中低保 152 户 241 人，低保边缘户 62 户 110 人，其他特困户 11 户。开展低收入农户结对帮扶，通过健全持续增收机制，高质量解决低收入农户义务教育、基本医疗和住房安全问题，及时调整低收入农户结对帮扶名单开展“一户一策一干部”结对帮扶工作；申请上级专项扶贫项目 1 个资金 33 万元，涉及 1 个村；通过产业帮扶帮助 128 户低收入农户增收 29.27 万元，安排 10 人有劳动能力的低收入农户参与村级工程“集体建”项目施工，共帮助低收入农户增收 3 万元。推进危旧房治理，乡村干部逐户走访排摸，推进危旧房治理，着力解决困难群众住房问题。全乡住房救助年初任务数为 6 幢，其中 C 级 2 幢，D 级 4 幢；第二批增加任务数 3 幢均为 C 级，9 幢危旧房全部治理修缮完工。

【基层社会和谐稳定】2020 年，樟溪乡完善网格员队伍建设，推广应用平安建设信息系统和平安浙江 APP、基层治理综合信息平台，并用于信息实时排查、网上报送、流转督办、全程跟踪。开展网格员队伍培训 20 余次，接收 3267 条信息报送，办结率 100%。持续维护社会和谐稳定。始终把平安建设摆在各项工作的重要位置，力溪村创成省级民主法治村。对各类矛盾纠纷和隐患问题坚持抓早抓小，解决在萌芽状态。引导民事村了，排查调处各类矛盾纠纷 63 件，调处 62 件，调处率 98.4%。净化信访环境，接待

2020 年 10 月 30 日，樟溪乡举办松阳县第二届连环画艺术节

群众来访45件次52人次，办结率98%，化解积案3件。开展“浙江安全码”赋码工作，落实分管负责人和联络员，压实责任、明确任务、“一日一报”倒排计划，危险区域人员的信息排摸、宣传、数据录入和“浙江安全码”的赋码。

【民生实事工程建设】2020年，樟溪乡对照“民生实事”项目清单，实施樟溪乡中心小学道路拓宽、古村落保护工程球坑村环境整治二期工程和黄田村道路建设、东市至岗头呢联网公路建设、筏斋线（樟溪段）公路提升等工程。推进力溪、樟村、肖周、上徐山、溪下6个村的村级“集体建”项目工程建设，为村集体增收15万元。加强民生保障，树立大健康理念，落实农村医生责任签约制度，组织开展重点人群结直肠癌项目筛查，提升医疗资源条件。实现城乡合作医疗集中参保8137人，参保率99.62%；做好全乡“浙丽保”的征缴，参保率83.94%。推进社会事业发展，开展各类活动，评选出“绿色庭院”“洁净家庭”等文明典型40余个。建成力溪村文化礼堂，举办田园文化节、开糖节等传统文化节日和重大庆祝活动文艺演出、老年体协活动等系列群众文化体育活动共30余场次，获县篮球联赛乡镇组一等奖。提升教育水平，乡中心小学教学质量获集体进步奖，其中教师有6人受到表彰。

【村级组织换届】2020年，樟溪乡围绕高质量评价指标，重点从产业发展和基层治理来选人用人。按照乡主要领导每村走访20户以上，乡联系领导和驻村干部按全覆盖的要求开展走访，全面落实谈心谈话。按照“五有+X”的要求，通过“群众提、党员提；村两委商议、联系领导审议、乡镇党委决议”对榜单进行“三上三下”，逐村制订5年发展“招贤”榜单。制订樟溪乡换届纪律“清风”行动工作方案，加强换届纪律宣传引导，严肃选风选纪。完成村级党组织、村委会、村监会、经合社换届工作，班子结构进一步优化，其中村级党组织换届党员参选率99.79%；“一肩挑”得票率97.05%，平均年龄为47岁，其中最年轻的为35岁，大专及以上文凭7人；村委会换届平均参选率94.78%，“一肩挑”得票率85.47%，平均年龄47岁，大专及以上文凭12人，村党组织成员交叉任职12人。

【党风廉政建设】2020年，樟溪乡推进监察办规范化建设，编制“五色廉情地图”，完善7个风险点和防控措施。抓清廉建设特色化，开展清廉机关和清廉村居建设，建设“廉政文化墙”和挖掘当地的廉政故事汇编出版《清廉樟溪》连环画，打造当地特色品牌。深入开展扶贫领域+X专项整治工作，针对村调后各村集体资产资源闲置情况比较突显的问题进行监督。建立廉情档案673份，处理问题线索5件，开除党籍处分1人，留党察看两年处分1人，党内警告处分2人，约谈提醒谈话1人。

（樟溪乡党政办）

赤寿乡

【概况】2020年，赤寿乡行政区域面积54平方千米，辖8个行政村、47个自然村、196个村民小组。乡政府驻地赤岸村，距离县城14.9千米。全乡山林面积3352.83公顷，耕地面积733.38公顷。全乡总户数4400户，总人口11171人。出生新生儿80人，死亡72人，人口自然增长率0.72‰。实现工业总产值（规上企业）6.31亿元，比上年增长9.89%；财政总收入7068.79万元，增长5.6%。各村集体收入1014.92万余元，同比增长12.57%。乡辖内主要企事业单位有赤寿乡卫生院、赤寿乡中心小学、赤寿乡中心幼儿园、朝阳幼儿园（民办）、松阳县梧桐源水库发展有限公司；名胜古迹有万寿山、狮子岩、国家AAA级旅游景区古驿界首、国家传统村落黄山头，省级传统村落赤三、赤四。2020年，被全国爱国卫生运动委员会评为国家卫生乡。设立食品安全网格21个，食品安全社会协同管理平台和手机“食安通”正常运行，扩大农产品抽检监测范围，增加抽检监测频次，全年检测300余次。启动“两癌”筛查工作，筛查644人。联合乡卫生院医生在赤岸村文化礼堂开展义诊咨询服务活动，传播健康科学知识，倡导健康生活方式，发放宣传品200余份，义诊咨询人次50余人次。组织开展关爱慰问活动，走访计生困难家庭5户，发放慰问金7500元。结合“助残日”，联合乡残联开展慰问活动，为困难残疾人20人送上慰问品。开展乡贤“济困助学”活动，为赤寿乡中心小学、古市中学的赤寿籍困难学生、留守儿童49人发放助学金4.1万元。开展政策帮扶活动，奖励扶助政策增加享受对象11人，全乡共有享受每年960元奖扶补助金的对象82人，享受每年9600元特扶补助金的对象7人，享受独生子女优先优惠政策的对象1050人。进一步完善城乡保障体系，做好防止群众因病致贫、因病返贫工作，城乡医疗保险应参保8947人，参保8906人，参保率99.54%；“浙丽保”应参保8906人，参保8088人，参保率91.81%。开展城乡居民养老保险扩面工作，参保率98.2%；开展被征地农民转保工作，实现应转尽转。超额完成县里下达980张电子社保卡办理任务。顺利实现人口普查工作，全乡有户籍人口11082人，其中常住人口6941人，外来人口1512人，外出人口4141人。

【抗击疫情】2020年1月21日以来，赤寿乡实行领导带班值班制，每日分析研判，形成全面联防联控机制。全乡开展地毯式排查，返乡人员全部实现居家隔离，落实闭环式管控措施。印发2万余份疫情防控宣传资料，利

2020 年 2 月 9 日，松阳县通达活性炭有限公司捐赠赤寿乡抗疫物资

用巡回宣传车、标语、微信群等方式进行全覆盖宣传。乡贤助力抗击疫情开展捐款捐物，党员、群众代表积极志愿服务，形成疫情防控工作人人参与的局面。组织各村建立协查队伍、消毒队伍、应急队伍等，做好疫情防控和应急处置等应对准备，常态化开展秋冬季疫情防控。

【复工复产】2020 年，赤寿乡落实驻企服务员，服务企业做好防疫工作，乡政府向辖区内企业送口罩 2400 个，为员工发放洗发水、牙膏、消毒液等生活用品 200 余份，及时指导惠企政策申报，帮助企业解决外地员工返岗后住宿、不锈钢企业员工食堂、通达活性炭企业移动信号弱和协调解决隆兴不锈钢工伤死亡事件，为企业正常复工复产保驾护航。全乡工业企业 386 家，主要产业有不锈钢管生产，建材、活性炭和茶叶加工企业等，规上企业 9 家，其中 2020 年新增规上企业 1 家。全年实现工业规上企业产值 6.31 亿元，同比增长 9.89%；工业投入 3054 万元；招商引资项目 2 个，总投资 7308 万元。提升酸洗场地、机油防漏设施等场地、工艺，谋划松阳县环洁不锈钢废水处理有限公司改造提升项目；淘汰落后产能，拆除松阳新鑫页岩砖厂和松阳县宏伟页岩砖厂；招引浙江博盛钢业集团 500 万千克不锈钢焊管项目，盘活乡工业功能区块闲置土地 0.65 公顷。建立健全集体经济发展和薄弱村增收长效机制，推进村级集体经济发展。全乡 8 个行政村总收入 1014.92 万元，其中经营性收入 556.21 万元，有 5 个行政村全年总收入超过 100 万元。

【村级组织换届】2020 年，赤寿乡做好村级组织换届选举，舆论引导先行，浓厚换届氛围，营造风清气正换届氛围。强化党的领导，坚持以事选人，高质量选举产生村干部 96 人，村两委干部 64 人，其中大专以上学历 31 人，有经商办企业经历 33 人，农业大户负责人 13 人，平均年龄 46.8 岁。全乡 8 个行政村均实现“一肩挑”，无自荐人、候选人以外的人当选。出台两委干部分工指导意见，明确职责分工，组织新一届村干部开展培训，全面提升村干部整体素质和服务水平。

【重点项目建设】2020 年，松阳县民兵训练基地项目主体结构竣工。建成狮子口段松阴溪绿道 900 余米，完成界首段 2700 余米绿道涉及政策处理农户 95 户，总项目建设 85%。实施赤寿生态工业区块不锈钢示范园征迁工作，涉及楼塘村滩坑移民 11 大户 23 小户，按计划全面征迁及拆除、平整等工作。全年垦造耕地项目立项面积 42.27 公顷，截至 12 月底，竣工面积 9.47 公顷，建设用地复垦竣工 1.07 公顷。陇川、择子山、赤岸 3 个村的垦造耕地项目 11.87 公顷正在建设中，总体进度 60%。

【脱贫攻坚】2020 年，赤寿乡聚焦年度目标，压实脱贫责任。地毯式调查、核实低收入农户情况，清除 111 户 193 人脱贫及不符合条件的农户（其中低保 42 户 56 人、低保边缘 69 户 137 人），增加低保户 14 户 28 人。干群共同精准制定年度帮扶方案，责任到人，通过“回头看”、安排公益岗位、产业帮扶、光伏小康工程项目收益分配补助等措施提高农户收入；聚焦项目进度，推动专项扶贫，实现年度扶贫项目建设，谋划 2021 年度专项扶贫项目 3 个。

【人居环境改善】2020 年，赤寿乡审批新建房屋 69 户，办理不动产权证 515 户；拆除违章面积 15742 平方米，拆除率 196.55%；“两违”处置 25 宗，处置 1747.56 平方米，收缴回购款 11.88 万元。“四类人员”困难补助 12 户，已全部修缮，“非四类人员”危房鉴定 31 幢，委托第三方开展修缮。共发放“大搬快聚”政策宣传手册、海报等各类宣传资料 2000 余份，整村搬迁 5 个自然村 99 户 173 人，零星搬迁 3 户 11 人，低收入农户 2 户 3 人。投资 256 万元，实施卯山村卯山后、黄坑口农村饮用水供水一体化工程、黄山头自然村饮用水提升工程，全面解决全乡农民饮用水安全问题。

【文化活动】2020 年，赤寿乡成立青年宣讲团，宣讲乡村治理、产业发展、文化传承等方面的内容；暑假期间，开展春泥计划活动 20 余场；举办赤寿乡创建“大花园”行动暨第七届休闲养身文化节、各类农业科技学习活动 8 场、老人健身走、老年“趣味运动会”等。

【维护社会稳定】2020年，赤寿乡配强调解力量，增加调解员1人，接待群众法律咨询矛盾调解60件次，化解率100%，形成书面调解协议26件，调解涉及金额776万元；接待办理信访98件，化解信访积案4件；转化全能神邪教对象最后1人；110应急联动机制运行顺畅，及时转交办并处置各类突发事件，接110指挥中心案件69件；全乡社会稳定，实现进京访零批次。强化应急能力，组建应急队伍，配齐应急物资，建立各类应急预案，及时发现问题、处理问题，在疫情防控期间，做好上级交办的县界卡口的警戒、各村卡口的守卫。

（赤寿乡党政办　周永斌）

枫坪乡

【概况】2020年，枫坪乡区域面积98平方千米，辖10个行政村48个自然村。全乡山林面积8515.97公顷，耕地面积489.6公顷。全乡总户数2978户，户籍人口8329人，其中农业人口8285人。出生新生儿79人，死亡42人，人口自然增长率4.44‰。辖区内主要旅游景点苏维埃政府旧址、卢子敬故居、小吉会议旧址等。

【生态农业】2020年，枫坪乡挖掘当地资源、产业优势，推进农民持续增收为立足点，巩固食用菌、笋竹林为主的支柱产业，壮大香榧、油茶等主导产业，发展高山蔬菜等特色产业，培育石蛙等产业推进生态农业提质增效。发展食用菌240万袋，高山蔬菜32公顷，油茶58.33公顷，香榧17.13公顷，茶叶24公顷，水稻种植95公顷，发展林下经济20公顷。沿坑岭头村中草药白芨基地复垦种植13.33公顷，规划通过生物公司提取白芨成分开发白芨面膜，现已完成提取打样。

【林业经济】2020年，枫坪乡实施春季绿化造林51.4公顷，推进公益林中幼林抚育94.27公顷，其中综合抚育61.87公顷，间伐抚育32.67公顷，珍贵树种造林11.8公顷，南胜村建成“一村万树”村。发放7个行政村香榧树苗23787株，折合发展香榧零星种植面积63.47公顷，同时赠送香榧花粉4.65千克，香榧青果收获5810千克。实现香榧抚育30公顷，建成香榧基地作业道1.5千米。严格执行落实松材线虫病疫情防控要求，处理枯死松木147株。开展公益林补偿款的发放造册，全乡有公益林面积3799.81公顷，发放补偿款1774户，资金总额199.49万元；天然林面积57.6公顷，发放补偿款79户，资金总额1.38万余元。

【工业经济】2020年，枫坪乡发展以小水电、竹木加工、农产品加工等为代表的绿色产业。全乡拥有小水电站4家，食用菌冷库26家，专业合作社34家，工业总产值8680万元。发展来料加工、农村电子商务等现代服务业，全乡来料加工从业人员315人，加工费收入170万元。

【红色旅游】2020年，枫坪乡推进红色党性教育基地建设，与县文旅投公司合作，完成干部培训、青少年研学、企业团建、党员培训等系列课程设计，吸引游客参观学习5000余人次。开展《红色小镇》规划编制，争取750万元资金打造红色教育培训大基地，提升斗潭纪念馆、高亭战斗纪念馆布展、红色古道、革命遗址保护、旅游公厕等一批红色项目。完善红色讲解员队伍建设，开展旅游接待服务培训2次。枫坪村创建成为省AA级景区村，高亭村创建成为省A级景区村。

【美丽乡村建设】2020年，枫坪乡全域推进垃圾分类工作，组织各村主要负责人到缙云壶镇等地学习花园乡村经验做法。落实秸秆禁烧巡查及处置工作，开展农村环境提升“百日攻坚”行动，召开各村书记、全乡干部专题部署会，开展问题交叉检查及整改。巩固“国家级卫生乡镇”创建成果，深入开展爱国卫生运动，组织各类整治10次，建设干净整洁、环境优美、特色鲜明、适宜人居的“纯净枫坪”新家园。针对乱搭乱建、乱种乱养行为，开展巡查23次，制止违法建设行为3起，拆除违法建筑5000余平方米，实现年度任务100%。完成9个村饮用水达标提升，完善和规范农村饮用水日常运行管理工作，各村全面启动水费收缴工作。

【扶贫攻坚工作】2020年，枫坪乡把扶贫攻坚作为改善民生的一号工程，通过完善扶贫专班责任清单、“一户一档”清单、住房清单、安全饮用水清单等固定扶贫清单，创新推出点亮“微心愿”扶贫政策、医疗保险优惠政策等动态清单，在帮扶低收入农户增收的同时减轻生活负担。有低收入农户197户313人，结对干部81人，累计走访486人次；落实扶贫项目2个，涉及资金126万元。

【民生实事工作】2020年，枫坪乡全力办好“大搬快聚”这件民生实事好事，全乡整村搬迁39户126人，零星安置28户90人，其中低收入农户3户6人。提升改造农村四好公路柴头桥—洋庄源路段3.7千米。南胜等村高标准农田项目建设全部完工，进入审计阶段。建设小型移动基站3座，解决了该乡主干道部分路段及部分村庄多年来一直无移动通信号问题。

【社会保障事业】2020年，枫坪乡努力办好民生保障实事，重视特殊困难群体和受灾群体救助工作，全力做好低保户246人、低保边缘户55人的核查及动态管理工作，发放低保金162万元、临时救助金3.4万元、残疾人困难补贴40.9万元。开展关爱农村留守儿童和残疾青少年工作，走访

10名青少年20次，认领微心愿12个。围绕“雨露计划”和贫困大学生爱心助学工作，对接团县委、乡贤办，帮助贫困户子女争取就学资助全覆盖。

【疫情防控】2020年，枫坪乡全乡干部群众上下团结一心、众志成城、风雨同舟，全力投入疫情防控保卫战中，用自己的行动守护好百姓平安。全乡共有党员、干部、志愿者300余人参与防疫工作，提供“代购”、心理疏导等各类服务400余次，化解矛盾纠纷24起。全乡以区域统筹、多村联动、网格融合为抓手，推出居家隔离24小时服务管理机制，相关做法被市县媒体报道，战“疫”经验成为全乡基层治理现代化的催化剂。

【基层稳维工作】2020年，枫坪乡推进“四个平台”和“最多跑一次”改革工作，注重把网格员触角延伸至防汛防台、乡风文明等工作中，致力打造全科网格。深入开展不稳定因素排查和初级信访矛盾排查化解工作。全年，全乡排查各类矛盾纠纷36起，化解34起。全面落实“党政同责、一岗双责”的安全生产责任制，专题召开安全生产会议6次、安全检查12次，全乡社会发展形势总体和谐稳定。

【村级组织换届】2020年，枫坪乡坚持先定事后定人，因村制宜制订“5＋X”榜单，并不断完善，共有140人上榜报名参选。通过服务群众、政策处理、项目实施等方面实现全面培养和考察干部，村级组织换届工作完美收官，10个村组织意图人选均高票当选，10个村两委班子中均有35周岁以下大学生当选，10个行政村“一肩挑”人选产业带头人占比50%，大专及以上学历占比60%。新一届村级班子总体素质有所提升，结构配备更趋优化。

【乡村文体活动】2020年，枫坪乡在疫情防控期间举行各类讲座、论坛、“春泥计划”等文化活动，努力为群众提供优质文化资源，开展农业技术培训、贯彻中共十九届五中全会精神主题宣讲、《中华人民共和国民法典》普法讲座、中医保健知识讲座等文化活动6场，参与400余人次。组织村民参加县第十三届“田园松阳”农民文化节系列活动，获全县故事会三等奖，第十三届“田园松阳”农民文化节展演、广场舞比赛银奖，老年体协健身气功八段锦优胜奖。

（枫坪乡　王丹）

安民乡

【概况】2020年，安民乡区域面积96平方千米，辖4个行政村20个自然村。全乡山林面积107239公顷，耕地面积2309公顷。全乡总户数1079户，总人口3603人。辖区内主要名胜古迹为浙西南革命根据地安岱后村、国家AAAA级景区箬寮原始林景区、国家AAA级景区村李坑村，浙江省AAA级景区村李坑村和安岱后村，2020年创成国家级卫生乡镇，箬寮原始林创成“浙江森林氧吧”，李坑村创成省级森林人家。

做实做细“民情地图”促服务。开展党员联系户的走访和服务，年初在安岱后和李坑村试点的基础上，制订《安民乡“庭院式”微宣讲工作制度》并在全乡推广实施。各村党组织通过一次一主题，以入户宣讲、恳谈的方式，宣传党的政策方针、共商村务。《党建播报》《丽水日报》、丽水电视台等省市县媒体对该项创新工作累计宣传报道10余次。其中，安岱后村的“庭院式”微宣讲活动入选松阳县2020年第二季度“十佳主题党日”案例。

推进群团组织建设。疫情防控期间，安民乡团委、妇联通过发动在乡在村青妇力量，组建突击队，参与到新冠肺炎的疫情防控工作中做好宣传员、疏导员和守门员，为疫情防控贡献群团力量。乡团委的“青年主力军，红色引路人”——入选弘扬践行“浙西南革命精神”项目，并被评为2019年度丽水市基层共青团“十佳工作项目”。积极引导优秀青年返乡创业，为大潘坑村回归青年王建君等提供平台空间，推动农文旅产业融合发展，吸引粉丝100余万次，2020年创收100余万元。乡团委书记谢佳兵团干随笔《一缕星辉，燃起我与共青团的一段缘分》刊发《中国共青团》杂志。积极组织动员全乡妇女干部参与防疫期间的宣传和值守，同时有序复工复产，合理安排场地、人员进行来料加工，让百姓增收。

【疫情防控工作】2020年，安民乡在新冠肺炎战“疫”中，全乡200余名干部群众主动请缨走上前线开展宣传、摸排、驻守和查验，对37人实施居家医学观察。摸排出辖区涉松阳境外人员29人，详细登记，建档建册，落实专人管控，未发生人员失管。乡纪委开展常态化履职监督，发布通报14期，发现和整改问题51条，通报批评村干部1人次，1名表现突出的普通党员被提任为村支委成员。乡贤集智聚力共筑疫情防控屏障。疫情防控初期，人力物资严重短缺，乡贤投资、投智、投力助力疫情防控，参与卡点值守登记、物资采购运送、村内巡逻保障等工作，参与捐赠45人次、物资3300余件，总价值2.3万余元。组建“帮跑”服务队，帮助村民采购急需药品、生活必需品20余次1500余件。有序推进复工复产。结合“三服务”活动，组建复工复产服务队4个，开展面对面帮扶，主动为民宿、农家乐、合作社及村民的复工复产解难题、促增收。累计发放茶叶田间作业工作证113份，有序推进2个茶青交易点、2项重点工程、4个旅游景区、33家民宿、132家企业全部复工复产。

【村级换届工作】2020年1月10日，安民乡完成村级组织及其配套机构的换届选举工作。通过公开“张榜招贤”，引导在外优秀人才、退役军人、大学毕业生、乡贤等41人参与“回村揭榜”，以“庭院式”微宣讲和入户走访方式开展宣传宣讲，呼吁选民积极回乡参选。党组织选举党员参选率100%，村委会选民参选率93.76%。实现村干部队伍结构优化。4个行政村全面实现“一肩挑”，主职干部学历均为大专及以上层次，平均年龄40.75周岁，位居全县首位，其中1人为35周岁以下全日制大学毕业，且有兵役经历。两委班子32人（含交叉兼职）中，党员23人，占71.88%；35周岁以下的9人，占28.13%；具有大专以上层次学历16人，占50%；妇女干部5人，占15.63%，班子结构更加合理。履新上阵，写后半篇文章。有序抓好村级组织选举后“开门一件事”工作，促进新班子融合，以实干实绩赢得百姓口碑，推动村庄和谐发展。截至12月底，4个行政村“开门一件事”全面实现，130余名党员、干部参与到项目谋划和建设。李坑村党支部书记潘黎明在第二十期“支书三晒”决赛“开门一件事，领跑一整年”的主题陈述获优胜奖。

【乡域人居环境】2020年，安民乡创建成为国家级卫生乡镇，省AAA级景区乡和安岱后省AAA景区村；箬寮原始林创成浙江省森林氧吧和中国长寿之乡康养示范基地，实现大潘坑、苏马坪村小康体育村提升，完善健身文化场地建设。“大搬快聚”通过全乡范围地毯式摸排、宣传、研判，全年“大搬快聚”搬迁16户55人，均为货币安置，其中整村搬迁1户3人。建管并重，打造乡村宜居环境。结合美丽乡村建设、传统村落保护、公路建设等项目，“三改一拆”工作稳步推进。全年拆除各类违章建筑3257.5平方米，拆后利用率达85%；严格参照操作流程，做好批后监管，658户“一户一档”信息录入全面完成。落实危旧房整治工作。全乡摸排出低保、低保边缘户、残疾人以及特困人员4类对象住房涉及危房共7户，全部修缮解危。

【红色项目建设】2020年，安民乡稳步推进安岱后红色遗址修缮工程，完成红军主会场、红军食堂、丹山故居等场馆的改造提升，红色森林古道（安民段）项目竣工验收，红军桥修缮工程和浙西南革命根据地领导机关纪念馆布展工作有序推进。加快实施暗夜公园项目建设，完成暗夜公园建设及管控规划，投资1600万元大毛岘背星空博物馆开工建设，完成主体钢结构建设。

【文旅产业发展】2020年，安民乡加快推进辖区景区、民宿农家乐等旅游产业复工复产。总投资200万元的省级休闲乡村项目全面完工通过验收；李坑村民宿协会与旅行社开展合作，主动对接市场，拓展客源渠道，整合旅游资源充分抱团发展，启动松阳县避暑纳凉休养团接待游客100余批次9000余人次，经营收入100余万元。红色基因党性教育不断完善，红色教育向纵深推进，擦亮红色底色培育产业发展，优化“专题教学+现场教学+体验式教学”为依托的红色教学体系。全年安岱后——浙西南红色教育中心接待学员23个批次742人次，营业收入7万余元。

【特色农林经济】2020年，安民乡实施中草药康养基地项目建设，新增种植中草药3.33公顷；继续做好“康养600+”文章，不断扩大生态水稻、高山茶、红花油茶等优势品种的种植面积，养殖土蜂550余箱（桶）。围绕笋干、笋鲞、蜂蜜、香榧等农产品，定制安民特产大礼包品牌；充分利用专业合作社、电商平台拓宽农产品销售渠道，销售农特产品100余万元，帮助农民减少库存增加收入。打造林业经济。全年实施采伐审批25户66.67公顷；开展苏马坪区域松材线虫病感染松木治理砍伐，有效避免感染面积进一步扩大；完成造林面积53.33公顷，推动林木资源有序更新。箬寮森林氧吧获省级森林氧吧称号，李坑村被命名为省级森林人家。

【民生事业】2020年，安民乡做实低收入群体把关审核。走访低收入人群全覆盖，对低保、特困、孤困儿童等群体实施规范化、动态管理，全年新增低保户10户16人，注销26户35人。截至12月底，全乡有低保户114户180人，低保边缘户37户83人，五保户1户1人。养老保障工程持续完善。建成大潘坑村曹竹自然村乡镇（街道）级居家养老服务中心；各村居家养老照料中心运转正常。截至12月底，全乡基本养老保险参保率98.24%、基本医疗保险参保率99.41%、“浙丽保”参保率82.12%；丧葬跟踪工作及时到位，资料齐全。

【脱贫攻坚工作】2020年，安民乡完善低收入农户动态管理机制，做到精准动态管理，应纳尽纳，应退尽退。全年核减低收入农户30户52人，新增6户16人，全乡有低收入农户151户262人。施行项目管理确保扶贫效益。全年申报扶贫项目1个，动建大潘坑村双坑口至吴宅茶产业基地机耕路项目，总投资约92万元；发放2019年度扶贫小额信贷项目贴息6人0.61万元。全年发放产业帮扶资金20.20万元，“雨露计划”补助低收入农户子女读书4户1.20万元。完善“一户一策一干部”结对帮扶工作。加强产业扶贫项目后续管理，巩固脱贫成效。全年县、乡、村三级干部结对低收入农户151户262人，开展走访帮扶1300余人次。

【残疾人帮扶】2020年，安民乡新增办理残疾证20件，办理残障人士护理补贴55人，生活补贴53人。开展“两问两送”活动，走访慰问困难残疾人6户，发放慰问金0.36万元；促进复工复产，为12名困难残疾人提供就业、创业临时补助0.96万元；帮助残疾人家庭建成无障碍厕所1座；发放困难残疾人青少年家庭帮扶资金0.10万元。

【卫健服务】2020年，安民乡充分发挥各村健康教育宣传栏的功能，提高村民对疾病的防控意识。邀请专家到村开展义诊、宣讲活动，累计服务200余人次；完成对162人育龄妇女进行两癌筛查，孕前优生健康检查人群覆盖率80%以上。向2人符合奖特扶政策的对象发放县级公益金补助0.16万元。独生子女意外险、两性安康保险全年出险8例，赔付金额4.65万元。全乡有968人参保安康保险。帮助关怀对象兑现6个微心愿，走访慰问计生困难家庭11户，发放计生公益金0.55万元。免费为农村老年人群体提供23阶肺炎疫苗和流感疫苗注射287人。

【矛盾调解】2020年，安民乡排查化解矛盾纠纷26起，有效避免2起群体性事件发生；接到信访件15件，均按时完成答复；增强宣传引导。依托网格员队伍组织开展防诈骗、网络贷款、禁毒、反邪教等宣传，有效提高村民防范意识，保护村民生命财产安全。网格管理持续深入。网格员在推进基层巡查治理工作中持续发力。疫情防控期间，网格员守"格"有责、守"格"尽责，织密网格开展精准摸排，走访农户824户次，核实外来人员信息82条，核查劝返人员433人次；通过"浙政钉"丽水市基层治理平台和"微信"平安随手拍等平台，上报巡查走访情况3045条。

【民生实事工作】2020年，安民乡"最多跑一次"服务群众430余人次。建成乡4个村级代办点，实现代办点全覆盖。应急管理体系建设逐步完善。实施地质灾害不稳定边坡以及小流域的安全码赋码工作，覆盖504人；提升大潘坑村大横坑自然村减灾避灾点的软硬件。安全生产平稳有序。对全乡33家民宿、农家乐开展食品卫生安全等专项检查11次。启动安岱后村文化礼堂改造提升和李坑村文化礼堂建设。做优做强退役军人服务。建成安岱后村和大潘坑村退伍军人服务站；走访慰问退役军人、慰问军属，召开军属座谈会1次。

【清廉村居建设】2020年，安民乡以县委巡察整改为契机，落细落实整改工作，抓常抓长作风建设，整改44个，正在整改2个，约谈52人次，清退违规资金3.6万元。围绕"清廉村居"和"清廉机关"建设，进一步规范村集体三资管理和重大事项决策等工作。打造李坑和安岱后"清廉村居"示范点，由点带面在全乡域铺开建设，营造风清气正的政治生态。严肃信访举报办理，受理信访件3件，全部办结。加大案件查办力度，共查办案件1件。

（安民乡党政办）

板桥畲族乡

【概况】截至2020年底，板桥畲族乡区域面积32平方千米，辖5个行政村43个自然村。全乡山林面积1955.72公顷，耕地面积507.34公顷，其中水田315.87公顷。全乡总户数1889户，其中农业户1876户；总人口4806人，其中农业人口4775人。年内出生41人，死亡28人，人口自然增长率2.49‰。辖区内主要名胜古迹有桐榔崇觉寺。2020年，板桥畲族乡被评为全国卫生乡镇。

推进中药畲药发展，组织乡人大代表和部分中药种植意向户40余人到大东坝横樟村考察浙贝中药种植基地。在麒上村建成中药畲药科普基地。潘八马头殿香榧基地种植花黄精13.33公顷。

依托乡贤回归助推乡村振兴工作，建成乡贤馆并投用。开展优秀乡贤代表荐举活动，荐举优秀乡贤2人，均为该乡模范典型、致富能人。疫情防控期间，乡贤和爱心人士捐款捐物，资金和物资价值12.8万元。

【农产品销售】2020年，板桥畲族乡针对早春茶受新冠肺炎疫情影响严重的问题，严格外来人员管控、就近就地解决用工需求、强化安全防护措施、建立持证上岗等制度，促进茶叶加工户和茶农复工复产。组织茶叶销售户在淘宝网"浙南茶叶市场"专柜线上销售渠道，组团参加"松阳网上茶叶节"，全乡有6户茶叶经营户开通网店。鼓励农产品开辟销售新渠道，利用网红进行直播销售。龙奇蓝莓80%以上的产品实现网上销售，产值50余万元。针对张山仙桃大丰收却销售难的情况，联系《丽水新闻》予以宣传报道，争取各方支持，解决桃农丰产不丰收问题。全乡共发放林木采伐证30余份。

【畲乡旅游业】2020年，板桥畲族乡大力弘扬"忠诚使命、求是挺进、植根人民"的浙西南革命精神，着力把红色文化、畲族文化、绿色产业发展紧密结合，"桐川农民暴动"旧址修复完成设计发包，板桥村规划设计A级景区厕所1座，建成金麒古道1.9千米，上报板桥村AA级景区村申报材料，开展区域旅游资源和潜力调查。每月对全乡22家民宿306个餐位130个床位开展隐患排查工作，发现问题20个并全部整改，化解民宿承包纠纷1起。疫情防控期间，为全乡民宿送上口罩等物资，解决疫情防控物资紧缺问题，全面承诺疫情防控责任书。对有意向开展民宿经营的业主，积极协调房屋安全鉴定单位办理安全许可证。

【企业复工复产】2020年上半年受疫情影响，板桥畲族乡工业总产值约2000万元，同比有所下降。持续开展"服务企业、服务群众、服务基层"三服务活动。疫情防控期间，乡政府为金山矿业有限公司协调口罩、额温枪等紧缺物资，协助企业复工复产，驻企服务员帮助企业落实返岗补贴，助力企业解困复苏，全乡企业（含个体工商户）复工率100%。51家企业（含个体工商户）获“两直”纾困补助资金，直接为小微企业、个体工商户输血和造血。

【农房安全保障工作】2020年，板桥畲族乡排查困难群众家庭危房9户，其中C级危房5户，D级危房4户。截至12月底，拆除C级危房3户，修缮2户，D级危房全部拆除。在全面排查农村疑似危房行动中，与县结对部门联动排查，共排查出疑似危房52户。推进农村建房审批工作，许可建房审批5户，严格批后监管。推进地质隐患点、山洪小流域影响区域群众的安全健康码申领。

【困难群体解困工作】2020年，板桥畲族乡按照应保尽保要求，实行低保动态管理，新增低保户6户12人，取消低保23户35人；全乡低保在册人员108户162人；低保边缘户在册人员11户26人；特困人员6户6人。为4名残疾人申请护理补贴，为1名低保户申请生活补贴。依托县慈善总会“千户万灯”项目，为4户困难残疾人实施电力改造，确保安全用电。

【疫情防控】2020年，板桥畲族乡以科学防治、精准施策总要求，做实联防联控、群防群控。全面排摸异地返乡人员，及时掌握境外人员动态信息，集中隔离人员44户77人。根据常态化疫情防控工作需要，制订《板桥畲族乡入境和重点地区返松人员信息登记报告制度》，做好乡便民服务中心、乡属各单位、村文化礼堂、居家养老照料中心等重点场所“小门”值守工作，做到对进出人员亮码测温登记。

【“组团包村”工作法】2020年，板桥畲族乡推出“组团包村”工作法，设立包村走访小组，由联系领导、机关干部、“四个平台”派驻人员、驻地派出所民警、第一书记等组成。以集中走访和分散走访相结合的形式开展，实行“周二夜访”，围绕主题座谈，突出重点约谈，统筹村情选派包村干部，集思广益破解难题，因村施策解决实际问题。“组团包村”工作法获《丽水日报》、丽水新闻播、浙青网报道，推广借鉴“组团包村”工作法，同时获丽水市委组织部肯定。

【村级组织换届】2020年，板桥畲族乡借助“组团包村”工作法全覆盖走访各村党员群众，完成村级党组织和村民委员会的换届选举，5个村党组织的党员参会率，“一肩挑”人选得票率，支委成员得票率均为3个100%，村委会全体成员均实现一次性选举成功。通过此次换届，村两委成员有32人；中共党员23人，占比72%；大专以上学历人19人，35周岁以下15人，两委平均年龄38.8岁，较上届年轻14岁。

【民生实事项目】2020年，板桥畲族乡投资80余万元建设节地型生态型的乡级公墓。打造民族村寨，邀请丽水学院兰法勤老师设计板桥民族村安勤畈自然村旧村改造收尾工程基础设施建设，打造富有特色的民族村寨。实施金村至周权广场的防洪堤及绿化美化工程设计和概算。

【文化康养基地建设】2020年，板桥畲族乡依托桐榔村得天独厚的生态资源和丰富的文化资源，谋划桐榔文化康养基地建设。委托浙江省发展规划院开展项目整体规划，对接杭州灵隐寺开展佛教文化交流。上半年完成旅游规划审查和批复、出具选址红线图、项目建议书、可研报告、矿产压覆和地质灾害评估、社会稳定风险评价审查、占用林地现状调查和土地预征收，编制桐榔村村庄环崇觉寺区域发展规划指引，并于年底举行奠基动建。

（板桥畲族乡党政办）

裕溪乡

【概况】截至2020年底，裕溪乡区域面积76平方千米，辖7个行政村66个自然村，4个少数民族村。全乡山林面积7198.28公顷，耕地面积211.52公顷，其中水田89.67公顷。全乡总户数2351户，总人口6084人，其中非农业人口25人。年内出生41人，死亡52人，人口自然增长率负1.8‰。

全年财政总收入3560万元，下降9.8%；农村集体经济总收入439.74万元，同比增长24.78%。辖区内主要名胜古迹有平水大王庙、黄岭头银坑洞等。2020年 裕溪乡获评丽水市民族团结进步工作突出贡献集体；丽水市“乐水小镇”；章山、木岱坑、内陈、小槎、徐山5个村获评丽水市“水美乡村”，裕溪村获评省级善治示范村，小槎村获评省级美丽宜居示范村。

【村级组织换届工作】2020年，裕溪乡完成村级组织换届，7名“一肩挑”人选全部当选，实现一次性成功率和组织意图当选率2个100%，村干部全部一次性足额选出。新的一届村级班子呈现出“年轻化、学历高”等特点。51名两委班子中（含交叉兼职）35周岁以下的有8人，占15.69%。具有大专以上学历的有21人，占41.17%，班子文化水平明显提高。妇女干部有16人，占31.37%，妇女在村级班子中所占比例逐届提高，结构更加合理。

【“大搬快聚”工程】2020年，裕溪乡先后组织70余人有搬迁意愿农户到县香格里拉、南城2号、松溪新语等楼盘进行实地考察。全年实施半山、五仙殿、上牛塘、旱坞子等8个自然村整村搬迁83户187人，其他零星搬迁6户19人，完成全年各项搬迁指标任务，取得全县第二名的业绩。

【疫情防控】2020年，裕溪乡疫情防控各卡口实行24小时全天候在岗值守，居家隔离对象落实“一天两测”，配齐消毒液、一次性橡胶手套、垃圾专用袋等防护用品，定期对房屋、公共场所、垃圾堆放点等进行消毒。各村干部自发组织为村民开展“点单式”服务，采购生活物资，为县级执勤卡点保障餐饮，1对1结对照顾28名独居老人生活和健康监测。同时，海外侨胞、热心乡贤及各界爱心人士为该乡捐赠口罩7260个，其他防疫物资价值1.8万余元。

【村集体增收】2020年，裕溪乡7个行政村均实现村集体经济增收目标，共439.74万元，其中经营性收入202.5万元（村均28.92万元）。7个村全部入股嘉兴、余姚“飞地”项目，预计每年实现保底收入5万元。7月8日，正式与杭州民本食品有限公司签订“浙松谷泉”项目投资合作协议。

【“品味裕溪”农字品牌】2020年，裕溪乡打造品牌旗下系列农产品的包装设计升级、产品更新和销售平台拓宽。把山茶油、土蜂蜜、笋干、霉干菜等当地特色农产品上架抖音、“政采云”等网络平台，全年交易3120单，金额7万余元，直接为村集体增收2.8万余元。吸引丽水山耕、蓝城农业、杭州民本农产品销售有限公司、萧山百香缘配送中心的关注。9月20日，该乡农产品经丽水山耕检测通过，被正式列入名下产品销售系列，同时还与其他5家公司签署农产品销售战略合作协议。

【文旅产业】2020年，裕溪乡小槎水乡旅游发展有限公司开发的水上漂流、自助土灶、开心农场等亲子项目，带动村集体增收3万元，提供村民就业岗位2个。围绕靄溪第一支部红色革命主题，开发红色文创产品5个品类10余种，如搪瓷杯、雨伞、太阳伞、凉茶壶套装、笔记本套装、钢笔、纸巾盒等，累计销售5万元。

【教育事业】2020年，裕溪乡动员乡贤力量，成立优秀学子基金，全年收到助学捐款6万余元，用于奖励优秀学子。协助解决裕溪幼儿园的改造中的问题，如废料堆放点，电线杆迁移，管道铺设等。加大教育资金投入，帮助购买教室宿舍的空调设备，落实春泥计划活动经费补助以及教学质量奖拨付8万余元。

【“最多跑一次”改革】2020年，裕溪乡建立“两单一办法”工作机制，为广大农村群众提供“点办式”定制服务，“红色代办员”、暖心“微服务”等做法在县市媒体播报。深化“最多跑一次”改革，开展暖心“微服务”活动，范围涵盖民政、医保、自然资源、社保、市场监管、卫健等高频民生事项50余项，全年开展各类暖心“微服务”3600余人次。邀请县农业农村局专家，指导300余户村民做好茶叶等农作物防寒以及高温防旱等工作。开展“三服务”活动，全年服务200余户600余人，解决村级问题21个以及农户种植技术、农产品销售及其他民生问题26个。

【人居环境提升行动】2020年，裕溪乡深化“垃圾革命”，更新垃圾桶900余个，新增及提升四分类垃圾亭12个，实现垃圾分类100%覆盖，木岱坑公厕被评为省级示范性公厕。开展百日攻坚、全域洁净等环境整治行动，结合古村落、美丽宜居示范村建设等推进木岱坑、小槎等村环境整治提升。推进“河长制”工作，全年开展县级河长巡河24次，乡级河长巡河144人次，整改问题35个，村级河长巡河336人次，整改问题66个，悬挂宣传标语横幅35条，开展满意度宣传活动6场次，发放宣传品2000余份。“三改一拆”持续推进，全乡拆除违章建筑面积2254平方米，完成全年任务112.7%，拆后利用1521平方米，完成率82.04%。

【社会保障事业】2020年，裕溪乡发放临时救助金53户8.1万元。对困难残疾人生活补贴人员进行动态管理，清理困难残疾人补贴16人，发放生活补贴87人25万元；发放护理补贴100人16.7万元，低保申请37户70人，注销低保户21户55人。城乡居民医疗保险参保率99.9%，“浙丽保”参保率90.85%。组织60周岁以上老人体检729人，直肠癌筛查483人，女性两癌筛查205人，完成重点人群免费接种流感疫苗项目180人，重点人群免费接种1针23价肺炎疫苗项目446人。增加独生子女奖扶9人，特扶1人；计生公益金申请对象8人，发放公益金5900元；征集微心愿15个，发放微心愿物资15份，价值4500元。

（裕溪乡 徐国栋）

荣 誉

黄圩驿站

获省部级以上表彰命名的单位与个人（2020）

【全国第二批全域旅游示范区】
松阳县

【全国卫生县城（2019）】
松阳县城

【全国“电子商务进农村综合示范县”】
创建名单：松阳县

【“十三五”全国茶业发展十强县】
松阳县

【中国茶业百强县】
松阳县

【中国古村落文化遗产保护传承基地】
松阳县

【全国科普日活动主场活动】
表扬单位：松阳县

【全国“大排查、早调解、护稳定、迎国庆”专项活动】
表现突出集体：县人民调解委员会

【全国乡村特色产业十亿元镇】
新兴镇

【全国卫生乡（2020—2022）】
安民乡

【全国示范型退役军人服务中心（站）】
古市镇退役军人服务站
赤寿乡退役军人服务站
大东坝镇退役军人服务站
板桥乡退役军人服务站
望松街道退役军人服务站

【全国组织系统信息报送工作】
先进单位：县委组织部

【第二次全国污染源普查工作】
突出集体：丽水市生态环境局松阳分局

【全国模范职工之家】
县供电公司

【全国卫生乡镇（2017—2019）】
大东坝镇
新兴镇
象溪镇
安民乡
枫坪乡
竹源乡
樟溪乡
三都乡
板桥畲族乡
叶村乡
赤寿乡

【全国引领性劳动和技能—长江经济带重大水利工程建设劳动和技能竞赛（2019）】
先进集体：黄南水库发展有限公司

【全国食品安全工作】
先进个人：吕书元（县市场监管局）

【浙江省平安县】
松阳县

【浙江省首批“一星平安金鼎”】
松阳县

【浙江省“五水共治”（河长制）工作（2019）】
优秀县：松阳县

【全省“五水共治”（河长制）工作授予“大禹鼎”（2019）】
松阳县

【全省实施乡村振兴战略（2019）】
优秀单位：松阳县

【全省财政管理工作完成情况较好县】
松阳县

【全省大花园示范县】
建设单位：松阳县

【全省财政绩效管理考评】

优秀单位：松阳县

【浙江省农业主导产业“机器换人”示范县】

松阳县

【全省农业绿色发展先行县】

松阳县

【浙江省特色农产品优势区（香茶特色农产品优势区）】

松阳县

【全省农村饮用水达标提标行动工作】

成绩突出：松阳县

【全省水库移民工作优秀县】

松阳县

【浙江乡村振兴职业技能大赛】

优秀组织奖：松阳县

【达到浙江省“无欠薪”建设标准县（2019）】

松阳县

【全省农村生活污水治理设施运维维护管理考核（2019）】

优秀县：松阳县

【健康浙江建设考核（2019）】

优秀县：松阳县

【全省市县社科联测评】

优秀单位：松阳县

【全省“五水共治”（河长制）工作考核】

优秀乡镇：新兴镇

【全省扫黑除恶专项斗争】

成绩突出集体：水南街道

【全省扫黑除恶工作】

成绩突出个人：曹莉芳（县人民检察院）

【浙江省平安护航新中国成立 70 周年工作】

成绩突出集体：水南街道

【浙江省文明乡】

四都乡

【浙江省卫生乡镇】

四都乡　裕溪乡

【浙江省文明单位】

农行松阳县支行

县新华书店有限公司

县妇幼保健计划生育服务中心

【浙江省文明村】

水南街道（寺岭下村）

西屏街道（延庆村）

新兴镇（上安村）

【浙江省文明校园】

县实验小学集团学校城南校区

【浙江省文明家庭】

鲍朝火家庭（四都乡陈家铺村）

【全省小城镇环境综合整治行动】

突出贡献集体：象溪镇

【全省地质灾害隐患综合治理“除险安居”三年行动】

成绩突出集体：三都乡

成绩突出个人：李　健（县自然资源和规划局）

李　禹（县综合执法局）

阙翔威（县鼎力建筑工程有限公司）

突出贡献群测群防员：王友财（大东坝镇下宅街村）

【浙江省农业“机器换人”示范乡镇】

古市镇

【全省先进基层武装部】

古市镇武装部

【浙江省农业绿色发展示范区】

象溪镇　新兴镇

【全省平安农机示范单位】

玉岩镇

【浙江省电商镇】

西屏街道

古市镇

新兴镇

叶村乡

【浙江省电商专业村】

赤寿乡（卯山村）
望松街道（吴弄村）
西屏街道（白沙村）
西屏街道（北山村）
西屏街道（新华村）
新兴镇（大石村）
新兴镇（上安村）
新兴镇（徐郑村）
叶村乡（东坞村）
叶村乡（叶村村）
叶村乡（叶家村）
樟溪乡（兴村村）

【全省新时代美丽城镇建设】

样板城镇：大东坝镇
达标城镇：象溪镇　三都乡

【浙江省森林城镇】

大东坝镇

【浙江省文化强镇】

大东坝镇

【全省第四批“扫黄打非”进基层示范点】

大东坝镇

【浙江省农村文化礼堂建设示范乡镇（街道）】

望松街道

【“民情地图”助推基层治理现代化获评全省县乡法治政府建设“最佳实践”项目】

县委组织部

【平安浙江建设（2018—2019）】

先进集体：县公安局

【浙江省抗击新冠肺炎疫情】

先进集体：县公安局
先进基层党组织：县公安局交警大队党支部

【全省公安机关打击处置“全能神”邪教组织专项行动（2019）】

先进集体：县公安局国保大队

【全省突出贡献法院】

县人民法院

【浙江省百名检察教官】

阙福亮（县人民检察院）

【全省教育工作业绩考核】

优秀单位：县教育局

【全省党校（行政学院）系统】

成绩突出集体：县党校

【全省食品安全工作】

成绩突出集体：县市场监管局

【全省放心农贸市场建设工作】

成绩突出单位：县市场监管局

【全省市场监管系统小微企业和个体工商户“两直”工作】

先进集体：县市场监管局

【全省食品安全工作】

先进个人：包根华（县市场监管局）

【全省文化和旅游网络信息工作】

优秀集体：县文化和广电旅游体育局
优秀个人：阙丽君（县文化和广电旅游体育局）

【浙江省文化示范村】

赤寿乡（界首村）

【浙江省现代林业经济示范区】

省级森林人家：安民乡（李坑村）

【浙江森林氧吧】

安民乡（箬寮谷）

【中国长寿之乡康养示范基地】

松阳浙南箬寮原始林

【浙江省生活垃圾分类高标准示范小区】

县幸福家园

【浙江省第六批历史文化名镇名村街区名单】

历史文化街区：县南直街　县北直街
县汤兰公所—文庙

【浙江省园林式居住区（单位）、优质综合公园、绿化美化示范路、街容示范街】

园林式居住区（单位）：县松泰家园小区

优质综合公园：县江滨公园

【浙江省新时代枫桥式退役军人服务站】

古市镇退役军人服务站

【全省星级文明规范市场（2020—2022）】

古市镇综合市场

【浙江省“美丽河湖”】

松阴溪—庄门源水库

【浙江省示范性青创农场】

呆宠萌兔家庭农场（古市镇塘湾村）

【浙江省第三批引领型农村社区名单】

四都乡（陈家铺村）

西屏街道（北山村）

新兴镇（上安村）

【浙江省“民主法治村（社区）”】

象溪镇（靖居包村）

新兴镇（上安村）

古市镇（岗下村）

四都乡（陈家铺村）

樟溪乡（力溪村）

【浙江省综合减灾示范社区】

望松街道（新望社区）

【全省最佳网格员】

蔡娇娣（望松街道五都阳村）

【全省首届建行杯军人创业大赛】

三等奖：孟文化（县退役军人事务局）

县委县政府表彰嘉奖的先进部门和先进个人（2020）

【乡镇（街道）目标管理考核】

优秀单位：大东坝镇　古市镇　斋坛乡

西屏街道

良好单位：叶村乡　玉岩镇　新兴镇

赤寿乡　象溪镇　裕溪乡

望松街道　樟溪乡

进步奖单位：叶村乡

【实施全县乡村振兴战略工作突出贡献集体和个人】

1. 乡村振兴工作

突出贡献集体：宣传部

统战部

政法委

发改局

经济商务局

科技局

司法局

交通运输局

文广旅体局

卫生健康局

市场监管局

市生态环境局松阳分局

融媒体中心

团县委

残　联

人民银行

古市镇

新兴镇

斋坛乡

三都乡

突出贡献个人：

叶志标（县委办）

王益贵（县府办）

李鹏飞（宣传部）

高　杰（统战部）

刘　勤（政法委）

徐　淼（发改局）

赖松平（教育局）

夏体伟（公安局）

张深梅（自然资源和规划局）
何蔚武（交通运输局）
吴凯杰（水利局）
程开俊（农业农村局）
郑红梅（农业农村局）
周伟燕（文广旅体局）
翁乙幻（市生态环境局松阳分局）
林　云（妇联）
叶枝成（移民工作中心）
王金文（科协）
蓝子光（供销社）
叶益兰（乡村振兴办）
占鹏飞（强村公司）
方志发（供电公司）
周恩华（西屏街道）
徐晓平（水南街道）
李帮富（古市镇）
陈中武（大东坝镇）
阙剑和（斋坛乡）
翟羽洁（四都乡）
张聪慧（安民乡）
汤海霄（板桥乡）
沈国强（玉岩镇）
李　艳（新兴镇）
叶慧华（三都乡）
徐　倩（樟溪乡）
林　钢（赤寿乡）
王　丹（枫坪乡）
兰小平（裕溪乡）

2. 脱贫攻坚工作

突出贡献集体：纪　委　组织部　教育局　民政局　人力社保局　建设局　水利局　医疗保障局　象溪镇　赤寿乡

突出贡献个人：

曹勇明（民政局）
叶茂松（建设局）
沈爱兰（农业农村局）
徐尉斌（农业农村局）
张盈颖（统计局）
朱利振（扶贫办）
金美芳（扶贫办）
阙永生（望松街道）
周杨胤（叶村乡）
杨君弟（竹源乡）

3. 消薄工作

突出贡献集体：财政局　农业农村局　集聚区管委会　望松街道　樟溪乡

突出贡献个人：

陶　钧（组织部）
叶川生（财政局）
包伟方（消薄办）

4. 大搬快聚工作

突出贡献集体：玉岩镇　叶村乡　枫坪乡　板桥乡　裕溪乡

突出贡献个人：

叶琼花（农业农村局）
梅丽英（农业农村局）
蓝昊慧（大搬快聚办）
杨利英（大搬快聚办）
叶春华（象溪镇）
徐志明（玉岩镇）
潘　墉（新兴镇）
吴永华（四都乡）
王文仁（枫坪乡）
刘　真（裕溪乡）

【县直机关单位目标管理考核】

一、党群和综合类

优秀单位：组织部、县委办、宣传部、县府办、县纪委县监委机关、统战部、政协办、人大办、残联、法院

良好单位：检察院、信访局、档案馆、工商联、编办、妇联、供销社

二、经济管理类

优秀单位：文广旅体局、财政局

良好单位：发改局、经济商务局、集聚区管委会、市生态环境局松阳分局、建设局、水利局

三、社会管理类

优秀单位：公安局、卫生健康局、教育局

良好单位：市场监管局、人力社保局、行政服务中心、民政局

四、垂直管理类

优秀单位：税务局、住房公积金管理中心

良好单位：气象局、供电公司

五、银行类

优秀单位：农商银行

良好单位：建设银行、农业银行

进 步 奖：县委办、住房公积金管理中心

【衢宁铁路松阳段工程建设行政奖励集体和个人】

1. 获县政府记集体三等功：

衢宁铁路松阳段工程建设指挥部

自然资源和规划局 新兴镇 叶村乡 斋坛乡

樟溪乡

2. 获县政府记集体嘉奖：

公安局 铁路建设领导小组办公室

土地和房屋征收工作指导中心

大东坝镇 赤寿乡 竹源乡 安民乡

3. 获县政府记个人嘉奖名单：

丁 俊	丁家寿	王火根	王金良	王 征
王建华	王荣田	王献根	王德明	毛阿敏
邓卫勇	邓关善	兰伟林	兰润泽	冯黎明
占利军	占钧强	卢昌增	包根福	包尉香
叶长春	叶亚栋	叶伟华	叶宝龙	叶松金
叶国章	叶洋灵	叶祖武	叶春松	叶 凌
叶根基	叶 敏	叶新华	叶福龙	江 非
刘水松	刘权海	刘 军	刘作军	刘青春
华火浩	华 圣	孙笑萍	宋伟林	宋荣丽
杨文斌	杨益平	杨素芬	李一鹏	李万喜
李亚男	李伟能	李松林	李坤龙	李明方
吴王文	吴云龙	吴世新	吴华基	吴思平
吴海明	吴梦华	吴 毅	邱如华	何迅民
何花云	何林香	余松伟	张秀铭	张淑芳
张 婷	陈大伟	陈伟斌	陈新军	泮建根
郑富祥	林志冠	林嘉栋	林 巍	罗 弘
罗来龙	周永斌	周 仲	周仲元	周仲福
周 建	周炳林	周杨胤	周景伟	金 卫
洪文旋	洪 孙	胡慧强	项学华	钟善德
俞致信	郭鑫巍	聂 刚	徐火忠	徐声龙
徐新华	翁金豪	翁盛强	章苏军	章剑荣
黄文山	黄志伟	黄绍贵	黄根发	梅先平
曹松峻	曹 雯	游隆德	曾伟明	董笑春
程晓东	傅继卫	阙晟辉	阙韶勇	阙 赟
詹志伟	鲍绍铭	蔡文欣	蔡海滨	蔡蓓芝
潘关根	潘建业	潘建伟	潘 标	

县委办县政府办表彰奖励的先进部门和先进个人（2020）

【金融支持地方经济发展工作】

一等奖：松阳县农村商业银行

中国建设银行松阳支行

中国农业银行松阳县支行

二等奖：中国银行松阳县支行

中国工商银行松阳支行

松阳恒通村镇银行

浙江泰隆商业银行松阳支行

三等奖：浙江稠州商业银行松阳支行

中国邮政储蓄银行松阳县支行

中国农业发展银行松阳县信贷组

中国人民财产保险公司松阳支公司

中国人寿保险公司松阳县支公司

鼓励奖：温州银行丽水松阳小微企业专营支行

松阳县科马小额贷款股份有限公司

松阳县盛世小额贷款股份有限公司

财通证券公司松阳要津路证券营业部

浙商证券公司松阳长松路证券营业部

管理服务奖：丽水银保监分局松阳监管组

人民银行松阳县支行

松阳县财政局

松阳县大数据和金融发展中心

制造业信贷投放贡献奖：

松阳县农村商业银行

台州银行股份有限公司丽水松阳支行

首贷户拓展奖：松阳县农村商业银行

中国农业银行松阳县支行

中国银行松阳县支行

浙江泰隆商业银行松阳支行

乡村振兴改革（农村金融改革）优胜奖：

松阳县农村商业银行

浙江稠州商业银行松阳支行

中国邮政储蓄银行松阳县支行

新设机构成长奖：

浙江民泰商业银行股份有限公司丽水松阳小微企业专营支行

【全县政务信息工作】

优秀单位：经济商务局　集聚区管委会

农业农村局　水利局

市场监管局　人力社保局

发改局　建设局

财政局　综合行政执法局

板桥畲族乡　赤寿乡

大东坝镇　西屏街道

樟溪乡

优秀个人：

沈　玲（县府办）

陈海聪（县府办）

罗　怡（经济商务局）

蔡园园（集聚区管委会）

姚孟超（农业农村局）

刘巧玲（水利局）

李浩如（市场监管局）

叶雅嘉（人力社保局）

徐　璐（发改局）

施赵君（建设局）

应少泽（财政局）

包叶雯（综合行政执法局）

应露婷（自然资源和规划局）

林　莎（板桥乡）

周永斌（赤寿乡）

叶斌倩（大东坝镇）

徐雨潇（叶村乡）

阙姜琦（西屏街道）

叶雪艳（樟溪乡）

【河道保洁工作】

1. 松阴溪干流、小港主流河道

优秀：樟溪乡

良好：水南街道　斋坛乡　裕溪乡

古市镇　叶村乡　望松街道

玉岩镇　象溪镇　枫坪乡

大东坝镇　新兴镇　赤寿乡

西屏街道

2. 支流河道

优秀：斋坦乡　樟溪乡

良好：叶村乡　裕溪乡　西屏街道

三都乡　板桥乡　玉岩镇

新兴镇　大东坝镇　象溪镇

古市镇　赤寿乡　枫坪乡

合格：四都乡　安民乡　水南街道

望松街道　竹源乡

附 录

四都乡陈家铺村

松阳县人民代表大会常务委员会工作报告

——2021 年 3 月 11 日县人大常委会主任徐为民

在松阳县第十二届人民代表大会第五次会议上的报告

过去一年工作回顾

2020 年是全面建成小康社会和“十三五”规划的收官之年，也是松阳发展史上极不平凡的一年。一年来，面对错综复杂的国际形势、艰巨繁重的改革发展稳定任务，特别是新冠肺炎疫情的严重冲击，在中共松阳县委的坚强领导下，县人大常委会高举习近平新时代中国特色社会主义思想伟大旗帜，坚决贯彻党中央和省市县委重大决策部署，紧紧围绕打造高水平生态文明建设和高质量绿色发展“重要窗口示范区”的历史使命，大力弘扬践行浙西南革命精神，坚定厉行“丽水之干”，奋力彰显“松阳担当”，充分发挥人大优势，认真履行法定职责，为统筹我县疫情防控和经济社会发展，高水平全面建成小康社会作出了积极贡献。

一年来，共召开常委会会议 8 次，主任会议 13 次，组织专题视察 3 次，听取和审议专项工作报告 24 个，开展专题调研和执法检查 21 次，作出决议决定 37 个，提出审议及视察意见 17 个，对 17 件规范性文件进行备案审查，依法任免国家机关工作人员和人民陪审员 132 人次，全面完成县十二届人大四次会议确定的各项目标任务。

一、坚持党的全面领导，进一步展现绝对忠诚的政治品格

一年来，常委会始终保持正确政治方向，自觉把人大工作置于县委领导之下，主动融入全县发展大局之中，做到与县委同心同向、同频共振。

始终坚持党的领导。认真贯彻落实《中共松阳县委关于高水平推进人大工作和建设的意见》和县委人大工作会议精神，推动人大工作高质量发展。严格执行重大事项向县委请示报告制度，全年就年度工作开展、重要监督安排等事项向县委请示汇报 5 次。及时学习传达县委重要会议和文件精神，认真落实县委各项指示和交办的工作，确保党的领导贯穿人大工作各方面全过程。

认真落实县委部署。按照县委工作安排，常委会领导带头深入一线指导村级组织换届选举工作，全力为换届选举顺利开展保驾护航。担任总指挥有力推进黄南水库、农村饮用水达标提标、桐榔康养基地等 8 个重点项目，黄南水库成功实现“提前蓄水、提前发电”目标，桐榔康养基地顺利开工建设，其他联系项目稳步推进。深入开展“三服务”工作，集中走访联系企业和重点项目，认真听取意见建议，积极协调解决困难和问题。全力支持人大干部参与衢宁铁路、衢丽铁路等重点项目建设。主动深入基层指导疫情防控和复工复产工作，推动疫情防控各项措施有效落实。动员人大机关全部力量，包干负责社区卡口，不折不扣落实县委指令，尽职尽责坚守防控一线，善始善终守好关键“小门”。

科学决定重大事项。认真审查年度政府工作和经济社会发展计划、财政预算等报告，及时作出年度财政决算、预算调整、政府债务安排等决议，确保全县各项工作顺利开展。围绕县委决策部署和重大社会关切，先后就支持检察机关开展行政公益诉讼、人大代表助力社会矛盾纠纷调处化解“最多跑一地”改革、推进生态工业高质量发展等重大事项依法作出决议决定。民生实事项目人大代表票决制工作实现全覆盖，全县共票决产生 162 个民生实事项目，项目总投资额 11.72 亿元。协调县财政落实单列补助资金 1000 万元用于乡镇街道民生实事项目建设。

依法开展人事任免。坚持党管干部和人大依法任免干部有机统一，全年共依法任免国家机关工作人员 88 人次、人民陪审员 44 名，组织 113

名国家机关工作人员和人民陪审员进行宪法宣誓。认真做好代表辞补工作，同意9人辞去县人大代表职务，依法补选3名县人大代表并确认其代表资格。认真落实任前法律知识考试、任前表态发言、颁发任命书和宪法宣誓等制度，切实增强人事任免的规范性和严肃性。持续开展任后监督，对9名人大任命干部开展履职情况满意度测评。

二、全面履行监督职责，进一步增强服务大局的实干担当

常委会紧紧围绕县委中心工作和全县发展大局，统筹推进“把牢图”“盯住法”和“管好钱”，突出重点，强化举措，切实提高监督工作的针对性和实效性。

护航经济平稳运行。密切关注全县经济运行情况，认真听取和审议县政府上半年经济社会发展情况报告，以及预算执行、决算等报告，形成有针对性的审议意见并加强跟踪监督。助推数字经济“一号工程”有效实施，配合市人大开展数字经济专题调研，推动数字经济发展环境不断优化。推动工业平台“二次创业”，开展不锈钢管产业可持续发展专题调研并提出监督建议，全力支持不锈钢管产业发展壮大，助推生态工业高质量发展。加强国有资产管理监督，听取和审议全县国有资产管理情况综合报告和行政事业性国有资产管理情况专项报告，促进国有资产保值增值。提升审计监督实效，听取和审议审计工作报告、审计查出问题整改情况报告，督促审计部门加大对重点领域、重点部门、重大政策落实情况的审计力度，增强人大监督与审计监督合力。深化财政预算项目绩效目标集中评审工作，参评的11个项目共建议核减财政资金2.41亿元，核减率达45.12%，《预算项目绩效目标集中评审工作初探》作为典型案例编入《全省人大财经工作经验交流材料》。开展行政合同履行专项监督，对近五年标的金额50万元以上的备案行政合同履行情况开展专项检查，推进行政合同全面正确履行，提高财政资金使用绩效。精心组织开展“十四五”规划调研，听取和审议县政府“十三五”规划纲要执行和“十四五”规划纲要编制情况报告，不断强化规划的科学性、严肃性。开展村集体经济“消薄”情况调研，助推农村集体经济健康发展，不断增强内生动力。开展茶叶全产业链发展情况调研，推动政府做好延链补链强链文章，实现茶产业更高质量发展。

保障法律有效实施。认真督导普法工作，听取和审议《松阳县法治宣传教育第七个五年规划》落实情况报告，推动政府进一步落实普法责任，加强普法队伍建设，提升普法工作针对性、时效性。深入开展执法检查工作，充分发挥“法律巡视”利剑作用，与市人大联动开展动物防疫“一法一条例”、大气污染防治“一法一条例”、《浙江省华侨权益保护条例》等实施情况的执法检查，对县卫生健康局近三年执法中适用一般程序处理的行政处罚案件进行专项检查。推动执法检查交办意见有效落实，对县市场监督管理局、文化和广电旅游体育局落实执法检查审议意见情况，开展跟踪监督并进行满意度测评。配合做好立法调研，协助省市人大开展《浙江省水资源管理条例》《浙江省医疗保障条例》《丽水市城市养犬管理规定》《丽水市文明行为促进条例》等法律法规的立法调研工作。推动法治宣传教育与学校德育工作深度融合，在全省首倡“国旗下宣誓”活动，推动全县中小学校“国旗下宣誓”活动常态化开展。配合市人大开展民间信仰事务管理情况专题调研，推动民间信仰工作在法治轨道上有序运行。开展野生动物保护情况专题调研，推动全国人大《关于全面禁止非法野生动物交易、革除滥食野生动物陋习、切实保障人民群众生命健康安全的决定》在我县得到有效贯彻落实。

促进社会公平正义。有力推动“最多跑一地”改革，组织开展专题调研，听取和审议专项工作报告，在全省率先作出《关于人大代表助推矛盾纠纷调处化解“最多跑一地”改革工作的决定》。支持县人民法院进一步加强和改进人民陪审员工作，充分发挥人民陪审员在维护宪法法律权威和社会公平正义方面的积极作用。支持检察机关深化公益诉讼工作，进一步拓展公益诉讼领域，强化检察机关的法律监督职能，作出《松阳县人大常委会关于加强检察机关行政公益诉讼工作的决定》，论文《以检察行政公益诉讼深化人大监督》荣获省人大“人大制度与省域治理现代化”专题研讨会二等奖。加强规范性文件备案审查工作，认真审查县政府提请的《松阳县全面禁止非法交易和滥食野生动物妥善处置在养野生动物工作方案》《松阳县土地整治实施办法》等17项规范性文件。认真做好人大信访工作，受理、转办群众来信来访13件次，接待群众上访51人次，全力督促有关问题解决，切实维护群众合法权益。

关切民生福祉改善。切实维护公共卫生安全，专题调研新冠肺炎疫情防控和复工复产工作，听取和审议专项工作报告，促进政府进一步加强疾病预防控制、医疗机构救治能力、应急物资保障等体系建设，提高公共卫生事件处置能力。高度重视教育均衡发展，专题调研教育提质行动进展情况，促进我县教育发展环境持续优化，教育资源布局更加均衡，推动全国义务教育优质均衡发展县创建工作深入开展。高度重视卫生健康工作，开展县域医共体建设和卫生健康事业“十四五”专项规划编制情况调研，推动县域医共体建设更加有力有序，让人民群众享受更加便捷优质的医疗服务。关心养老事业发展，配合市人大开展养老服务体系建设调研，促进养老服务设施建设加快推进，养老服务体系更加完善。关注退役军人服务保障，深入开展专项调研，推动退役军人服务保障体系更加健全，切实维护退役军人合法权益。心系农民饮水安全，连续5年对农村饮用水达标提标工作开展跟踪督办，县域供水一体化工程加速推进，农村饮水安全得到有效保障。积极推动运动健身场馆建设，开展全民健身中心项目专项视察。全面落实生态环境状况报告制度，督促政府持续加大对环境质量的监管力度，促进全县生态环境持续改善。

三、切实发挥代表作用，进一步凝聚推动发展的强大力量

常委会牢固树立以人民为中心思想，不断完善代表工作机制，提高服务保障水平，支持保证代表依法履职，有效促进代表主体作用发挥。

加强代表建议办理。全面推广使用人大议案建议管理系统，健全建议办理工作机制，交办政府的101件代表建议全部按期办理并答复代表。围绕代表建议解决率和满意率双提升，常委会领导带队深入一线调研，推动了一批代表建议得到更好落实，并紧盯“不满意件”开展跟踪督办，四件“不满意”代表建议案经政府重新办理，已有三件得到有效落实。坚持实行重点督办件“县委领导联系、人大领导督办、政府领导领办”工作机制，《关于尽快解决火车站及配套工程有关问题的建议》《关于全县中小学学生寝室安装空调的建议》等四件重点督办件得到有效落实。评选出县人大代表优秀建议6件。

畅通代表履职渠道。常委会领导带头深入代表联络站开展活动，帮助基层解决实际困难，有力推动板桥至丽新跨县域公交开通、王村桥改造提升等20余件民生问题的解决。代表小组联系政府工作部门和“一府一委两院”定期向县人大代表抄送文件的制度得到有效落实，全县20个代表小组与11个政府工作部门开展联系活动，“一府一委两院”全年共向基层县人大代表抄送规范性文件62份。代表联络站规范化建设全面推进，全县19个乡镇街道的实体代表联络站均已建成并投入使用，全年各代表联络站共开展调研视察、接待群众、学习培训等活动230余次，收集各类意见建议450余条并及时交有关部门办理。领导干部人大代表进联络站联系群众成为常态，国家机关工作人员进联络站听意见、办建议更加主动，一批代表和群众急难愁盼、牵肠挂肚的问题得到有效解决。市县人大代表中心组全年共开展视察调研活动50多场次，省市县三级人大代表列席县人大常委会会议238人次，参加县人大常委会监督调研、执法检查、工作视察等各类活动185人次，代表知情知政渠道进一步拓宽。

优化代表履职服务。代表履职培训深入开展，137名市县人大代表分批赴延安、长沙开展学习培训。切实加强和规范代表活动经费管理，制定出台《关于松阳县人大代表活动经费管理使用的意见》。认真落实“双联系”制度，定期开展常委会组成人员联系代表、代表联系选民走访活动，常委会组成人员采取多种方式联系代表450多人次。加强代表履职先进事迹宣传，进一步激发代表履职热情，提高代表履职影响。严格代表管理，全面开展代表述职评议工作，引导、激励和监督代表依法履行职责。健全完善代表劝辞退出机制，对5名受到党纪政纪处分的市县人大代表进行劝辞。切实做好在松省市人大代表的服务保障工作。

汇聚代表抗疫力量。及时发出《致全县各级人大代表的倡议书》，引导广大人大代表主动参与疫情防控工作。全县各级人大代表积极响应常委会号召，充分发挥密切联系人民群众的优势，以身作则，率先示范，携手人民共同抗击疫情，带头参与卡点值守，主动开展排摸走访，积极组织捐款捐物。认真做好舆论正面引导工作，积极宣传疫情防控知识和工作动态，向全社会传递巨大正能量，凝聚起共克时艰的强大力量。

四、着力加强自身建设，进一步提高依法履职的能力水平

常委会坚持以政治建设为统领，扎实推进人大自身建设，以行之有效、持之以恒的举措，不断激发工作凝聚力和创造力，不断提高依法履职能力和水平。

强化思想政治建设。坚持把政治建设摆在首位，认真贯彻落实党组工作条例，切实加强常委会党组建设，充分发挥党组的领导核心作用，保证中央和省市县委各项重大决策部署落细落实。突出思想引领，始终把学习贯彻习近平新时代中国特色社会主义思想作为首要政治任务，每次常委会党组会议都把学习贯彻习近平总书记重要讲话、中央和省市县委重要会议、重要文件精神作为重要议程。全年共开展常委会专题学习12次，推动政治理论学习制度化、常态化开展，做到学深悟透、走深走实。

重视人大机关建设。认真履行全面从严治党和意识形态工作主体责任，严守政治纪律和政治规矩，严格落实中央八项规定精神，深化领导干部谈心谈话制度，努力营造风清气正的政治生态。进一步规范人大机构设置，增设县人大社会建设委员会和县人大常委会社会建设工作委员会，组建人大常委会社会建设专家咨询组。高度重视信息宣传工作，全力办好松阳人大网站，出版《松阳人大》四期，协助市人大拍摄《人大关注》一期，向上级人大报送信息105条，人大常委会工作的一系列好经验、好做法得到及时总结宣传。

规范乡镇街道人大建设。持续深化常委会领导分片联系乡镇街道制度，注重加强政策法规、工作程序、制度建设、履行职责等方面的指导，县乡人大工作整体合力进一步加强。坚持乡镇街道人大负责人列席常委会会议制度，健全上下级人大沟通联系和联动开展工作的机制，召开工作例会专题研究乡镇街道人大工作。严格落实《浙江省乡镇人民代表大会工作条例》《浙江省街道人大工作条

例》，制定下发《松阳县人大常委会街道工作委员会工作规则》《中共松阳县人大常委会党组关于在我县街道推行居民议事会制度的意见》等指导性文件，并以清单形式交办人大街道工委工作任务。首次听取人大街道工委年度工作汇报，推动街道人大规范化建设，扩大全县人大"一盘棋"效应。

2021 年的主要工作

2021年是中国共产党成立100周年，是实施"十四五"规划的开局之年，也是建设现代化"田园松阳"的启动之年。立足新发展阶段，贯彻新发展理念，融入新发展格局，人大工作必须要有新担当新作为。今年，县人大常委会工作的总体要求是：以习近平新时代中国特色社会主义思想为指导，深入学习贯彻习近平法治思想、习近平总书记关于坚持和完善人民代表大会制度的重要思想，全面贯彻落实党的十九大和十九届历次全会以及省委、市委、县委全会精神，围绕打造"重要窗口示范区"历史使命，对照新坐标，找准新方位，聚焦县委重点推进的大事要事，聚焦经济社会发展的短板弱项，聚焦人民群众关心关切的热点难点，彰显人大的鲜明优势，发挥人大的独特作用，依法行使各项职权，努力交出履职高分报表，为加快高质量跨越式发展、确保现代化"田园松阳"建设起好步提供有力法治保障。

一、强化政治担当，在落实重大决策部署上彰显新境界

立足新发展阶段，常委会要切实扛起打造"重要窗口示范区"的历史使命，自觉强化政治担当，不断提高政治判断力、政治领悟力、政治执行力。

进一步强化县人大及其常委会的政治机关属性。始终不渝坚持党的领导，旗帜鲜明站稳人民立场，坚定不移地担当起宪法和法律赋予的各项职责，自觉做到党有所指、我有所向，民有所呼、我有所应，法有所赋、我有所为，更好地实现党的领导、人民当家做主和依法治国有机统一。

进一步深学笃用习近平新时代中国特色社会主义思想。一以贯之用习近平新时代中国特色社会主义思想武装头脑、指导实践、推动工作，特别是要把深入学习贯彻习近平法治思想作为必修课、基本功，学思用贯通，知信行合一。

进一步对标对表县委大事要事开展全县人大工作。依法行使重大事项决定权和人事任免权，坚决做到县委有部署、人大必落实。围绕打造"智能制造新城、中国有机茶乡、全域康养胜地、国家传统村落公园"四张金名片，开展专题调研并适时作出决议决定，确保县委十届十次、十一次全会确定的目标任务顺利完成。

进一步贯彻落实县委人大工作会议和文件精神。持续推动中央和省市县委关于加强和改进人大工作的一系列部署要求落到实处，确保县委人大工作会议和文件精神全面贯彻落实，坚定不移把人民代表大会制度坚持好、完善好、实践好、发展好，充分发挥根本政治制度的优势。

进一步认真执行请示报告制度。自觉维护县委总揽全局、协调各方的领导核心地位，坚持重大事项、重要工作、重点问题及时向县委请示报告，自觉把党的领导贯穿于人大履职行权的各方面全过程，始终保持正确政治方向。

二、紧盯监督实效，在推动经济社会发展上展现新作为

聚焦县委中心工作和重大民生关切，紧紧围绕"十四五"各项发展目标任务落实，着力打好人大监督"组合拳"，积极打造人大监督工作硬核成果。

聚焦全县发展大局。依法审查批准县"十四五"规划和二〇三五年远景目标纲要，认真审议《松阳县国土空间总体规划》，积极推动"十四五"规划有效实施，助推"十四五"顺利开局起步。围绕重点项目、重点工程开展专题调研，加强政府投资项目资金和质量监管，提高财政资金使用绩效。全力推动"双招双引"重大战略举措深入实施。

聚焦经济发展态势。加强经济运行情况监督，听取和审议国民经济和社会发展计划、财政预决算、地方政府债券使用安排、财政预算执行和其他财政收支情况审计工作报告、审计发现问题整改落实情况报告、国有资产管理情况报告等，持续加强对全口径预算和部门预算的审查监督。继续深化预算绩效目标管理工作监督，对松材线虫病防治资金使用绩效等开展监督。密切关注全县生态工业发展，对落实《松阳县人大常委会关于加快松阳县生态工业高质量发展的决定》情况开展跟踪监督。

聚焦法治松阳建设。强化人大法律监督，保证宪法和法律有效实施，坚持开展行政执法办案质量检查和规范性文件备案审查工作，配合省市人大高质量开展立法调研。对县卫生健康局落实行政执法办案质量执法检查审议意见情况、县人民法院关于人民陪审员履职工作情况的审议意见落实情况开展跟踪监督。省市县三级联动开展对《浙江省粮食安全保障条例》《浙江省劳动保障监察条例》等落实情况的执法检查，对《中华人民共和国治安管理处罚法》《中华人民共和国传染病防治法》和《关于加强检察机关行政公益诉讼工作的决定》的落实情况开展执法检查。听取和审议"七五"法治宣传教育情况报告，作出"八五"法治宣传教育决议。配合市人大做好《丽水市饮用水水源保护条例》立法后评估工作。

聚焦社会关切问题。督促政府加大保障和改善民生力度，积极回应社会关切。听取和审议县政府关于教育提质行动计划完成情况、全县香榧全产业链发展情况、非物质文化遗产保护情况报告。开展退役军人服务保障

情况和安全生产工作的跟踪监督，深化养老服务监督，持续关注养老服务体系建设。听取和审议《关于矛盾纠纷调处化解“最多跑一地”改革工作情况报告的审议意见》落实情况的报告，推动“最多跑一地”改革取得更大成效。

聚焦干部任后监督。进一步健全完善对人大任命干部履职情况进行监督的制度，实现人大任命干部报告履职情况全覆盖，探索开展人大任命干部工作评议。

三、紧扣服务保障，在提高代表履职能力上续写新篇章

始终坚持代表主体地位，不断强化服务保障意识，更加畅通民意表达渠道，积极回应人民群众对美好生活的新期待，更好实现人民当家做主。

着力健全代表联络机制。建设代表联络总站，把代表联络总站打造成服务全县各级人大代表的主平台、展示松阳人大工作的大窗口、县乡人大上下联动的总枢纽。开展“五好”联络站创建评选活动，加强代表联络站规范化管理，推动联络站实现“门常开、人常在、事常办”。继续推动国家机关负责人进站听取意见建议、回应群众关切、处理解决问题。

着力提高建议办理质量。严格落实人大代表建议办理“一把手责任制”，不断加强和改进代表建议办理工作，进一步健全完善代表建议督办机制，认真把好建议提出、交办、督办等重点关口，切实加强闭环管理，着力解决“重答复、轻落实”问题，进一步提高建议办理的面商率、解决率。对上一年度未能得到及时解决的代表建议特别是重点督办件，将持续跟踪督办。

着力加强代表教育管理。加大基层代表教育培训力度，进一步提高代表的履职能力，健全完善代表履职档案管理，确保代表活动全掌握、代表履职全记录。进一步完善代表履职约束机制，促进代表更加积极主动、依法有效履行法定职权，引导代表自觉成为遵纪守法的模范。

着力拓展代表履职渠道。探索设立“代表活动日”，推动全县各级人大代表常态化走进代表联络站听意见、办实事。建立与列席常委会会议的人大代表座谈机制，继续扩大代表对常委会工作的参与度。搭建更多代表履职平台，组织代表参与“百名人大代表评机关”活动，支持代表助力平安稳定、环境卫生、水费（物业费）收缴等“关键小事”。

着力抓好换届选举工作。深入贯彻新修改的选举法，认真落实新一轮人大代表换届选举的部署要求，加强对换届选举的调研指导及重点问题的研究，严把代表“入口关”，选优新一届人大代表。依法做好换届选举的组织工作，精心安排部署，广泛宣传动员，切实增强选举工作的预见性，确保换届选举风清气正，保障基层群众民主权利。

四、适应形势要求，在强化机关自身建设上迈出新步伐

对标“整体智治、高效协同”新要求，主动适应地方国家权力机关运行新特点，紧扣“两个机关”建设职责定位，继续强化自身建设，为依法有效履职提供有力保障。

坚持以政治建设为统领。完善人大机关党组织设置，建立机关党组，进一步加强党对人大工作的领导，严格落实全面从严治党主体责任，提升机关党建工作水平。扎实开展党史学习教育，引导人大机关党员干部学史明理、学史增信、学史崇德、学史力行，推动党史学习教育走深走实。

坚持以整体智治为目标。不断加强和改进乡镇街道人大工作，进一步落实《浙江省街道人大工作条例》，协同推进县乡人大数字化转型，推动数字赋能人大各方面工作。健全完善人大重要工作共同研究、系统推进机制，实现全县人大工作创新发展、整体智治、全面提升。

坚持以队伍建设为重点。按照打造“唯实惟先、善作善成、更专更精”队伍的目标，全面加强人大干部队伍建设。以县乡人大换届为契机，提高具有法律、财经、科技等专业背景的组成人员比例，进一步改善人大机关干部队伍结构。加强专委会建设，进一步提高专委会专业化水平，充分发挥专委会成员在专项视察、专题调研、执法检查等工作中的作用。

坚持以法治思维为路径。加强宪法法律和人民代表大会制度理论的学习，严格按照组织法、选举法、代表法等相关法律法规开展工作。深入学习习近平法治思想，进一步增强运用法治思维和法治方式推进工作的能力。健全完善人大组织制度和工作制度，促进机关工作规范化、制度化。

坚持以清廉人大为抓手。切实加强人大机关干部思想政治和作风纪律教育，驰而不息抓好作风建设，努力形成人人讲廉、学廉、促廉的良好氛围，营造遵规守纪、风清气正的政治生态。

中国人民政治协商会议第九届松阳县委员会常务委员会工作报告

——2021年3月9日县政协主席廖宝云

在政协第九届松阳县委员会第五次会议上的报告

一、2020年工作回顾

回首2020年，是个不平凡之年。这一年来，政协上下齐心协力抗击新冠肺炎疫情，合力攻坚助力实现全面脱贫目标，从头越过翻开我县政协工作新篇章，广大委员向社会各界展现了时代的风采、谱写了感人的篇章、取得了可喜的成绩。这一年来，在中共松阳县委的坚强领导和上级政协的正确指导下，在县人大、县政府和社会各界的关心支持下，县政协常委会坚守初心、接续奋进，坚定不移地以习近平新时代中国特色社会主义思想为指导，紧紧围绕全县经济社会发展大局，团结各民主党派、政协各参加单位和广大政协委员紧扣县委、县政府中心工作，在建言资政和凝聚共识上双向发力，在服务大局和关注民生上主动作为，认真履行政治协商、民主监督、参政议政三大职能，为全县经济社会高质量绿色发展作出了积极贡献。

（一）政治引领、同心向党，团结奋斗的基础更加牢固

一年来，常委会牢牢把握习近平新时代中国特色社会主义思想这一统揽政协工作的总纲，把坚持党的领导落实到政协工作各方面、全过程。

1.坚持党的全面领导。县政协坚持将工作置于县委整体工作布局中，去思考、谋划、部署。5月13日，协助县委召开政协工作会议，县委、县政府主要领导出席会议并讲话，对我县政协工作给予充分肯定，并对今后工作提出明确要求。会议围绕中央、省委、市委会议精神，研究制定《中共松阳县委关于新时代加强和改进人民政协工作的实施意见》，为我县新时代政协履职工作奠定了基础，找准了基调。对于县政协重点工作、重要会议、重大活动，县委书记李汉勤同志和其他县领导多次参加，亲自指导、作出批示、提出要求，为政协高效履职提供了强大支持。县政协旗帜鲜明地讲政治，把坚持党的领导作为首要的政治原则、最大的政治责任。严格执行重大事项请示报告制度，重大工作提前向县委汇报、重要事项及时向县委请示、重大活动主动邀请党政领导参加，各项工作在县委统一领导下，统筹有序地开展。

2.坚定正确政治方向。县政协始终把学习贯彻习近平新时代中国特色社会主义思想放在首要位置。进一步巩固“不忘初心、牢记使命”主题教育工作成果，积极打造“书香政协”松阳版。通过政协党组理论中心组学习、机关集体学习、交流研讨、辅导培训等多种形式，组织主席会议成员、机关干部、全体委员系统学习习近平新时代中国特色社会主义思想、党的十九届历次全会精神和新修订版《中国共产党统一战线工作条例》，深刻领悟习近平总书记关于加强和改进人民政协工作和统一战线工作的重要思想，准确把握新时代人民政协性质定位，切实担负起新时代人民政协的政治责任，推动党和国家路线方针政策及决策部署在政协组织全面贯彻落实。

3.主动融入发展大局。县政协作为县委领导下最广泛的统一战线组织，紧扣加强思想政治引领、广泛凝聚共识这一中心环节履职尽责，围绕党的主张凝聚人心、增进团结。县政协组织全体干部、委员深入学习领会县委十届十次、十一次全会精神，在政协常委会上审议通过“关于支持生态工业发展”会议决议，努力把县委、县政府关于锚定工业强县发展路径及打造“高水平生态文明建设和高质量绿色发展”重要窗口示范区的战略部署转化为全体政协委员、社会各界人士的广泛共识和自觉行动，为全县高质量发展生态工业营造了浓厚的氛围。

（二）围绕中心、精准建言，协商议政的成效更为显著

一年来，常委会始终紧扣围绕中心、服务大局工作主线， 扎实用好“请你来协商”平台，同频共振助力发展大局，有效发挥政协协商民主重要渠道和专门机构作用。

1.整体协商，谋全局、议大政。县政协九届四次全会期间，聚焦民生、时政、热点，共形成大会发言材料27篇，会上发言20人次，获县领导批示31条。分组讨论中，县领导与全体委员，围绕“一府两院”工作报告、财政预算等报告和全县经济社会发展的热点、难点、焦点问题，开展零距离、面对面深入协商建言，参与协商的县领导、委员达到500余人次，经归纳整理，形成5个方面共112条发言讨论建议，为县委、县政府科学决策、有效施策提供了重要参考。

2.论坛协商，抓重点、汇众智。进一步锚定“工业强县”发展路径。选定“创新引领，转型升级，全力推进不锈钢管产业高质量发展”为第九届“田园松阳”论坛主题。论坛前期开展走访调研、专题协商、产销推介会等活动，营造了浓厚的“强工”氛围，做足了准备工作。论坛期间，中国不锈钢管专家委员会在松阳成立，进一步提升我县产业品牌的知名度和影响力。同时，我们还邀请到全国不锈钢管业界知名专家学者为我县广大干部、企业家作专题报告。报告会从不锈钢管发展与应用趋势；生产、治污技术革新；先进企业管理等方面介绍了众多行业先进经验，提出了许多契合我县不锈钢管产业实际，具有前瞻性、科学性、可行性的意见建议，汇总形成《“创新引领，转型升级，全力推进不锈钢管产业高质发展”专题协商纪要》，为我县不锈钢管产业高质量绿色发展汇聚众人之智。

3.专题协商，强弱项、补短板。进一步建好用好“请你来协商”平台，按照党政点题、出题，政协领题、破题的原则精心制定“6+X”协商计划，确立“发展赛事经济”“加强工程中介公司管理”等6个重点协商课题和13个界别协商课题，向县委、县政府报送9份协商纪要和建议案，多篇调研文章在省、市级刊物发表。围绕明清古街争创省级步行街试点目标，开展“明清古街建设高品质步行街”专题协商。课题组从交通管控、风貌保护、文化挖掘、业态培育、机制保障五个方面对明清古街的现状开展深入调研，掌握古街的第一手资料。在协商会上，县委书记李汉勤亲自到会参与协商，众人围绕交通秩序混乱、风貌管控无序、文化挖掘不深、业态培育乏力、机制保障不畅等主要短板问题，提出涉及3方面9条建议，形成《建设高品质步行街　打造历史文化名城金名片》建议案，报送县委、县政府以助推古街景区强弱项补短板。针对党政关注、群众关心的城乡居民用水安全问题，召开“黄南水库水源地保护”专题协商会。课题组深入玉岩、枫坪等山区乡镇摸清实情，远赴较早开展饮用水源保护的先进地区学习经验，结合协商会上的讨论意见和我县实际，形成了涉及制定产业规划、推进保护区划定、构建长效管理机制等7方面意见的专题协商纪要，为进一步构建高品质的城乡居民用水安全体系贡献政协方案。

（三）聚焦民生、创新监督，为民利民的初心更加坚定

一年来，常委会贯彻以人民为中心的发展理念，深刻领悟习近平总书记关于政协工作要实现好、维护好、发展好最广大人民根本利益的重要思想，不断强化民主监督，着力增强人民群众的获得感、幸福感、安全感。

1.在专项监督中实行整体联动。充分运用民主监督这一政协履职的基本形式，做到监督不越位、帮忙不添乱。围绕“最多跑一地”改革、城乡生活垃圾分类处理、加强空气质量管理等课题开展民主监督，成立专项民主监督组，制定专项视察监督方案，落实牵头领导、责任委办，先后组织委员200余人次开展多层次、宽领域、高密度的专项监督视察活动20余次。在“最多跑一地”改革三级联动民主监督中，调研组通过深入现场走访、召开座谈会、认真听取基层意见等方式，提出了相应的监督建议，助推“矛调中心”提前完成改造并投入使用。其他监督课题也均通过与县政府分管领导、责任部门、项目主体等多方面进行充分协商，向县委、县政府报送监督建议50余条，相关建议分别落实了责任部门，在推动工作落实、提升工作成效方面发挥了积极作用。

2.在提案监督中提高办理成效。紧紧围绕全县发展大局、中心工作，组织全体委员、政协各参加单位和各专门委员会，积极运用提案履行职责，建言献策。县政协九届四次会议以来，共收到提案241件，立案203件，并案后为136件。及时组织界别委员、提案办理单位负责人等相关方面进行提案办理专题协商，面对面听意见，实打实解难题。由县领导领办的6件重点提案也均取得了良好的办理成效，例如通过《建议开展村调“回头看”解决基层“三盼”》的办理落实后，有效促进3605万元奖补资金的落实到位，推进村级干部、资源、资产、民心的加速融合；在《关于加快油茶产业发展的建议》提案交办之后，相关部门迅速制定出台了《松阳县香榧油茶中医药全产业链区域激励政策2020－2022年三年行动方案》，落实290万元/年的奖补资金，促进松阳油茶产业的“质、面”双提升。目前，136件提案已全部办复完毕，基本达到承办单位、提案者、政协组织三方满意，有效发挥了提案监督的重要作用。

3.在社情民意监督中实现有效落实。持续加强社情民意反映，及时了解党政决策的信息需求，研究信息收集报送的重点选题，制定信息收集报送计划。通过委员会客厅、工作室、“三联三进”等平台，广大委员关注

民生、为民代言，真切了解民情、真实反映民意，使每条社情民意都紧接地气、带着温度。今年以来，共有40余条社情民意信息上报省、市政协，其中《设立特殊自动售卖机 动态储备防疫物资》等多篇信息被上级政协录用，得到省、市层面的高度重视，促进批事关群众切身利益的民生问题得到妥善解决。信息宣传工作亮点纷呈，《让艺术照亮乡村》《温暖人心的向阳花》《加强工程中介机构管理》等13篇信息稿件和多篇消息分别被省政协联谊报、“同心苑”公众号刊登录用；同县委宣传部联合创办“古城故事汇”栏目12期，向世人推介松古大地的人文风情，切实提升“田园松阳”对外影响力。

（四）服务大局、同频发力，奋战一线的作为更显担当

一年来，常委会始终以服务全县经济社会发展大局、助推全县中心工作为己任，既议政又监督，既建言又出力，在凝聚抗疫合力、巩固脱贫成效、聚力高质量发展的各条战线上，广大政协委员与全县干部群众勠力同心、并肩奋战，用行动诠释忠诚，用作为展现担当。

1.助力打赢脱贫攻坚战。广泛开展“百名政协委员结对帮扶百户贫困户”活动，通过产业带动增收、企业带动就业、落实扶贫政策、委员联系帮扶、社会扶贫捐助等形式，落实帮扶项目11个，提供就业岗位70余个，对接贫困户576户，帮助1700余名贫困群众巩固增收基础。配合省政协深化对玉岩镇周安村的结对帮扶，今年新竣工帮扶项目10个，完成投资额500余万元，随着高山西红柿基地、村级冷库等项目的投产使用，村集体经济进一步壮大，结对帮扶成效显著。

2.助力打赢抗疫阻击战。新冠肺炎疫情发生后，县政协常委会第一时间发出倡议书、下达动员令，广大政协委员带头执行县委、县政府各项疫情防控决策部署，深入村、社参与值守排查，凝聚起群防群控的强大合力，累计参与防控1500余人次。还有许多委员、港澳台同胞及侨胞通过捐款赠物、书画义卖等方式为抗疫前线提供物质支持，累计捐赠金额和物资价值500余万元，为取得抗疫阻击战的阶段性胜利贡献了政协力量。

3.助力后疫情时代的经济社会发展。充分发挥政协人才荟萃，智力密集的优势，由主席会议成员带领联系界别委员，深入乡镇、学校，为助力复工复产复学出谋划策。制定《主席会议成员联系服务委员企业》方案，对企业复工复产情况进行“全覆盖”调研，助力企业抓好防疫工作和复工复产。深化“提笔”抗疫，高质量征编《松阳“战”疫》文史资料200余篇，为常态化防疫注入强大的精神动力。在“危”中求机，积极探索委员互助发展机制，大力支持企业界委员在后疫情时代的背景下实现优势互补、力量整合、资源共享、合作共赢，进一步加快本地企业发展壮大，助推全县经济高质量绿色发展。

（五）守正出新、强基固本，履职尽责的能力更加过硬

一年来，常委会坚持与时俱进，做到党建与廉政两手抓两手硬，对标对表习近平总书记关于加强和改进人民政协工作重要思想所提出的新目标、新定位、新要求，肩负新使命、新任务、新担当，持之以恒加强政协自身建设。

1.党的组织建设持续加强。深入贯彻落实中央及各级党委《关于加强和改进新时代人民政协工作的实施意见》，对照查找整改自身存在的问题短板，全面提升我县政协系统党建水平。切实发挥政协党组把方向、管大局、保落实的核心作用，着力深化政协机关各专委会党支部建设，引领党员委员自觉接受政协党组、政协机关党组的教育管理，积极参加党组织活动。

2.党风廉政建设扎实推进。积极适应新时代人民政协工作新要求、新部署，立足服务政协工作的基本定位，以政治建设为统领，全面加强县政协党风廉政建设。坚持开展廉政学习教育，学习贯彻中央及省、市、县纪委会议精神；坚持把党风廉政建设与政协工作同安排、同部署、同考核。认真落实廉政约谈制度，签订党风廉政建设责任书严格贯彻执行廉洁从政各项规章制度。持续贯彻执行中央八项规定精神和县委实施办法，不断改进文风会风、工作的方式方法，以一流标准、一流水平、一流作风，建设让党放心、委员信任、群众满意的模范组织。

3.队伍素质建设不断提升。以加强干部、委员队伍建设为出发点，先后制定出台了《政协界别组考评办法》《政协参加单位履职评价办法》《政协委员活动经费管理制度》《委员廉洁自律若干规定》，合理量化对委员、界别、参加单位的履职实绩，激发和树立干部、委员队伍的争先创优、廉洁自律意识，实现用制度管人、管行、管言。委员队伍亮点频出，陆秀云委员荣获2020年度浙江省政协系统、丽水市政协系统“最美政协人”称号；季学文委员荣获2020年度丽水市政协系统“最美政协人”称号。组织第二批优秀委员赴延安红色革命教育基地培训，用延安红色革命精神和浙西南革命精神为广大委员铸魂、赋能、立根。

在总结成绩的同时，常委会也清醒地认识到，当前的工作中还存在不少问题和不足。主要是：专门协商机构的制度还需进一步完善；凝聚共识的深度和广度需要进一步拓展；数字赋能推动政协履职的途径和思路需要进一步探索；委员履职的整体能力和水平需要进一步提升。这些问题和不足，我们将高度重视，认真研究，切实加以改进。

二、2021年工作思路

2021年是实施“十四五”规划、开启全面建设社会主义现代化国家

新征程的开局之年，也是中国共产党成立100周年。县政协常委会工作的总体要求是：以习近平新时代中国特色社会主义思想为指导，全面贯彻落实中共十九大和十九届历次全会精神，深入学习领会中央和省、市、县委政协工作会议精神，紧紧围绕忠实践行“八八战略”、奋力打造“重要窗口”主题主线，始终坚持团结和民主两大主题，切实履行新时代人民政协“三个重要”作用的职责使命，把加强专门协商机构建设作为首要任务，把加强思想政治引领、广泛凝聚共识作为中心环节，努力将人民政协制度优势转化为县域治理效能，为助推开启现代化“田园松阳”新征程，打造“高水平生态文明建设和高质量绿色发展”重要窗口示范区而不懈努力奋斗！

具体围绕县委“七个新”总体目标、“191”工作体系和政协自身建设，重点做好五方面工作：

（一）把握时代要求，在加强思想引领中履行新使命

“善思善学、善做善成”，作为新时代的政协干部、委员都要将学习作为安身立命的法宝，在学习中深邃思想，在学习中找准方向，在学习中锻造本领。

1.坚持带着责任学。将学习贯彻党的十九届五中全会精神、习近平总书记关于新时代加强和改进人民政协工作系列讲话精神和新修订版《中国共产党统一战线工作条例》，作为当前和今后一个时期人民政协的重要政治任务。坚持把习近平总书记关于指导开展政协工作系列重要讲话作为政协工作的根本遵循，全面系统把握、深刻领悟践行，切实增强“四个意识”，坚定“四个自信”，做到“两个维护”。

2.坚持多种方式学。以庆祝建党100周年为契机，开展中共党史学习教育，举办形式多样的专题学习宣传活动。以开展“书香政协”松阳版工作为重要抓手，建立健全习近平新时代中国特色社会主义思想学习会制度，倡导委员多读书、读好书，力求在党建理论素养上取得全面提升。同时，要用好“学习强国”等网络学习平台，做到广泛深入学，随时随地学。

3.坚持结合实际学。深刻领会县委提出的发展思路，将之贯穿于履职全过程，坚持在干中学，以学促干。进一步锚定“工业强县”发展路径，紧盯“生态惠民”目标追求，明确“双招双引”履职重点，找准“数字赋能”前进方向，切实把县委决策部署转化为社会各界的广泛认同和自觉行动，在同心同向、同频共振中精准建言发力，扛好新时代政协工作的使命担当。

（二）倾力服务大局，在推进协商民主中续写新篇章

把握政协根本属性，立足松阳县域实际，深入调查研究，把协商民主贯穿履职全过程，切实增强协商密度、建言力度、共识程度，达到商以资政、商以惠民、商以襄和。

1.在明确协商重点时，力求“准而精”。围绕县委建设“智能智造新城”的部署，针对“加快乡镇工业功能区块转型升级，助推智能制造新城建设”“双招双引，助力智能制造新城建设”等课题开展专题协商，围绕“加快推进不锈钢管百亿产业发展”主题举办“田园松阳”论坛，进一步助推我县生态工业高质量绿色发展。围绕县委建设“中国有机茶乡”的目标，聚焦“数字赋能推动茶产业转型升级情况”“加大‘双招双引’力度，促进有机茶乡建设”“茶产业业态培育及产品延伸”等课题开展精准调研，进一步摸清茶产业有机化过程中存在的缺陷短板，提出务实可行的建议措施，助推实现茶产业的品质、效益、品牌影响力三个提升。围绕县委建设“全域康养胜地”的定位，结合我县实际，紧盯“发展养生养老产业，打通生态产品价值实现通道”“做大做强智慧康养，助推全域旅游胜地建设”等关键课题，提出相应的意见建议，全力助推康养胜地建设。围绕县委建设“国家传统村落公园”的思路，以破解传统村落保护与发展的矛盾为出发点，以注重“规划引领”“品牌打造”“经济效益”为落脚点，开展“建设国家传统村落公园”专题调研，力求蹚出一条凝聚政协智慧的传统村落保护发展新路径。

2.在调研协商过程中，要力求“细而实”。做深前期工作，组织政协委员和有关专业人士围绕协商议题，做足调研前的“功课”，提高协商的专业化。做细沟通衔接，加强与协商部门沟通，确保各类协商活动相互配合、有序开展。做实协商会议，邀请县领导和相关部门负责人出席会议，与政协委员面对面沟通交流，为委员和各界人士发表见解主张、反映意愿诉求搭建平台、创造条件。

3.在调研协商结果上，力求“专而深”。调查研究是议政建言的基础所在，要坚持先调研后协商，经常深入基层一线，多方倾听百姓呼声，多花时间精准调研，多动脑筋思考分析，做到言之有据不道听途说，言之有理不主观臆断，言之有度不偏激偏执，努力使提出的对策建议符合客观实际、符合群众意愿，具有可操作性。

（三）注重创新实践，在加强民主监督中展现新作为

坚持把察实情、解难困、助落实贯穿于民主监督的履职过程，做到发现问题不回避、解决问题有实招，竭力以助推全县经济社会发展扬长补短。强化政协民主监督作用，从党政所思、群众所盼、政协所能出发，紧盯全县重大决策部署的贯彻落实和群众普遍关注的热点问题开展民主监督。

1.要围绕重点敢监督。聚焦《松阳县不锈钢管产业转型升级三年行动方案（2019—2021年）》落实情况，农药化肥减量增效情况，村（社）信访、卫生情况和水费、物业费收缴情况，松阳县数字经济发展情况等工作开展民主监督，对存在的弱项短板直言不讳，提出的解决办法务实可行。

2.要拓展渠道真监督。以专项视察为重要抓手，坚持多种民主监督形式并用，通过全体会议、常委会议、主席会议和提案、社情民意信息等形式开展民主监督，不断增加监督性议题比重，寓监督于会议、提案、调研、协商等工作之中，将监督贯穿于政协履职各个环节。

3.要创新方式善监督。在认真制订视察计划，创新完善监督方式，运用恰当监督方法的基础上突破革新监督形式，组织开展“百名人大代表、政协委员评机关”活动。在活动中，紧扣县委决策部署和县政府工作，重点聚焦实施“改革创新落实年”，围绕机关干部“四个争先”开展民主评议工作，广泛反映群众意见和建议，推进全县干部队伍在履职尽责、加强管理、转变作风、服务群众等方面实现有效提升。

（四）顺应群众期待，在践行履职为民中唱响新声音

人民政协的血脉在人民，根基在人民，力量在人民。将惠民生、顺民意、暖民心作为政协工作的出发点，让政协工作更有温度。

1.要畅通渠道关注民生。持续广泛深入地开展“三联三进”活动，做到在走访中丈量民情，在攀谈中了解民意，在调研中增添底气，让群众感到政协委员就在身边。健全委员会客厅、委员工作室组织机构，完善活动机制，落实保障措施，确保长效运行。进一步完善社情民意信息工作的收集、编报和反馈机制，进一步增强政协信息工作的针对性、时效性。

2.要聚焦提案表达民意。引导委员深入群众，了解民意，撰写提案。进一步梳理规范提案形成、办理和服务工作机制，严格各项工作程序，深入开展提案“回头看”工作，对提案的提办质量进行民主评议，扎实做好立案时、办理中的协商及办理后的成果运用和反馈工作，不断增强提案办理实效。

3.要压实举措温暖民心。要继续开展“双百”活动，鼓励引导政协委员带头践行社会主义核心价值观，把社会荣誉和社会责任统一起来，积极开展具有政协特色的社会公益活动，集聚社会各界正能量，让广大群众和所有需要帮助的人们内心充满温暖。

（五）激发内生动力，在加强自身建设中树立新形象

党的建设是政协的永恒课题，我们要以党的建设统领政协工作，加强思想政治教育，提升思想素质水平，严守政治纪律规矩，严肃党内政治生活，锤炼忠诚担当品格，以党的建设新成效带动政协自身建设取得新进展。

1.加强党的建设。把“不忘初心、牢记使命”作为加强党建的永恒课题，作为政协系统每一名党员干部的终身课题，用实际行动诠释忠诚担当。严格执行县政协党组成员联系相关界别党员委员、党员委员联系党外委员等制度，实现党的组织对党员委员的全覆盖、党的工作对政协委员的全覆盖。要严格落实“三会一课”、主题党日、谈心谈话、民主生活会等基本制度，不断提升政协党的建设标准化、规范化、制度化水平。

2.加强队伍素质建设。坚持从制度建设、平台搭建、教育培训、优化服务等方面入手，严格纪律要求，强化履职考核，严肃执行退出机制，用制度倒逼委员履职水平的进一步提升。全体政协委员和政协干部要按照习近平总书记“懂政协、会协商、善议政”要求，加强理论学习，丰富知识积累，全面提高政治把握能力、调查研究能力、联系群众能力、合作共事能力，继续保持奋斗者的姿态和干劲，情牵民生，敢于担当，写好“委员作业”，答好时代考卷，切实担负起人民政协制度参与者、实践者、推动者的政治责任。全面做好委员五年履职综合评价，以作为委员继续提名重要依据，为换届工作做好充分准备。

3.加强机关作风建设。政协机关要以建设模范机关为目标，从严教育、从严要求、从严管理、从严监督，打造过硬的机关干部队伍，提升机关服务工作的保障水平、服务水平，不断为委员履职创优条件。认真贯彻执行中央八项规定及其实施细则精神，全力抓好正风肃纪，着力营造风清气正、廉洁干事的环境氛围。

推动新时代纪检监察工作高质量发展 为奋力打造现代化“田园松阳”提供坚强保障

——2021 年 4 月 2 日县纪委书记叶海霞

在中国共产党松阳县第十届纪律检查委员会第七次全体会议上的报告

这次全会的主要任务是：以习近平新时代中国特色社会主义思想为指导，全面贯彻落实党的十九大和十九届二中、三中、四中、五中全会精神，按照十九届中央纪委五次全会、省纪委十四届六次全会和市纪委四届六次全会的部署，回顾总结 2020 年我县纪检监察工作，部署 2021 年任务。

中央、省、市纪委全会召开后，县委高度重视，第一时间组织召开县委常委会对会议精神进行传达贯彻，特别是对习近平总书记的重要讲话精神进行了深入学习，等一下，县委书记李汉勤同志还将就我县的全面从严治党工作作讲话，全县广大党员干部特别是纪检监察干部要认真领会中央提出全面从严治党首先要从政治上看的深刻内涵，精准把握党风廉政建设和反腐败工作的新形势新任务新要求，自觉对标省委、市委、县委提出清廉浙江、清廉丽水、清廉松阳建设的具体指南，按照李书记的讲话要求，以“更全面更从严”治党行动抓好贯彻落实。

一、2020 年工作回顾

2020 年是全面建成小康社会决胜之年，是实施“十三五”规划收官之年，也是清廉松阳建设全面纵深推进之年。县委坚决扛起管党治党政治责任，持续深化基层治理，驰而不息正风肃纪，旗帜鲜明惩贪治腐，巩固发展反腐败斗争压倒性胜利，营造了风清气正的良好政治生态。全县各级纪检监察机构在市纪委市监委和县委的坚强领导下，始终坚持“严”的主基调，围绕中心服务大局，扎实推进一体化、规范化、专业化建设，认真履行党章和宪法赋予的职责，我县全面从严治党工作向高质量发展迈出坚实步伐。

（一）忠诚践行“两个维护”，政治监督坚定有力

聚焦思想建设强化政治监督。始终把学习贯彻习近平新时代中国特色社会主义思想作为首要政治任务，一体贯彻习近平总书记对浙江的重要指示批示精神，对照县委提出的“七多七少”“四个够不够”具体要求，细化监督保障措施，并充分融入县委巡察、日常监督、专项督查中，着力解决一以贯之不够、持续深化不够等问题，共立案审查违反政治纪律案件 7 件，给予党纪政务处分 7 人。

聚焦疫情防控强化专项监督。面对新型冠状病毒疫情大考，主动靠前、积极作为，第一时间下发通知，严明政治纪律和政治规矩，严明工作纪律，强化对疫情防控工作的监督保障。创新构建“4+X+29”全覆盖日常督查机制，紧盯疫情防控和复工复产复学责任履行、捐赠物资管理使用、助企惠企政策落实等情况，开展常态化监督检查，共对 15 件疫情防控履职不力问题进行问责，通报基层党组织 1 个、问责处理 33 人。县纪委县监委机关支部、2 名纪检监察干部受到全县通报表扬。

聚焦服务保障强化纪律监督。围绕打好三大攻坚战、落实“六稳”“六保”、保障衢宁铁路和黄南水库建设、优化营商环境等决策部署，跟进监督、精准监督、全程监督，确保政令畅通、令行禁止。全力保障脱贫攻坚，制定扶贫领域“问题清单”、结对干部“帮扶清单”、扶贫政策“落实清单”等三张清单，组织开展扶贫督查“暗访月”、专项巡察等行动，高频次开展各类监督检查 23 次，发现问题 381 个，发布扶贫领域督查通报 4 期，督促各单位举一反三、全面整改。

（二）压紧压实“两个责任”，清廉松阳全面推进

政治生态不断优化。协助制定《中共松阳县委关于建立政治生态（清廉指数）评价体系的实施意见

（试行）》，以季度初评、半年中评、年度总评等方式开展政治生态分析研判和政治监督报告，向1家单位发出“预警通知书”。实施县委领导班子及其成员政治画像，并延伸至全县611名乡科级干部全面建立政治生态建设档案和领导干部廉政档案。督促指导乡镇（街道）优化政治生态，大东坝镇、新兴镇、四都乡入选2020年度丽水市乡镇（街道）政治生态排行榜20强。

主体责任不断夯实。进一步压实党委（党组）书记“第一责任人”责任及班子成员“一岗双责”，强化履责督责，以直面点评汇报会为载体，对全县主体责任履职不到位、巡察发现问题较多的8家单位开展面对面质询点评，提出评议意见24条，发出整改通知书8份，倒逼责任落实。强化日常预警，运用清廉丽水建设基础应用平台，发布主体责任共性和个性任务6期，给予相关单位黄牌预警29张，红牌预警6张。共对2起落实“两个责任”不力问题进行责任追究，12人受到问责处理，1人受到党纪政务处分。

清廉单元不断充实。全面推进清廉松阳建设，协助县委制定2020年清廉松阳建设工作要点，将清廉建设情况列入主体责任考核内容，进一步健全清廉松阳建设领导体制和工作机制。督促牵头单位分别制定各单元清廉建设验收标准，着力推进村级工程集体建、阳光食堂、医院风险防控等重点创建项目。积极开展清廉品牌建设，探索推行由权力清单图、风险防控图、三色预警图组成的“廉情地图”，共发出预警通知书44份，约谈提醒村党员干部253人，该做法得到了人民网、《浙江日报》等中央、省、市主要媒体的关注报道，被评为全市清廉建设品牌“红榜”。

（三）驰而不息纠治“四风”，群众利益有力维护

作风建设常态化推进。健全完善“1+X”正风肃纪检查机制，重点整治违规吃喝、违规发放津补贴或福利等六类“四风”突出问题，共发现问题247个，问责处理干部80人，给予党纪政务处分46人，查处违反中央八项规定精神问题12起21人。对党的十九大以来发现的103条“四风”问题线索进行全面梳理、逐条检查，确保所有问题线索处置到位。健全干部激励保障机制，注重“三个区分开来”，共为10名党员干部澄清正名，为3家单位疫情防控“事急从权”的4个事项予以容错免责，切实发挥执纪监督正向效应。

专项整治项目化实施。根据上级部署，结合我县实际，组织开展社会福利机构管理运行等28项专项整治工作，共清退各类违规资金18万余元，挽回经济损失230.94万元，完善修订相关制度14项。圆满完成“扫黑除恶”专项斗争收官任务，三年累计查处涉黑涉恶腐败和“保护伞”问题5起，给予党纪政务处分4人，组织处理1人，移送司法机关2人。严格落实省纪委《关于规范廉政账户管理严禁违规收送礼品礼金的通知》精神，共有17名党员干部主动上交收到的礼品礼金。

基层风气多元化治理。强化清廉村居推进基层治理专项行动，进一步规范小微权力流程、村级民主监督程序，净化基层风气。严肃村（社）组织换届纪律，把好党风廉政建设意见回复关。建立信访举报快转快查快办机制，查处违反换届纪律案件4起，处理7人。推动信访举报质量评查规范化建设和纪检监察职能“四进”矛调中心，挂图作战开展“三清三提升”活动，减存量、遏增量成效明显，全年共受理群众信访举报204件，同比下降34.8%；其中检举控告类154件，同比下降30.3%。

（四）坚持深化标本兼治，重拳彰显反腐决心

充分发挥惩治威慑作用。深化运用监督执纪“四种形态”，共处理204人次，其中前两种形态占88.73%，让“红红脸出出汗”成为常态。持续保持惩腐高压态势，充分发挥县委反腐败协调小组牵头抓总的作用，严肃查处徐火明、谢伟荣、郑建华等腐败案件和水利系统腐败窝串案，审查调查工作位于全市前列，共处置各类问题线索301件，立案132件（其中乡科级干部10人），给予党纪政务处分110人（其中乡科级干部8人），采取留置措施9人（其中乡科级干部1人），移送司法机关10人（其中乡科级干部2人）。全县乡镇（街道）共办理自办案件35件，在全市率先实现自办案件全覆盖。严格落实审查调查安全责任制，牢牢守住安全底线。执行案件审理组长不固定和“一案一授权”机制，有效破解“熟人社会审理难”问题。

扎实做好以案促改文章。坚持“一案一剖析、一案一整改”机制，注重挖掘案件背后的深层次问题，扎紧制度篱笆，努力做到查处一案、警示一片、治理一域。充分运用纪检监察建议等方式，压实相关单位党组织全面从严治党主体责任，推动整改、堵塞漏洞、完善治理，提高监督质量和纪法效果，共发出纪律检查建议书和监察建议书68份。强化“一案双查”，11名党员领导干部因水利系统腐败窝串案受到问责追责。

积极筑牢固本培元基础。坚持以案说德、以案说纪、以案说法，充分发挥杨卫中、叶火亮等科级干部违法犯罪案件的警示教育作用，通过组织观看职务违法案件现场庭审，制作违纪违法案件警示教育片等形式，开展警示教育活动。认真落实“三必考”“五必学”制度，共组织160人次参加党风廉政应知应会考试。充分发挥“思廉堂”法纪教育基地作用，共接待人员4500余人。开展“清廉公开课”“小青松廉洁宣讲”进机关、村居、医院、学校、企业系列活动。创作排演廉政小品《守护》荣获丽水市“清廉文化进村晚”品牌建设一等奖。

（五）把准把牢政治定位，凸显

巡察“利剑”作用

实现巡察联动一体化。坚持常规巡察、专项巡察、巡察“回头看”、提级（交叉）巡察等多种巡察方式并举，共对21家党组织开展了政治巡察，对1家党组织开展巡察“回头看”，发现问题577个，移交问题线索22条。统筹推进村级巡察，综合运用“巡察+回访”联动模式，对全县216个村（社）开展政治巡察或回访检查，发现问题1539个，移交问题线索32条，并对各乡镇（街道）、行政村进行分类评价，对时任的村（社）班子成员履职情况进行全面摸排，助力净化村（社）换届选举环境，助推选优配强基层班子。

实现巡纪联动高效化。充分发挥巡察综合监督平台作用和联系群众纽带功能，建立健全巡察监督与纪律监督、监察监督、派驻监督等的统筹衔接制度。探索“巡纪联动监督”模式，有效破解巡前线索发现难、巡中线索不精准、巡后线索办结慢等问题，该做法在全市巡察工作会议上作典型交流。2020年，通过查处巡察移交的问题线索给予党纪政务处分25人（其中乡科级3人），采取留置措施6人，移送司法机关10人。第八轮巡察期间3名党员干部主动投案。

实现闭环整改规范化。抓实巡察反馈问题整改，实行“县委书记约谈制”，共对西屏街道、发改局、农业农村局等11个被巡察单位党组织主要领导逐个进行约谈，有效压实整改责任。建立“5+X”联审联评模式，制定《松阳县巡察整改量化评估暂行办法》，综合运用5方面26条细化举措全面评估被巡察单位党组织整改效果，完成对13个被巡单位评估，共发现问题62个。

（六）深化体制机制改革，治理效能不断增强

基层监察监督打通“最后一公里”。持续深化乡镇（街道）监察办规范化建设，对基层纪检监察机构履职情况进行全覆盖督查，督促整改问题78个。推动村级监察工作联络站建设，共建成联络站216个，并常态化开展站长业务培训，促进规范履职。积极推进片区协作机制建设，全县乡镇纪委、派驻机构、纪检监察室组建4个协作片区，通过健全制度、统筹配合、片长轮值、以老带新、以案代训等方式，积极构建高效、协作、精准的区域协作运行模式，共办理信访件28件，化解省级信访“三多”件1件，给予党纪政务处分28人。

派驻“靶向式”监督精准有力。探索构建“预瞄式选题、全程式监督、闭环式整改”的靶向监督体系，深入解决派驻机构人员力量分散、监督定位不准、发现问题能力不足、监督质效不明显等问题，共完成4轮38个主题的“靶向式”监督，发现问题192个，给予党政纪处分5人，挽回经济损失732.74万元，督促健全完善相关制度60项。该项工作得到了市委常委、纪委书记、监委主任方文军的批示肯定和浙江日报等省市媒体的关注报道，被评为全市纪检监察系统“十佳”工作品牌和全县“精彩一件事”。

信息化建设赋能添彩。认真开展全省检举举报处置子平台和基层综合业务应用系统试点工作，在全市率先编撰印发《处置子平台系统操作手册（松阳版）》，高质量完成全市课程培训任务，为全市的平台运行工作提供试点经验。全县“一盘棋”推进纪检监察内网建设，实现检举控告和问题线索办理全流程在线、全过程留痕，做到可追溯、可查询、可分析，流转效率和办理质量显著提升。

（七）强化自身建设自我约束，锻造纪检监察铁军

党建引领持续提升。大力推进“清廉机关、模范机关”建设，着力打造“清风松阳·田园卫士”党建工作品牌，常态化开展不忘初心、牢记使命主题教育，进一步砥砺纪检监察干部忠诚秉性。以“警示教育月”活动为抓手，深入检视自身问题，进一步推动纪检监察干部干净干事。围绕全县中心工作，组织开展以“大接访、大提升、大督查”为主要内容的扶贫监督“主题党日”活动，共发现问题132个，进一步促进纪检监察干部担当作为，并获评全县2020年度“十佳主题党日”。

专业素质持续提高。实施干部成长导航计划，通过师徒结对、以老带新等方式促进年轻干部能力提升。开展“出彩一件事”擂台赛、“强三化、铸铁军、展风采”暨“清风松阳·田园卫士”演讲比赛、“人人讲堂”、文字大练兵等活动，突出实务课程和专题测试，营造比学赶超的浓厚氛围。通过各项活动开展，纪检监察队伍专业素养全面提升，1件案件获评全市“十佳案例”，1名干部获评“丽水之干”先锋人物，2名干部获评丽水市“最美纪检人”，2名干部荣获全市审查调查工作行政奖励三等功和嘉奖，1名干部获评基层纪检监察机构优秀干部，8名干部通过国家法律职业资格考试。

队伍建设持续规范。县纪委监委班子成员深入乡镇纪委和派驻纪检监察组开展调研，着力发现问题、提出对策。制定县纪委监委机关“廉情地图”，实施全员廉政风险排查，并对物品采购、资金报销、公车使用等15项内部管理制度进行修订完善。强化基层履职监督，对全县乡镇（街道）纪检监察工作开展两轮扫雷行动，围绕“政治生态评价、扶贫监督、清廉村居建设、村级监察工作联络站建设”等十方面内容开展督查，形成并下发问题整改清单。坚持严管厚爱、刀刃向内，严肃查处涉及纪检监察干部的检举控告件，坚决防止“灯下黑”。

过去一年我们取得的成绩，得益于市纪委监委和县委的正确领导，得益于全县广大纪检监察干部的拼搏奉献，得益于社会各界和广大人民群众的支持配合。在此，我代表县纪委常委会向全县纪检监察干部以及关

心支持我县纪检监察工作的社会各界人士表示衷心的感谢！

在肯定成绩的同时，我们也必须清醒地认识到，反腐败斗争形势依然严峻复杂，全面从严治党依然任重道远。有的单位党组织全面从严治党主体责任落实还不够到位，压力传导层层递减，部分党员领导干部“一岗双责”意识淡薄；违反中央八项规定精神问题及“四风”问题屡禁不止，顶风违纪，不收敛、不收手现象仍然存在；破坏营商环境，不作为、乱作为、滥作为等形式主义、官僚主义问题时有发生；群众身边“微腐败”易发多发，违规承揽工程、侵害群众利益等问题禁而未绝。有的纪检监察机构协助党委落实主体责任不到位，监督不够有力、质效不高；队伍建设存在短板，少数纪检监察干部能力素质、纪律作风还不能完全适应高质量发展的要求。对这些问题，我们务必高度重视，在下步工作中采取有力措施，切实予以解决。

二、2021 年主要工作目标

2021年是中国共产党成立100周年，是“十四五”规划开局之年，是我县全力建设高水平生态文明建设和高质量绿色发展“重要窗口示范区”，奋力打造现代化“田园松阳”之年。今年工作总体要求是：以习近平新时代中国特色社会主义思想为指导，深入学习贯彻党的十九大和十九届二中、三中、四中、五中全会精神，增强“四个意识”、坚定“四个自信”、做到“两个维护”，按照十九届中央纪委五次全会、省纪委十四届六次全会、市纪委四届六次全会和县委十届十次、十一次全会的部署，坚持稳中求进工作总基调，扎实履行党章和宪法赋予的职责，充分发挥监督保障执行、促进完善发展作用，在深化清廉松阳建设中一体推进不敢腐、不能腐、不想腐，在一体化、规范化、专业化建设中推动纪检监察工作高质量发展，为我县建设高水平生态文明建设和高质量绿色发展“重要窗口示范区”，奋力打造现代化“田园松阳”提供坚强保障，以优异成绩庆祝中国共产党成立 100 周年。

（一）更加突出政治监督，在持续优化发展环境上有新提升

自觉践行“两个维护”。以庆祝建党 100 周年为契机，持续巩固深化“不忘初心、牢记使命”主题教育成果，带头并督促全县党员干部进一步学懂弄通做实习近平新时代中国特色社会主义思想，并与深入学习习近平总书记考察浙江重要讲话精神和最新指示批示精神紧密贯通起来，与学习党史、新中国史、改革开放史、社会主义发展史紧密结合起来，不断提高政治判断力、政治领悟力、政治执行力。做实做细政治监督，精准画好领导干部政治画像，深入推行乡镇政治生态排行榜，健全完善政治生态评价体系。推深做实同级监督，加强对下级党组织的监督，使监督和被监督成为自觉。

聚焦中心跟进监督。紧紧围绕贯彻十九届五中全会精神、实施“十四五”规划，聚焦贯彻新发展理念、推动高质量发展、构建新发展格局等加强监督检查。围绕巩固拓展疫情防控和经济社会发展成果，开展常态化检查。围绕县委重大决策部署，聚焦“四张金名片”、重点项目攻坚、全域土地综合整治等重点任务和平安稳定、环境卫生、收水费（物业费）等“关键小事”开展专项监督。严肃县乡两级领导班子换届纪律，严把党风廉政意见回复关，对反映换届纪律问题的信访举报第一时间快查快办，严肃查处拉帮结派、拉票贿选、跑官要官、说情打招呼等行为。

一体推进“四责协同”。协助县委制定“四责协同”工作方案，强化党委（党组）书记“第一责任人”责任、班子成员“一岗双责”，健全科学精准有效的问责机制，着力解决责任落实中的层层递减、协调不畅等问题。把清廉松阳建设作为落实全面从严治党主体责任的重要内容，进一步厘清党委（党组）、纪委监委在推进清廉松阳建设中的职责定位，督促各级党委（党组）在推进“十四五”规划实施中同步深化清廉松阳建设，形成主体责任和监督责任贯通协同、同向发力的良好局面。

（二）更加聚焦品牌建设，在纵深推进清廉松阳上有新提升

打造“廉情地图”升级版。全面推行“廉情地图”，将“廉情地图”做法向八个清廉建设单元延伸。督促指导各个单位系统梳理本单位的重点权力、关键权力、核心权力，探索建立机关“廉情地图”。针对村书记主任一肩挑后，权力更集中、任期更长、廉政风险更大的实际，进一步细化村级小微权力清单 28 条内容，进一步查找廉政风险点，制定防控措施，精密绘制村居“廉情地图”。配套出台村级监察工作联络站绩效考核办法与责任追究办法，对村级监督权力进行规范。

扎实推进“清廉赶集日”。将今年的每月 20 日确定为清廉建设“赶集日”，以线上和线下相结合的方式，推动清廉品牌建设全域覆盖。制定出台《清廉松阳建设 2021 年工作要点》《松阳县清廉建设项目验收标准》等，为“清廉赶集日”高质高效运行提供制度保障。深入推进清廉松阳品牌建设，探索推行清廉项目“施工图纸”“ABC”三类项目管理、“赶集日”定期发布进度、年度擂台大比武等推进机制，推动全县上下形成浓厚的清廉建设氛围。

深化构建亲清政商关系。持续紧盯县委生态工业五年倍增行动计划，跟进监督平台整合、“双招双引”、数字化改革等落实情况，着力查纠、解决在服务企业中存在的落实不及时、兑现不到位、差异化对待、选择性服务等问题，不断优化松阳营商环境。推动构建亲清政商关系升级版，督促各单位严格落实《亲清政商交往

正反面清单》，把政商交往情况纳入政治生态分析评估、县委巡察、“靶向式”监督的重要内容，实现政商关系“亲而有度”“清而有为”。纪检监察干部要率先垂范，加大对联系企业的沟通联系力度，在推动构建亲清政商关系升级版上作出示范。

（三）更加注重标本兼治，在一体推进“三不”机制上有新提升

始终坚持“严”的总基调。健全完善审查调查一体化机制，重点查处政治问题和经济问题交织的腐败案件，聚焦“十四五”规划中政策支持力度大、财政金融资金投资密集的行业，紧盯工程建设、土地管理、房地产开发以及教育、医疗、交通等腐败易发多发领域，最大限度遏制腐败增量。严肃查处以投资、借贷、低买高卖房屋等方式输送利益问题，坚决防止腐败隐形变异。坚决查处政法系统违纪违法问题，严惩滥用职权、徇私枉法行为。围绕招标投标、物资采购、项目建设、财务管理等关键环节，持续整治国有企业腐败问题。深入开展供销系统腐败和作风问题整治工作，促进完善供销系统监管体系。

着力做好以案促改。将以案促改、以案促治作为“三不”一体推进的重要抓手，健全案件办理、监督检查和问题治理相互贯通的工作机制。规范运用纪检监察建议，压实主体责任、堵塞制度漏洞、防止监督缺位。坚持受贿行贿一起查，探索行贿行为惩戒机制，让“围猎”者寸步难行。深入推进层级风险防控体系建设，深化重点部门、重点领域典型样本创建，构建科学评价标准，力争形成一批可推广、可复制的典型经验做法。

聚焦强化标本兼治。宽严相济用好监督执纪“四种形态”，做到纪法情理贯通融会。坚持构建大宣教格局不动摇，用好“思廉堂”市级法纪教育基地，用活“清风松阳”微信公众号，发出清廉松阳建设最强音。提高警示教育的精准性、真实性和震慑性，通过组织现场旁听庭审、观看警示教育片等形式，将教育活动与受众群体契合起来。深入推进清廉文化建设，打造我县第一个清廉文化主题公园，组织开展“清廉海报”大赛、“清廉村晚”等活动，深化廉洁家风建设，扩大清廉文化影响力。

（四）更加坚持综合施策，在化风成俗弘扬新风上有新提升

锲而不舍纠治“四风”。严格落实中央八项规定及其实施细则精神和省、市实施办法，深化完善“1+X”“一月一主题一检查”系列正风肃纪机制，综合运用明察暗访、专项检查、交叉互查等方式提升监督质效，对顶风违纪行为精准快速进行查处，对典型案例一律通报曝光。精准施治形式主义、官僚主义，严肃查纠贯彻上级党委决策部署中悬空、虚假、不作为慢作为等突出问题。突出整治享乐主义、奢靡之风，紧盯违规接受管理服务对象宴请、违规吃喝等问题，深挖细查私车公养、利用行业协会违规报销、不吃公款吃老板等隐形变异问题，坚持露头就打、严格防范。把监督节约粮食、坚决制止餐饮浪费行为作为重要任务常抓不懈。建立违反“四风”问题人员数据库，对再次发生“四风”问题的人员进行从严处理。

持续深化作风建设。突出作风长效机制建设，深入总结分析特点规律，巩固深化工作成果，擦亮作风建设“金名片”；深刻剖析反复出现、普遍发生的“四风”问题，寻找制度漏洞，督促相关部门健全制度规范。整治“慵、懒、散、推、拖、绕、乱、飘”八项顽疾和“小官弄权”“科长专政”“官气十足”等衙门作风，严肃查处不敢担当、不愿负责、执行不力、效率低下等影响松阳发展的作风弊病。坚持把纠“四风”与树新风统一起来，教育引导全县党员干部加强党性修养，自觉反对特权思想和特权行为，严格家风家教，切实强化党性修养和作风养成。

坚持严管厚爱并重。坚持“三个区分开来”，精准运用政策策略，对明知故犯和无心之过、肆意违规和改革失误、蓄意谋私和因公差错等区别对待、恰当处理，做到早发现早提醒、真容错敢纠错、讲政策给出路。持续做好澄清正名，为敢担当的干部担当，保护和激发干部干事创业积极性。严格执行党员权利保障条例，加强申诉复查工作，常态化做好被问责和受处分干部的跟踪回访教育，推动实现从“有错”到“有为”的转变。

（五）更加突出监督下沉，在提升群众获得感幸福感上有新提升

着力构建基层纵向协作监督体系。深化乡镇（街道）纪检监察机构和村级监察工作联络站规范化建设，积极探索县纪委监委及派驻机构、各行业主管部门、乡镇（街道）纪检监察机构、村级监察工作联络站“四位一体”的纵向协作监督模式。加强对基层纪检监察机构履职能力的培养指导，将工作重心逐步从“规范”向“质效”转变，着力打造一批会监督、善监督、敢监督的基层监督示范样板。强化对基层小微权力运行的监督制约，探索对部分重点村（社）主职干部“提级监督”。更好发挥村级监察工作联络站“前哨”作用，推行联络站“1+X”月度工作例会制度，让“老百姓家门口的纪委监委”名副其实。

集中整治群众反映强烈的问题。深化基层纪检监察工作和基层治理的融合，做好扶贫监督后续工作，推动现阶段脱贫攻坚成果同乡村振兴战略的有效衔接，保障各级党委各项惠民富民、共同富裕政策措施的落实落地。开展规范村庄撤并专项监督，切实保护群众合法权益。完善与相关职能部门的沟通协调机制，深入开展基层“微腐败”专项治理，持续纠治教育医疗、养老社保、环境保护、安全生产、食品药品安全、执法司法、村级集体“三资”管理等领域腐败和作风问题，常态化开展扫黑除恶“打伞破网”，进一步推进基层治理。深入开展村社巡察五方面20个共性问题对照整改，让群众获得

感成色更足、幸福感更可持续、安全感更有保障。

扎实做好信访举报处置工作。探索信访举报“廉情驿站”工作机制，变被动为主动、变上行为下行，有效破解农村信访举报占比大问题。深入推进“三清三提升”活动，持续开展“三多”信访件攻坚清零，力争全县检举控告数量稳步下降。抓实信访举报“一聚焦两深化三规范”工作，聚焦初信初访“零转重”目标，深化信访举报“质量评查”“双向联动”两项机制，规范“专项治理”“基层办理”“环境清理”三项举措，压实基层工作职责，推动信访举报工作高质量发展。

（六）更加突出政治属性，在彰显巡察利剑作用上有新提升

坚持有形有效全覆盖。准确把握政治巡察的内涵和重点，以“四个紧盯”“三个聚焦”为切入点，围绕贯彻落实习近平新时代中国特色社会主义思想和习近平总书记重要指示批示精神、围绕实施“十四五”规划等决策部署强化巡察监督。抓好统筹谋划，结合巡察情况以及县级换届情况，对部分已巡察党组织开展巡察“回头看”。创新方式方法，把常规巡察、提级巡察、专项巡察、机动式巡察等贯通起来、穿插使用，高质量完成巡察全覆盖。巩固拓展接受省委巡察指导督导工作成果，不断提升巡察工作规范化、专业化水平。加强巡察干部队伍建设，选优配强巡察干部。

坚持巡察与其他监督贯通全融合。探索巡前一体谋划、巡中协同配合、巡后齐抓共管的途径和方式，推进巡察监督和其他各类监督特别是纪检监察监督有效对接、深度融合、形成合力。强化巡纪协作联动机制，对巡察发现的问题线索进行全面排查，实行动态更新、定期汇总、集中研判，推动线索管理规范化、系统化、科学化。加强巡察与组织、政法、审计、信访等部门的协作配合，增强工作合力。强化跟踪管理，定期与承办部门逐条逐项进行对账督办，确保问题线索处置不减速、不断档，确保在县乡换届前实现“清零”，为有序推进换届提供坚强保障。

坚持常态长效全整改。建立健全整改责任机制，深化巡察整改量化评估，形成监督、整改、治理有机贯通的完整链条。强化规矩，针对十届县委巡察发现的问题进行梳理，关注普遍存在的突出问题、倾向性问题，并聚焦反弹回潮或者新特点新动向问题，完善巡察发现的共性问题清单，督促全县各单位开展自查自纠、明确规矩。强化激励，针对巡察整改成效明显单位，树立正面典型进行宣传，营造全县上下重视整改的良好氛围。强化问责，对巡察整改不重视不落实、组织领导不力等致使问题整改不到位或造成不良影响的反面典型进行通报，并严肃追责问责。

（七）更加突出深化改革，在推进治理效能转化上有新提升

推动“四项监督”贯通融会。加强纪律、监察、派驻、巡察监督统筹衔接制度，有效实现信息、资源共享，推动监督进一步融入社会治理体系，释放更大治理效能。深化片区协作机制，统筹“乡镇纪委监察办+派驻纪检监察组+纪检监察室”力量，构建上下联动、一体推进的片区协作监督格局，明确协作内容和程序，推进片区协作规范化。以党内监督为主导，找准纪检监察监督与其他各类监督的衔接点，逐项探索建立与组织、司法、财会、统计、群众等监督贯通协调的机制办法，完善审计发现问题线索移送和成果运用制度，构建“大监督”工作格局。自上而下、依法依规、稳妥有序推进监委向同级人大常委会报告专项工作。

激发派驻监督内生动力。深入总结近年来的改革实践，加速本地经验成果转化，推动派驻工作全面整体提升。进一步深化“靶向式”监督，紧贴被监督单位职责业务、权力运行关键环节，通过精准监督，不断提升监督工作质效。注重源头治理，加强对被监督单位“三重一大”事项的监督，聚焦重点环节强化廉政风险防控，发挥建议书、提醒函、督办单的作用，实行闭环整改工作机制，推动日常监督做实做细做具体。

抓深抓实数字赋能。探索开展纪检监察工作数字化改革，引入、配备专职信息技术人才，着力建设“智慧纪检监察”。用好检举举报平台，规范处理检举控告办理流程，形成有效监督制约。用好清廉丽水建设基础应用平台，通过平台落实主体责任和清廉建设“四张清单”，加强精准化跟踪指导和全过程督促检查。

（八）更加突出自身建设，在锻造纪检监察铁军上有新提升

大力锤炼政治品格。县纪委常委会要坚持以政治建设为统领，深入学习贯彻习近平新时代中国特色社会主义思想，带头做到两个维护，严格落实意识形态工作责任，不断加强自身建设。突出思想理论武装，用好主题党日、全员“一堂课”等学习平台，使读原著、学原文、悟原理在纪检监察机关蔚然成风。把深入开展党史学习教育作为机关党建和教育培训的重点任务，引导全县纪检监察干部从党的光辉历史中汲取力量、坚定信念。加强对乡镇（街道）纪检监察干部队伍建设的领导和指导，着眼换届加强乡镇（街道）纪（工）委领导班子选配工作，加大系统内外干部交流力度，持续改善干部队伍结构。

大力锤炼高强本领。全面推进政治生态评估体系、廉政风险防控体系、日常监督融合体系、“四风”问题检测体系、工作质量管理体系、现代综合保障体系、改革发展服务体系、数字平台支撑体系等八大体系建设。推进一体化建设走向深入，对工作资源进行有效整合，做到目标一致、方向协同、行动契合、优势互补；推进规范化建设走向深入，牢固树立法治意识、程序意识、证据意识，严格按照权限、规则、程序开展工作，

打造步步有原则、处处有规范的标准化工作体系；推进专业化建设走向深入，实施全员培训，推动全县纪检监察干部在实战练兵、学习借鉴中培养敢于善于斗争的真本事、忠诚干净担当的精气神。

大力锤炼优良作风。认真贯彻《关于加强新时代纪检监察干部监督工作的意见》，加强对全县纪检监察干部的监督。健全内部权力运行机制和监督管理制约机制，严格落实“十二个严禁”要求，使依纪依规依法贯穿于纪检监察工作全过程。健全完善特约监察员制度，让执纪执法权受监督有约束。教育引导纪检监察干部持续转作风、树新风，加强对纪检监察干部“八小时”外的监督，坚决查处执纪违纪、执法违法行为，严防“灯下黑”，努力锻造一支全方位过硬的新时代纪检监察铁军。

松阳县人民法院工作报告

——2021 年 3 月 11 日县人民法院院长林伟

在松阳县第十二届人民代表大会第五次会议上的报告

2020 年主要工作

2020 年是极不平凡的一年，面对突如其来的新冠肺炎疫情和繁重的办案任务，松阳县人民法院以习近平新时代中国特色社会主义思想为指导，紧紧围绕打造“高水平建设和高质量发展重要窗口”的历史使命，忠诚履职、担当作为，各项工作取得新进展。全年新收各类案件 7909 件，办结 8079 件（含旧存，下同），同比分别上升 1.9%和 0.7%。法官人均结案 293.3 件。全省基层法院 12 项核心工作指标中 9 项位列全省前十，其中诉前化解和民事可调撤率 92.2%，位列全省第一；服判息诉率 94.5%，位列全省第八。案件质量、效率、效果指标持续向好。

一、服务大局重实干

服务保障疫情防控。统筹推进疫情防控和执法办案，组织干警积极投入县域疫情防控，支持、配合乡镇（街道）、村居（社区）开展联防联控工作。运用在线矛盾纠纷多元化解平台解决纠纷即时履行到位案件，入选浙江法院服务保障疫情防控十大典型案例。协调公、检、法力量，从快从重判决涉疫物质诈骗案件，从侦查起诉到判决仅用时 72 小时，入选全省妨害新冠肺炎疫情防控犯罪典型案例。

决战决胜扫黑除恶。2020 年是扫黑除恶专项斗争的收官之年。三年来，审结黑恶案件（含保护伞）7 件 48 人，判处五年以上有期徒刑 12 人。审结市督办蓝某某等人、林某某等人恶势力犯罪集团案件，陈某某等人恶势力犯罪集团案件首要分子被判处有期徒刑十七年。合力“打财断血”，黑恶案件财产执行到位 2661.4 万元，到位率 100%。审结首例徐某某等人把持基层政权恶势力犯罪，判处其有期徒刑六年，净化基层政治生态。

优化法治营商环境。审结破产案件 10 件，化解不良资产 3.7 亿元。出台《服务保障民营经济发展实施意见》，助力民营经济健康发展。审结金融借款合同案件 468 件，涉案金额 3506 万元。发布 32 名职业放贷人名录，向 4 名职业放贷人共 5 件案件征收税费，民间借贷纠纷收案数同比下降 21.7%。与人民银行、银保监局建立金融纠纷联动调处机制，调处金融纠纷 177 件。

助力生态文明建设。设立驻河长办巡回审判站，加速涉水领域纠纷预防、处置、审判及修复一体化。发布《环境资源审判白皮书》。开展环境资源暨野生动物保护专项行动，增殖放流鱼苗 4 万余尾，补植复绿苗木 20 亩。在案发地岗下村公开开庭审理涉野生动物刑事附带民事公益诉讼案件并全网直播，开出全省最大“修复账单”126 万元，发出全省首张野生动物行业从业禁止令，案件入选全省环资公益诉讼十大案例。

融入社会治理格局。服务保障村社换届选举，对 7000 余人开展资格审查，参与联系村（社）换届工作，确保选举顺利完成。延伸诉讼服务点，实现全县社区（村）全覆盖。发布《县域诉源治理工作白皮书》，获县委李汉勤书记批示肯定。启用古市法庭新审判大楼，提炼松阳本土契约文化、家训文化、申明亭文化，融入中华五千年法治文化，打造司法服务乡村振兴的窗口。深入开展“三服务”活动，帮助联系村实施“状元笋”项目，助力村民集体增收。

二、忠诚履职办实事

刑事审判增进安全。新收刑事案件 206 件，审结 209 件，同比分别下降 24.3%和 27.0%，判处五年以上有期徒刑 27 人，重刑率为 8.2%。审结危险驾驶罪、盗窃罪、诈骗罪等高发案件 84 件 99 人，审结涉“黄赌毒”

犯罪案件25件78人，审结贪污、贿赂、徇私枉法等职务犯罪案件10件15人，以贪污罪、受贿罪判处松阳县综合行政执法局原局长叶某某有期徒刑六年，以受贿罪判处遂昌县人民政府原副县长包某有期徒刑三年九个月。落实宽严相济政策，适用认罪认罚程序案件181件，对180名被告人依法判处缓刑、管制或免予刑事处罚，为60名符合条件被告人指定辩护，指定辩护率100%。

民事审判促进和谐。诉前调解纠纷2206件，同比上升84.3%。审理各类民事案件3858件，同比下降8.5%，平均审理天数缩短22天。推行简案快审，繁案精审，一审适用简易程序2707件，适用率达96.7%。致力民生权益保护，审结人身损害赔偿、医疗纠纷、劳动争议等案件251件。引入人民调解观调团制度，成立家事纠纷调解委员会，审结婚姻、继承等案件297件。深化道交一体化改革，诉前分流案件385件，调解成功率64.7%，审结道交案件209件，调解撤诉率43.5%。通过司法裁判弘扬社会主义核心价值观，依法判决员工上班时间打牌猝死案，用工单位无需赔偿，案件推文阅读量10万+。

行政审判助推法治。新收行政诉讼案件31件，审结37件，分别下降75.8%和72.8%。联合县检察院、县司法局、景宁法院出台《行政争议调解（协调）工作意见》。加强府院良性互动，召开联席会议2次，实现行政诉讼案件发案量、败诉率“双下降”。稳妥办结省级关注、市级督办的涉遂昌县白马山土地开发系列案件。发布《行政审判白皮书》，助力法治政府建设。

执行攻坚维护诚信。执结各类案件3662件，同比上升16.1%，标的金额2.4亿元。加大执行力度，冻结款项918万元，查封房产285处、车辆462辆、股权70件。严惩失信行为，限制高消费2718人，限制出境94人，司法拘留71人，罚款1129人197.1万元，向公安局移送涉嫌拒执犯罪15件16人，判处拒执犯罪4件4人。创新设立执行悬赏“红黑榜”，探索守信履行正向激励机制。组建“执行先锋”，敢打执行硬仗，先后处置因相邻权纠纷、强占山林阻碍清表纠纷引发的信访案件，依法处置腾房过程中的暴力拒执行为。妥善解决“俞同春”制药公司员工集体讨薪案件，发放劳动报酬131.5万元。

三、固本强基见实绩

坚持党建引领。深入学习贯彻习近平新时代中国特色社会主义思想，巩固“不忘初心、牢记使命”主题教育成果，加强意识形态工作。组织开展“守初心、担使命、讲廉洁、话成长”主题演讲比赛。连续两年组织中层干部竞争上岗，35周岁以下中层干部从3人增加至17人，占中层总数68%，中层干部平均年龄从46.1岁降低至34.8岁。鼓励争先创优，刑庭一案例荣获全市法院优秀案例二等奖，执行局一案例获评全市法院打击拒执十大案例，尹伟平同志获评全省法院“行政审判三十年代表人物”，另有24个集体或个人获县级以上表彰。

优化数字赋能。构建“平台+智能”模式，建成标准化“云间法庭”2个，全年开展网上庭审直播1537次。落实“数据多跑路，群众少跑腿”，网上立案5964件，移动微法院使用率92.1%。电子票据改革试点工作入选全市法院十佳保障“两手硬、两战赢”司法成果。无纸化办案工作在全省法院无纸化推进会上作经验交流，工作视频被省高院内网刊载，工作经验入选最高人民法院《司法改革动态》。

提升司法能力。深化“一本通”管理，每月召开质效分析会，强化动态监管。全面落实司法责任制，召开专业法官会议13次，注重预防和化解信访案件，全年案访比为0。院庭长率先垂范，共办结案件3384件，占结案总数76.6%。鼓励调查研究，完成省级以上重点调研课题3个，调研文章共获国家级奖项4个、省级13个、市级7个。

打造“清风松法”。扎实推进清廉机关建设，绘制“廉情地图”，构建廉政风险防控体系，打造“清风松法”廉政品牌，组织开展警示教育6次，荣获全县“清廉机关”擂台赛一等奖。创新设立执纪监督“三色卡”，运用执纪监督“第一种形态”处理干警35人。全面落实巡察整改工作，完善制度23项，教育提醒17人，收回违规资金9.3万元。联合县纪委监委开展职务犯罪案件庭审旁听活动，并被授予松阳县首批廉政警示教育基地。

四、接受监督求实效

自觉接受人大依法监督。认真办理人大代表建议，积极落实审议意见。进一步改进代表联络工作，完善接受监督方式，邀请代表视察法院、参加座谈、旁听庭审、见证执行，共计130余人次。

主动接受政协民主监督。主动向县政协、各民主党派、工商联、无党派人士通报法院工作。邀请政协委员视察法院工作并听取意见建议，认真办理政协委员提案5件。

自觉接受检察机关法律监督。支持、配合检察机关依法履行监督职责，移交检察监督法律文书15份，办理检察建议22件。严格落实检察长列席审判委员会会议制度，邀请检察长列席4次，共同维护司法公正。

广泛接受社会监督。举办公众开放日活动6次，召开新闻发布会4次，公开裁判文书4521份，开展巡回审判15次。组建“松法抖音工作室”，32个短视频在省高院官方平台发布，作品《欠你一万年》获第七届全国法院金法槌奖。在国家级媒体刊发各类报道15篇，省级刊发112篇，获评最高人民法院新闻传媒总社“司法宣传工作先进单位”。

各位代表，过去一年法院工作的开展进步，是县委正确领导，县人大及其常委会有力监督，县政府大力支持，县政协民主监督，以及人大代表、政协委员和全县人民关心、支持、帮助的结果。在此，我谨代表松阳县人民法院表示衷心的感谢，并致以崇高的敬意！

在看到成绩的同时，我们也清醒地认识到，当前的工作还存在不少问题和不足：一是司法理念有待进一步提升，少数法官服务大局意识不强，就案办案、机械办案。二是司法改革有待进一步深化，新的审判权运行及监督管理机制需要不断健全。三是司法权威仍需进一步增强，一线法官长期超负荷办案，身心承受双重压力，部分案件发改瑕疵率较高、自动履行率较低，同时，对妨碍公正司法、扰乱诉讼秩序等行为的打击需要持续发力。对此，我们将紧紧依靠县委领导和社会各界支持，采取有效措施，努力加以解决。

2021 年工作安排

各位代表，2021 年是中国共产党建党 100 周年，是全面建设社会主义现代化国家、实施“十四五”规划的开局之年。松阳法院总体工作思路是：高举习近平新时代中国特色社会主义思想伟大旗帜，深入学习贯彻习近平法治思想，全面贯彻落实党的十九大、十九届历次全会精神以及省委、市委、县委全会精神，更加注重系统观念、法治思维、强基导向，以队伍教育整顿、“三个建设年”和“改革创新落实年”活动为抓手，加快推进现代化法院建设，努力让人民群众在每一个司法案件中感受到公平正义，为松阳奋力打造“高水平生态文明建设和高质量绿色发展”重要窗口示范区提供强有力的司法保障。

一是坚持党对法院工作的绝对领导。深刻把握人民法院首先是政治机关的属性，坚持把讲政治和讲法治统一起来。认真学懂弄通践行习近平法治思想，不断提升法院干警的政治判断力、政治领悟力、政治执行力。以党建带队建促审判，认真开展政法队伍教育整顿、党史学习教育，按照“五个过硬”要求全面加强人民法院队伍建设，推动新时代人民法院工作实现新发展，进一步增强“四个意识”，坚定“四个自信”，做到“两个维护”。

二是聚焦服务保障大局。坚持惩治与保护并重、办案与服务并行，主动融入党委政府大治理工作格局，找准司法服务大局的着力点。依法惩治各类犯罪行为，推动扫黑除恶常态化，切实增强企业和人民群众安全感。全面正确实施民法典，营造公平竞争的法治环境。组建“执破衔接”办案团队，推进破产审判专业化。探索开展个人债务集中清理工作。强化金融审判，探索涉企案件经济影响评估制度，坚持审慎善意文明司法，保护中小投资者的合法权益。加大知识产权保护，争取设立知识产权站点，全力服务“双招双引”，努力营造最优法治营商环境。

三是着力维护公平正义。大力弘扬社会主义核心价值观，妥善审理各类民商事案件，坚决同“和稀泥”说不，让全社会正气充盈。严厉打击拒执、虚假诉讼、扰乱诉讼秩序等行为，维护司法权威。充分利用新闻发布会、公众开放日等形式讲好法院故事，开展法治宣传进企业、进校园等普法“六进”活动，开展巡回审判，努力把热点案件办成一堂堂生动的法治公开课。充分发挥行政争议调解中心作用，促进行政争议实质性化解。持续推动诉服中心与矛调中心高度融合，强化县、乡、村联调联动，推动形成“社会调解优先、法院诉讼断后”的递进式分层过滤体系。深入推进司法领域“当事人一件事”集成改革，精简立案材料、压缩审理时间、优化诉讼流程，推动办案最公、用时最少、老百姓获得感最强成为松阳法院鲜明特质。

四是致力提升司法能力。认真落实司法责任制，完善权责统一的审判权运行机制。引进法院干警“核心战斗力”指标考核体系，降低一审案件发改瑕疵率，提高自动履行率。持续推动无纸化办公办案与“智慧法院”建设。落实统筹发展要求，探索松遂区域司法合作新机制。不断丰富古市生态法庭内涵，强化数字赋能，落实环境资源审判“三审合一”，建设全省一流的现代化人民法庭。以锤炼“执行先锋”为抓手，构建从严管班子、带队伍长效机制，用管理提升办案质效，靠管理提升队伍核心战斗力，打造一支信得过、靠得住、能放心的法院铁军。

松阳县人民检察院工作报告

——2021年3月11日县人民检察院检察长汪兴

在松阳县第十二届人民代表大会第五次会议上的报告

2020年工作回顾

2020年，松阳县人民检察院以习近平新时代中国特色社会主义思想为指导，认真贯彻落实县委和上级检察院决策部署，全力服务保障“高水平建设和高质量发展重要窗口”建设，各项工作取得新进展。全年共办理侦查类案件4件5人，逮捕类案件77件129人，起诉类案件228件381人，监督类案件188件。全年结案率为99.3%，案件质量居全市首位，办案效率居全市第二。

一、坚持以服务大局为主线，保障中心工作

坚持把讲政治、顾大局作为新时代检察工作的第一要求，努力找准服务大局的切入点和结合点，以务实举措履职尽责。

助力打赢疫情防控阻击战。贯彻“两手硬、两战赢”工作要求，参与疫情联防联控。全力打击涉“疫”刑事案件，启动快诉机制，办理的杨某某涉“疫”口罩诈骗案件，从受理到提起公诉仅用4个小时，该案件入选全省法检两家联合发布的第一批妨害新冠肺炎疫情防控犯罪典型案例。联合县公安、卫健等部门开展留守儿童护卫专项监督，核查805名被隔离观察人员的家庭情况，有效避免疫情期间未成年人无人监管现象发生。

持续优化法治营商环境。坚决贯彻落实中央“六稳”“六保”决策部署，为民营企业提供精准法律服务。制定落实《亲清政商交往正反面清单》，制作发放《企业防疫期间复工复产法律风险防范手册》。聚焦疫情防控常态化下主导产业发展面临的困难，坚持宽严相济的刑事政策，在办理茶商李某危险驾驶案时，为确保早春茶叶销售渠道畅通，在李某自愿认罪认罚的情况下，依法对其作出相对不起诉决定。召集不锈钢企业代表、环保企业代表20余人召开座谈会，邀请生态环境领域专家和我市环境类案件承办检察官，对民营企业预防犯罪进行授课，获企业家一致好评。

积极助推县域治理现代化。践行新时代“枫桥经验”，牢固树立“少捕慎诉慎押”理念，依法不批捕23人，不起诉49人。加强因案致贫返贫人员司法救助，办理司法救助案件11件，发放救助金7.3万元。做实“群众来信件件有回复”，受理群众来信来访150余件，均做到“7日内程序回复”与“3个月内实体答复”两个100%。以公开听证形式实质性化解矛盾3件，在办理一起民间借贷纠纷审判监督案中，通过笔迹鉴定、互联网平台咨询、公开听证会等途径，切实化解矛盾，彻底打消当事人上访念头，实现“案结事了人和”，取得良好社会效果。

二、坚持以打击犯罪为主责，维护社会稳定

坚持以人民为中心，立足新时代人民群众对民主、法治、公平、正义的新要求、新期待，充分发挥检察职能。

严厉打击各种刑事犯罪。依法批准逮捕69件106人，依法提起公诉186件317人。强化公民人身权、财产权的保护，对严重暴力犯罪案件提起公诉3件3人，对多发性侵财犯罪提起公诉50件76人。积极参与“断卡”行动，依法办理非法买卖信用卡等违法案件5件12人，坚决遏制网络诈骗案件高发势头。对公安机关立案侦查的故意杀人、毒品犯罪等重大刑事案件实现100%提前介入。完善监察调查与检察审查起诉有机衔接机制，起诉遂昌县人民政府原党组成员、副县长包某，松阳县综合行政执法局原党组书记、局长叶某某等一批职务犯罪案件，办理监察委移送审查起诉案件7件12人，追回赃款209万。重新组建自侦团队，侦办司法工作人员职务犯罪案件4件5人。

全力开展扫黑除恶专项斗争。打好专项斗争收官战，仅用半个多月时间审结起诉市检察院指定办理的以陈某某、洪某某为首要分子的两起17人涉恶集团犯罪案件。针对所有犯罪嫌疑人均拒不认罪的情况，积极开展认罪认罚教育转化工作，既讲“严”的政策，又因人而异用好“宽”的策略，有效分化瓦解恶势力集团攻守同盟关系，至提起公诉时有16人自愿认罪认罚，极大提高办案效率，节约司法成本，减少社会矛盾，高质高效推进了扫黑除恶专项斗争。深挖黑恶案件背后的“关系网”“保护伞”线索，移送司法工作人员渎职犯罪案件线索，市检察院立案侦查3人，均获有罪判决。

聚焦“生态+未检”重点领域。成立“生态+未检”专办组，采取融合式监督、协同化办案模式，实现两类案件“捕诉监防”一体化。共起诉破坏环境资源犯罪12人，督促案件当事人缴纳生态损害赔偿金136万余元、补植树木20亩、投放鱼苗4万余尾。聘任32名生态环境保护监督员，进一步助推生态环境治理体系完善。推出全省首个“未成年人公益诉讼观察员”制度，聘请15名公益诉讼观察员，建成全市首个罪错未成年人公益服务基地，成立全市首家“驻校检察官办公室”，搭建未成年人县域治理保护平台。积极开展“法治进校园”工作，倡议并推动全县中小学“国旗下宣誓”活动，将爱国情怀、法治理念根植到青少年内心深处。

三、坚持以法律监督为主业，彰显检察担当

认真落实县委《关于进一步加强检察机关法律监督工作的实施意见》，强化检察监督，提升监督质效。

做优刑事检察监督。强化刑事立案和侦查活动监督，监督立案1件1人，监督撤案4件8人，纠正漏捕漏诉7件8人。完成对县公安机关立案和侦查活动的法律监督年度报告工作，有效促进公安机关提升执法办案规范化水平，立案监督案件数较去年同期下降83.3%。强化刑事审判监督，提出抗诉1件，提请抗诉3件，法院采纳抗诉意见3件。强化刑事执行监督，发出纠正违法通知书11份，推进社区矫正检察监督，有效防止脱管漏管，建议收监执行1人。

做深民事检察监督。办理审判程序监督案件20件、执行程序监督案件20件、民事生效裁判监督案件11件，法院均已采纳。小花来料加工厂与松强木制工艺品厂虚假仲裁执行监督案，被最高人民检察院评为民事非诉执行监督案件典型案例。基于“大数据+检察监督”理念，创新开发“司法网络拍卖智能审查系统”，对司法网拍各流程节点进行合规性筛查，在全市检察系统推广应用。

做实行政检察监督。办理人民陪审员审判程序监督案件2件、行政争议实质性化解案件10件、行政非诉执行案件1件。以非诉执行案件为切入点，助推国土资源非诉行政案件“裁执分离”执行工作，实现从国土资源非诉行政执行案件到行政争议实质性化解的有效衔接，有效化解历史遗留积案9件。

四、坚持以公益诉讼为重心，守护人民利益

牢记习近平总书记“检察官是公共利益的代表，肩负重要责任”的嘱托，履行公益诉讼崇高使命，切实保护国家利益和社会公共利益，共办理各类案件57件。

筑牢“红”的本底，捍卫烈士权益。对系列革命遗址遗迹保护案进行“回头看”，重点回访“张惠民”“叶翊仪”烈士姓名权案，确保烈士姓名权不被侵害。该做法获最高人民检察院宣传肯定。

秉持“绿”的理念，保护生态环境。疫情防控期间，开展野生动物保护领域专项监督，在办理涉“野”刑事案件中，发现行政机关监管漏洞问题，组织召开诉前会议，督促相关部门依法整改。会同法院在案发地开庭，同时对庭审全过程进行云直播，在线观看人数达8万余人，取得良好的社会效果。该系列案获评全省检察机关公益诉讼三周年精品案例、保护野生动物典型案例、优秀观摩庭。

强化“古”的治理，助力文化传承。开展古树名木、古民居、古建筑以及传统村落保护等涉“古”专项监督活动，针对存在的消防安全隐患、古建筑虫害等问题，向职能部门和乡镇发送检察建议12份，相关单位积极落实整改。

坚持以“民”为本，落实“四个最严”。认真落实食品药品“四个最严”，努力保护人民群众“舌尖上的安全”。办理食品药品安全领域公益诉讼案件8件，积极探索惩罚性赔偿制度，在办理一起有毒有害食品案中，要求被告承担销售价款十倍赔偿金，共计1317.45万元。该案系浙江省首例惩罚性赔偿超千万的民事公益诉讼案，有力震慑食品药品领域违法犯罪。

五、坚持以队伍建设为根本，提升检察形象

坚守队伍“四化”建设的初心使命，注重改革创新，努力打造一支与“重要窗口”建设相匹配的检察铁军。

政治引领，锻造松检铁军。深入学习贯彻党的十九届五中全会精神和习近平新时代中国特色社会主义思想，巩固深化“不忘初心、牢记使命”主题教育成果。认真贯彻《中国共产党政法工作条例》及其五个配套制度，把党的领导贯穿到检察工作全过程和各环节。推出检察官专题讲课活动，对内交流办案经验，对外普法教育和宣传检察职能，共授课20场次。原创的《松检说法》音视频普法栏目，取材于真实案例，寓教于案，被学习强国平台录用5期。

筑牢基础，狠抓素能作风。深化“检校合作”机制，加强业务培训和岗位练兵。推进特色人才培养机制，依托法医鉴定、无人机驾驶、痕迹检验等专业人才，构建“医+文+械”三位一体检察技术辅助办案体系，李某故意杀人案法医技术协助获评市级年度法律监督十大精品案事例。坚持全面从严治检，持续多年执行每月班子带头正风肃纪检查制度，驰而不息纠“四风”，开展“三清”检察建设，严格执行重大事项报告制度，扎紧廉洁办案制度笼子。

阳光检务，自觉接受监督。自觉接受人大依法监督和政协民主监督，认真落实代表委员提出的意见建议，定期向民主党派、工商联和无党派人士通报检察工作。加强代表委员联络工作，坚持院领导带队走访制度，积极参加代表联络站活动。深化检务公开，法律文书公开率93%，召开听证会3场，组织公开宣告50次，开展检察开放日、新闻发布会等活动4场，邀请代表、委员、人民监督员和社会各界人士参加，共计300余人次。

各位代表，一年来，县检察院共有30个集体和个人获得市级以上荣誉，其中国家级荣誉1项、省级荣誉9项。这些成绩的取得和检察各项工作的发展进步，是县委和上级检察院坚强领导、县人大及其常委会依法监督、县政府大力支持和县政协民主监督的结果，是各位人大代表、政协委员以及社会各界关心支持的结果。在此，我谨代表松阳县人民检察院向大家表示衷心的感谢！

同时，我们也清醒地认识到检察工作还存在一些问题和短板：一是司法体制改革后，基层小院机构设置、人员配比成为制约高水平推进基层检察工作的瓶颈，亟待破解；二是检察业务发展不平衡，四大检察中民事检察和行政检察相对薄弱的局面还将长期存在；三是检察品牌创建能力有待加强，复合型人才缺少，理论研究水平整体较低。对此，我们将高度重视，采取有力措施切实加以解决。

2021年主要工作

各位代表，2021年是中国共产党百年华诞，是“十四五”规划实施的开局之年。松阳检察工作的总体要求是：坚持以习近平新时代中国特色社会主义思想为指导，全面贯彻党的十九大、十九届历次全会精神，深入学习贯彻习近平法治思想，切实提升政治自觉、法治自觉、检察自觉，主动融入新发展格局，持续打磨具有松阳辨识度的检察品牌，为奋力开启高水平建设现代化“田园松阳”新征程提供坚强司法保障。

一是以更高的站位服务发展大局。坚持党对检察工作的绝对领导，把政治决策转化为打击犯罪、维护稳定、促进和谐的实际行动。依法从严从快批捕起诉严重暴力恶性刑事犯罪，深入打击惩治黄赌毒、盗抢骗等突出违法犯罪，同时严格依法落实涉企案件宽缓处理刑事政策，对可能给经济发展造成负面影响的案件，多为企业经营发展、劳动力就业、社会稳定等大局着想，不就案办案，不机械办案。探索建立涉企法律服务“12309”绿色通道，快速办理涉企案件，营造良好营商环境。聚力打好三大攻坚战，保障乡村振兴战略实施，精准提出检察建议，推进社会治理体系和治理能力现代化。

二是以更严的标准强化司法办案。顺应人民群众对社会平安和谐的新期待，依法严惩暴力犯罪，重点打击影响群众安全感、幸福感的犯罪。严厉打击各类经济金融犯罪，协助做好金融风险防范化解工作。常态化开展扫黑除恶，从严惩处新型网络犯罪，切实维护人民群众生命财产安全。加大职务犯罪办案力度，加强与纪委监委、公安、法院协作配合，做到精准打击。坚持和发展新时代“枫桥经验”，继续推进检察环节诉源治理，有效化解社会矛盾纠纷。

三是以更优的质量推进“四大检察”。重点围绕人民群众反映强烈的有法不依、执法不严、违法不究、司法不公等突出问题，完善监督机制，创新监督方式，推动“四大检察”全面协调充分发展。做优刑事检察工作，用好“捕诉一体”办案模式，充分发挥办案主导责任；做强民事检察工作，善用检察建议、提请抗诉等多种手段，形成多元化监督格局；做实行政检察工作，借力专家、学者及资深法律工作者等“外脑”，提升监督水平；做好公益诉讼检察工作，以打造公益诉讼精品案件为抓手，提升公益诉讼公众知晓度和影响力。

四是以更实的举措提升队伍素能。继续推进“‘党建红’引领‘检察蓝’”、“三清”检察、“医+文+械”等机制建设，促进党建、业务与人才更好融合。持续深化司法责任制综合配套制度改革，完善检察官业绩考评机制，严格落实员额检察官退出、交流等动态管理机制。扎实开展政法队伍教育整顿，严格落实“三个规定”等制度，持之以恒正风肃纪，确保队伍忠诚干净担当。牢固树立“打铁还需自身硬”理念，拓宽接受监督渠道，更加自觉接受人大、政协监督，密切代表、委员联络，虚心采纳意见建议。

关于松阳县2020年国民经济和社会发展计划执行情况及2021年国民经济和社会发展计划（草案）的报告

——2021年3月10日县发展和改革局

在松阳县第十二届人民代表大会第五次会议上的报告

一、2020年松阳县国民经济和社会发展计划执行情况

2020年极不平凡。面对国际国内形势的深刻复杂变化特别是突如其来的新冠肺炎疫情，全县上下坚持以习近平新时代中国特色社会主义思想为指导，认真贯彻习近平总书记考察浙江重要讲话精神和党中央、省委、市委决策部署，认真执行县委各项决策部署和县十二届人大四次会议决议，坚定不移践行“绿水青山就是金山银山”发展理念，坚持稳中求进工作总基调，坚持以供给侧结构性改革为主线，统筹推进疫情防控和经济社会发展，启动实施争先创优机制，扎实做好“六稳”工作，全面落实“六保”任务，社会大局保持稳定，经济恢复好于预期。从全年计划指标完成情况看，20项指标中，有GDP、一般公共预算收入、固定资产投资、社会消费品零售总额、城镇常住居民人均可支配收入以及农村常住居民人均可支配收入6项指标因疫情影响尚未完成计划目标任务。

（一）疫情防控有力有效

第一时间成立县疫情防控指挥部，制定出台系列管控文件，建立分类管控、精密智控、群防群控、主动监测、应急处置、健康促进的防控运行机制，取得抗疫的阶段性胜利。复工复产稳妥推进，出台《松阳县应对疫情支持企业共渡难关的二十条意见》《松阳县推进生态工业高质量绿色发展三十条》等系列惠企政策，全县累计完成减税降费3.91亿元。创新推出茶产业防疫“思维导图”“四色”工作证做法，获省委主要领导肯定。物资保障有力，制定《松阳县生活必需品市场供应突发事件应急预案》，稳定米、油、肉等生活必需品供应。

（二）经济恢复好于预期

三大产业两增一降。全年全县生产总值（GDP）119.49亿元、增长2.8%。其中，一产增加值13.40亿元，同比增长2.3%；二产增加值45.17亿元，同比下降0.3%；三产增加值60.92亿元，同比增长5.7%。三次产业结构由2019年的11.4：40.6：48.0调整为11.2：37.8：51.0。

三大需求协同拉动。有效投资稳步增长，固定资产投资增长7.9%。积极实施“浙里来消费”工程，组织开展直播活动，大力发展电子商务，全县实现社会消费品零售总额58.82亿元，增长8.7%；网络零售额32.83亿元，增长48.0%。流通企业出口增长强劲，拉动出口正增长，全年实现出口总额1.2亿元，增长32.2%。

财政金融平稳运行。全年财政总收入13.69亿元，增长6.7%。其中，一般公共预算收入8.19亿元，增长3.8%；税收收入6.66亿元，增长3.1%，占一般公共收入的81.4%。全县金融机构本外币存款余额201.14亿元，增长11.0%，金融机构本外币贷款余额176.78亿元，增长22.4%，存贷比为87.9%。

（三）重点项目进展顺利

要素争取成效明显。全年共争取到中央预算内投资7374万元，其中首批保障性安居工程争取到资金3500万元，居全省第一。51个项目列入“2+6”项目清单，争取到省公建资金1200万元；争取到各类债券14.5亿元，其中地方政府专项债券8.05亿元、一般债3.95亿元、抗疫特别国债2.5亿元。

项目谋划有效提升。创新开展项目前期提质提速“双提”活动，全年57个“双提”项目完成321项任务。省市县长项目落地2个，落地率为50%。初步谋划“十四五”时期重点项目157个、总投资1118亿元。其中，实施类项目126个，总投资748亿元，“十四五”期间计划完成投资470亿元；谋划类项目31个，总投资370亿元。

项目实施快速推进。2020年共有重点建设项目45个。其中，新开工建设项目14个，续建项目27个，重点预备项目4个。另有重大前期项目18个。14个重点新开工项目全部实现开工，开工率为100%。27个重点续建项目总体进展顺利，全年累计完成投资29.16亿元。其中，衢宁铁路松阳段、铺门安置小区二期等11个项目实现完工或基本完工目标。另外，黄南水库工程提前6个月实现下闸蓄水和发电。扩大有效投资抢时间补增量工作综合考核获全市第二好成绩。

（四）新旧动能转换加快

生态农业生产平稳健康。全县茶园、香榧、油茶累计种植面积分别达到8966.67公顷、5600公顷、7066.67公顷。茶叶全产业链总产值达126.4亿元。完成粮食播种8286.67公顷，其中水稻种植2273.33公顷。实施复稻还粮工程68公顷，建设高标准农田733.33公顷。新建美丽牧场2家，出栏生猪8.0万头。积极推动农药化肥减量，全年推广测土配方施肥技术4.03万公顷次，农药和化肥分别减量42.02吨和2050吨。成功创建部省共建乡村振兴示范县和省级茶叶产业“机器换人”示范县。新兴镇被评为2020年全国乡村特色产业十亿元镇，象溪镇成为第三批省级特色农业强镇。成功举办松阳香茶网络茶叶节等大型农事节庆活动。

生态工业发展提质增效。启动园区“二次开发”、平台“二次创业”，制定园区整合提升行动方案，确定古赤新、北城、江南三大产业发展区块。深化“亩均论英雄”改革，完成16家企业低效用地的改造提升，处置低效用地16.67余公顷。整治“低散乱”企业47家，淘汰落后产能企业7家，成功申报工业节能和绿色制造省级试点，争取省级财政资金1000万元。数字经济核心产业制造业增长81.8%，增幅居全市第一；装备制造业增长41.2%，增幅居全市第二。

文旅品牌创建有序推进。全年实现旅游收入53.27亿元。创成国家全域旅游示范区、省级文旅产业融合试验区、省级文旅消费试点城市、省级运动休闲基地，入选省级文化传承生态保护区培育单位，被评为“浙江文化和旅游产业融合发展十佳县区”。松阳老城创成AAA级景区城，新兴镇、大东坝镇和象溪镇创成AAAA级景区镇，四都乡创成AAAA级景区乡，三都乡和安民乡创成AAA级景区乡，横坑村、横溪村、上田村创成省级AAA级景区村庄。大东坝茶排村被评为全国乡村旅游重点村。

（五）改革开放继续深化

大花园建设亮点纷呈。成功入选第三批全省大花园示范县建设单位，连续三年获全市大花园考核优秀。古市古城列入全省大花园“耀眼明珠”培育名单。有序推进9大行动和13个“人人成园丁 处处成花园”重大活动。绿道建设三年行动计划圆满收官，建成高品质绿道365.55千米。松阴溪绿道实现“全线全立交贯通”，双童山绿道成功获评“丽水市最美绿道”。

重大改革持续深化。深入推进生态产品价值实现机制试点建设，综合集成政策，实施生态系统生产总值核算、生态产品政府采购等创新举措，全县生态系统生产总值263亿元，增长5.1%。“大东坝镇水墨小港”入选省级农村综合改革集成建设项目，四都乡成为省级民宿（农家乐）助力乡村振兴改革试点。开展“营商环境提升年”活动，营商环境持续优化。创新活力不断增强，出台卫生、工业人才新政。望松街道、板桥乡列入“博士入乡镇”试点。实现茶产业创新服务综合体、省级众创空间等省级创新平台“零突破”。

开放协作不断加强。对外交通基础设施更加健全，衢宁铁路建成通车，衢丽铁路实现开工。积极融入全市“一带三区”建设，编制完成《松阳县跨山统筹行动方案》。主动接轨长三角，建立双方主要领导互访机制，县委主要领导亲自带队赴上海对接，与上海市松江区签署科技、文旅、招商和园区合作四大子协议，与上海“海尔智谷”达成购买科创“飞楼”及战略合作协议。在上海开设松阳茶叶品牌直营店2家，组织企业参加省农业博览会、丽水山耕上海市集、余姚河姆渡农业博览会20余次。深化山海协作，完成嘉兴飞地项目投资1.26亿元，招引余姚飞地产业项目2个；加强人力资源、消费帮扶合作，联合开展技术人员（教师）培训307人次，干部培训2期100人次，实现农产品销售消费帮扶2205余万元。

（六）城乡面貌不断改善

城市建设有序推进。城市路网进一步提升，全面推进北山路、育英路、江南东路、要津南路等项目建设。加速实施老旧小区改造、城市截污纳管雨污分流、城市天然气等项目。新增绿地面积5.11万平方米，绿地覆盖率达41.6%。

美丽乡村迭代升级。农村人居环境全面提升，实施“农村亮化工程”。新认定新时代美丽乡村51个，创建省级美丽乡村示范乡镇1个、省级美丽乡村精品村3个，摄影四都美丽乡村精品示范道路顺利通过验收。

（七）生态建设扎实推进

环境空气质量持续优化。全县森林面积11.23万公顷，森林覆盖率达80.1%。PM2.5浓度达到21微克/立方米，同比下降19.2%，降幅全市排名第一。空气优良率100%。

生态文明制度不断完善。发布实施生态保护红线、环境质量底线、资源利用上线和生态环境准入清单“三线一单”管控方案。优化《畜禽养殖禁养区划分方案》。推进排污许可证一证式管理。创成松阳水文化公园省级生态文明教育基地、古市镇中心学校省级绿色学校。

（八）民生保障持续加强

居民收入稳步增长。城镇常住居

民人均可支配收入 42494 元，同比增长 5.1%；农村居民人均可支配收入 20804 元，同比增长 7.4%；开展低收入农户帮扶，实现零就业家庭动态清零，低收入农户人均可支配收入 11885 元，同比增长 13.8%。城乡居民收入比为 2.04：1，比 2019 年缩小 0.04 个百分点。

就业形势保持稳定。完善稳就业政策机制，出台关于进一步做好稳就业工作的实施意见，做好重点群体就业帮扶，加强技能稳岗培训，搭建招聘平台。全年城镇新增就业 2572 人，城镇登记失业率 1.68%。

社会保障不断加强。全县基本养老保险参保 18.60 万人，4591 名低保低边对象和残疾人由县财政全额代缴。全县社会保障卡实体卡持卡 24.7 万人，持卡率 99%，基本实现户籍人口全覆盖。新增托幼机构 1 家、托位 100 个；完成幼儿园建设项目 2 个，新增幼儿园学位 450 个。全力推进大搬快聚工程，全年完成搬迁 1167 户 3209 人。成功创成“无欠薪”县。

脱贫攻坚成效明显。高水平实现低收入农户同步小康，顺利完成“三个清零”目标。精准实施低收入农户产业帮扶到户项目。高标准做好东西部扶贫协作、对口支援和对口合作工作，引导 9 家企业在四川巴州区投资兴业，实际投资额 3.12 亿元，带动脱贫人口数 1068 人，组织向四川巴州捐款捐物 269.3 万元。

在看到成绩的同时，我们也要清醒地看到，经济社会发展还面临不少困难和问题。主要是：经济总量不大、工业发展不强、出口形势不佳，发展质量和效益不高，创新驱动能力弱，传统产业改造提升任重道远；产业结构、能源结构不能适应低碳发展要求；教育、医疗、养老、住房等优质资源供给不足，人民群众还有不满意的地方；金融、网络、安全生产等领域还存在风险隐患。我们一定要高度重视这些问题，采取更加有力措施认真加以解决。

二、2021 年松阳县经济社会发展主要目标和工作建议

2021 年是实施“十四五”规划开局之年、建党 100 周年，也是松阳开启高水平建设现代化“田园松阳”的起跑之年，做好今年工作事关重大、意义非凡。县委县政府将深入贯彻落实中央、省、市决策部署，围绕县委十届十一次全会提出的“191”工作体系目标任务，坚持稳中求进工作总基调，在慎终如始做好疫情常态化防控的基础上，扎实做好“六稳”工作，全面落实“六保”任务，推动高质量跨越式发展取得新成绩、实现新突破，以松阳的“稳”和“进”为全省全市大局多作贡献，用优异成绩为建党 100 周年献礼。

在指标体系设置上，主要考虑与“十四五”规划指标体系以及与省、市经济发展指标的衔接，提出 2021 年全县国民经济和社会发展目标计划建议：分 5 个部分共 42 项指标，其中一级总量类指标 32 项，二级结构类指标 10 项（见附表 2）。建议如下：

关于经济发展类目标（18 项）。地区生产总值力争增长 8.5%以上；农业增加值增长 3%；规模以上工业增加值增长 12%以上；服务业增加值增长 8%以上；全员劳动生产率稳步增长；生态系统生产总值力争达到 278 亿元；常住人口城镇化率达到 55%；一般公共预算收入增长 8.5%；固定资产投资增长 12%以上，其中交通投资，生态环保、城市更新和水利设施投资，高新技术产业投资，民间项目投资均增长 12%以上，制造业投资增长 15%以上；社会消费品零售总额增长 8%以上，其中网络零售额增长 20%；旅游产业增加值增长 10%；文化及相关产业增加值增长 10%。

关于创新驱动类目标（3 项）。研究与试验发展经费投入强度达到 2.0%；每万人高价值发明专利拥有量 1.3 件；数字经济核心产业增加值占 GDP 比重增长 3.2%。

关于对外开放类目标（2 项）。进出口总额保持适度增长；出口总额保持适度增长。

关于生态文明类目标（9 项）。单位生产总值综合能耗、单位生产总值二氧化碳排放量、化学需氧量排放量、二氧化硫排放量、氮氧化物排放量、氨氮排放量等 6 个约束性指标均按省定目标要求严格执行；空气质量指数（AQI）优良率达 99%；细颗粒物（PM2.5）平均浓度达 24 微克/立方米；断面达到或优于Ⅲ类水体占地表水比例达 100%。

关于民生福祉类目标（10 项）。3 岁以下婴幼儿托位数达 150 个；城镇新增就业人数 0.12 万人；城镇登记失业率控制在 3%以内；城镇常住居民人均可支配收入、农村常住居民人均可支配收入分别增长 8.5%左右和 10%左右；每千人执业（助理）医师数达 3.3 人；每千人医疗机构床位数达 6.4 张；基本养老保险参保人数达 18.63 万人；亿元 GDP 生产安全事故死亡率低于 0.06 人/亿元；粮食综合生产能力达 1.58 万吨。为完成上述目标计划，2021 年主要抓 6 方面工作：

（一）更大力度推动科技创新和产业提升

一是优化改革创新战略布局。集成推进高质量跨越式发展综合改革试点，开展改革创新落实年活动，推动城乡融合发展改革、资源要素市场化改革、数字赋能乡村振兴改革、优化营商环境、“民情地图”促服务等重点改革创新实践举措落地见效。支持企业加大科技创新投入，力争 2021 年新增国家高新技术企业 4 家、省科技型中小企业 14 家、省级高新技术企业研发中心 2 家。推进茶产业创新服务综合体、不锈钢产业工程师协同创新中心、省级众创空间等平台建设，打造一批高能级创新平台。

二是实施数字经济“一号工程”2.0 版。全力打造“智能制造新城”，深入实施“绿色制造工程”，结合工业节能与绿色制造省级试点示范项目，创建一批绿色工厂、绿色产品、

绿色园区和绿色供应链等绿色制造体系，培育一批品牌示范企业、浙江制造精品和服务型制造示范企业。加快产业数字化发展，创建“无人车间”“未来工厂”，支持企业级工业互联网平台建设，推动企业“上云用数赋智”，推广新智造模式。深入实施电子商务进农村综合示范，推进省级茶叶产业“机器换人”示范县建设，建设标杆性智慧化生产基地、农业大数据平台。完善农资溯源“一卡通”平台。加强乡村通信网络建设，持续推进农村地区光纤宽带、移动通信网络等信息基础设施提升。

三是提升产业链供应链竞争力。统筹抓好建链、补链、强链文章，做大做强不锈钢产业，推进赤寿不锈钢管精品示范园、不锈钢管科创小镇项目建设，强化不锈钢管品牌建设，加强与中国不锈钢协会及相关科研院所合作，举办好第二届中国不锈钢管高峰论坛。培育壮大高端装备制造、时尚产业、中医药及茶叶加工等特色产业。围绕“碳达峰”“碳中和”的长期目标，谋划和培育光伏等新能源产业。

四是推进传统制造业改造提升。突出“平台整合”，将“整合、转型、赋能、开放、改制”十字方针贯穿于《园区整合提升方案》。推进老旧工业区块迭代更新。加快赤寿不锈钢管精品示范园、智能装备制造产业园、古市小微园等平台建设进度，推动新创泰业、宝丰钢业、科马摩擦、华威门业等大项目落地建设，争取不锈钢科创小镇开工。实施“凤凰行动”升级版，加快推动企业股改上市，力争实现零的突破。

（二）更大力度构建新发展格局

一是大力推动消费增长。重点紧盯批零住餐行业，加快培育限上商贸企业。持续开展“浙里来消费”活动，推出农产品展销会、直播带货、文旅推广、工会疗养卡等各类促消费举措刺激消费。完善茶叶市场交易体系，加快茶产业综合体、浙江长三角国际茶叶交易中心等项目建设。强化政企、企业间互助，破解企业出口转内销难题。拓展网络市场，大力发展电子商务，打造富有松阳产业特色的电子商务双创小镇，打造电子商务进农村综合示范样板县。

二是全力扩大有效投资。继续抢抓政府专项债窗口期，谋划储备一批基础设施和民生补短板项目，申报新一轮地方政府专项债券，申报争取第三批未来社区试点。开工建设城乡垃圾资源化利用处置项目、育英小学、人民医院改扩建项目、浙江新创泰业不锈钢有限公司年产 12 万吨不锈钢管、浙江云中马股份有限公司新增年产 4.5 万吨革基坯布生产线、宝丰钢业集团有限公司不锈钢智能化产业园等一批项目；推进衢丽铁路松阳段、西竹玉公路、235 国道松阳段改建工程等项目建设；完工黄南水库工程、职业中专迁建工程等项目。

三是加快现代交通体系建设。加快衢丽铁路建设，谋划金龙城际，积极对接金义都市区，打造对外铁路运输大动脉；谋划义乌至龙泉松阳段高速公路项目；加快推动 235 国道、奉化至庆元公路松阳段建设。提升新谢玉线，结合弓排黄线等道路建设，形成县城－古市－新兴－玉岩－大东坝－县城干线公路大闭环，实现 30 分钟高效通达各乡镇县域时空圈。

（三）更大力度推进区域协调发展

一是深入接轨长三角。加快松阳－上海科创“飞楼”项目，打造松阳对接融入长三角的前沿阵地。推动落实与上海松江区签订的四大子协议，组织开展好旅游产品发布、生态农产品展销、招商引资等系列活动。借助浙江（上海）名特优新农产品展示销、丽水山耕集市等平台，强化我县“香茶、香榧、香油”三大农产品的影响力。完善人才科技工作顾问专项服务机制，拓宽引才路径，推动科技成果转化。构建公共服务区域联动机制，推动教育、医疗等公共服务领域的互联互享。

二是推进大花园建设。全面推进大花园示范县建设。实施“增花添彩”工程，创建一批“绿谷花海”、花园乡村、花园庭院，合力打造最美核心区。集中力量打造古市古城“耀眼明珠”，推进“千年古城”复兴计划。深入开展“人人成园丁、处处成花园”活动，策划举办大花园建设成果体验活动，提升大花园建设的影响力和群众的获得感。

三是强化县域组团发展。以县域经济集聚发展为核心，推进全县 19 个乡镇街道差异化、特色化发展。着力构筑“一心三片区”城乡新格局。建设田园城市核心区，加快县城和古市镇“双城”融合发展，促进松古平原一城化，放大松古平原作为参与区域竞争主平台的效应，打造松阳县要素集约、产业集聚、功能集成的主阵地。加速山区乡镇整合联动、抱团发展，因地制宜打造“文旅融合、民族风情、红绿融合”三大发展片区。

（四）更大力度推进新型城镇化和乡村振兴

一是提升城市功能品位。推进老城改造更新，实施南北泄洪排涝渠、明清街路面积水改造工程，着力解决内涝问题。完善基础配套建设，启动新华路延伸段道路、龙湖漫步园等工程，继续推进城区截污纳管雨污分流、老旧小区改造等工程，完成瓦窑头安置房、青田码道安置区块、北山大道拓宽改造、育英路东段道路、长虹中路及西路道路改造等工程建设。加快城区生活垃圾分类扩面，推进城乡垃圾资源化利用处置项目建设，创成省级高标准分类示范小区 2 个。

二是深化美丽乡村建设。打造“国家传统村落公园”，推进三都、四都核心区建设。推进美丽乡村建设，打造一批宜居宜业宜游的美丽乡村示范乡镇和特色精品村，争创省级美丽乡村标杆县。推进美丽城镇建设，打造环境美、生活美、产业美、人文美、治理美“五美”城镇。

三是持续推进环境整治。深入实

施生态文明示范创建行动，确保省级生态文明示范县通过复评。打好污染防治攻坚战。常态化抓好秸秆禁烧和烟花爆竹禁燃工作，深入推进工业企业清洁化生产。加快推进污水“零直排”项目建设，实施园区地下水调查评估以及地下水污染防治工程，园区工业废水处理中心提标改造等工程，加快塑料污染治理，加快建设“无废城市”。

（五）更大力度深化改革开放

一是加快推进山区跨越式高质量发展。编制《松阳县高质量跨越式发展综合改革试点方案》，着力构建“产业绿色发展、城乡融合发展、生态富民惠民、县域整体智治、资源要素畅通”五大机制。加快打造山海协作升级版，全力推进松阳山海协作产业园和余姚嘉兴“飞地”建设，主动融入以先进制造业为主的“产业飞地”建设。

二是加快政府数字化改革。深化政务服务“一网通办”，根据省、市决策部署，推行“全域通办”“跨省通办”。深化机关内部“最多跑一次”改革，推动跨部门数据共享、流程再造和业务协同，推动“民情地图”迭代升级，植入便民服务、矛盾化解、应急响应、干群互动等功能，并探索推广“E户分”城乡信用体系、微信议事堂、掌上数字背包、数字村社、智慧校园等民情地图应用场景，打造全省县域整体智治示范县。

三是深入实施优化营商环境行动。深入落实营商环境“10+N”便利化行动2.0版，做好2021年浙江省营商环境试评价工作。深入实施信用建设“531X”工程，完善信用评级评价产品体系。深化企业登记注销全流程电子化、不动产“一码管地”、金融综合服务、公共资源交易全程电子化、惠企政策兑现等数字化应用。深化商事登记制度改革，持续推进“证照分离”改革。落实“按标监管、随机抽查”的一次到位机制，实行包容审慎监管。

（六）更大力度推进富民惠民安民

一是促进富民增收。多方位开展各类线上线下就业创业政策宣传和招聘活动，强化“稳岗补贴”“社保费返还”等失业保险政策落实。推进脱贫攻坚和乡村振兴的有效衔接，健全低收入农户稳定增收长效机制，加大“八个万元”精准扶贫项目实施力度，落实金融帮扶、电商帮扶、科技帮扶等新举措。深入实施“大搬快聚富强安居”工程，推进山区农民转产转业、持续增收。推动村集体消薄提质增效，鼓励发展物业经济、飞地经济、服务经济、光伏经济等新业态。

二是不断增强社会保障。全面实施全民参保计划，实现基本养老保险参保率达到98.5%以上。健全分层分类的新时代救助体系，加强支出型贫困救助，完善最低生活保障制度。深入实施困难家庭老年人适老化改造，实现乡镇居家养老服务中心全覆盖，积极争创省级“康养联合体”试点。加强重要民生商品价格监测调控，坚决落实“米袋子”“菜篮子”县长负责制。

三是协调发展社会事业。加快推进教育现代化建设，持续加大教育资源供给，促进义务教育提质均衡。加强教育人才引进培养体系建设。着力打造“健康松阳”品牌，高品质建设中医院迁建和人民医院改扩建项目，落实好新出台的卫生健康人才政策。深化县域医共体改革，强化医共体内部信息化互联互通，推动县级优质医疗资源向乡村下沉。提升公共卫生管理和应急处理能力，全力推进医疗卫生服务领域“最多跑一次”改革。

四是逐步健全治理体系。坚持统筹发展和安全的新发展安全观，慎终如始抓好疫情常态化防控，完善安全生产和防灾减灾工作体系，加强各类风险监测预警和防范化解。继续深化社会治理，严厉打击各类违法犯罪活动。依托矛盾纠纷调解中心，加强苗头性、倾向性问题化解，维护社会和谐稳定。

三、2021年松阳县重点项目计划安排

（一）2021年固定资产投资计划安排情况

2021年全县固定资产投资计划投资58亿元，同比增幅13%，其中政府投资为21.7亿元，同比增长23.8%，占总投资计划的37%；非政府投资为36.3亿元，同比基本持平，占总投资计划的63%。

（二）2021年重点项目及重大前期项目计划安排情况

2021年全县拟安排12个重点新开工项目，27个重点续建项目，3个重点预备项目，23个重大前期项目。具体情况如下：

12个重点新开工项目是：

1.2021年土地整治项目；

2.江北灌区续建配套与节水改造项目；

3.2021年配电网改造建设工程；

4.城乡垃圾资源化利用处置项目；

5.古市供水区域管网改造和应急指挥调度中心工程；

6.松阳县育英小学；

7.松阳县人民医院改扩建项目；

8.浙江科马摩擦材料有限公司技改项目；

9.浙江新创泰业不锈钢有限公司年产12万吨不锈钢管项目；

10.浙江云中马股份有限公司新增年产4.5万吨革基坯布生产线项目；

11.宝丰钢业集团有限公司不锈钢智能化产业园项目；

12.浙江华威门业有限公司技改项目。

27个重点续建项目（带★的为计划完工或基本完工项目）是：

1.衢丽铁路松阳段建设工程；

2.松阴溪干流综合治理工程；

3★.黄南水库工程；

4.仙居至庆元公路松阳县水南至枫坪段建设工程（西竹玉公路）；

5.235国道松阳段改建工程；

6★.瓦窑头区块改造安置房建设项目；

7★.城区截污纳管雨污分流工程；

8.老旧小区改造项目；

9★.江南东路道路及景观工程；

10★.北山大道拓宽改造工程；

11.要津南路延伸段道路工程；

12.松阳县县域供水一体化管网工程（象溪、大东坝、裕溪、板桥片）；

13.城市燃气管道建设工程；

14★.职业中专迁建工程；

15★.丽水学院松阳校区建设工程；

16.县全民健身中心建设工程；

17★.拯救老屋行动工程（二期）项目；

18.松阳县中医医院迁建工程；

19.县档案馆、现代农业服务中心、环境监控检测中心联合大厦建设工程；

20.智能装备产业项目；

21.茶产业综合体项目；

22★.松阳—嘉兴松州飞地产业园项目；

23.清露乡隐旅游度假区项目；

24.南山大健康文化园项目；

25.卯山森林康养项目；

26.筏铺小区四期安置房项目；

27★.年出栏10万头生猪标准化养殖示范项目。

3个重点预备项目是：

1.赤寿生态工业区块近期第二阶段基础设施工程；

2.长虹中路道路改造工程（太平坊路至环城西路段）；

3.江南社区。

23个重大前期项目是：

1.高端不锈钢管科创小镇基础设施工程；

2.松阳县赤寿生态工业区块二期工程；

3.南环路拓宽改造工程（万通大道至站前大道段）；

4.东环大桥及接线道路工程；

5.屏安东路（西段遗留部分）工程；

6.S222（原50省道）松阳雅溪口至裕溪段公路改建工程；

7.235国道松阳至武义段改建工程；

8.奉化至庆元公路松阳板桥至靖居口段改建工程；

9.千年古城·耀眼明珠；

10.河头文旅综合体；

11.浙江中唐集团有限公司文旅综合体项目；

12.望松安置小区；

13.祖代原种猪场；

14.桐榔康养文旅项目配套工程；

15.抽水蓄能电站；

16.古市新水厂；

17.城市第二污水处理厂；

18.浙西南公铁物流中心；

19.风力发电项目；

20.育英社区；

21.松阳县小港综合治理工程（二期）；

22.松阳县松古平原水系综合治理工程；

23.松阳县上四都水库。

关于松阳县2020年预算执行情况和2021年预算草案的报告

——2021年3月10日县财政局

在松阳县第十二届人民代表大会第五次会议上的报告

一、2020年预算执行情况

（一）一般公共预算收支执行情况

2020年我县一般公共预算收入8.19亿元，预计省转移支付24.30亿元，市补助0.36亿元，地方政府性债券3.95亿元，动用预算稳定调节基金760万元，上年结转资金2.45亿元，调入资金12.49亿元，收入合计51.82亿元。一般公共预算支出为47.22亿元，上解上级预计支出2亿元，结转下年支出2.43亿元，补充预算稳定调节基金800万元，东西部扶贫支出910万元，支出合计51.82亿元。收支相抵，全县一般公共预算收支平衡。

1.一般公共预算收入情况

2020年，我县财政总收入实现13.69亿元，增长6.71%。一般公共预算收入8.19亿元，增长3.78%。其中，税收收入6.66亿元，增长3.14%；非税收入1.52亿元，增长6.70%。在全市收入增长排名中，财政总收入、一般公共预算收入和税收收入分列第4名、第5名和第5名。

2.一般公共预算支出情况

2020年，我县一般公共预算支出47.22亿元，增长1.98%，完成年度调整预算100%。其中，县本级支出31.46亿元，增长6.06%。民生支出38.79亿元，占一般公共预算支出的80.88%。

3.动用预备费情况

经报县政府批准同意，2020年动用预备费4880万元，用于抗疫相关支出、自然灾害应急支出和年初未预见的支出。主要用于疫情防控有关支出630万元，应急抢险工程支出700万元，动物疫情防控扑杀相关支出343万元，征收集体土地涉及的被征地农民社会保障费用支出3210万元。

4.省专项转移支付资金使用情况

2020年省财政下达专项转移支付资金7.44亿元，主要用于一般公共服务支出1185.7万元，教育支出624万元，文化旅游体育与传媒支出1378.5万元，社会保障和就业支出1983.4万元，卫生健康支出2808.17万元，节能环保支出5177.35万元，城乡社区支出1463.5万元，农林水支出36566.66万元，交通运输支出9142.98万元，中小企业及商业服务支出2709.07万元，自然资源支出2518.66万元，住房保障支出6935万元等。

（二）政府性基金预算收支执行情况

2020年县本级政府性基金预算收入18.83亿元，上级补助收入0.28亿元，专项债券收入8.05亿元，抗疫国债收入1.82亿元，上年结转资金0.48亿元，收入合计29.46亿元。县本级政府性基金支出预算安排6.26亿元，省补助支出0.18亿元，专项债券支出8.05亿元，抗疫国债支出1.82亿元，调出资金用于弥补一般公共预算12.49亿元，结转下年支出0.66亿元，支出合计29.46亿元。收支相抵，全县政府性支出收支平衡。

1.政府性基金预算收入情况。

2020年，我县政府性基金预算收入完成18.83亿元，下降5.06%，完成年度调整预算102.97%。

2.政府性基金预算支出情况。

政府性基金支出16.31亿元（其中地方政府专项债券支出8.05亿元），增长22.68%，完成年度调整预算102.76%。

（三）社会保险基金预算收支执行情况

2020年社会保险基金预算收入13.15亿元，增长2.99%；社会保险基金支出15.82亿元，增长3.4%。收支相抵，当年赤字2.66亿元，年末滚存结余5.21亿元。

1.社会保险基金预算收入情况。

2020年，我县社会保险七项基金（企业职工基本养老、机关事业单位基本养老、失业保险、城镇职工基本医疗保险、工伤保险、居民社会养老保险、居民基本医疗保险）总收入13.15亿元，增长2.99%，完成年度预算95.59%。

2.社会保险基金预算支出情况。

我县社会保险七项基金支出15.82亿元，增长3.4%，完成年度预算99.66%。

（四）国有资本经营预算收支执行情况

2020年，国有资本经营预算收入325万元，增长10.17%。

国有资本经营预算支出227万元，下降23.05%，主要是调出到一般公共预算支出98万元。

（五）经批准的地方政府债务情况。

1.地方政府债券情况。

2020年新增债券收入及债务余额情况。2020年我县新增债券12亿元，其中一般债券3.95亿元、专项债券8.05亿元。截至2020年底，我县政府债务余额为58.06亿元，其中一般债务余额33.45亿元、专项债务余额24.61亿元。根据财政部印发《地方政府法定债务风险评估和预警办法》，初步测算我县2020年债务风险等级评定的债务率109.56%，处于<120%的绿色区域。

新增债券使用情况。新增一般债券3.95亿元。其中，用于市政建设1.51亿元，占比38.2%；交通基础设施建设2.2亿元，占比55.7%；文化等社会事业基础设施0.24亿元，占比6.1%。新增专项债券8.05亿元。其中，用于城乡基础设施建设2.63亿元，占比32.7%；交通基础设施建设0.55亿元，占比6.8%；农村饮用水提升建设0.85亿元，占比10.6%；教育卫生等社会事业支出3.32亿元，占比41.2%，旅游基础设施建设0.7亿元，占比8.7%。

2.隐性债务存量及化解情况。

截至2020年底，我县存量隐性债务11.05亿元，2020年当年化解隐性债务3.9亿元，按上级要求，在2022年完成隐性债务化解任务。

3.PPP项目支出责任情况。

我县已落地实施PPP项目9个，2020年无新增PPP项目，9个PPP合作期内总支出责任65.8亿元。2020年支付PPP支出责任5025万元，累计支付PPP支出责任1.4亿元，截至2020年底PPP支出责任余额64.4亿元，2021年预计支出责任5025万元、2022年预计支出责任24330万元，2023年预计支出责任46125万元，2024年预计支出责任46090万元。

（六）财政预算执行主要特点

1.一般公共预算收入增幅下降

2020年，我县财政总收入13.69亿元，增长6.71%；一般公共预算收入8.19亿元，增长3.78%，其中税收收入6.66亿元，增长3.14%，三项收入在全市分列第四位、第五位、第五位。受新冠肺炎疫情及减税降费等政策影响，今年我县一般公共预算收入增幅下降，比上年减少4.77个百分点，税收收入增幅低位运行，较上年下降4.7个百分点。分税种看，收入增幅下降主要是耕地占用税和企业所得税有不同程度下降，耕占税受上年一次性缴库因素影响，本年度减收5539万元，下降80.03%，企业所得税由于上年度房产企业汇算清缴收入基数较大，本年略有下降，下降3.78%。收入增长主要受益于增值税和契税的增收，增值税同比增长20.51%，主要是制造业、建筑业增值税增长较快，较上年度分别增收1227万元和4755万元；契税同比增长44.32%，主要是南城金丝垄商住地块、北山路古安亭2号地块两块土地出让缴税增收。

2.一般公共预算支出增幅回落

2020年，我县一般公共预算支出47.22亿元，增长1.98%，较上年下降19.88个百分点。我县坚持“以收定支，量力而行”坚决落实过紧日子的要求，全年“三公”经费支出1757万元，比上年压减10.14%。加快落实两直资金下达，共拨付惠企利民等直达资金3.38亿元，直接受益企业1.54万户，惠及人数20.28万人。我县牢牢守住“三保支出”底线，坚持“三保支出”在财政支出的优先位置，努力保障各项民生支出。2020年，我县民生支出38.79亿元，占一般公共预算支出80.88%。其中，文化旅游体育与传媒、卫生健康、住房保障等支出分别增长35.98%、16.5%、27.23%。

3.政府性基金收入下降，收入不均衡问题突出

2020年，我县政府性基金收入完成18.83亿元，下降5.06%，仅完成年初预算79%。政府性基金收入下降主要是土地折抵指标收入下降57.75%，较去年减收4.1亿元。此外，政府性基金收入月度不均衡问题较为突出，上半年政府性基金收入仅完成全年收入的15.71%，70%的收入于第四季度入库，其中12月份入库9.72亿元。政府性基金收入集中在12月，造成年中资金紧张。

4.社保基金收支矛盾凸显，支付压力较大

2020年，社会保险七项基金总收入13.15亿元，增长2.73%；社保基金总支出15.82亿元，增长3.40%。我县积极落实疫情期间各项社保费减免及返还政策，全年共减免社保费9607万元，涉及企业1128户；返还社保费1442万元，涉及企业668户。各项保险费总收入较去年减少8090万元，下降9.75%。社会保险收入的增长主要是县级财政补助增加和上级专项补助收入。社会保险支出中，职工养老、居民养老增长较快，主要是因为基础养老保险金标准上调；失业保险、职工医疗、工伤保险、居民基本医疗保险支出皆有所下降，主要是待遇享受人数较上年有所下降。全年社保基金赤字2.66亿元，比上年赤字（2.54亿元）增长5.5%，社保基金支付压力依然较大，收支挑战较为严峻。

（七）2020年财政收支主要工作

1.科学研判，做好组织收入工作。一是做好收入预测，把控入库力度。结合经济形势及发展实际，提前谋划，科学制订全年收入计划。主动对接，及时与上级财政部门确定收入任务。加强沟通，强化财税协作，及时掌握税收动态，盯紧税收收入情况，准确预测和分析税收收入情况，掌握财政收入主动性。二是强化税收征管和服务。密切配合税务部门加强对重点税源的管理和服务，密切跟踪重点税源的生产经营情况，重点关注新的税源增长点，确保重点税源及时入库。三是完善非税收入征管。稳步推进统一支付平台建设；结合政府性基金收入盘子把握土地收入，加强与自然资源等部门协调沟通，定期做好土地收入研判，密切关注土地出让金收入进度，做好土地出让金的结算和缴库工作；加强其他非税收入征管，确保依法征收、及时入库。

2.精准发力，优化支出结构。一是重点保障民生支出。坚持以改善民生为导向，加大对民生领域的财政倾斜力度，全力支持“智慧教育”“健康松阳”等民生实事。全年民生支出38.79亿元，民生类支出占一般公共预算支出的80.88%。二是积极应对疫情防控。着力做好“两直”资金统筹、分配、拨付及使用工作，及时将新增财政资金直达基层、直接惠企利民，帮扶受疫情冲击最大的中小微企业、个体工商户和困难群众纾困。同时，牵头做好减租工作，全年全县行减免政策小微企业和个体工商户共224户，减免租金共计474.18万元。三是落实过紧政府日子要求。大力压减一般性支出，严控“三公”经费支出，严控会议、会展、论坛等支出。压减项目支出，特别是非重点、非刚性、低效无效、标准过高和非必需的项目支出。同时，加强资金整合，收回部门结转结余资金，统筹资金用于“三保”支出。截至目前，累计压减和收回资金16283万元，完成全年目标的198.57%。累计清理回收资金1.21亿元。四是加强支持全县乡村振兴战略。加大对产业培育、农业基础项目、新农村建设等重点领域的扶持力度，推动涉农资金整合工作，全年财政支农专项资金累计支出6.99亿元，整合涉农资金8530万元。积极推动“一事一议”助推美丽乡村建设项目、中医药康养产业示范项目等省级改革试点项目。争取到省级农村综合改革集成建设、省级2020年区域协调财政专项激励政策（原两山一类）等试点。五是全力保障重点项目开工建设。围绕全县项目建设情况，科学安排年度政府性基本建设预算，加大资金审核拨付力度。全年政府投资项目实际支出20.73亿元，执行率为70.13%。

3.提升绩效管理，提高资金使用率。在盘活存量资金、加强资金管控、压缩一般性支出等方面下足功夫，进一步减轻资金紧张带来的压力。一是加强地方政府债务管理。科学控制债务总量，积极争取新增债券，今年省财政厅下达我县新增债券12亿元。其中，一般债券3.95亿元，专项债券8.05亿元。二是加强资金监管力度。启用支付系统短信通知功能，6月1日起，全市范围内创新启用国库集中支付系统短信通知，提高县级集中支付系统安全水平，防范财政集中支付业务和资金安全风险。积极开展财政专户清理和财政借款清理回收。三是加大资金盘活力度。年初统筹4482.76万元结余资金用在今年预算资金安排，全年清理回收结余资金1.21亿元；组织开展公款竞争性存放工作，全县11.56亿元财政资金实现竞争性存放，中标率为100%，全部存款中标利率比银行基准利率平均上浮40.72%。四是加强政府投资项目造价预算审核工作。全年完成松阳县要津南路延伸段道路工程等39个政府性投资项目的预算审核和162个备案报送工作，送审造价9.23亿元，审定造价8.68亿元，核增额2272万元，核减额7788万元。

二、2021年预算草案

（一）2021年财政经济形势

2021年实施是“十四五”规划的开局之年，是我省开启高水平全面建设社会现代化新代化新征程的起步之年，也是我县全力建设高水平生态文明和高质量绿色发展“重要窗口示范区”和奋力打造现代化“田园松阳”重要机遇期。县域经济向好的基本面没有改变，财政收入平稳、可持续增长的基础没有变。同时，疫情变化和外部存在诸多不确定性，财政收入增长仍面临较大压力，财政支出刚性增长，实施减税降费政策和发展高质量生态工业也需财力支撑，财政收支“紧平衡”将长期存在。各部门要持之以恒落实“过紧日子”要求，坚持艰苦奋斗、勤俭节约、精打细算，完善集中财力办大事财政政策体系，理清大事要事，分轻重缓急，长短结合，注重投入产出效益，切实将宝贵的财政资金用在“刀刃上”。

（二）2021年财政预算编制的指导思想

根据2021年度全县经济社会发展目标，国家宏观调控总体要求和跨年度预算平衡的需要，结合对2021年财政经济形势的分析和预测，并参考上年度执行情况，按照中央、省、市、县对经济工作的总体部署以及财政改革总体要求，我县2021年财政预算编制的指导思想是：坚持以习近平新时代中国特色社会主义思想为指导，深入贯彻党的十九大和十九届二中、三中、四中、五中全会精神和中央、省、市经济工作会议精神，坚持稳中求进工作总基调，立足新发展阶段，贯彻新发展理念，构建新发展格局，以推动高质量发展为主题，以深化供给侧结构性改革为主线，经改革创新为根本动力，聚焦“忠实践行‘八八战略’，奋力打造‘重要窗口’”为主线，突出“三个争先”，按照积极的财政政策要提质增效、更可持续的要求，进一步加强财政资源统筹，保持适度支出强度，调整优化支出结构，增强重大战略任务财力保障，扎实做好“六稳”工作、全面落实“六保”任务；进一步强化党政机关过紧日子的措施，厉行勤俭节约，集中财力办大事。深入践行“两山”发展理念，大力弘扬践行“浙西南革命精神”，努力探索生态产品价值实现机制，着力推进县域治理体系和治理能力现代化，打造现代化“田园松阳”，以优异成绩庆祝建党100周年。

（三）2021年财政预算编制原则

1.量入为出，量力而行。县级预算编制要保持与国民经济和社会发展规划相一致，与单位履行行政职能及事业发展计划相协调，与政府财力相适应。

2.科学精准，确保预算执行。切实保障县委、县政府确定的中心工作（任务）的落实和重点支出需要。按年度所有因素和事项的轻重缓急测算每一项支出需求，强化预算绩效管理，盘活存量资金，加大统筹力度，确保预算执行进度，促进经济社会全面、协调、可持续发展。

3.规范透明，提升绩效。夯实预算公开基础，规范预算管理，编制部门预算和三年滚动财政规划。推进细化项目预算公开，增强财政资金分配透明度。增强单位财务核算、管理力度。

4.压减一般，突出重点。坚持政府过“紧日子”，勤俭办一切事业，坚持精打细算、把钱花在刀刃上。坚决压减一般性支出，压减非刚性、非重点项目支出，优先保障重大战略、重大部署、重大政策和重大项目实施，集中财力办大事。

（四）2021年重点财政收支政策

1.全力保障疫情防控工作

支持做好疫情常态化防控工作，加强财政政策资金保障。研究完善公共卫生应急管理体系的财政政策举措，建立稳定的公共卫生事业投入机制，全力支持开展公共卫生防控救治能力建设，加强对应急管理体系基础设施建设、设施设备配置和应急物资储备的保障。

2.聚焦生态工业高质量发展

重点支持传统产业转型升级，特别是做大做强做长不锈钢产业。支持培育工业+文创、工业+旅游、工业+科技的多元经济业态。聚焦产业链协同创新，支持重点行业领域，围绕供应链整合、创新能力共享、数据应用等当前产业发展关键环节创新。

3.支持新型城镇化和乡村振兴

提升城镇基础设施建设，支持城镇生活垃圾和污水基础设施建设。支持“中国有机茶乡”建设，扶持一批规模较大、有一定市场份额和创新能力茶企。支持“全域康养胜地”建设、“国家传统村落公园”建设。深入推进农村综合改革，加大对村级活动场所、农村文化礼堂等农村文化事业的支持力度，深入开展一事一议财政奖补工作，加快农村公益事业建设项目。

4.支持生态文明建设

以省政府实施新一轮绿色发展财政奖补机制为契机，支持污染治理和生态环境保护，支持治水治气治土治废和蓝天、碧水、净土清废“四大行动”。推进山水田湖草生态保护修复工程，开展生态湿地保护工作。

5.着力保障和改善民生

大力支持稳就业，推动高质量就业。支持义务教育均衡发展，推进提升基础教育办学条件，推动学前教育，提升普惠性幼儿园办园质量和水平。加强县域医共体建设，促进乡镇卫生院发展，提升便民服务水平。加强困难群众生活救助，做好困境儿童、残疾人等特殊群体的保障。完善基本住房保障体系，推进老旧小区改造建设，促进保障性安居工程。支持国防后备力量建设，加强国防教育宣传，促进军民融合发展，推动退役军人全生命周期管理保障新模式工作。

（五）2021年预算收支计划安排

1.2021年一般公共预算草案

2021年我县一般公共预算收入预期8.88亿元、省市转移性收入预期24.39亿元、上年结转收入2.43亿元、动用预算稳定调节基金800万元、预计调入资金14.72亿元，收入合计50.50亿元；一般公共预算支出45.76亿元、预计上解省支出2.1亿元、补充预算稳定调节基金1600万元、东西部扶贫支出910万元，年终结余结转下年支出2.39亿元，支出合计50.50亿元。收支相抵，全县一般公共预算收支平衡。

（1）一般公共预算收入预算

县本级一般公共预算收入预期8.88亿元，增长8.5%。其中，税收收入7.18亿元，增长7.8%；非税收入1.7亿元，增长11.73%。一般公共预算收入占财政总收入的比重为60.1%，比上年同期下降0.26个百分点。税收收入占一般公共预算收入的比重为80.83%，比上年同期下降0.69个百分点。

（2）一般公共预算支出预算

2021年一般公共预算支出拟安排45.76亿元，剔除一般债券因素，增长5.77%。其中，县本级一般公共预算支出32.76亿元，同比增长4.73%，省专项支出13亿元，同比增长8.52%。

县本级一般公共预算支出32.76亿元，同比增长4.73%，增加支出1.48亿元，主要安排为：

基本支出拟安排15.8亿元（工资福利支出14亿元、商品服务支出1.45亿元、对个人和家庭补助支出0.32亿元），增加支出4600万元左右。主要是正常工资考核奖等增加2600万元，五险一金、工会费、福利费、公积金增加支出2000万元。

县本级项目支出拟安排16.95亿元，比上年增加1.01亿元。增加项目资金主要是社保口支出增加0.91亿元，一般债券利息支出增加0.1亿元。

项目主要安排：各单位常规项目安排7亿元，一般债券付息1.15亿元，2020年暂付资金1.9亿元，2020年末支出抄告单1.18亿元，2020年收回县本级资金安排未支出项目经费

1.06 亿元，社保支出 7.59 亿元（其中 2.54 亿元需转暂付处理）。社保支出主要是被征地农民转企业养老保险补助 5.94 亿元（其中 3 亿元通过社保风险金列支）、城乡居民基本医疗基金财政补助 1.3 亿元、机关事业养老保险基金补贴 1.6 亿元、机关事业养老个账清算退还 3000 万元、城乡居民社会养老保险基金补助 1500 万元、工伤保险基金财政补助 1400 万元、企业退休人员社区补贴 5123 万元等。

省市补助专项支出拟安排 13 亿元，同比增长 8.52%，比上年增加 1 亿元。主要是 2020 年未支付专项资金，需 2021 年中实际支出。

动用预算稳定调节金 800 万元。

2.2021 年政府性基金预算草案

2021 年县本级政府性基金收入预期 22.78 元，上级转移性收入预计 0.2 亿元，上年结转资金 0.66 亿元，收入合计 23.64 亿元。政府性基金支出 8.50 亿元（其中本级政府性基金支出预算安排 8.18 亿元，省补助支出 0.32 亿元），调出资金用于弥补一般公共预算 14.72 亿元，结转下年支出 0.43 亿元，支出合计 23.64 亿元。收支相抵，全县政府性基金收支平衡。

（1）政府性基金收入安排情况

县本级政府性基金收入 22.78 亿元，增长 24.6%。主要收入是：国有土地使用权出让金收入 8 亿元，下降 37.6%；其他政府性基金收入 14.25 亿元（其中土地折抵指标收入 12 亿元，青田码道售房款 1.25 亿元），增长 168.7%。

（2）政府性基金支出安排情况

县本级政府性基金支出 8.18 亿元，增长 30.61%。主要项目安排：单位项目支出 1.21 亿元，政策性兑现资金 1 亿元，还本付息 2.28 亿元（化解隐性债务 0.77 亿元、隐性债务利息 0.66 亿元、专项债券利息 0.85 亿元），土地收储 0.5 亿元，国有企业政策性亏损弥补资金 0.1 亿元，旅游发展资金 0.3 亿元，项目前期及规划经费 0.3 亿元，基建尾欠款 0.50 亿元，赤寿园区征用林地植被恢复费 0.13 亿元，古市镇土地出让金返还 0.23 亿元，2020 年底收回未支付项目 0.53 亿元，2020 年未支出抄告单 0.15 亿元。

3.社保基金收支安排

2021 年，全县社会保险六项基金（机关事业单位基本养老、失业保险、城镇职工基本医疗保险、工伤保险、居民社会养老保险、居民基本医疗保险）预算收入预期 9.03 亿元，社会保险基金预算支出 8.34 亿元，收支相抵，当年收支盈余 0.69 亿元。（企业职工基本养老保险 2021 年开始省级统筹，收支不体现在县级社保基金收支中）。

（1）社会保险基金预算收入安排

2021 年社会保险基金预算收入预期 9.03 亿元，同比增长 3.38%。其中，保险费收入 4.20 亿元，增长 4.85%；财政补贴收入 4.67 亿元，增长 13.52%；利息收入 944 万元，下降 27.50%。

（2）社会保险各项基金预算支出安排

2021 年社会保险各项基金预算支出 8.34 亿元，增长 5.82%，其中社会保险待遇支出 8.11 亿元，增长 7.68%。

（3）社会保险基金滚存结余

2021 年社会保险六项基金滚存结余 5.12 亿元。其中，机关事业单位基本养老保险基金预计滚存结余 1745 万元，城乡居民基本养老保险基金预计滚存结余 15745 万元，失业保险基金预计滚存结余 2247 万元，职工基本医疗保险基金预计滚存结余 18936 万元，城乡居民基本医疗保险预计滚存结余 11117 万元，工伤保险基金预计滚存结余 1377 万元。

4.国有资本经营预算收支安排

国有资本经营预算根据“量入为出，以收定支”原则编制。

2021 年国有资本经营预算收入预期 540 万元，增长 66.15%。国有资本经营预算支出 378 万元，增长 66.52%。主要用于国有企业政策性补贴 378 万元，加上转移性支出（调出到一般公共预算）162 万元，收支相抵，国有资本经营预算收支平衡。

（六）认真抓好 2021 年财政预算执行和管理改革工作

1.力求科学增收，确保资金盘子稳定。一是全力抓好组织税收收入工作。坚定收入目标，根据税收目标做好统筹谋划，强化收入预测分析，保障财政收入序时进度，做到依法征管、应收尽收；全面紧跟疫情防控，紧盯重点行业企业的生产情况，确保重点税源应收尽收。二是推动积极财政政策落地见效。综合全县财政承受能力和实施助企纾困政策需要，保持一定的减税降费力度，保持政策的延续性；完善并抓好直达资金机制落实，确保直达资金精准高效安全落地；主动加强同发改局的协同，提早做好优质项目筛选和前期准备，加快项目申报审批，确保债券资金下达后能及时使用，尽快形成实物工作量。三是积极向上争取资金。立足本县实际，充分发挥县级目标责任考核中财政综合考核的杠杆作用，激发起全县各部门争取资金积极性，以更特色的项目规划、更高的支出绩效、更好的考评结果获得更多转移支付。并结合县级预算及债务风险防控工作，尽可能多且可持续地申请新增债券。四是坚决压减一般性支出。牢固树立艰苦奋斗、勤俭节约的思想，真正过紧日子，坚决压减一般性支出，严格把关公共工程建设，严禁建设“形象工程”“政绩工程”“面子工程”，严禁使用财政性资金举办年会、庆典，勤俭办一切事业，将节约资金用于“六稳”“六保”等重点领域。2021 年，一般性项目支出原则上按 2020 年年初预算数压减 10%，新增项目资金原则上不得用于非刚性、非重点支出。

2.聚焦固本强基，助力实体经济发展。一是支持绿色制造业发展。在“十四五”期间，我县以“工业强县”为创建目标，积极深入推进生态工业、绿色制造业、招商引资等重点工作。要积极支持全县绿色制造业发展、不锈钢管产业数字化改造、生态工业招商、“凤凰行动”升级版等一系列生态工业发展路径，为县域工业经济发展提供财力保障。二是支持农业现代化建设。大力支持“松阳香茶”“松阳香榧”等公用品牌形象提升，为网络市场、电商、直播等新零售业态输出财政力量。精准聚焦数字“三农”、规模化种植、数字化管理等，加快涉农资金扶持和整合，加快两山一类资金、扶贫资金支持进度。推进一事一议、乡村振兴、农村综合集成项目等试点工作，全力支持农业现代化建设。三是支持现代服务业发展。以提升产业能级为目标，积极按照县委、县政府要求，积极支持全域旅游、“全域康养胜地”建设、“百千万”工程、红色旅游以及文旅产业数字化等现代服务业发展，让更多人了解松阳，更多游客造访松阳，提升松阳在海外的知名度和美誉感。四是全力支持重点项目建设。牢牢树立“有限的政府财力要集中力量办大事”理念，保障各十大民生实事、各项民生工程以及全县重点项目建设。并积极防范政府性投资项目超合同超概算等问题，避免财政资金浪费。

3.提高资金效益，提升绩效管理水平。一是继续推进集中财力办大事财政政策体系。优化完善集中财力办大事政策体系资预算金安排，围绕县委、县政府决策部署，应保尽保落实积极财政政策、保障“六稳”“六保”等工作的急需项目和刚性项目。二是支持科技人才培育建设。积极履行财政职能，支持企业加大科技创新主投入，做好各类人才政策、资金补助保障，全力支持人才强县战略以人才优先发展之功，收人才引领发展之效。三是开展盘活财政存量资金工作。健全财政存量资金动态管理机制和定期清理机制，避免新增结转结余。继续将各部门单位连续两年未用完的上级转移支付资金和当年地方预算安排未使用完的资金，原则上收回财政统筹，收回的资金重点用于民生类支出及重点工作。部门收回资金原则上不再返还原单位，确需支出资金优先使用当年省专项资金。进一步加大上级转移支付资金的统筹和整合力度，建立项目资金动态调整机制。实时跟踪了解项目执行情况。四是提高资金使用绩效。开展预算绩效管理改革试点创建，全力落实全面预算绩效管理各项制度建设和措施落实，完善预算绩效目标县级集中评审办法。根据“花钱必问效、无效要问责”的原则，着重解决支出低效、无效问题，确保“好钢用在刀刃上”。

4.立足自身实际，加大财政体制改革。一是加快国企改革。推进我县“资产云 2.0”试点工作；健全和完善国企党建工作；优化企业法人治理结构，完善改革后国有企业的董事会、监事会组织机构，切实落实企业经营自主权；落实工资总额预算管理制度，建立薪酬激励机制和国有企业员工薪酬与企业绩效挂钩的激励机制；加快推进从以管资产为主向以管资本为主转变，实现全县国有企业信息、产权、资产、财务、人事、综合事务、党建等板块全方位监管；建立健全规范的国有企业内部控制制度和工作流程；做好国有企业人员定员定岗和工资总额预算管理制度的实施工作；编制完成“十四五”规划。二是推进预算绩效管理改革。严格项目事前审核，以项目支出为抓手，在全省创新预算项目绩效目标县级层面集中评审基础上继续深化扩面，将绩效关口前移、从源头上提高预算编制的科学性和精准性；加强项目事中监管，制定出台《松阳县政府投资项目工程变更管理办法》，对工程实行分级管理遏制工程“低中高结”现象，节约政府投资项目建设资金，有效防范政府投资项目建设过程中的擅自变更行为，完善工程变更的审批程序；加强事后结果应用，全面开展绩效评价工作，严格把控评价报告质量，逐步建立绩效评价结果的反馈和整改、通报和公开等机制，进一步强化预算绩效管理结果应用，推动预算绩效改革过程的实践；建立健全各预算单位普遍适用的共性指标和分行业、分领域、分层次的个性指标，形成完整的绩效指标体系；加大预算绩效管理工作队伍建设，按照全过程绩效管理的要求开展业务培训，提升预算绩效管理工作的专业水平。三是上线“预算云”系统。按照省财政厅决策部署，积极推进全省预算管理一体化系统建设，运用信息化手段全面深化预算制度改革加快建设现代财政制度，2021 年将上线“预算云”系统，实现了以项目为核心的预算及绩效全生命周期管理。四是规范 PPP 项目管理实施。充分开展 PPP 项目前期工作，逐条研究合同条款，避免出现漏洞，同时控制项目成本；按照“利益共享、风险共担”原则，规范实施 PPP 项目；加大 PPP 工作队伍建设，组织专业培训，提升专业人员业务素质。

中共松阳县委关于充分发挥各级党组织领导核心和战斗堡垒作用为打赢疫情防控阻击战提供坚强政治保证的通知

为深入贯彻落实习近平总书记对疫情防控工作的重要指示批示和《中共中央关于加强党的领导为打赢疫情防控阻击战提供坚强政治保证的通知》,及省委、市委有关文件精神,切实加强党的领导,充分发挥各级党组织领导核心和战斗堡垒作用,团结全县广大党员干部群众大力弘扬践行"忠诚使命、求是挺进、植根人民"的浙西南革命精神,众志成城凝聚起"松阳之干"的强大合力,坚决打赢疫情防控阻击战。现就有关事项通知如下。

一、坚决贯彻习近平总书记对疫情防控工作的重要讲话和指示批示精神,把打赢疫情防控阻击战作为当前最重要最紧要的政治任务。新型冠状病毒感染肺炎疫情发生以来,习近平总书记就疫情防控工作发表的重要讲话、作出的重要指示批示,充分体现了以习近平同志为核心的党中央对当前疫情形势的科学把握和对防控工作的精准施策,体现了对人民群众生命安全和身体健康极端负责的责任和担当,为我们坚决打赢这场疫情防控阻击战提供了根本遵循,凝聚了战斗意志,坚定了必胜信心。全县各级党委(党组)要认真贯彻落实党中央和省市县委决策部署,切实增强"四个意识"、坚定"四个自信"、做到"两个维护",把党的政治优势、组织优势、密切联系群众优势转化为疫情防控的强大政治优势,教育引导广大党员干部牢记人民的利益高于一切,不忘初心、牢记使命,把投身防控疫情第一线作为践行初心使命、体现责任担当的"试金石"和"磨刀石",确保中央和省市县委各项决策部署落实落细,让党旗在防控疫情斗争第一线高高飘扬。

二、充分发挥党统揽全局、协调各方的领导核心作用。各级党委(党组)要加强对疫情防控工作的统一领导,将疫情防控第一线作为磨砺提升党员领导和广大干部县域治理现代化能力水平的考场和战场,聚焦"制度设计"和"制度运行"两个关键,科学完善疫情防控制度体系,切实增强执行防控制度的行动自觉。县疫情防控指挥部要在县委领导下,加强统筹协调,周密安排部署,推动各项防控措施高效协同、上下贯通、整体联动、快速响应。要全面贯彻"坚定信心、同舟共济、科学防治、精准施策"的要求,严格执行"一级响应",围绕"一确保两争取"防控目标,坚决落实省委提出的"五个更加""十个最"、市委提出的"五个必须"和县委提出的"四个结合"等要求,聚焦聚力"清存量、控增量",确保疫情防控工作有力有序有效进行。要统筹做好"防"的工作,科学判断形势,精准把握疫情,按照"内防扩散、外防输出"的要求,进一步升级完善管控措施,确保全县所有交通进出口管控滴水不漏,确保疑似病例、密切接触者、相关人员排查不留死角,确保公共聚集场所和活动应停尽停。要统筹做好"救"的工作,全力以赴救治感染患者,发挥县域医共体优势,落实首接首诊负责制,按照"集中患者、集中专家、集中资源、集中救治"原则,及时收治疑似病人、全力救治确诊病人;要科学调配医护人员力量,重视缓解医护人员身心压力,强化医护人员安全防护。要统筹做好"保"的工作,全力保障防控救治物资和群众生活必需品,加强生产调度,畅通绿色物流通道,依法严厉查处和打击囤积居奇、垄断供应、蓄意抬高市场价格的行为,维护良好社会秩序。要统筹做好"稳"的工作,加强舆情导控和社会面稳控,公开透明发布疫情消息,及时回应群众关切,妥善处理矛盾纠纷,切实维护社会稳定;提前应对节后返松潮,重点聚焦外地采茶工、茶商,以及机关企事业单位、企业、学校、工地等节后预期返工人员,做好人群排摸,谋划制定健康诊断、交通组织等预案,层层压实工作职责,严格落实防控措施。要统筹做好"督"的工作,充分发挥县、乡两级督查组作用,加强对疫情防控工作落实情况的督查,通过明察暗访等形式,推动疫情防控工作落地见效。

三、充分发挥领导干部靠前指挥、率先垂范的主心骨作用。面对疫情防控的紧迫形势和诸多挑战,各级领导干部特别是乡镇(街道)、部门主要领导干部务必思想上高度重视、行动上靠前指挥，在非常时期扛起非常之责，义无反顾、扎实工作，经受住考验，做到守土有责、守土担责、守土尽责。要深入疫情防控第一线，特别要深入人民群众最需要、疫情最可能发生、防控最困难的地方，及时发声指导，及时掌握疫情，及时采取行动。要结合深化“三服务”活动，深入基层了解企业生产和群众生活需求，统筹兼顾、综合施策，既要着眼于有效防控疫情，又要维护社会大局和谐稳定。要把做好疫情防控工作作为巩固深化“不忘初心、牢记使命”主题教育成果的重要战场，激励党员干部敢于担当、善于作为，注重在疫情防控第一线考察、识别、评价、使用干部，把领导班子和领导干部在疫情防控斗争中的实际表现作为考察其政治素质、宗旨意识、全局观念、驾驭能力、担当精神的重要内容，作为干部年度考核、评优评先和提拔使用的重要依据。对表现突出的，要充分肯定、大胆使用；对不敢担当、作风漂浮、落实不力，甚至弄虚作假、失职渎职的，要严肃问责、及时通报。县级纪检监察机关、组织部门要在各级党委领导下，积极主动履职，有效发挥作用。

四、充分发挥基层党组织联防联控、群防群治的战斗堡垒作用。基层党组织要广泛动员群众、组织群众、凝聚群众，全面落实联防联控措施，构筑群防群治的严密防线，打好疫情防控的人民战争。要充分发挥基层治理“四个平台”，“民情地图”促服务工作等优势，运用大数据等信息技术，加强网格化管理，发挥量大面广的网格员作用，严格落实人员排查和管制措施，组织实施地毯式排摸，切实做到“零死角、零盲区、零疏漏”。要强化党建引领，把区域治理、部门治理、行业治理、基层治理、单位治理有机结合起来，切实提高疫情防控的科学性、有效性。医院党组织要团结广大医务工作者和专业技术人员，恪尽职守，全力做好医疗救护、基础预防等工作。农村、社区党组织要坚持村（社）自为战，加强党员联户排查和分片分类排查，严密排查重点人员情况、禁止举办各类聚集聚会、严格实施疑似人员及其密切接触者隔离观察，坚决消除防控工作薄弱点、空白点；社区临时党支部要组织好社区机关党员，加强对社区人员流动的管控。要建立农村“红色代跑”服务，在封闭管控期间，解决好群众生活必需品的采购和运输问题，为群众正常生活提供保障。机关企事业单位党组织要加强与属地党组织协同配合，教育引导干部职工落实防护措施，做好疫情防控工作，同时在维护稳定、保障运行、调配资源、筹措资金等方面发挥好作用。

五、充分发挥广大党员不畏艰险、无私奉献的先锋模范作用。全县广大党员要提高政治站位，牢记“疫情就是命令，防控就是责任”，坚决做到党委有号召、党员有行动。围绕疫情防控、社会稳定等中心工作，主动靠前、勇于担当，做到哪里任务重、哪里有困难、哪里就有党员当先锋作表率，努力做到“六个带头”，即带头冲在防控疫情斗争的第一线；带头参与全覆盖排查；带头配合疾病预防控制机构做好工作；带头养成良好的个人生活习惯和公共卫生习惯；带头做好群众思想工作，不信谣、不传谣；带头减少外出活动。各级党组织要注重在疫情防控一线发现考验入党积极分子，严肃处理不担当、不作为的党员干部；要关心关爱奋战在防控疫情斗争一线的基层党员干部，采取务实贴心到位的措施，加强安全防护，注重劳逸结合，帮助解决实际困难，解除后顾之忧；要总结宣传各级党组织和广大党员、干部在防控疫情斗争中涌现出的先进典型，大力宣传疫情防控中最美“逆行者”的英勇感人事迹，及时进行表扬表彰，凝聚起抗击疫情共克时艰的强大正能量。

各级党组织要及时向县委报告动员党组织和广大党员、干部在防控疫情斗争中发挥作用的情况。

2020 年 2 月 4 日印发

松阳县推进生态工业高质量绿色发展三十条

为深入贯彻省委、省政府关于以新发展理念引领制造业高质量发展的若干意见，践行“两山”发展理念，实施“四县并举”发展战略，进一步优化营商环境，提振企业发展信心，推进生态工业高质量绿色发展，现提出如下意见。

一、扶持对象

列入本政策奖励的企业，必须是依法在本县登记纳税，具有独立法人资格，财务制度健全，当年主营业务收入达到2000万元及以上或实缴税金达到60万元及以上的工业企业；专利、数字经济和开放型经济条款中明确的非工业企业和个人。列入本政策奖励的投资项目必须经过主管部门备案或审批。

二、鼓励做大做强

1.加大对新办企业的扶持。

（1）新办企业在约定期限内完成投资，自投产之年起，按当年企业的地方财政综合贡献第1～3年给予100%奖励，第4～5年在亩均税收达到项目投资协议约定要求的年份给予50%奖励。企业在新增土地上实施的技术改造项目，其新增产能部分（以前三年最高年份为基数计算）享受新办企业优惠政策。涉及原政策扶持期限未履行结束的，按原政策享受到期满为止。

（2）新办企业以及企业在新增土地上实施的技术改造项目在约定期限内完成投资，经达产验收后对固定资产投资1亿元以上且设备投资额5000万元以上的项目，固定资产投资1000万美元以上且设备投资额500万美元以上的外资项目，设备投资额1000万元以上的高新技术产业、战略性新兴产业、数字经济核心产业项目，按设备审计投资额的8%给予奖励，采购本县域内企业制造的生产设备按审计投资额的10%给予奖励。每个项目最高不超过600万元。

2.鼓励引进大企业、大项目。对固定资产投资2亿元以上项目、固定资产投资1500万美元以上的外资项目、事关松阳长远发展的优质项目，可实行“一事一议”的个性化扶持措施。

3.企业用地优惠。对通过“招拍挂”出让方式取得工业用地使用权，在约定期限内开工建设的，给予超出工业用地指导价部分100%奖励，同时享受《松阳县生态工业项目快速入园评价决策机制及培育扶持政策试行意见》规定的优惠。

4.加快企业培育。工业企业首次升级为规模以上企业的奖励10万元。工业企业年主营业务收入首次达到5000万元、1亿元、3亿元、5亿元、10亿元、15亿元、20亿元、30亿元，且当年企业实缴税金占主营业务收入3%以上的工业企业，分别给予企业5万元、10万元、15万元、30万元、50万元、60万元、100万元、200万元奖励。对当年新认定为国家级、省级“隐形冠军”企业，分别给予50万元、20万元奖励；新认定为国家级、省级“隐形冠军”培育企业，分别给予20万元、10万元奖励。

5.鼓励提高“亩均效益”。对县内的制造业企业，当年亩均税收达到15万元及以上且不低于《浙江省制造业行业新增项目产出效益规范指南（2019版）》规定的（不作区域修正），亩均税收超出行业均值0.5倍（含）以内部分按当年企业地方财政综合贡献的25%给予奖励，超出行业均值0.5倍以上部分按当年企业地方财政综合贡献的50%给予奖励［《浙江省制造业行业新增项目产出效益规范指南（2019版）》中规定的亩均税收低于15万元的行业，以15万元作为行业均值进行计算］。以上税收是指企业当年实际入库的正常税收（不含稽查查补、应退税收和一次性临时税收），以《浙江省制造业行业新增项目产出效益规范指南（2019版）》中的计算方法为准。该条款奖励与“加大对新办企业的扶持”条款不同时享受。集团公司和名下各子公司享受该条款时按以下口径：子公司属工业企业的，所缴税收应并入集团公司计算；属商贸、研发等行业且为集团主产业服务的子公司业务所缴税收也应并入集团公司计算，不是为企业主业服务的子公司业务所产生的税收不得并入。

6.鼓励企业兼并重组。对经县政府批准的县内企业之间以及县外企业以股权收购、合并等重组形式做大做强的企业，以在兼并重组过程中主导方形成的税收地方财政综合贡献为标准（不含股权转让个人所得税），给予100%奖励。在兼并重组后，以被兼并重组企业重组前三年企业地方财政综合贡献最高数为基数（县内企业兼并重组的以双方企业合计数作为基数），按照重组企业当年新增的企业地方财政综合贡献，自完成兼并重组并投产之年起，第1～3年给予100%奖励，第4～5年给予50%奖励。

鼓励盘活闲置资产。对通过司法拍卖、公开拍卖等合法途径取得的闲置资产，如新上项目符合我县产业发展导向，报经县政府批准同意后，受让企业在产权变更过程中依税法所缴税收形成的地方财政综合贡献部分给予100%奖励。

7.鼓励企业股改上市。深入实施“凤凰计划”，推进企业股改上市工作，相关政策文件另行制定，并优先保障拟上市企业募投项目的用地。

三、推进转型升级

8.鼓励企业开展技术改造。

（1）企业在达产验收后开展零土地技术改造项目，项目在建设前备案且固定资产投资500万元以上的，竣工投产后经县经济商务局组织相关部门评估、认定，设备投资在100万（含）～500万元的，给予企业技改项目实际设备审计投资额10%的奖励;设备投资在500万元（含）以上的，给予企业技改项目实际设备审计投资额12%的奖励。项目在建设前备案且固定资产投资500万元以上的属于高新技术产业、战略性新兴产业、数字经济核心产业以及我县重点培育的高端装备制造（含精品不锈钢管、汽摩配、电子电器）、农产品精深加工、大健康产业技术改造项目，设备投资在100万（含）～500万元的，奖励比例为12%；设备投资在500万元（含）以上的，奖励比例为15%。以上技改项目奖励每个最高不超过300万元。

（2）鼓励企业开展废水和废物的回收利用。企业采用先进节水工艺、技术和设备，应用废水重复利用与深度处理技术，经县经济商务局审核备案的，在实施完成及组织相关部门验收核定后，按实际设备审计投资额的10%给予奖励。企业经市生态环境局松阳分局审核认定，实施完成工业废弃物资源化利用项目并通过验收核定的，按实际设备审计投资额的10%给予奖励。每个项目最高不超过300万元。

（3）支持企业“机器换人”。对于企业购置的工业机器人（按GB/T12643-2013标准定义执行，经县经济商务局组织认定），给予实际设备审计投资额15%的奖励，每个项目最高不超过500万元。

9.鼓励企业开展“空间换地”。我县工业企业在原有土地使用范围内，经批准实施的加层或翻建、改建、扩建等扩大生产用房的技术改造项目，在重新取得不动产权证后，给予新增生产性用房60元/平方米奖励；对新取得工业用地的企业，在取得不动产权证后，第三层及以上生产性用房按60元/平方米奖励。每家企业最高不超过100万元。

10.鼓励小微园建设。加快推进制造业小微企业发展平台建设。鼓励多元开发，探索政府主导开发，工业地产开发、龙头企业开发、企业联合开发、专业机构开发、村集体联合开发等模式。支持利用闲置工业厂房等空间整体改造，建设小微企业园。

四、培育数字经济

11.鼓励企业推进产业数字化。对当年工业企业信息化项目软硬件等投资额在30万元及以上，经县经济商务局认定，按项目网络软件、硬件（硬件包括主机，服务器，网络交换设备，网络安全设备，数据采集、存储、传输设备等）审计投资额分别给予30%、20%的奖励；对属于数字经济核心产业目录的项目，分别给予35%、25%的奖励。单个项目奖励最高不超过300万元。

鼓励企业上云：鼓励本地云服务商积极推进企业上云服务，经省级经信部门认定为当年度上云企业的，给予云服务商每家企业1000元的奖励。鼓励企业深度上云，对当年度单个企业云服务费在3万元及以上的，给予企业按实际支付云服务费用的30%进行奖励，每家企业最高不超过10万元。

争创省级以上示范企业。对当年新认定为两化融合、软件、电子信息、数字经济、服务型制造、工业互联网等国家级、省级信息化类示范企业的，每家分别奖励50万元、20万元；当年新通过认证的国家级两化融合管理体系贯标企业，每家奖励50万元。入选工信部、省级工业互联网平台称号的，每家分别奖励50万元、20万元。

12.鼓励企业推进数字产业化。对注册在我县的工业互联网应用、机器换人、智能制造等工业信息工程服务机构，每年按为企业提供智能制造的工业互联网平台服务、综合解决方案服务、云服务、工业网络建设服务、智能化技术改造服务、工控安全服务、工业应用软件开发、数据应用服务、工业智能装备开发等实际收入的2%给予奖励。对列入省经信厅公布的工业信息工程、机器换人、智能化改造工程服务公司名单或为本县企业提供服务的，按实际收入的3%给予奖励。每家企业最高不超过100万元。

五、提高管理质量

13.鼓励管理创新。每年重点扶持3～5家规模以上企业管理创新。企业提出申请，经县经济商务局认定后，企业与管理咨询服务公司开展管理创新合作，按咨询服务费用（凭合作协议和合法凭证）的50%给予一次性奖励，每家企业每年不超过10万元。

14.鼓励企业聘用专业技术和经营管理人才。按照《关于加强高层次创业创新人才队伍建设的意见》（松委发〔2018〕43号）执行。

15.提升企业管理人员素质。对县经济商务局认定的，规模以上企业在职3年以上经营管理人员参加高等院校举办的工商管理等一年以上学习（含高级研修班）的，取得证书后，给予每人按学费的50%奖励，单人最高奖励额不超过1.5万元，每企业每年不超过3万元；参加国家承认学历的工商管理研究生两年以上学习的，取得证书后，给予每人按学费的50%奖励，单人最高奖励额不超过2万元，每企业每年不超过4万元。

六、注重品牌建设

16.支持标准化创建。对国际标准、国家标准、行业标准、省地方标准、团体标准（省级及以上）、市级地方标准的主导起草企业，分别奖励50万元、30万元、20万元、15万元、10万元、8万元；对以上标准中参与起草企业，奖励减半计算。对 “浙江制造”标准的主导起草企业给予20万元奖励，参与署名前三的企业每家给予5万元奖励。主导起草企业是指标准制订者名单中排名首位的企业。

17.鼓励争创品牌。对通过“浙江制造”品牌认证的企业，按照每个产品给予15万元一次性奖励（同一项“浙江制造”标准通过认证的视为同一产品）。对当年产品列入省级经信部门“浙江制造精品”名单的企业给予一次性奖励10万元。对当年新获得省级、市级“质量管理示范（先进）企业”的分别奖励10万元、3万元。首次获得中国驰名商标（不含司法认定）、地理标志证明商标（保护产品）、集体商标的企业或其他组织各奖励30万元。首次获得浙江省知名商号的，奖励8万元。首次获得浙江省信用管理示范企业、丽水市信用管理示范企业称号的企业，分别给予奖励8万元，2万元。首次获得浙江省AAA、AA级守合同重信用企业，分别给予奖励8万元、2万元。首次获得省、市商标品牌示范企业的分别奖励15万元、5万元。首次获得省级、市级专业商标品牌基地的，分别奖励10万元、5万元。

18.提升管理水平。当年首次通过ISO14000（GB/T14000）系列环境管理体系认证、OHSAS18000（GB/T28000、ISO45001）系列职业健康与安全管理体系认证、GB/T23331能源管理体系认证、SA8000社会责任管理体系认证、GB/T31950企业诚信管理体系认证、ISO10012测量管理体系3A级以上认证、ISO22000系列食品安全管理体系认证或HACCP认证、TUV欧盟安全认证、UL美国安全认证的企业，奖励3.5万元；首次获得其他非强制性认证的奖励2万元。为应对国外技术性贸易壁垒（欧盟ROHS、EUP、REACH指令，日本肯定列表）而进行的首次认证，奖励3.5万元。首次通过国内外船级社认证的企业，奖励3.5万元（一个国家限奖励一次）。

七、强化创新发展

19.鼓励企业建立研发机构。企业建成省高企研发中心、企业研究院、重点实验室（工程实验室），重点企业研究院，分别奖励20万元、30万元、60万元、100万元。

对当年经信部门新认定的省级、市级企业技术中心奖励20万元、5万元。对新列入科技、经信部门省级新产品计划并取得鉴定证书的，给予一次性5万元的奖励（新产品同系列不同型号只奖励一次）。

20.鼓励培育高新技术产业。首次被认定为国家、省创新型企业分别奖励100万元、30万元，首次被认定为国家高新技术企业奖励30万元；重新认定为国家高新技术企业的奖励15万元；县外引进（迁入）的高新技术企业，视同新认定的高新技术企业。

对当年新纳入高新技术产业增加值统计范围的企业（新认定的高新技术企业除外），奖励5万元。

大力支持规上企业加大研发投入，对年度研发投入超过50万元的企业，按年度实际支出的5%给予奖励，最高奖励不超过30万元；对高新技术企业，只奖励年度研发投入超出要求部分达到50万元及以上的企业，年度研发投入超出要求部分给予10%的奖励，最高奖励不超过50万元。

21.支持“大众创业，万众创新”。被认定为国家级、省级、市级科技企业孵化器，分别给予一次性奖励100万元、50万元、15万元；被列入为国家级、省级、市级众创空间（星创天地），分别给予一次性奖励50万元、20万元、10万元。

22.鼓励科技成果转化。对企业吸纳科技成果（单项超过100万元）并在本地转化的，按其技术交易额（需完成技术合同登记并且纳入企业研发费）的5%给予奖励，每家企业最高不超过10万元。企业参与技术市场组织的科技成果拍卖，并完成相关程序签订成交合同的，给予每家企业3万元奖励。

深化校（院所）地合作。本县企业或以本县企业为主体与高校科研院所联合向上申报科技项目，列入省级及以上属于竞争性科技项目（26县绿色发展项目除外）计划的，按实际拨入企业的上级奖励资金的20%给予奖励，最高不超过50万元。

23.鼓励知识产权创造和运用。当年所获得国内授权的发明专利和实用新型专利（以专利授权日为准），其专利权人是本县企事业单位（含人民团体）的，每件分别给予2万元和3000元的奖励，其专利权人是个人（户籍地在本县的自然人）的，每件分别给予1.2万元和2000元的奖励；当年所获得授权的有效国外专利的（以专利授权日为准），发明专利每件奖励6万元、实用新型专利每件奖励2万元（一件专利限一国授权奖励即一件专利多国授权给予一国奖励），上述两项专利通过PCT途径向国外申请专利的，每件另给予1万元的费用奖励。单个主体其当年授权国内专利奖励总额不超过10万元。鼓励企业应用人工智能，对软件著作权每件奖励2000元。企业通过知识产权贯标认证或评价一次性奖励10万元。

对制造业企业首次累计拥有有效专利50件以上（且发明专利3件以上）或有效发明专利8件以上的奖励5万元；制造业企业首次累计拥有有效专利100件以上(且发明专利5件以上）或有效发明专利15件以上的奖励10万元。

获得国家、省、市专利试点（示范）企业的，分别给予一次性奖励20万元、15万元、5万元。鼓励企业依照法律积极参加涉外专利的诉讼，对取得胜诉的案件，本县企业每件案件给予50%的诉讼费（案件受理费）奖励，此项奖励最高限额50万元。

鼓励企业开展知识产权（商标权、专利权）质押融资，对开展商标权、专利权质押融资贷款的企业，由主管部门审核后分别按商标权、专利权质押登记额度的0.5%给予奖励。以上年奖励额度同一企业不超过10万元。

八、突出绿色发展

24.鼓励企业发展循环经济。通过省级示范性或强制性清洁生产审核验收的企业，一次性给予5万元奖励；获得省绿色工厂称号的企业，一次性给予10万元奖励；列入省级以上《节能产品政府采购清单》和节电、节水技术目录的企业，或列入国家节能减排、污染物防治技术目录的企业，每个项目给予一次性奖励 10 万元；列入省、市级循环经济示范企业的，一次性分别给予5万元、2万元的奖励。对当年成功创建省、市级节水型企业，分别给予6万元、4万元奖励。

九、发展开放型经济

25.鼓励外贸企业出口。支持企业开展对外贸易，创新贸易方式，扩大外贸出口，对合法、规范经营的企业予以奖励。

26.支持企业积极防范和应对贸易风险。企业投保出口信用保险的，按其实际支付出口信用保险费的70%予以奖励，单家企业每年奖励不超过50万元。支持出口企业参加“两反一保”，对应诉企业未列入上级奖励的，按诉讼项目产生的律师费奖励70%；对应诉企业列入上级奖励的，县级按诉讼项目产生的律师费30%给予奖励，单家企业应诉单宗案件奖励不超过20万元，多家企业应诉同宗案件奖励不超过40万元。

27.鼓励境外投资及服务贸易。对企业经备案（或核准）到境外投资：设立贸易公司或办事处，每个项目一次性奖励5万元；设立生产性企业、加工贸易型企业、研发机构、并购或参股国外企业、开发资源，每个项目一次性奖励20万元；在“一带一路”国家（地区）投资的，奖励标准上浮20%。对服务贸易企业按浙江省国际服务贸易统计监测系统上统计的数据给予0.1元/美元奖励。

28.支持企业开拓国际市场。鼓励企业参加国（境）外展览会，重点拓展“一带一路”沿线国家（地区）市场。参加各级经信、商务部门组织的国（境）外展会，对其展位费给予全额奖励，同时给予每家企业每次参展奖励，具体标准：亚洲地区1万元，其他地区（含西亚）2万元；企业独立参加的国（境）外展会，经县经济商务部门认定后，对其展位费和参展奖励按50%奖励。每家企业年奖励不超过40万元。

支持企业参加经信、商务部门组织的国内国际性展会(广交会除外)，省内每个展位定额奖励0.8万元，省外每个展位定额奖励1.2万元；企业独立参加的，经县经济商务部门认定后，按上述标准的50%奖励。每次展会奖励不超过3个标准展位（9 m²为一个标准展位），每家企业年奖励不超过16万元，每次展会奖励以实际支付展位费为上限。

十、优化发展环境

29.营造争先创优氛围。每年开展“县工业企业20强”“纳税超千万元工业企业”“县十大优秀工业企业家”和优秀外贸出口企业评选，二十强工业企业的评选对象为按照当年企业“亩均论英雄”综合评价排名前列且年销售收入在1亿元以上的企业，按分数高低排序产生，前十位为优秀企业家。优秀外贸出口企业以生产型出口企业的外贸总额和增加额为主要依据，予以宣传鼓励。

30.提升服务保障水平。项目投资在2000万元以上的董事长(总经理)、投资在5000万元以上企业的董事(股东）、总经理和经组织人事部门确认引进的人才：其子女到我县就学的，凭所在园区、工业功能区（乡镇、街道）证明，按本县县城户籍人员同等待遇由县教育局会同县经济商务局安排到县城学校就读；在我县就医者，应及时安排绿色通道，由县卫生健康局负责协调；鼓励在我县组团购置商品房，可在购房方面给予一定优惠，由县建设局负责协调。外来务工和本县农民进城务工人员子女就学，凭浙江省居住证和所在企业证明，由县教育部门安排就近学校就读，享受当地户籍人员同等待遇。

十一、附则

对年内发生较大及以上安全生产事故、重大环境污染事故、涉税刑事案件、年度“亩均论英雄”综合评价D类企业，不予兑现当年奖补资金（由相关主管部门提出证明）。对年度“亩均论英雄”综合评价C类企业按本政策奖励标准的80%兑现（“加大对新办企业的扶持”条款除外）。采矿业，电力、热力、燃气及水生产和供应业相关企业不享受本政策。

本政策中涉及投入和投资类金额均以不含税计价。

本政策除第6条第二款外，所指地方财政综合贡献是当年企业产品增值和利润形成的地方财政综合贡献额。

符合以上奖励条件的企业，于每年申报通知截止日前向各自所在乡镇（街道）、丽水生态产业集聚区松阳分区管委会申报。乡镇（街道）、丽水生态产业集聚区松阳分区管委会于申报截止日后15日内初审完毕，将初审意见和汇总表上报经济商务局、科技局（负责第 19 条科技部分、第 20 条、第 21 条、第 22 条）、市场监管局（负责第 16 条、第 17 条、第 18 条、第 23 条）、财政局（负责第 1 条第一款、第 5 条）；由经济商务局、科技局、市场监管局、财政局会同各相关部门联合审核后，报县政府审批兑现。

企业同一事项涉及多项奖励的按照就高原则，不同时享受，已享受上级各类优惠政策的项目不再重复享受（明确注明同时享受的除外）。

本政策自发布之日起施行，政策中关于扶持奖励内容自 2020 年 1 月 1 日起执行。《中共松阳县委 松阳县人民政府关于加快生态工业发展的若干意见》（松委发〔2017〕14 号）文件同时废止。

2020 年 3 月 27 日印发

中共松阳县委
关于支持和促进革命老区加快发展的若干意见

为深入弘扬和践行浙西南革命精神，充分发挥革命老区生态优势、文化优势，加快推动革命老区生态修复、经济修复、文化修复和人心修复，增强革命老区自我发展能力，提高老区人民的幸福感和获得感。特提出如下意见：

一、切实把握支持和促进革命老区发展的重要意义、指导思想和主要目标

1.重要意义。松阳是浙江省革命老根据地县，全县共有15个革命老区乡镇（街道）218个革命老区村（村规模调整前）。作为松阳的重要经济区域，革命老区具有特殊的政治资源和丰富的自然资源，是松阳主要生态屏障、重要后备资源和发展后劲之所在，在全县经济社会发展中具有重要地位。但目前一些革命老区村经济基础相对薄弱、基础设施相对滞后、“造血”功能相对较差。支持和促进革命老区加快发展，有利于提升老区自我发展能力，促进老区群众增收致富；有利于缩小城乡差距，促进区域协调发展；有利于弘扬践行浙西南革命精神，实现红色资源价值转化，对高质量建设“田园松阳”升级版，打造全省老区振兴样板都具有重要意义。

2.指导思想。高举习近平新时代中国特色社会主义思想伟大旗帜，深入贯彻党的十九大精神和习近平总书记关于保护红色遗产、弘扬红色文化、传承红色基因的重要讲话精神，贯彻落实市委四届六次全会以及县委十届八次全会精神，传承弘扬“忠诚使命、求是挺进、植根人民”浙西南革命精神，结合松阳革命老区不同乡镇的发展现状，因地制宜、分类施策，更加注重改革创新、更加注重区域协同、更加注重产业培育、更加注重共建共享，进一步加大扶持力度，着力破解区域发展瓶颈制约，着力解决民生领域突出困难和问题，着力增强自我发展能力，推动生态资源、红色资源价值转换，实现革命老区的高质量绿色发展。

3.主要目标。充分发挥老区生态、文化等资源优势，推动革命老区红色文化传承弘扬、多元经济业态培育、公共基础设施建设，有效推动老区资源统筹利用、老区经济快速发展、老区百姓增收致富、老区社会和谐安定。

生态方面：以优化老区生态环境、增强老区生态屏障为基础，推进一批生态环境保护工程，实施一批生态产品有效转化项目，打造一批生态型农村社区，全面提升老区空气、水、土壤等生态指数。

经济方面：以构建高品质农业为基础、一二三产深度融合的多元经济业态为目标，打造一批生态农业基地，建设一批农业特色工坊，发展一批乡村旅游示范点位，探索构建集体经济体制、混合所有制机制，壮大村集体经济，促进老区农民增收致富。

文化方面：以红色资源保护和利用为重点，公布一批具有保护价值的革命文物保护单位和保护点，挖掘修复一批具有历史价值的红色乡村建筑，创作一批反映当地红色故事文艺作品，形成一批红色教育文化村，实现红色资源价值转换。

民生方面：以改善老区群众生活为重点，推进一批交通、水利、教育、卫生、文化基础设施建设，推进一批优质教师、医生进老区，建设一批中医馆和中医室，全面提升老区群众幸福指数。

二、擦亮革命底色，推动老区文化传承

4.加强革命文物资源调查与梳理。在革命老区开展调查摸底，对反映松阳浙西南革命的重大事件遗迹、重要会议遗址、重要机构旧址、重要人物旧居和纪念设施、文物藏品、文物档案进行全面排查梳理、建档立案，建立革命文物名录制度，公布一批具有保护价值的革命文物保护单位和保护点。

5.推动革命文物抢救性和预防性保护。组织实施革命旧址维护保护和馆藏革命文物保护修复工作，加强革命文物安全防范设施建设，实施红色革命遗址群修复提升项目，推进安民安岱后、枫坪小吉—斗潭—丁坑遗址群、大东坝燕田遗址群、玉岩镇遗址群等保护修缮、环境整治和展示利用工程，修复安岱后浙西南革命根据地旧址，建设松阳浙西南革命根据地领

导机关纪念馆。

6.推进革命文物的活化利用。深度挖掘具有松阳特色及特殊历史意义和地位的革命历史资料，制成小册子，并整理创作一批感人至深、发人深省、具有较强教育意义的文艺作品，通过网络、媒体、会议等进行广泛宣传。利用现有资源，结合“拯救老屋行动”、全县域生态博物馆建设，打造一批具有松阳特色的革命主题展馆，用三维的形象忠实再现松阳的革命人物、革命故事、革命历史，最大限度发挥其“红色”的教育作用。

三、培育多元业态，激发老区经济活力

7.发展壮大高效生态农业。统筹整合老区特色资源，在发展茶叶、油茶、香榧主导产业基地建设基础上，再增建以高山有机茶、生态果蔬、中药材等为主导的现代特色农业板块，形成规模性农业生产基地和若干相对集中的农业种植片区。全面开展化肥农药减量、农药包装废弃物回收等农业面源污染防控工作，加快推广使用有机肥，严厉打击使用禁用高毒高残留农药、非法添加和违规使用抗生素等行为，推进农业生态化。鼓励工商资本到老区发展规模适度的现代种植业、畜牧业，推广山地茶园套种香榧、油茶林套种中药材等立体式种植模式，发展林下经济。推进畜禽标准化规模养殖，高起点建设生猪、肉牛（羊）和禽类产业集聚区、优质安全畜禽产品生产基地，依托革命老区良好的生态旅游资源，打造集养殖、观光、体验和餐饮为一体的特色农业综合产业。积极推动农业科技成果转化，开展实用农业技术培训，通过培训提高农民群众农业技术水平。紧密贴近农业生产实际需求，推广各类新技术，提高农业生产智能化、机械化应用水平。

8.发展壮大生态产品加工业。加快发展农（副）产品精深加工业，培育壮大龙头企业，办好“三位一体”，即生产合作、供销合作、信用合作融为一体的综合性农民合作社，推行“公司+基地+农户”的现代化专业合作经营模式，形成以种养、加工、物流为主的农业龙头企业体系。打通农（副）产品销售“最后一公里”，加快推进农村互联网设施建设，广泛推进电商进农村，依托线下快递网点、实体店，大力拓宽生态有机农（副）产品营销市场，支持有条件货运站场向物流中心转型，建设一批农（副）产品集散中心、专业交易市场和加工配送中心，依托龙头企业或加工企业发展订单农业，通过订单聚合资源，建立利益联结体。

9.发展壮大乡村旅游。丰富乡村旅游点位，高品质推进旅游度假区、旅游风情小镇、高等级景区等核心产品建设，推进安民乡、枫坪乡、大东坝镇、古市镇、玉岩镇、板桥乡、象溪镇等乡镇，以及安岱后、斗潭、小吉、李坑等村庄特色旅游景点建设，挖掘修复一批有特色、有历史沉淀的乡村建筑，新建一批 A 级景区村。打造精品旅游线路，以安岱后、李坑、斗潭、丁坑、高亭、小吉为重点，打造可学可游、有吃有住的多体验综合精品旅游线路。开发复合型旅游产品，根据市场需求在现有基础上联合建设一批红绿、红古、红学结合的复合型旅游产品，推出红军茶、红军药、红军餐等红色旅游商品。积极推进跨乡镇协作，将分散的生态农业、红色资源、传统观光旅游、休闲度假旅游等串点成线、连线成面，条件成熟的创成精品，形成以生态农业为基础、红色文化为内核、乡村旅游为驱动，一二三产深度融合的综合经济体。

四、优化发展环境，增进老区民生福祉

10.改善村居生态。深入开展“垃圾革命”，建立健全垃圾收运处置体系，因地制宜实施垃圾就地分类和资源化利用。深入开展“厕所革命”，推动厕所粪污无害化处理和资源化利用，推进日常管理专业化、服务标准化。深入开展“污水革命”，加强农村污水设施的运营管理，强化老区饮用水水源地保护，推进农民饮用水达标提标工程。提升村容村貌，结合“六边三化三美”和小城镇环境综合整治，整治公共空间和庭院环境，消除私搭乱建、乱堆乱放现象，提升农房设计水平，提高老区乡村绿化品质，建设具有乡村田园意蕴的绿色景观。

11.完善基础设施。着力抓好老区乡村道路、清洁饮用水、通信、广播电视等基础设施建设。逐步打通安岱后至李坑、小吉等主要线路的便捷通道；积极推进客运专线、客运站升级改造，加强 A 级景区和连片乡村旅游区的接待中心、道路、停车场、厕所、垃圾污水处理和安防消防等基础设施建设及日常保洁、维护，以及餐饮、住宿等公共服务设施完善提升。加快实施革命老区移动通信网络升级工程，加大信号基站建设力度，提高其覆盖能力与技术水平。

12.优化公共服务。大力发展革命老区教育事业，增加公共教育资源配置，优化学校设点布局，改善基本办学条件，强化师资力量，畅通农村学校学生就读重点高中渠道。加快发展卫生健康事业，完善县乡村三级医疗卫生服务网络，强化贫困老区卫生基础设施建设，提升全科医生等医疗卫生人才队伍服务能力，逐步提高老区城乡医疗保障服务能力和大病救助水平。

五、强化支撑保障，促进老区持续发展

13.强化组织保障。建立健全党委领导、政府负责、部门协同、社会参与的工作格局，构建革命老区振兴发展协调联动机制，将支持老区发展作为义不容辞的职责，经常深入老区开展调查研究，积极参与老区投资开发、人才培养、科技推广、文化教育、旅游开发等促进老区发展的活动，切实为老区建设解决实际问题，多办好事实事。强化县直单位、乡镇党委政府、“第一书记”、农村工作指导员、驻村干部、基层组织“六位一体”的工作格局。加强老区基层党组织建设，选优配强党组织带头人，充分发挥基层党组织团结带领老区群众脱贫致富的战斗堡垒作用。

14.强化要素保障。加强规划设计，编制《浙西南（松阳）红色革命文化遗产保护利用工程总体规划》和《松阳县红色小镇发展专项规划》，统筹推进农业产业园等各类园区建设，因地制宜分类推进老区乡村振兴。强化整合资金，统筹涉农资金和项目，提高支农资金使用效率，引导农民主动配套资金投入农业综合开发。注重人才培养，建立校地合作机制，培养一批新型职业农民、一批红色旅游人才。鼓励外出农民回乡创业，设立返乡创业投资基金，大力培育新型农业经营主体，发挥农业领军人才示范引领作用。

15.强化机制保障。完善健全老区闲置宅基地和闲置农房等闲置资源的综合利用体制机制，探索农村集体开展区域联动抱团发展模式。以出租、合资等方式，吸引工商资本利用闲置农房、闲置土地等资源，投资开发民宿、农家乐、避暑养老、文化创意、农事体验等新兴经济业态，助推乡村“造血”，破解发展瓶颈，促进资源增值、农民增收、村集体增效。完善健全农村产权交易机制，将“四荒”使用权、承包土地经营权、水域滩涂养殖权、农业装备所有权、农村集体小型工程等都纳入中心进行公开交易，通过中心的专业服务保障农民土地承包经营权，实现资产增值保值权益的最大化。

2020 年 4 月 15 日印发

中共松阳县委　松阳县人民政府
关于推进新时代民政事业高质量发展的实施意见

为深入贯彻习近平总书记关于民政工作的重要指示精神和《中共浙江省委浙江省人民政府关于推进新时代民政事业高质量发展的意见》（浙委发〔2019〕27号）及《中共丽水市委丽水市人民政府关于推进新时代民政事业高质量发展的实施意见》（丽委发〔2020〕9号）文件精神，以“松阳之干”担纲“松阳振兴”，以浙西南革命精神为引领推进全县新时代民政事业高质量发展，现提出如下意见：

一、坚持精准高效，提升基本民生保障水平

（一）健全完善救助工作机制。充分发挥社会救助联席会议的作用，健全部门协同、社会力量参与的“1+8+x”大救助体系，统筹推进低保、特困、受灾、医疗、教育、住房、就业、临时救助等8项基本救助，鼓励支持社会力量参与社会救助。规范特困供养制度，完善临时救助政策，简化急难型临时救助审核审批程序。建立孤残儿童和困境儿童基本生活保障制度，构建基本生活费自然增长机制，进一步加强事实无人抚养儿童保障工作。加快形成“家庭尽责、政府主导、社会参与”的儿童关爱保护体系，不断夯实强制报告、应急处置、评估帮扶、监护干预四位一体的救助保护机制。完善生活无着流浪乞讨人员救助管理体系，建立流浪乞讨人员救助管理工作联席会议制度，厘清部门责任边界，落实公安、综合行政执法在街面巡查、身份查询和转介处置的责任。

（二）提升兜底保障服务水平。发挥社会救助在脱贫攻坚中的兜底保障作用，逐年提高全县最低生活保障标准，落实困难家庭重病患者、重度残疾人以及成年三、四级精神、智力残疾人单独列户纳入低保规定。推进低收入农户与低保边缘家庭经济状况认定标准“两线合一”，组织实施低保、低保边缘家庭一年渐退期制度。加强大救助信息平台共享，完善家庭经济状况信息核对。优化社会救助资金发放方式，探索开展社会救助异地申请服务。全面推行支出型贫困救助。全面推广社会救助综合改革试点经验，2020年底前在全县开展救助对象由户籍人口向常住人口拓展工作。

（三）推进关爱保护照护救助工作。加强儿童福利机构和未成年人救助保护机构建设，全面提升儿童救助保护保障水平，持续推进“明天计划”和“添翼计划”项目实施。按照三级救助站建设标准，推动救助站建设，规范救助程序，加大寻亲力度，完善站外托养工作监督管理长效机制。健全农村留守儿童、妇女、老人关爱服务体系，全面开展摸底排查，信息采集纳入网格化管理范畴。按照“五有”要求推进“儿童之家”建设，到2020年全县建成“儿童之家”15家。到2022年，全县人口相对集聚的1万人口以上的乡镇（街道）建有1家规范化“残疾人之家”。通过政府购买服务等形式，配强乡镇（街道）儿童督导员和村（居）“儿童主任”。探索建立以困难老年人、困难儿童等为重点的定期探访慰问制度，积极引导社会力量参与探访慰问服务。到2022年，全面建立社区探访制度，重点对象月探访率达到100%。加强慈善基地建设运行，搭建慈善服务平台，实现精准识别、精准链接、精准帮扶。支持慈善组织孵化基地建设，充分运用政府购买服务、公益创投等多种形式，为初创期慈善组织提供资金支持和能力建设服务。引导慈善力量参与脱贫攻坚和东西部扶贫协作。

二、健全完善机制，推进养老服务融合发展。

（四）实施居家社区养老服务提质工程。认真做好城乡养老服务设施专项布局规划及编制方案，并纳入国土空间规划。重点突出社区嵌入式养老护理机构、乡镇（街道）居家养老服务中心规划布点，促进机构、社区和居家养老服务融合发展。激发养老服务市场活力，科学配置养老设施资源，政府闲置房产优先无偿或低偿用于机构、社区养老服务。完善新建小区养老服务设施规划、建设、验收、交付“四同步”，推动新、旧小区的养老服务用房配置，2022年底前配建率达到100%。扩大养老服务有效供给，推进乡镇（街道）级居家养老服务

务中心建设，到 2022 年，乡镇（街道）级居家养老服务中心实现全覆盖。实施社区和家庭适老化改造，2022 年底前完成有需求的经济困难老年人家庭适老化改造。

（五）实施养老服务体系创新工程。以“全覆盖、高质量、产业化”为目标，创新招商引资模式，逐步推行居家养老健康管家服务，构建居家社区机构相协调、医养康养相结合具有松阳特色的养老服务体系。整合 96345 便民服务平台，建成运行“丽水居养”综合养老服务平台，形成服务对象申请、评估审批、智能派单、规范服务、跟踪回访、审核支付等闭环式智慧养老服务体系，为老年人提供“菜单式”多元养老服务，实现政府审批监管、企业服务操作和社会供需对接一网服务。建立养老服务行业黑名单制度，对存在失信行为养老服务机构及人员实施联合惩戒。福彩公益金 60% 以上用于支持发展养老服务，应当将养老服务体系建设所需经费列入财政预算。全面推进公办养老机构改革，到 2022 年底前现有的公办养老机构实现公建民营。完善政策，鼓励创办民营养老机构并向规模化、连锁化发展，鼓励专业养老机构运营居家养老服务机构，补齐农村养老服务设施短板。

（六）加强养老服务队伍建设。在职业院校、社会培训机构、医疗机构和养老机构建立养老服务实训基地，2020 年底前建成 1 家养老服务实训基地；加快养老人才队伍建设，加强养老从业人员技能提升培训，到 2022 年，全县培训各类养老从业人员,2000 人次左右。组织开展失能老年人家庭照护者技能培训，大力培育为老志愿服务组织。到 2022 年，每 60 张养老机构床位配备 1 名社会工作者，每 500 名老年人配备 1 名社会工作者。

三、强化统筹协调，提升基层社会治理成效

（七）着力构建党建引领城乡社区治理的新模式。全面加强新村组织建设和融合发展，全面排查、集中整顿后进村（社区）党组织，高质量完成新一届村社组织换届选举工作。建立健全城乡基层党组织领导，村（居）民委员会执行，村（居）务监督委员会监督，以村（居）民为主体，群团组织、社会组织、驻区单位、业主委员会、物业企业、网格团队等共同参与的城乡社区治理格局，充分发挥自治章程、村规民约、社区公约在城乡社区治理中的积极作用。积极探索党建引领下的社区治理新模式，推动大搬快聚安置小区规范化治理。结合未来社区和美丽乡村建设，加快解决城乡社区服务体系发展不平衡等问题。优化融合村（社区）党群活动阵地设施布局和功能设置，鼓励社会组织和社工机构入驻。2020 年、2021 年，每年安排 10 个村级活动场所进行新建或改造提升。

（八）着力形成城乡社区工作者队伍建设的新机制。加强专职社区工作者的招聘录用、规范管理、教育培训等制度建设，专职社区工作者一般由县民政局会同组织、人力社保等部门统一招聘调配，街道（乡镇）负责日常管理，社区统筹使用。进一步落实和完善“三岗十八级”薪酬保障制度，注重从连续任社区主职满 5 年、优秀的社区党组织书记中招录（招聘）街道（乡镇）公务员和事业编制人员。通过竞争性选拔等方式把优秀社区党组织书记选拔到街道（乡镇）领导岗位。在招录街道（乡镇）公务员和事业编制人员时，应拿出一定名额面向优秀专职社区工作者，并根据专职社区工作者实际合理设置资格条件。

（九）着力落实社会组织培育发展的新举措。加强社会组织规范化建设和人才培养，每年培育 1 家品牌社会组织和 2 名领军人物。加大对社会组织的支持力度，县级财政统筹一般公共预算资金、福利彩票公益金等专项用于社会组织培育发展和能力提升，重点支持枢纽型社会组织、社区社会组织和公益慈善类社会组织等发展。优化社会组织登记流程，健全党建工作机制，建立业务主管（指导）单位（党建工作机构）对拟任负责人审核把关制度。加强社会组织党群服务中心建设和能力提升，切实发挥社会组织党组织孵化器作用。深化行业协会商会脱钩制度，建立秘书长专职化制度，健全社会组织监管体制机制。

（十）着力推动社工人才队伍素质的新提升。开展社会工作领军人才选拔培养，加强社会工作专业人才激励保障，对高层次社会工作专业人才开展继续教育，分类推进社会工作岗位设置，推动以社会工作服务为主的事业单位将社会工作岗位明确为主体专业技术岗位；加大政府购买社会工作服务力度，推动全县每年重点培育至少 1 家社会工作服务机构，鼓励支持乡镇（街道）成立社会工作站，吸引社会组织入驻并积极发挥作用。大力发展志愿服务组织，规范志愿者记录和信用管理，建立完善志愿服务激励保障制度。推进青年志愿服务进社区试点行动，促进社区志愿服务的项目化、品牌化和制度化。

四、深化改革创新，提升基本社会服务能力

（十一）推进区划地名专项管理服务。按要求稳妥有序优化行政区划布局，促进城乡融合和区域协调发展。规范地名管理服务，动态更新路牌门牌；深化地名信息化建设，推广“智慧地名”模式，增强地名公共服务能力。推进地名文化遗产保护，持续开展富有松阳特色的地名文化宣传活动，不断加强地名文化挖掘力度，扩大地名文化影响力。深化平安边界建设，创新界线文化发展，提升界线管理水平，助推边界地区和谐稳定。

（十二）提高婚姻登记机关服务水平。完善县婚姻登记处工作制度、提升登记环境，落实婚姻法律政策，宣传婚姻文化和婚前健康检查。加快推进互联网建设，实现结婚生育户口

“一件事”联办、婚姻登记全市通办，创新婚姻登记颁证服务方式。建立婚姻家庭辅导服务长效机制。加强婚姻登记机关规范化建设，到 2022 年，婚姻登记机关场地建设达到国家 AAA 级标准。

（十三）深化生态殡葬综合改革。健全完善基本殡葬服务保障，推动生态殡葬改革。保障惠民服务范围，落实丧葬费用减免政策，完善群众身后“一件事”联办服务，推行文明节俭治丧，倡导移风易俗。完善村级公墓、树葬点编制规划，并纳入国土空间规划。加快村级公墓建设，规范乡村墓地管理，加强殡葬联合执法，严厉打击违反殡葬管理行为。加大殡葬设施投入和生态安葬奖励力度，大力推进以树葬、骨灰堂为切入点的节地生态安葬，到 2022 年，每个乡镇（街道）建有节地生态安葬点，全县生态安葬行政村覆盖率达到 100%，节地生态安葬率达到 60%。

（十四）推进水库移民安置融入服务。组织编制审核移民安置规划，指导移民安置规划实施。加强移民后期扶持，不断改善移民生产生活条件。加强移民资金监管，提高移民资金使用绩效。助推移民乡村振兴，促进移民融入发展、稳定发展。

五、强化保障支撑，夯实民政事业发展基础

（十五）加强基层民政工作力量。增强基层民政服务能力，根据民政事业发展和职能拓展需要，足额配备乡镇（街道）民政管理服务人员，承担民政工作职能。每个乡镇（街道）配备 3 名左右民政经办服务人员，地域面积广、服务对象多的乡镇（街道）可结合实际工作需要适当加强相应人员力量。将民政经办服务人员纳入专职社区工作者管理范围，其人员招录、日常管理、工资薪酬、经费保障依照我县专职社区工作者管理办法实施。

（十六）提升民政素质能力水平。以“最多跑一次”改革为引领，以民政服务“码上办”为主抓手，以“一件事”改革为依托，加快推进民政公共服务和政务服务全面数字化、网络化、智能化和集成化，不断增强民政服务能力。加快实施“互联网+民政执法监管”，推动线上处罚、掌上执法。全面落实“双随机一公开”监管机制，开展跨部门跨层级联合执法。深化“清廉民政”建设，推进全面从严治党向纵深发展、向基层延伸，着力整治民政领域不正之风和腐败问题。

2020 年 6 月 29 日印发

中共松阳县委　松阳县人民政府
关于补齐“三农”发展短板 确保与全省同步高水平全面建成小康社会的十八条意见

2020年是我县与全省同步高水平全面建成小康社会目标实现之年，也是全面打赢脱贫攻坚战的决战之年，必须以习近平新时代中国特色社会主义思想为指导，按照“重要窗口”的新目标新定位，坚持“山区国际化”发展之路，紧扣农业增产保供、农民持续增收和农村全面小康，统筹推进疫情防控和农村经济社会发展，加快补齐“三农”发展短板，确保全县农村同步高水平全面建成小康社会。2020年力争全县农林牧渔业增加值增长2.5%，农村居民人均可支配收入增长10%。

一、打赢精准脱贫攻坚战

1.增强低收入农户发展动能。深入实施低收入农户高水平全面小康计划和“八个万元”富民增收行动，持续加大产业扶贫、就业扶贫、光伏扶贫、健康扶贫等力度，确保低收入农户收入增长10%以上。补齐“两不愁三保障”和饮用水安全方面突出短板，推动低收入农户共享高水平全面小康。抓紧实施农村困难家庭危旧房改造提升工程，健全和完善农村危房排查常态化机制，动态掌握新增危房信息，加快推进新发现危房的改造，确保新增危房动态清零。做好低收入农户认定标准线和低保边缘户认定标准线“两线合一”，做好返贫人口和新发生贫困人口的监测和帮扶，着力构建新时代社会救助体系和解决相对贫困长效机制。稳步提高最低生活保障水平，落实特困人员救助供养制度，最低生活保障标准提标到850元/月。深化“一户一策一干部”结对帮扶机制，逐户落实发展思路，逐人跟踪增收情况，全面消除农村年家庭人均收入8000元以下现象。

2.推进“大搬快聚富民安居”工程。围绕“搬得出、稳得住、富得起”的目标，以整村搬迁为重点，积极引导山区农民向县城和中心镇集聚，完成搬迁3300人。围绕“众创空间”“幸福社区”两个维度进一步探索“大搬快聚”松阳县域实践模式，力争在发展搬迁农民美丽经济、打造美丽居所方面实现新突破。落实搬迁安置、宅基地复垦、就业创业培训、“幸福社区”创建等政策，保障搬迁农户在落户地享受同等公共服务，加快推动市民化。加大对低收入农户搬迁的政策支持，通过梯度转移、居住权置换安置（或宅基地换养老）等方式实现应搬尽搬。进一步细化督查通报机制，压实工作责任，实行周排名、月通报、季考核、年总结“四个一”制度，形成互看互比互学的良好氛围。

3.实施新农人素质大提升行动。实施“百村千人”高素质农民培训计划，完成农村实用人才培训450人、高素质农民培训200人，加快推进乡村振兴实训基地建设，持续开展“农三师”培育工程，发挥乡土人才的示范引领和辐射带动作用。加大“松阳茶师”“松阳工匠”“民宿管家”“田园电商”等本土实用性人才培养力度，提升乡土人才品牌经济和社会效益。深入实施农村创新创业带头人培育行动和农业产业领军人才培养行动，完善农村人才服务管理平台，支持农村实用人才进入人才市场，推动农民在二、三产业就业创业。

4.提升发展村级集体经济。深入实施消除集体经济薄弱村工作巩固提升行动，扩大余姚、嘉兴山海协作范围，加快推进“松阳－余姚”“松阳－嘉兴”飞地项目建设，创新村集体经济转型发展道路。发挥好县级帮扶团队的作用，持续抓好“村企结对”工作，组织实施一批高质量的村企结对项目。继续抓好县、乡、村三级“消薄”项目建设，加快建成一批“造血”功能强的村集体经济发展项目，实现村集体年收入15万元以上且年经营性收入8万元以上的行政村占比达30%，村集体年收入超过100万元的行政村11个。积极探索实践村级工程“集体建”，推动乡镇强村公司实体化运作，助推乡村“造血”式消薄。

二、推动乡村产业高质量发展

5.抓好“米袋子”粮食安全。进一步落实粮食安全县长责任制，充分挖掘粮食扩面增产潜力，完成粮食播种面积11.4万亩、粮食总产量3.575万吨。深入实施“藏粮于地、藏粮于技”战略，启动高标准农田建设1.1万亩，提标改造粮食生产功能区0.5万亩，完成粮食高产高效示范片建设

4个，不断提升耕地质量和粮食产量。强化粮食产销政策的宣传和落实，统筹实施粮食生产补贴政策，严格落实稻谷最低收购价政策，发展“订单粮食”并执行奖励政策，稳定农民收益预期，保护和调动农民种粮积极性。引导农民根据市场需求，发展优质高产、适销对路的粮食品种。

6.抓好“菜篮子”保供稳价。压实“菜篮子”行政首长负责制，打造覆盖全域、主体明确、基地稳定、物流完善、产销通畅的“菜篮子”保供体系。开展保障性蔬菜基地建设，建设“菜篮子”保供蔬菜基地800亩，加强产销对接，确保“菜篮子”主要产品保供稳价。推动生猪标准化规模养殖，加快茶香牧业年出栏10万头生猪规模养殖场项目建设，争取早日竣工并投产。健全猪肉储备制度，加强市场监测和调控，抓好猪肉保供稳价。引导优化肉类消费结构，鼓励发展牛、羊和优质家禽等特色产业。

7.推进生态农业高效发展。深入开展“有机农耕强县”创建，坚持生态化、循环化、品质化、融合化、高效化“五化”发展原则，建成自然农法和原种农业基地各5个，新建“600”基地2.27万亩，新增“三品”认证农产品4个以上。深化“肥药革命”，严格化肥农药管控，力争农药化肥使用量双减5%以上，管控水平达到欧盟标准。巩固提升农资经营规范化三年行动成效，推进农药实名制购买和化肥定额制工作，完善农资溯源一卡通平台，探索推进人脸识别系统，提升农资经营规范水平。围绕打造“中国茶乡”品牌，全力推进茶产业转型升级，建设标准化茶叶生产基地5个，改植高效益品种3000亩，力争茶叶全产业链产值突破130亿元，打响“松阳香茶”品牌。加快茶香小镇、油香小镇、香榧产业示范县建设，推动香榧、油茶产业全产业链发展和品牌打造。

8.优化乡村产业结构。优化乡村产业生产力布局，持续提升传统产业，大力发展乡村休闲旅游、农村电子商务、来料加工等富民产业，加快做强农产品仓储物流、特色文化、生活服务等短板产业，积极培育乡村疗休养经济、养老经济、赛事经济、节会经济等新型产业。推进农家小吃、“松阳十大碗”等乡愁产业发展。加快传统农产品电商企业转型，大力发展直播带货，组织实施茶叶电商赋能提质行动，谋划建立松阳直播基地，促进茶叶、蜂蜜、香榧等本地特色农产品销售。做大做强“山”系品牌体系，创建“丽水山居”示范项目4个、打造“丽水山耕”核心示范基地6个、推出“丽水山景”精品旅游线路5条。

三、补齐农村基础设施和公共服务短板

9.推进城乡基础设施共建共享。研究建立城乡一体化的保障型基础设施网络，加快松古盆地供水、排水、垃圾处理、能源供应等基础保障型项目一体谋划、统筹共建。推动“四好农村路”示范创建提质扩面，完成农村公路提升改造、农村联网公路、农村公路大中修等工程，建好普通公路服务站、港湾式停靠站。深化农村饮用水达标提标工程，完成29个村一体化供水和82个单村供水工程，农村饮用水达标提标人口4.5万人，城乡规模化供水工程人口覆盖率达63.9%，低收入农户饮水安全得到切实保障。深入推进美丽河湖建设，完成松阴溪象溪段、庄门源等2条美丽河湖创建。统筹推进物流网、电网、信息网等城乡基础设施互联互通，改造提升一批县级物流配送中心、乡镇运输服务站和村级农村物流服务点，推动智慧乡村建设，提升农村配电网，逐步推动乡镇（街道）5G网络覆盖。

10.推动城乡公共服务均等化。推进教育提质，实施农村幼儿园补短提升工程，加快城西小学、城区新建幼儿园等项目建设，乡镇公办中心园覆盖率达100%、村公办幼儿园覆盖面达50%。完善农村基层医疗公共卫生服务，深化县域医共体改革，出台卫生人才队伍激励政策，完善乡村“流动医院”建设，推进医疗资源均衡化发展，村级卫生室规范化率达60%、每万户籍人口注册全科医生数达4.6名以上。推进城乡居民基本养老保险参保扩面，落实城乡居民基本养老保险待遇确定和基础养老金正常调整机制。完善城乡居民基本医疗保险制度，增强大病保险保障功能。提升城乡一体公共文化体育服务，新建农村文化礼堂23家，加强农村文化礼堂建设与利用，完善全民健身服务体系。健全农村留守儿童和妇女、老年人关爱服务体系，加强农村残疾人康复、托养、庇护等公共服务供给。

四、实施花园乡村大创建行动

11.推进乡村特质发展。围绕打造“花园乡村先行地”目标，着力建设松阳版“花园乡村”，创建精品花园乡村7个、乡村振兴示范带1条。优化县域乡村建设规划，加快推动古市卯山区块、崇觉寺区块产业项目规划落地，研究出台城乡规划二类区新政策，高标准做好望松区块、高速以南区块规划编制工作。建设省级美丽宜居示范村4个，创建美丽城镇样板1个、新时代美丽乡村51个，争创省级美丽乡村示范县。加强历史文化村落保护，持续推进“拯救老屋行动”二期项目，实施乡村全域土地综合整治，推动乡村有机更新。加快红色乡村建设，推进安岱后、斗潭、小吉、丁坑等红色点位建设，科学开发红军茶、红军药、红军餐等产品，建设红色古道25.5公里。深化“百名艺术家入驻乡村计划”，以艺术介入提高乡土建筑品质，并以“建筑针灸”激活乡村发展活力。

12.提升农村人居环境。深入开展爱国卫生运动，全面深化生活垃圾领域改革，突出源头减量、全程分类、因地制宜、全域推进、全民参与、社会协同，高水平打好生活垃圾治理攻坚战，建设省级生活垃圾分类项目村9个，生活垃圾分类建制村覆盖率达

85%以上，努力打造生活垃圾治理先行县。深化“厕所革命”，新改建农村公厕35座，力争无害化卫生厕所普及率98%以上。巩固提升“污水革命”，完成农村生活污水处理设施标准化提升改造工程。实施新一轮国家卫生乡镇创建，开展城乡环境卫生综合整治和“四害”防治，持续推进“洁净家庭”创建。系统推进山水林田湖草修复工程，实施生物多样性保护工程，推动湿地保护和水田恢复，推进“一村万树”行动，统筹抓好美丽林相建设和“拯救老树”行动。

五、夯实农村基层治理基础

13.建强农村基层党组织。深入贯彻《中国共产党农村基层组织工作条例》，充分发挥党组织在农村事务中的领导作用，引导农民群众听党话、感党恩、跟党走。全面落实村党组织书记县级党委备案管理制度，建立村“两委”成员县级联审常态化机制，持续整顿软弱涣散村党组织。完成新一届村社组织换届选举工作，全面推行村党组织书记、村委会主任、村经济合作社负责人“一肩挑”，全面落实“五议两公开”，完善考核和监督管理机制，健全激励村干部干事创业机制。实施农村“头雁工程”和“雏雁计划”，切实提高基层党组织的战斗力。

14.加强农村安全管理。全面排查整治各类安全隐患，抓好农业农村安全生产。加强农业农村重大突发事件管理，完善风险预警、处置、发布等机制，构建农业农村风险防控体系。全面提高生物安全治理能力，强化动物防疫执法检查，建设提升病死动物和病死动物产品无害化处理公共设施。严格落实屠宰环节官方兽医派驻和非洲猪瘟自检“两项制度”，高度警惕非洲猪瘟、高致病性禽流感等动物疫病与新冠肺炎疫情叠加风险。加强植物防疫体系建设，抓好松材线虫病等重大病虫害防控。织密野生动物保护网，严厉打击非法捕猎、收购、运输、交易野生动物等行为。增加应急物资储备，加强农村防灾减灾能力建设，建设气象防灾减灾标准化村（社区）18个。健全基层防汛防台、森林防火、农村消防、地质灾害防御等公共安全服务体系。推广应用浙江安全码，提升人员安全管控的精准度。

15.提升乡村治理效能。坚持和发展新时代“枫桥经验”，进一步建立健全自治、法治、德治 “三治融合”的乡村治理体系。坚持党建引领，依托“县社会矛盾纠纷调处化解中心+基层治理四平台+全科网格”基层治理模式，加快推进“最多跑一次”改革延伸到村，推进数字乡村和“智慧村庄”建设。积极推进县级社会矛盾纠纷调处化解中心（信访超市）网络和机制向乡镇（街道）延伸的试点工作，努力实现信访和矛盾纠纷化解“最多跑一地”。深入推进扫黑除恶专项斗争，依法严厉打击农村黑恶势力，深挖彻查背后保护伞和涉黑恶腐败问题。深入推进清廉村居建设，持续净化基层政治生态。发挥乡贤影响力，化解社会矛盾纠纷，推进乡贤助力乡村治理。

六、强化“三农”工作要素保障

16.推进农村改革集成聚合。加快构建“两进两回”新制度、新平台、新通道，推动科技、资金、人才、项目等要素向乡村合理流动、有效集成。加快推进农民组织化建设，健全一二三产融合发展机制和公司、基地、农户利益联结机制。探索宅基地所有权、资格权、使用权“三权分置”，加快激活农村闲置宅基地和闲置农房。加快推进新兴镇、四都乡生态产品价值实现机制试点以及上田村等乡村振兴试点工作。深化农业经营体制改革，实施家庭农场培育计划，开展农民合作社高质量提升整县推进试点。深化“三位一体”农合联改革，健全服务保障体系和高效运转机制，有效推进涉农资源整合。

17.加强乡村要素供给。优先满足“三农”发展要素配置，推动资源要素向农村流动。优先保障“三农”投入，进一步完善涉农资金统筹整合长效机制，完善以绿色生态为导向的财政支农政策体系。开展“两山银行”试点，拓宽生态资源变资产、资产变资本的转换途径，探索有效盘活农村闲置资源资产的路径和方式。加强乡村用地保障，新编县乡级国土空间规划预留不少于10%的建设用地指标，重点保障乡村产业发展用地，力争完成建设用地复垦1000亩。健全完善财政金融合作协同支农机制，积极开展基层政策性农业信贷担保服务创新。扩大抵质押贷款品类，开展生猪活体抵押贷款等工作。

18.全面压实工作责任。认真贯彻落实《中国共产党农村工作条例》和《中国共产党浙江省委员会农村工作实施办法》，健全农村工作领导体制、工作机制和责任体系，充分发挥好农业农村工作领导小组牵头抓总、统筹协调的作用。继续强化“五级书记”抓乡村振兴责任，落实县委书记主要精力抓“三农”工作要求。深入开展“三服务”活动，组建综合督导、粮食生产、生猪保供、数字“三农”、“双增”工作、扶贫开发“1+5”工作专班，压实工作责任。

2020年7月12日印发

《松阳年鉴（2021）》部分名词解释

六稳：稳就业、稳金融、稳外贸、稳外资、稳投资、稳预期。

六保：保居民就业、保基本民生、保市场主体、保粮食能源安全、保产业链供应链稳定、保基层运转。

丽水之干：冲破束缚，轻装上阵地干；脚踏实地，求真务实地干；立说立行，雷厉风行地干；追求卓越，精益求精地干；久久为功，锲而不舍地干。

五减：减税、减费、减租、减息、减支。

两直：浙江省将新增财政赤字和抗疫特别国债资金直达市县、直接惠企利民（简称“两直补贴”）。

工业平台“二次创业”：2020年4月17日，丽水市委召开全市生态工业发展大会，作出开展平台“二次创业”的重大战略决策。相较于平台“一次开发”以企业引进、规模扩张为主要任务，“二次创业”更加强调注重产业链培育、价值链提升、集群式成长，追求的是质量、速度、规模、效益的有机统一，重点解决丽水工业经济“从有到好、从好到优、从优到强”的高阶问题。

A、B类人才平台：A类即国家、省部级重点人才平台。B类即科教文卫体、农业农村、社会工作等领域其他省级人才平台。

企业上云：企业以互联网为基础进行信息化基础设施、管理、业务等方面应用，并通过互联网与云计算手段连接社会化资源、共享服务及能力的过程。

一江两岸：松阳县松阴溪两岸。

两战：疫情防控阻击战和发展总体战。

两山银行：模仿银行的经营模式而得名，实际上是一种经营的模式，通过将生态资源进行分散式输入、集中式输出,从而实现生态资源的市场化运作。

凤凰行动：以推进企业上市和并购重组为核心，进一步巩固提升在资本市场上的全国领先地位。

雏鹰行动：梯度培育中小微企业向“专精特新”发展，打造一批隐形冠军企业。

隐形冠军：在国内或国际市场上占据绝大部分份额，但社会知名度较低的中小企业。

丽水“农三师”：为丽水市农村经济社会发展做出积极贡献，具有良好道德品质，在农村一线从事生产、经营、服务活动，起到较大示范带动作用，并得到社会广泛认可的优秀农村实用人才，分为农作师、农商师、农匠师。

三零四省：零上门、零审批、零收费，省时、省力、省心、省钱。

专精特新：专业化、精细化、特色化、新颖化。

基层治理四平台：乡镇（街道）综治工作、市场监管、综合执法、便民服务4个功能性工作平台。

未来社区：浙江省城市建设的创新举措，指围绕社区全生活链服务需求，以人本化、生态化、数字化为价值导向，以未来邻里、教育、健康、创业、建筑、交通、能源、物业和治理九大场景创新为引领，打造新型城市功能单元。

一带三区：“一带”，即市域发展核心带，包括莲都、青田、缙云3个县（区）和丽水经济技术开发区；“三区”，即特色发展示范区，分别由龙泉庆元、遂昌松阳、云和景宁等西部6个县（市）组成。

“山海协作”升级版：为努力实现更高质量的区域协调发展，缩小地区差距。在原有“山海协作”举措基础上进一步拓展合作内容、完善合作平台、创新合作机制，做到更加注重协作方式的创新、造血功能的培育和创新成果的转化，从而形成合作双方各领域全面对接，协作方式多样，协作平台不断扩大的新局面。

数字化改革“1+5+2”工作体系：“1”，即一体化智能化公共数据平台（平台+大脑）。“5”即五个综合应用，包括党政机关整体智治综合应用、数字政府综合应用、数字经济综合应用、数字社会综合应用和数字法治综合应用。“2”即构建两套体系，1套理论体系、1套制度规范体系。

三重一线：重点工作、重大项目、重要事件，基层一线。

“茶炼年轻干部培养”品牌建

设：借鉴茶叶炒制“晾晒、杀青、揉捻、烘干”四个环节，探索建立“茶炼”干部培育机制，促使一大批品行好、能力强、重实干、敢担当的优秀年轻干部脱颖而出。

“百团作战”：聚焦县委、县政府中心工作，将年初确定的10大招商任务、10个引才计划、10件民生实事、系列创建示范、19个乡镇（街道）基层战队、41个重点项目工程，作为“练兵场”，通过“百团作战”形式锻造本领高强的干部队伍。

青蓝结对：建立优秀年轻干部“双导师”传帮带机制，选派政治性强、经验丰富的部门乡镇领导干部作为年轻干部的“成长导师”，选派爱岗敬业、业务精湛的中层干部作为年轻干部的“业务导师”，“多对一”指导和帮助年轻干部，实现“青出于蓝而胜于蓝”。

七多七少：干部队伍中普遍存在的几种现象，即：被动拖延的多，主动担当尽责的少；关心自己利益的多，计较公共利益的少；被动应付、等待观望、自我感觉良好的多，主动学习思考谋划的少；工作上差不多就行、过得去就好的多，追求极致争第一的少；上推下卸的多，亲力亲为的少；说这也不行那也不行的多，说怎么行的少；讲人家、评论人家如何如何的多，把自己摆进去的少。

廉情地图：由权力清单图、风险防控图、三色预警图“三张图”组成，构建集明权、防控、监测、预警为一体的监督体系。

清廉赶集日：构思来源于松阳传统的赶集方式，将每月20日设定为清廉“集日”，按照创意赶集、进度赶集、成果赶集三个阶段，以县委、8个清廉建设牵头单位、各单位（部门）三个层次，定期交流清廉建设的好做法、好成效，展示清廉建设的创意、进度和成果。

四项监督：纪律监督、监察监督、派驻监督、巡视监督。

“1331”工程：一个组织体系、三大收集系统、三大洁净设施、一套固废管理制度。

“7+1”组团帮扶模式：1名县处级领导、1名乡镇（街道）主要领导、1名乡镇（街道）分管领导、1名后进整转第一书记、1个机关结对单位、1名驻村干部、1名派出所班子成员等组成1个整转工作组，“一对一”指导联系1个后进村党组织，帮助理清工作思路，谋划整改举措，有序推进后进村党组织整顿转化。

1+4：基层党建突出问题、群众身边的腐败和作风问题、农村黄赌毒和涉黑涉恶违法犯罪等问题、信访积案、村级财务问题

六清：线索清仓、逃犯清零、案件清结、伞网清除、黑财清底、行业清源。

“十大”专项行动：打深打透大案要案专项行动；线索核查清仓见底专项行动；案件诉讼提质增效专项行动；“打伞破网”深挖彻查专项行动；黑恶罪犯教育改造和检举揭发专项行动；行业乱象治安乱点整治专项行动；基层组织建设薄弱地区整治专项行动；网络空间滋生漏洞整治专项行动；舆论宣传报道正面引导专项行动；长效常治机制巩固建设专项行动。

三联三进：进农村、进社区、进园区；联农户、联居民、联企业。

四个够不够：解放思想的广度够不够、抓问题清单的力度够不够、谋划明年工作思路的程度够不够、推进高质量发展的深度够不够。

4+X+29：“4”是指组建4个常态化督查组每日开展常态化督查，现场交办，督促整问题。“X”是指针对重点问题组建专项督查组开展“回头看”，对疫情防控措施落实不到位的进行重点督查。“29”是指整合派驻机构、乡镇纪检监察组织、村级监察工作联络站力量，组建29个督查组，聚焦疫情防控重点区域和关键环节，上下联动、下沉一线，开展“全天候”“网格式”督查，全力推动疫情防控各项措施落到实处。

三清三提升：“清障”促信访举报工作能力提升，“清零”促检举控告办理质量提升，“清淤”促重复举报处置实效提升。

四个紧盯：紧盯被巡察党组织职能责任，紧盯全面从严治党阶段性特征，紧盯领导班子和关键少数，紧盯人民群众反映强烈的突出问题。

三个聚焦：聚焦基层贯彻落实党的路线方针政策和党中央决策部署情况，聚焦群众身边腐败问题和不正之风，聚焦基层党组织领导班子和干部队伍建设开展监督。

三审合一：环境资源类的刑事、民事、行政案件由负责环境资源审判的审判庭或合议庭统一审理。

裁执分离：做出裁决的机关与执行的机关应该分离，从而体现权力的监督与制约，防止权力滥用。

三清：干部清正、政府清廉、政治清明。

“四色”工作法：实行“绿、黄、橙、红”四色管理。

信用建设“531X”工程：聚焦企业、自然人、社会组织、事业单位和政府机构5类主体，构建公共信用指标体系、信用综合监管责任体系、公共信用评价及信用联合奖惩体系3大体系，完善全省统一的公共信用信息平台，推进信用体系在若干重点领域创新应用。

一码管地：让每一宗地从“出生”起，就拥有唯一的“身份证”。

两进两回：科技进乡村、资金进乡村，青年回农村、乡贤回农村。